elemente
Chemie I

Unterrichtswerk für Gymnasien

von
Werner Eisner
Rüdiger Fladt
Paul Gietz
Axel Justus
Klaus Laitenberger
Werner Schierle

Ernst Klett Verlag
Stuttgart Düsseldorf Leipzig

Hinweise für den Benutzer

elemente

ist ein Lern- und Arbeitsbuch. Es dient sowohl der **unterrichtlichen Arbeit** als auch dem **Nachbereiten** und **Wiederholen** von Lerneinheiten. Das Buch kann jedoch den Unterricht nicht ersetzen. Das **Erleben von Experimenten** und die **eigene Auseinandersetzung mit deren Ergebnissen** sind unerläßlich. Wissen muß erarbeitet werden.

Eine geeignete Aufbereitung soll den Umgang mit dem Buch erleichtern. Zu diesem Zwecke sind verschiedene **Symbole** und **Kennzeichnungen** verwendet worden, die überall im Buch die gleiche Bedeutung haben:

Arbeitsteil

Vor der Durchführung eines Versuches müssen mögliche Gefahrenquellen besprochen werden. Die geltenden Richtlinien zur Vermeidung von Unfällen beim Experimentieren sind zu beachten.
Die Versuchsanleitungen sind nach Schüler- und Lehrerversuchen differenziert und enthalten in besonderen Fällen Hinweise auf mögliche Gefahren.
Da jedoch chemisches Experimentieren grundsätzlich umsichtig erfolgen muß, wird auf die im Labor selbstverständlichen Verhaltensregeln und die Regeln für Sicherheit und Gesundheitsschutz beim Umgang mit Gefahrstoffen im Unterricht nicht jedesmal erneut hingewiesen.

[V] Schülerversuch. Die allgemeinen Hinweise zur Vermeidung von Unfällen beim Experimentieren (Anhang) müssen bekannt sein.
Auch Schülerversuche sind nur auf Anweisung des Lehrers auszuführen.

[V] Lehrerversuch

⚠ Gefahrensymbol. Bei Versuchen, die mit diesem Zeichen versehen sind, müssen vom Lehrer besondere Vorsichtsmaßnahmen getroffen werden.

[A] Problem oder Arbeitsaufgabe (seitenbezogen)

▶ Seitenbezogener Verweis. Ermöglicht in Verbindung mit Buchstabensymbol und Zahlenpaar (erste Zahl = Seitenzahl) ein rasches Auffinden der zu einem Versuch (V) oder Bild (B) gehörenden Textstelle.

↗ Querverweis auf einen Text an anderer Stelle im Buch.

Fettdruck (schwarz) im Text   wichtiger neuer Begriff

Fettdruck (blau) im Text   Ergebnis vorangehender Überlegungen, Definition, kurz: **Merksatz**

Bedeutung der Chemie

Chemie ist für uns alle von großer Bedeutung. Praktisch täglich kommen wir mit chemischen Vorgängen und chemischen Erzeugnissen in Berührung. Wenn wir morgens aufstehen, ziehen wir Kleidungsstücke an, die häufig aus Chemiefasern bestehen, Seife und Zahncreme sind chemische Produkte, Zahnbürste und Zahnbecher bestehen aus Kunststoff, das Metall des Frühstücksbestecks wurde mit Hilfe chemischer Vorgänge aus Rohstoffen gewonnen. Diese Beispiele lassen sich praktisch auf alle Lebensbereiche ausdehnen. Daß wir höhere Ernten zur Sicherung unserer Ernährung erzielen, daß uns Medikamente zur Bekämpfung von Krankheiten zur Verfügung stehen, daß wir uns besser und farbenfroher kleiden, all diese Verbesserungen unserer Lebensgrundlagen haben etwas mit Chemie zu tun.

Es darf jedoch nicht übersehen werden, daß der große Einfluß, den die angewandte Chemie heute auf das gesamte Leben hat, auch mit Gefahren verbunden ist. Unsere Umwelt ist in hohem Maße mit Schadstoffen belastet, die bei chemischen Vorgängen entstehen. Welche Auswirkungen diese Beeinträchtigungen unseres Lebensraumes auf lange Sicht haben werden, ist zum Teil noch unabsehbar. Auch der sorglose oder sogar mißbräuchliche Umgang mit chemischen Produkten gefährdet unsere Gesundheit.

Umweltschutz ist aber nicht nur eine Aufgabe des Staates oder der Industrie. Jeder einzelne muß durch verantwortungsbewußtes Handeln mithelfen, daß uns die Anwendung der Chemie zum Nutzen und nicht zum Schaden gereicht. Dazu gehört nicht zuletzt auch ein Grundverständnis für das Fach Chemie selbst.

Die Chemie ist ein Teilgebiet der Naturwissenschaften, zu denen auch Physik und Biologie zählen. Sie beschäftigt sich mit Eigenschaften von Stoffen und stofflichen Veränderungen. Die Kenntnisse darüber sind das Ergebnis wissenschaftlicher Forschung, die heute weltweit und systematisch betrieben wird. In ihrem Mittelpunkt stehen Fragen an die Natur, die zu einem großen Teil mit Hilfe von Experimenten beantwortet werden können und zu einem gesicherten Wissen und Verständnis über die Eigenschaften und das Verhalten von Stoffen führen. Auf dem Weg zu diesen Erkenntnissen war die Entwicklung vieler neuer Arbeitsmethoden erforderlich. Auch haben die mit ihnen gemachten Entdeckungen die Vorstellungen von der Natur der Stoffe und ihrem Aufbau erheblich gefördert. Diese Denk- und Arbeitsweisen sowie ihre Ergebnisse zu vermitteln ist eine der Grundlagen des Unterrichtsfaches Chemie.

Inhaltsverzeichnis

1	**Stoffe und ihre Eigenschaften**	7
1.1	Einfache Möglichkeiten zur Unterscheidung von Stoffen	8
1.2	Exkurs: Umgang mit dem Gasbrenner	10
1.3	Veränderung von Stoffeigenschaften beim Erhitzen	11
1.4	Die Aggregatzustände der Stoffe	12
1.5	Exkurs: Das Versuchsprotokoll	13
1.6	Schmelz- und Siedetemperatur	14
1.7	Dichte	15
1.8	Löslichkeit	16
1.9	Eigenschaftskombination und Stoffklasse	18
1.10	Reinstoff und Stoffgemisch	20
1.11	Verfahren zur Trennung von Gemischen	22
1.12	Weitere Trennverfahren	26
1.13	Stofftrennung in der Technik	27
1.14	Überprüfung und Vertiefung	28

2	**Vom Aufbau der Stoffe**	29
2.1	Stoffe bestehen aus kleinsten Teilchen	30
2.2	Teilchenmodell und Aggregatzustand	32
2.3	Überprüfung und Vertiefung	34

3	**Die chemische Reaktion**	35
3.1	Metalle reagieren mit Schwefel	36
3.2	Element und Verbindung	38
3.3	Chemische Reaktion und Energie	39
3.4	Überprüfung und Vertiefung	40

4	**Luft und Verbrennung**	41
4.1	Die Verbrennung von Metallen	42
4.2	Die Rolle der Luft bei der Verbrennung	43
4.3	Sauerstoff und andere Luftbestandteile	44
4.4	Metalle reagieren mit Sauerstoff	46
4.5	Nichtmetalle reagieren mit Sauerstoff	49
4.6	Lösungen aus Wasser und Oxiden	50
4.7	Verbrennung und Flamme	52
4.8	Brandbekämpfung – Verhinderung einer Oxidation	53
4.9	Überprüfung und Vertiefung	54

5	**Reduktion und Redoxreaktion**	55
5.1	Reduktion von Metalloxiden	56
5.2	Anwendung der Reduktion: Roheisengewinnung	58
5.3	Zur Geschichte der Metallgewinnung	61
5.4	Überprüfung und Vertiefung	62

6	**Wasser**	63
6.1	Bedeutung und Gefährdung des Wassers	64
6.2	Abwasserreinigung und Trinkwassergewinnung	66
6.3	Zerlegung des Wassers	68
6.4	Wasserstoff	70
6.5	Bildung von Wasser	72
6.6	Katalysator und Aktivierungsenergie	73
6.7	Überprüfung und Vertiefung	74

7	**Quantitative Beziehungen bei chemischen Reaktionen**	75
7.1	Massengesetze	76
7.2	Deutung der Massengesetze – Atomhypothese	78
7.3	Verhältnisformel und Reaktionsgleichung	80
7.4	Verhalten von Gasen – Volumengesetz	83
7.5	Moleküle – Satz von AVOGADRO	84
7.6	Teilchenanzahl und Stoffmenge	87
7.7	Molare Masse und molares Volumen	88
7.8	Die Reaktionswärme	89
7.9	Überprüfung und Vertiefung	90

8	**Alkali- und Erdalkalimetalle**	91
8.1	Natrium – ein Alkalimetall	92
8.2	Natriumhydroxid und Natronlauge	94
8.3	Die Elementgruppe der Alkalimetalle	96
8.4	Erdalkalimetalle	98
8.5	Überprüfung und Vertiefung	100

9	**Halogene**	101
9.1	Eigenschaften der Halogene	102
9.2	Reaktionen der Halogene mit Metallen	103
9.3	Reaktionen der Halogene mit Wasserstoff	104
9.4	Salzsäure	106
9.5	Kochsalz – ein wichtiges Chlorid	108
9.6	Silberhalogenide	110
9.7	Überprüfung und Vertiefung	112

10	**Periodensystem und Atombau**	113
10.1	Elementgruppen und Periodensystem	114
10.2	Von Atomen lassen sich Elektronen abspalten	116
10.3	Elementarteilchen – Radioaktivität	118
10.4	Das Kern-Hülle-Modell	120
10.5	Der Atomkern – Isotope	122
10.6	Atomhülle – Energie der Elektronen	124
10.7	Energiestufen- und Schalenmodell der Atomhülle	126
10.8	Atombau und Periodensystem	128
10.9	Überprüfung und Vertiefung	130

11 Die Ionenbindung — 131

- 11.1 Ionen in Lösungen und Schmelzen von Halogeniden — 132
- 11.2 Das Iongitter des Natriumchlorids — 134
- 11.3 Aufbau und Eigenschaften von Ionenverbindungen — 136
- 11.4 Überprüfung und Vertiefung — 138

12 Atombindung und molekulare Stoffe — 139

- 12.1 Die Bindung in Molekülen — 140
- 12.2 Der räumliche Bau von Molekülen — 142
- 12.3 Die polare Atombindung — 144
- 12.4 Kräfte zwischen Molekülen — 146
- 12.5 Wasser als Lösungsmittel – Salzhydrate — 148
- 12.6 Überprüfung und Vertiefung — 150

13 Elektronenübergänge – Elektrolyse — 151

- 13.1 Elektronenübergänge – Redoxreaktionen — 152
- 13.2 Elektrolysen als Redoxvorgänge — 156
- 13.3 Überprüfung und Vertiefung — 158

14 Saure und alkalische Lösungen — 159

- 14.1 Eigenschaften saurer und alkalischer Lösungen — 160
- 14.2 Die Neutralisationsreaktion — 162
- 14.3 Quantitative Durchführung der Neutralisation — 164
- 14.4 Reaktionen saurer Lösungen mit Metalloxiden — 166
- 14.5 Reaktionen saurer Lösungen mit Metallen — 167
- 14.6 Überprüfung und Vertiefung — 168

15 Einige Grundprodukte der chemischen Industrie — 169

- 15.1 Vom Schwefeldioxid zur Schwefligen Säure — 170
- 15.2 Schwefeltrioxid und Schwefelsäure — 171
- 15.3 Technische Herstellung der Schwefelsäure — 172
- 15.4 Eigenschaften und Reaktionen der Schwefelsäure — 174
- 15.5 Sulfate — 176
- 15.6 Formelermittlung von Ammoniak — 178
- 15.7 Herstellung von Ammoniak (Haber-Bosch-Verfahren) — 180
- 15.8 Eigenschaften und Reaktionen von Ammoniak — 182
- 15.9 Oxidation von Ammoniak – Salpetersäure — 184
- 15.10 Eigenschaften und Reaktionen der Salpetersäure — 186
- 15.11 Wichtige Nitrate — 187
- 15.12 Luftverschmutzung — 188
- 15.13 Phosphorsäure und Phosphate — 192
- 15.14 Düngung — 193
- 15.15 Belastung der Umwelt durch Nitrate und Phosphate — 196
- 15.16 Überprüfung und Vertiefung — 198

16 Säuren und Basen — 199

- 16.1 Der Säure-Base-Begriff nach BRÖNSTED — 200
- 16.2 Säure-Base-Reaktionen — 202
- 16.3 Überprüfung und Vertiefung — 204

17 Struktur und Eigenschaften einiger Nichtmetalle — 205

- 17.1 Kohlenstoff — 206
- 17.2 Phosphor — 207
- 17.3 Schwefel — 208
- 17.4 Überprüfung und Vertiefung — 210

18 Anorganische Kohlenstoffverbindungen — 211

- 18.1 Kohlenstoffdioxid und Kohlenstoffmonooxid — 212
- 18.2 Kohlensäure — 213
- 18.3 Carbonate und Hydrogencarbonate — 214
- 18.4 Kreislauf des Kalks in Natur und Technik — 216
- 18.5 Überprüfung und Vertiefung — 218

19 Quarz und Silicate — 219

- 19.1 Quarz — 220
- 19.2 Kieselsäuren und Silicate — 221
- 19.3 Glas — 222
- 19.4 Keramische Werkstoffe — 224
- 19.5 Zement und Beton — 225
- 19.6 Überprüfung und Vertiefung — 226

Organische Chemie 227
Zusammensetzung organischer Verbindungen ... 228

20 Kohlenwasserstoffe 229
20.1 Methan – der einfachste Kohlenwasserstoff ... 230
20.2 Die homologe Reihe der Alkane ... 232
20.3 Eigenschaften und Reaktionen der Alkane ... 234
20.4 Radikalische Substitution ... 238
20.5 Halogenalkane ... 239
20.6 Ethen und die C-C-Doppelbindung ... 240
20.7 Eigenschaften und Reaktionen der Alkene ... 242
20.8 Polymerisation von Ethen ... 244
20.9 Ethin – ein Alkin ... 246
20.10 Ringförmige Kohlenwasserstoffmoleküle ... 248
20.11 Trennverfahren Gaschromatografie ... 250
20.12 Überprüfung und Vertiefung ... 252

21 Kohle, Erdöl, Erdgas – Energieträger und Rohstoffe 253
21.1 Erdöl und Erdgas ... 254
21.2 Verarbeitung des Rohöls ... 256
21.3 Kraftfahrzeugbenzin – Verbrennung und Veredlung ... 258
21.4 Cracken ... 260
21.5 Petrochemie ... 261
21.6 Kohle ... 262
21.7 Kohleveredlung ... 264
21.8 Überprüfung und Vertiefung ... 266

22 Alkohole – Aldehyde – Carbonsäuren 267
22.1 Ethanol – Beispiel eines Alkohols ... 268
22.2 Herstellung und Wirkung von Ethanol ... 270
22.3 Die homologe Reihe der Alkanole ... 271
22.4 Einige wichtige Alkohole ... 272
22.5 Diethylether ... 273
22.6 Aldehyde und Ketone ... 274
22.7 Kohlenhydrate ... 278
22.8 Essigsäure ... 280
22.9 Die homologe Reihe der Alkansäuren ... 282
22.10 Ungesättigte Fettsäuren ... 284
22.11 Carbonsäuren mit mehreren funktionellen Gruppen ... 285
22.12 Aminosäuren ... 286
22.13 Eiweiße ... 288
22.14 Überprüfung und Vertiefung ... 290

23 Ester – Fette – Seifen 291
23.1 Bildung und Eigenschaften von Estern ... 292
23.2 Aufbau und Zusammensetzung von Fetten ... 294
23.3 Eigenschaften und Bedeutung der Fette ... 296
23.4 Fettgewinnung und Margarineherstellung ... 298
23.5 Herstellung und Eigenschaften von Seifen ... 300
23.6 Seife und Waschwirkung ... 302
23.7 Zusammensetzung moderner Waschmittel ... 305
23.8 Überprüfung und Vertiefung ... 306

Anhang
Hinweise zur Vermeidung von Unfällen beim Experimentieren ... 307
Zeichnerische Darstellung von Versuchsaufbauten ... 308
Laborgeräte ... 309
Tabellen ... 310
Zur Geschichte der Chemie ... 313
Stichwortverzeichnis ... 314

1 Stoffe und ihre Eigenschaften

Viele Stoffe sind uns aus dem Alltag bekannt. Sie begegnen uns als Werkstoffe, Baustoffe, Treibstoffe, Farbstoffe, Kunststoffe, Arzneistoffe und vieles mehr. Ihre Eigenschaften bestimmen ihren Verwendungszweck. So wird beispielsweise Stahl zur Herstellung von Werkzeugen verwendet, weil er hart und schlagfest ist.

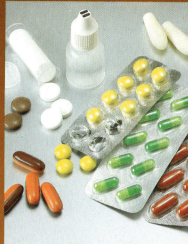

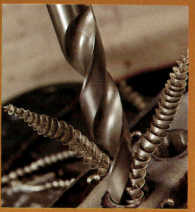

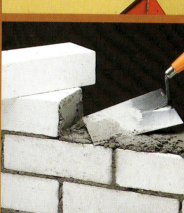

Manche Stoffe liegen in reiner Form vor, andere sind miteinander vermischt. Oft stellt man sich auch nach speziellen Rezepten Gemische aus reinen Stoffen her.

In chemischen Labors werden zahlreiche Stoffe untersucht. Eine wichtige Aufgabe der dort arbeitenden Chemiker ist es, durch Anwendung geeigneter Verfahren aus Gemischen reine Stoffe zu gewinnen.

1.1 Einfache Möglichkeiten zur Unterscheidung von Stoffen

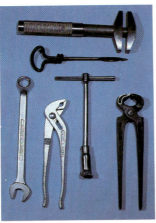

B 8.1 Gleiche Form – verschiedene Stoffe

B 8.2 Gleicher Stoff – verschiedene Formen

B 8.3 Unterschiedliche Kristallformen einiger Stoffe

B 8.4 Verformbarkeit. Links: Schwefel ist spröde und zerbricht. Rechts: Kupfer läßt sich plastisch verformen

Gegenstand und Stoff. Täglich kommen wir mit einer Vielzahl von Gegenständen in Berührung. Sie haben eine bestimmte Form oder Gestalt. In ▶ B 8.1 sind kugelförmige Gegenstände abgebildet. Sie bestehen aus unterschiedlichen Materialien. Solche Materialien nennt der Chemiker **Stoffe**. Dieser Begriff findet sich wieder in zahlreichen anderen Wörtern: Brennstoff, Baustoff, Kunststoff und Klebstoff.
Dagegen zeigt ▶ B 8.2 Gegenstände von unterschiedlicher Form, die alle aus dem gleichen Stoff, aus Stahl, gefertigt sind.
Zur genauen Bezeichnung eines Gegenstandes gibt man sowohl den *Stoff,* aus dem der Gegenstand besteht, als auch seine *Form* an. Man spricht von einer Glaskugel, einer Eisenstange und einem Holzwürfel.

Alle Gegenstände bestehen aus Stoffen.

Mit dem Begriff Stoff wird nicht nur das Material bezeichnet, aus dem *feste* Gegenstände bestehen, auch *Flüssigkeiten* und *Gase* wie Benzin, Wasser, Erdgas und Luft sind Stoffe. Der Chemiker untersucht meist nur kleine **Stoffportionen**.

Wie kann man Stoffe erkennen? Beim Vergleich verschiedener Stoffe fällt auf, daß sie unterschiedliche **Eigenschaften** besitzen. Diese sind von der Form der Stoffportion unabhängig.

Aussehen. Mit den Augen, unseren wichtigsten Sinnesorganen, erkennen wir die **Farbe** der Stoffe. Metalle zeigen neben ihrer Färbung einen besonderen **Oberflächenglanz**. Das macht sie als Schmuckstücke besonders reizvoll. Manchmal täuscht das Aussehen eines Gegenstandes über den Stoff, aus dem er besteht, hinweg. Eine durchsichtige Gewächshausscheibe kann aus Glas, aber auch aus Kunststoff (Plexiglas) bestehen.
Einige Stoffe kommen in besonderen **Kristallformen** vor (▶ B 8.3). Als Kristalle werden Körper bezeichnet, die ohne Bearbeitung ebene, glänzende Flächen und scharfe Ecken und Kanten aufweisen.

Verformbarkeit. Wachs oder Knetmasse lassen sich mit den Händen formen, sie sind *verformbar.* Versucht man, dünne Stäbe aus Glas oder Eisen zu verbiegen (▶ V 9.2), so zeigt sich, daß sie sich unterschiedlich verhalten. Das Glas ist *spröde* und zerbricht, das Eisen ist *biegsam.* Die beiden Stoffe unterscheiden sich in ihrer Verformbarkeit. Gegenstände aus Gummi sind zwar auch verformbar, nehmen aber anschließend wieder ihre alte Gestalt an. Gummi ist *elastisch.*

Einfache Möglichkeiten zur Unterscheidung von Stoffen

Ammoniak-
lösung 25 %

C Ätzend

R 34 Verursacht Verätzungen
R 37 Reizt die Atmungsorgane
S 1/2 Unter Verschluß und für Kinder unzugänglich aufbewahren
S 7 Behälter dicht geschlossen halten
S 26 Bei Berührung mit den Augen sofort gründlich mit Wasser abspülen und Arzt konsultieren
S 45 Bei Unfall oder Unwohlsein sofort Arzt zuziehen (wenn möglich, dieses Etikett vorzeigen)

B 9.1 Geruchsprobe durch Zufächeln mit der Hand

B 9.2 Chemikalienetikett mit Sicherheitsratschlägen

B 9.3 Warnsymbole weisen auffällig auf die Gefährlichkeit eines Stoffes hin

Geruch. Zahlreiche Stoffe (z. B. Alkohol, Benzin, Heizöl) haben einen charakteristischen Geruch, an dem man sie voneinander unterscheiden kann. *Geruchsproben* sollten *äußerst vorsichtig* erfolgen, da viele Stoffe gesundheitsschädliche Dämpfe abgeben und Schleimhäute reizen. Deshalb ist es auf keinen Fall erlaubt, mit der Nase direkt den Geruch aufzunehmen. Die Geruchsprobe wird durch *Zufächeln* mit der Hand (▶ B 9.1) ausgeführt. So gelangen nur kleine Stoffportionen in die Nase.

Geschmack. Viele Stoffe (Zucker, Salz) haben einen besonderen *Geschmack*, an dem man sie erkennen kann. Es gibt aber zahlreiche Stoffe, die *Vergiftungen* verursachen, selbst wenn sie nur in geringen Portionen in den Mund gelangen. Deshalb ist es sehr gefährlich, den Geschmack eines unbekannten Stoffes zu prüfen. Mit Chemikalien werden niemals Geschmacksproben durchgeführt!

Geruchsproben sind gefährlich und dürfen im Chemieunterricht nur auf ausdrückliche Weisung des Lehrers ausgeführt werden. Geschmacksproben werden nicht durchgeführt.

Um auf Gefahren hinzuweisen, müssen alle gesundheitsschädlichen Stoffe durch ein *Hinweisschild* besonders gekennzeichnet werden (▶ B 9.3). Häufig sind zudem noch *Sicherheitsratschläge* angegeben (▶ B 9.2).

Farbe, Oberflächenglanz, Kristallform, Verformbarkeit, Geruch und Geschmack sind Eigenschaften, an denen Stoffe erkannt werden können.

Zur weiteren Kennzeichnung prüft man häufig, wie sich Stoffe verändern, wenn sie erhitzt werden.

V 9.1 Stelle eine Anzahl von Gegenständen aus dem Chemieraum zusammen und ordne sie nach den Stoffen, aus denen sie bestehen.

V 9.2 Prüfe in einem Biegeversuch dünne Stäbe aus Eisen und Glas (umwickelt) auf ihre Verformbarkeit.

V 9.3 Prüfe vorsichtig den Geruch von Essig, Benzin, Spiritus und stark verdünnter Ammoniaklösung. Versuche, den jeweiligen Geruch zu beschreiben.

A 9.1 Nenne Wörter, die den Begriff Stoff enthalten.

A 9.2 Beschreibe möglichst genau das Aussehen folgender pulverförmig vorliegender Stoffe: Kochsalz, Eisen, Schwefel, Zucker, Tafelkreide.

A 9.3 Gib an, aus welchen Stoffen ein Fahrrad besteht.

A 9.4 Gib Gegenstände an, die mit einem anderen Stoff überzogen sind.

A 9.5 Welche Gegenstände bezeichnet man als Kristalle?

A 9.6 Welche Stoffeigenschaften können mit den Augen wahrgenommen werden?

A 9.7 Warum ist es nicht erlaubt, unbekannte Stoffe auf ihren Geschmack zu prüfen?

A 9.8 Mit welchen Symbolen werden a) gesundheitsschädliche, b) giftige Stoffe gekennzeichnet?

1.2 Exkurs: Umgang mit dem Gasbrenner

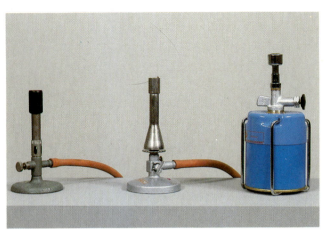

B 10.1 **Verschiedene Typen von Gasbrennern,** die im Chemielabor verwendet werden

> **V 10.1** Zerlege einen Teclu- bzw. Bunsenbrenner in seine Bestandteile und reinige sie mit einem Lappen. Die Düse wird mit einer Pinselborste durchfahren. Setze den Brenner anschließend wieder zusammen.
>
> **V 10.2** Schließe den Brenner an. Entzünde ihn nach Vorschrift. Stelle die nichtleuchtende Flamme ein.
>
> **V 10.3** Halte einen Eisendraht oder ein Magnesiastäbchen in verschiedenen Höhen in die farblose Brennerflamme. Wo ist die heißeste Zone?
>
> **V 10.4** Halte ein Glasrohr unter ständigem Drehen mit beiden Händen in die heiße Flammenzone. Wenn es erweicht, ziehe es rasch auseinander.

Für viele Experimente wird eine Wärmequelle benötigt. Hierzu hat sich seit langer Zeit der **Gasbrenner** (▶ B 10.1) bewährt. Das Arbeiten mit dem Brenner ist nicht ganz ungefährlich, denn unverbrannt ausströmendes Gas kann mit Luft ein explosives Gemisch bilden. Es ist deshalb wichtig, *Aufbau* und *Wirkungsweise* des Gasbrenners zu kennen, um vorschriftsgemäß mit ihm umgehen zu können.

Entzünden des Brenners
1. Schließe den Brenner an den Gashahn des Tisches an und prüfe, ob die Luftzufuhr geschlossen ist.
2. Setze eine Schutzbrille auf und halte Streichhölzer oder Gasanzünder bereit.
3. Öffne zuerst die Gaszufuhr am Tisch, dann am Brenner und entzünde das ausströmende Gas sofort (!).

Regulierung des Brenners
Der Brenner zeigt nun eine *leuchtende* Flamme. Ihre Größe kann durch die Verringerung oder Verstärkung der Gaszufuhr geregelt werden.
Wird die Luftzufuhr geöffnet, entsteht eine fast farblose, *nichtleuchtende* Flamme mit blauem Kern. In dieser Stellung ist die Flamme des Brenners am heißesten.

Bedienungsfehler
Wird bei nichtleuchtender Flamme die Gaszufuhr verringert, so kann sich die Flamme in das Brennerrohr bis zur Gasdüse zurückziehen und dort weiterbrennen. Der Brenner wird dabei sehr heiß. Ursache für ein solches „Zurückschlagen" kann ein eingeklemmter Gasschlauch oder zu starke Luftzufuhr sein. Die Gaszufuhr muß in diesem Fall sofort geschlossen werden. Nach dem Erkalten wird der Brenner dann erneut entzündet.

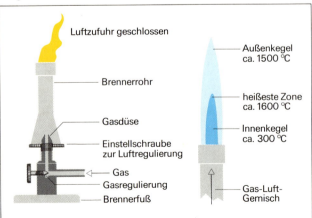

B 10.2 **Aufbau des Teclubrenners** und Flammentemperaturen bei geöffneter Luftzufuhr

B 10.3 **Glasbläser bei der Herstellung von Laborgeräten.** Als Wärmequelle dient der Gasbrenner

1.3 Veränderung von Stoffeigenschaften beim Erhitzen

Wer schon einmal aufmerksam eine Brücke betrachtet hat, dem sind sicher an den Brückenenden die „Dehnungsfugen" aufgefallen. Die Brücke braucht sie, um dem täglichen und jahreszeitlichen Temperaturwechsel zu widerstehen. Denn die Baustoffe der Brücke, Beton und Eisen, dehnen sich bei Erwärmung aus und ziehen sich bei Abkühlung wieder zusammen.

Darüber hinaus können Stoffe sich jedoch ganz unterschiedlich verhalten, wenn sie erwärmt werden. Wir wollen dies im folgenden näher untersuchen und dabei den Gasbrenner als Wärmequelle benutzen.

Eigenschaftsveränderungen beim Erhitzen. Erhitzt man *Zucker* (▶ V 11.1), so bildet sich zunächst eine braune, zähflüssige Masse. Bei weiterem Erhitzen wird sie schwarz und porös (▶ B 11.1).

Ein Gegenstand aus *Kunststoff,* der auf eine heiße Herdplatte gesetzt wird, *verkohlt* nach einiger Zeit (▶ B 11.2). Beide Stoffe zeigen beim Erhitzen Veränderungen, die durch Abkühlen nicht mehr rückgängig zu machen sind. Viele Kunststoffe sind sehr empfindlich gegenüber höheren Temperaturen. Manche setzen beim Erhitzen auch *brennbare* und *giftige Gase* frei.

Auch *Holz* und *Kohle* zersetzen sich bei höheren Temperaturen, wobei ebenfalls brennbare Gase entstehen. Zurück bleiben Holzkohle bzw. Koks. Man nutzt dies in der Technik, indem man große Mengen Holz unter Luftabschluß langsam erhitzt und auf diese Weise Holzkohle gewinnt. In Kokereien wird nach dem gleichen Prinzip aus Steinkohle Koks hergestellt, die freigesetzten brennbaren Gase werden zu Heizzwecken genutzt.

Porzellan beginnt bei höheren Temperaturen zu *glühen* (▶ V 11.2). Wird die Flamme entfernt, hört das Glühen rasch auf. Nach dem Abkühlen erscheint der Stoff unverändert.

Etwas anders verhält sich *Glas.* Es glüht zwar ebenfalls, wird jedoch bei sehr hohen Temperaturen *weich* und *verformbar*. Nach dem Abkühlen liegt es wieder unverändert vor, lediglich die Form ist eine andere geworden. In diesen Fällen haben sich die Eigenschaften beim Erhitzen nur vorübergehend verändert.

Brennbarkeit. Viele Stoffe beginnen zu *brennen,* wenn sie in eine Flamme gehalten werden. Ein Stück Papier entflammt auf diese Weise sofort. Zurück bleibt weiße Asche. Ähnlich verhalten sich Holz und Kohle. Auch Flüssigkeiten, z. B. Benzin und Brennspiritus, können brennen. Sie hinterlassen aber keine Asche.

B 11.1 **Zucker** wird beim Erhitzen schwarz

B 11.2 **Kunststoff verkohlt** beim Erhitzen

V 11.1 Fülle in ein Reagenzglas ca. 1 cm hoch Zucker und erhitze vorsichtig mit dem Brenner. Vergleiche die Eigenschaften vor und nach dem Erhitzen. (Abzug!)

V 11.2 Bringe in der Brennerflamme einen Porzellanscherben zum Glühen und untersuche ihn nach dem Erkalten.

A 11.1 Gib an, bei welchen Vorgängen bleibende Stoffänderungen auftreten:
a) Glas erweicht in der Hitze,
b) Porzellan glüht,
c) Holz verbrennt,
d) Zucker verkohlt,
e) Eisen dehnt sich beim Erwärmen aus.

B 11.3 **Holzkohleherstellung.** Das Holz wird im Meiler unter Luftabschluß erhitzt und zersetzt

I.4 Die Aggregatzustände der Stoffe

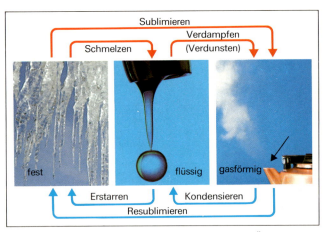

B 12.1 **Die Aggregatzustände des Wassers** und die Übergänge zwischen ihnen

V 12.1 Man gibt einige Iodkristalle in ein Becherglas, deckt mit einem Uhrglas ab und erwärmt im Wasserbad. Auf das Uhrglas gibt man etwas kaltes Wasser. Nach einiger Zeit wird das Uhrglas angehoben (Abzug!). Wie ist das Ergebnis zu erklären? Fertige ein Versuchsprotokoll an.

V 12.2 Man gibt in ein Reagenzglas eine kleine Portion Naphthalin und erhitzt es vorsichtig mit kleiner Flamme (Schutzbrille!). Beschreibe deine Beobachtungen.

A 12.1 Welche Vorgänge werden mit folgenden Begriffen bezeichnet: Schmelzen, Erstarren, Verdampfen, Kondensieren, Sublimieren, Resublimieren?

B 12.2 **Rauhreif** auf einer Pflanze

B 12.3 **Iod** sublimiert und resublimiert

Wasser bei verschiedenen Temperaturen. Im Winter überziehen sich Flüsse und Seen mit einer festen Eisdecke. Tropfendes Wasser *erstarrt* zu Eiszapfen. Bei wärmerem Wetter *schmilzt* das Eis, und es entsteht wieder flüssiges Wasser.
Wird Wasser erhitzt, so beginnt es zu sieden und *verdampft*. Dabei geht es in den gasförmigen Zustand über. Der entstehende Wasserdampf ist farblos. Wenn er sich abkühlt, entstehen winzige Tröpfchen flüssigen Wassers. Sie können weißen Nebel bilden. Der Wasserdampf ist *kondensiert*.
Wasser kommt also in drei Zustandsformen vor: *fest*, *flüssig* und *gasförmig* (Eis, Wasser, Wasserdampf). Sie werden als die **Aggregatzustände** des Wassers bezeichnet.

Wasser verdunstet. Läßt man Wasser in einem geöffneten Gefäß einige Zeit stehen, so stellt man fest, daß es allmählich weniger wird. Es *verdunstet*. Wasser kann auch ohne zu sieden in den gasförmigen Zustand übergehen. Der in der Luft enthaltene Wasserdampf wird *Luftfeuchtigkeit* genannt.

Sublimation und Resublimation. Nasse Wäsche, die im Winter im Freien zum Trocknen auf die Leine gehängt wird, erstarrt zuerst durch gefrierendes Wasser und trocknet dann, ohne daß das Eis schmilzt.
Aus Eis ist unter Umgehung des flüssigen Zustandes unsichtbarer Wasserdampf geworden. Diesen Vorgang nennt man **Sublimation**.
An kalten Tagen sind oft Eisblumen an den Fenstern zu sehen. Sie entstehen dadurch, daß gasförmiges Wasser (Luftfeuchtigkeit) ohne Beteiligung des flüssigen Zustandes zu festem Eis wird. Dieser Vorgang heißt **Resublimation**. Auch die Bildung von Rauhreif ist auf diese Weise zu erklären (▶ B 12.2).

Auch andere Stoffe können ihren Aggregatzustand ändern. Festes *Wachs* schmilzt, wenn es erwärmt wird, und verdampft bei weiterem Erhitzen.
Auch *Metalle* schmelzen bei höheren Temperaturen. Dies geschieht z.B. beim Löten mit Zinn. Nach dem Erkalten der Lötstelle sind die beiden Werkstücke durch das erstarrte Zinn fest miteinander verbunden.
Wird festes *Iod* erwärmt (▶ V 12.1), so entsteht durch Sublimation violetter Ioddampf. Beim Abkühlen bildet sich daraus durch Resublimation wieder festes Iod (▶ B 12.3).

Stoffe können in drei Aggregatzuständen vorkommen: fest, flüssig und gasförmig. Die Begriffe Schmelzen, Erstarren, Verdampfen, Kondensieren, Sublimieren und Resublimieren bezeichnen die Übergänge zwischen den Aggregatzuständen.

1.5 Exkurs: Das Versuchsprotokoll

In chemischen Labors und im Chemieunterricht wird häufig experimentiert. Die Versuche müssen *sorgfältig geplant* und *sicher durchgeführt* werden.
Zur ordnungsgemäßen Ausführung eines Experiments gehört die Anfertigung eines schriftlichen **Versuchsprotokolls**. Dies ist eine in chemischen Labors alltägliche Beschäftigung, die mit großer Genauigkeit ausgeübt wird (▶ B 13.1). Auf diese Weise wird ein einmal ablaufendes Geschehen festgehalten, und keine Einzelheit kann in Vergessenheit geraten. Das Experiment kann so jederzeit überprüft und wiederholt werden. Auch im Chemieunterricht werden Versuchsprotokolle angefertigt.

Wie man ein Versuchsprotokoll erstellt. Ein Versuchsprotokoll muß *deutlich gegliedert* werden, damit es übersichtlich ist. Die folgende Einteilung hat sich bewährt:

Aufgabe oder Fragestellung
Geräte und Chemikalien
Zeichnung des Versuchsaufbaus
Durchführung des Versuchs
Beobachtungen
Auswertung

Vor Beginn des Experiments wird die *Aufgabenstellung* notiert. Dann werden *Geräte* und *Chemikalien* benannt, eine *Zeichnung des Versuchsaufbaus* angefertigt und die *Durchführung* des Versuchs festgelegt. Häufig ist es sinnvoll, Aufbau und Durchführung des Versuchs unter einem Punkt zusammenzufassen.

Während des Versuchsablaufs ruht die Arbeit am Protokoll, das Versuchsgeschehen soll aufmerksam beobachtet werden.

Nach Beendigung des Experiments werden die *Beobachtungen* in der richtigen Reihenfolge und in übersichtlicher Form schriftlich niedergelegt. Dabei ist es häufig notwendig, die mit den Beobachtungen in Zusammenhang stehenden *Tätigkeiten* mit aufzuführen.
Es ist unbedingt darauf zu achten, daß hier noch keine Deutungsversuche vorgenommen werden. Dies ist dem letzten Teil des Protokolls, der *Auswertung* des Experiments, vorbehalten.

Beobachtungen und Deutungen sind voneinander zu trennen.

Zuerst soll darüber nachgedacht werden, wie die aufgeschriebenen Beobachtungen *gedeutet* werden können. Dann wird das Ergebnis dieser Überlegungen ins Protokoll aufgenommen. Häufig läßt ein Experiment mehrere Deutungen zu. Auch dies wird im Protokoll vermerkt.

B 13.1 Laborantin beim Protokollieren eines Versuchs

B 13.2 Beispiel für ein Versuchsprotokoll. Es soll klar gegliedert sein und alle wichtigen Angaben enthalten

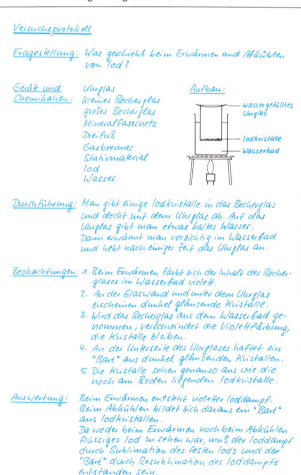

1.6 Schmelz- und Siedetemperatur

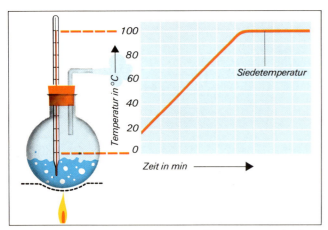

B 14.1 Siedetemperatur von Wasser und Temperaturverlauf beim Erhitzen

V 14.1 Erhitze nach B 14.1 Wasser bis zum Sieden (Siedesteinchen!). Notiere die Temperatur in regelmäßigen Zeitabständen. Erstelle ein Siedediagramm und bestimme daraus die Siedetemperatur.

V 14.2 Man erwärmt etwas Alkohol im Wasserbad bei 95 °C (Vorsicht, brennbare Dämpfe! Schutzbrille!). Bestimme die Siedetemperatur wie in V 14.1 und zusätzlich im Dampfraum.

V 14.3 Bringe in einem Reagenzglas etwas Stearinsäure im Wasserbad (95 °C) zum Schmelzen. Nimm das Glas einige Minuten danach aus dem Bad. Ermittle im Minutenabstand die Temperaturwerte bis zum Erstarren (jeweils umrühren!). Erstelle ein Diagramm und bestimme die Erstarrungstemperatur.

Manche der bisher behandelten Stoffeigenschaften (z.B. Geruch und Farbe) können nicht immer eindeutig beschrieben werden.
Für die Kennzeichnung von Stoffen werden deshalb die Eigenschaften bevorzugt, die *meßbar* sind und mit *Zahlen* belegt werden können.

Bestimmung der Siedetemperatur. Um die **Siedetemperatur** des Wassers zu bestimmen, erhitzt man dieses und verfolgt den Temperaturverlauf (▶ V 14.1). Bei 100 °C beginnt das Sieden. Von nun an zeigt das Thermometer keine weitere Temperaturerhöhung an (▶ B 14.1). Oft werden allerdings abweichende Werte festgestellt. Die Siedetemperatur ist nämlich vom *Luftdruck* abhängig. Um vergleichen zu können, wird einheitlich die Siedetemperatur bei Normdruck (1013 mbar) angegeben. Die Siedetemperaturen anderer Flüssigkeiten werden auf entsprechende Weise ermittelt (▶ V 14.2). Siedetemperatur und **Kondensationstemperatur** stimmen überein.

Bestimmung der Schmelztemperatur. Zur Bestimmung der **Schmelztemperatur** eines Feststoffes wird im Reagenzglas eine kleine Portion, z.B. Stearinsäure, erwärmt. Bei 71 °C beginnt der Schmelzvorgang. Von hier an erfolgt kein weiterer Anstieg der Temperatur, bis eine klare Schmelze entstanden ist. Erst dann erwärmt sich die Flüssigkeit weiter (▶ B 14.2).
Zur Kontrolle kann bei langsamer Abkühlung die **Erstarrungstemperatur** gemessen werden (▶ V 14.3).

Schmelz- und Erstarrungstemperatur, Siede- und Kondensationstemperatur sind meßbare Eigenschaften vieler Stoffe und dienen zu deren Kennzeichnung.

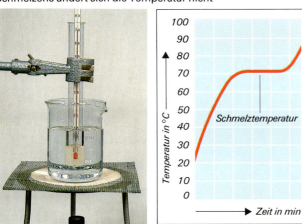

B 14.2 Schmelztemperatur von Stearinsäure. Während des Schmelzens ändert sich die Temperatur nicht

B 14.3 Schmelz- und Siedetemperaturen einiger Stoffe bei Normdruck

Stoff	Schmelz-temperatur (°C)	Siede-temperatur (°C)
Sauerstoff	−218,9	−183
Ether	−116	35
Alkohol	−114	78,4
Quecksilber	−38,8	356,6
Benzol	6	80,1
Glycerin	18	290,6
Stearinsäure	71	370
Schwefel	119	444
Blei	327,4	1740
Kochsalz	801	1461
Eisen	1535	2750

1.7 Dichte

Nimmt man einen Aluminiumwürfel und einen Bleiwürfel gleichen Volumens (▶ B 15.1) in die Hand, so merkt man sofort, daß der Bleiwürfel der schwerere von beiden ist. Sie haben eine unterschiedliche **Dichte**. Aus der Masse (in Gramm), die ein Würfel vom Volumen 1 cm³ hat, ergibt sich die Dichte des Stoffes. Die Dichte ϱ ist der Quotient aus der *Masse m* und dem *Volumen V* einer Stoffportion.

$$\text{Dichte} = \frac{\text{Masse}}{\text{Volumen}} \ ; \qquad \varrho = \frac{m}{V}$$

Bestimmung der Dichte von Feststoffen. Um die Dichte auch unregelmäßig geformter Körper bestimmen zu können, wird zuerst auf der Waage die Masse des Körpers ermittelt. Dann wird sein Volumen durch Wasserverdrängung bestimmt (▶ B 15.2).

Bestimmung der Dichte von Flüssigkeiten. Bei Flüssigkeiten ist die Dichte leichter zu bestimmen. Man ermittelt durch Wägung die Masse einer Stoffportion, bestimmt das Volumen mit einem Meßzylinder und berechnet die Dichte.

Bestimmung der Dichte von Gasen. In eine weitgehend luftleer gepumpte und gewogene Gaswägekugel wird mit Hilfe eines Kolbenprobers eine Gasportion mit bekanntem Volumen eingesaugt. Anschließend wird die Kugel erneut gewogen. Aus der Massenzunahme und dem Volumen wird dann die Dichte berechnet.

Dichten sind abhängig von *Temperatur* und *Druck*. Tabellenwerte im Buch (▶ B 15.3) beziehen sich einheitlich auf 20 °C und Normdruck (1013 mbar).

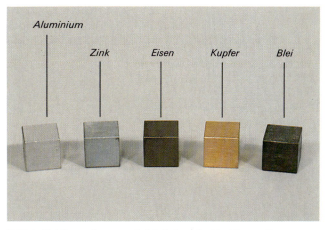

B 15.1 Kubikzentimeterwürfel einiger Stoffe. Wegen ihrer unterschiedlichen Dichte sind sie verschieden schwer

V 15.1 Bestimme entsprechend der Darstellung in B 15.2 Masse und Volumen einiger Eisennägel. Berechne anschließend die Dichte von Eisen.

A 15.1 Die Masse eines Meßzylinders wurde mit 73 g bestimmt. Nachdem 50 cm³ Alkohol eingefüllt worden waren, wog der Zylinder 112,5 g. Berechne die Dichte des Alkohols.

A 15.2 Zur Bestimmung der Dichte der Luft wurde eine Gaswägekugel evakuiert (luftleer gemacht) und gewogen. Nachdem 200 cm³ Luft eingesaugt worden waren, wurde die Kugel erneut gewogen. Die Massenzunahme betrug 0,24 g. Berechne aus diesen Angaben die Dichte der Luft.

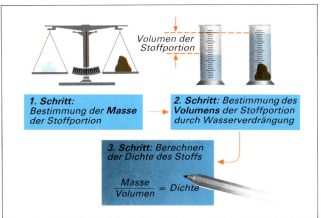

B 15.2 Bestimmung der Dichte aus Masse und Volumen einer Stoffportion

B 15.3 Dichten einiger Stoffe bei 20 °C und Normdruck

Stoff	Aggregatzustand	Dichte (g/cm³)
Stickstoff	gasförmig	0,00116
Sauerstoff		0,00133
Alkohol		0,79
Wasser	flüssig	1,0
Quecksilber		13,55
Schwefel		2,07
Aluminium		2,70
Zink	fest	7,14
Eisen		7,87
Kupfer		8,93
Blei		11,34

1.8 Löslichkeit

V 16.1 Prüfe im Reagenzglas, ob sich folgende Stoffe jeweils in Wasser, Alkohol oder Benzin lösen: Kochsalz, Zucker, Öl, Naphthalin, Kohlenstoff, Kerzenwachs und Styropor.
Stelle die Ergebnisse in einer Tabelle zusammen.

V 16.2 Gib in ein Becherglas 100 g Wasser und löse unter Umrühren 30 g Kochsalz auf. Füge nach und nach Portionen von je 1 g hinzu, bis ein Bodenkörper sichtbar bleibt. Gib die nächste Portion jeweils erst dann hinzu, wenn sich die vorhergehende vollständig aufgelöst hat. Der Lösungsvorgang kann durch vorübergehendes Erwärmen beschleunigt werden.
Wie groß ist die Masse der Kochsalzportion, die sich in 100 g Wasser löst?

A 16.1 Alkohol löst sich gut in Wasser. Gib an, warum in B 16.3 die Löslichkeit von Alkohol nicht aufgeführt ist.

A 16.2 Was sagt die Angabe „Kochsalzlösung 1%" auf dem Etikett einer Chemikalienflasche aus?

Stoffe können sich in anderen Stoffen lösen. Wird etwas *Kochsalz* in *Wasser* gegeben, so ist das Salz nach einiger Zeit nicht mehr zu sehen. Es ist aber noch vorhanden, denn die Flüssigkeit schmeckt salzig. Man sagt, das Kochsalz hat sich **gelöst**. Dabei ist eine **Lösung**, Kochsalzlösung, entstanden. Auch bestimmte *Flüssigkeiten und Gase* sind in Wasser löslich, wie alkoholische Getränke und Sprudel zeigen.
Außer Wasser können auch andere Flüssigkeiten (z. B. Alkohol und Benzin) als Lösungsmittel auftreten. Sie haben jedoch andere Eigenschaften. So ist *Benzin* nicht in der Lage, Kochsalz zu lösen, jedoch ist es ein gutes Lösungsmittel für Öl (▶ B 16.1). Ein Fettfleck läßt sich mit Benzin leicht entfernen (▶ B 16.2).

Flüssigkeiten, die Stoffe lösen, heißen Lösungsmittel. Gelöst werden können Feststoffe, Flüssigkeiten und Gase. Ein Lösungsmittel kann nicht jeden Stoff lösen.

Löslichkeit in Wasser. Gibt man auf eine größere Portion Kochsalz einen Tropfen Wasser, so löst dieser nur eine bestimmte Portion des Salzes. Der Rest bleibt als Feststoff zurück. Wir wollen einmal der Frage nachgehen, wieviel Kochsalz sich in einer bestimmten Portion Wasser löst, indem wir zu 100 g Wasser in kleinen abgewogenen Portionen Salz hinzufügen (▶ V 16.2). Nach Zugabe von etwa 36 g kann das Lösungsmittel Wasser kein Kochsalz mehr aufnehmen. Das überschüssige Salz setzt sich vielmehr als **Bodenkörper** auf dem Grund des Gefäßes ab. Die Lösung ist **gesättigt**.

Die Löslichkeit ist eine meßbare Stoffeigenschaft. Sie gibt an, wieviel Gramm eines Stoffes sich in 100 Gramm Lösungsmittel lösen.

Manche Stoffe sind in Wasser *gut löslich* (Zucker, Kochsalz), andere *schwerlöslich* (Gips, Löschkalk) oder nahezu *unlöslich* (Schwefel, Öl). Alkohol ist unbegrenzt wasserlöslich.
Häufig wird angegeben, wieviel Gramm eines gelösten Stoffes in 100 g *fertiger Lösung* enthalten sind. So sind in 100 g Meerwasser etwa 3,5 g Salz gelöst. Der Massenanteil des Salzes beträgt hierbei 3,5 Prozent.

B 16.1 Lösungsmittel im Vergleich. Lösen sie jeden Stoff?

Stoff	Lösungsmittel:	
	Benzin	Wasser
Kohlenstoff	nein	nein
Öl, Fett	ja	nein
Kochsalz	nein	ja
Alkohol	ja	ja
Rohrzucker	nein	ja
Naphthalin	ja	nein
Kerzenwachs	ja	nein

B 16.2 Fettfleckentfernung. Anwendung eines geeigneten Lösungsmittels

B 16.3 Löslichkeit einiger Stoffe in Wasser bei 20 °C

Stoff	Löslichkeit in g/100 g Wasser
Rohrzucker	203,9
Kochsalz	35,88
Kaliumnitrat	31,66
Soda	21,66
Alaun	6,01
Gips	0,20
Löschkalk	0,12
Sauerstoff	0,0043
Stickstoff	0,0019
Kalkstein	0,0015

Löslichkeit

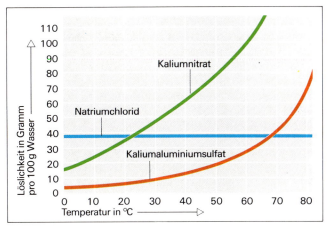

B 17.1 **Einfluß der Temperatur auf die Löslichkeit** verschiedener Stoffe in Wasser

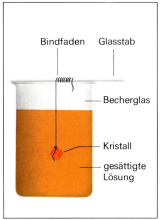

B 17.2 **Züchtung von Kristallen** (Versuchsaufbau)

B 17.3 **Gezüchteter Kristall** aus Kupfersulfat

Löslichkeit und Temperatur. Wird eine gesättigte Lösung von Alaun (Kaliumaluminiumsulfat) in Wasser mit Bodenkörper erwärmt, so löst sich dieser auf. Beim Abkühlen erscheint er wieder. Heißes Wasser kann mehr Alaun lösen als kaltes. Die Löslichkeit von Alaun ist *temperaturabhängig*. Sie nimmt beim Erwärmen zu (▶ B 17.1). Ähnlich verändert sich die Löslichkeit von Kaliumnitrat und anderen Stoffen. Bei Kochsalz dagegen ist sie fast unabhängig von der Temperatur.

Bei vielen festen und flüssigen Stoffen nimmt die Löslichkeit mit steigender Temperatur zu.

Tabellen mit Angaben über Löslichkeiten müssen immer einen Hinweis auf die Temperatur enthalten.

Bildung von Kristallen. Läßt man eine gesättigte Kochsalzlösung längere Zeit offen stehen (▶ V 17.3), so stellt man fest, daß sich am Boden des Gefäßes quaderförmige *Kristalle* gebildet haben. Ein Teil des Wassers ist verdunstet. Das zurückgebliebene Salz hat sich in Kristallen abgesetzt, es ist *auskristallisiert*. Im Laufe der Zeit wachsen die Kristalle allmählich zu immer größeren Gebilden heran. Besonders schön geformte Kristalle erhält man, wenn man einen der am Boden liegenden Kristalle an einem Faden befestigt und wieder in die gesättigte Lösung hängt. Auf diese Weise lassen sich auch aus Lösungen von Kupfersulfat, Alaun und anderen Stoffen Kristalle gewinnen (▶ B 17.2 und 3).

Stoffe, deren Löslichkeit mit der Temperatur steigt, kristallisieren aus, wenn heißgesättigte Lösungen sich abkühlen. Je langsamer die Abkühlung erfolgt, desto größere Kristalle entstehen.

V 17.1 Gib zu 100 g Wasser 20 g Alaun, rühre gut um und erwärme, bis eine klare Lösung entsteht. Laß die Lösung anschließend wieder abkühlen. Erkläre deine Beobachtungen.

V 17.2 Gib in zwei Reagenzgläser je 5 g Wasser. Füge 3 g Kochsalz bzw. Kaliumnitrat hinzu und erwärme die Gläser im Wasserbad auf 70 °C. Beobachte die Erscheinungen und erkläre sie mit Hilfe von B 17.1.

V 17.3 Gieße eine gesättigte Kochsalzlösung auf ein Uhrglas und stelle es an einen warmen Ort. Betrachte die Kristalle, die übrig bleiben, wenn das Wasser verdunstet ist.

V 17.4 Gib die in V 17.1 gewonnene kaltgesättigte Alaunlösung ohne Bodenkörper in eine flache Schale und warte, bis sich Kristalle bilden. Wähle einen großen Kristall aus, befestige ihn in der Schlaufe eines Perlonfadens und hänge ihn erneut in eine gesättigte Lösung ein. Stelle das Glas für einige Tage/Wochen an einen Ort mit möglichst gleichbleibender Temperatur. Entferne von Zeit zu Zeit vorsichtig Kristalle, die sich am Boden gebildet haben.

A 17.1 Wieviel Gramm Kaliumnitrat müssen wenigstens zu 50 g Wasser gegeben werden, um bei 40 °C (60 °C) eine gesättigte Lösung zu erzielen?

A 17.2 Eine warmgesättigte Lösung von Alaun in Wasser wurde im verschlossenen Gefäß über Nacht stehengelassen. Am Morgen war ein Bodensatz sichtbar. Eine daneben stehende gesättigte Kochsalzlösung blieb unverändert. Erkläre!

1.9 Eigenschaftskombination und Stoffklasse

B 18.1 Verschiedene gelbe Feststoffe. Sie sind durch ihre Farbe nicht eindeutig voneinander zu unterscheiden

V 18.1 Erwärme Schwefel im Reagenzglas langsam bis zum Sieden. Beschreibe die Veränderungen.

V 18.2 Man entzündet Schwefel in einem Verbrennungslöffel unter dem Abzug.

V 18.3 Prüfe Holz, Glas, Eisen, Kupfer, Styropor, Messing, Schwefel, Aluminium, Graphit auf a) Glanz bei frisch bearbeiteter Oberfläche, b) Verformbarkeit (Hammer), c) Wärmeleitfähigkeit, d) elektrische Leitfähigkeit (nach B 18.2).
Versuche, die Stoffe in Gruppen zu ordnen.

A 18.1 Stelle eine typische Eigenschaftskombination für Quecksilber auf.

B 18.2 Versuchsanordnung zur Prüfung der elektrischen Leitfähigkeit bei festen Stoffen

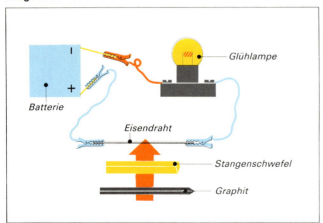

Erst mehrere Eigenschaften kennzeichnen einen Stoff. Wir haben bisher zahlreiche Stoffeigenschaften kennengelernt. Manche treffen allerdings für mehrere Stoffe zu. So gibt es z. B. außer Schwefel noch andere gelbe Stoffe (▶ B 18.1). Die Angabe einer einzelnen Eigenschaft reicht also nicht aus, um einen Stoff sicher und eindeutig zu erkennen. Man muß *mehrere* und *typische* Eigenschaften heranziehen. Wir wollen dies am Beispiel des Schwefels weiterverfolgen.

Charakteristisch für Schwefel ist sein *Verhalten beim Erhitzen* (▶ V 18.1). Er schmilzt zunächst zu einer honiggelben, leichtbeweglichen Flüssigkeit, die bei weiterem Erwärmen rotbraun und zähflüssig wird. Schließlich nimmt die Beweglichkeit der Schmelze wieder zu, die Farbe wird noch dunkler. Der entweichende Schwefeldampf resublimiert beim Abkühlen sofort wieder zu festem, gelbem Schwefel.
Auch die Untersuchung der *Brennbarkeit* zeigt ein typisches Ergebnis: Schwefel verbrennt mit blauer Flamme, dabei entsteht ein stechend riechendes Gas (▶ V 18.2).

Die ermittelten Eigenschaften heben den Schwefel bereits von allen anderen Stoffen ab und kennzeichnen ihn *eindeutig.* Nur bei ihm treten genau diese Eigenschaften *kombiniert* miteinander auf.

Jeder Stoff hat wenigstens eine für ihn typische Eigenschaftskombination.

Wie viele und welche Eigenschaften ermittelt werden müssen, um zu einer eindeutigen Kennzeichnung zu kommen, ist von Fall zu Fall verschieden. Oft genügt es bereits, wie im obigen Beispiel (Schwefel) leicht erkennbare und ermittelbare Eigenschaften heranzuziehen. In anderen Fällen müssen zusätzlich meßbare Eigenschaften wie Schmelz- und Siedetemperatur oder Dichte bestimmt werden.

Stoffklasse Metalle. Durch kombiniertes Auftreten bestimmter Eigenschaften können nicht nur einzelne Stoffe sicher erkannt werden. Im Falle der *Metalle* zeichnet sich sogar eine ganze *Gruppe von Stoffen* durch eine gemeinsame Kombination bestimmter Eigenschaften aus.
Alle Metalle haben einen typischen *Oberflächenglanz.* Sie sind *verformbar* und gute *Wärmeleiter.* Außerdem weisen sie noch eine weitere gemeinsame Eigenschaft auf: gute *Leitfähigkeit für elektrischen Strom.* Wie man diese ermittelt, zeigt ▶ B 18.2. Man faßt die metallischen Stoffe deshalb zu einer **Stoffklasse** zusammen.

Metalle bilden eine Klasse von Stoffen mit einer gemeinsamen Eigenschaftskombination.

Eigenschaftskombination und Stoffklasse

Metallischer Glanz und Verformbarkeit sind Eigenschaften, die den Menschen schon in früherer Zeit veranlaßten, Metalle zu Schmuckgegenständen zu verarbeiten. Zähigkeit, Elastizität und Härte machen manche Metalle zum idealen Material für Werkzeuge. Ihre gute Leitfähigkeit für elektrischen Strom macht die Metalle besonders geeignet für die Verwendung in der Elektroindustrie. Werden verschiedene Metalle zusammengeschmolzen, so entstehen **Legierungen**. Aus Eisen entstehen durch Legieren mit anderen Metallen (z. B. Chrom oder Nickel) Stähle mit ganz unterschiedlichen Eigenschaften. Beispiele einiger Metalle und ihrer Verwendung zeigt ▶ B 19.1.

Einteilung der Metalle. Neben gemeinsamen Eigenschaften gibt es innerhalb der Stoffklasse der Metalle natürlich auch Unterschiede, die es gestatten, die Vielzahl der Metalle zu ordnen.
Ein Teil dieser Stoffe (z. B. Blei, Zink) zeigt den typischen Metallglanz nur bei *frisch bearbeiteter Oberfläche*. Sie werden **unedle Metalle** genannt. Gold und Platin dagegen behalten ihren Glanz. Es sind **Edelmetalle**.
Metalle lassen sich auch nach ihrer *Dichte* ordnen (▶ B 19.2). Ist sie kleiner als 5 g/cm³, spricht man von **Leichtmetallen**, im anderen Falle (Dichte größer oder gleich 5 g/cm³) von **Schwermetallen**.

Weitere Stoffklassen. Neben den Metallen gibt es auch noch andere Stoffe mit einander ähnlichen Kombinationen von Eigenschaften. Wie Kochsalz kommen z. B. auch blaues Kupfersulfat und Alaun in regelmäßig geformten Kristallen vor. Sie sind ziemlich hart und spröde. Man zählt sie zur Klasse der **salzartigen Stoffe**. Viele salzartige Stoffe sind wasserlöslich, wenn auch ihre Löslichkeiten recht unterschiedlich sind. Manche lösen sich nur in Spuren. Im Gegensatz zu Metallen sind salzartige Stoffe im festen Zustand Nichtleiter für elektrischen Strom; Schmelzen und wäßrige Lösungen sind gute Leiter. Schmelz- und Siedetemperaturen salzartiger Stoffe liegen recht hoch. So schmilzt Kochsalz bei etwa 800 °C und siedet bei etwa 1460 °C. Wasser, Benzin, Naphthalin und Schwefel sind weder Metalle noch Salze. Sie werden wegen ihrer niedrigen Schmelz- und Siedetemperaturen als *flüchtige Stoffe* bezeichnet. Sie besitzen keine elektrische Leitfähigkeit.

Nicht alle Stoffe lassen sich einer der genannten Stoffklasse zuordnen. Zucker kommt z. B. in regelmäßig geformten Kristallen vor und ist gut wasserlöslich. Dennoch gehört er nicht zur Klasse der salzartigen Stoffe. Er schmilzt nämlich schon bei sehr niedriger Temperatur. Weder Schmelze noch wäßrige Lösung leiten den elektrischen Strom.

Aluminium
Wichtigstes Leichtmetall, sehr dehnbar (Folien, Tuben), gute Leitfähigkeit für Wärme und Elektrizität

Blei
Sehr weich, an frischer Oberfläche blau glänzend, Verwendung für Batterien, Schutz gegen Röntgenstrahlen

Eisen
Wichtigstes Gebrauchsmetall für Werkzeuge, Maschinen und Bauten, magnetisierbar, rostet an feuchter Luft

Gold
Weich, sehr dehnbar. Dünne Goldfolie läßt Licht grün durchscheinen. Verwendung als Schmuckmetall und in der Zahnmedizin

Kupfer
Weiches, rötliches, sehr dehnbares Schwermetall, zweitbester elektrischer Leiter, Verwendung in elektrischen Geräten

Magnesium
Unedles Leichtmetall. Verwendung in Legierungen für Flugzeug- und Motorenbau

Quecksilber
Silberglänzendes, halbedles Schwermetall, bei Zimmertemperatur flüssig. Verwendung in Thermometern. Dämpfe sind giftig

Silber
Weiches Edelmetall, bester elektrischer Leiter. Verwendung als Schmuck und Münzmetall und für medizinische Geräte

Zink
Hellgraues Schwermetall. Gegen Witterungseinflüsse gut beständig. Wird zum Verzinken von Stahlblech verwendet.

Zinn
Silberglänzendes Schwermetall, weich, dehnbar. Verwendung: Früher für Geschirr, im Lötzinn und zum Verzinnen von Eisenblech

B 19.1 **Einige wichtige Metalle** und ihre Verwendung

B 19.2 **Einteilung der Metalle** nach ihrer Dichte

Leichtmetalle	Dichte (g/cm³)	Schwermetalle	Dichte (g/cm³)
Magnesium	1,7	Eisen	7,87
Aluminium	2,7	Kupfer	8,9
		Blei	11,4
		Gold	19,3
		Platin	21,4

B 19.3 **Quecksilber,** das einzige bei Zimmertemperatur flüssige Metall. Seine Dämpfe sind sehr giftig

1.10 Reinstoff und Stoffgemisch

B 20.1 **Granit,** ein natürliches Stoffgemisch aus Feldspat, Quarz und Glimmer

B 20.2 **Mischen von Beton** aus Sand, Zement und Wasser

B 20.3 **Chemikalienetikett mit Reinheitsangabe.** Selbst reinste Stoffe enthalten meist noch Beimengungen anderer Stoffe

Stoffgemische in unserer Umwelt. Wir haben bisher zahlreiche Stoffe kennengelernt und ihre Eigenschaften untersucht. Darunter waren meist Stoffe, die nicht miteinander vermischt waren. Solche Stoffe werden **Reinstoffe** genannt. Sie lassen sich durch Kombination ausgewählter Eigenschaften eindeutig kennzeichnen.

Die Mehrzahl der Stoffe, die uns täglich begegnen, sind jedoch **Gemische** aus verschiedenen Reinstoffen. So sieht man bereits mit bloßem Auge, daß der Stoff *Granit* (▶ B 20.1) nicht einheitlich aufgebaut ist. Bei genauem Hinsehen erkennt man drei verschiedene feste Bestandteile: rötlichen Feldspat, weißen Quarz und schwarzen Glimmer (▶ V 21.1). Granit ist ein Gemisch, das mechanisch in seine Bestandteile zerlegt werden kann.
Steinsalz, Sandstein und Gartenerde sind weitere, natürlich vorkommende feste Gemische.
Ihre Eigenschaften sind nicht eindeutig festgelegt. Sie hängen davon ab, welche Reinstoffe miteinander vermischt sind und welche Mischungsverhältnisse vorliegen. Die Eigenschaften der Reinstoffe selbst bleiben in diesen Gemischen erhalten. So kann man die Bestandteile des Granits an ihrer Farbe erkennen. Bei manchen Gemischen muß man allerdings ein Mikroskop zu Hilfe nehmen.

Für viele Zwecke im Alltag werden Gemische hergestellt, beispielsweise bei der Herstellung von Beton (▶ B 20.2), beim Mischen von Farben, bei der Zubereitung von Salben, bei der Herstellung von Teig und bei der Zubereitung von Speisen.

Selbst viele im Chemielabor verwendete „Reinstoffe" enthalten noch geringe Anteile an Verunreinigungen, wie das Chemikalienetikett (▶ B 20.3) zeigt. Die Herstellung von möglichst reinen Stoffen ist eine wichtige Aufgabe der Chemiker.

Die meisten Stoffe in unserer Umwelt sind keine Reinstoffe, sondern Gemische aus Reinstoffen.

Arten von Gemischen. Reinstoffe treten in drei Aggregatzuständen auf. Man unterscheidet danach verschiedene Arten von Gemischen.
Ist ein fester, wasserunlöslicher Stoff in Wasser fein verteilt, spricht man von einer **Suspension (Aufschlämmung).** Sie entsteht z.B. bei der Verteilung von Lehm oder Sand in Wasser. Läßt man eine Suspension stehen, setzt sich nach einiger Zeit der feste Bestandteil des Gemisches entsprechend seiner Dichte am Boden des Gefäßes ab (▶ B 21.1). Suspensionen entstehen auch, wenn feste, unlösliche Stoffe in anderen Flüssigkeiten verteilt werden.

Reinstoff und Stoffgemisch

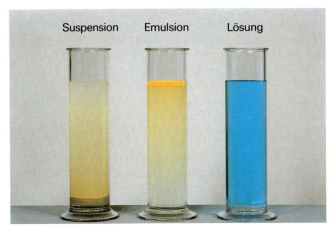

B 21.1 **Vergleich einiger Gemische.** Nur Lösungen sind homogen

Stoffgemisch	Aggregatzustand der Bestandteile	Benennung
Granit, Steinsalz	fest – fest	Feststoffgemisch
Lehmwasser Kochsalzlösung	fest – flüssig	Suspension Lösung
Fetttropfen in Milch Weinbrand	flüssig – flüssig	Emulsion Lösung
Flüssigkeitströpfchen in der Luft Selterswasser	flüssig – gasförmig	Nebel Lösung
Ruß- und Staubkörnchen in der Luft	fest – gasförmig	Rauch

B 21.2 **Einteilung und Benennung von Stoffgemischen** nach dem Aggregatzustand der Bestandteile

Werden zwei Flüssigkeiten, die ineinander nicht löslich sind, z. B. Wasser und Speiseöl, zusammengegeben und geschüttelt, entsteht eine milchige Flüssigkeit. Beide Stoffe sind in feine Tröpfchen zerteilt und miteinander vermischt worden. Es ist eine **Emulsion** entstanden. Die Öl-Wasser-Emulsion entmischt sich schnell wieder, indem die kleinen Tröpfchen zusammenfließen. Wegen seiner geringeren Dichte scheidet sich das Öl über dem Wasser ab.
Eine für längere Zeit haltbare Emulsion ist Milch, ein Gemisch von Fetttröpfchen in Wasser.
Schweben feinste Tropfen einer Flüssigkeit in einem Gas, spricht man von einem **Nebel**. Ein Gemisch von feinen Staubkörnchen in einem Gas nennt man **Rauch**.

Ein Gemisch, bei dem die verschiedenen Bestandteile zu erkennen sind, ist *nicht einheitlich* aufgebaut. Man bezeichnet solche Gemische als **heterogen** (von griech. heteros, ungleichartig). Feste Gemische, Suspensionen, Emulsionen, Nebel und Rauch sind heterogene Stoffgemische.

Bei einer Lösung z. B. von blauem Kupfersulfat in Wasser, lassen sich dagegen selbst mit stärkster Vergrößerung keine verschiedenen Bestandteile erkennen. Die Lösung sieht völlig *einheitlich* aus. Solche Stoffgemische bezeichnet man als **homogen** (von griech. homo, gleichartig). Einheitlich aussehende Lösungen entstehen auch, wenn zwei ineinander lösliche Flüssigkeiten (z. B. Alkohol und Wasser) vermischt werden, oder wenn sich ein Gas in einer Flüssigkeit löst.

Suspensionen, Emulsionen, Nebel und Rauch sind heterogene, Lösungen sind homogene Gemische.

V 21.1 Untersuche Granit mit bloßem Auge und mit einer Lupe. Wie viele Bestandteile sind zu erkennen?

V 21.2 Untersuche auf die gleiche Weise Steinsalz.

V 21.3 Zerkleinere mit dem Hammer einen Granitbrocken und sortiere mit einer Pinzette die verschiedenen Bestandteile.

V 21.4 Mische gleich große Portionen a) Eisen- und Schwefelpulver, b) Zucker und Kochsalz. Betrachte die Gemische unter dem Mikroskop. An welchen Eigenschaften kann man die Bestandteile erkennen?

V 21.5 Gib einige der folgenden Stoffe in Wasser und schüttle: Zucker, Sand, Kreidepulver, Speiseöl, Kochsalz, Benzin, Alkohol. Benenne die Gemische. Welche sind homogen, welche sind heterogen?

A 21.1 Ordne die folgenden Stoffe nach Reinstoffen und Gemischen: Kupfer, Meerwasser, Limonade, Kochsalz, Aluminium, Apfelsaft, Schwefel, Milch, Tee, Beton.

A 21.2 Gib an, was man unter homogenen und heterogenen Gemischen versteht.

A 21.3 Unterteile die in B 21.2 aufgeführten Gemische in homogene und heterogene Gemische.

A 21.4 Benenne die folgenden Gemische: a) Benzin und Wasser, b) Sand und Wasser, c) Alkohol und Wasser, d) Zucker und Mehl, e) Ruß und Abgase, f) Wassertropfen und Luft.

1.11 Verfahren zur Trennung von Gemischen

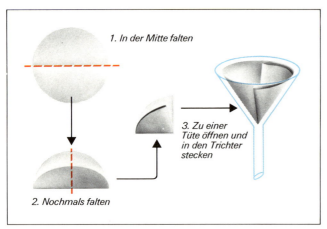

B 22.1 **Falten eines runden Filterpapiers** zum Einlegen in den Trichter

V 22.1 Stelle eine Suspension von feinem Sand in Wasser her und trenne das Gemisch durch Dekantieren.

V 22.2 Verrühre etwas Kohlenstoffpulver (Aktivkohle) in Wasser und filtriere das Gemisch. Verwende dazu einen Glastrichter und ein Rundfilter aus Papier. Das Papier wird entsprechend B 22.1 gefaltet, in den Trichter gesteckt und mit Wasser angefeuchtet. Prüfe die Farbe des Filtrats und fertige ein Versuchsprotokoll an.

A 22.1 Welche unterschiedlichen Stoffeigenschaften werden bei der Trennung durch Dekantieren ausgenutzt?

Da die meisten Stoffe, die uns im Alltag begegnen, Stoffgemische sind, müssen geeignete Trennverfahren ausgewählt werden, um daraus reine Stoffe zu gewinnen. Die unterschiedlichen Eigenschaften der Stoffe führen dabei zu ihrer Trennung voneinander.

Trennung von Suspensionen. Um aus einer Suspension von Sand und Wasser die reinen Stoffe zu gewinnen, wartet man ab, bis der Sand sich wegen seiner größeren Dichte am Boden des Gefäßes abgesetzt hat. Das überstehende Wasser läßt sich vorsichtig abgießen (▶ V 22.1). Man spricht von **Sedimentieren (Absetzen) lassen** und **Dekantieren (Abgießen)**.

Bei einer Aufschlämmung von feinem Kohlenstoffpulver in Wasser gelingt dieses Verfahren nicht. Zwar hat Kohlenstoff ebenfalls eine größere Dichte als Wasser, der Vorgang des Sedimentierens verläuft jedoch nur sehr langsam. Besser gelingt die Trennung durch **Filtrieren** (▶ V 22.2, ▶ B 22.2). Als Filter dient ein spezielles Filterpapier mit einer sehr geringen Porenweite. Die in der Suspension enthaltenen Kohlenstoffpartikel werden wegen ihrer Korngröße durch das Papier zurückgehalten. Als **Filtrat** sammelt sich reines Wasser im Auffanggefäß.

Häufig verläuft eine Filtration sehr langsam, da die vom Filterpapier zurückgehaltenen Partikel allmählich die Poren des Papiers verstopfen. Eine höhere Filtrationsgeschwindigkeit läßt sich dadurch erzielen, daß man zusätzlich die Flüssigkeit von unten her ansaugt (Saugfiltration) (▶ B 22.3).

Durch Filtrieren kann man die festen Bestandteile einer Suspension von der Flüssigkeit trennen.

B 22.2 **Filtrieren.** Feststoff und Flüssigkeit werden durch das Filter getrennt

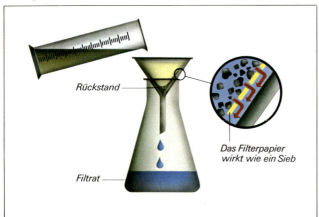

B 22.3 **Saugfiltration.** Der Druckunterschied bewirkt eine vergrößerte Geschwindigkeit der Filtration

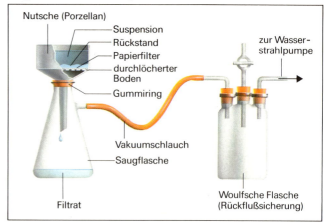

Verfahren zur Trennung von Gemischen

Wiedergewinnung eines gelösten Stoffes. Wenn man reines Salz aus einer wäßrigen Salzlösung gewinnen will, erweist sich die Filtration als untauglich.
Um das Kochsalz zu gewinnen, kann man das Wasser einfach verdunsten lassen. Diese Methode ist jedoch sehr zeitraubend. Schneller gelingt die Trennung, wenn man die Salzlösung zum Sieden erhitzt. Aufgrund der unterschiedlichen Siedetemperaturen von Wasser (100 °C) und Kochsalz (1460 °C) verdampft nur das Wasser. Das weiße Kochsalz bleibt zurück (▶ B 23.2).
Salzwasser hat eine höhere Siedetemperatur als reines Wasser. Je größer der Massenanteil des gelösten Salzes ist, desto höher ist die Temperatur der siedenden Lösung. Aus diesem Grunde steigt die Temperatur während des Siedevorganges an (▶ B 23.3), weil der Massenanteil durch Wasserverlust steigt.
Im Unterschied zu reinen Stoffen besitzen Lösungen keine konstante Siedetemperatur.

Durch Abdampfen kann ein gelöster Feststoff aus der Lösung zurückgewonnen werden.

Kombination von Trennverfahren. Manche Gemische lassen sich nicht durch *ein* Trennverfahren allein in ihre Bestandteile zerlegen. Will man z. B. aus Steinsalz, einem Gemisch aus Gestein und Kochsalz, das reine Salz gewinnen, muß man mehrere Trennverfahren in Kombination anwenden. Zuerst wird aus dem zerkleinerten Steinsalz mit Wasser das Salz herausgelöst, extrahiert. Das Begleitgestein ist schwerlöslich und bildet mit dem Wasser eine Suspension. Durch anschließende Filtration können Salzwasser und Gestein voneinander getrennt werden. Das klare Filtrat wird erhitzt, nach dem Abdampfen bleibt reines Kochsalz zurück.

B 23.1 **Steinsalz**, ein natürliches Gemisch aus Kochsalz und Gestein

V 23.1 a) Zerkleinere rohes Steinsalz und gib reichlich Wasser hinzu. Filtriere anschließend das Gemisch und prüfe Farbe und Geschmack des Filtrats. b) Gib das farblose Filtrat in eine Porzellanschale und dampfe das Gemisch vorsichtig ein (Schutzbrille). Fertige zu beiden Versuchsteilen ein Protokoll an.

A 23.1 Welche Trennverfahren finden bei der Gewinnung von reinem Salz aus Steinsalz Anwendung und welche Eigenschaften der Gemischbestandteile werden ausgenutzt?

A 23.2 Ein Gemisch aus Kohlenstoffpulver und Salz soll zerlegt werden. Plane die Durchführung des Experiments.

B 23.2 **Eindampfen.** Der gelöste Stoff (Kochsalz, rechts) wird vom Lösungsmittel (Wasser) getrennt

B 23.3 **Salzwasser** zeigt beim Erhitzen einen anderen Verlauf der Siedetemperatur als reines Wasser

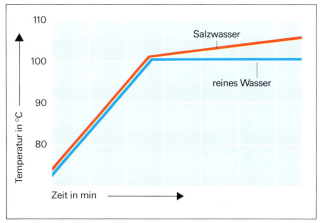

Verfahren zur Trennung von Gemischen

B 24.1 Kondensation von Wasserdampf an kühler Glasplatte

B 24.2 Kondensation in luftgekühltem Glasrohr

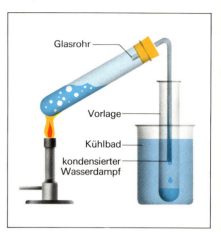

B 24.3 Kondensation in wassergekühlter Vorlage

Entwicklung einer Destillationsapparatur. In vielen südlichen Ländern herrscht Mangel an Trinkwasser, obwohl sie ans Meer grenzen. Wegen seines Salzgehaltes ist Meerwasser als Trinkwasser nicht zu gebrauchen. Die Menschen, die dort leben, sind auf die Entsalzung von Meerwasser angewiesen.

Wie kann man aus einer Salzlösung *Trinkwasser* gewinnen? Durch Verdunsten oder Eindampfen erfolgt zwar eine Trennung, das Wasser entweicht jedoch als Wasserdampf. Man benötigt eine Apparatur, mit der man den *Wasserdampf auffangen und wieder verflüssigen* kann.

Erhitzt man eine Salzlösung zum Sieden und hält in den Dampfstrom eine Glasplatte, so schlägt sich der Wasserdampf nieder, er kondensiert (▶ B 24.1).

Das Salz bleibt im Siedegefäß zurück, da es eine wesentlich höhere Siedetemperatur hat.

Auf diese Weise läßt sich nur wenig reines Wasser gewinnen. Günstiger ist es, den Wasserdampf in einem *Glasrohr* kondensieren zu lassen (▶ B 24.2). Wird das Glasrohr von außen mit Luft gekühlt, so ist die Ausbeute immer noch gering, weil sich das Rohr erwärmt und Wasserdampf entweicht. Dies kann man verhindern, wenn man das Auffanggefäß, die *Vorlage*, zusätzlich von außen mit kaltem Wasser kühlt (▶ B 24.3).

Eine weitere Verbesserung wird erzielt, wenn man das Kondensationsrohr mit einem Glasrohr umgibt, das mit Wasser gefüllt ist. In der Praxis verwendet man einen **Kühler**. Er besteht aus einem inneren Kondensationsrohr und einem äußeren Kühlrohr, durch das ständig kaltes Wasser geleitet wird (▶ B 24.4). Der Kühlwasserzufluß erfolgt am unteren Ende des Kühlers, so daß der Dampf mit einer immer kühler werdenden Gefäßwand in Berührung kommt *(Gegenstromprinzip)*. Man erhält **destilliertes Wasser** (von lat. destillare, herabträufeln). Es ist ein Reinstoff, der keine gelösten Stoffe mehr enthält. Im *Destillierkolben* bleibt das feste Salz zurück.

Entsalzung von Meerwasser. In einigen südlichen Ländern wird die Destillation von Meerwasser zur Gewinnung von Trinkwasser angewandt. In großen Destillationsanlagen wird Meerwasser durch Sonneneinstrahlung erwärmt (▶ B 25.1). Das verdampfte Wasser kondensiert an den gekühlten Teilen der Anlage und wird in Sammelrinnen aufgefangen. Um das so gewonnene Wasser für Trinkzwecke verwenden zu können, müssen ihm wieder Salze in geringen Mengen zugefügt werden.

B 24.4 **Destillationsapparatur mit Gegenstromkühler.** Der Wasserdampf kondensiert vollständig

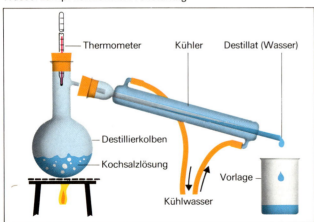

Verfahren zur Trennung von Gemischen

Trennung zweier Flüssigkeiten. Nicht nur eine Lösung von Kochsalz in Wasser, auch zwei miteinander vermischte Flüssigkeiten können durch Destillation voneinander getrennt werden, wenn sie sich in ihren Siedetemperaturen deutlich unterscheiden.

Bei Gemischen aus Alkohol und Wasser gelingt die Trennung jedoch nicht vollständig. Als Destillat sammelt sich kein reiner Alkohol in der Vorlage, sondern eine mit Alkohol angereicherte wäßrige Mischung. Der Dampf über dem siedenden Gemisch enthält neben Alkohol (Siedetemperatur 78,4 °C) auch Wasser, das unterhalb seiner Siedetemperatur verdunstet. Im Verlauf der Destillation steigt die Siedetemperatur des Gemisches ständig an. Entsprechend verändert sich auch die Zusammensetzung des Dampfes über der siedenden Flüssigkeit. Anfangs enthält er neben Alkohol als Hauptbestandteil nur wenig Wasser. Später, wenn der Alkohol abgetrennt ist, enthält der Dampf bei einer Siedetemperatur von 100 °C nur noch Wasser (▶ V 25.4).

Gemische von Flüssigkeiten mit nahe beieinander liegenden Siedetemperaturen lassen sich nur unvollständig durch Destillation trennen. Im Destillat ist die Flüssigkeit mit der niedrigeren Siedetemperatur angereichert. Je weiter die Siedetemperaturen auseinander liegen, desto vollständiger gelingt die Trennung. Durch mehrfaches Destillieren kann im Destillat der Anteil der Flüssigkeit mit der niedrigeren Siedetemperatur erhöht werden.

Die Trennung eines Stoffgemisches durch Verdampfen und anschließendes Kondensieren heißt Destillation. Stoffe mit nahe beieinander liegenden Siedetemperaturen werden nur unvollständig voneinander getrennt.

V 25.1 Erhitze Kochsalzlösung in einem Becherglas zum Sieden (Siedesteine!). Halte mit einer Reagenzglasklammer ein Uhrglas in den Dampf. Prüfe Farbe und Geschmack der kondensierten Flüssigkeit.

V 25.2 Baue zunächst eine Apparatur nach B 24.2 auf und destilliere Kochsalzlösung (Schutzbrille!). Verwende dann eine gekühlte Vorlage nach B 24.3. Wie wirkt sich die Veränderung aus?

V 25.3 Baue eine Destillationsapparatur nach B 24.4 auf und destilliere a) Kochsalzlösung, b) Tinte. Fertige eine Zeichnung der Apparatur an. Vergleiche das Destillat mit der Ausgangslösung.

V 25.4 Man destilliert in einer Apparatur nach B 24.4 Rotwein. Die Vorlage wird mehrmals gewechselt. Prüfe die verschiedenen Destillate auf Geruch und Brennbarkeit. Deute das Ergebnis.

V 25.5 Dampfe Leitungswasser in einer (schwarz glasierten) Porzellanschale oder im Reagenzglas vorsichtig ein. Ist Leitungswasser ein Reinstoff?

A 25.1 Vergleiche dest. Wasser, Meerwasser, Regenwasser (Geschmack, Reinstoff oder Stoffgemisch, Entstehungsweise).

A 25.2 Welche Gemische lassen sich durch Destillation trennen? Gib die Stoffeigenschaft an, die die Trennung ermöglicht.

A 25.3 Gib an, wie aus Meerwasser Trinkwasser gewonnen werden kann.

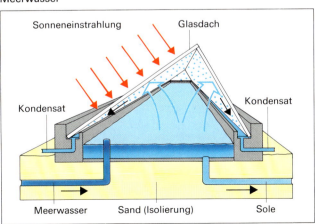

B 25.1 **Schemabild einer Destillationsanlage** zur Entsalzung von Meerwasser

B 25.2 **Destillationsanlage zur Entsalzung von Meerwasser** in Porto Santo. Sonnenstrahlen liefern die erforderliche Wärme

1.12 Weitere Trennverfahren

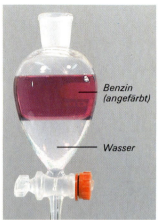

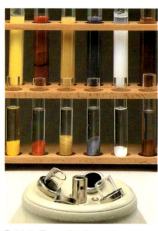

B 26.1 Trennung zweier Flüssigkeiten im Scheidetrichter

B 26.2 Zentrifugieren beschleunigt das Absetzen

V 26.1 Stelle im Becherglas eine Mischung aus Sand und Styroporkügelchen her und fülle mit Wasser auf. Erkläre deine Beobachtungen.

V 26.6 Man schüttelt im Scheidetrichter Benzin (mit Iod angefärbt) und Wasser und trennt beides wieder.

V 26.3 Untersuche entsprechend B 26.3 die Zusammensetzung schwarzer Filzstiftfarben. Der Papierdocht taucht in eine mit Wasser gefüllte Schale. Prüfe auch andere Filzschreiberfarben und Tinten darauf, ob es sich um Reinstoffe oder Gemische handelt. Als Fließmittel kann Wasser oder ein Gemisch aus Wasser (2 Teile), Butanol (2 Teile) und Eisessig (1 Teil) verwendet werden. Protokolliere!

B 26.3 Papierchromatografie. Schwarze Filzschreiberfarbe wird in einzelne Farbstoffe aufgetrennt

Feststoffe verschiedener *Dichten* können mit Hilfe einer Flüssigkeit getrennt werden, deren Dichte so gewählt ist, daß der eine Stoff nach oben steigt, während der andere zu Boden sinkt (**Schwimmtrennung**, ▶ V 26.1). Zwei ineinander nicht lösliche Flüssigkeiten lassen sich mit dem *Scheidetrichter* trennen, indem man die Flüssigkeit mit der größeren Dichte unten abläßt (▶ V 26.2, ▶ B 26.1).

Durch **Zentrifugieren** (▶ B 26.2) kann das Entmischen einer Suspension oder Emulsion beschleunigt werden.

Schwefel läßt sich aus schwefelhaltigem Gestein aufgrund seiner niedrigen *Schmelztemperatur* durch **Ausschmelzen** gewinnen. Auch das Auslassen von Fett beruht auf diesem Prinzip.

Beim **Extrahieren (Herauslösen)** nutzt man die unterschiedliche *Löslichkeit* der Gemischbestandteile aus. So kann Kochsalz aus Steinsalz herausgelöst (extrahiert) werden, ebenso Pflanzenfett aus Samen mit geeigneten Lösungsmitteln.

Mit Hilfe der **Chromatografie** (Hafttrennung) lassen sich *kleinste Portionen* von Gemischen schnell und schonend auftrennen. Trägt man Filzstiftfarbe um das Loch eines durchbohrten Rundfilters auf und tränkt dieses von innen mit einem Fließmittel, so entstehen verschiedene Farbzonen (▶ B 26.3, ▶ V 26.3). Der Farbstoff ist demnach ein Gemisch. Die Auftrennung kommt dadurch zustande, daß die einzelnen Farben an den Papierfasern unterschiedlich fest haften. Die Farbe mit der geringsten *Haftfestigkeit* wird vom Fließmittel am weitesten vom Ausgangspunkt wegbefördert. Da die Trennung auf Papier stattfindet, spricht man von **Papierchromatografie**.

B 26.4 Einige wichtige Trennverfahren und ihre Anwendung

Trennverfahren	Anwendungsbeispiel	unterschiedliche Eigenschaften
Sedimentation	Abwasserreinigung	Dichte
Zentrifugieren	Milchentrahmung	Dichte
Filtration	Wasserreinigung	Teilchengröße
Eindampfen	Salzsieden	Siedetemperatur
Destillation	Wasserentsalzung Weinbrennen	Siedetemperatur
Ausschmelzen	Schwefelgewinnung	Schmelztemperatur
Extraktion	Fettgewinnung	Löslichkeit
Magnettrennung	Müllsortierung	Magnetisierbarkeit
Chromatografie	Farbstofftrennung	Haftfähigkeit

1.13 Stofftrennung in der Technik

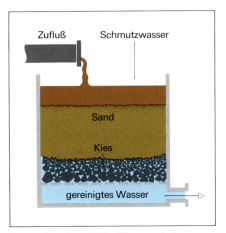

B 27.1 Sand- und Kiesfilter zur Schmutzwasserreinigung

B 27.2 Druckfilterpresse mit hintereinander angeordneten Filterelementen

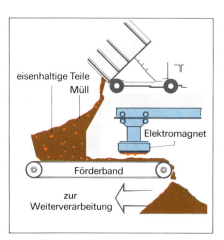

B 27.3 Müllsortierung. Elektromagneten entfernen magnetisierbare Metallteile

Die *Filtration* ist ein häufig angewandtes Verfahren. Bei der Trinkwasseraufbereitung oder Abwasserreinigung werden *Kies- oder Sandfilter* (▶ B 27.1) verwendet. Je feiner der Kies bzw. Sand ist, desto vollständiger werden im Wasser suspendierte Stoffe zurückgehalten.
In der Industrie werden zur Filtration häufig *Filterpressen* verwendet (▶ B 27.2). Dabei wird die Filtrationsgeschwindigkeit durch Anwendung von Druck erheblich gesteigert.
Die *Magnetisierbarkeit* des Eisens nutzt man bei der Müllsortierung und Schrottverwertung aus (▶ B 27.3). Eisenhaltige Teile werden durch starke Magnete angezogen und so von den anderen Bestandteilen abgetrennt. Dann können sie einer Wiederverwertung zugeführt werden.

Die *Destillation* ist ein Trennverfahren, das schon sehr lange bekannt ist. Eine der ältesten Anwendungen ist die Herstellung von Weinbrand durch Destillation von Wein *(Weinbrennen).* Aus vergorenen, alkoholhaltigen Flüssigkeiten wird durch Destillation Branntwein hergestellt. Die Destillation wird in großen Metallkesseln ausgeführt (▶ B 27.4). Zur Verbesserung der Qualität kann das Destillat mehrfach destilliert werden.

Erdöl ist ein Gemisch verschiedener brennbarer Stoffe. Durch Destillation werden daraus in den *Erdölraffinerien* täglich große Mengen an Benzin, Heizöl und anderen Stoffen gewonnen. In den hohen Destillationstürmen gelingen auch Trennungen von Stoffen mit nahe beieinander liegenden Siedetemperaturen.

B 27.4 Destillation von Branntwein aus Wein in großen Apparaturen aus Kupfer

B 27.5 Destillationstürme einer Erdölraffinerie. In ihnen wird Erdöl in Benzin und andere Bestandteile zerlegt

1.14 Überprüfung und Vertiefung

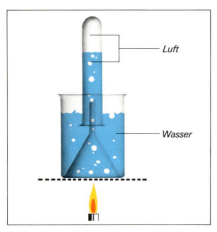

B 28.1 Zu Aufgabe 5

B 28.2 Zu Aufgabe 7

B 28.3 Zu Aufgabe 10

1 Gib Stoffe an, die beim Herstellen eines Fahrrades verwendet werden.

2 Bei welchen der folgenden Vorgänge treten nicht rückgängig zu machende Veränderungen des Stoffes auf?
a) Papier wird zerrissen,
b) Spiritus brennt,
c) Wasser kocht.

3 Beim Gefriertrocknen von Kaffee wird flüssiger Kaffee-Extrakt tiefgefroren und vermindertem Luftdruck (Vakuum) ausgesetzt. Dabei verflüchtigt sich das Eis, zurück bleibt trockenes Kaffeepulver.

B 28.4 Zu Aufgabe 12 b

Welche Eigenschaft des Wassers macht man sich hierbei zunutze?

4 Zur Dichtebestimmung von Sauerstoff wurden 100 cm³ des Gases in eine Gaswägekugel gegeben. Die Massenzunahme betrug 0,136 g.
Berechne die Dichte und vergleiche sie mit den Angaben von B 15.3. Erkläre die Abweichung.

5 Beim Erhitzen von Wasser entweicht die darin gelöste Luft in Form von Blasen (▶ B 28.1).
a) Was folgt daraus für die Löslichkeit von Luft in Wasser?
b) Wie verändert sich im Vergleich dazu die Löslichkeit von Alaun bei steigender Temperatur?

6 Stelle möglichst viele Eigenschaften des Stoffes Eisen zu einem „Steckbrief" zusammen.

7 Was bedeutet die Angabe „Feingold 999,9" (▶ B 28.2)?
Was folgt daraus für den Reinheitsgrad dieses Stoffes?

8 Gib an, ob Suspensionen oder Lösungen entstehen, wenn man Mehl, Kochsalz, Sand, Zucker, Kupfersulfat mit Wasser schüttelt.

9 Nenne die Aggregatzustände der Bestandteile von Suspensionen, Emulsionen, Feststoffgemischen, Lösungen. Gib jeweils ein Beispiel an. Welche der Gemische sind homogen, welche heterogen?

10 Mit welchem Trennverfahren gewinnt man beim Goldwaschen (▶ B 28.3) aus Schlamm, Steinen und Sand die winzigen Goldkörner? Welche Stoffeigenschaft nutzt man dabei aus?

11 Gib an, wie man folgende Gemische trennen kann:
a) Schwefelpulver, Eisenspäne,
b) Sand, Eisenspäne, Kochsalz,
c) Sand, Sägespäne, Kochsalz, Wasser,
d) Sand und Iod.
Nenne jeweils die unterschiedlichen Stoffeigenschaften, die eine Trennung ermöglichen.

12 Welches Trennverfahren wird angewandt
a) beim Entfernen eines Fettflecks aus Textilien,
b) beim Zubereiten (Aufgießen) von Kaffee (▶ B 28.4),
c) beim Entrahmen von Milch in der Milchzentrifuge?
Nenne weitere Trennverfahren, die im Alltag und in der Industrie Verwendung finden.

13 Schwefel kommt in der Natur als Bestandteil schwefelhaltigen Gesteins vor.
Mit welcher Methode kann daraus der Reinstoff Schwefel gewonnen werden? Welche Stoffeigenschaft wird ausgenutzt?

2 Vom Aufbau der Stoffe

Bislang haben wir Stoffe auf ihre Eigenschaften untersucht und dabei Vorgänge kennengelernt, bei denen Stoffe beteiligt waren. Daraus lassen sich eine ganze Reihe von Fragen ableiten: Warum tritt ein Stoff wie Wasser in verschiedenen Aggregatzuständen auf, die allein durch Temperaturänderung ineinander übergehen? Warum dehnen sich Stoffe beim Erwärmen aus und ändern dabei ihre Dichte? Was passiert beim Auflösen von Kochsalz und dem Auskristallisieren des Salzes beim Eindampfen der Lösung?

Der Naturwissenschaftler versucht oft eine Erklärung für eine Erscheinung dadurch zu finden, daß er sich ein möglichst einfaches Modell macht. So konnte man bereits vor langer Zeit den Wechsel von Tag und Nacht dadurch erklären, daß man sich die Erde als rotierende Kugel vorstellte, die von einer feststehenden Lichtquelle (Sonne) beleuchtet wird. Heute weiß man durch direkte Betrachtung der Erde vom Weltraum aus, daß die Modellvorstellung den Vorgang richtig gedeutet hat.

Wir wollen im folgenden eine einfache Modellvorstellung vom Aufbau der Stoffe kennenlernen, die uns eine Antwort auf die eingangs gestellten Fragen erlaubt.

1:1

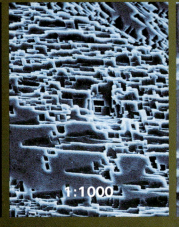

1:1000

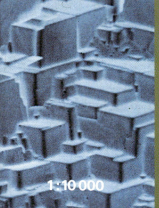

1:10 000

1:100 000

2.1 Stoffe bestehen aus kleinsten Teilchen

B 30.1 Volumenverringerung beim Mischen von Alkohol und Wasser

B 30.2 Modellversuch. Die kleineren Kugeln füllen die Lücken zwischen den größeren

V 30.1 a) Gieße 50 ml Alkohol zu 50 ml Wasser in einen Meßzylinder und schüttle.
b) Gieße 50 ml Wasser zu 50 ml Wasser und schüttle.
c) Gieße 50 ml Alkohol zu 50 ml Alkohol, schüttle.
Lies die Volumina ab und vergleiche.

V 30.2 Wiederhole V 30.1a mit 50 ml Erbsen und 50 ml Senfkörnern. Lies das Volumen ab und erkläre.

Modell und Wirklichkeit. Um strömungsgünstige Autokarosserien zu entwickeln, genügen einfache Modelle aus Holz oder Gips (Bild unten). Sie erfassen nur jene Teile des wirklichen Autos, die für die Messung des Luftwiderstandes im Windkanal von Bedeutung sind.
Auch unser Kugelteilchenmodell gibt nur Teile der Wirklichkeit wieder. Es ist nur eine vereinfachte Vorstellung vom Aufbau der Stoffe, die aber viele Erscheinungen anschaulich erklären kann. So läßt sich selbst die Volumenverminderung beim Mischen von Alkohol und Wasser im Modellversuch mit Erbsen und Senfkörnern simulieren. Ob die unterschiedliche Größe der Kugelteilchen die einzige Erklärungsmöglichkeit hierfür ist, läßt sich aus diesem Versuch allerdings nicht ableiten. Modelle können immer nur Annäherungen an die Wirklichkeit sein.

Betrachtet man einen flüssigen Stoff, so scheint er räumlich lückenlos aufgebaut zu sein.
Gibt man 50 ml Alkohol zu 50 ml Wasser und schüttelt, macht man die erstaunliche Beobachtung, daß das Volumen des Gemisches nicht 100 ml, sondern nur 96 ml beträgt. Eigentlich erwartet man, daß sich die Volumina beim Zusammengießen addieren, wie dies beim Zusammengießen von Alkohol und Alkohol oder Wasser und Wasser auch geschieht (▶ V 30.1, ▶ B 30.1).

Die Teilchenvorstellung. Die im Versuch beobachtete Volumenverringerung läßt sich erklären, wenn man annimmt, daß die Stoffe Alkohol und Wasser aus **kleinsten Teilchen** aufgebaut sind, die ungefähr die Form einer *Kugel* haben. Wenn die kleinsten Teilchen des Wassers und die des Alkohols untereinander gleich sind, sich aber voneinander durch ihre *Größe* unterscheiden, so können einige der kleineren Teilchen (z.B. die Wasserteilchen) in die Lücken zwischen den größeren Teilchen (z.B. den Alkoholteilchen) schlüpfen. Die Volumenverringerung kann damit gut erklärt werden (▶ V 30.2, ▶ B 30.2).

Alle Stoffe bestehen aus kleinsten Teilchen. Die am Beispiel der Volumenverringerung gewonnene Teilchenvorstellung ist von ganz allgemeiner Bedeutung.
Wir gehen von nun an davon aus, daß *alle Stoffe* aus *kleinsten kugelförmigen Teilchen* aufgebaut sind. Selbst wenn die kleinsten Teilchen dicht nebeneinander liegen und sich berühren, tritt *zwischen* ihnen *leerer Raum* auf, das heißt, daß zwischen den Teilchen nichts ist.
Die kleinsten Teilchen eines Reinstoffes sind *untereinander gleich*, sie haben *die gleiche Masse und Größe*. Kleinste Teilchen *verschiedener* Stoffe können sich voneinander in Masse und Größe *unterscheiden*.

Kugelteilchenmodell. Wegen ihrer geringen Größe kann man die kleinsten Teilchen selbst mit dem stärksten Mikroskop nicht einzeln wahrnehmen. Wir müssen uns deshalb bewußt sein, daß wir die kleinsten Teilchen nicht wirklichkeitsgetreu abbilden können, wir können nur Vorstellungen und vereinfachte Darstellungen, die Teile der Wirklichkeit angenähert wiedergeben, entwickeln.
Eine solche Vorstellung, wie wir sie uns über den Bau der Stoffe machen, nennt man ein **Modell**. Eine wesentliche Vereinfachung in unserer Modellvorstellung besteht in der Annahme der *kugelförmigen Gestalt* der kleinsten Teilchen. Man spricht deshalb auch einfach vom **Kugelteilchenmodell**.
Bei der Veranschaulichung und Darstellung von Modellen können Sachverhalte auftreten, die man nicht auf die kleinsten Teilchen übertragen darf. So haben Erbsen und Senfkörner eine Farbe, unser Modell sagt aber nichts über eine Farbe der kleinsten Teilchen eines Stoffes aus.

Stoffe bestehen aus kleinsten Teilchen

Die kleinsten Teilchen haben eine Eigenbewegung.
Parfüm und andere stark riechende Stoffe, die in einem offenen Gefäß auf dem Experimentiertisch stehen, sind nach kurzer Zeit im ganzen Raum wahrnehmbar. Wir könnten vermuten, daß die Geruchsstoffe durch Luftströmungen im Raum transportiert werden. Allerdings breitet sich *Bromdampf* in einem geschlossenen Standzylinder ohne Luftströmung aus (▶ V 31.1, ▶ B 31.1), wobei eine vollständige Durchmischung mit der eingeschlossenen Luft stattfindet. Eine solche *selbständige Durchmischung* verschiedener Stoffe heißt *Diffusion*.

Die Diffusion läßt sich gut erklären, wenn wir davon ausgehen, daß die kleinsten Teilchen eines Stoffes in *ständiger Bewegung* sind. Ein Durchmischen kommt dann dadurch zustande, daß die kleinsten Teilchen der Stoffe gegenseitig in die zwischen ihnen vorhandenen leeren Räume hineinwandern. Die Bewegung der kleinsten Teilchen ist dabei *regellos* und *ungeordnet*.
Nicht nur die kleinsten Teilchen eines Gases, sondern auch die einer Flüssigkeit oder die eines Feststoffes führen eine Eigenbewegung aus (▶ V 31.2, ▶ B 31.1).

Obwohl die Bewegung der kleinsten Teilchen nicht sichtbar ist, läßt sie sich indirekt beobachten. Betrachtet man unter dem Mikroskop kleine *Tuschekörnchen* in einem Tropfen Wasser (▶ V 31.3), so beobachtet man unregelmäßige *Zitterbewegungen*.
Eine solche Erscheinung wurde zum ersten Mal 1827 von dem englischen Botaniker R. BROWN wahrgenommen, als er unter dem Mikroskop Blütenpollen in einem Wassertropfen untersuchte. Zuerst dachte er an die Entdeckung kleiner Lebewesen.
Die Zitterbewegungen aber werden durch zahlreiche, unregelmäßige Stöße der sich ständig bewegenden, unsichtbaren kleinsten Wasserteilchen auf die Tuschekörner oder die Blütenpollen hervorgerufen.

Lösen und Kristallisieren. Ebenso wie die Diffusion lassen sich die Vorgänge des *Lösens* und *Kristallisierens* gut mit dem Modell von den kleinsten Teilchen beschreiben.
Wir stellen uns vor, daß die kleinsten Teilchen des Lösungsmittels sich zwischen die kleinsten Teilchen des Kristalls schieben und deren Ablösen von der Kristalloberfläche erleichtern. Die kleinsten Teilchen des Kristalls verteilen sich dann aufgrund ihrer Eigenbewegung gleichmäßig im Lösungsmittel (▶ V 31.4, ▶ B 31.2).
Wird die Lösungsmittelportion durch Verdunsten oder Verdampfen verringert, werden die Abstände zwischen den gelösten Teilchen des Feststoffes immer kleiner. Sie ballen sich zu Körnchen zusammen und wachsen langsam zu Kristallen.

B 31.1 Diffusion. Links: Bromdampf/Luft. Rechts: Kaliumpermanganat/Wasser

V 31.1 Man bedeckt auf einer Glasplatte 1 bis 2 Tropfen Brom mit einem Standzylinder. Beobachte die Ausbreitung des Bromdampfes. (Abzug!)

V 31.2 Gib einige Kupfersulfat- oder Kaliumpermanganat-Kristalle in Wasser und beobachte über längere Zeit die Farbstoffverteilung.

V 31.3 Betrachte einen Tropfen einer sehr stark mit Wasser verdünnten Tuschesuspension unter dem Mikroskop bei 400- bis 500facher Vergrößerung. Beschreibe deine Beobachtungen.

V 31.4 Gib einen Kandiszuckerkristall in ein mit Wasser gefülltes Becherglas. Beobachte und beschreibe den Lösungsvorgang.

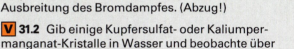

B 31.2 Lösungsvorgang. Teilchen des Lösungsmittels dringen zwischen die Feststoffteilchen und lösen sie aus dem Verband

31

2.2 Teilchenmodell und Aggregatzustand

B 32.1 Abstand und Anziehung zwischen den kleinsten Teilchen bestimmen den Aggregatzustand eines Stoffes

B 32.2 Übergänge zwischen den Aggregatzuständen

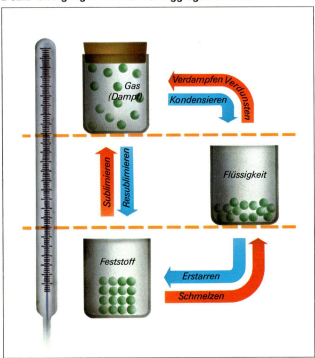

Mit der Modellvorstellung vom Aufbau der Stoffe aus kleinsten Teilchen lassen sich die Aggregatzustände und die Übergänge zwischen ihnen gut deuten.

Reinstoff im festen Zustand. Um einen Glasstab zu zerbrechen oder einen Eisennagel zu verbiegen, muß man Kraft aufwenden. Die kleinsten Teilchen des Feststoffes lassen sich offenbar nur schwer voneinander trennen und gegeneinander verschieben.
Zwischen den kleinsten Teilchen wirken starke *Anziehungskräfte*, die die Kugelteilchen auf ihren Plätzen festhalten; um diese können die Teilchen vibrieren.
Die kleinsten Teilchen sind *dicht nebeneinander* angeordnet, deshalb läßt sich ein Feststoff kaum zusammenpressen.
Die Kristallform vieler fester Stoffe spiegelt die *regelmäßige Anordnung* der kleinsten Teilchen wider.

Reinstoff im flüssigen Zustand. Auch Flüssigkeiten lassen sich kaum zusammendrücken (▶ V 33.1), aber sie sind beweglich, lassen sich verformen und passen sich jeder Gefäßform an.
Die kleinsten Teilchen einer Flüssigkeit nehmen keine festen Plätze mehr ein, sie sind *gegeneinander beweglich*. Die Abstände zwischen den Teilchen sind gering, aber meistens größer als im Feststoff. Die *Anziehungskräfte* zwischen ihnen sind *kleiner* als im festen Zustand. Daß sie dennoch vorhanden sind, zeigt der Zusammenhalt eines Flüssigkeitstropfens.

Reinstoff im gasförmigen Zustand. Ein Gas läßt sich im Gegensatz zu einer Flüssigkeit (▶ V 33.1) oder einem Feststoff leicht zusammendrücken, es nimmt auch jeden zur Verfügung stehenden Raum ein.
Dies läßt sich damit erklären, daß die kleinsten Teilchen eines Reinstoffes im gasförmigen Zustand *sehr weit voneinander entfernt* sind. Sie üben *keine oder nur sehr geringe Anziehungskräfte* aufeinander aus und bewegen sich *ungeordnet* im Raum.

Übergänge zwischen den Aggregatzuständen. Erwärmt man einen Feststoff, so dehnt er sich aus.
Die Wärmezufuhr führt zu heftigeren Vibrationen der kleinsten Teilchen um ihre Plätze, der Abstand zwischen den kleinsten Teilchen nimmt zu, die Anziehungskräfte zwischen ihnen werden dadurch kleiner. Schließlich werden die Vibrationen so groß, daß die Teilchen ihre Plätze verlassen, die regelmäßige Anordnung der Teilchen geht verloren, die Teilchen verschieben sich gegeneinander. Der Stoff *schmilzt*. Bei weiterer Wärmezufuhr bewegen sich die kleinsten Teilchen immer schneller, bis die Anziehungskräfte zwischen ihnen überwunden werden. Der Stoff *verdampft (siedet)*.

Teilchenmodell und Aggregatzustand

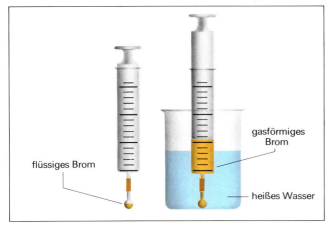

B 33.1 **Volumen und Aggregatzustand.** Die Bromportion nimmt im gasförmigen Zustand einen größeren Raum ein

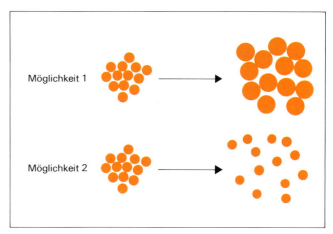

B 33.2 **Deutungsmöglichkeiten der Volumenzunahme beim Verdampfen.** Die untere entspricht unserem Modell

Wir halten fest, daß beim Erwärmen eines Stoffes der Abstand und damit der leere Raum zwischen den kleinsten Teilchen größer wird; die Teilchen bewegen sich schneller, und die Anziehungskräfte zwischen ihnen werden kleiner. Die kleinsten Teilchen selbst werden nicht größer. Sie haben im festen, flüssigen und gasförmigen Zustand dieselbe Größe.

Während des *Schmelz- und Siedevorganges* ändert sich die Temperatur eines Reinstoffes auch bei weiterer Wärmezufuhr nicht. Die zugeführte Wärme dient dazu, die Teilchenabstände zu vergrößern und die Anziehungskräfte zu überwinden. Es tritt so lange keine Temperaturerhöhung ein, bis der gesamte Stoff in den flüssigen oder gasförmigen Aggregatzustand übergegangen ist.

Das *Verdunsten* einer Flüssigkeit läßt den Schluß zu, daß auch unterhalb der Siedetemperatur einzelne Teilchen die Flüssigkeit verlassen können.
Auch die Oberfläche eines Feststoffes können einzelne Teilchen verlassen, wenn die Anziehungskräfte nicht sehr hoch sind. Der Stoff *sublimiert*.

Durch *Druck* lassen sich *Gase verflüssigen*. Werden die Abstände zwischen den kleinsten Teilchen eines Gases so sehr verringert, daß die Anziehungskräfte zwischen ihnen wirksam werden können, so geht der Stoff in den flüssigen Aggregatzustand über (▶ V 33.3).

Kleinstes Teilchen und Aggregatzustand. *Ein einzelnes* kleinstes Teilchen kann nicht in verschiedenen Aggregatzuständen vorkommen. Ein Aggregatzustand ist immer an eine Stoffportion, die aus einer *großen Zahl von Teilchen* besteht, gebunden.

V 33.1 Versuche, einen zur Hälfte mit Wasser gefüllten Kolbenprober zusammenzudrücken. Wiederhole den Versuch mit Luft. Vergleiche die Volumina vor und nach dem Zusammendrücken und deute mit Hilfe des Kugelteilchenmodells.

V 33.2 Eine kleine Stielkugel, die etwa 0,1 cm³ flüssiges Brom enthält, wird nach B 33.1 mit einem Kolbenprober verbunden. Die Apparatur wird so tief in heißes Wasser gedrückt, daß etwa die Hälfte des Kolbenproberzylinders unter Wasser ist (Abzug!). Schildere deine Beobachtungen. Deute den Übergang vom flüssigen zum gasförmigen Aggregatzustand und stelle die Unterschiede zwischen den beiden Zuständen heraus.

V 33.3 Laß aus einer Feuerzeugampulle wenig Butangas in den Zylinder eines Kolbenprobers strömen. Drücke anschließend den Stempel fest in den Zylinder. Schildere deine Beobachtungen und deute sie mit Hilfe des Kugelteilchenmodells.

V 33.4 Fülle ein hohes Becherglas etwa zur Hälfte mit Glaskugeln oder Erbsen. Schwenke das Becherglas und kippe es langsam.
Welcher Aggregatzustand läßt sich damit verdeutlichen? Begründe deine Entscheidung.

V 33.5 Fülle ein Reagenzglas etwa zu einem Drittel mit Eis. Stülpe über die Öffnung des Reagenzglases einen Luftballon. Erwärme langsam. (Achtung, heißer Wasserdampf!)
Schildere deine Beobachtungen und deute mit Hilfe des Kugelteilchenmodells.

2.3 Überprüfung und Vertiefung

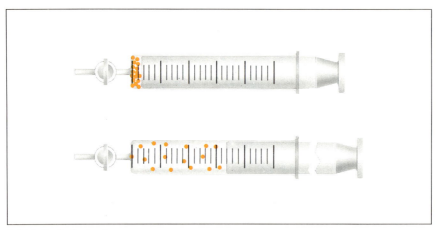

B 34.1 Zu Aufgabe 2

B 34.2 Zu Aufgabe 4 (Ölsäurefleckversuch)

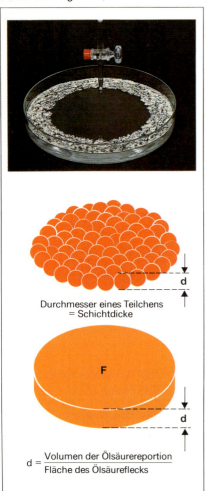

1 Kann der Lösungsvorgang a) durch Rühren, b) durch Zerkleinern des zu lösenden Stoffes beschleunigt werden?
Dieses Problem kannst du gut mit Hilfe einer Versuchsreihe lösen. Du füllst in drei Gläser jeweils die gleiche Wasserportion. In das Wasser im ersten Glas gibst du ein Stück Würfelzucker und läßt das Glas stehen. In das zweite Glas gibst du ebenfalls ein Stück Würfelzucker und rührst mit einem Löffel ständig um. Für den dritten Versuch zerstößt du ein Stück Würfelzucker möglichst fein und schüttest dann den Zucker in das Wasser des dritten Glases. Bei allen drei Versuchen mußt du die Zeit von der Zugabe bis zur vollständigen Auflösung des Zuckers messen.
Fertige ein Versuchsprotokoll an. Deute deine Beobachtungen mit Hilfe des Kugelteilchenmodells. Wie kann man den Lösungsvorgang noch beschleunigen?

2 Erkläre mit Hilfe von ▶ B 34.1, warum die Dichte eines Reinstoffes im gasförmigen Zustand kleiner ist als im flüssigen Zustand.

3 Erkläre den Vorgang des Erstarrens, Kondensierens und Resublimierens mit Hilfe des Kugelteilchenmodells.

4 Den ungefähren *Durchmesser* eines Kugelteilchens kann man im *Experiment* ermitteln (▶ B 34.2).
Dazu muß man wissen, daß ein Tropfen einer Leichtbenzin-Ölsäure-Mischung sich auf einer Wasseroberfläche kreisförmig ausbreitet. Das Benzin dient als Gleitmittel für die zähflüssige Ölsäure und verdunstet sofort nach der Ausbreitung. Die Ölsäure, die sich nicht mit dem Wasser vermischt und auf dem Wasser schwimmt, bildet eine Einteilchenschicht. In dieser Einteilchenschicht liegen die Ölsäureteilchen lückenlos nebeneinander.

Versuchsdurchführung: a) Fülle eine fettfreie Petrischale (Durchmesser 18 cm) halbvoll mit Wasser und stelle sie erschütterungsfrei auf. Bestreue die glatte Wasseroberfläche dünn mit Bärlappsporen. Laß aus einer fettfreien Bürette einen Tropfen einer Leichtbenzin-Ölsäure-Mischung (Mischungsverhältnis 10000:1) in die Mitte der Wasseroberfläche tropfen. Warte die Verdunstung des Leichtbenzins und die Ausbreitung der Säure ab und spanne dann eine Klarsichtfolie über die Petrischale. Ziehe mit einem Filzstift den Umriß des Ölsäureflecks nach. Lege Millimeterpapier unter die Folie und bestimme die *Fläche* durch Auszählen der Quadratzentimeter und Quadratmillimeter.
b) Bestimme die Tropfenzahl von 1 cm^3 der Leichtbenzin-Ölsäure-Mischung und berechne das Volumen von 1 Tropfen. Die Division durch den Verdünnungsfaktor (10000) ergibt das *Volumen der Ölsäureportion*.
c) Volumen der Ölsäureportion (V, in mm^3) dividiert durch die Fläche des Ölsäureflecks (F, in mm^2) ergibt die *Schichtdicke des Flecks* und damit den *Durchmesser eines Ölsäureteilchens* (d, in mm).

3 Die chemische Reaktion

In unserer Umwelt spielen sich viele Vorgänge ab, die mit stofflichen Veränderungen verbunden sind. So überziehen sich Kupferdächer im Laufe der Zeit mit einer grünen Schicht. Silberne oder versilberte Gegenstände laufen an der Luft allmählich schwarz an. Erst wenn die schwarze Schicht beseitigt wird, kommt wieder Silber zum Vorschein: Der schwarze Stoff ist kein Silber, sondern eine neuer Stoff, an dessen Entstehung das Silber beteiligt ist.

Im folgenden beschäftigen wir uns mit Vorgängen, bei denen neue Stoffe entstehen. Viele dieser Vorgänge laufen nicht von allein ab, sondern sie müssen erst ausgelöst werden. So entsteht erst nach kurzem Erhitzen aus dem orangefarbenen, kristallinen Ammoniumdichromat unter Aufglühen und Funkensprühen ein graugrüner, pulvriger Stoff.
Auch die Rolle des Erhitzens und das Zustandekommen des Glühens werden behandelt.

3.1 Metalle reagieren mit Schwefel

V 36.1 Gib in ein Reagenzglas etwa 6 erbsengroße Schwefelstücke und spanne es fast waagerecht ein. Schiebe einen 1 cm × 4 cm großen Kupferblechstreifen (Dicke 0,1 mm) bis zur Mitte in das Reagenzglas und verschließe es locker mit einem Glaswollebausch. Erhitze das Kupferblech und bringe den Schwefel zum Sieden, so daß der Schwefeldampf über das heiße Kupferblech streicht.
Protokolliere die Versuchsbeobachtungen.
Ziehe den noch heißen, nun blauschwarzen Streifen aus dem Reagenzglas und halte ihn kurz in die nichtleuchtende Brennerflamme, so daß noch anhaftender Schwefel verbrennt.

V 36.2 Untersuchung des blauschwarzen Stoffes im Vergleich zu Kupfer und Schwefel:
a) Halte zur Untersuchung der Wärmeleitfähigkeit ein dünnes Stück Schwefel, ein Kupferblech und den blauen Streifen in heißes Wasser.
b) Versuche, den blauschwarzen Streifen zu verbiegen. Vergleiche mit einem Kupferblechstreifen und einem Stück Schwefel.
c) Zerreibe den blauschwarzen Stoff und betrachte eine kleine Portion unter dem Mikroskop oder Vergrößerungsglas. Verfahre ebenso mit einem Gemisch aus Kupfer- und Schwefelpulver.
d) Fülle zwei Reagenzgläser etwa zur Hälfte mit Wasser und gib in das eine eine kleine Portion des zerriebenen blauschwarzen Stoffes und in das andere eine kleine Portion des Kupfer-Schwefel-Gemisches. Schüttle kräftig und laß die Reagenzgläser eine Weile stehen.
Stelle die Versuchsbeobachtungen zusammen und deute sie.

Viele Vorgänge in unserer Umwelt, bei denen neue Stoffe entstehen, sind sehr verwickelt.
Leichter lassen sich diese Vorgänge beobachten, beschreiben und erfassen, wenn man dabei von wenigen und bekannten Reinstoffen ausgeht.

Aus Kupfer und Schwefel entsteht ein neuer Stoff.
Wenn *Schwefel*dampf über einen heißen *Kupfer*blechstreifen streicht (▶ V 36.1), beobachtet man ein Aufglühen, das sich langsam durch den ganzen Streifen fortpflanzt. Nach dem Erkalten des Streifens erkennt man, daß sich *kleine, blauschwarze, glänzende Kristalle* gebildet haben. Versucht man, den Streifen zu verbiegen (▶ V 36.2b), so bricht er im Gegensatz zu einem Kupferblechstreifen sofort auseinander, der blauschwarze Stoff ist spröde. Unter der Lupe oder dem Mikroskop erscheint der pulverisierte, blauschwarze Stoff im Gegensatz zu einem Gemisch aus Kupfer- und Schwefelpulver durch und durch einheitlich (▶ V 36.2c). Ein Gemisch aus Kupfer- und Schwefelpulver läßt sich mit Hilfe von Wasser trennen, der blauschwarze Stoff nicht (▶ V 36.2d); dieser läßt sich mit keinem uns bisher bekannten Verfahren trennen. Da so viele Eigenschaften des blauschwarzen Stoffes nicht mit denen der Stoffe Kupfer und Schwefel übereinstimmen, bleibt kein Zweifel: Die Stoffe Kupfer und Schwefel sind nicht mehr vorhanden, an ihre Stelle ist *ein neuer Stoff* getreten.

Der neue Stoff ist ein *Reinstoff,* der eine nur für ihn *typische Kombination von Eigenschaften* (bestimmte Schmelztemperatur und Dichte usw.) aufweist.
Wegen seiner Sprödigkeit und hohen Schmelztemperatur (▶ B 36.2) ordnet man den neuen Stoff den salzartigen Stoffen zu.

B 36.1 Ein neuer Stoff entsteht aus Kupfer und Schwefel unter Aufglühen

B 36.2 Vergleich der Eigenschaften von Kupfer und Schwefel und des neu entstandenen Stoffes

Eigenschaften	Kupfer	Schwefel	neu entstandener Stoff
Farbe	rötlich	gelb	blauschwarz
Verformbarkeit	biegsam	spröde	spröde
Wärmeleitfähigkeit	sehr gut	schlecht	schlecht
Dichte in g/cm^3	8,9	2,1	5,6
Schmelztemperatur in °C	1083	119	1130
Aussehen unter dem Mikroskop	Gemisch nicht einheitlich, zwei verschiedene Stoffe		durch und durch einheitlich

Metalle reagieren mit Schwefel

Wir stellen weitere Stoffe aus Metallen und Schwefel her. Erhitzt man ein *Eisen-Schwefel*-Gemisch (▶ V 37.1 a), so beginnt es an einer Stelle aufzuglühen. Ohne weiteres Erwärmen durchdringt eine Glühfront das restliche Gemisch. Aus dem pulverförmigen, hellgrauen Ausgangsgemisch ist ein *spröder, grauschwarzer neuer Reinstoff* entstanden.
Auch aus einem Gemisch aus *Blei-* und *Schwefel*pulver entsteht unter Aufglühen (▶ V 37.2) ein *dunkler, spröder neuer Reinstoff*.
Aus *Silber* und *Schwefel* bildet sich ein *schwarzer Reinstoff* (▶ V 37.3). Auf seine Bildung ist auch das langsame „Anlaufen" oder „Schwarzwerden" von silbernen oder versilberten Gegenständen zurückzuführen.

Metalle und Schwefel reagieren zu Metallsulfiden.
Beim Zusammenbringen und Erhitzen von Schwefel und einem Metall (mit Ausnahme von Metallen wie Gold und Platin) entsteht ein völlig neuer – salzartiger – Stoff, während das jeweilige Metall und der Schwefel verschwinden. Einen Vorgang, bei dem ein neuer Stoff unter gleichzeitigem Verschwinden anderer Stoffe entsteht, bezeichnet man als **chemische Reaktion**. Aus den **Ausgangsstoffen** entstehen die **Reaktionsprodukte**. Die Reaktionsprodukte haben andere Eigenschaften als die Ausgangsstoffe. Bei den Reaktionen der Metalle mit Schwefel haben zwei Ausgangsstoffe zu einem Reaktionsprodukt reagiert. Es gibt auch chemische Reaktionen, bei denen aus einem oder mehreren Ausgangsstoff(en) mehrere Reaktionsprodukte entstehen.

Einen Vorgang, bei dem neue Stoffe unter gleichzeitigem Verschwinden der Ausgangsstoffe entstehen, bezeichnet man als chemische Reaktion.

Die Reaktionsprodukte, die bei den Reaktionen der Metalle mit Schwefel (lat. sulfur) entstehen, heißen **Sulfide**, im einzelnen: *Kupfersulfid, Eisensulfid, Bleisulfid, Silbersulfid*.

Das Reaktionsschema. Chemische Reaktionen lassen sich durch eine Kurzschreibweise darstellen, die man als **Reaktionsschema** bezeichnet. Dieses lautet für die Reaktion von Kupfer und Schwefel:

  Kupfer + Schwefel ⟶ Kupfersulfid
  Lies:
  Kupfer und Schwefel reagieren zu Kupfersulfid.

In der Mitte des Reaktionsschemas steht der **Reaktionspfeil**. Er bezeichnet die Richtung der chemischen Reaktion. Auf der linken Seite des Reaktionsschemas stehen die Ausgangsstoffe, auf der rechten die Reaktionsprodukte.

V 37.1 Mische 14 g Eisenpulver und 8 g Schwefelpulver in einer Reibschale.
a) Gib eine Hälfte des Gemisches in ein Reagenzglas und erhitze das Gemisch am Boden des Glases mit der rauschenden Brennerflamme (Schutzbrille!). Nimm den Brenner weg, wenn das Gemisch an einer Stelle aufglüht, und beobachte den weiteren Verlauf.
b) Untersuche den in V 37.1 a entstandenen Stoff im Vergleich zu Eisen und Schwefel. Gehe dazu wie in V 36.2 vor und untersuche zusätzlich die magnetischen Anziehungskräfte der verschiedenen Stoffe. Stelle die Versuchsbeobachtungen in einer Tabelle wie B 36.2 zusammen und deute sie.

V 37.2 Man erhitzt ein Gemisch aus 1 bis 2 g Blei- und 0,5 g Schwefelpulver in einem Reagenzglas von unten mit der rauschenden Brennerflamme (Schutzbrille!). Der Brenner wird weggenommen, wenn das Gemisch an einer Stelle aufglüht (Abzug!). Beobachte den weiteren Verlauf. Deute die Versuchsbeobachtungen.

V 37.3 Führe den Versuch 36.1 entsprechend mit einem Silberblech durch. Vergleiche die Ausgangsstoffe und den neuen Stoff miteinander.

A 37.1 Verreibt man etwas Schwefelpulver auf der Oberfläche eines versilberten Löffels oder einer Silbermünze, färbt sich diese(r) nach einiger Zeit dunkel. Deute diese Beobachtung.

A 37.2 Warum kann man die Metallsulfide zu den salzartigen Stoffen zählen? Was läßt sich daraus über die Schmelztemperaturen von Blei-, Silber- und Eisensulfid vermuten?

B 37.1 Das Reaktionsschema beschreibt in kurzer Form eine chemische Reaktion

| Kupfer | + | Schwefel | ⟶ | Kupfersulfid |
| Kupfer | und | Schwefel | reagieren zu | Kupfersulfid |

3.2 Element und Verbindung

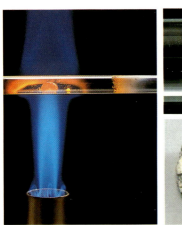

B 38.1 Thermische Zerlegung von Silbersulfid. Es entstehen Schwefel (rechts oben) und Silber (rechts unten)

V 38.1 Eine kleine Portion Silbersulfid (aus V 37.3) wird in ein 15 bis 20 cm langes Quarzrohr (Durchmesser 0,8 cm) gebracht. Durch das Rohr wird kurz ein Stickstoffstrom geleitet, anschließend wird eine Seite verschlossen und das Silbersulfid mit dem Gebläsebrenner erhitzt. Die Kugel, die sich nach dem Erhitzen gebildet hat, wird aus dem Rohr getrieben und nach dem Erkalten ausgehämmert.

V 38.2 a) Erhitze in einem offenen Tiegel eine kleine Portion Silbersulfid aus V 37.3 (Abzug!).
b) Gib ein wenig Bleisulfid (aus V 37.2) in die Vertiefung einer Holzkohle (Lötrohrkohle) und erhitze mit der scharfen Flamme des Lötrohrs (Abzug! Schülerinnen nicht!). Deute die Versuchsbeobachtungen.

B 38.2 Einteilung der Stoffe. Auf diese Weise kann man die Vielzahl der Stoffe ordnen

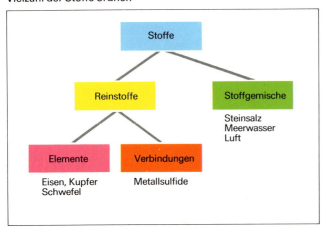

Viele Metallsulfide kommen in der Natur in Erzen vor, aus denen wichtige Gebrauchsmetalle gewonnen werden. Offenbar kann aus einem Metallsulfid mindestens das Metall erhalten werden.

Silbersulfid wird erhitzt. Wird das schwarze Silbersulfid sehr stark erhitzt (▶ V 38.1), schmilzt es zu einer glühenden Kugel zusammen. Nach kurzer Zeit bilden sich links und rechts von der Kugel Ringe aus einem gelben Feststoff. Schüttelt man die Kugel aus dem Rohr, erstarrt sie und läßt sich zu einem silbrig glänzenden, biegsamen Plättchen aushämmern. Silbersulfid ist in Silber und Schwefel *zerlegt* worden. Diese *Zerlegung* ist eine *chemische Reaktion,* bei der Silbersulfid der Ausgangsstoff sowie Silber und Schwefel die Reaktionsprodukte sind.

Silbersulfid ⟶ Silber + Schwefel

Der Reinstoff Silbersulfid hat sich in die Stoffe zerlegen lassen, aus denen er auch gebildet werden kann. Weder Silber noch Schwefel können durch eine chemische Reaktion in weitere Stoffe zerlegt werden. Silber und Schwefel sind **Grundstoffe** oder **Elemente**. Silbersulfid ist eine **Verbindung** aus den Elementen Silber und Schwefel.

Elemente sind Reinstoffe, die sich nicht in andere Stoffe zerlegen lassen.

Verbindungen sind Reinstoffe, die sich aus Elementen aufbauen oder sich in wenigstens zwei Elemente zerlegen lassen.

Man kennt heute über 100 Elemente. Etwa vier Fünftel zählt man zu den Metallen, die übrigen zu den Nichtmetallen. Man schätzt, daß aus den etwa 100 Elementen 4 bis 5 Millionen Verbindungen aufgebaut sind. Bei der Bildung und Zerlegung einer Verbindung handelt es sich nicht um die Herstellung und Trennung eines Gemisches, sondern um chemische Reaktionen.

Rückgewinnung von Metallen aus Metallsulfiden. Grundsätzlich läßt sich jedes Metallsulfid in die Elemente zerlegen; mit den Möglichkeiten des Schullabors gelingt dies aber nur bei sehr wenigen Sulfiden. Leichter als die Zerlegung ist bei den Metallsulfiden die Rückgewinnung nur eines Stoffes, des Metalls.

Wird Silbersulfid an der Luft erhitzt, bildet sich ein Silberkügelchen, gleichzeitig ist ein stechender Geruch wahrnehmbar (▶ V 38.2a), der auch auftritt, wenn Schwefel an der Luft verbrennt. Dieser stechende Geruch und die Bildung eines Metallkügelchens tritt auch beim Erhitzen von Bleisulfid mit dem Lötrohr auf Holzkohle auf (▶ V 38.2b).

3.3 Chemische Reaktion und Energie

Meist bildet sich ein Metallsulfid in einer raschen Reaktion, wenn das Metall und der Schwefel erhitzt werden. Bei einigen Sulfidbildungen ist ein Aufglühen zu beobachten. Wir werden im folgenden dem Zustandekommen des Glühens und der Rolle des Erhitzens der Ausgangsstoffe nachgehen.

Exotherme und endotherme Reaktionen. Erhitzt man ein Gemisch aus Eisen und Schwefel (▶ V 37.1) nur an einer kleinen Stelle bis zum Aufglühen, kann der Brenner weggenommen werden. Das Glühen pflanzt sich durch die ganze Stoffportion fort. Das Reaktionsprodukt Eisensulfid ist so heiß, daß es nicht sofort untersucht werden kann.
Viele Feststoffe glühen, wenn sie erhitzt werden, d.h. wenn ihnen Wärmeenergie zugeführt wird. Ein Feststoff zeigt beim Erhitzen erst Rotglut, bei weiterer Zufuhr von Wärmeenergie Gelb- und schließlich sogar Weißglut.
Da sich bei der Reaktion von Eisen und Schwefel das Aufglühen auch noch fortsetzt, wenn der Brenner schon lange entfernt worden ist, kann die Wärmeenergie, die die Stoffportion zum Glühen bringt, nicht von außen kommen, sie muß bei der Reaktion selbst frei werden. Da Energie weder verlorengehen noch aus dem Nichts entstehen kann, muß die Wärmeenergie irgendwo herkommen.
Dies kann man sich so vorstellen: Das Gemisch der Ausgangsstoffe Eisen und Schwefel hat einen bestimmten **Energieinhalt**. Die aus dem Gemisch entstehende Eisensulfidportion hat ebenfalls einen bestimmten Energieinhalt, dieser ist aber kleiner als der des Gemisches der Ausgangsstoffe. Der Unterschied zwischen den Energieinhalten zeigt sich bei der Reaktion: *Es wird Energie in Form von Wärme abgegeben.*

Bei der Reaktion von Eisen und Schwefel wird soviel Wärmeenergie frei, daß sie ausreicht, das Reaktionsprodukt Eisensulfid zum Glühen zu bringen.
Chemische Reaktionen, die unter Energieabgabe verlaufen, bezeichnet man als **exotherme Reaktionen**, solche, die nur unter dauernder Energiezufuhr ablaufen, als **endotherme**. Meist erfolgt die Zufuhr oder Abgabe von Energie bei chemischen Reaktionen in Form von Wärme. Neben der Bildung eines oder mehrerer neuer Stoffe ist die Abgabe oder Aufnahme von Energie ein Hinweis auf eine chemische Reaktion.

Im Reaktionsschema wird der exotherme oder endotherme Verlauf einer Reaktion auf folgende Weise festgehalten.

Silber + Schwefel ⟶ Silbersulfid | exotherm

Silbersulfid ⟶ Silber + Schwefel | endotherm

Die Energie, die bei der Bildung einer Verbindung aus den Elementen frei wird, ist genauso groß wie die Energie, die zur Zerlegung der Verbindung aufgebracht werden muß.

Aktivierungsenergie. Obwohl bei der Reaktion von Eisen und Schwefel sehr viel Wärmeenergie frei wird, kommt die Reaktion nicht von allein in Gang, sondern sie wird erst durch die Zufuhr von Wärmeenergie *ausgelöst*. Dabei genügt es allerdings, nur einen sehr kleinen Anteil des Gemisches zu erhitzen. Hat die Reaktion an einer Stelle eingesetzt, reicht die freiwerdende Wärmeenergie aus, daß sich die Reaktion fortpflanzt. Die zum *„Auslösen"* oder *„Zünden"* erforderliche Energie bezeichnet man als **Aktivierungsenergie**.

A 39.1 Muß einer Stoffportion mehr Wärmeenergie zugeführt werden, wenn sie zur Rotglut oder zur Weißglut erhitzt werden soll?

A 39.2 Bei der Bildung von Silbersulfid aus den Elementen ist ein Glühen nur im verdunkelten Raum wahrzunehmen.
Worauf kann es zurückzuführen sein, daß bei der Bildung von Eisensulfid ein viel kräftigeres und helleres Glühen als bei der Bildung von Silbersulfid zu beobachten ist?

A 39.3 Formuliere zu den Begriffen „exotherme Reaktion" und „endotherme Reaktion" jeweils einen Merksatz.

B 39.1 Exotherme chemische Reaktionen. Der Energieinhalt der Ausgangsstoffe ist größer als der der Produkte

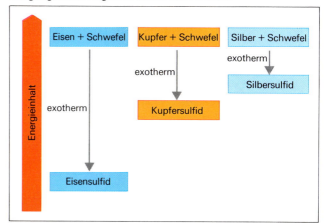

3.4 Überprüfung und Vertiefung

B 40.1 (links und rechts) Zu Aufgabe 4

B 40.2 Zu Aufgabe 5

1 Unterscheide bei den folgenden Vorgängen zwischen Herstellung eines Stoffgemisches, Stofftrennverfahren, chemischer Reaktion:

a) Kupfersulfid wird in die Elemente zerlegt. b) Salzwasser wird in Salz und Wasser getrennt. c) Ein Kuchenteig wird aus Zucker, Milch, Mehl, Eiern und Zutaten hergestellt. d) Ein Kuchenteig wird gebacken.

Worin liegt der entscheidende Unterschied zwischen einer chemischen Reaktion und der Vermischung oder Trennung von Stoffen?

2 Ein Sand-Schwefel-Gemisch kann durch kräftiges Erhitzen getrennt werden, nicht aber ein Gemisch aus Eisen und Schwefel. Begründe.

3 Erläutere den Unterschied zwischen Element und Verbindung an selbst gewählten Beispielen.

4 Zinnober – ein Quecksilbersulfid – kommt in der Natur als Erz vor (▶ B 40.1 links). Wegen der leuchtend roten Farbe wird er als Malerfarbe (Zinnoberrot) verwendet (▶ B 40.1 rechts).

a) Zerbricht ein Quecksilberthermometer, muß das giftige Quecksilber „vernichtet" werden. Hierzu kann es mit Schwefelpulver bestreut werden. Was geschieht dabei?

b) Zinnoberhaltige Erze werden in großen Schachtöfen unter Luftzufuhr stark erhitzt. Dabei entstehen ein stechend riechendes Gas und ein Gas, das bei Zimmertemperatur zu silbrig glänzenden Tropfen kondensiert. Welche Stoffe sind entstanden? Begründe.

5 Ein Gemisch aus 4 g Schwefel- und 8 g Zinkpulver wird mit einer glühenden Nadel berührt und glüht nach kurzer Zeit unter Funkensprühen hell auf (▶ B 40.2; Schutzbrille! Abzug!). Zurück bleibt ein nach dem Abkühlen weißgrauer Stoff.

a) Welcher Stoff ist entstanden? Formuliere das Reaktionsschema.

b) Verläuft die Reaktion exotherm oder endotherm? Begründe.

c) Warum genügt es, das Gemisch nur an einer Stelle zu zünden?

6 Warum kann man die Metallsulfide zu den salzartigen Stoffen zählen?

7 Farbe und Helligkeit glühender Körper hängen nur von der Temperatur, nicht vom Stoff ab (▶ B 40.3). Was ergibt sich daraus, daß Kupfer bei Gelbglut, Eisen bei Weißglut schmilzt?

B 40.3 Zu Aufgabe 7

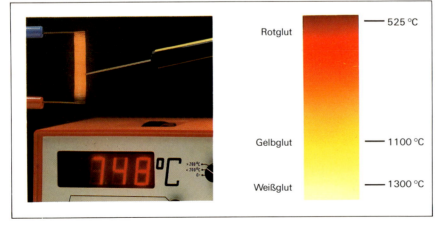

4 Luft und Verbrennung

Verbrennungen sind alltägliche Erscheinungen. Sie begegnen uns in Form von Flammen oder als kaum sichtbare Glut.
Meist steht die dabei freigesetzte Wärme im Vordergrund, vielfach will man auch das erzeugte Licht nutzen.
Die meisten Verbrennungsvorgänge, die wir direkt beobachten können, finden an der Luft statt. Vieles deutet darauf hin, daß sie Einfluß auf die Verbrennung hat. Ein Windstoß bringt ein Feuer zum Aufglühen, mit einem Blasebalg kann ein Feuer entfacht werden.

Als Brennstoffe verwendet man brennbare Feststoffe, Flüssigkeiten und Gase. Zurück bleibt meist Asche, es können aber auch gasförmige Verbrennungsprodukte entstehen.
Wir wollen den Vorgang der Verbrennung einmal genauer untersuchen und dabei herausfinden, unter welchen Bedingungen Stoffe verbrennen und was dabei entsteht.

4.1 Die Verbrennung von Metallen

B 42.1 Magnesium verbrennt mit gleißender Flamme

B 42.2 Eisenwolle verbrennt ohne Flamme: sie verglüht

Heizungskeller sind mit feuerhemmenden Türen aus Metallen versehen. Zylinder von Verbrennungsmotoren, Brennräume von Raketen und Rauchzüge in Heizungsanlagen sind aus Metall und brennen nicht, obwohl sie hohen Temperaturen ausgesetzt werden.

Manche Metalle brennen. Hält man dagegen *Magnesiumband* in die Flamme eines Brenners (▶ V 42.1), so entzündet es sich und verbrennt mit grellweißer Flamme und unter Abgabe von Wärme (▶ B 42.1). Zurück bleibt ein weißer, ascheartiger Stoff, der keine Ähnlichkeit mehr mit dem Metall hat. Ein neuer Stoff ist entstanden. Die Verbrennung von Magnesium ist eine chemische Reaktion. Auch *Zinkwolle* verbrennt mit Flammenerscheinung und unter Abgabe von Wärme. Der neu entstandene Stoff sieht in der Hitze gelb und nach dem Abkühlen weiß aus.

Wird *Eisenwolle* entzündet (▶ V 42.2), so beobachtet man ein lebhaftes Aufglühen (▶ B 42.2). Es ist allerdings keine Flamme zu sehen. Zurück bleibt ein blauschwarzer, spröder Stoff. Auch das Eisen ist verbrannt. Da bei der Verbrennung keine Flamme zu beobachten war, sagt man, es ist *verglüht*. Es gibt auch Metalle (Platin, Gold), die nicht verbrennen.

V 42.1 Man entzündet Magnesiumband (Zinkwolle) und beobachtet die auftretenden Veränderungen.

V 42.2 Entzünde etwas Eisenwolle und untersuche das Reaktionsprodukt.

V 42.3 Halte mit der Zange einen Eisennagel in die Flamme. Untersuche ihn nach dem Erkalten.

V 42.4 Man bläst Eisenpulver in die Brennerflamme. Vergleiche die Heftigkeit der Reaktion mit jener in V 42.2 und V 42.3. Deute die Unterschiede.

A 42.1 Begründe, warum Metallpulver heftiger verbrennt als Metallwolle.

Manche Metalle können verbrennen. Dabei entstehen unter Wärmeentwicklung neue Stoffe. Die Verbrennung ist eine chemische Reaktion.

Verbrennung und Zerteilungsgrad. Prüft man einen Eisen*nagel* auf Brennbarkeit (▶ V 42.3), so zeigt sich, daß er – im Gegensatz zu Eisenwolle – nicht brennt. Er überzieht sich lediglich mit einer dünnen, schwarzen Schicht.

Bläst man dagegen Eisen*pulver* (▶ V 42.4) in die Flamme eines Brenners, so verbrennt es unter Funkensprühen. Mit wachsendem Zerteilungsgrad reagiert Eisen bei der Verbrennung also heftiger.
Dies trifft auch für andere Metalle zu. So verbrennt *pulverisiertes* Magnesium in der Flamme mit grellem Lichtblitz und unter Abgabe von Wärme heftiger als Magnesium*band*.

Die Heftigkeit, mit der ein Stoff verbrennt, ist abhängig von seinem Zerteilungsgrad.

Wird eine Portion eines Feststoffes zerteilt, so bleibt zwar deren Masse erhalten, die *Oberfläche* vergrößert sich jedoch sehr stark (▶ B 42.3). Das deutet darauf hin, daß an der Verbrennung ein zweiter Stoff aus der unmittelbaren Umgebung beteiligt ist, der bei Zunahme der Oberfläche mit dem brennbaren Stoff besser in Kontakt treten kann.

B 42.3 Zerteilung und Oberfläche. Beim Zerteilen eines Stoffes vergrößert sich seine Oberfläche

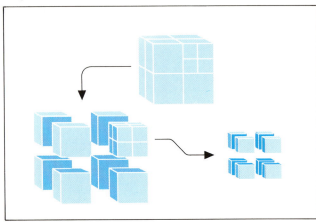

4.2 Die Rolle der Luft bei der Verbrennung

Luft ermöglicht die Verbrennung. Wird Eisenwolle in einem Glasrohr entzündet (▶ V 43.1), so wandert die Glutzone hell aufleuchtend durch das Rohr, wenn *Luft* hindurchgesaugt wird. Bei *Unterbrechung* der Luftzufuhr erlischt das Glühen. Andere Metalle verhalten sich ähnlich. Luft ermöglicht die Verbrennung von Metallen. Entzündet man Eisenwolle am Arm einer austarierten Waage, so neigt er sich zur Seite des brennenden Eisens und zeigt damit eine *Zunahme der Masse* an (▶ B 43.1). Ein Teil der Luft hat sich mit dem Eisen verbunden.

Die Zusammensetzung der Luft. Um zu prüfen, ob die gesamte Luft bei der Verbrennung reagiert, verbrennen wir in einer geschlossenen Apparatur Eisenwolle in einer genau bekannten *Luftportion* (▶ V 43.3a, ▶ B 43.2). Es zeigt sich, daß das Volumen nur um etwa ein *Fünftel* abnimmt. Eine Wiederholung des Experiments mit einer größeren Portion Eisenwolle führt zum gleichen Ergebnis. Nur ein Teil der Luft reagiert also bei der Verbrennung.
Luft ist ein *Gasgemisch.* Der bei der Verbrennung reagierende Anteil der Luft heißt **Sauerstoff**.

In dem verbliebenen *Restgas* erstickt die Flamme eines Holzspans (▶ V 43.3b). Es besteht zum größten Teil aus **Stickstoff**.
Sehr genaue Untersuchungen haben ergeben, daß Luft in geringen Mengen noch andere Gase enthält (▶ B 43.3).

Luft ist ein Gasgemisch. Neben den Hauptbestandteilen Stickstoff und Sauerstoff enthält sie noch Edelgase und Kohlenstoffdioxid.
Metalle reagieren beim Verbrennen mit dem Sauerstoff der Luft.

B 43.1 **Massenzunahme beim Verbrennen.** Der Wägearm neigt sich zur Seite des brennenden Eisens

V 43.1 Fülle ein mit einer Wasserstrahlpumpe verbundenes Verbrennungsrohr mit Eisenwolle. Entzünde sie und sauge stoßweise Luft hindurch. Deute die Beobachtung.

V 43.2 Entzünde einen Bausch Eisenwolle, der an einer austarierten Waage hängt. Beobachte den Wägearm und deute die Veränderung.

V 43.3 a) Baue eine Apparatur nach B 43.2 auf. Schiebe die eingeschlossene Luftportion (100 ml) mehrmals über die erhitzte Eisenwolle. Lies das Volumen des erkalteten Restgases ab und ermittle den Verbrauch. Zeichne die Versuchsapparatur.
b) Drücke das Restgas in einen Standzylinder und halte einen brennenden Holzspan hinein.

B 43.2 **Ermittlung des Sauerstoffgehalts der Luft.** Nur ein Fünftel der Luftportion nimmt an der Reaktion teil

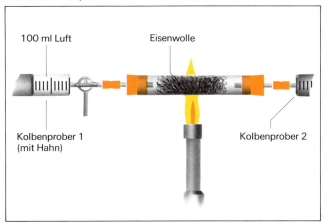

B 43.3 **Zusammensetzung von Luft (Volumenanteile)** ohne Berücksichtigung der Luftfeuchtigkeit

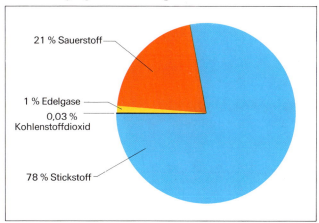

4.3 Sauerstoff und andere Luftbestandteile

B 44.1 Flüssige Luft

B 44.2 Siedetemperaturen einiger Luftbestandteile

B 44.3 Gewinnung flüssiger Luft nach dem Lindeverfahren

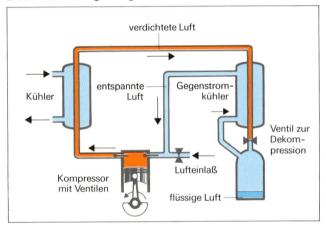

B 44.4 Sauerstoffflasche mit Druckminderungsventil zur Gasentnahme

B 44.5 Glimmspanprobe

Da Luft ein Gasgemisch ist, ist es möglich, durch ein geeignetes Trennverfahren Sauerstoff und andere Bestandteile der Luft rein zu gewinnen.

Gewinnung von Sauerstoff aus der Luft. Wird eine Luftportion zusammengepreßt, so steigt ihre Temperatur. Vergrößert man hingegen den Gasraum, so sinkt die Temperatur. Führt man die beim Zusammenpressen freiwerdende Wärme ab und läßt die Luft sich wieder ausdehnen, so wird diese kälter als sie ursprünglich war. Durch mehrfaches Wiederholen des Vorganges werden so niedrige Temperaturen erreicht, daß die Luft kondensiert. Es entsteht *flüssige Luft.* Aus ihr lassen sich durch Destillation einzelne Luftbestandteile aufgrund ihrer unterschiedlichen Siedetemperaturen (▶ B 44.2) abtrennen. Nach diesem Prinzip wird reiner Sauerstoff gewonnen. Er kommt in blauen Stahlflaschen in den Handel. Darin steht er unter hohem Druck und darf nur über druckmindernde Ventile entnommen werden (▶ B 44.4).

Eigenschaften und Nachweis. Sauerstoff ist ein farb-, geruch- und geschmackloses Gas. Wir können ihn mit den Sinnesorganen nicht wahrnehmen. Seine Dichte beträgt bei 20 °C 1,33 g/l, sie ist größer als die von Luft (1,19 g/l). Sauerstoff ist selbst nicht brennbar, unterhält jedoch die Verbrennung. Man nutzt diese Eigenschaft aus, um ihn nachzuweisen: Hält man einen an der Luft nur glimmenden Holzspan in Sauerstoff, so flammt er auf und brennt mit heller Flamme (▶ B 44.5).

Mit der Glimmspanprobe kann Sauerstoff nachgewiesen werden. Sie dient auch zur Unterscheidung von Sauerstoff, Luft und Stickstoff.

Bedeutung der Luftbestandteile. Die in der Luft enthaltenen Stoffe sind für das Leben auf der Erde und für die Technik von großer Bedeutung.

Sauerstoff wird von Menschen und Tieren zum Atmen benötigt. Auch bei Verbrennungsvorgängen, z.B. in Motoren oder Heizanlagen, wird der Luft Sauerstoff entzogen. In Krankenhäusern wird Sauerstoff in Reinform oder mit Luft vermischt zum Beatmen und Inhalieren verwendet (▶ B 45.2). Grüne Pflanzen hingegen produzieren Sauerstoff.

Stickstoff, der Hauptbestandteil der Luft ist geruch-, geschmack- und farblos. Er ist nicht brennbar und unterhält die Verbrennung auch nicht. Stickstoffverbindungen werden von allen Lebewesen benötigt. Sie können bis auf wenige Ausnahmen den in der Luft enthaltenen Stickstoff nicht nutzen. Pflanzen nehmen Stickstoffverbindungen mit den Wurzeln aus dem Boden, Menschen und Tiere mit der Nahrung auf.

Sauerstoff und andere Luftbestandteile

Farbe	farblos
Geruch	geruchlos
Geschmack	geschmacklos
Aggregatzustand bei Zimmertemp.	gasförmig
Dichte (20 °C)	1,33 g/l
Schmelztemperatur	−219 °C
Siedetemperatur	−183 °C
Brennbarkeit	brennt nicht; unterhält Verbrennung
Löslichkeit in Wasser (20 °C)	geringfügig (31 cm³/l)

B 45.1 Eigenschaften von Sauerstoff

B 45.2 Sauerstoffeinsatz in der Medizin

V 45.1 Entzünde einen Holzspan an einem Ende, blase die Flamme aus und halte den nur noch glimmenden Holzspan in einen mit Sauerstoff gefüllten Standzylinder.

V 45.2 Befestige einen mit Sauerstoff gefüllten Zylinder mit der Öffnung nach oben, einen weiteren umgekehrt an einem Stativ. Entferne die Verschlüsse und führe nach einigen Minuten die Glimmspanprobe durch.
Wie ist das Ergebnis der Probe zu erklären?

A 45.1 Erläutere mit Hilfe von B 44.2 und B 44.3 die Gewinnung von Sauerstoff aus der Luft nach dem Lindeverfahren.

A 45.2 Durch Atmung und Verbrennung wird der Luft Sauerstoff entzogen. Wodurch wird dieser Verlust ausgeglichen?

A 45.3 Auf welchem Wege gelangen lebensnotwendige Stickstoffverbindungen in den Körper des Menschen?

A 45.4 Gib einige Verwendungsmöglichkeiten für Edelgase an.

Flüssiger Stickstoff ist heute ein unentbehrlicher Stoff in der Kältetechnik. Lebensmittel werden damit in kürzester Zeit tiefgefroren und haltbar gemacht. In der Medizin werden sogar Organe darin aufbewahrt.

Edelgase sind sehr reaktionsträge und nicht brennbar. Helium wird wegen seiner geringen Dichte als Füllgas für Luftschiffe und Ballons verwendet. Argon dient als Schutzgas beim Schweißen (▶ B 45.4). Es hält den Sauerstoff von der Schweißstelle ab und schützt das Metall vor der Verbrennung. Mit Neon, Krypton und anderen Edelgasen gefüllte Leuchtstoffröhren spenden farbiges Licht (▶ B 45.5). Manche Glühlampen sind mit Argon gefüllt, um die Lebensdauer des Glühdrahtes zu verlängern.

Kohlenstoffdioxid ist lebensnotwendig für das Wachstum grüner Pflanzen. Sie nehmen Kohlenstoffdioxid und Wasser aus ihrer Umgebung auf und bauen daraus unter Ausnutzung des Sonnenlichts energiereiche Stoffe auf. Dabei geben sie zugleich Sauerstoff ab.

B 45.3 **Stickstoff als Füllgas** verhindert das Entstehen von Reifenbränden

B 45.4 **Schutzgasschweißen.** Das Edelgas Argon verhindert den Luftzutritt

B 45.5 **Leuchtstoffröhren** mit Edelgasfüllung verbreiten farbiges Licht

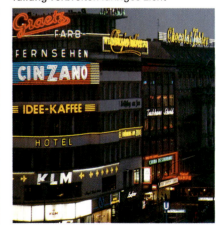

4.4 Metalle reagieren mit Sauerstoff

B 46.1 Eisenwolle verbrennt in Sauerstoff

B 46.2 Magnesium verbrennt in Sauerstoff

V 46.1 Man hält glühende Eisenwolle bzw. brennendes Magnesiumband in einen mit Sauerstoff gefüllten Standzylinder. (Vorsicht! Schutzbrille!)

V 46.2 Erhitze ein mehrfach gefaltetes Kupferblech in der Brennerflamme. Vergleiche anschließend Innen- und Außenseite. Deute die Beobachtungen.

A 46.1 Formuliere die Reaktionsschemata für die Oxidationen von Aluminium und Zink.

A 46.2 Werte die Tabelle B 46.3 aus und stelle die typischen Eigenschaften der Metalle denen der Oxide gegenüber. Welcher wichtige Unterschied ist nicht in der Tabelle erfaßt?

B 46.3 Eigenschaften einiger Metalle und ihrer Oxide im Vergleich

Metall		Metalloxid	
Name	Eigenschaften	Name	Eigenschaften
Kupfer	rötlich glänzend, weich; Schmelztemp. 1083 °C	Kupferoxid	schwarz, spröde; Schmelztemp. 1336 °C
Eisen	grau glänzend, Schmelztemp. 1536 °C	Eisenoxid	blauschwarz, spröde; Schmelztemp. 1594 °C
Zink	hellgrau glänzend; Schmelztemp. 419 °C	Zinkoxid	weiß, in der Hitze gelb; Schmelztemp. 1975 °C
Magnesium	silberglänzend; Schmelztemp. 650 °C	Magnesiumoxid	weiß, spröde; Schmelztemp. 2802 °C

Verbrennung von Metallen in reinem Sauerstoff. Ein Holzspan, der an der Luft nur glimmt, flammt auf, wenn er in reinen Sauerstoff gehalten wird. Offensichtlich verläuft die Verbrennung in *reinem* Sauerstoff *heftiger* als an der Luft.

Experimente mit einigen Metallen bestätigen dies. So verbrennt *Eisenwolle*, die an der Luft nur verglüht (B 42.2), in reinem Sauerstoff unter lebhaftem Funkensprühen (▶ V 46.1, ▶ B 46.1). *Magnesium* verbrennt darin sogar so heftig, daß das gesamte Reaktionsprodukt sich in Form eines weißen Rauches zeigt (▶ B 46.2). Die Reaktionsprodukte unterscheiden sich in beiden Fällen nicht von denen, die beim Verbrennen an der Luft entstehen.

Die Oxidation. Eine Reaktion, bei der sich ein Stoff mit Sauerstoff verbindet, nennt man **Oxidation** (von griech./lat. oxygenium, Sauerstoff). Die dabei entstehenden Stoffe heißen **Oxide**. So bildet sich bei der Reaktion von Eisen mit Sauerstoff *Eisenoxid*, bei der Reaktion von Magnesium mit Sauerstoff *Magnesiumoxid*.

Auch ein Kupferblech, das sich in der Hitze schwarz färbt, wird oxidiert. Es überzieht sich mit einer Schicht aus *Kupferoxid*. Dabei ist allerdings keine Abgabe von Wärme oder Licht wahrzunehmen.

Oxide unterscheiden sich deutlich von den Metallen, aus denen sie entstehen (▶ B 46.3). Es sind spröde Stoffe mit hoher Schmelztemperatur. Sie gehören zu den *salzartigen Stoffen*. Manche werden als Farbpulver verwendet, z. B. Zinkoxid, rotes Bleioxid. Viele Metalloxide finden sich auch als Mineralien in der Natur.

Eine Oxidation läßt sich auch durch ein *Reaktionsschema* beschreiben:

Eisen + Sauerstoff ⟶ Eisenoxid
Magnesium + Sauerstoff ⟶ Magnesiumoxid
Kupfer + Sauerstoff ⟶ Kupferoxid

Für die Reaktion von *Metallen* mit Sauerstoff gilt allgemein:

Metall + Sauerstoff ⟶ Metalloxid

Bei den meisten Oxidationen wird Energie in Form von Wärme und Licht frei. Es sind exotherm verlaufende Reaktionen.

Die Reaktion eines Stoffes mit Sauerstoff wird Oxidation genannt. Bei der Reaktion von Metallen mit Sauerstoff entstehen Metalloxide.

Metalle reagieren mit Sauerstoff

Das Bindungsbestreben der Metalle zu Sauerstoff.
Bei den bisher beobachteten Reaktionen reagierten die Metallstücke offensichtlich unterschiedlich heftig. Da hierbei auch der Zerteilungsgrad eine wichtige Rolle spielt, kann ein Vergleich der für die Stoffe charakteristischen Heftigkeiten nur mit Stoffportionen gleicher Korngröße durchgeführt werden.
Bläst man Pulver der Metalle Kupfer, Eisen bzw. Magnesium mit Sauerstoff durch die nichtleuchtende Brennerflamme (▶ V 47.1), so zeigen sich deutliche Unterschiede in der *Heftigkeit* der Reaktion.
Von den untersuchten Metallen hat Magnesium das größte, Kupfer das geringste Bestreben, mit Sauerstoff eine Verbindung einzugehen. Es ergibt sich die Reihenfolge:

Kupfer, Eisen, Magnesium →

Von Kupfer zu Magnesium nimmt das Bindungsbestreben zu Sauerstoff zu (▶ B 47.1).
Metalle, die ein großes Bindungsbestreben zu Sauerstoff haben, werden *unedle Metalle* genannt. Ihnen stehen die *Edelmetalle* gegenüber.

Silberoxid wird zerlegt. Erhitzt man schwarzes Silberoxid langsam im Reagenzglas, so beobachtet man, daß die Stoffportion weißlich wird. Es handelt sich um feinverteiltes Silber. Der bei dieser Reaktion gebildete Sauerstoff läßt sich in einer Apparatur nach ▶ B 47.2 auffangen und anschließend mit Hilfe der Glimmspanprobe identifizieren.
Da Silber nur ein geringes Bindungsbestreben zu Sauerstoff hat, ist es leicht möglich, das Oxid in die Elemente zu zerlegen. Dies ist eine endotherme Reaktion.

Silberoxid ⟶ Silber + Sauerstoff

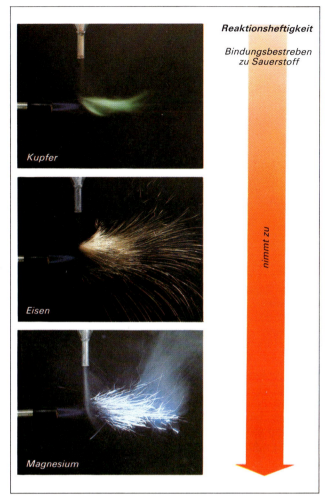

B 47.1 Reaktionsheftigkeit und Bindungsbestreben

B 47.2 Zerlegen von Silberoxid durch Wärmezufuhr

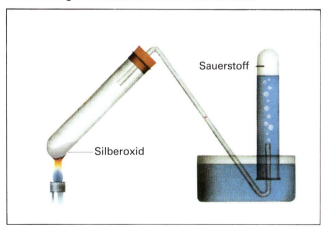

V 47.1 Man bläst Pulver gleicher Korngröße der Metalle Eisen, Kupfer und Magnesium mit Sauerstoff in die nichtleuchtende Brennerflamme (Schutzbrille!). Vergleiche das Reaktionsverhalten.

V 47.2 Im schwerschmelzbaren Reagenzglas wird eine kleine Portion Silberoxid erhitzt und das entstehende Gas über Wasser aufgefangen. Der Rückstand wird im Tiegel zusammengeschmolzen.

V 47.3 Man führt mit dem Gas aus V 47.2 die Glimmspanprobe durch.

A 47.1 Silber soll oxidiert werden. Ist ein heftiger Reaktionsverlauf zu erwarten? Begründe.

Metalle reagieren mit Sauerstoff

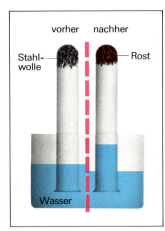

B 48.1 Sauerstoffverbrauch beim Rosten

B 48.2 Mikroaufnahme von Rost

Undurchdringliche Oxidschichten. Untersucht man einen Eisennagel, der in der Flamme erhitzt worden ist (▶ V 48.1), stellt man fest, daß er nur *oberflächlich oxidiert* worden ist. Die gebildete Oxidschicht ist offenbar undurchdringlich für den Sauerstoff, so daß sie den Zutritt des Sauerstoffs zu dem darunterliegenden Eisen verhindert.
Auch andere Metalle, die ein großes Bindungsbestreben zu Sauerstoff haben, bilden *dichte Oxidschichten* aus. Erst dadurch sind sie als Gebrauchsmetalle zu verwenden.
Erhitzt man ein Stückchen Aluminiumblech (Zinkblech) in der Flamme eines Brenners (▶ V 48.2), so beginnt es bei 660 °C (419 °C) zu schmelzen. Es fällt jedoch kein Tropfen herunter. Das geschmolzene Metall hängt vielmehr in einer dünnen, elastischen Oxidhaut.
Obwohl die Dicke der Haut nur Bruchteile eines Millimeters beträgt, verhindert sie doch wirkungsvoll den Zutritt des Sauerstoffs zum geschmolzenen Metall.

Einige Metalle bilden an ihrer Oberfläche dichte Oxidschichten aus, die die weitere Reaktion mit dem Sauerstoff verhindern.

Eisen rostet. Auf Eisenteilen, die mit feuchter Luft in Berührung kommen, bildet sich mitunter sehr schnell eine rotbraune Schicht aus *Rost*. Das feuchte Eisen reagiert dabei mit dem Sauerstoff der Luft. Es handelt sich um eine *langsame Oxidation*.
Die sich bildende Rostschicht ist porös und locker. Der Sauerstoff kann durch sie hindurchdringen und an das darunterliegende Metall gelangen. Auf diese Weise können selbst dicke Eisenteile im Lauf der Zeit „durchrosten".
An trockener Luft rostet Eisen nicht.

Rostschutz. Der geschätzte Schaden, der durch Rostbildung in der Bundesrepublik Deutschland jährlich entsteht, geht in Milliardenhöhe.
Deswegen ist es von großer Wichtigkeit, Eisenteile vor Rostbildung zu schützen. Häufig finden *Rostschutzanstriche* mit Mennige (rotes Bleioxid) Verwendung. Sie schützen das darunterliegende Metall wirkungsvoll, wenn sie auf eine einwandfrei entrostete Oberfläche aufgebracht werden.
Eine andere Methode besteht darin, Eisenteile mit solchen Metallen zu überziehen, die von Feuchtigkeit und Sauerstoff nicht angegriffen werden. Dazu eignen sich Chrom und Nickel. Eine Verletzung des Überzuges schon durch winzige Schlagstellen führt allerdings zum Einsetzen des Rostvorganges.

Der Rostvorgang ist eine langsam verlaufende Oxidation des Eisens an feuchter Luft.

V 48.1 Halte einen Eisennagel in die Brennerflamme und bearbeite seine Oberfläche anschließend mit Schmirgelpapier. Wie ist das Ergebnis zu erklären?

V 48.2 Halte ein Stückchen Aluminiumblech (Zinkblech) mit der Zange in die nichtleuchtende Brennerflamme. Deute die Beobachtungen.

V 48.3 Fülle die Kuppe eines Reagenzglases mit angefeuchteter Eisenwolle und stelle es mit der Öffnung nach unten in ein Becherglas mit Wasser. Gleiche den Wasserspiegel in beiden Gefäßen aus und markiere das Luftvolumen im Reagenzglas. Ermittle die Volumenänderung nach einigen Tagen.

V 48.4 Führe V 48.3 zum Vergleich mit eingeölter Eisenwolle aus.

A 48.1 Aluminium ist ein Metall mit großem Bindungsbestreben zu Sauerstoff. Worauf beruht seine Verwendung als Gebrauchsmetall?

A 48.2 Ein Zinkblech schmilzt in der Flamme des Brenners, ohne daß ein Tropfen geschmolzen Metalls herunterfällt. Wie ist das zu erklären?

A 48.3 Wie kann man experimentell feststellen, daß beim Rosten von Eisen Sauerstoff verbraucht wird?

A 48.4 Gib an, warum eine Fahrradkette nicht rostet, solange sie gut eingeölt ist.

A 48.5 Nenne einige Verfahren zum Schutz von Eisenteilen vor Rostbildung.

4.5 Nichtmetalle reagieren mit Sauerstoff

Oxidationsreaktionen haben wir bisher nur an Metallen untersucht. Schwefel und Kohlenstoff gehören zu den Nichtmetallen.

Schwefeldioxid. Erhitzt man Schwefel, so schmilzt er und entzündet sich. An der Luft verbrennt er mit nur schwach blauer Flamme und in reinem Sauerstoff mit *leuchtend blauer Flamme* (▶ B 49.1). Der dabei entstehende Stoff wird **Schwefeldioxid** genannt.

Schwefel + Sauerstoff ⟶ Schwefeldioxid

Es ist ein *giftiges Gas* mit *stechendem Geruch*. Schimmelpilze und Kleinlebewesen wie Bakterien werden durch Schwefeldioxid abgetötet, deshalb wird es zum Haltbarmachen von Trockenfrüchten und zur Desinfektion von Wein- und Bierfässern eingesetzt.
Schwefeldioxid *bleicht* Blütenfarbstoffe und andere Farbstoffe aus (▶ B 49.2, ▶ V 49.1b).
Die Brennstoffe Kohle und Öl enthalten Verbindungen des Schwefels. Bei der Verbrennung entsteht aus ihnen Schwefeldioxid, das unsere *Umwelt gefährlich belastet*.

Kohlenstoffdioxid. Verbrennt man Kohlenstoff in Luft oder reinem Sauerstoff, so bildet sich ein *gasförmiger, farb-* und *geruchloser* Stoff. Er wird **Kohlenstoffdioxid** genannt.

Kohlenstoff + Sauerstoff ⟶ Kohlenstoffdioxid

Kohlenstoffdioxid *löscht Flammen* und ist selbst *nicht brennbar*. Seine Dichte (1,83 g/l bei 20 °C, 1013 mbar) ist größer als die der Luft.
Das Gas ist *in Wasser löslich* und verleiht Getränken einen erfrischenden Geschmack.
Unter Druck verflüssigt kommt Kohlenstoffdioxid in grauen Stahlflaschen in den Handel. Erstarrtes Kohlenstoffdioxid wird als *Trockeneis* bezeichnet.

Nachweis von Kohlenstoffdioxid. Schüttelt man ein Gefäß, in dem sich Kohlenstoffdioxid und Kalkwasser befinden (▶ V 49.2), so bildet sich in der Flüssigkeit ein weißer Feststoff, der eine *Trübung* verursacht (▶ B 49.4) und als Niederschlag ausfällt.

Die Trübung von Kalkwasser ist ein Nachweis für Kohlenstoffdioxid.

Kohlenstoffmonooxid. Wenn Kohlenstoff oder Kohlenstoffverbindungen verbrennen, kann als Nebenprodukt das *giftige Kohlenstoffmonooxid* entstehen. Es ist ein *geruch-* und *farbloses Gas* und brennt mit blauer Flamme. Dabei entsteht Kohlenstoffdioxid.

B 49.1 Schwefel verbrennt in Sauerstoff

B 49.2 Bleichwirkung von Schwefeldioxid. Die roten Blüten werden entfärbt

V 49.1 a) Schwefel wird in einem Verbrennungslöffel unter dem Abzug entzündet und in einen mit Sauerstoff gefüllten Standzylinder eingeführt.
b) Anschließend wird eine rote Rose oder Nelke hineingegeben. Für einige Minuten läßt man den Standzylinder abgedeckt stehen.

V 49.2 Entzünde ein Stück Holzkohle auf dem Verbrennungslöffel und senke es in einen Standzylinder, der mit Sauerstoff und einer kleinen Portion Kalkwasser gefüllt ist. Verschließe den Standzylinder und schüttle ihn. Erkläre die Beobachtungen.

A 49.1 Gib an, wie Kohlenstoffdioxid nachgewiesen wird.

B 49.3 Holzkohle verbrennt in Sauerstoff

B 49.4 Kohlenstoffdioxid trübt Kalkwasser

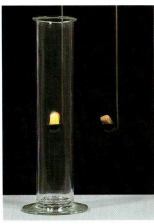

4.6 Lösungen aus Wasser und Oxiden

B 50.1 **Farbänderung von schwarzem Tee** bei Zugabe von Zitronensaft

B 50.2 **Farbumschlag bei Rotkohl.** Durch Zusatz von Essig wird er intensiver rot

B 50.3 **Verschiedene Indikatoren.** Sie zeigen durch den Wechsel ihrer Farben an, ob eine Lösung sauer, neutral oder alkalisch ist. Phenolphthalein zeigt nur bei Zugabe zu einer alkalischen Lösung einen Farbwechsel

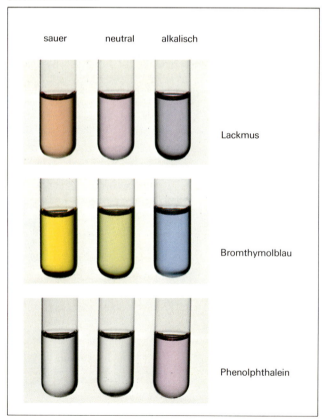

Lösungen können sauer oder alkalisch sein. Der Saft vieler Früchte, z. B. von Zitronen, Apfelsinen oder Weintrauben, schmeckt **sauer**. Auch mit Essig kann Speisen ein saurer Geschmack verliehen werden. Er wird durch Stoffe hervorgerufen, die im Wasser gelöst sind. Dagegen stellt man einen eigentümlich faden und unangenehmen Geschmack fest, wenn etwas Seifenlösung in den Mund gelangt. Sie fühlt sich glitschig an. Solche Lösungen werden **alkalisch** genannt.
Flüssigkeiten, die weder sauer noch alkalisch sind, wie z. B. reines Wasser, heißen **neutral**.
Wir werden im folgenden die *Lösungen einiger Metall- und Nichtmetalloxide* in Wasser unter diesem Aspekt näher betrachten und zugleich eine Möglichkeit kennenlernen, um saure, neutrale und alkalische Lösungen gefahrlos und genau zu unterscheiden.

Indikatoren. Viele *Farbstoffe* ändern ihre Farbe, wenn sie mit sauren oder alkalischen Lösungen zusammengebracht werden. Versetzt man Tee mit Zitronensaft, so wird der Tee heller (▶ V 51.1, ▶ B 50.1). Auch der Farbstoff des Rotkohls verändert sich bei Zugabe von sauren Lösungen. Er wird intensiver rot (▶ B 50.2). Bei Zugabe von alkalischen Lösungen wird er dagegen grün (▶ V 51.2). Ähnlich verhalten sich Farbstoffe von Blüten: Kornblumen werden in sauren Lösungen rot.
Solche Farbumschläge benutzt man dazu, das Vorliegen saurer oder alkalischer Lösungen anzuzeigen. Stoffe, die hierfür geeignet sind, heißen **Indikatoren** (von lat. indicare, anzeigen). Ein häufig verwendeter Indikator ist Lackmuslösung, die aus Flechten gewonnen wird. Saure Lösungen färben Lackmuslösung rot, alkalische Lösungen blau. Reines Wasser ergibt einen violetten Farbton.

Außer Indikatoren pflanzlichen Ursprungs verwendet man in chemischen Laboratorien auch künstlich hergestellte Stoffe wie z. B. Bromthymolblau.
Häufig werden auch Indikatorpapiere benutzt. Sie sind durch einen Indikator gefärbt und werden mit der zu prüfenden Flüssigkeit benetzt.

Indikatoren zeigen durch ihre Farbe an, ob Lösungen sauer, alkalisch oder neutral sind.

Verschieden stark saure (bzw. alkalische) Lösungen können mit einem einzigen Indikator nicht leicht unterschieden werden, da er nur *einen* prägnanten Farbumschlag zeigt. Dagegen kann man mit *Indikatorgemischen* beim Übergang von stark sauren über schwach saure und neutrale bis zu schwach bzw. stark alkalischen Lösungen mehrere Farbumschläge erhalten, die somit eine genauere Aussage darüber ermöglichen, wie stark sauer oder alkalisch eine Lösung ist. Solche Gemische heißen **Universalindikatoren**.

Lösungen aus Wasser und Oxiden

Der pH-Wert. Zur genaueren Kennzeichnung der Stärke von sauren und alkalischen Lösungen wird der pH-Wert angegeben. Neutrale Lösungen (wie z. B. eine Kochsalzlösung) und reines Wasser besitzen den pH-Wert 7. Saure Lösungen haben einen pH-Wert, der kleiner als 7 ist. Alkalische Lösungen weisen einen pH-Wert auf, der größer als 7 ist. Je weniger sauer bzw. je stärker alkalisch die Lösung ist, desto größer ist ihr pH-Wert. Die normalerweise verwendete pH-Skala reicht von 0 bis 14. Es sind aber auch pH-Werte außerhalb dieses Bereiches möglich.

Zur Bestimmung des pH-Wertes mit Universalindikatorpapier (▶ B 51.1) benetzt man dieses mit der zu prüfenden Lösung und vergleicht die Färbung des Papierstreifens mit der Farbskala auf der Verpackung.
Für noch genauere Bestimmungen kann der pH-Wert auch elektrisch gemessen werden (▶ B 51.2). Das pH-Meter zeigt direkt den Zahlenwert an.

Der pH-Wert gibt an, wie stark sauer bzw. alkalisch eine Lösung ist. Er kann mit Universalindikatoren ermittelt werden.

Verhalten von Oxiden in Wasser. Prüft man Lösungen der *Nichtmetalloxide* Kohlenstoffdioxid oder Schwefeldioxid (▶ V 51.5) mit Indikatorlösung oder -papier, so zeigt sich, daß sie *sauer* sind. Kalkwasser, das durch Aufschlämmen von Calciumoxid in Wasser entsteht, ist *alkalisch*. Auch andere *Metalloxide*, z. B. Magnesiumoxid, bilden alkalische Lösungen (▶ V 51.6).

Nichtmetalloxide ergeben mit Wasser saure, Metalloxide dagegen alkalische Lösungen.

V 51.1 Füge zu schwarzem Tee etwas Zitronensaft und beobachte die auftretende Veränderung.

V 51.2 Versetze eine Probe Rotkohlsaft mit Essig bzw. Seifenwasser.

V 51.3 Prüfe mit Lackmuslösung (Bromthymolblau-Lösung) Mineralwasser, Salzwasser und Kalkwasser und notiere die Farbumschläge.

V 51.4 Blase mit einem Röhrchen Atemluft in reines Wasser, das zuvor mit Indikatorlösung versetzt worden ist.

V 51.5 Man verbrennt Schwefel in einem Standzylinder, der etwas Wasser enthält, und prüft nach dem Umschütteln die Flüssigkeit mit Indikatorpapier.

V 51.6 Prüfe mit Universalindikatorpapier eine wäßrige Suspension von Magnesiumoxid, Speiseessig und Citronensäurelösung. Ermittle die pH-Werte.

A 51.1 Gib an, durch welche Farben Lackmuslösung (Bromthymolblau-Lösung) sauer, neutral bzw. alkalisch reagierende Flüssigkeiten anzeigt.

A 51.2 Welche Farbe des Indikators ist zu erwarten, wenn Apfelsinensaft, Seifenlösung und reines Wasser mit Lackmuslösung (Bromthymolblau-Lösung) geprüft werden?

A 51.3 Welche Eigenschaft zeichnet einen Universalindikator aus? Wie wird mit ihm der pH-Wert einer Flüssigkeit bestimmt?

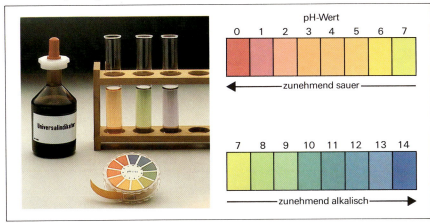

B 51.1 Universalindikator zeigt einen abgestuften Farbumschlag. Durch einen Vergleich mit der dazugehörigen Farbskala wird der pH-Wert ermittelt

B 51.2 pH-Meter, ein elektrisches Meßinstrument zur genauen Bestimmung des pH-Wertes

4.7 Verbrennung und Flamme

V 52.1 Zünde eine Kerze an, deren Docht von festem Wachs durchsetzt ist.

V 52.2 Blase eine brennende Kerze aus, wenn ein Teil des Wachses geschmolzen ist, und führe ein brennendes Streichholz sogleich in die Nähe des Dochtes.

V 52.3 Halte ein Ende eines Metall- oder Glasrohres mit der Zange unmittelbar über das Dochtende einer brennenden Kerze. Entzünde die am anderen Ende austretenden Wachsdämpfe.

V 52.4 Halte eine Porzellanschale in den Flammenmantel einer brennenden Kerze.

V 52.5 Halte dünne Holzstäbe mit ihren Mitten in verschiedenen Höhen kurze Zeit in eine Kerzenflamme. Deute die unterschiedlichen Veränderungen.

A 52.1 Plane ein Experiment, mit dem sich der heißeste Punkt der Kerzenflamme bestimmen läßt.

Verglühen und Flammenerscheinung. Bisher haben wir zahlreiche Verbrennungsvorgänge kennengelernt. In manchen Fällen konnten Flammen beobachtet werden, z. B. bei der Verbrennung des Schwefels.
Ein Stück Kohlenstoff oder ein Bausch Eisenwolle verbrannten dagegen ohne Flammenerscheinung. In diesem Fall spricht man von *Verglühen*. Damit bezeichnet man einen exotherm verlaufenden chemischen Vorgang, bei dem zwar Licht ausgesendet wird, aber keine Flamme entsteht. Offenbar ist das Auftreten von Flammen an bestimmte Voraussetzungen gebunden.

Wachsdampf verbrennt. Hält man ein Streichholz an einen Kerzendocht, bildet sich die Kerzenflamme nicht sofort (▶ V 52.1). Nähert man aber der frisch ausgeblasenen Kerze ein Zündholz (▶ V 52.2), springt die Flamme über, bevor die Streichholzflamme den Docht berührt. Nur der Wachs*dampf* brennt. Beim Entzünden eines kalten Dochtes muß das in ihm erstarrte Wachs *geschmolzen* und *verdampft* werden, bevor eine *Kerzenflamme* entsteht.
Hält man das Ende eines Metallrohres dicht über das Dochtende einer brennenden Kerze (▶ V 52.3), kann man am kerzenfernen Rohrende austretenden Wachsdampf entzünden. Er brennt wie die Kerze mit einer Flamme.

Flammen bilden sich, wenn gasförmige Stoffe verbrennen. Stoffe, die durch die Verbrennungswärme nicht verdampfen, verglühen.

Die Farbe der Flamme. Bei einer Kerzenflamme sieht man einen gelbleuchtenden *Flammenmantel* umgeben von einem bläulichen *Flammensaum* (▶ B 52.1). Das Leuchten des Mantels entsteht durch glühenden Kohlenstoff, Ergebnis einer unvollständigen Verbrennung des Wachses (▶ V 52.4). Im Flammensaum verbrennt dieser Kohlenstoff. Es entsteht bläulich glühendes Kohlenstoffdioxid. Auch das gelbe Leuchten der nichtrauschenden Brennerflamme ist ähnlich zu erklären. Bei offener Luftzufuhr kann der Flamme soviel Luft zugeführt werden, daß eine vollständige Verbrennung des Erdgases erfolgt, ohne Bildung von Kohlenstoff als Zwischenprodukt.

B 52.1 Flamme einer Kerze

B 52.2 Verbrennungsvorgang in der Kerzenflamme (vereinfacht)

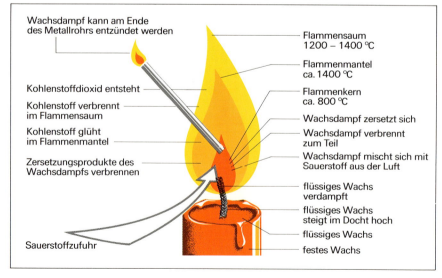

4.8 Brandbekämpfung – Verhinderung einer Oxidation

Entstehung eines Brandes. Immer wieder entstehen durch Unachtsamkeit Brände, die großen Schaden anrichten und Menschen in Gefahr bringen. Für die *Entstehung* eines Feuers sind *drei Voraussetzungen* nötig:

1. Ein Feuer kann nur brennen, solange ein *brennbarer Stoff* vorhanden ist.

2. Damit sich ein brennbarer Stoff entzündet, muß seine *Zündtemperatur* (▶ B 53.1) erreicht sein. Bei dieser Temperatur kann sich der Stoff entzünden, ohne daß dazu eine Flamme nötig ist. Je *niedriger* die Zündtemperatur, desto *feuergefährlicher* ist ein Stoff.

3. Damit ein Feuer brennen kann, muß ihm laufend *Sauerstoff* zugeführt werden. Dieser stammt meistens aus der Luft.

Löschen eines Brandes. Beim *Löschen* sorgt man dafür, daß mindestens *eine* der drei Voraussetzungen, die zur Verbrennung nötig sind, nicht mehr gegeben ist.

1. Entzug des brennbaren Stoffes. Dies ist nur selten möglich. Bei Waldbränden z. B. werden breite Schneisen freigelegt, an denen das Feuer zum Stillstand kommt.

2. Abkühlen unter die Zündtemperatur. Das häufigste Löschmittel ist Wasser. Es kühlt die brennenden Teile so ab, daß die Zündtemperatur des brennenden Stoffes unterschritten wird. Gleichzeitig behindern Wasser und Wasserdampf die Luftzufuhr.

3. Entzug des Luftsauerstoffs. Nicht immer ist Wasser zur Brandbekämpfung geeignet. Benzin z. B. schwimmt auf Wasser und brennt dort weiter. In diesem Fall helfen andere Löschmittel. Kohlenstoffdioxid aus Feuerlöschern verdrängt die Luft. Es hat den Vorteil, daß es durch seine hohe Dichte über dem Brandherd eine Schicht bildet, die dem Luftsauerstoff den Zutritt zum Brandherd versperrt. Bei heftigen Bränden wird das Kohlenstoffdioxid so stark verwirbelt, daß es nicht mehr schützend wirkt. Deshalb verwendet man häufig die wirksameren *Schaumlöscher* (▶ B 53.2). Der mit Kohlenstoffdioxid gefüllte Schaum bedeckt den brennenden Stoff, so daß das Feuer sofort erstickt (▶ B 53.3).
Der Inhalt von *Pulverlöschern* erzeugt in der Hitze ebenfalls Kohlenstoffdioxid.

Magnesiumbrände können weder mit Wasser noch mit Kohlenstoffdioxid gelöscht werden, da Magnesium mit beiden Löschmitteln heftig reagiert. In diesem Fall behindert man den Zutritt von Luft durch *Abdecken* mit Sand. Wenn die Kleider eines Menschen brennen, kann man durch Wälzen auf dem Boden oder Abdecken mit einer Decke das Feuer zum Erlöschen bringen.

brennbarer Stoff	Zündtemperatur in °C
Ether	160
Benzin	220
trockenes Holz	250 – 350
Heizöl	350
Wachs	400
Alkohol	425
Papier	440
Stadtgas	560
Steinkohle	600 – 900
Erdgas	650
Koks	650 – 750

B 53.1 **Zündtemperatur** einiger brennbarer Stoffe

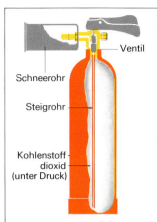

B 53.2 **Aufbau eines Kohlenstoffdioxidlöschers**

B 53.3 **Löschen eines Brandes mit Schaum.** Die Feuerwehrleute am Schaumlöscher werden mit Wasser gekühlt

B 53.4 **Möglichkeiten der Brandbekämpfung** im Überblick

Voraussetzungen zur Verbrennung	Maßnahmen zur Brandbekämpfung allgemein	Beispiele
Brennstoff	Entfernen des brennbaren Stoffes	
Luft	Unterbrechung der Luftzufuhr	
Zündtemperatur	Abkühlen unter die Zündtemperatur	

4.9 Überprüfung und Vertiefung

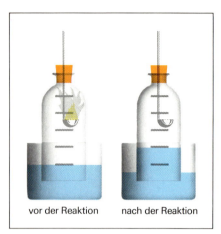

B 54.1 Zu Aufgabe 3

B 54.2 Zu Aufgabe 8

B 54.3 Zu Aufgabe 9

1 In Blitzlichtbirnen verbrennen Metalle (Magnesium, Aluminium) in Form von Metallwolle.
Mit welchem Gas muß der Glaskolben gefüllt sein, damit in kurzer Zeit sehr viel Licht erzeugt wird? Warum wird das Metall nicht als dickes Metallband eingesetzt?
Erläutere deine Überlegungen kurz.

2 Warum leuchtet ein Knäuel angezündeter Eisenwolle beim Schwenken durch die Luft hell auf?

3 In eine wassergefüllte Wanne wird eine Glasglocke gestellt. Auf einem Verbrennungslöffel, der in einem durchbohrten Stopfen steckt, wird eine kleine Portion des Nichtmetalls Phosphor (rot) entzündet und damit die Glasglocke geschlossen.
Der Phosphor verbrennt zu einem weißen Feststoff. Obwohl noch genügend Phosphor vorhanden ist, hört der Verbrennungsvorgang auf. Der Wasserspiegel steigt in der Glasglocke nach kurzer Zeit an (▶ B 54.1).
a) Um welchen Bruchteil nimmt das Gasvolumen in der Glasglocke ab?
b) Um welchen Stoff kann es sich bei dem weißen Stoff handeln?
c) Warum steigt das Wasser in der Glasglocke an?
Erläutere deine Überlegungen.

4 Warum kommt Gold in Gesteinsgängen gediegen vor, Magnesium aber nur in Verbindungen?

5 Handelt es sich bei der Luft um eine Verbindung, ein Gemisch oder ein Element? Begründe deine Entscheidung.

6 Unter Brennen oder Verbrennen versteht man eine Stoffumbildung mit Lichterscheinung, im engeren Sinne eine Stoffumbildung mit Flammenerscheinung. Als Verglühen bezeichnet man eine Stoffumbildung mit Lichterscheinung, aber ohne Flamme. Als Glühen wird Lichtaussendung bei hohen Temperaturen ohne Stoffumbildung bezeichnet. Hoch erhitzter Sauerstoff sendet Licht aus. Brennt oder glüht er? Gib eine kurze Begründung.

7 Eine Glühlampe spendet durchschnittlich tausend Stunden Licht, ein Blitzlichtlämpchen leuchtet nur in Sekundenbruchteilen auf. Erkläre den Unterschied.

8 Beim Schneidbrennen (▶ B 54.2) wird Stahl zunächst mit der Brennerflamme erhitzt, danach läßt man nur noch reinen Sauerstoff auf die glühende Oberfläche strömen.
Was geschieht dabei mit dem Stahl? Warum verwendet man reinen Sauerstoff und nicht Luft?

9 Wird ein gefaltetes Kupferblech in die Flamme eines Brenners gehalten, überzieht es sich mit einer schwarzen Schicht. Nach dem Auseinanderfalten erscheinen die Stellen, zu denen die Flammen keinen Zutritt hatten, metallisch blank (▶ B 54.3). Wie kann man experimentell ermitteln, ob es sich bei dem schwarzen Stoff um Ruß aus der Flamme oder um Kupferoxid handelt?

10 Bei der Gärung von Traubensaft entsteht auch Kohlenstoffdioxid. Der Kellermeister betritt einen Gärkeller aus Sicherheitsgründen meist mit einer brennenden Kerze in der Hand. Nenne den Grund dafür!

11 Wie läßt sich prüfen, ob eine Wasserprobe sauer, alkalisch oder neutral ist?

12 Warum leuchtet die Flamme eines Gasbrenners bei geschlossener Luftzufuhr gelb? Mit Hilfe welches Experimentes könntest du zeigen, daß deine Antwort zutrifft?

13 Beim Anzünden der Holzkohle im Gartengrill verwendet man oft feste oder flüssige Grillkohlenzünder. Welche Aufgaben haben diese Stoffe? Warum muß man mit ihnen vorsichtig umgehen?

5 Reduktion und Redoxreaktion

Im vergangenen Kapitel haben wir erfahren, daß sich Metalle mit Sauerstoff zu Metalloxiden verbinden. Metalloxide kommen in der Natur in Erzen vor. Aus ihnen werden in der Technik die Metalle gewonnen. Die meisten Metalloxide lassen sich nur bei sehr hohen Temperaturen in das Metall und Sauerstoff spalten. Häufig ist es leichter, wenn zu dem Metalloxid ein Stoff mit einem großen Bindungsbestreben zu Sauerstoff gegeben wird.

Schon vor etwa 7000 Jahren haben Menschen es verstanden, aus Erzen Metalle zu gewinnen. Sie stellten daraus Waffen, Schmuck und Werkzeuge her. Die Metallgewinnung war eine Handwerkskunst. Die Erze wurden im Holzkohlefeuer unter kräftiger Luftzufuhr erhitzt. Dabei erreichte man bereits recht hohe Temperaturen. Die Holzkohle hatte noch eine andere Aufgabe: Sie war das Mittel, dem Oxid den Sauerstoff zu entziehen.

Wir wollen im folgenden Metalle aus ihren Oxiden herstellen.

5.1 Reduktion von Metalloxiden

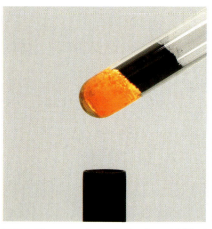

B 56.1 Eisen reagiert mit Kupferoxid. Nach der Reaktion sind rotes Kupfer und grauschwarzes Eisenoxid erkennbar

Quecksilberoxid läßt sich durch Erhitzen in Quecksilber und Sauerstoff zerlegen (↗ Kap. 4.4). Im Prinzip gelingt das auch mit anderen Metalloxiden, jedoch nur bei sehr hohen Temperaturen.
Bei einer anderen Möglichkeit, Metalle aus Metalloxiden herzustellen, wird das unterschiedliche Bindungsbestreben der Metalle zu Sauerstoff genutzt.

Ein Metall reagiert mit einem Metalloxid. Ein Gemisch aus Eisen und Kupferoxid glüht nach kurzem Erhitzen auf (▶ V 56.1, ▶ B 56.1 links). Die Glühfront bewegt sich durch das Gemisch hindurch. Nach dem Erkalten erkennt man rote Kupferkügelchen und grauschwarzes Eisenoxid.
Das schwarze Kupferoxid reagiert mit dem grauen Eisen zu rotem Kupfer und schwarzem Eisenoxid (▶ B 56.1 rechts). Diese Reaktion verläuft exotherm. Das Eisenoxid reagiert dagegen mit dem Kupfer nicht.

V 56.1 Mische 1,6 g schwarzes Kupferoxidpulver und 0,8 g graues Eisenpulver (Ferrum reductum). Erhitze das Gemisch im Reagenzglas bis zum ersten Aufglühen und entferne das Reagenzglas sofort aus der Brennerflamme (Schutzbrille!). Fertige ein Versuchsprotokoll an.
Führe den Versuch zum Vergleich mit einem Gemisch aus schwarzem Eisenoxid- und rotem Kupferpulver durch (Schutzbrille!).

Eisen wird **oxidiert** zu Eisenoxid, gleichzeitig wird Kupferoxid **reduziert** zu Kupfer. Die Zurückführung eines Metalloxides zum Metall nennt man **Reduktion** (von lat. reducere, zurückführen). Allgemein spricht man von einer Reduktion, wenn eine Sauerstoffverbindung Sauerstoff abgibt. So ist auch die Zerlegung von Quecksilberoxid eine Reduktion. Die Reduktion ist die Umkehrung der Oxidation.

V 56.2 Man mischt 0,5 g Kupferoxidpulver und 0,4 g Zinkpulver und erhitzt das Gemisch im Reagenzglas bis zum ersten Aufglühen. Anschließend entfernt man das Reagenzglas sofort aus der Brennerflamme. (Schutzbrille! Schutzscheibe!)

Eine chemische Reaktion, bei der Sauerstoff abgegeben wird, nennt man Reduktion.

Bei der Reaktion zwischen Kupferoxid und Eisen laufen Reduktion und Oxidation *gleichzeitig* ab. Eine solche Reaktion bezeichnet man als **Red**uktions-**Ox**idations-Reaktion, abgekürzt **Redox**reaktion.

V 56.3 Man vermischt je eine Spatelspitze Kupferoxid- und Magnesiumpulver im trockenen Reagenzglas. Man bringt das Gemisch auf eine Magnesiarinne oder Porzellanscherbe und berührt mit der Brennerflamme. (Schutzbrille! Schutzhandschuhe!)

Eine Reaktion, bei der Oxidation und Reduktion gleichzeitig ablaufen, nennt man Redoxreaktion.

```
         ┌─── Oxidation ───┐
Kupferoxid + Eisen → Kupfer + Eisenoxid
         └─── Reduktion ───┘
```

A 56.1 Ordne die Metalle Magnesium, Eisen und Zink nach wachsender Heftigkeit, mit der sie mit Kupferoxid reagieren.

Stoffe, die – wie in der obigen Reaktion das Eisen – einen anderen Stoff reduzieren, nennt man **Reduktionsmittel.**
Ein Gemisch aus Kupferoxid- und Zinkpulver (▶ V 56.2) glüht nach kurzem Erhitzen plötzlich hell auf. Es bilden sich rote Kupferkügelchen und weißes Zinkoxidpulver, das zum Teil aus dem Reagenzglas herausgeschleudert wird. Zwischen Kupferoxid und Zink verläuft die Redoxreaktion heftiger als zwischen Kupferoxid und Eisen. Zink ist ein stärkeres Reduktionsmittel als Eisen.

A 56.2 Formuliere für die Reaktionen von Zink mit Kupferoxid und von Magnesium mit Kupferoxid die Reaktionsschemata. Gib jeweils an, welcher Stoff oxidiert und welcher reduziert wird.

A 56.3 Ordne die Metalle Eisen, Kupfer, Magnesium, Zink nach ihrer Stärke als Reduktionsmittel.

Reduktion von Metalloxiden

B 57.1 **Verschweißen von Eisenbahnschienen** unter Anwendung des Thermitverfahrens

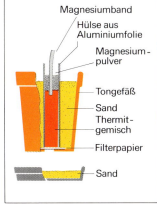 

B 57.2 **Thermitreaktion.** Links: Versuchsaufbau. Rechts: Reaktion des Thermitgemisches in einem Spezialtiegel

Thermitverfahren. Redoxreaktionen, bei denen starke Reduktionsmittel eingesetzt werden, können teilweise sehr heftig und unter äußerst *starker Wärmeentwicklung* ablaufen.
Ein Gemisch aus rotem Eisenoxidpulver und Aluminiumgrieß dient zum Schweißen und Verbinden von Eisenteilen wie z. B. Schienen (▶ B 57.1), da es nach Zündung in wenigen Sekunden *weißglühendes, flüssiges Eisen* liefert. Es werden Temperaturen bis zu 2400 °C erreicht.

Eisenoxid + Aluminium → Eisen + Aluminiumoxid | exotherm

Nichtmetalle reagieren mit Metalloxiden. Bei der Redoxreaktion zwischen einem Metall und einem Metalloxid verbacken das neu gebildete Metall und Metalloxid häufig ineinander. Das neue Gemisch muß dann mühsam getrennt werden. Dieser Nachteil entfällt, wenn das Reduktionsmittel zu einem *gasförmigen Stoff* oxidiert wird.

Kohlenstoffdioxid ist ein gasförmiges Nichtmetalloxid. Die bisherigen Redoxreaktionen haben uns gezeigt, daß Kupferoxid leicht reduziert werden kann.
Erhitzt man ein Gemisch aus schwarzem Kupferoxid und Kohlenstoff (▶ V 57.2), so glüht es auf. Im Kalkwasser perlen Gasblasen hoch, das Kalkwasser trübt sich (▶ B 57.3). Nach dem Erkalten erkennt man im Reagenzglas einen rötlichen, festen Stoff.
Kupferoxid und Kohlenstoff reagieren in einer exothermen Reaktion zu Kupfer und Kohlenstoffdioxid.

```
            ┌─── Oxidation ───┐
Kupferoxid + Kohlenstoff → Kupfer + Kohlenstoffdioxid
            └─── Reduktion ───┘
```

V 57.1 Man mischt 15 g rotes Eisenoxidpulver, 5 g Aluminiumgrieß und 0,5 g Aluminiumpulver und schüttet das Gemisch in eine Hülse aus Alufolie, die in einem mit Sand gefüllten Blumentopf steckt (B 57.2 links). Auf das Gemisch gibt man etwas Magnesiumpulver und zündet mit einem Magnesiumband. (Schutzbrille! Schutzhandschuhe! Schutzscheibe! Feuerfeste Unterlage, z. B. Sandwanne benutzen!)

V 57.2 Gib in ein Reagenzglas ein Gemisch aus 2 g Kupferoxidpulver und 0,2 g Holzkohlepulver. Verschließe entsprechend B 57.3 mit einem Stopfen, in dem ein gewinkeltes Gasableitungsrohr steckt, das in Kalkwasser eintaucht. Erhitze bis zum Glühen und löse sofort den Stopfen. (Schutzbrille!)

B 57.3 **Kohlenstoff reduziert Kupferoxid** zu Kupfer und wird zu Kohlenstoffdioxid oxidiert

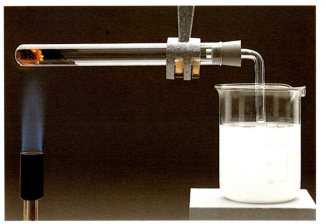

5.2 Anwendung der Reduktion: Roheisengewinnung

B 58.1 **Wichtige Eisenerze,** die zur Gewinnung von Eisen eingesetzt werden können

A 58.1 Kennzeichne bei der Reaktion von Eisenoxid mit Kohlenstoffmonooxid den Oxidations- und den Reduktionsvorgang.

A 58.2 Durch welchen Stoff werden die Eisenerze im Hochofen hauptsächlich reduziert? Wie entsteht er?

A 58.3 Warum befinden sich am oberen Ende des Hochofens zwei Glocken und nicht nur eine?

A 58.4 Warum nimmt der Durchmesser des Hochofenschachts nach unten zu?

A 58.5 Formuliere das Reaktionsschema für die Bildung des feinverteilten Kohlenstoffs.

B 58.2 Hochofenanlage in einem Hüttenwerk

Eisen aus Eisenerz. Eisen ist das wichtigste Gebrauchsmetall. Kein anderer Werkstoff ist so vielseitig verwendbar. Eisen kommt in der Natur allerdings nicht gediegen vor, dagegen gibt es viele Eisenverbindungen. Auf deren Vorhandensein beruhen die Rot- und Braunfärbungen vieler Böden und Gesteine. Ist der Eisenanteil höher als 20 %, so spricht man von **Eisenerzen**. Von besonderer Bedeutung für die Eisengewinnung sind Erze wie *Hämatit, Magnetit* und *Limonit* (▶ B 58.1), bei denen es sich um *Eisenoxide* handelt. Aus ihnen läßt sich durch Reduktion Eisen gewinnen. Seit dem 18. Jahrhundert wird zur Reduktion *Steinkohlenkoks* eingesetzt. Steinkohlenkoks ist fast *reiner Kohlenstoff.* Vor der Reduktion werden die Erze weitgehend von störendem Begleitgestein, der *Gangart,* befreit. Erze wie *Pyrit* (▶ B 58.1), die aus *Eisensulfiden* bestehen, werden vor der Reduktion im Luft- oder Sauerstoffstrom oxidiert („geröstet"). Dabei entstehen Eisenoxide und Schwefeldioxid.

Der Hochofen. Die aufbereiteten Erze werden in 30 bis 40 m hohen Schachtöfen, den **Hochöfen** (▶ B 58.2), bei hohen Temperaturen reduziert. Die Wände des Hochofens, dessen Nutzraum bis 4000 m³ beträgt, sind etwa 1,5 m dick und bestehen aus feuerfesten Steinen, die von einem Stahlmantel umgeben sind. Zur Kühlung sind in das Mauerwerk Kästen eingelassen, durch die fortwährend Wasser fließt.
Der Hochofen wird von oben her abwechselnd mit *Koks* und *Möller,* dem Gemisch aus Erz mit anhängendem Gestein und *Zuschlägen,* beschickt. Die Zuschläge (Kalk oder Feldspat) sind notwendig, damit die Gangart in niedrigschmelzende Schlacke übergeführt wird.

Von unten her wird der Hochofen mit erhitzter Luft („Heißwind") beschickt, die aus einem *Winderhitzer* kommt und unter Druck durch die *„Windformen"* in den Hochofen eingeblasen wird. Die unterste Koksschicht reagiert mit dem Sauerstoff der etwa 800 °C heißen Luft zu Kohlenstoffdioxid. Da bei dieser Reaktion sehr viel Wärmeenergie frei wird, steigt die Temperatur in diesem Abschnitt des Hochofens auf über 1600 °C, in einem kleinen Bereich sogar auf 2000 °C. Das Kohlenstoffdioxid reagiert mit der darüberliegenden Koksschicht fast vollständig zu *Kohlenstoffmonooxid.* Kohlenstoffmonooxid reduziert den größten Teil der Eisenerze zu Eisen im Hochofen. Die Gase, die von der eingeblasenen Heißluft übrigbleiben und die bei den im Hochofen ablaufenden Reaktionen entstehen, verlassen den Hochofen an der Gicht als *Gichtgas.* Dieses enthält neben Stickstoff und Kohlenstoffdioxid noch etwa 30 % brennbare Gase (Kohlenstoffmonooxid, Wasserstoff und Methan). Das Gichtgas wird zum Vorwärmen der Luft, die in den Hochofen geblasen wird, eingesetzt.

Anwendung der Reduktion: Roheisengewinnung

Vorgänge in den einzelnen Abschnitten des Hochofens. In der **Vorwärmzone** werden Koks und Möller auf etwa 400 °C vorgewärmt und von anhaftendem und gebundenem Wasser befreit.

In der **Reduktionszone** wird der größte Teil der Eisenerze schrittweise durch Kohlenstoffmonooxid reduziert.

Eisenoxid + Kohlenstoffmonooxid → Eisen + Kohlenstoffdioxid

Das Kohlenstoffdioxid reagiert mit der nächsten Koksschicht wieder zu Kohlenstoffmonooxid.

Kohlenstoffdioxid + Kohlenstoff → Kohlenstoffmonooxid

Ein kleiner Teil der Eisenerze wird durch feinverteilten Kohlenstoff reduziert. Dieser Kohlenstoff entsteht im oberen, weniger heißen Teil der Reduktionszone durch Zerfall von Kohlenstoffmonooxid zu Kohlenstoff und Kohlenstoffdioxid.

In der **Kohlungszone** nimmt das schwammige Eisen den übrigbleibenden feinverteilten Kohlenstoff auf. Außerdem gelangen aus der Gangart, dem Zuschlag und dem Koks noch weitere Stoffe (Mangan, Silicium, Phosphor, Schwefel) in das Eisen. Durch die Aufnahme dieser Stoffe sinkt die Schmelztemperatur, die beim reinen Eisen 1536 °C beträgt, auf etwa 1100 °C bis 1200 °C, so daß das Eisen in der **Schmelzzone** durch den glühenden und verglühenden Koks tropft und sich im Gestell sammelt. Die Schlacke, die sich aus der Gangart und dem Zuschlag bildet, schwimmt auf dem Roheisen. Ihre unterste Schicht schützt das darunterliegende Roheisen vor der Oxidation durch den Heißwind. Das Roheisen wird von Zeit zu Zeit „abgestochen" (abgelassen, ▶ B 59.2), die Schlacke fließt fortwährend ab.

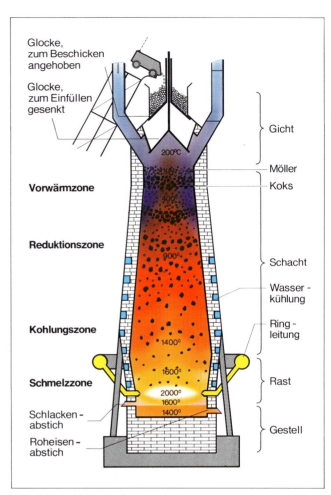

B 59.1 Schnitt durch einen Hochofen

Daten zum Hochofenbetrieb. Ein Hochofen erzeugt je nach Größe täglich zwischen 1000 t und 10 000 t Roheisen.
Zur Herstellung von 1 t Roheisen braucht man etwa 1,8 t Eisenerz, 0,5 t Koks, 0,25 t Zuschläge und 2 t Luft (das sind etwa 1500 m³ Luft). Dabei fallen etwa 3 t Gichtgas und 0,6 t Schlacke und Staub an. Der Kühlwasserbedarf für 1 t Roheisen liegt bei 10 bis 20 m³; für einen Hochofen mittlerer Größe sind das etwa 50 000 m³ täglich. Diese Wassermenge würde ausreichen, um eine Stadt mit etwa 200 000 Einwohnern zu versorgen.

Ein Hochofen ist durchschnittlich 8 bis 10 Jahre ununterbrochen in Betrieb. Man läßt ihn weder an Wochenenden, noch an Feiertagen, nicht einmal bei Streiks ausgehen, da er sonst abgebrochen und neu aufgebaut werden müßte.

B 59.2 Hochofenabstich. Das Roheisen fließt in Rinnen ab

Anwendung der Reduktion: Roheisengewinnung

B 60.1 Roheisen. Links: Probenahme beim Hochofenabstich. Rechts: Bruch des erstarrten, spröden Roheisens

Vom Roheisen zum Stahl. Roheisen enthält bis zu 10 % Beimischungen (nach abnehmendem Anteil geordnet: Kohlenstoff und Eisen-Kohlenstoffverbindungen, Mangan, Phosphor, Silicium, Schwefel). Roheisen ist hart und spröde (▶ B 60.1 rechts) und schmilzt beim Erhitzen plötzlich, ohne vorher zu erweichen. Es kann weder geschmiedet noch gewalzt werden. Nur ein kleiner Teil des Roheisens wird deshalb in Gießereien zu **Gußeisen** verarbeitet. Man stellt daraus vor allem Maschinenfüße und -gehäuse her.

Entzieht man dem Roheisen die gesamten Beimischungen, erhält man reines Eisen. Es läßt sich als Werkstoff nicht verwenden, da es zu weich ist. Durch das Entfernen aller Beimischungen bis auf einen Kohlenstoffanteil von maximal 1,7 % erhält man einen schmiedbaren, beim Erhitzen allmählich erweichenden **Stahl**.

Flüssiger Stahl kann als Stahlguß direkt in Formen zu großen Maschinenteilen oder Schiffsschrauben gegossen werden. Der größte Teil wird jedoch in Blöcke gegossen und glühend maschinell verarbeitet (▶ B 60.4). Wichtigstes Verarbeitungsverfahren ist das Walzen. Hierbei werden auf vollautomatischen Walzstraßen z. B. Schienen oder dünne Bleche (▶ B 60.3), die Hunderte von Metern Länge erreichen können, hergestellt.

Durch **Legieren** des **Stahls** mit verschiedenen Metallen können die Eigenschaften des Stahls verändert und verbessert werden. Chrom und Nickel erhöhen vor allem die Korrosionsbeständigkeit (die meisten rostfreien Stähle enthalten 18 % Chrom und 8 % Nickel). Vanadium und Molybdän machen den Stahl geschmeidiger und zäher. Mangan erhöht die Härte und vermindert den Verschleiß.

B 60.2 Zusammensetzung von Eisenwerkstoffen im Vergleich

B 60.3 Walzen. Weiterverarbeitung des glühenden Rohstahls auf einer vollautomatischen Walzstraße

B 60.4 Schmieden. Ein glühender Stahlblock wird unter der Schmiedepresse verformt

5.3 Zur Geschichte der Metallgewinnung

Es ist nicht bekannt, wo die ersten Metalle bearbeitet wurden; die Archäologen streiten auch darüber, ob Menschen zuerst Gold oder Kupfer oder irgendein anderes Metall benutzten. Es ist jedoch sehr wahrscheinlich, daß zunächst nur in der Natur gediegen vorkommende Metalle wie Gold oder Kupfer bearbeitet wurden.

Metall aus Erz. Einen riesigen Fortschritt machten die Menschen, als sie entdeckten, daß man *Kupfer* aus *Erzen* gewinnen kann. Der älteste bekannte Ort der Kupferverhüttung, der etwa 4100 v. Chr. besiedelt wurde, ist im heutigen Iran entdeckt worden. In der Folgezeit wurde das Kupfer in einem geschlossenen Ofen aus Erz und Holz gewonnen. Holz wurde schließlich durch Holzkohle ersetzt. Brennende Holzkohle kann unter Luftzufuhr sehr stark erhitzt werden, so daß die Reduktion des Kupferoxids schnell abläuft und sogar flüssiges Kupfer gewonnen werden kann. Die Öfen wurden deshalb später an Berghängen errichtet, so daß der Hangwind zum Feuer geleitet werden konnte.
Die Schmiede lernten auch die Entwicklung von Gußformen und das Gießen von geschmolzenem Kupfer zu Plastiken und zu Werkzeugen und Waffen. Ihre Herstellung war teuer, Werkzeuge und Waffen verbogen leicht und wurden schnell stumpf.

Bronze und Eisen. Die Nachteile des Kupfers weist die *Bronze,* eine Legierung des Kupfers mit einem Zinnanteil von 10 bis 15 Prozent, nicht auf. Bronze ist härter als Kupfer. Äxte und Messer aus Bronze ließen sich leicht schärfen.
Der *Bronzezeit* folgte die *Eisenzeit.* Ihr Beginn liegt im geschichtlichen Dunkel. Die Eisengewinnung wurde wahrscheinlich an mehreren Punkten der Erde, mehr als 1000 Jahre vor der Zeitwende, unabhängig voneinander „erfunden". In Mitteleuropa haben erstmals die Kelten im Siegerland um etwa 700 v. Chr. Eisenerze verarbeitet. In niedrigen Öfen erhitzten sie Eisenerze im Holzkohlefeuer unter kräftiger Luftzufuhr. Es bildete sich ein Klumpen aus Eisen und Schlacke. Durch wiederholtes Erhitzen und Schmieden wurde die Schlacke entfernt und das Eisen bearbeitet.
Im späten Mittelalter baute man hohe Stücköfen. Auf dem Holzschnitt (▶ B 61.2) aus dem Jahre 1556 benutzten deutsche Schmiede die grundlegenden Techniken der Eisengewinnung und -bearbeitung, die man schon seit 2000 Jahren verwendete, allerdings ist die mittelalterliche Ausrüstung moderner. Im Hintergrund verhüttet ein Arbeiter das Erz in einem Schmelzofen aus Ziegeln. In seiner Nähe verhämmern zwei Männer Roheisenstücke zu einer festen Masse, während der Schmied im Vordergrund mit einem mechanisch betriebenen Hammer ein Stück Metall schmiedet.

B 61.1 Metallgewinnung im alten Ägypten

B 61.2 Eisengewinnung und -bearbeitung im Mittelalter

5.4 Überprüfung und Vertiefung

1 Erhitzt man einen Tiegel, in dem Holzkohlepulver und gelbes Bleioxid übereinander geschichtet worden sind (▶ B 62.1 links), einige Zeit in der nichtleuchtenden Brennerflamme, so bildet sich im Tiegel ein blaugrauer, metallisch glänzender, flüssiger Stoff, der beim Abkühlen erstarrt (▶ B 62.1 rechts).
a) Um welchen Stoff handelt es sich hierbei?
b) Formuliere das Reaktionsschema.
c) Kennzeichne die Oxidation und Reduktion im Reaktionsschema.

2 Man kann die Metalle und ihre Oxide nach ihrer Fähigkeit, andere Stoffe zu reduzieren bzw. zu oxidieren (Reduktions- bzw. Oxidationsvermögen), in einer Tabelle wie ▶ B 62.2 anordnen.
a) Mit welchen der in ▶ B 62.2 aufgeführten Metalle kann man Eisenoxid reduzieren?
b) Wo müßte Silber/Silberoxid in der Tabelle ▶ B 62.2 stehen?

3 Häufig liest man: „Um Eisen zu gewinnen, muß man es aus Gesteinen herausschmelzen."
Nimm zu dieser Aussage Stellung und berichtige sie.

4 Das Roheisen müßte eigentlich Rohstahl heißen. Warum wohl?

5 Gib die Namen einiger dir bekannter Stähle an.

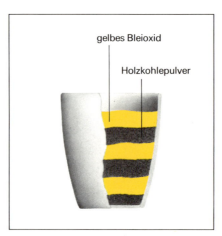

B 62.1 (links und rechts) Zu Aufgabe 1

Stelle einen Zusammenhang zwischen dem Namen und der Zusammensetzung des Stahls her.

6 Informiere dich mit Hilfe eines Lexikons über das Vorkommen und den Eisenanteil wichtiger Eisenerze.

7 Früher hatten alle Fahrräder einen Stahlrahmen. Heute haben viele einen Rahmen aus Aluminium.
Welche Vorteile hat Aluminium gegenüber Stahl? Nenne weitere Beispiele dafür, daß Aluminium Stahl teilweise abgelöst hat.

8 Hält man ein brennendes Magnesiumband in einen mit Kohlenstoffdioxid gefüllten Standzylinder, so brennt das Magnesiumband weiter. Auf dem Boden und an den Wänden des Gefäßes setzen sich ein weißer und ein schwarzer pulveriger Stoff ab (▶ B 62.3).
a) Welche Stoffe haben sich gebildet?
b) Formuliere das Reaktionsschema.
c) An welcher Stelle in der Tabelle ▶ B 62.2 kann Kohlenstoff/Kohlenstoffdioxid stehen?
Warum setzt man im Hochofen Steinkohlenkoks und nicht Holzkohle ein?

B 62.2 Reduktions- und Oxidationsvermögen einiger Metall-Metalloxid-Paare

B 62.3 Zu Aufgabe 8

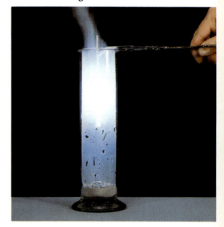

6 Wasser

Ohne Wasser wäre kein Leben auf dieser Erde denkbar. Wasser ist das wichtigste Grundnahrungsmittel für Mensch, Tier und Pflanze. Obwohl beinahe drei Viertel der Erdoberfläche von Wasser bedeckt sind, gibt es Gebiete der Erde, die infolge Wassermangels kaum genutzt werden können.
In anderen Gebieten fallen sehr viele Niederschläge, aber die Verschmutzung des Wassers hat so bedrohliche Ausmaße angenommen, daß mitten im Überfluß Mangel herrscht. In aller Welt befassen sich Forscher mit den so wichtigen Problemen einer ausreichenden Versorgung der Menschen mit Wasser.

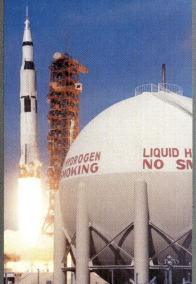

Wasser ist ein Stoff, mit dem wir täglich in Berührung kommen. Doch was ist Wasser chemisch gesehen? Die griechischen Philosophen zählten Wasser zu den Elementen. Ob dies auch unserer Betrachtungsweise entspricht, müssen wir untersuchen.

6.1 Bedeutung und Gefährdung des Wassers

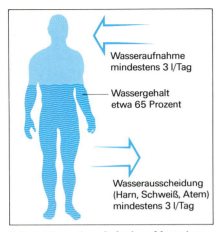

B 64.1 **Wasserhaushalt** eines Menschen

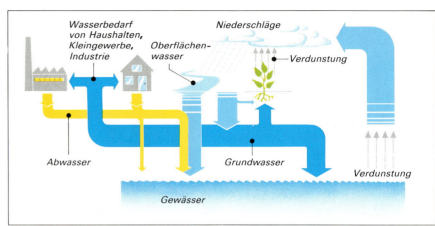

B 64.2 **Wasserkreislauf.** In der Natur vollzieht sich ein Kreislauf des Wassers, in den sich der Mensch eingeschaltet hat

B 64.3 **Durchschnittlicher Wasserverbrauch** pro Person und Tag (Aufteilung)

B 64.4 **Wasseranteil in Nahrungsmitteln**

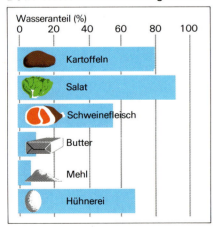

Ohne Wasser kein Leben. Der Körper der Pflanzen, Tiere und des Menschen besteht zu einem großen Teil aus Wasser. Ein Erwachsener muß täglich mindestens 3 Liter Wasser mit der Nahrung aufnehmen, um seinen *Wasserbedarf* zu decken. Völliger Wasserentzug führt nach wenigen Tagen zum Tode. Wasser erfüllt im Körper wichtige Aufgaben. Es *löst* und *transportiert* die lebensnotwendigen und verbrauchten Stoffe. Durch Ausscheiden und Verdunsten regulieren viele Lebewesen ihren Wärmehaushalt.

Der Kreislauf des Wassers. Fast drei Viertel der Erdoberfläche sind von Ozeanen, Seen, Flüssen und Eis bedeckt. Die gesamte Wassermenge schätzt man auf 1,35 Milliarden Kubikkilometer. Davon befinden sich etwa 97 Prozent als Meerwasser in den Ozeanen, rund 2 Prozent liegen im Eis der Polargebiete und Gletscher fest, und etwa 1 Prozent steht als Süßwasser zur Verfügung. Die Gesamtmenge des Wassers bleibt praktisch unverändert. Im Alltag spricht man zwar vom Wasserverbrauch, tatsächlich wird das Wasser nur für kurze Zeit einem *Kreislauf* entzogen.
Wasser verdunstet vom Erdboden, von Pflanzen- und Wasseroberflächen und wird von der Luft als Wasserdampf aufgenommen. In großen Höhen kondensiert Wasserdampf unter Bildung von Wolken. Als Niederschlag kehrt das Wasser zur Erdoberfläche zurück.

In der Bundesrepublik Deutschland verdunstet etwa die Hälfte des Niederschlages sofort wieder. Ein weiterer großer Teil der Niederschläge fließt direkt in Flüsse und Seen ab, die das **Oberflächenwasser** bilden. Nur ein Achtel des Gesamtniederschlages versickert im Erdreich und bildet über wasserundurchlässigen Schichten das **Grundwasser**.

Wasserverbrauch. Nur aus diesem Grundwasser wurde früher das Trinkwasser gewonnen. Der tägliche Wasserverbrauch ist aber bei uns nicht auf das lebensnotwendige Maß von 3 Litern beschränkt. Hohe Ansprüche an Lebensqualität und Hygiene haben den *Tagesverbrauch* auf *etwa 300 Liter pro Person* hochgetrieben. Man schätzt, daß dieser Verbrauch sogar noch steigen wird. Viel größer ist der Verbrauch der *Industrie.* Mancher Industriebetrieb verbraucht so viel Wasser wie eine Großstadt. Grundwasser reicht schon lange nicht mehr, es muß verstärkt Oberflächenwasser eingesetzt werden.

Bedeutung und Gefährdung des Wassers

B 65.1 **Aquarienbelüftung.** Fische benötigen gelösten Sauerstoff zum Atmen

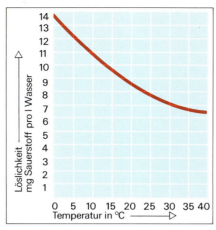

B 65.2 **Löslichkeit von Sauerstoff in Wasser** (bei Normdruck)

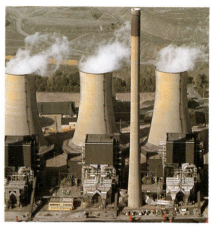

B 65.3 **Kühltürme** eines Kraftwerks zum Abkühlen des heißen Kühlwassers

Im Wasser lösen sich auch Gase. Erwärmt man Leitungs- und Mineralwasser (▶ V 65.2), steigen *Gasblasen* hoch, lange bevor das Wasser siedet. In manchen Mineralwässern ist besonders viel *Kohlenstoffdioxid* gelöst. Sowohl im Leitungs- als auch im Fluß- und Seewasser sind *Gase der Luft* gelöst. Besonders wichtig für das Leben in Gewässern ist der *Sauerstoff*. Bei höheren Temperaturen löst Wasser weniger Sauerstoff als bei niedrigen (▶ B 65.2), deshalb kann eine starke Erwärmung des Wassers für Fische zu Sauerstoffmangel führen. Warme Abwässer von Industriebetrieben und Kraftwerken müssen deshalb vor dem Einleiten in Flüsse und Seen gekühlt werden (▶ B 65.3).

Gefährdung durch Abwasser. Viel stärker werden die Flüsse, Seen und Meere durch ungenügend oder überhaupt nicht gereinigte Abwässer gefährdet. Das Wasser nimmt Sauerstoff aus der Luft und von Wasserpflanzen auf. Er kann einen Teil der Abfallstoffe direkt zu ungefährlichen Stoffen oxidieren. Meistens unterhält der Sauerstoff aber Kleinstlebewesen, die einen Teil der Abfälle zu ungefährlichen Rückständen abbauen. Fäkalien und Waschmittelrückstände wirken als Dünger und steigern das Wachstum der Wasserpflanzen. Absterbende Pflanzen werden mit Hilfe des Sauerstoffs abgebaut. Nehmen das Einleiten von Abwässern und das Pflanzenwachstum überhand, reicht der im Wasser gelöste Sauerstoff zum Abbau nicht mehr aus.
Zuerst sterben die Fische, dann alles weitere Leben. Viele Abfallstoffe, zu denen z. B. Quecksilber und Quecksilberverbindungen gehören, werden sogar überhaupt nicht oder nur sehr langsam abgebaut.
Nur die teure Reinigung aller Abwässer kann unsere stark gefährdeten Flüsse und Seen retten.

V 65.1 Erhitze in Reagenzgläsern jeweils ca. 10 g verschiedener Obst- und Gemüsesorten gleichmäßig über der Sparflamme des Brenners. Halte während des Erhitzens ein trockenes Uhrglas über die Öffnung des Reagenzglases. Achte darauf, daß die Proben nicht verkohlen. Bestimme die Massen der Proben nach dem Erhitzen.

V 65.2 Erhitze in Bechergläsern Leitungswasser und abgestandenes Mineralwasser auf etwa 40 °C. Vergleiche die Gasentwicklung.

V 65.3 Sauge mit einer Einwegspritze ca. 5 ml a) abgestandenes Mineralwasser, b) frisch abgekochtes Wasser ein. Verschließe mit dem Daumen das Ansatzstück der Einwegspritze. Erzeuge durch Herausziehen des Stempels Unterdruck. Drücke anschließend den Stempel kräftig herunter. Beobachte genau die Gasentwicklung.

A 65.1 Warum werden Einkellerungskartoffeln nach längerer Lagerungszeit runzlig?

A 65.2 Wovon hängt die Löslichkeit von Sauerstoff in Wasser ab?

A 65.3 Wie groß ist die Löslichkeit von Sauerstoff in Wasser bei 0 °C, 10 °C, 20 °C, 25 °C und Normdruck? Vergleiche hierzu B 65.2.

A 65.4 Sammle Zeitungsberichte über das Fischsterben im Rhein und anderen Gewässern und nimm eine Auswertung vor.

6.2 Abwasserreinigung und Trinkwassergewinnung

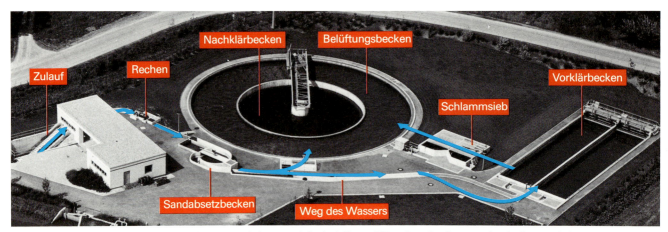

B 66.1 Luftbild einer Kläranlage. Die Abwasserreinigung erfolgt bei dieser Kläranlage in einer mechanischen und einer biologischen Stufe

Die Kläranlage. In den meisten Kläranlagen erfolgt die Reinigung der Abwässer in *zwei Stufen*.

Die *erste Stufe* bildet die **mechanische Klärung**. Sie nutzt die Eigenschaft der ungelösten Stoffe aus, sich in ruhendem oder langsam fließendem Wasser abzusetzen. Zunächst fließt das Abwasser durch **Grob- und Feinrechen**, die wie ein Kamm die groben Verunreinigungen zurückhalten. Im **Sandabsetzbecken** lagern sich die schweren, erdigen Bestandteile ab. Anschließend durchläuft das Abwasser den **Ölabscheider**. Benzin und Heizöl sind in Wasser nur wenig löslich und schwimmen wegen ihrer geringen Dichte auf dem Wasser. Sie können hier abgetrennt werden. Schließlich gelangt das Abwasser in das **Vorklärbecken**, wo es ca. zwei Stunden verweilt. Die fein verteilten Schwebstoffe sinken zu Boden und bilden eine dicke Schlammschicht. Durch die mechanische Reinigung wird etwa ein Drittel der im Abwasser enthaltenen Schmutzstoffe entfernt.

Die *zweite Stufe* bildet die **biologische Klärung**. Hier laufen Vorgänge wie bei der Selbstreinigung der Gewässer ab, nur auf engstem Raum und viel rascher. Im **Belüftungsbecken** können die Kleinstlebewesen unter ständiger Luftsauerstoffzufuhr den größten Teil der im Abwasser enthaltenen Schmutzstoffe abbauen. Das Abwasser verweilt 12 Stunden und mehr in diesem Becken, um schließlich in das **Nachklärbecken** abgelassen zu werden. Dort setzen sich Abbauprodukte und abgestorbene Kleinstlebewesen als Schlamm ab.

Das zu etwa 95 Prozent gereinigte Abwasser fließt in einen See oder Fluß ab. Der **Klärschlamm** wird getrocknet und verbrannt oder gelagert.

B 66.2 Schema einer mechanisch-biologischen Kläranlage. Wenn das Wasser die verschiedenen Stufen durchlaufen hat, ist es zu 95 Prozent gereinigt

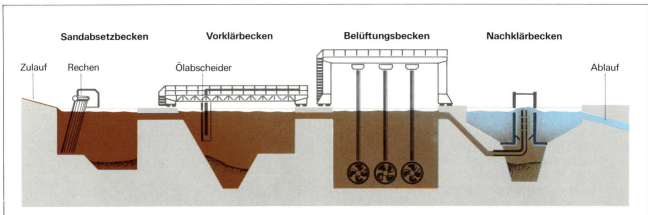

Abwasserreinigung und Trinkwassergewinnung

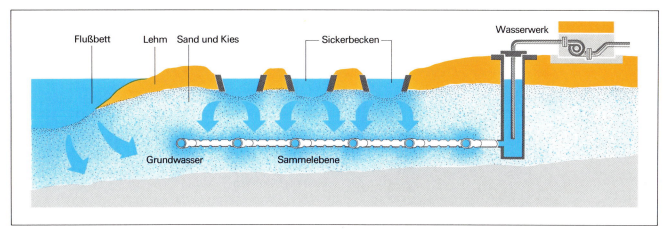

B 67.1 **Filtration von Oberflächenwasser** durch Sand- und Kiesschichten. Das so gereinigte Wasser wird anschließend noch weiter zu Trinkwasser aufbereitet

Trinkwassergewinnung. Trinkwasser soll klar, farb- und geruchlos sowie frei von Krankheitskeimen sein. *Grundwasser* entspricht diesen Anforderungen am besten. Das Grundwasservorkommen reicht bei uns zur *Versorgung* aber nicht mehr aus, es muß durch *Oberflächenwasser* ergänzt werden. Das Wasser unserer Seen und Flüsse ist aber stark verschmutzt. Man läßt es deshalb aus Sickerbecken (▶ B 67.1) langsam durch *Sand- und Kiesschichten* sickern, die wie ein riesengroßer Filter viele der Schmutzstoffe zurückhalten. Gelöste Verunreinigungen werden hierbei jedoch nicht entfernt. Das aus dem Grundwasser hochgepumpte Wasser muß deshalb noch große **Aktivkohlefilter** durchlaufen.

Aktivkohle kann durch Verkohlen von Holz oder Blut gewonnen werden. Die winzigen Aktivkohlestäubchen sind schwammige Gebilde mit vielen Hohlräumen (▶ B 67.2) und haben dadurch eine besonders große Oberfläche, an der viele Stoffe zäh haften bleiben (▶ V 67.1). Dies bezeichnet man als **Adsorption**.
Das so gereinigte Wasser wird mit einer geringen Portion *Chlor* zur Abtötung von Krankheitskeimen (▶ V 67.2) versetzt. Eine gute Belüftung verleiht dem Wasser einen frischen Geschmack. Trinkwasser enthält noch Kalk, Eisenverbindungen und geringe Spuren anderer Stoffe gelöst. Diese **Mineralstoffe** beeinflussen den Geschmack und die Bekömmlichkeit des Wassers vorteilhaft.

Trinkwasser ist kein Reinstoff. Im Alltag bezeichnet man Trinkwasser als reines Wasser. Da es aber noch Gase der Luft und Mineralstoffe gelöst enthält, ist es für den Chemiker kein Reinstoff. Erst durch Destillation kann man **chemisch reines** Wasser erhalten. Für den Genuß ist dieses Wasser aber nicht geeignet.

V 67.1 Gib in verschiedene Standzylinder a) verdünnte Methylenblaulösung, b) verdünnte Eosinlösung (rote Tinte), c) verdünntes Eau de Cologne, d) abgestandenes Blumenwasser oder einen Heuaufguß, e) Lösung von braunem Kandiszucker, f) Kochsalzlösung.
Füge 1 bis 2 Spatellöffel Aktivkohle hinzu, schüttle kräftig und filtriere durch einen Papierfilter. Prüfe die Filtrate anschließend auf Farbe, Geruch und bei den Proben (e) und (f) auch auf Geschmack. Deute das Ergebnis.

V 67.2 Beobachte einen Tropfen Heuaufguß im Mikroskop vor und nach Zugabe eines Tropfens Chlorwasser.

B 67.2 **Oberfläche von Aktivkohle** bei 33 000facher Vergrößerung. Man erkennt deutlich die Hohlräume

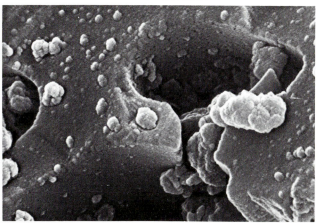

6.3 Zerlegung des Wassers

B 68.1 **Nebelbildung am Auspuff.** An kalten Tagen kondensiert Wasserdampf aus Autoabgasen

V 68.1 Halte über eine Brennerflamme ein trockenes Becherglas.

V 68.2 Stelle den Gasbrenner wie in B 68.3 unter einen Glastrichter und sauge mit der Wasserstrahlpumpe die heißen Verbrennungsgase ab.

V 68.3 Gib auf blaues Cobaltchloridpapier etwas dest. Wasser. Wiederhole diese Probe mit dem Flüssigkeitsbeschlag aus V 68.1 und V 68.2 sowie zum Vergleich mit Benzin. Deute das Ergebnis.

A 68.1 Überlege, wie man das bei der Verbrennung von Benzin entstehende Wasser nachweisen kann.

Wasser — ein Verbrennungsprodukt. An kalten Wintertagen bilden sich hinter den Auspuffrohren von Kraftfahrzeugen weiße Nebelwolken (▶ B 68.1). Wenn im Chemieraum viele Gasflammen brennen, beschlagen manchmal die Fensterscheiben. Offenbar enthalten die Flammen der Gasbrenner und die Auspuffgase auch Wasserdampf, der an der kalten Luft oder den kalten Fensterscheiben zu Wassertröpfchen kondensiert.

Aufgrund dieser Beobachtungen kann man vermuten, daß bei der Verbrennung von Benzin und Brennergas Wasser gebildet wird. Diese Vermutung muß allerdings bestätigt werden.

Ein Becherglas, das über eine Brennerflamme gehalten wird (▶ V 68.1), beschlägt mit einer farblosen Flüssigkeit (▶ B 68.2). Sie reicht jedoch für die Bestimmung der *Siedetemperatur* und *Dichte* nicht aus.
Läßt man die Brennerflamme längere Zeit unter einem Glastrichter brennen und saugt die Verbrennungsgase durch ein gut gekühltes Reagenzglas, so kondensiert bald eine größere Flüssigkeitsportion (▶ V 68.2, ▶ B 68.3). Die Siedetemperatur der Flüssigkeit beträgt 100 °C und die Dichte 1 g/cm³.

Bei der Verbrennung des Brennergases entsteht Wasser.

Ein einfacher, schneller Nachweis für Wasser kann mit *blauem Cobaltchlorid* durchgeführt werden. Es verfärbt sich bei Berührung mit Wasser *rosa* (▶ V 68.3, ▶ B 68.4). Hierfür genügen sehr kleine Wasserportionen.

Die Rosafärbung von blauem Cobaltchlorid ist ein Nachweis für Wasser.

B 68.2 **Kondensierte Flüssigkeit** aus Verbrennungsgasen

B 68.3 **Apparatur zum Sammeln des Kondensats** aus der Brennerflamme

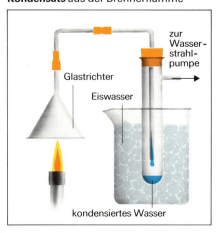

B 68.4 **Wassernachweis.** Blaues Cobaltchloridpapier färbt sich rosa

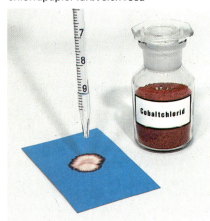

Zerlegung des Wassers

B 69.1 **Magnesiumfackel**. Magnesium brennt auch unter Wasser

B 69.2 **Magnesium brennt im Wasserdampf weiter**

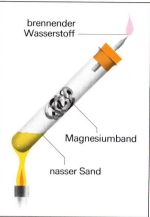

B 69.3 **Wasserstoffbildung** bei der Reaktion von Magnesium mit Wasser

Wasser – eine Sauerstoffverbindung? Zur Verbrennung eines Stoffes ist Sauerstoff notwendig. Ist Wasser also eine Verbindung des Sauerstoffs, ein Oxid?
In ↗ Kap. 5.1 haben wir erfahren, daß Oxiden der Sauerstoff entzogen werden kann. Man benötigt dazu einen Stoff mit besonders großem Bindungsbestreben zu Sauerstoff. Ein solcher Stoff ist *Magnesium*. Sein Bindungsbestreben zu Sauerstoff ist so groß, daß Magnesium sogar unter Wasser brennt (▶ B 69.1).

Hält man ein brennendes Magnesiumband in einen mit Wasserdampf gefüllten Kolben (▶ V 69.1), so verbrennt es unter Feuererscheinung zu Magnesiumoxid (▶ B 69.2). Das Magnesium kann den zur Verbrennung benötigten Sauerstoff nur dem Wasser entzogen haben, da bei unserem Experiment kein Luftsauerstoff zugegen war.
Bei genauem Hinsehen kann man eine weitere Flamme beobachten. Rührt diese Flammenerscheinung vom brennenden Magnesium her oder ist neben Magnesiumoxid ein brennbares Gas entstanden? Um dies zu klären, leiten wir in einem weiteren Experiment (▶ V 69.2) Wasserdampf über erhitztes Magnesium. Getrennt vom heftig reagierenden Magnesium läßt sich an der Spitze des Glasrohrs ein brennbares Gas entzünden (▶ B 69.3). Bei seiner Verbrennung entsteht Wasserdampf (▶ V 69.3).

Magnesium reagiert mit Wasser zu Magnesiumoxid und einem brennbaren Gas; Magnesium hat also der Verbindung Wasser den Sauerstoff entzogen.

Wasser ist eine Sauerstoffverbindung, ein Oxid.

Das brennbare Gas wird aufgrund seiner Entstehung aus Wasser als **Wasserstoff** bezeichnet.

V 69.1 In einem weithalsigen Rundkolben läßt man etwas Wasser sieden, bis die Luft aus dem Kolben verdrängt ist. Dann entzündet man ein 10 cm langes Magnesiumband und hält es mit der Tiegelzange in den wasserdampfgefüllten Kolben (Schutzbrille!). Zum Vergleich führt man den Versuch statt mit Magnesium mit einem brennenden Holzspan durch.

V 69.2 Man füllt in ein schwer schmelzbares Reagenzglas ca. 2 cm hoch Sand und tropft aus einer Pipette so viel Wasser zu, daß ein dicker Brei entsteht. In die Mitte des Reagenzglases schiebt man ein Knäuel aus blankgeschmirgeltem Magnesiumband und verschließt das Glas mit Stopfen und Gasableitungsrohr (Stahlwollesicherung!).
Man erhitzt das Magnesium bis zur beginnenden Rotglut und entwickelt gleichzeitig durch schwaches Erwärmen des nassen Sandes Wasserdampf. Wenn das Metall aufglüht, wird nur noch die Wasserdampfentwicklung fortgesetzt. An der Spitze des Gasableitungsrohres entzündet man das austretende Gas. (Schutzbrille! Schutzscheibe!)

V 69.3 Halte über die Flamme des aus dem Gasableitungsrohr ausströmenden Gases von V 69.2 ein trockenes Becherglas. Prüfe den Feuchtigkeitsbeschlag mit Cobaltchloridpapier.

A 69.1 Zeichne eine Versuchsapparatur, mit der man das bei der Reaktion von Magnesium mit Wasser entstandene Gas auffangen kann.

A 69.2 Ist Wasser ein Element oder eine Verbindung? Begründe deine Antwort.

6.4 Wasserstoff

 V 70.1 Von zwei Luftballons wird einer mit Luft, der andere mit Wasserstoff gefüllt. Man läßt beide Ballons sich frei im Raum bewegen.

 V 70.2 Zwei Reagenzgläser werden mit Wasserstoff gefüllt. Das eine wird mit der Öffnung nach oben, das andere umgekehrt festgehalten. Nach kurzer Zeit versucht man, den Wasserstoff zu entzünden. (Schutzbrille!)

 V 70.3 Man führt in einen mit Wasserstoff gefüllten, mit der Öffnung nach unten eingespannten, dickwandigen Zylinder rasch eine brennende Kerze ein und zieht sie wieder heraus. (Schutzbrille! Schutzscheibe!) Erkläre die Beobachtungen.

 V 70.4 Man füllt eine einseitig verschlossene Papprohre, in deren Zündloch ein Stopfen steckt, teilweise mit Wasserstoff, verschließt sie locker mit einer Styroporkugel und zündet das Gasgemisch am Zündloch mit einem brennenden Holzspan. (Rohröffnung und Zündloch nicht auf Personen richten! Schutzbrille!)

 V 70.5 Man läßt Wasserstoff nach B 71.3 durch ein mit Luft gefülltes Glasrohr strömen, fängt das entweichende Gas unter Wasser in vier Reagenzgläsern auf und hält die Öffnung jedes Reagenzglases an eine Brennerflamme. (Schutzbrille!)

A 70.1 Vergleiche die Eigenschaften von Sauerstoff, Stickstoff, Wasserstoff und Kohlenstoffdioxid miteinander und gib den Nachweis für jeden der Stoffe an.

Wasserstoff ist ebenso wie Sauerstoff ein *Element*. Wir werden im folgenden einige seiner Eigenschaften näher kennenlernen.

Eigenschaften des Wasserstoffs. Wasserstoff ist ein farb- und geruchloses Gas.
Ein mit Wasserstoff gefüllter Ballon steigt (▶ V 70.1). Wasserstoff muß also eine kleinere Dichte als Luft besitzen. Er hat sogar die *kleinste Dichte aller Elemente*. Ein Liter Luft ist ungefähr 14mal schwerer als ein Liter Wasserstoff, deshalb entweicht er auch sehr schnell aus einem Reagenzglas, dessen Öffnung nach oben und nicht nach unten gerichtet ist (▶ V 70.2).

Wegen seiner geringen Dichte wurde Wasserstoff als Füllgas der Freiballons und Zeppeline verwendet. Als der mit 200 000 m³ Wasserstoff gefüllte deutsche Zeppelin „Hindenburg" am 6. Mai 1937 in Lakehurst (USA) in Brand geriet und innerhalb weniger Minuten völlig vernichtet wurde (▶ B 70.1), war dies zunächst das Ende der Zeppelinluftfahrt. Heute werden diese mit dem unbrennbaren Edelgas Helium gefüllten Luftschiffe wieder verstärkt eingesetzt.
Beim Einführen einer brennenden Kerze in einen mit Wasserstoff gefüllten Zylinder (▶ V 70.3) *entzündet* sich der Wasserstoff am Rand, weil dort der zur Verbrennung notwendige Sauerstoff vorhanden ist. Im Innern des Zylinders erlischt die Kerze, weil Wasserstoff die Verbrennung nicht unterhält; beim Herausziehen entzündet sie sich wieder (▶ B 70.2).

Wasserstoff hat die kleinste Dichte aller Stoffe. Er ist brennbar, unterhält die Verbrennung jedoch nicht.

B 70.1 Brennendes Luftschiff Hindenburg. Wasserstoff wurde früher als Füllgas für Luftschiffe verwendet

B 70.2 Eine Kerze erlischt in Wasserstoff. Dieser unterhält die Verbrennung nicht

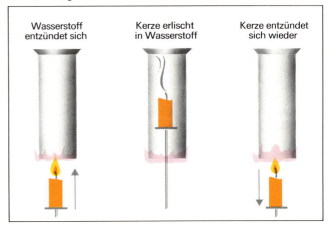

Wasserstoff

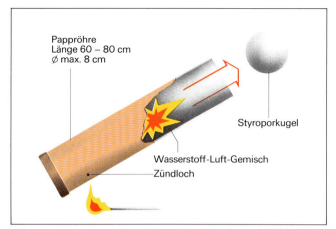

B 71.1 Wasserstoff-Luft-Gemische sind gefährlich. Sie verbrennen explosionsartig

B 71.2 Knallgasprobe zur Prüfung auf explosive Wasserstoff-Luft-Gemische

Gefahren beim Umgang mit Wasserstoff. Vermischt sich Wasserstoff mit Luft, bildet sich ein Gemisch, das beim Zünden *explosionsartig* verbrennt (▶ V 70.4, ▶ B 71.1). Noch heftiger erfolgt die Verbrennung von Wasserstoff im Gemisch mit reinem Sauerstoff. Man bezeichnet solche explosiven Gasgemische als **Knallgas**.

Außer Wasserstoff können auch andere *brennbare Gase* wie Erdgas oder Campinggas und Dämpfe von brennbaren Flüssigkeiten wie Benzin und Alkohol mit Luft *explosive Gas-Luft-Gemische* bilden. Man muß die unerwünschte Entstehung solcher gefährlicher Gemische verhindern. Wo sie dennoch entstehen können (z. B. an Tankstellen und in Garagen), muß jede *Entzündungsmöglichkeit* (Rauchen, offenes Feuer, elektrische Funken) vermieden werden.

Gemische von brennbaren Gasen mit Luft können explodieren.

Die Knallgasprobe. Bevor ein Wasserstoffstrom aus einer Apparatur entzündet werden darf, muß geprüft werden, ob aus der Apparatur reiner Wasserstoff oder das gefährliche Knallgas entströmt. Hierzu füllt man am besten ein kleines Reagenzglas durch Wasserverdrängung mit dem aus der Apparatur ausströmenden Gas und nähert die nach unten weisende Öffnung des Reagenzglases der Brennerflamme (▶ B 71.2).
Brennt das Gas *ruhig* ab, so handelt es sich um *reinen Wasserstoff,* der gefahrlos entzündet werden kann. Verbrennt es dagegen mit einem *pfeifenden Geräusch,* so liegt das gefährliche *Knallgas* vor. In diesem Fall muß die Probe so oft wiederholt werden, bis kein Geräusch mehr auftritt.

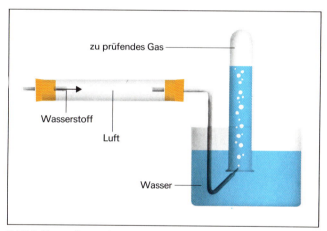

B 71.3 Herstellung eines Prüfgemischs zur Durchführung der Knallgasprobe

B 71.4 Eigenschaften des Wasserstoffs

Stoffarteigenschaft	Eigenschaft des Wasserstoffs
Farbe	farblos
Geruch	geruchlos
Geschmack	geschmacklos
Aggregatzustand bei Zimmertemperatur	gasförmig
Löslichkeit in Wasser	sehr gering
Brennbarkeit	brennbar, bildet mit Luft und Sauerstoff explosive Gemische
Schmelztemperatur	−259 °C
Siedetemperatur	−253 °C
Dichte (20 °C)	0,083 g/l

6.5 Bildung von Wasser

B 72.1 **Verbrennung von Wasserstoff** an der Luft. Es bildet sich Wasser

 V 72.1 Man hält ein trockenes Becherglas über eine Wasserstoffflamme. (Schutzbrille!)

 V 72.2 Man entzündet Wasserstoff an einer Lötrohrdüse und führt die höchstens 1 cm hohe Flamme in die Apparatur nach B 72.2 ein, in die von der Seite her langsam Sauerstoff einströmt. Der Sauerstoffstrom wird so reguliert, daß mit einem glimmenden Holzspan am offenen Ende des U-Rohres Sauerstoff nachgewiesen werden kann. (Schutzscheibe! Schutzbrille!)

V 72.3 Führe mit den aus V 72.1 und V 72.2 gewonnenen Flüssigkeiten den Wassernachweis mit Cobaltchloridpapier durch.

Bei der Untersuchung des Wassers in ↗ Kap. 6.3 haben wir festgestellt, daß die Verbindung Wasser mindestens aus *Sauerstoff* und *Wasserstoff* aufgebaut ist.
Ob jedoch die beiden Stoffe allein diese Verbindung aufbauen, können wir noch nicht entscheiden. Es ist möglich, daß bei der Reaktion von Magnesium mit Wasser noch andere Stoffe entstehen, die uns entgangen sind. Gelingt es aber, nur aus Wasserstoff und Sauerstoff Wasser herzustellen, haben wir bewiesen, daß Wasser eine Verbindung aus diesen beiden Elementen ist.

Reaktion von Wasserstoff mit Sauerstoff. Sowohl beim Verbrennen von Wasserstoff an der Luft (▶ V 72.1) als auch in reinem Sauerstoff (▶ V 72.2) läßt sich eine farblose Flüssigkeit gewinnen. Die Prüfung mit Cobaltchloridpapier zeigt, daß es sich jeweils um *Wasser* handelt. Es hat sich durch Reaktion der beiden Elemente Wasserstoff und Sauerstoff gebildet. Wasser ist ein *Oxid des Wasserstoffs,* also **Wasserstoffoxid**. Bei seiner Bildung aus den Elementen wird viel Wärme frei.

Wasserstoff + Sauerstoff → Wasser(stoffoxid) | exotherm

Diese Reaktion wird in der Technik vielfältig genutzt. In Raketentriebwerken verbrennt man flüssigen Wasserstoff mit flüssigem Sauerstoff. Dabei entstehen hohe Temperaturen und Drücke. Das Verbrennungsprodukt Wasser strömt deshalb mit großer Geschwindigkeit aus der Düse der Rakete und bewirkt einen hohen Schub. Autoingenieuren ist es gelungen, Wasserstoff anstelle von Benzin als Treibstoff einzusetzen. Dadurch könnte der Schadstoffgehalt der Luft erheblich vermindert werden.

Wasser ist eine Verbindung aus den Elementen Sauerstoff und Wasserstoff.

B 72.2 **Bildung von Wasser aus den Elementen.** Wasserstoff und Sauerstoff verbinden sich in exothermer Reaktion

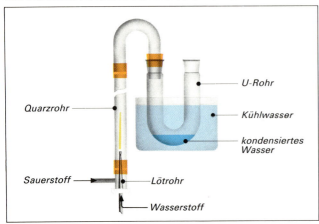

B 72.3 **Anwendung von Wasserstoff als Treibstoff.** Woraus bestehen wohl die Abgase dieses Kraftfahrzeugs?

6.6 Katalysator und Aktivierungsenergie

Knallgasgemisch und Aktivierungsenergie. Bei Zimmertemperatur reagieren Wasserstoff und Sauerstoff gar nicht oder nur äußerst langsam miteinander. Ein Knallgasgemisch kann monatelang aufbewahrt werden, ohne daß eine meßbare Wasserportion gebildet wird.

Aber nach Zufuhr von Aktivierungsenergie, z. B. Entzünden durch die Brennerflamme oder durch einen Funken, reagieren Wasserstoff und Sauerstoff explosionsartig zu Wasser. Zur Aktivierung genügt es, das Gasgemisch in einem kleinen Bereich zu erhitzen. Die Reaktion breitet sich vom Ort der Zündung lawinenartig aus.

Katalysatoren. Hält man in ausströmenden Wasserstoff ein (angewärmtes) Platindrahtnetz (▶ V 73.1), so beobachtet man nach kurzer Zeit zunächst ein schwaches Glühen an einer Stelle des Platindrahtnetzes. Das Glühen breitet sich aus und wird stärker, schließlich entzündet sich sogar der ausströmende Wasserstoff (▶ B 73.1) und verbrennt mit dem Sauerstoff der Luft zu Wasser.

Diese Reaktion nutzte bereits 1823 DÖBEREINER bei der Erfindung des ersten Feuerzeugs (▶ B 73.2). Der Wasserstoff wurde hierbei aus Zink und Salzsäure erzeugt und bei Luftzutritt an einem Platinschwamm entzündet.

Die Reaktion von Wasserstoff in Gegenwart von Platin erklärt man sich so: Ein Teil des mit dem Platin in Berührung kommenden Wasserstoffs haftet an der Oberfläche des Metalls. Dieser Wasserstoff reagiert mit dem Sauerstoff der Luft. Die dabei frei werdende Wärme führt dazu, daß sich das Platin zur Rotglut erwärmt. Die Temperatur reicht aus, daß sich der ausströmende Wasserstoff entzündet. Nach der Reaktion liegt das Platin unverändert vor, es wird auch nicht verbraucht und kann immer wieder eingesetzt werden. Platin wirkt als Katalysator.

Mit Platin setzt die Reaktion von Wasserstoff und Sauerstoff schon bei Zimmertemperatur in merklichem Ausmaß ein, ohne Platin erst ab 400 bis 600 °C.
Dies ist darauf zurückzuführen, daß mit Platin die Aktivierungsenergie der Reaktion kleiner ist.

Die am Beispiel von Platin und der Reaktion von Wasserstoff und Sauerstoff gewonnenen Einsichten lassen sich auch auf andere Reaktionen mit Katalysatoren übertragen.

Ein Katalysator setzt die Aktivierungsenergie einer chemischen Reaktion herab.
Durch ihn wird eine chemische Reaktion bei einer niedrigeren Temperatur ermöglicht oder beschleunigt. Ein Katalysator nimmt an einer Reaktion teil, liegt aber nach der Reaktion unverändert vor.

B 73.1 Entzündung von Wasserstoff am Platinkatalysator

B 73.2 Döbereinersche Zündmaschine, das erste Feuerzeug

V 73.1 Man hält in einen Wasserstoffstrom aus einer Düse (Lötrohr) ein Platindrahtnetz oder eine Platinkatalysator-Perle (vorher ausglühen). (Schutzbrille!)

A 73.1 Drückt man Wasserstoff aus einem Kolbenprober durch ein Glasrohr mit Platinpulver in einen anderen Kolbenprober und wiederholt diesen Vorgang einige Male, verringert sich das Volumen der Wasserstoffportion. Deute diese Beobachtung.

A 73.2 Beschreibe und interpretiere die Abbildung B 73.3, bei der es sich um eine Veranschaulichung zum Ablauf einer chemischen Reaktion handelt.

A 73.3 Warum verwendete DÖBEREINER einen Platinschwamm und nicht einen Platindraht?

B 73.3 Veranschaulichung der Wirkungsweise eines Katalysators. Die Aktivierungsenergie der Reaktionspartner wird herabgesetzt.

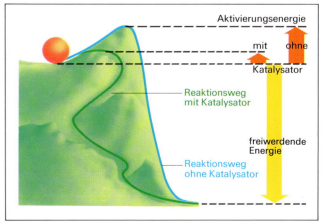

6.7 Überprüfung und Vertiefung

B 74.1 Zu Aufgabe 1

B 74.2 Zu Aufgabe 3

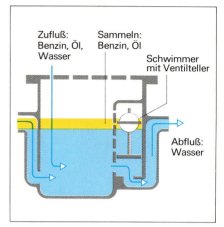

B 74.3 Zu Aufgabe 6

1 Wasser tritt in den drei Aggregatzuständen auf. Allerdings spricht man im Alltag selten von festem oder flüssigem Wasser, es haben sich je nach dem Auftreten sehr verschiedene Bezeichnungen gebildet. Gib verschiedene Namen an
a) für festes Wasser,
b) für flüssiges Wasser (▶ B 74.1).

2 Warum schwimmt ein Eisberg im Wasser?

3 Warum findet man Zeitungsberichte über das Fischsterben in Gewässern (▶ B 74.2) hauptsächlich in den Sommermonaten?

4 Bei einer Temperatur von 0 °C und einem Luftdruck von 1013 mbar löst 1 l Wasser 10 cm^3 Sauerstoff und 18 cm^3 Stickstoff.
Vergleiche das Volumenverhältnis der beiden im Wasser gelösten Gase Sauerstoff und Stickstoff mit ihrem Volumenverhältnis in der Luft.

5 Ordne den folgenden Stoffen die zugehörigen Begriffe zu:
Stoffe: destilliertes Wasser, Wasserstoff, Regenwasser, Sauerstoff, Salzwasser.
Begriffe: Element, Verbindung, Gemisch.

6 Erläutere die Arbeitsweise eines Ölabscheiders (▶ B 74.3).
Begründe, warum man damit nicht Alkohol von Wasser trennen kann.

7 Man schichtet auf eine Magnesiarinne schwarzes Kupferoxid und schiebt sie in das Verbrennungsrohr der Apparatur ▶ B 74.4, in das man anschließend Wasserstoff einleitet. Nach Verdrängung der Luft und negativer Knallgasprobe entzündet man das Gas an der Glasrohrspitze und reguliert den Gasstrom so, daß der Wasserstoff mit kleiner Flamme brennt. Das Kupferoxid wird dort erhitzt, wo der Wasserstoff einströmt. Nach dem ersten Aufglühen kann man den Brenner entfernen, das Glühen wandert durch die ganze Stoffportion; gleichzeitig ändert sich die Farbe von schwarz nach hellrot. Im gewinkelten Glasrohr kondensiert eine farblose Flüssigkeit.
a) Welche neuen Stoffe sind entstanden? Welchen Nachweis könnte man mit der farblosen Flüssigkeit durchführen? Formuliere das Reaktionsschema. Kennzeichne den Oxidations- und den Reduktionsvorgang.
b) Handelt es sich um eine exotherme oder endotherme Reaktion? Warum kann man nach dem Aufglühen den Brenner entfernen?

B 74.4 Zu Aufgabe 7

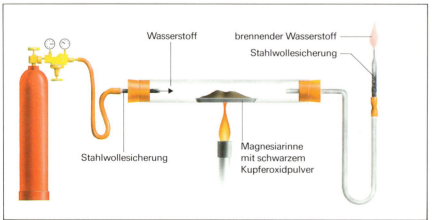

7 Quantitative Beziehungen bei chemischen Reaktionen

In den vorangegangenen Kapiteln haben Stoffeigenschaften und Eigenschaftsänderungen bei chemischen Reaktionen eine Rolle gespielt. Die ›Qualität‹ der Stoffe stand dabei im Vordergrund. Auch die Ermittlung quantitativer, d. h. meßbarer Eigenschaften wie Schmelz- und Siedetemperatur oder Dichte diente vor allem der Stoffcharakterisierung.

Was geschieht aber bei einer chemischen Reaktion mit den Massen der eingesetzten Stoffportionen? Gibt es zwischen der Masse eines Reaktionsproduktes und der Masse eines Ausgangsstoffes eine Beziehung? Die Frage nach quantitativen Beziehungen zwischen Massen und anderen Größen bei chemischen Reaktionen führt auf Gesetze, die sich in Gleichungen formulieren lassen. Mit ihrer Hilfe kann z. B. der Bedarf an Ausgangsstoffen berechnet werden, wenn man eine bestimmte Menge eines Reaktionsproduktes herstellen will. Bei Reaktionen zwischen Gasen können die Volumina der eingesetzten und der entstehenden Stoffe miteinander verglichen werden. Auch dabei ergeben sich bemerkenswerte Zusammenhänge.

Die Deutung der quantitativen Beziehungen durch das Teilchenmodell führt zu genaueren Modellvorstellungen, die sogar etwas über den Aufbau der Teilchen eines Stoffes aussagen. Darüber hinaus wird es uns möglich sein, die genaue Masse der winzigen Teilchen anzugeben und auch die Teilchenanzahl in einer Stoffportion zu bestimmen.

7.1 Massengesetze

B 76.1 Massenerhaltung. Masse eines Blitzlämpchens vor (links) und nach dem Zünden

m(Kupfersulfid) in g	m(Kupfer) in g	m(Schwefel) in g (berechnet)	$\dfrac{m(\text{Kupfer})}{m(\text{Schwefel})}$
2,13	1,70	0,43	3,95
1,62	1,28	0,34	3,76
0,81	0,65	0,16	4,06
		Mittelwert:	3,92

B 76.2 Massenverhältnis im Kupfersulfid (Meßreihe)

V 76.1 Gib in ein Reagenzglas etwas Schwefel und ein kleines Kupferblech, stülpe über die Öffnung einen Luftballon und bestimme die Gesamtmasse. Erhitze zuerst das Kupferblech und dann den Schwefel, so daß Schwefelgas über das heiße Kupfer strömt. Bestimme nach dem Abkühlen noch einmal die Masse.

V 76.2 Gib in drei Reagenzgläser jeweils etwa 1 g Schwefel und ein genau abgewogenes Kupferblech (etwa 0,5 g; 1 g; 1,5 g) und bringe die Stoffe zur Reaktion. Gib das Reaktionsprodukt anschließend jeweils vorsichtig in ein zweites Reagenzglas und erhitze stark, um noch anhaftenden Schwefel zu entfernen. Bestimme nach dem Erkalten die Masse des entstandenen Kupfersulfids. Berechne die Masse des umgesetzten Schwefels und damit die Quotienten aus m(Kupferportion) und m(Schwefelportion). Bilde aus den Ergebnissen den Mittelwert.

A 76.1 Brennt eine Kerze auf einer Waage, beobachtet man eine Massenabnahme, beim Verbrennen von Stahlwolle wird dagegen eine Massenzunahme angezeigt. Wie lassen sich diese Beobachtungen erklären?

Gesetz von der Erhaltung der Masse. Bei der Verbrennung eines Holz- oder Kohlestückchens hat der feste Rückstand (Asche) eine geringere Masse als der feste Ausgangsstoff. Verbrennt man dagegen ein Stück Magnesiumband, ist die Masse des entstehenden Magnesiumoxids größer als die Masse des eingesetzten Magnesiums.
Auch beim Zünden eines Blitzlämpchens (▶ B 76.1) verbrennt der darin enthaltene Metalldraht, dennoch bleibt die Masse des Lämpchens unverändert. Bei der Reaktion in dem geschlossenen Lämpchen können Stoffe weder hinzukommen noch entweichen.
Will man bei einer chemischen Reaktion die Masse aller Ausgangsstoffe mit der Masse aller Endstoffe vergleichen, muß man die Reaktion in einer geschlossenen Apparatur durchführen (▶ V 76.1). Dabei läßt sich bei einer beliebigen Reaktion auch mit sehr empfindlichen Waagen keine Massenänderung feststellen. Diese Tatsache wurde Ende des 18. Jahrhunderts durch den französischen Chemiker LAVOISIER (1743–1794) entdeckt.

Bei jeder chemischen Reaktion bleibt die Gesamtmasse der Stoffe erhalten.

Gesetz von den konstanten Massenverhältnissen.
Nach dem Gesetz von der Erhaltung der Masse gilt für die Kupfersulfidsynthese:

m(Kupferportion) + m(Schwefelportion) = m(Kupfersulfidportion)

Bei ▶ V 76.1 erkennt man nach der Reaktion noch Schwefel im Reagenzglas. Wird der Versuch mit sehr wenig Schwefel durchgeführt, so bleibt ein Teil der Kupferportion übrig, während der Schwefel vollständig reagiert.

Um festzustellen, welche Kupferportion und welche Schwefelportion *vollständig* miteinander reagieren, wird ▶ V 76.2 durchgeführt. Dabei lassen sich die Massen des eingesetzten Kupfers und des entstehenden Kupfersulfids leicht bestimmen. Die Masse des umgesetzten Schwefels ergibt sich aus der Massendifferenz. Damit läßt sich das *Massenverhältnis* m(Kupferportion) : m(Schwefelportion) berechnen. Es beträgt für alle Versuche etwa 4 : 1. Der exakte Wert ist 3,97 : 1.

Verbinden sich auch bei der Bildung einer Kupferoxidportion nur bestimmte Massen von Kupfer und Sauerstoff? Um dies zu überprüfen, kann man anstatt einer quantitativen Oxidation des Kupfers auch eine quantitative Zerlegung des Kupferoxids durchführen (▶ V 77.1). Aus den Massen des Kupferoxids und des Kupfers läßt sich die Masse des Sauerstoffs berechnen.

Aus m(Kupferoxid) : m(Kupfer) = 1,25 : 1 = 5 : 4 ergibt sich: m(Kupfer) : m(Sauerstoff) = 4 : 1

Massengesetze

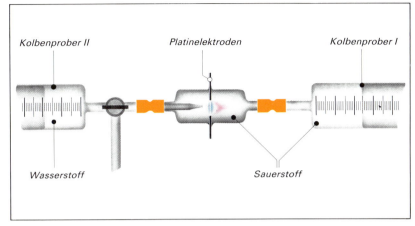

Versuchsnummer	1	2	3
vor der Reaktion:			
V(Sauerstoff) in ml	40	40	50
V(Wasserstoff) in ml	40	50	60
nach der Reaktion:			
V(Sauerstoff) in ml	22	16	21
es haben reagiert:			
Wasserstoff (Volumen in ml)	40	50	60
Sauerstoff (Volumen in ml)	18	24	29
$\frac{V(\text{Wasserstoff})}{V(\text{Sauerstoff})}$	$\frac{2,22}{1}$	$\frac{2,08}{1}$	$\frac{2,07}{1}$
exakt: V(Wasserstoff) : V(Sauerstoff) = 2:1			

B 77.1 Quantitative Untersuchung der Wassersynthese. Links: Apparatur zur Bestimmung der Volumina der reagierenden Gase durch Verbrennen von Wasserstoff in Sauerstoff. Rechts: Volumenverhältnis der Elementportionen (Meßreihe)

Für die Reaktion des Wasserstoffs mit Sauerstoff kann man die Massen der reagierenden Gasportionen aus deren Volumina berechnen, wenn man die Gasdichten kennt ($m = V \cdot \varrho$). Das konstante Volumenverhältnis (▶ B 77.1) zeigt, daß auch hier ein *konstantes Massenverhältnis* vorliegt:

$m(\text{Wasserstoff}) : m(\text{Sauerstoff}) = 1 : 7{,}94$

Bei vielen weiteren Reaktionen kann man charakteristische konstante Massenverhältnisse feststellen. Es gilt das **Gesetz von den konstanten Massenverhältnissen:**

Das Massenverhältnis der Elemente, aus denen eine Verbindung entsteht, ist konstant.

B 77.2 Quantitative Knallgasreaktion. Die Ausgangsstoffe reagieren nur im Volumenverhältnis 2:1 vollständig

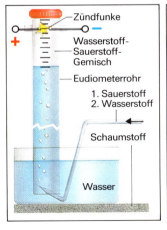

V 77.1 Man wiegt in drei getrockneten Porzellanschiffchen bekannter Masse unterschiedliche Portionen getrocknetes Kupferoxid ab und reduziert diese in einer Apparatur nach B 74.4 mit Wasserstoff. Dann ermittelt man jeweils die Masse des gebildeten Kupfers (Differenz der Massen des vollen und leeren Schiffchens) sowie das Massenverhältnis von Kupferoxid und Kupfer und bildet zuletzt den Mittelwert.

V 77.2 In einer Apparatur nach B 77.1 links werden 40 bis 80 ml Sauerstoff über den Dreiwegehahn in den Kolbenprober I (K I) geleitet. Man schaltet den Hahn um und füllt K II mit Wasserstoff, drückt diesen heraus und füllt wieder (40 bis 80 ml). Nach dem Ablesen der Volumina wird zwischen den Elektroden eine Funkenstrecke erzeugt. Man drückt den Wasserstoff langsam in die Reaktionskammer (Schutzscheibe!). Nach dem Abkühlen wird das Volumen an K I abgelesen.

V 77.3 (Alternative zu V 77.2). Man leitet in ein Eudiometerrohr Wasserstoff und Sauerstoff im Verhältnis 1:1 ein, zündet das Gemisch (Schutzscheibe!) und liest das Restvolumen ab. Man wiederholt den Versuch mit den Verhältnissen 2:1 (max. 10 ml!), 1:2 und 3:1.
a) Bei welchem Verhältnis reagieren beide Gasportionen vollständig miteinander?
b) Man läßt weitere unterschiedlich große Gasportionen in diesem Verhältnis reagieren. Was läßt sich über das Volumenverhältnis der Reaktion aussagen?

A 77.1 Experimentell wurde ermittelt:
$m(\text{Kupferportion}) : m(\text{Sauerstoffportion}) = 4 : 1$
a) Wie groß ist die Masse der Sauerstoffportion, die man für die Oxidation von 5 g Kupfer benötigt?
b) Welche Masse hat das entstehende Kupferoxid?

7.2 Deutung der Massengesetze – Atomhypothese

Anwendung des Teilchenmodells. Bei der Erklärung der Aggregatzustände und deren Übergänge hat sich die Modellvorstellung vom Aufbau der Stoffe aus kleinsten Teilchen bewährt (↗ Kap. 2). Eine Elementportion im festen Zustand besteht aus einer riesigen Anzahl dicht gepackter, gleichartiger Teilchen. Bei der Änderung des Aggregatzustandes ändert sich weder die Anzahl noch die Masse der Teilchen.

Das *Gesetz von der Erhaltung der Masse* kann man durch die Annahme erklären, daß auch bei chemischen Reaktionen keine Teilchen verlorengehen. Mit dem Teilchenmodell läßt sich eine chemische Reaktion durch eine **Umgruppierung** der Teilchen veranschaulichen (▶ B 78.2).

Wie bereits erwähnt wurde (↗ Kap. 2), unterscheiden sich die kleinsten Teilchen verschiedener Stoffe in ihrer Masse. Konstante, charakteristische Massenverhältnisse der reagierenden Stoffportionen lassen sich nur erklären, wenn die Teilchen in einem *konstanten Anzahlverhältnis* zusammentreten (z. B. 1:1, 1:2, 2:1). Tritt das Verhältnis 1:1 auf (▶ B 78.2), wird das Massenverhältnis der Stoffportionen ausschließlich durch das Massenverhältnis der Teilchen bestimmt. Tritt ein anderes Anzahlverhältnis auf, so bestimmt dieses zusammen mit den Teilchenmassen das Massenverhältnis der Stoffportionen.

Das Anzahlverhältnis der Teilchen in einer Verbindung läßt sich ermitteln, wenn die Massen dieser Teilchen bekannt sind. Die ersten Angaben über Teilchenmassen stammen von dem englischen Gelehrten JOHN DALTON (1766–1844).

Die Atomhypothese von DALTON. Seit dem griechischen Altertum wurde angenommen, daß alle Stoffe aus nicht weiter zerlegbaren Teilchen aufgebaut sind. Man nannte sie deshalb **Atome** (von griech. atomos, unteilbar). DALTON zog die Vorstellung von den Atomen auch zur Deutung der Massengesetze heran. Nach DALTONS Hypothese sind die Atome unveränderlich und unzerstörbar. Die Atome eines Elements sind untereinander gleich. Sie unterscheiden sich von den Atomen anderer Elemente in ihrer Masse. Eine gegenüber heutigen Erkenntnissen einfache, aber anschauliche und nützliche Vorstellung von Atomen als winzige Massekügelchen bezeichnet man als **Dalton-Atommodell**.

Die Masse eines einzelnen Atoms ist unvorstellbar klein. DALTON hielt sie für nicht meßbar. Aus den Massenverhältnissen bei chemischen Reaktionen schloß er jedoch auf *Atommassenverhältnisse*. Diese zeigten, daß das Wasserstoffatom im Vergleich zu anderen Atomen die geringste Masse besitzt. Die Masse des Wasserstoffatoms wählte DALTON willkürlich als Einheit und errechnete aus den Massenverhältnissen eine Skala relativer Massen für die Atome verschiedener Elemente. Die Werte konnten später durch genauere Untersuchungen verbessert werden.

Die Masse von Atomen. Heute lassen sich die Massen einzelner Atome genau ermitteln. Das Prinzip des Verfahrens zeigt der Modellversuch ▶ B 79.1. Eine rollende Kugel wird durch eine seitlich wirkende Kraft um so stärker abgelenkt, je kleiner die Masse der Kugel ist. Kugeln gleicher Masse gelangen an dieselbe Stelle.

Im Gerät zur Bestimmung der Atommassen erhalten die Atome zunächst eine elektrische Ladung und werden dann beschleunigt. Die Teilchen erfahren durch elektrische und magnetische Kräfte eine Ablenkung, die von der Masse des Teilchens abhängt. Läßt man die Teilchen auf einen Film auftreffen, kann man ihre Ablenkung sicht-

B 78.1 JOHN DALTON (1766–1844)

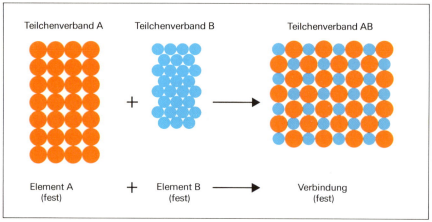

B 78.2 **Einfache Modellvorstellung** zur Veranschaulichung einer chemischen Reaktion. Das Anzahlverhältnis der Teilchen ist konstant. Es beträgt hier 1:1

Deutung der Massengesetze – Atomhypothese

bar machen. Da Teilchen gleicher Masse gleich weit abgelenkt werden, ergibt sich ein ähnliches Streifenmuster wie in ▶ B 79.1. Es heißt Massenspektrum.

Die Masse eines geladenen Teilchens unterscheidet sich von der Masse des Atoms, aus dem es entsteht, nur ganz geringfügig. Mit dem Daltonschen Atommodell läßt sich die Entstehung geladener Teilchen aus Atomen noch nicht erklären.

Für das Atom mit der geringsten Masse, für das Wasserstoffatom, ergibt sich folgende Masse:

m(1 Wasserstoffatom) = 0,00000000000000000000001674 g

Da eine Angabe der Atommasse in Gramm sehr umständlich ist, wurde die **atomare Masseneinheit u** (von engl. unit, Einheit) eingeführt.

1 u = 0,00000000000000000000000001661 g = $1{,}661 \cdot 10^{-24}$ g

Für das Wasserstoffatom ergibt sich damit: m(1 Wasserstoffatom) = 1,008 u. Aus meßtechnischen Gründen wählt man für die atomare Masseneinheit einen geringfügig von der Masse des Wasserstoffatoms abweichenden Wert.

Chemische Zeichen. Um verschiedene Elemente und die dazugehörigen Atomarten zu kennzeichnen, verwendete DALTON Zeichen. Durch Kombination dieser Zeichen versuchte er, die Zusammensetzung von Verbindungen anzugeben (▶ B 79.3). Gegenüber den Zeichen, die noch LAVOISIER verwendet hatte (▶ B 79.2), war dies ein Fortschritt. Heute verwendet man Zeichen, die sich von den lateinischen und griechischen Elementnamen ableiten (▶ B 79.4). Damit die Zeichen eindeutig sind, ist es zweckmäßig, sie nur zur Kennzeichnung von Atomen und nicht zur Abkürzung von Elementnamen zu verwenden.

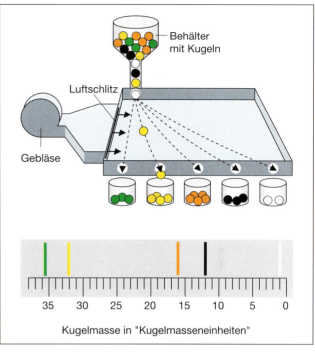

B 79.1 Modellversuch zur Arbeitsweise eines Geräts zur Bestimmung von Atommassen

A 79.1 Nimm an, daß ein Element A mit einem Element B so reagiert, daß die Atome im Anzahlverhältnis $N(A) : N(B) = 1 : 2$ zusammentreten. In welchem Massenverhältnis müßten die Elemente miteinander reagieren, wenn m(1 A) = 12 u und m(1 B) = 16 u?

B 79.2 Zeichen von LAVOISIER

B 79.3 Zeichen von DALTON

B 79.4 Zeichen für Atome einiger Elemente und Atommassen

Elementname		Zeichen für das Atom	Atommasse in u
Wasserstoff	(**H**ydrogenium)	H	1,008
Kohlenstoff	(**C**arboneum)	C	12,01
Stickstoff	(**N**itrogenium)	N	14,01
Sauerstoff	(**O**xygenium)	O	16,00
Magnesium	(**Mg**agnesium)	Mg	24,31
Aluminium	(**Al**uminium)	Al	26,98
Schwefel	(**S**ulfur)	S	32,07
Eisen	(**Fe**rrum)	Fe	55,85
Kupfer	(**Cu**prum)	Cu	63,55
Zink	(**Zn**incum)	Zn	65,39
Silber	(**Ar**gentum)	Ag	107,87
Blei	(**Pl**umbum)	Pb	207,2

7.3 Verhältnisformel und Reaktionsgleichung

Massenverhältnisse der Elementportionen bei chemischen Reaktionen können durch quantitative Versuche bestimmt werden (↗ Kap. 7.1). Da auch die Massen von Atomen bekannt sind und Tabellen entnommen werden können, ist es möglich, das **Anzahlverhältnis der Atome** verschiedener Atomarten im Teilchenverband und damit in der Verbindung zu berechnen.

Die Verhältnisformel von Kupfersulfid. Bei der Synthese von Kupfersulfid (↗ Kap. 7.1) ergab sich folgendes Massenverhältnis:

$$\frac{m(\text{Kupferportion})}{m(\text{Schwefelportion})} = \frac{3{,}97}{1} \qquad (1)$$

Eine Kupferportion ist ein Verband von Kupferatomen. Zwischen der Masse der Kupferportion und der Masse eines Kupferatoms, $m(1\,Cu)$, besteht folgender Zusammenhang:

$m(\text{Kupferportion}) = \text{Anzahl der Kupferatome} \cdot m(1\,Cu)$

Entsprechendes gilt für die Schwefelportion:

$m(\text{Schwefelportion}) = \text{Anzahl der Schwefelatome} \cdot m(1\,S)$

Nimmt man an, daß eine Kupferportion aus a Kupferatomen besteht und die damit reagierende Schwefelportion b Schwefelatome enthält, so gilt:

$m(\text{Kupferportion}) = a \cdot m(1\,Cu) \qquad (2)$
$m(\text{Schwefelportion}) = b \cdot m(1\,S) \qquad (3)$

Aus (1), (2) und (3) ergibt sich:

$$\frac{a \cdot m(1\,Cu)}{b \cdot m(1\,S)} = 3{,}97$$

Die Atommassen sind: $m(1\,Cu) = 63{,}55\,u$; $m(1\,S) = 32{,}07\,u$. Daraus folgt:

$$\frac{a}{b} = \frac{3{,}97 \cdot m(1\,S)}{m(1\,Cu)} = \frac{3{,}97 \cdot 32{,}07\,u}{63{,}55\,u} = 2{,}0$$

Das Anzahlverhältnis $N(Cu) : N(S)$, in dem die Atome der Elemente reagiert haben, ist $a : b = 2 : 1$.
Dieses Verhältnis muß auch in der Verbindung Kupfersulfid vorliegen. Einen aus Kupfer- und Schwefelatomen entstandenen Teilchenverband veranschaulicht ▶ B 80.1.

Die Angabe der Atomarten und das Anzahlverhältnis der Atome gibt die Zusammensetzung einer Verbindung an. Man kann für die Zusammensetzung des Kupfersulfids folgende Kurzschreibweise angeben:

Cu_2S_1 vereinfachte Schreibweise: Cu_2S

Die tiefgestellten Zahlen hinter den Zeichen für die Atome geben das Anzahlverhältnis der Atome in einer Verbindung an, hier also: 2 Kupferatome kommen auf 1 Schwefelatom. Diese Kombination von Zeichen und Anzahlverhältnis der Atome heißt **Verhältnisformel**.

Weitere Verhältnisformeln. Verbinden sich Kupfer- und Schwefelatome immer im Anzahlverhältnis 2:1? Denkbar wären auch andere ganzzahlige Verhältnisse, z.B. 1:1 und die Verhältnisformel Cu_1S_1. Damit wäre das Massenverhältnis $m(\text{Kupfer}) : m(\text{Schwefel}) = 1{,}98 : 1$. Es gibt tatsächlich einen Stoff, für den dieses Massenverhältnis zutrifft, also offensichtlich ein Kupfersulfid, das mit dem bisher betrachteten nicht identisch ist.
Die beiden Kupfersulfide stimmen in vielen Eigenschaften nicht überein, es sind also zwei verschiedene Stoffe. Während das in V 76.2 hergestellte Kupfersulfid erst bei

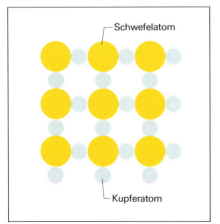

B 80.1 Atomverband (Schnitt). Das Anzahlverhältnis ist $N(Cu) : N(S) = 2 : 1$

Schwefelatom
Kupferatom

B 80.2 Verhältnisformeln. Aus dem Massenverhältnis der Elementportionen und den Atommassen wird das Anzahlverhältnis der Atome in der Verbindung berechnet

Verbindung	Massenverhältnis der Elementportionen	Atommassen	Anzahlverhältnis	Verhältnisformel
schwarzes Kupferoxid	$\dfrac{m(\text{Kupfer})}{m(\text{Sauerstoff})} = \dfrac{3{,}97}{1}$	$m(1\,Cu) = 63{,}55\,u$ $m(1\,O) = 16{,}00\,u$	$\dfrac{N(Cu)}{N(O)} = \dfrac{1}{1}$	Cu_1O_1
rotes Kupferoxid	$\dfrac{m(\text{Kupfer})}{m(\text{Sauerstoff})} = \dfrac{7{,}94}{1}$	$m(1\,Cu) = 63{,}55\,u$ $m(1\,O) = 16{,}00\,u$	$\dfrac{N(Cu)}{N(O)} = \dfrac{2}{1}$	Cu_2O_1
Aluminiumoxid	$\dfrac{m(\text{Aluminium})}{m(\text{Sauerstoff})} = \dfrac{1{,}12}{1}$	$m(1\,Al) = 26{,}98\,u$ $m(1\,O) = 16{,}00\,u$	$\dfrac{N(Al)}{N(O)} = \dfrac{2}{3}$	Al_2O_3
Wasser	$\dfrac{m(\text{Wasserstoff})}{m(\text{Sauerstoff})} = \dfrac{0{,}126}{1}$	$m(1\,H) = 1{,}008\,u$ $m(1\,O) = 16{,}00\,u$	$\dfrac{N(H)}{N(O)} = \dfrac{2}{1}$	H_2O_1

Verhältnisformel und Reaktionsgleichung

1130 °C schmilzt, wird das andere bereits bei einer Temperatur von 220 °C zerlegt.
Wie ▶ B 80.2 zeigt, findet man auch für das rote und das schwarze Kupferoxid unterschiedliche Massenverhältnisse. Für die Tatsache, daß zwei Elemente zwei oder sogar mehrere verschiedene Verbindungen bilden können, gibt es viele weitere Beispiele.

Elementargruppen. Verhältnisformeln bezeichnen zunächst nur das Anzahlverhältnis der Atome in einem Teilchenverband. Anschaulicher ist es, durch die Formel eine Atomgruppe zu bezeichnen. Die Formel CuO steht dann für eine Atomgruppe aus einem Kupferatom und einem Sauerstoffatom. Man kann sich demnach schwarzes Kupferoxid als Verband aus CuO-Gruppen vorstellen. Rotes Kupferoxid kann man sich aus Cu_2O-Gruppen aufgebaut denken. Solche Gruppen nennt man Formeleinheiten oder *Elementargruppen.* ▶ B 81.2 zeigt, daß die Atome auf verschiedene Arten zu Elementargruppen zusammengefaßt werden können.

Räumliche Modelle der Atomverbände von Metallverbindungen (▶ B 81.3) lassen noch deutlicher erkennen, daß hier keine abgegrenzten Atomgruppen vorliegen. Das durch die Formel angegebene Anzahlverhältnis ergibt sich in der Regel nur für riesige Atomverbände. In dem Modell, das den Aufbau des Pyrits zeigt (▶ B 81.3b), liegt deshalb nicht exakt das Anzahlverhältnis 1:2 vor. Damit auch die Kugeln im Inneren des Verbandes sichtbar sind, wurden die Abstände zwischen den Kugeln im Verhältnis zu den Kugeldurchmessern größer gewählt.
Für Elementargruppen können wie für Atome Massen in u angegeben werden, z. B.:

$$m(1\ Cu_2O) = m(2\ Cu) + m(1\ O) = 143{,}1\ u$$

Metalloxid	Elementargruppe	Metallsulfid	Elementargruppe
Magnesiumoxid	MgO	Eisensulfid	FeS
schwarzes Eisenoxid	Fe_3O_4	Pyrit	FeS_2
rotes Eisenoxid	Fe_2O_3	Kupfersulfid	Cu_2S
Zinkoxid	ZnO	Zinksulfid	ZnS
gelbes Bleioxid	PbO	Silbersulfid	Ag_2S
schwarzes Bleioxid	PbO_2	Bleisulfid	PbS

B 81.1 Elementargruppen aus den Atomverbänden einiger Metalloxide und Metallsulfide

A 81.1 Zur Verbrennung von 1,0 g Schwefel benötigt man 1,0 g Sauerstoff.
Berechne das Anzahlverhältnis $N(S) : N(O)$
Welche Verhältnisformel hat das Oxid?

A 81.2 Beim Erhitzen einer Quecksilberoxidportion entstanden 4,0 g Quecksilber und 241 ml Sauerstoff. Berechne die Verhältnisformel von Quecksilberoxid.
ϱ (Sauerstoff) = 1,33 g/l bei 20 °C.

A 81.3 Berechne die Masse der Elementargruppe des Aluminiumoxids (B 80.2).

A 81.4 Erkläre die Bedeutung folgender Angaben:
5 Cu, a Pb, 2 CuO, 1 FeS_2, a Al_2O_3.

B 81.2 Elementargruppen in Atomverbänden.
$N(Cu) : N(O) = 1:1$ $N(Cu) : N(O) = 2:1$

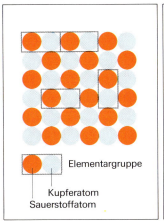
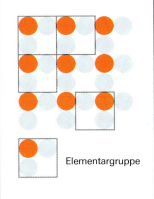

Elementargruppe
Kupferatom
Sauerstoffatom

Elementargruppe

B 81.3 Räumliche Modelle von Atomverbänden.
a) Bleisulfid   b) Pyrit

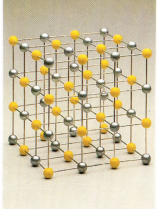
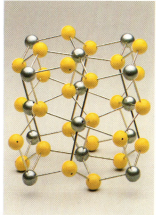

Verhältnisformel und Reaktionsgleichung

Formelschreibweise für Reaktionen. Reaktionen lassen sich genauer beschreiben, wenn im Reaktionsschema anstelle der Stoffnamen Teilchenverbände angegeben werden. Dazu muß man die Formeln der Ausgangsstoffe und der entstehenden Stoffe kennen. Betrachten wir die Reaktion:

Kupfer + Schwefel ⟶ Kupfersulfid

Wenn wir annehmen, daß ein Teilchenverband aus a Cu$_2$S-Elementargruppen entsteht, müssen $2a$ Kupferatome reagieren. Damit ergibt sich:

$2a$ Cu + a S ⟶ a Cu$_2$S

Auf beiden Seiten des Reaktionspfeils muß die Anzahl der Atome der einzelnen Atomarten gleich sein. Die Formelschreibweise für eine Reaktion heißt deshalb **Reaktionsgleichung**.

Aufstellen der Reaktionsgleichung für die Reduktion des roten Eisenoxids mit Magnesium:

Reaktionsschema mit Stoffnamen:
rotes Eisenoxid + Magnesium → Eisen + Magnesiumoxid

Atome und Elementargruppen:
Fe$_2$O$_3$, Mg, Fe, MgO

Reaktionsgleichung mit Atomen und Elementargruppen:
Fe$_2$O$_3$ + 3 Mg ⟶ 2 Fe + 3 MgO (▶ B 82.1)

Um hervorzuheben, daß nicht einzelne und getrennte Atome oder Elementargruppen, sondern große Teilchenverbände vorliegen, schreiben wir zusätzlich den Buchstaben a. Er steht für eine große Anzahl. Reaktionsgleichung für Teilchenverbände (Stoffportionen):

a Fe$_2$O$_3$ + $3a$ Mg ⟶ $2a$ Fe + $3a$ MgO

Berechnung von Massen der an einer Reaktion beteiligten Stoffe. Um bei einer Reaktion einen vollständigen Umsatz zu erreichen oder eine gewünschte Menge eines Reaktionsproduktes herzustellen, muß man *bestimmte Stoffportionen* einsetzen. Die Massen dieser Stoffportionen können berechnet werden, wenn man die Reaktionsgleichung kennt. Für die Reaktion des roten Eisenoxids mit Aluminium gilt folgende Reaktionsgleichung:

a Fe$_2$O$_3$ + $2a$ Al ⟶ a Al$_2$O$_3$ + $2a$ Fe

Massen der Stoffportionen:

$a \cdot m(1\ \text{Fe}_2\text{O}_3)$; $2a \cdot m(1\ \text{Al})$; $a \cdot m(1\ \text{Al}_2\text{O}_3)$; $2a \cdot m(1\ \text{Fe})$

Damit lassen sich *Massenverhältnisse* angeben, z.B.:

$$\frac{m(\text{Aluminiumportion})}{m(\text{Eisenoxidportion})} = \frac{2a \cdot m(1\ \text{Al})}{a \cdot m(1\ \text{Fe}_2\text{O}_3)} = \frac{2 \cdot 27{,}0\ \text{u}}{159{,}8\ \text{u}} = 0{,}34$$

oder:

$$\frac{m(\text{Eisenportion})}{m(\text{Eisenoxidportion})} = \frac{2a \cdot m(1\ \text{Fe})}{a \cdot m(1\ \text{Fe}_2\text{O}_3)} = \frac{2 \cdot 55{,}9\ \text{u}}{159{,}8\ \text{u}} = 0{,}70$$

Ist die Masse *einer* Stoffportion gegeben, kann man die Massen der anderen Stoffportionen, die an der Reaktion beteiligt sind, berechnen.

Sollen 15 g rotes Eisenoxid reduziert werden, so ergibt sich für die erforderliche Aluminiumportion:

$m(\text{Aluminiumportion}) = 0{,}34 \cdot m(\text{Eisenoxidportion})$
$= 0{,}34 \cdot 15\ \text{g} = 5{,}1\ \text{g}$

Die entstehende Eisenportion hat die Masse:

$m(\text{Eisenportion}) = 0{,}70 \cdot m(\text{Eisenoxidportion})$
$= 0{,}70 \cdot 15\ \text{g} = 10{,}5\ \text{g}$

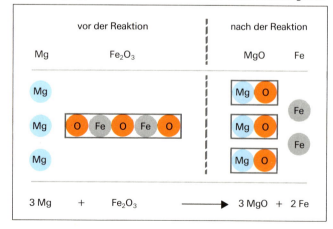

B 82.1 Aufstellen einer Reaktionsgleichung mit Atomen und Elementargruppen. Die Anzahl und Art der Atome bleiben gleich

A 82.1 Formuliere für folgende Reaktionen die Reaktionsgleichungen mit Elementargruppen und Stoffportionen: a) Reduktion des schwarzen Kupferoxids mit Aluminium, b) Reduktion des schwarzen Eisenoxids mit Aluminium.

A 82.2 Berechne das Massenverhältnis m(Silberportion) : m(Schwefelportion) für die Silbersulfidsynthese. Welche Masse hat die Schwefelportion, wenn 2 g Silber eingesetzt werden?

A 82.3 a) Wieviel Gramm Zink benötigt man, um 10 g Kupfer aus rotem Kupferoxid herzustellen? b) Wie groß sind die Massen der eingesetzten Kupferoxidportion und der entstehenden Zinkoxidportion?

7.4 Verhalten von Gasen – Volumengesetz

Das Verhalten von Gasportionen bei Temperatur- und Druckänderungen. Erwärmt man eine Gasportion in einem Kolbenprober, so erkennt man eine Volumenzunahme. Wird auf den Kolben eine Kraft ausgeübt und dadurch der Druck erhöht, verringert sich das Volumen der Gasportion. Weitere Möglichkeiten für Druck- und Temperaturänderungen veranschaulicht ▶ B 83.1.

Erwärmt man Portionen gleichen Volumens verschiedener Gase, so beobachtet man bei gleicher Temperaturerhöhung die gleiche Volumenvergrößerung (▶ V 83.1). Portionen verschiedener Flüssigkeiten und Feststoffe gleichen Volumens dehnen sich im Gegensatz zu den Gasen unterschiedlich stark aus. Auch bei gleicher Druckänderung ist die Änderung des Volumens bei allen Gasen gleich groß, wenn die Temperatur konstant bleibt.

Zum Vergleich verschiedener Gasvolumina miteinander, müßten Druck und Temperatur der Gasportionen gleich sein. Es ist jedoch möglich, das Gasvolumen für einen vereinbarten **Normzustand** zu berechnen.

Normzustand für die Angabe von Gasvolumina:
Normtemperatur $T_n = 273$ K ($\vartheta_n = 0\ °C$)
Normdruck $p_n = 1013$ mbar
Das Volumen einer Gasportion mit der Temperatur T_n und dem Druck p_n heißt **Normvolumen**.
Zeichen für das Normvolumen: V_n

Berechnung des Normvolumens einer Gasportion. Ist der Druck p und die Temperatur ϑ einer Gasportion bekannt, so kann aus dem Volumen V das Normvolumen berechnet werden. In einfacher Weise erfolgt dies durch einen Umrechnungsfaktor, der für verschiedene Druck- und Temperaturwerte berechnet wurde und der Tabelle im Anhang entnommen werden kann. Zum Beispiel:
Volumen einer Gasportion bei $p = 980$ mbar und $\vartheta = 20\ °C$:
　$V = 1,50$ l
Volumen dieser Gasportion bei Normbedingungen:
　$V_n = V \cdot$ Faktor $= 1,5\ l \cdot 0,901 = 1,35\ l$

Volumengesetz von Gay-Lussac. Eine Besonderheit von Gasen gegenüber festen und flüssigen Stoffen zeigt sich auch bei chemischen Reaktionen. Die quantitative Synthese von Wasser (↗ Kap. 7.1) ergab für die reagierenden Gase ein Volumenverhältnis von 2:1. Bei der Verbrennung von Schwefel in ▶ V 83.2 stehen die Volumina der beiden Gase im Verhältnis 1:1. Dies sind Beispiele für eine allgemeine Gesetzmäßigkeit.

Bei chemischen Reaktionen stehen die Volumina der Gasportionen im Verhältnis einfacher ganzer Zahlen.

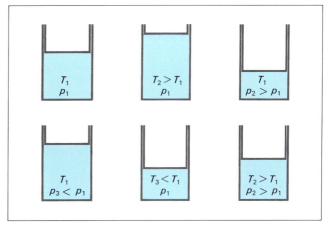

B 83.1 Volumen einer Gasportion bei Temperatur- und Druckänderungen

V 83.1 Man füllt jeweils einen Kolbenprober mit 40 ml Wasserstoff, 40 ml Stickstoff und 40 ml Kohlenstoffdioxid und verschließt mit einem Gummihütchen. Die Kolbenprober werden senkrecht bis zur 100-ml-Marke in siedendes Wasser gestellt. Man vergleicht die Endvolumina.

V 83.2 In das Reaktionsrohr der Apparatur B 83.2 gibt man etwa 100 mg (Überschuß) Stangenschwefel. Über den Dreiwegehahn wird K I mit 40 ml Sauerstoff gefüllt. Man erhitzt den Schwefel und leitet den Sauerstoff langsam darüber. Dabei entzündet sich der Schwefel. Das Gas wird von K II in K I und wieder zurückgeleitet. Nach Erlöschen der Flamme und Abkühlen des Gases liest man das Volumen ab.

B 83.2 Verbrennen von Schwefel zur Bestimmung des Verhältnisses V(Sauerstoff) : V(Schwefeldioxid)

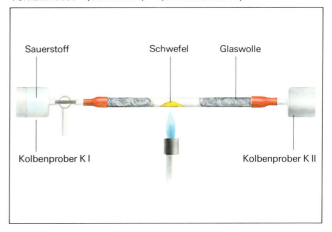

7.5 Moleküle – Satz von Avogadro

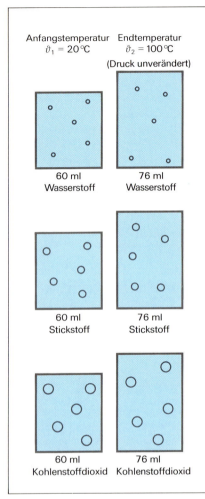

B 84.1 Teilchenanzahl in Gasvolumina

B 84.2 Amadeo Avogadro (1776–1856)

Moleküle. Ein Stoff im Gaszustand besteht aus isolierten kleinsten Teilchen. Gasteilchen können einzelne Atome sein oder sich aus zwei oder mehreren Atomen zusammensetzen. Gasförmiges Wasser besteht aus freibeweglichen Teilchen, von denen wir wissen, daß sie mindestens ein Sauerstoffatom und doppelt so viele Wasserstoffatome enthalten müssen (B 80.2). Kleinste Teilchen, die aus zwei oder mehreren Atomen zusammengesetzt sind, nennt man **Moleküle**. Solange man die Zahl der Atome, aus denen sich ein Molekül zusammensetzt, nicht kennt, kann man es durch einen Kreis (○) darstellen (▶ B 84.1 und B 84.3).

Der Satz von Avogadro. Die Zusammensetzung der Moleküle von Gasen läßt sich ermitteln durch Anwendung einer Hypothese, die der italienische Physiker Avogadro 1811 aufgestellt hatte, um das Volumengesetz von Gay-Lussac zu erklären. Er nahm an:

In gleichen Volumina verschiedener Gase sind gleich viele Teilchen enthalten, wenn der Druck der Gasportionen und deren Temperatur gleich sind.

Heute weiß man, daß Avogadros Hypothese zu richtigen Schlußfolgerungen führt. In ▶ B 84.1 ist veranschaulicht, daß das Volumen einer Gasportion nicht von der Größe und der Masse der Gasteilchen abhängig ist, sondern von der *Anzahl der Gasteilchen.* Durch den Satz von Avogadro läßt sich auch das Gleichverhalten der Gasvolumina bei Temperaturänderung deuten.

Anwendung des Satzes von Avogadro. Mit Hilfe des Satzes von Avogadro erhält man Hinweise auf die Zusammensetzung der Gasteilchen. Um den Satz von Avogadro auf die Wassersynthese anwenden zu können, muß auch das entstehende Wasser gasförmig vorliegen. Dazu läßt man in ▶ V 85.1 eine kleine Wasserportion in einem großen Kolben entstehen, der trockenen Sauerstoff enthält (▶ B 85.1). Trockene Gasportionen können auch bei Zimmertemperatur kleine Portionen von gasförmigem Wasser aufnehmen.

Geht man von 40 ml Wasserstoff aus, der mit 20 ml Sauerstoff reagiert, so erhält man 40 ml gasförmiges Wasser. Damit ist das Verhältnis:

B 84.3 **Synthese von gasförmigem Wasser.** Das Volumenverhältnis der Gasportionen und das Verhältnis der Teilchenanzahlen sind gleich

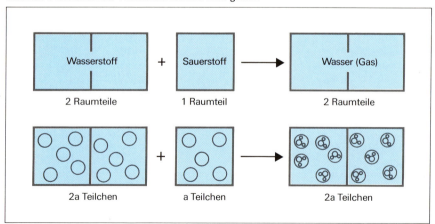

Moleküle – Satz von Avogadro

V(Wasserstoffportion) : V(Sauerstoffportion) : V(Wasserportion, gasf.) = 2 : 1 : 2

Dieses Ergebnis ist ein weiteres Beispiel für das Volumengesetz von GAY-LUSSAC (↗ Kap. 7.4). Es reagieren immer 2 Raumteile Wasserstoff mit 1 Raumteil Sauerstoff zu 2 Raumteilen gasförmigem Wasser. In jedem Raumteil müssen gleich viele Gasteilchen vorliegen. Die Anzahl der Teilchen in einer Gasportion ist riesig. In den in ▶ B 84.3 dargestellten Raumteilen wird die unbekannte Teilchenanzahl a durch 5 Gasteilchen vertreten.
Wenn wir davon ausgehen, daß die Gasteilchen von Sauerstoff und Wasserstoff Atome sind und die Moleküle des Wassers durch die Formel H_2O richtig beschrieben werden, erhalten wir:

$$2a\,H + a\,O \longrightarrow a\,H_2O$$

Nach dieser Reaktionsgleichung dürfte jedoch aus 2 Raumteilen Wasserstoff und 1 Raumteil Sauerstoff nur 1 Raumteil Wasser entstehen, die Gleichung stimmt also mit dem Versuchsergebnis nicht überein. Die *einfachste* Deutung, die nicht im Widerspruch zum Versuchsergebnis steht, ist:

$$2a\,H_2 + a\,O_2 \longrightarrow 2a\,H_2O$$

In ▶ B 85.2 ist diese einfachste Deutung des Versuchsergebnisses für $a = 1$ veranschaulicht. Eine weitere Deutung wäre auch mit Teilchen möglich, die aus der doppelten Anzahl von Atomen bestehen. Alle Gasreaktionen, an denen Wasserstoff beteiligt ist, lassen sich jedoch widerspruchsfrei mit H_2-Molekülen formulieren. Bei der Aufstellung von Reaktionsgleichungen mit Gasteilchen ging man davon aus, daß die *einfachste Möglichkeit* auch die richtige ist, und nahm das Vorliegen von H_2-, O_2- und H_2O-Molekülen an. Nachdem die Teilchenmassen genau bestimmt werden konnten, ließen sich diese Teilchen nachweisen. Damit gibt die Formel H_2O nicht nur das Anzahlverhältnis der Atome an, sondern auch die Anzahl der Atome in einem Wassermolekül. Die Formel H_2O beschreibt somit das Wassermolekül und heißt **Molekülformel**.

Wenn Wasser kondensiert, rücken die Moleküle dicht zusammen, sie bleiben jedoch als Teilchen erhalten. Ebenso wie Wasser bestehen fast alle bei Zimmertemperatur flüssigen Reinstoffe aus Molekülen. Dies gilt auch für leicht flüchtige Feststoffe.

Gasförmige Elemente können aus Atomen oder Molekülen bestehen. Wie Wasserstoff und Sauerstoff besteht Stickstoff aus zweiatomigen Molekülen (Molekülformel N_2).

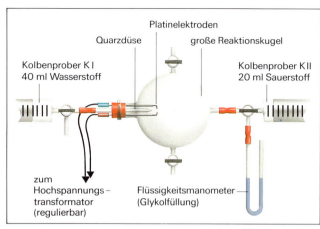

B 85.1 Synthese von gasförmigem Wasser in trockenem Sauerstoff

V 85.1 Versuchsaufbau wie in B 85.1. Die 2-Liter-Kugel wird mit Sauerstoff aus der Stahlflasche gespült und K II auf die Marke 20 ml eingestellt. Man füllt K I mit 40 ml Wasserstoff. Zwischen den Elektroden wird eine Funkenstrecke erzeugt und der Wasserstoff aus K I langsam in die Kugel geleitet (Schutzscheibe). Man läßt abkühlen und liest das Endvolumen ab. Bei jeder Ablesung muß in den Manometerschenkeln Gleichstand herrschen.

A 85.1 Es gibt zwei verschiedene gasförmige Kohlenstoffoxide, Kohlenstoffmonooxid und Kohlenstoffdioxid (Molekülformeln CO und CO_2). In welchem Verhältnis stehen die Volumina der Gasportionen bei der Verbrennung von Kohlenstoffmonooxid?

B 85.2 Anwendung des Satzes von AVOGADRO auf die Wassersynthese (Modell). Ein Kästchen entspricht einem Raumteil

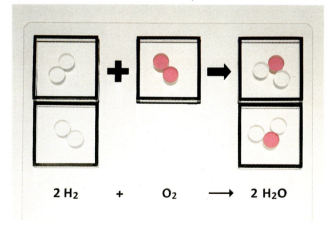

$2\,H_2 \quad + \quad O_2 \quad \longrightarrow \quad 2\,H_2O$

Moleküle – Satz von Avogadro

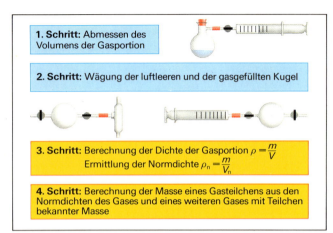

B 86.1 **Bestimmung der Masse eines Gasteilchens**. Aus der Gasdichte kann die Teilchenmasse bestimmt werden

 V 86.1 Man bestimmt die Masse einer Gaswägekugel, aus der die Luft abgesaugt wurde, und läßt 60 ml Schwefeloxid (aus V 83.2) einströmen. Die Masse des Gases erhält man durch erneute Wägung der Kugel. Damit läßt sich die Normdichte berechnen.

 V 86.2 Versuchsaufbau wie in B 86.2. Mit einer Meßpipette gibt man 0,10 ml (0,312 g) Brom in den 2-Liter-Kolben (Abzug, Schutzbrille, Schutzhandschuhe!). Beim Verschließen des Kolbens muß über den Hahn 1 ein Druckausgleich erfolgen können. Danach werden beide Hähne so gestellt, daß nur der Weg zum Kolbenprober offen ist. Wenn das Volumen konstant bleibt, wird nach dem Druckausgleich das Volumen abgelesen und die Normdichte berechnet.

B 86.2 **Bestimmung der Dichte von Bromgas** durch Verdampfen einer Bromportion mit bekannter Masse

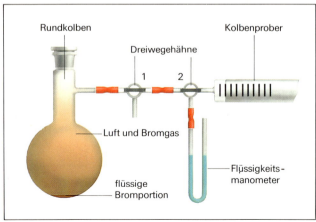

Die Bestimmung der Massen von Gasteilchen. Kennt man die Masse der Teilchen eines Gases, lassen sich die Teilchenmassen anderer Gase auf einfache Weise bestimmen, da aus dem Satz von AVOGADRO z. B. folgende Beziehung abgeleitet werden kann:

$$\frac{\varrho \text{ (Gas)}}{\varrho \text{ (Wasserstoff)}} = \frac{m(1 \text{ Gasteilchen})}{m(1 \text{ H}_2)}$$

Um die Masse des Gasteilchens bestimmen zu können, benötigt man die Dichte des Gases. So läßt sich z. B. die Masse des Heliumteilchens aus der Dichte des Heliums (ein Edelgas) ermitteln:

$$m(1 \text{ Heliumteilchen}) = \frac{\varrho \text{ (Helium)}}{\varrho \text{ (Wasserstoff)}} \cdot m(1 \text{ H}_2)$$

$$= \frac{0{,}19 \text{ g/l}}{0{,}09 \text{ g/l}} \cdot 2{,}0 \text{ u} \approx 4{,}0 \text{ u}$$

Aus diesem Wert und der Kenntnis der Atommasse ergibt sich, daß die Heliumgasteilchen Atome sind.

Bei gasförmigen Verbindungen erhält man durch die Bestimmung der Molekülmasse Hinweise auf die Zusammensetzung der Moleküle.
In V 83.2 entsteht bei der Verbrennung von Schwefel ein gasförmiges Oxid, dessen Dichte in ▶ V 86.1 mit einer Gaswägekugel bestimmt wird (▶ B 86.1).

Der exakte Wert ist: ϱ_n(Schwefeloxid) = 2,93 g/l

Daraus ergibt sich: m(Gasteilchen) = 65,11 u

Mit den Massen $m(1 \text{ S}) = 32{,}06$ u und $m(1 \text{ O}) = 16{,}00$ u ist für dieses Gasteilchen nur die Molekülformel SO_2 möglich, obwohl der experimentelle Wert nicht genau mit $m(1 \text{ SO}_2) = 64{,}06$ u übereinstimmt. Diese Abweichung ist darauf zurückzuführen, daß der Satz von AVOGADRO für einige Gase bei Zimmertemperatur nur näherungsweise gilt. Dies sind Gase, die im Vergleich zu Wasserstoff hohe Siedetemperaturen haben.

Auch bei leicht verdampfbaren Flüssigkeiten kann man durch Bestimmung der Gasdichten auf die Molekülformeln schließen.
Das Element Brom ist eine leicht flüchtige Flüssigkeit. Gibt man eine kleine Bromportion in einen großen Kolben, so verdampft sie vollständig (▶ V 86.2, ▶ B 86.2). Aus der Masse des eingesetzten Broms und der Volumenzunahme läßt sich die Gasdichte berechnen. Mit dem erhaltenen Wert ϱ_n(Brom, gasförmig) = 7,6 g/l ergibt sich: $m(1 \text{ Bromteilchen}) = 168{,}9$ u. (Tabellenwert: 159,8 u)
Daraus folgt: Brom besteht aus Br_2-Molekülen.

Außer den Edelgasen, deren Teilchen Atome sind, bestehen alle bei Zimmertemperatur gasförmigen Elemente aus zweiatomigen Molekülen.

7.6 Teilchenanzahl und Stoffmenge

Teilchenanzahl in Stoffportionen. Wie in einer Reaktionsgleichung zum Ausdruck kommt, stehen die Teilchen der beteiligten Stoffe in einem bestimmten Anzahlverhältnis. Um bei einer Reaktion einen vollständigen Umsatz zu erreichen, ist es erforderlich, die Stoffportionen der Ausgangsstoffe dem Anzahlverhältnis entsprechend zu wählen. Dies ist bei Gasreaktionen einfach, da das Anzahlverhältnis der Teilchen und das Volumenverhältnis der Gasportionen gleich sind. Möchte man z. B. erreichen, daß gleiche Anzahlen von Molekülen verschiedener Gase vorliegen, wählt man gleiche Volumina. Bei nicht gasförmigen Stoffen sind die Volumina der Stoffportionen mit gleichen Teilchenanzahlen nicht gleich. Um dennoch Stoffportionen mit gleichen Teilchenanzahlen angeben zu können, muß man einen Zusammenhang zwischen der Masse und der Teilchenanzahl herstellen.

Für eine Eisenportion aus a Eisenatomen und eine Schwefelportion aus a Schwefelatomen gilt:

$$\frac{m(\text{Eisenportion})}{m(\text{Schwefelportion})} = \frac{a \cdot m(1\,\text{Fe})}{a \cdot m(1\,\text{S})} = \frac{56}{32}$$

Das heißt: 56 g Eisen und 32 g Schwefel oder Vielfache bzw. Bruchteile dieser Massen enthalten jeweils gleich viele Atome.

Sind die Atommassen bekannt, kann man Massen für Elementportionen angeben, die jeweils gleich viele Atome enthalten. Es ist zweckmäßig, die Massen so zu wählen, daß der Zahlenwert dem der Atommassen entspricht, z. B. 12 g Kohlenstoff, 27 g Aluminium, 63,5 g Kupfer. Die Anzahl der Atome in diesen Stoffportionen bezeichnet man mit L nach dem Physiker Loschmidt, der sie als erster näherungsweise bestimmt hat.

Da heute Atommassen angegeben werden können, ist es auch möglich, L zu berechnen.
Für eine Kohlenstoffportion mit L Kohlenstoffatomen gilt:

$$m(\text{L C}) = \text{L} \cdot m(1\,\text{C}) = \text{L} \cdot 12\,\text{u} = 12\,\text{g}$$

Mit $1\,\text{u} = 1{,}66 \cdot 10^{-24}\,\text{g}$ erhält man:

$$\text{L} = 6{,}02 \cdot 10^{23}$$

Mit Hilfe der Verhältnisformel lassen sich auch Stoffportionen von Verbindungen angeben, die L Elementargruppen oder L Moleküle enthalten.

Beispiele: $m(1\,\text{CuO}) = 79{,}55\,\text{u}$, $m(\text{L CuO}) = 79{,}55\,\text{g}$
$m(1\,\text{O}_2) = 32{,}00\,\text{u}$, $m(\text{L O}_2) = 32{,}00\,\text{g}$

Die Stoffmenge n und ihre Einheit. Um in der Chemie eine Stoffportion bestimmen zu können, benötigt man die Angabe des Stoffes und die Größe der Stoffportion. Als Größenangaben dienten bisher die Masse, das Volumen und die Teilchenanzahl.

Die Größe einer Stoffportion kann außerdem durch die **Stoffmenge** n angegeben werden. Die Einheit der Stoffmenge ist das Mol (Einheitenzeichen mol).

Eine Stoffportion mit der Stoffmenge $n = 1$ mol enthält ebenso viele Teilchen wie Atome in 12 g Kohlenstoff enthalten sind, nämlich L Teilchen.

Die Angabe der Stoffmenge ist nur möglich, wenn auch die Teilchen (Atome, Moleküle) bzw. Elementargruppen angegeben werden (▶ B 87.1).

B 87.1 Teilchenanzahl und Stoffmenge von Stoffportionen

Stoff-portionen	Teilchen/ Elementar-gruppe	Masse in u	Teilchen-anzahl	Stoffmenge
12 g Kohlenstoff	C	12	1 L	$n(\text{C}) = 1$ mol
1 g Wasserstoff	H_2	2	0,5 L	$n(H_2) = 0{,}5$ mol
36 g Wasser	H_2O	18	2 L	$n(H_2O) = 2$ mol
14,3 g rotes Kupferoxid	Cu_2O	143	0,1 L	$n(Cu_2O) = 0{,}1$ mol

A 87.1 Die Verpackung eines Kaugummis enthält etwa 80 mg Aluminium. Berechne die Anzahl der Atome.

A 87.2 Die Oberfläche der Erde beträgt etwa 510 Millionen km². Wieviel Kohlenstoffatome müßten auf einen Quadratmillimeter entfallen, wenn 12 g Kohlenstoff gleichmäßig über die gesamte Fläche verteilt würden?

A 87.3 Berechne für 28,6 g rotes Kupferoxid die Stoffmenge $n(Cu_2O)$. Wie groß sind die Stoffmengen $n(Cu)$ und $n(O)$ für die in der Stoffportion enthaltenen Kupferatome und Sauerstoffatome?

7.7 Molare Masse und molares Volumen

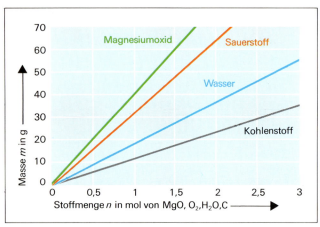

B 88.1 Zusammenhang zwischen Stoffmenge und Masse bei verschiedenen Stoffen. Die Masse ist zur Stoffmenge proportional

Gas	Teilchen X	molare Masse $M(X)$ in $\frac{g}{mol}$	Dichte ρ_n(Gas) in $\frac{g}{l}$	molares Volumen V_{mn} in $\frac{l}{mol}$
Wasserstoff	H_2	2,016	0,090	22,4
Stickstoff	N_2	28,02	1,250	22,4
Sauerstoff	O_2	32,00	1,429	22,4
Helium	He	4,003	0,179	22,4
Kohlenstoffdioxid	CO_2	44,01	1,997	22,0
Schwefeldioxid	SO_2	64,07	2,926	21,9

B 88.2 Das molare Normvolumen beträgt bei allen „idealen" Gasen 22,4 l/mol

B 88.3 Zusammenhang zwischen Stoffmenge und Volumen bei Gasen. Alle „idealen" Gase haben das gleiche molare Volumen

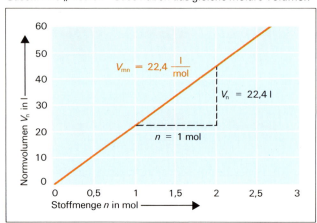

Die molare Masse. Stoffmengen können in der Praxis nicht durch Abzählen der Teilchen bestimmt werden. Da zwischen der Stoffmenge und der Masse einer Stoffportion ein Zusammenhang besteht, ist es möglich, die Stoffmenge über die Bestimmung der Masse zu ermitteln. Der Zusammenhang zwischen Masse und Stoffmenge einer beliebigen Stoffportion läßt sich durch eine Größengleichung angeben:

$$m = M \cdot n \qquad \text{oder} \qquad M = \frac{m}{n}$$

Den Quotienten M aus der Masse m und der Stoffmenge n einer Stoffportion nennt man **molare Masse**.

Die übliche Einheit ist $\frac{Gramm}{Mol}$ ($\frac{g}{mol}$).

In ▶ B 88.1 gibt die Steigung einer Geraden die molare Masse eines Stoffes an. Für die molare Masse eines Stoffes ergibt sich der gleiche Zahlenwert wie für die Masse von L Atomen, Molekülen oder Elementargruppen. Beispiele:

$m(L\ Al) = 27\ g \qquad M(Al) = 27\ g/mol$
$m(L\ H_2O) = 18\ g \qquad M(H_2O) = 18\ g/mol$
$m(L\ MgO) = 40\ g \qquad M(MgO) = 40\ g/mol$

Das molare Volumen. Bei *Gasen* ist es praktischer, statt der Masse das Volumen zu bestimmen. Es soll deshalb die Beziehung zwischen dem Volumen einer Stoffportion und der Stoffmenge betrachtet werden. Es gilt:

$$V = V_m \cdot n \qquad \text{und} \qquad V_m = \frac{V}{n}$$

Den Quotienten V_m aus dem Volumen V und der Stoffmenge n einer Stoffportion nennt man **molares Volumen**. Das Einheitenzeichen ist l/mol.

Kennt man die molare Masse und die Dichte ϱ eines Stoffes, so läßt sich das molare Volumen berechnen:

$$V_m = \frac{M}{\varrho} \qquad \text{bei Normbedingungen:}\ V_{mn} = \frac{M}{\varrho_n}$$

Bei gleichem Druck und gleicher Temperatur haben *alle Gase* (im Gegensatz zu Feststoffen und Flüssigkeiten) *das gleiche molare Volumen*. Bei Normbedingungen ist

$V_{mn} = 22,4\ l/mol$ (▶ B 88.2 und ▶ B 88.3).

Jedoch ergeben sich mit zunehmender molarer Masse Abweichungen (▶ B 88.2). Daher stammt auch die Ungenauigkeit in den Werten der Molekülmassen auf S. 86. Durch Kenntnis des molaren Volumens läßt sich die molare Masse und damit die Teilchenmasse für ein unbekanntes Gas bestimmen, wenn man dessen Dichte ermittelt. Ist die Masse eines Gasteilchens bekannt, sind Rückschlüsse auf die Zusammensetzung des Teilchens möglich.

7.8 Die Reaktionswärme

Reagieren Stoffe miteinander, so entstehen neue Stoffe. Dabei wird Energie abgegeben oder aufgenommen. Bei vielen Reaktionen wird hauptsächlich *Wärmeenergie* an die Umgebung abgegeben. Es hängt von den beteiligten Stoffen und von den Größen der miteinander reagierenden Stoffportionen ab, wieviel Wärmeenergie abgegeben wird. Führt man die Reaktion mit bestimmten Stoffportionen durch, ergibt sich eine bestimmte **Reaktionswärme**, die *experimentell* ermittelt werden kann. Die Reaktionswärme bei der Bildung einer Verbindung aus den Elementen nennt man **Bildungswärme**.

Um die Bildungswärme von Eisensulfid zu bestimmen, führt man die Reaktion in einem Thermosgefäß durch (▶ B 89.1). Eine Wasserportion bekannter Masse nimmt die bei der Reaktion abgegebene Wärme auf. Aus der Temperaturerhöhung $\Delta\vartheta$ und der Masse m der Wasserportion berechnet man die aufgenommene Wärme Q:

$$Q = c \cdot m \cdot \Delta\vartheta$$

Die spezifische Wärmekapazität c beträgt für Wasser 4,19 $\frac{J}{g \cdot K}$. Da sich neben der Wasserportion auch Gefäße, Thermometer und Rührer erwärmen, muß bei genauen Messungen die Wärmekapazität der Apparatur berücksichtigt werden. Die gesamte, vom Wasser und der Apparatur aufgenommene Wärme und die Reaktionswärme sind gleich. Bei der Bildung von 5,0 g Eisensulfid wird die Wärmeenergie 5,69 kJ abgegeben:

$$a\,\text{Fe} + a\,\text{S} \longrightarrow a\,\text{FeS} \qquad | \quad Q = -5{,}69\,\text{kJ}$$

Allgemein wird die bei einer Reaktion *abgegebene* Wärmeenergie mit einem negativen Vorzeichen gekennzeichnet, da der Energieinhalt der entstehenden Stoffe geringer ist als der Energieinhalt der Ausgangsstoffe (▶ B 39.1). Um Bildungswärmen verschiedener Verbindungen miteinander vergleichen zu können, muß man sie auf vergleichbare Stoffportionen beziehen. Man kann Bildungswärmen z.B. für L Moleküle bzw. L Elementargruppen angeben. Die Bildungswärme des Eisensulfids bezieht sich dann auf die Reaktion:

$$\text{L Fe} + \text{L S} \longrightarrow \text{L FeS}$$

Die Bildungswärme beträgt:

$$Q(\text{L FeS}) = \frac{\text{L}}{a} \cdot Q(a\,\text{FeS}) = \frac{m(\text{L FeS})}{m(a\,\text{FeS})} \cdot Q(a\,\text{FeS}) = -100\,\text{kJ}$$

In Tabellen sind nur **molare Bildungswärmen** angegeben. Für die molare Bildungswärme gilt:

$$Q_m = \frac{Q}{n} \qquad \text{Einheitenzeichen: } \frac{\text{kJ}}{\text{mol}}$$

Für Eisensulfid ist:

$$Q(\text{L FeS}) = -100\,\text{kJ} \text{ und } Q_m(\text{FeS}) = -100\,\frac{\text{kJ}}{\text{mol}}$$

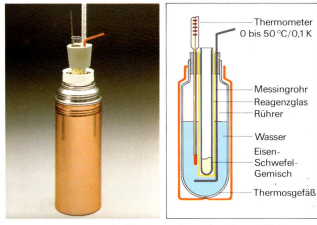

B 89.1 Bestimmung der Bildungswärme des Eisensulfids. a) Versuchsanordnung, b) Thermosgefäß und Einsatz im Schnitt

V 89.1 6,0 g einer Mischung aus 5,6 g Eisenpulver und 3,2 g Schwefel werden in ein Reagenzglas gegeben, das in das Messingrohr des Stopfeneinsatzes gestellt wird (B 89.1).
Man füllt 200 g Wasser in das Thermosgefäß und mißt die Anfangstemperatur. Man zündet mit einer Stricknadel, deren Spitze auf Rotglut erhitzt wurde, und rührt die Wasserfüllung, bis die Temperatur nicht mehr steigt.
Man ermittelt die Temperaturerhöhung und berechnet die an das Wasser abgegebene Wärme.

A 89.1 Wie könnte man vorgehen, um in V 89.1 die durch die glühende Nadel zugeführte Energie bei der Auswertung zu berücksichtigen?

A 89.2 Berechne mit dem Ergebnis aus V 89.1 die molare Bildungswärme von Eisensulfid.

A 89.3 Bei der Bildung von 1 g Wasser durch Verbrennung von Wasserstoff in Sauerstoff wird eine Wärme von 15,8 kJ abgegeben.
a) Berechne die molare Bildungswärme von Wasser.
b) Berechne die Reaktionswärme für die Reaktion von 2 L Wasserstoffmolekülen.

A 89.4 Die molare Bildungswärme von Schwefeldioxid beträgt $Q_m = -297$ kJ/mol. Welche Wärme wird bei der Synthese von 1 l Schwefeldioxid abgegeben?

A 89.5 Die Normdichte eines Stickstoffoxids beträgt $\varrho_n = 1{,}34$ g/l. Welche Molekülformel ergibt sich?

A 89.6 Berechne die Normdichte von Neon.

7.9 Überprüfung und Vertiefung

1 Das Massenverhältnis der bei der Zerlegung von Quecksilberoxid entstehenden Elementportionen von Quecksilber und Sauerstoff beträgt 25:2. Welches Sauerstoffvolumen erhält man aus 5,4 g Quecksilberoxid? Die Dichte von Sauerstoff beträgt: $\varrho_n = 1{,}43$ g/l.

2 Wie läßt sich experimentell das Massenverhältnis der Elementportionen bei der Verbrennung von Schwefel ermitteln? Skizziere eine geeignete Apparatur und beschreibe die Durchführung des Versuchs.

3 Berechne das Massenverhältnis der eingesetzten Stoffportionen für die Reduktion des schwarzen Eisenoxids mit Aluminium.

4 Welches Volumen erhält man bei 35 °C und 980 mbar für eine Luftportion mit einem Normvolumen von 1 l? Welche Dichte ergibt sich ($\varrho_n = 1{,}29$ g/l)?

5 Welches Volumen hat die entstehende flüssige Wasserportion, wenn 1 l Wasserstoff (0,09 g) mit Sauerstoff reagiert?

6 Zwei Gase, die beide aus zweiatomigen Molekülen (A_2 und B_2) bestehen, reagieren im Volumenverhältnis 1:1. Bei der Entstehung des gasförmigen Reaktionsprodukts erfolgt keine Volumenänderung. Welches ist die einfachst mögliche Molekülformel?

7 Der Quotient aus den Dichten zweier Gase und der Quotient aus den Teilchenmassen sind gleich (↗ S. 86). Zu dieser Beziehung gelangt man durch Verknüpfung der Beziehungen

$$\varrho = \frac{m(\text{Gasportion})}{V(\text{Gasportion})} \quad \text{und}$$

$m(\text{Gasportion}) = a \cdot m(\text{Gasteilchen})$

für beide Gase. Zeige für gleiche Volumina zweier Gase, daß die erwähnte Gleichung gilt.

8 Zeige, daß die Teilchen des Edelgases Neon Atome sind. Verwende dazu $\varrho_n(\text{Neon}) = 0{,}90$ g/l und $\varrho_n(\text{Stickstoff}) = 1{,}25$ g/l.

9 Berechne die Stoffmengen $n(H_2)$ für 1 l Wasserstoff (bei Normbedingungen) und $n(H_2O)$ für 1 l Wasser (bei 4 °C).

10 0,1 mol schwarzes Kupferoxid wird mit Kohlenstoffpulver im Überschuß vermischt und im Reagenzglas erhitzt, bis das Gemisch aufglüht. Das entstehende Gas (Kohlenstoffdioxid) wird in einem Zylinder aufgefangen. Wie groß muß das Volumen des Zylinders mindestens sein, wenn die Temperatur 20 °C und der Luftdruck 980 mbar beträgt?

11 Vergleiche B 88.3 mit ▶ B 90.1. Zeichne selbst ein Diagramm für weitere Feststoffe. Entnimm die erforderlichen Dichten einer Tabelle.

12 Die Hitzespaltung eines Gases ergibt Kohlenstoff und Wasserstoff. Die Dichte des untersuchten Gases ist $\varrho_n(\text{Gas}) = 0{,}717$ g/l. Ermittle die Molekülformel.

13 In Tabellen findet man für die molare Bildungswärme von Wasser zwei verschiedene Werte. Für flüssiges Wasser ist $Q_m = -285$ kJ/mol, für gasförmiges Wasser ist $Q_m = -242$ kJ/mol. Wie ist dieser Unterschied zu erklären?

14 Erkläre den Versuchsaufbau der Apparatur in ▶ B 90.2. Beschreibe die Versuchsdurchführung.

15 Vergleiche die molaren Bildungswärmen der Oxide in ▶ B 90.3 mit dem Reduktionsvermögen der Elemente.

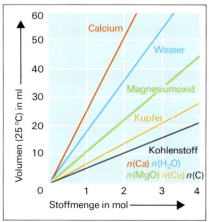

B 90.1 **Das molare Volumen.** Zusammenhang zwischen Stoffmenge und Volumen

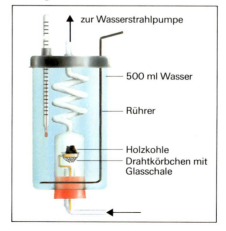

B 90.2 **Apparatur zur Bestimmung der Bildungswärme** von Kohlenstoffdioxid

B 90.3 **Molare Bildungswärmen** einiger Oxide

Elementargruppe oder Molekül	molare Bildungswärme in $\frac{kJ}{mol}$
Al_2O_3	−1676
Fe_2O_3	−824
CO_2	−393
H_2O	−285
PbO	−217
CuO	−157

8 Alkali- und Erdalkalimetalle

Die Elemente, die wir bisher kennenlernten, haben wir in Metalle und Nichtmetalle unterteilt. Den Metallen sind gemeinsam metallischer Glanz, gute Leitfähigkeit für elektrischen Strom und Wärme sowie ihre Verformbarkeit. Sie lassen sich darüber hinaus aufgrund anderer Eigenschaften weiter in Gruppen unterteilen.

Zwei solche Gruppen bilden die Alkalimetalle und Erdalkalimetalle. Sie sind durch eine Reihe außergewöhnlicher Eigenschaf-

ten gekennzeichnet. So kann Natrium, ein Alkalimetall, im Dampfzustand unter bestimmten Bedingungen ein intensiv gelbes Licht ausstrahlen. Da es Nebel durchdringt, nutzt man es zur Straßenbeleuchtung. Ungewöhnlich ist auch das große Reaktionsvermögen z. B. gegenüber Wasser, das beim Natrium zur Bildung von Natronlauge führt. Sie findet im Alltag u. a. beim Abbeizen von Farbanstrichen Verwendung.

Wir werden einige wichtige Alkali- und Erdalkalimetalle kennenlernen sowie ihre Eigenschaften und Reaktionsweisen untersuchen und vergleichen.

8.1 Natrium – ein Alkalimetall

 V 92.1 Von einem Stück Natrium wird in einer Petrischale unter Benzin eine Scheibe abgeschnitten. Beobachte die Schnittfläche (Schutzbrille!).

 V 92.2 Man erhitzt in einem Reagenzglas langsam ein Stück Natrium (etwa 1 cm³) unter Paraffinöl und ermittelt aus dessen Temperatur die ungefähre Schmelztemperatur des Natriums. Beobachte die Veränderung des Natriumstücks (Schutzbrille!).

 V 92.3 a) Man taucht in das geschmolzene Natrium aus V 92.2 zwei Elektroden (Stricknadeln) ein und prüft die elektrische Leitfähigkeit.
b) Man prüft die elektrische Leitfähigkeit eines Natriumstücks aus der Vorratsflasche. Dazu berührt man zunächst mit den beiden Elektroden die Oberfläche. Danach werden die Elektroden in das Natriumstück gesteckt (Schutzbrille!).

 V 92.4 Eine große, runde Glaswanne wird zur Hälfte mit Wasser gefüllt und auf den Arbeitsprojektor gestellt. Man entfernt von einem Stück Natrium sorgfältig mit Filterpapier noch anhaftendes Petroleum und schneidet einen kleinen Würfel (etwa erbsengroß) heraus, so daß die Kruste völlig entfernt ist. Man wirft diesen mit Hilfe einer Pinzette in die Wanne. (Schutzscheibe! Schutzbrille! Um zu verhindern, daß das Natrium an der Glaswand haftet, gibt man zuvor einige Tropfen Spülmittel in das Wasser.)

 V 92.5 Der Versuch V 92.4 wird wiederholt (ohne Spülmittelzusatz). Vor Zugabe des Natriums wird dem Wasser farblose Phenolphthaleinlösung zugefügt.

Der Name *Alkalimetalle* für die Elemente Lithium, Natrium, Kalium, Rubidium und Caesium stammt von dem arabischen Wort *al-kali*. Damit wurde der Rückstand bezeichnet, der bei der Verbrennung von Pflanzen entsteht. Aus dieser Pflanzenasche haben die Ägypter schon im 3. Jahrtausend v. Chr. zwei Verbindungen der Elemente Natrium und Kalium gewonnen, die *Soda* und die *Pottasche*. Diese Stoffe benötigte man zur Herstellung von Seife und Glas.
Wir wollen zunächst das Element Natrium näher betrachten.

Das Element Natrium zeigt einige außergewöhnliche Eigenschaften. Natrium ist bei Zimmertemperatur fest. Betrachten wir die grauen Natriumstücke in der Chemikalienflasche, so fällt auf, daß sie in einer Flüssigkeit aufbewahrt werden. Als Flüssigkeit verwendet man Petroleum, Paraffinöl oder Benzin. Bei dem Versuch, ein Natriumstück unter Benzin zu zerkleinern, stellt man fest, daß Natrium sehr weich ist und sich sogar mit einem Messer schneiden läßt (▶ V 92.1, ▶ B 92.2). Die Schnittfläche glänzt silbrig. Diesen Glanz sieht man besonders schön, wenn Natrium unter Paraffinöl erhitzt wird (▶ V 92.2). Dabei hebt sich die graue Kruste ab, von der das Natrium überzogen war, und es entsteht eine silberglänzende Kugel (▶ B 92.1). Das Natrium ist dabei geschmolzen, seine Schmelztemperatur beträgt 98 °C.

Natrium leitet im flüssigen und festen Zustand den elektrischen Strom (▶ V 92.3). Der Glanz und die elektrische Leitfähigkeit zeigen, daß Natrium ein Metall ist. Im Vergleich zu vielen anderen Metallen besitzt Natrium eine sehr geringe Dichte. Selbst das Leichtmetall Aluminium hat eine dreimal größere Dichte als Natrium.

B 92.1 Natrium schmilzt in Paraffinöl zu einer silbrig glänzenden Kugel

B 92.2 Schneiden von Natrium an der Luft. Die Schnittfläche glänzt nur kurz

B 92.3 Prüfung der elektrischen Leitfähigkeit von festem Natrium

Natrium – ein Alkalimetall

Nimmt man die abgekühlte, glänzende Kugel von ▶ V 92.2 aus der Flüssigkeit, so erhält sie sofort wieder einen grauen Belag. Natrium reagiert also an der Luft. Erhitzt man Natrium ohne die schützende Flüssigkeit, so schmilzt es zunächst und brennt mit gelber Flamme.

Natrium reagiert mit Wasser. Um Natrium vor Luft zu schützen, kann es nicht unter Wasser aufbewahrt werden, da es mit diesem reagiert. Wirft man ein kleines, würfelförmiges Natriumstück in Wasser (▶ V 92.4), so bildet sich sofort eine Kugel, die sich auf der Wasseroberfläche zischend hin- und herbewegt. Im Wasser bilden sich Schlieren. Die Kugel wird schnell kleiner und verschwindet.
Wird Natrium auf ein feuchtes Filterpapier gelegt, wird es so heiß, daß es nach kurzer Zeit brennt. (▶ B 93.1).

Natrium reagiert heftig mit Wasser. Die Reaktion verläuft stark exotherm. Dabei entsteht ein Gas und ein weiteres, wasserlösliches Reaktionsprodukt. Das Gas kann aufgefangen (▶ V 93.1) und untersucht werden. Es handelt sich um Wasserstoff.

Die bei der Reaktion von Natrium mit Wasser erhaltene Flüssigkeit fühlt sich glitschig an, wie wir es von einer Seifenlösung kennen. Mit einem Indikator läßt sich zeigen, daß es sich um eine alkalische Lösung handelt. Dampft man diese Lösung ein, so bleibt ein weißer Feststoff zurück. Dieses Reaktionsprodukt ist eine Natriumverbindung, die mit Wasser eine alkalische Lösung bildet. Läßt man Natrium mit Wasser reagieren, dem etwas farblose Phenolphthaleinlösung als Indikator zugesetzt ist, kann man beobachten, wie die alkalische Lösung entsteht (▶ V 92.5, ▶ B 93.3).

B 93.1 Die Reaktion von Natrium mit Wasser verläuft stark exotherm. Das Natrium kann sich dabei entzünden

V 93.1 Ein etwa linsengroßes Stück Natrium mit frischen Schnittflächen wird in einem Sieblöffel in einer Wanne unter Wasser gedrückt. Das entstehende Gas wird in einem großen Reagenzglas aufgefangen (B 93.2). Um das Glas ganz zu füllen, muß der Versuch mit weiteren kleinen Natriumportionen wiederholt werden. Das Reagenzglas wird anschließend mit der Öffnung nach unten einer Flamme genähert (Schutzscheibe! Schutzbrille!).

V 93.2 Auf ein Uhrglas legt man ein schwarzes, mit Wasser getränktes Filterpapier und legt mit einer Pinzette ein kleines, krustenfreies Natriumstückchen darauf. (Vorsicht, das Reaktionsprodukt zerspritzt! Schutzscheibe! Schutzbrille!)

B 93.2 Auffangen des Wasserstoffs aus der Reaktion von Natrium mit Wasser

B 93.3 Entstehen einer alkalischen Lösung bei der Reaktion von Natrium mit Wasser

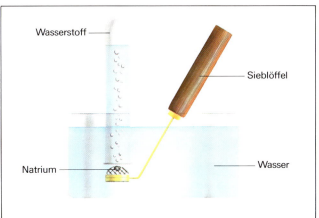

93

8.2 Natriumhydroxid und Natronlauge

Bei der Reaktion von Natrium mit Wasser entsteht Wasserstoff und eine wasserlösliche Natriumverbindung. Als nächstes soll die Reaktion genauer untersucht werden, um die Zusammensetzung der Natriumverbindung zu ermitteln.

Reaktion von Natrium mit einer abgemessenen Wasserportion. Außer der Natriumverbindung entsteht nur noch Wasserstoff. Ob das feste Reaktionsprodukt ein Natriumoxid ist oder ob es sich dabei um eine Verbindung aus Natrium, Sauerstoff und Wasserstoff handelt, kann durch einen quantitativen Versuch (▶ V 94.1) entschieden werden.

Wird ein Natriumstück mit einer abgemessenen Wasserportion umgesetzt und das Volumen des entstehenden Wasserstoffs bestimmt, so gelangt man durch Umrechnung (▶ A 94.1) zu folgendem Ergebnis:

Die Stoffmenge des entstehenden Wasserstoffs ist nur halb so groß wie die Stoffmenge des eingesetzten Wassers. Es entsteht also z.B. aus 2 mol Wasser nur 1 mol Wasserstoff. Zunächst können wir also formulieren:

Natrium + Wasser ⟶ Natriumverbindung + Wasserstoff
.... + 2 a H$_2$O ⟶ .... + a H$_2$

Daraus geht hervor, daß bei der Reaktion neben Wasserstoff eine Verbindung aus Natrium, Sauerstoff und Wasserstoff entsteht. Diese Verbindung muß Wasserstoff- und Sauerstoffatome im Anzahlverhältnis 1:1 enthalten.

⚠ **V 94.1** Versuchsaufbau wie in B 94.1. In das Reagenzglas gibt man einen frisch geschnittenen Natriumwürfel (ca. 1 cm^3). In die Kunststoffspritze werden 0,09 ml Wasser aufgezogen. Das Reagenzglas wird mit Spritze und Stopfen dicht abgeschlossen. Man läßt das Wasser auf das Natriumstück tropfen. Am Kolbenprober wird das Volumen des entstehenden Wasserstoffs abgelesen. Die Raumtemperatur und der Luftdruck werden notiert (Schutzbrille!).

A 94.1 Gib das Normvolumen der in V 94.1 entstehenden Wasserstoffportion an und berechne deren Stoffmenge. Berechne die Stoffmenge des eingesetzten Wassers und vergleiche mit der Stoffmenge des erhaltenen Wasserstoffs.

Der Anteil der Natriumatome kann mit diesem Versuch nicht bestimmt werden.
Um die Formel der Natriumverbindung und damit auch die Reaktionsgleichung angeben zu können, muß in einem weiteren Versuch das Volumen der Wasserstoffportion ermittelt werden, die bei Einsatz einer bestimmten Natriumportion entsteht. Da bei der Reaktion von 2 mol Natrium 1 mol Wasserstoff entsteht, lautet die Reaktionsgleichung:

2 Na + 2 H$_2$O ⟶ 2 NaOH + H$_2$

Natriumhydroxid. Bei der Reaktion von Natrium mit Wasser erhält man Wasserstoff und eine Verbindung mit der Verhältnisformel **NaOH**. Nach der Zusammensetzung nennt man diesen Feststoff **Natriumhydroxid**.
Durch ▶ V 95.1 kann auf einfache Weise bestätigt werden, daß Natriumhydroxid eine Wasserstoffverbindung ist. Aus einer Mischung aus Natriumhydroxid und Zink entweicht bei starkem Erhitzen Wasserstoff.

Im Handel erhält man Natriumhydroxid meist in Form kleiner Körner, Schuppen oder Plätzchen. Läßt man Natriumhydroxid-Plätzchen an der Luft stehen, so zerfließen sie nach einiger Zeit (▶ V 95.2, ▶ B 95.1). Natriumhydroxid nimmt aus der Luft Wasserdampf auf, man sagt, es ist *hygroskopisch*.
Natriumhydroxid kann starke Verätzungen auf der Haut verursachen. Besonders gefährdet sind Schleimhäute und Augen. Einen Hinweis auf die ätzende Wirkung des Natriumhydroxids finden wir in der alten Bezeichnung *Ätznatron*. Die im Haushalt verwendeten Abflußreiniger enthalten Natriumhydroxid (▶ B 95.2), da die mit Wasser entstehende Lösung viele organische Stoffe zerstört.

B 94.1 Bestimmung des Wasserstoffvolumens bei der Reaktion von Natrium mit einer abgemessenen Wasserportion

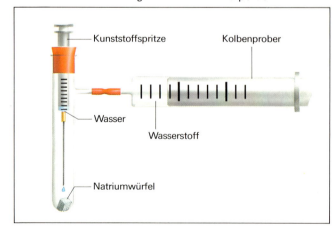

Natriumhydroxid und Natronlauge

Natronlauge. Wir wissen bereits, daß Natriumhydroxid in Wasser löslich ist und eine alkalische Lösung bildet. Löst man einige Natriumhydroxid-Plätzchen in wenig Wasser, so stellt man eine beachtliche Temperaturerhöhung fest (▶ V 95.3). Der Lösungsvorgang verläuft also unter Abgabe von Wärmeenergie. Die entstehende Natriumhydroxidlösung nennt man auch **Natronlauge**. Enthält diese einen großen Anteil an gelöstem Natriumhydroxid, spricht man von konzentrierter Natronlauge. Sie wirkt stark ätzend. In heißer, konzentrierter Natronlauge reagieren viele organische Stoffe zu löslichen Reaktionsprodukten (▶ V 95.4).

Wegen der ätzenden Wirkung müssen beim Umgang mit Natronlauge vor allem die Augen geschützt werden (Schutzbrille). Gelangt Natronlauge auf die Haut, fühlt sich diese glitschig an, da die Hautoberfläche sofort angegriffen wird. Die Natronlauge muß mit viel Wasser abgespült werden. Beim Umgang mit konzentrierter Natronlauge sind Schutzhandschuhe erforderlich.
Steht Natronlauge längere Zeit in einer Glasflasche, so trübt sich das Glas, da dessen Oberfläche angegriffen wird. Natronlauge sollte deshalb, ebenso wie Natriumhydroxid, in Kunststoffflaschen aufbewahrt werden.

Natronlauge wird in großen Mengen erzeugt. Der größte Teil wird bei der Herstellung von Textilien, Aluminium, Papier, Kunststoffen, Farben und Seife eingesetzt. Im chemischen Labor ist Natronlauge ebenfalls unentbehrlich. Häufig wird verdünnte Natronlauge verwendet. Auch der Bäcker benutzt verdünnte Natronlauge bei der Herstellung von Laugengebäck. Dazu wird der Teig kurz in die Lauge getaucht. Sie wird beim Backvorgang verbraucht.

V 95.1 In einem Reagenzglas werden 20 Natriumhydroxid-Plätzchen mit etwa 2 g Zinkpulver durch Schütteln vermischt. In einen durchbohrten Stopfen steckt man ein Glasrohr mit Spitze und verschließt damit das Reagenzglas. Das Gemisch wird stark erhitzt. Nach der Knallgasprobe wird das entstehende Gas an der Glasrohrspitze entzündet.
(Schutzbrille! Schutzscheibe!)

V 95.2 Auf ein Uhrglas gibt man etwa 30 Natriumhydroxid-Plätzchen, stellt es unbedeckt auf die Schale einer Waage und bestimmt die Masse. Nach ungefähr einer halben Stunde bestimmt man noch einmal die Masse. Man vergleicht das Aussehen der Plätzchen mit denen aus der Vorratsflasche.

V 95.3 In ein Becherglas füllt man 40 ml Wasser und mißt die Temperatur. Man gibt 10 g Natriumhydroxid dazu, rührt und verfolgt die Temperaturänderung.
(Schutzbrille!)

V 95.4 Konz. Natronlauge wird in einer Porzellanschale zum Sieden erhitzt. Man gibt einige Haare, einen Wollfaden, ein Fleischstückchen und eine Vogelfeder dazu.
(Schutzbrille! Abzug!)

V 95.5 Einen großen Standzylinder füllt man mit Wasser, dem farblose Phenolphthaleinlösung zugefügt wurde. Man hält mit einer Pinzette ein Natriumhydroxid-Plätzchen und taucht es einige Minuten unter die Wasseroberfläche. Dazu wird die Pinzette zuvor an einem Stativ befestigt.
(Schutzbrille!)

B 95.1 Natriumhydroxid ist hygroskopisch. Es zerfließt an feuchter Luft durch Aufnahme von Wasser

B 95.2 Abflußreiniger enthalten Natriumhydroxid. Die Warnhinweise sind unbedingt zu beachten

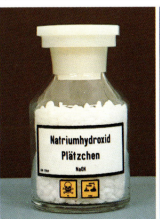

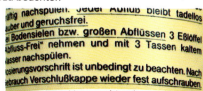

8.3 Die Elementgruppe der Alkalimetalle

B 96.1 Alkalimetalle. Rubidium (Mitte) und Caesium (rechts) werden eingeschmolzen, die anderen unter Paraffinöl aufbewahrt

Die Elemente Lithium und Kalium. Wie Natrium werden auch Lithium und Kalium in Paraffinöl aufbewahrt (▶ B 96.1 links). Die dunklen Lithiumstücke schwimmen auf der Flüssigkeit. Lithium hat von allen bei Raumtemperatur festen Stoffen die geringste Dichte.

Lithium und Kalium lassen sich schneiden. Dabei fällt auf, daß Lithium im Vergleich zu Natrium wesentlich zäher, Kalium deutlich weicher ist. Die metallisch glänzenden Schnittflächen überziehen sich an der Luft schnell mit einem Belag. Dieser bildet sich bei Kalium fast momentan, bei Natrium nicht ganz so schnell und bei Lithium deutlich langsamer. Ihre elektrische Leitfähigkeit zeigt, daß Lithium und Kalium ebenfalls Metalle sind.

Lithium und Kalium reagieren mit Wasser (▶ V 96.1). Wirft man ein Lithiumstück in Wasser, so schwimmt es zischend hin und her, ohne dabei zu schmelzen. Die Reaktion verläuft deutlich langsamer als beim Natrium. Kalium dagegen reagiert äußerst heftig mit Wasser. Gelangt ein Kaliumstückchen in Wasser, schmilzt es sofort zu einer Kugel, entzündet sich und brennt mit violetter Flamme (▶ B 97.2). Gegen Ende der Reaktion zerplatzt die glühende Kugel.

V 96.1 a) Man wirft ein entrindetes, ungefähr erbsengroßes Stück Lithium in eine runde, zur Hälfte mit Wasser gefüllte Glaswanne. (Schutzbrille!)
b) Von einem kleinen Stück Kalium wird die Kruste sorgfältig entfernt. Man wirft ein etwa linsengroßes Stück in eine große, runde Glaswanne, die zur Hälfte mit Wasser gefüllt ist. Über der Glaswanne muß sich im Abstand von einigen Zentimetern eine Glasscheibe befinden, um hochspritzendes Reaktionsprodukt zurückzuhalten.
(Schutzscheibe! Schutzbrille!)
c) Die in 96.1a und b entstandenen Lösungen werden mit Phenolphthaleinlösung geprüft.

Die Reaktionen des Lithiums und Kaliums mit Wasser verlaufen exotherm. Dabei entsteht jeweils Wasserstoff und ein lösliches Reaktionsprodukt. In beiden Fällen erhält man eine Lösung, die farblose Phenolphthaleinlösung rot färbt und sich glitschig anfühlt.
Es entsteht also jeweils eine alkalische Lösung. Bei den wasserlöslichen Reaktionsprodukten handelt es sich um *Lithiumhydroxid* und *Kaliumhydroxid*. Für diese Hydroxide ergibt sich jeweils das gleiche Anzahlverhältnis der Atome, wie es auch beim Natriumhydroxid vorliegt, also sind die Verhältnisformeln **LiOH** bzw. **KOH**. Es gelten somit folgende Reaktionsgleichungen:

$$2\,Li + 2\,H_2O \longrightarrow 2\,LiOH + H_2$$
$$2\,K + 2\,H_2O \longrightarrow 2\,KOH + H_2$$

V 96.2 Ein erbsengroßes, entrindetes Stück Lithium gibt man in ein großes Reagenzglas, das zu zwei Drittel mit Wasser gefüllt ist. Der Öffnung nähert man eine Flamme. (Schutzscheibe! Schutzbrille!)

V 96.3 Auf ein Drahtnetz mit Keramikfaser legt man je ein frisch geschnittenes Stückchen Lithium, Natrium und Kalium gleicher Größe. Ein Brenner mit rauschender Flamme wird so unter das Drahtnetz gestellt, daß alle Stückchen gleich weit von der erhitzten Stelle entfernt sind.
(Schutzscheibe! Abzug!)

A 96.1 Berechne das Normvolumen der Wasserstoffportion, die entsteht, wenn 0,10 g Lithium mit Wasser reagiert.

A 96.2 Bei der Reaktion mit Wasser entzündet sich Kalium sofort, Lithium dagegen nicht. Nenne mögliche Gründe für diesen Unterschied!

Lithiumhydroxid und Kaliumhydroxid, auch Ätzkali genannt, sind farblose, bei Zimmertemperatur feste Stoffe. Sie zeigen ähnliche Eigenschaften wie Natriumhydroxid und sind wie dieses stark ätzend und hygroskopisch. Mit Wasser bilden sie alkalische Lösungen. Der Lösungsvorgang erfolgt jeweils unter Abgabe von Wärmeenergie. Die wäßrige Lösung von Kaliumhydroxid nennt man auch *Kalilauge*.

Erhitzt man Lithium, Natrium und Kalium an der Luft, so entzünden sie sich. Durch ▶ V 96.3 kann man zeigen, daß die Entzündungstemperatur in der Reihe Lithium, Natrium, Kalium abnimmt.

Die Elementgruppe der Alkalimetalle

Die Alkalimetalle bilden eine Elementgruppe. Die Elemente Lithium, Natrium und Kalium und ihre Verbindungen zeigen eine auffällige Ähnlichkeit in ihren Eigenschaften. Schon bald nach der Entdeckung dieser Elemente zu Beginn des 19. Jahrhunderts wurden sie zu einer **Elementgruppe** zusammengefaßt. Zu dieser Elementgruppe, den *Alkalimetallen*, gehören auch die Elemente *Rubidium* und *Caesium*. In der Natur kommen die Alkalimetalle nicht elementar vor, man findet nur Verbindungen der Alkalimetalle. Verbindungen des Rubidiums und des Caesiums kommen nur in sehr geringen Mengen vor. Von den Alkalimetallen ist Caesium das reaktionsfähigste. An der Luft entzündet es sich sofort. Zur Aufbewahrung wird es in eine Glasampulle eingeschmolzen (▶ B 96.1 rechts). Rubidium und Caesium reagieren mit Wasser äußerst heftig. Man erhält eine Rubidium- bzw. Caesiumhydroxidlösung.

Die Ähnlichkeit der Alkalimetalle zeigt sich auch in der Zusammensetzung ihrer Verbindungen. Häufig ergeben sich gleiche Anzahlverhältnisse der Atome, wie z.B. die Verhältnisformeln der Alkalimetallhydroxide zeigen: LiOH, NaOH, KOH, RbOH, CsOH. Alle Alkalimetallhydroxide bilden mit Wasser alkalische Lösungen. Neben der Ähnlichkeit zeigen die Alkalimetalle eine deutliche Abstufung in ihren Eigenschaften (▶ B 97.3). Viele Eigenschaften ändern sich regelmäßig in der Reihe von Lithium zum Caesium.

Natrium brennt mit einer intensiv gelben Flamme. Bringt man eine beliebige Natriumverbindung in die nichtleuchtende Brennerflamme, so leuchtet diese ebenfalls intensiv gelb. Auch die übrigen Alkalimetalle und ihre Verbindungen erzeugen jeweils charakteristische Flammenfarben (▶ B 97.1, ▶ V 97.1).

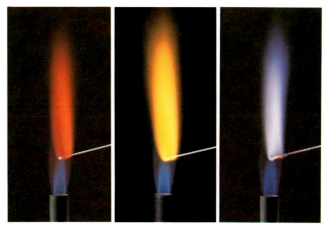

B 97.1 Flammenfärbung durch Verbindungen der Alkalimetalle Lithium, Natrium und Kalium (von links nach rechts)

V 97.1 Auf Uhrgläsern werden geringe Mengen von Verbindungen der verschiedenen Alkalimetalle bereitgestellt. Erhitze die Spitze eines Magnesiastäbchens in der rauschenden Brennerflamme zur Rotglut und berühre damit eine der Stoffproben. Halte das Stäbchen mit dem anhaftenden Stoff wieder in die Flamme und erhitze stark. Bevor der Versuch mit einer weiteren Verbindung durchgeführt wird, muß die Spitze des Stäbchens abgebrochen werden, um die bereits untersuchte Verbindung vollständig zu entfernen.

V 97.2 Eine Glasampulle mit Caesium wird kurze Zeit in der Hand erwärmt und anschließend leicht geschüttelt.

B 97.2 Reaktion von Kalium mit Wasser unter Flammenerscheinung

B 97.3 Eigenschaften der Alkalimetalle im Vergleich. Viele Eigenschaften, in denen sich die Alkalimetalle ähnlich sind, ändern sich in regelmäßiger Weise

Element	Zeichen für das Atom	Atom-masse in u	Dichte in g/cm³ (20 °C)	Schmelz-temperatur in °C	Siede-temperatur in °C	Härte	Entzündungs-temp.	Heftigkeit der Reaktion mit Wasser	Flammen-färbung
Lithium	Li	6,9	0,53	180,5	1342	nimmt ab	nimmt ab	nimmt zu	karminrot
Natrium	Na	23,0	0,97	97,8	883				gelb
Kalium	K	39,1	0,86	63,7	760				violett
Rubidium	Rb	85,5	1,53	39,0	686				dunkelrot (lat. ruber)
Caesium	Cs	132,9	1,87	28,5	669				blau (lat.: caesius)

8.4 Erdalkalimetalle

V 98.1 Halte ein Calciumkorn mit der Pinzette und reibe es auf Schleifpapier.

V 98.2 Ein Stückchen Calcium wird auf einer Magnesiarinne stark erhitzt. (Schutzbrille, Schutzscheibe!)

V 98.3 Fülle ein Reagenzglas mit Wasser und wirf ein großes Calciumkorn hinein. (Schutzbrille!)

V 98.4 a) Bringe ein Stückchen Calcium mit der Pinzette unter die Öffnung eines wassergefüllten, umgestülpten Reagenzglases. Ein Becherglas dient als pneumatische Wanne. Wiederhole den Versuch so lange, bis das Reagenzglas mit Gas gefüllt ist. Halte das Reagenzglas mit der Öffnung über eine Flamme. (Schutzbrille!)
b) Filtriere die Flüssigkeit von (a). Prüfe das Filtrat mit Phenolphthaleinlösung.

V 98.5 Bringe ein Stück abgeschliffenes Magnesiumband in ein Reagenzglas mit Wasser. Beobachte etwa zwei Minuten und füge dann Phenolphthaleinlösung zu.

V 98.6 Man versucht, ein Stück Barium mit dem Messer zu schneiden.

V 98.7 Man verfährt mit einem Stückchen Barium wie in V 98.3. (Schutzbrille! Schutzscheibe!)

V 98.8 Man entfernt von einem kleinen Bariumstück die Kruste und wirft es in einen wassergefüllten Standzylinder. Der Versuch wird gleichzeitig mit einem gleich großen Calciumkorn in einem zweiten Standzylinder durchgeführt. (Schutzbrille!)

V 98.9 Untersuche, wie in V 97.1 beschrieben, die Flammenfärbung von Calcium- und Bariumverbindungen.

Mit den Alkalimetallen haben wir eine Gruppe von Elementen kennengelernt, die sich in vielen Eigenschaften ähnlich sind. Die Elemente *Beryllium, Magnesium, Calcium, Strontium, Barium* und *Radium* werden ebenfalls zu einer Elementgruppe, den *Erdalkalimetallen,* zusammengefaßt. Der Name drückt aus, daß diese Elemente Eigenschaften besitzen, die denen der Alkalimetalle ähnlich sind. Es bestehen jedoch auch wesentliche Unterschiede. Ein typischer Vertreter dieser Elementgruppe ist das Calcium.

Das Element Calcium. Im Labor verwendet man Calcium meist in Form von Körnern oder Spänen, die häufig unter Petroleum aufbewahrt werden. Reines Calcium glänzt silbrig. Seine elektrische Leitfähigkeit zeigt, daß Calcium ein Metall ist. An der Luft aufbewahrtes Calcium ist mit einem matten, grauen Belag überzogen, der sich abschleifen läßt (▶ V 98.1). Die glänzende Fläche wird nach einiger Zeit wieder matt. Wird ein Stückchen Calcium stark erhitzt (▶ V 98.2), brennt es mit heller, weißer Flamme. Dabei entsteht ein weißer Rauch. Calcium reagiert mit Sauerstoff zu dem festen, weißen Calciumoxid. Die Verhältnisformel ist **CaO**. Als Reaktionsgleichung ergibt sich:

$$2\,Ca + O_2 \longrightarrow 2\,CaO$$

Wirft man ein Stückchen Calcium in Wasser (▶ V 98.3), so sinkt es zu Boden. Man beobachtet aufsteigende Gasblasen und eine Trübung der Flüssigkeit. Das Gas ist brennbar (▶ V 98.4a), es handelt sich um *Wasserstoff*.
Bei der Reaktion des Calciums mit Wasser entsteht eine Suspension. Durch Filtration (▶ V 98.4b) erhält man einen weißen Feststoff und eine klare Flüssigkeit. Mit Phenolphthaleinlösung läßt sich zeigen, daß eine alkalische Lösung vorliegt. Der Feststoff ist eine Calcium-Sauerstoff-Wasserstoff-Verbindung mit der Verhältnisformel CaO_2H_2. Gibt man diesen Feststoff in Wasser, so erhält man wieder eine alkalische Lösung. Er zeigt damit eine Übereinstimmung mit dem Verhalten der Alkalimetallhydroxide und wird deshalb *Calciumhydroxid* genannt. Das Entstehen der alkalischen Lösung ist auch hier auf die OH-Atomgruppe zurückzuführen. Für die Verhältnisformel schreibt man deshalb **Ca(OH)$_2$**. Die Reaktionsgleichung lautet:

$$Ca + 2\,H_2O \longrightarrow Ca(OH)_2 + H_2$$

B 98.1 Herstellung von Kalkwasser aus einer Suspension von Calciumhydroxid

B 98.2 Reaktion mit Wasser. Links: Magnesium. Rechts: Calcium

Erdalkalimetalle

Die Löslichkeit des Calciumhydroxids in Wasser ist gering. Bei der Reaktion des Calciums mit Wasser entsteht deshalb sehr schnell eine Suspension. Die durch Filtration (▶ B 98.1) erhaltene Calciumhydroxidlösung nennt man auch Kalkwasser. Es kann zum Nachweis von Kohlenstoffdioxid dienen (↗ Kap. 4.5).

Vergleich des Magnesiums mit Calcium. Für Laborzwecke kauft man Magnesium als Pulver, Späne oder Band. Magnesiumpulver erscheint grau, größere Magnesiumstücke glänzen silbrig. In einem geschlossenen Gefäß bleibt dieser Glanz erhalten. Bei offener Aufbewahrung wird die Metalloberfläche nach längerer Zeit matt. Der Metallglanz bleibt länger erhalten als beim Calcium. Wie dieses brennt Magnesium mit greller, weißer Flamme. Man erhält einen weißen Feststoff, das Magnesiumoxid. Die Verhältnisformel entspricht der des Calciumoxids. Als Reaktionsgleichung ergibt sich damit:

$$2\,Mg + O_2 \longrightarrow 2\,MgO$$

Gibt man ein Stück Magnesiumband in Wasser (▶ V 98.5), so überzieht sich die Oberfläche mit kleinen Gasbläschen, die sich nur langsam vergrößern und aufsteigen (▶ B 98.2). Nach einigen Minuten erhält man mit Phenolphthaleinlösung eine deutliche Rotfärbung. Bei der Reaktion entsteht Wasserstoff und *Magnesiumhydroxid*, das sich in Wasser geringfügig löst und eine schwach alkalische Lösung ergibt.
Im Vergleich zu Calcium reagiert Magnesium wesentlich langsamer mit Wasser. Die Verhältnisformel für das Magnesiumhydroxid entspricht der des Calciumhydroxids. Damit ergibt sich:

$$Mg + 2\,H_2O \longrightarrow Mg(OH)_2 + H_2$$

Calcium und Magnesium besitzen ähnliche Eigenschaften. Dies gilt auch für viele ihrer Verbindungen. Die Hydroxide sind in Wasser nur wenig löslich, die Lösungen sind alkalisch. Magnesium- und Calciumoxid ergeben mit Wasser ebenfalls alkalische Lösungen. Beide Oxide reagieren mit Wasser zu Hydroxiden. Die Reaktion verläuft beim Magnesiumoxid sehr langsam, bei Calciumoxid dagegen schnell unter starker Temperaturerhöhung.

Die Elementgruppe der Erdalkalimetalle. Barium gehört wie Magnesium und Calcium zur Gruppe der Erdalkalimetalle. Es ist in vielen Eigenschaften diesen Elementen ähnlich.
Ein Bariumstück läßt sich schneiden, es ist jedoch zäh (▶ V 98.6). Die Schnittfläche überzieht sich schnell mit einem Belag. Barium muß deshalb unter Petroleum aufbewahrt werden. Bei der Reaktion mit Wasser beobachtet man eine wesentlich stärkere Gasentwicklung als bei Calcium. Es entsteht Wasserstoff und eine *Bariumhydroxidlösung*. Die Löslichkeit von Bariumhydroxid in Wasser ist deutlich größer als die von Calciumhydroxid (▶ V 98.7).

Die Erdalkalimetalle sind sich in vielen Eigenschaften ähnlich. Eine Verwandtschaft läßt sich auch beim Vergleich der Verhältnisformeln vieler entsprechender Verbindungen erkennen.
Ordnet man die Erdalkalimetalle nach steigender Masse ihrer Atome, so stellt man bei den Elementen Calcium, Strontium und Barium eine regelmäßige Abstufung vieler Eigenschaften fest (▶ B 99.2). Magnesium weicht in vielen Eigenschaften von dieser Regelmäßigkeit ab. Beryllium nimmt eine noch deutlichere Sonderstellung in der Gruppe der Erdalkalimetalle ein.

B 99.1 **Farbiges Feuerwerk** durch Erdalkalimetallverbindungen

B 99.2 **Eigenschaften der Erdalkalimetalle** im Vergleich

Element	Zeichen für das Atom	Atommasse in u	Dichte in g/cm³ (25 °C)	Schmelztemperatur in °C	Härte	Heftigkeit der Reaktion mit Wasser	Flammenfärbung	Verhältnisformel des Oxids	Verhältnisformel des Hydroxids
Magnesium	Mg	24,3	1,74	650	nimmt ab	nimmt zu	–	MgO	Mg(OH)$_2$
Calcium	Ca	40,1	1,55	838			orange	CaO	Ca(OH)$_2$
Strontium	Sr	87,6	2,60	769			karminrot	SrO	Sr(OH)$_2$
Barium	Ba	137,3	3,50	725			grün	BaO	Ba(OH)$_2$

8.5 Überprüfung und Vertiefung

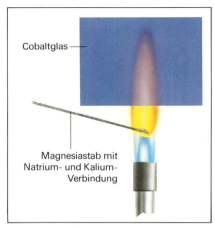

B 100.1 Zu Aufgabe 5

B 100.2 Zu Aufgabe 6

B 100.3 Zu Aufgabe 8

B 100.4 Zu Aufgabe 9

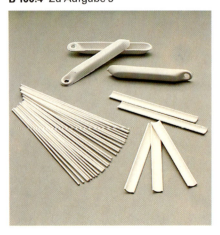

1 Frische Schnittflächen eines Natriumstücks überziehen sich an feuchter Luft sofort mit einem Belag. In völlig trockener Luft bleibt der Glanz tagelang erhalten. Was folgt aus diesen Beobachtungen?

2 Legt man ein Natriumstück auf ein nasses Filterpapier, so brennt es nach kurzer Zeit. Bringt man ein gleich großes Natriumstück in eine wassergefüllte Glaswanne, so findet keine Entzündung statt. Wie läßt sich dieser Unterschied erklären?

3 Manche mit Natrium nicht reagierende Flüssigkeiten werden im Labor mit diesem Metall behandelt. Um dessen Oberfläche zu vergrößern, wird es mit einer Presse zu einem Draht geformt. Was soll dieser in der Flüssigkeit bewirken?

4 Warum enthalten Abflußreiniger Natriumhydroxid und nicht das billigere Calciumhydroxid?

5 Um Kaliumverbindungen, die häufig durch Spuren einer anderen Alkalimetallverbindung verunreinigt sind, an ihrer Flammenfärbung zu erkennen, betrachtet man die Flamme durch ein Cobaltglas. Dieses blaue Glas hält gelbes Licht zurück (▶ B 100.1). Welche Verunreinigung macht die Verwendung von Cobaltglas notwendig?

6 Das intensiv gelbe Licht einer Natriumflamme erhält man auch, wenn sich gasförmiges Natrium unter geringem Druck in einer Glasröhre befindet und an die eingeschmolzenen Elektroden Hochspannung angelegt wird. Beim Einschalten dieser Natriumdampflampen (▶ B 100.2) beobachtet man zunächst ein schwach violettes Licht, da diese außer Natrium ein weiteres, leicht verdampfbares Metall enthalten. Um welches Metall könnte es sich handeln?

7 Wie groß ist die Stoffmenge der jeweils entstehenden Wasserstoffportion, wenn 1 mol Natrium bzw. 1 mol Barium mit Wasser reagiert?

8 Tropft man Wasser auf Calciumoxidstücke, so erfolgt eine beachtliche Temperaturerhöhung (▶ B 100.3). Die Stücke zerfallen zu einem weißen Pulver. Benenne das Reaktionsprodukt und formuliere die Reaktionsgleichung.

9 Die zur Untersuchung von Flammenfärbungen verwendeten Magnesiastäbchen bestehen aus Magnesiumoxid. Diesen Stoff verwendet man auch zur Herstellung von Magnesiarinnen, Tiegeln, Reaktionsrohren und Ofenauskleidungen (▶ B 100.4). Durch welche Eigenschaften ist Magnesiumoxid als Material für diese Geräte geeignet?

9 Halogene

Auch Nichtmetalle können aufgrund ähnlicher Eigenschaften zu Gruppen zusammengefaßt werden. So bilden die Elemente Fluor, Chlor, Brom und Iod die Elementgruppe der Halogene. Sie sind ähnlich wie die Alkalimetalle sehr reaktionsfähig.

Das Element Chlor begegnet uns bereits im Alltag. Es wird in Schwimmbädern in geringen Mengen dem Wasser zugesetzt, um Bakterien und andere Krankheitserreger abzutöten. Halogenlampen enthalten etwas Iod, das eine besonders große Helligkeit der Glühwendel ermöglicht.

Da die Halogene selbst sehr reaktionsfähig sind, kommen jedoch überwiegend ihre Verbindungen vor. Zu ihnen gehören so bekannte Stoffe wie das Kochsalz, aber auch die bei der Zahnpflege verwendeten Fluorverbindungen. Einige Verbindungen der Halogene sind sehr lichtempfindlich und dienen deshalb zur Herstellung fotografischer Schichten.

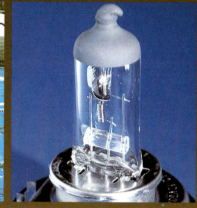

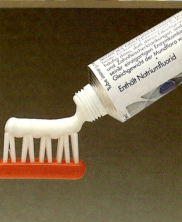

9.1 Eigenschaften der Halogene

V 102.1 a) 2 Zylinder werden mit Chlor bzw. mit gasförmigem Brom gefüllt und mit ca. 20 ml Wasser durchgeschüttelt. (Abzug!)
b) Man wiederholt den Versuch mit Alkohol (Brennspiritus) bzw. Benzin als Lösungsmittel. (Abzug!)

V 102.2 a) Versuche, durch Schütteln etwas Iod in Wasser zu lösen. Erwärme etwas und vergleiche.
b) Wiederhole den Versuch mit Alkohol (Brennspiritus) als Lösungsmittel.

V 102.3 a) In ein Gefäß mit Chlor gibt man farbige Blüten oder ein mit Lackmus angefärbtes, feuchtes Filterpapier. (Abzug!)
b) Ein gleiches Filterpapier gibt man in einen Zylinder, der mit Bromdampf gefüllt ist. (Abzug!)
c) In ein Gefäß mit Methylrotlösung wird Chlor eingeleitet.

V 102.4 Gib zu einer Stärkelösung (2 bis 3 ml Wasser mit einer kleinen Spatelspitze Stärke aufkochen, bis die Lösung klar ist, dann mit 20 ml kaltem Wasser verdünnen) Iodwasser oder einige Tropfen stark verdünnter Iodtinktur.

Eigenschaften. Die Halogene sind im gasförmigen Zustand starke *Atemgifte*. Charakteristisch ist der scharfe Geruch der Halogendämpfe. Flüssiges Brom hinterläßt schwere *Verätzungen* auf der Haut. Beim Umgang mit Halogenen ist daher *größte Vorsicht* geboten.
Wie bei Brom sind auch die kleinsten Teilchen der anderen Halogene *zweiatomige Moleküle*.
Fluor ist ein hellgrünes, Chlor ein gelbgrünes Gas. Brom ist eine leicht verdunstende rotbraune Flüssigkeit. Iod liegt in Form von metallisch glänzenden graublauen Kristallblättchen vor. Es sublimiert bereits bei Zimmertemperatur oder bei schwachem Erwärmen (↗ Kap. 1.4). Ioddampf ist violett (▶ B 102.1). Die Halogene besitzen im gasförmigen Zustand eine größere Dichte als Luft (▶ V 102.1a).
In Wasser sind Chlor und Brom mäßig löslich (▶ V 102.1a). Iod löst sich nur wenig. Beim Erwärmen nimmt die Löslichkeit von Iod in Wasser zu (▶ V 102.2a). In Benzin und Alkohol lösen sich dagegen alle drei Halogene sehr gut (▶ V 102.1b und 2b). Fluor reagiert mit diesen Lösungsmitteln. Es ist das reaktionsfähigste aller Elemente.
Chlor und Brom lassen sich durch ihren Geruch und ihre Bleichwirkung nachweisen (▶ V 102.3). Als Nachweis für Iod dient Stärkelösung. Es tritt eine dunkelblaue Färbung auf (▶ V 102.4).
Die Tabelle ▶ B 102.2 zeigt einerseits, daß die Halogene *gemeinsame Eigenschaften* besitzen, andererseits sind sie innerhalb der Gruppe deutlich abgestuft, wobei sich die Eigenschaften von einem Element zum anderen *gleichsinnig verändern*.

Verwendung. Fluor und Chlor werden in großen Mengen bei der Herstellung von Kunststoffen gebraucht. Daneben verwendet man Chlor zum Bleichen (▶ V 102.3) und zum Desinfizieren von Trinkwasser und dem Wasser von Schwimmbädern. Fluorverbindungen sind in Zahnpflegemitteln zur Verhinderung von Zahnfäule (Karies) enthalten. Bromverbindungen werden vor allem zur Herstellung von Filmen und Fotopapieren gebraucht. Die Lösung von Iod in Alkohol nennt man Iodtinktur. Sie wurde früher zur Desinfektion von Wunden benutzt. Iodverbindungen müssen mit der Nahrung aufgenommen werden, um ein Funktionieren der Schilddrüse zu gewährleisten.

B 102.1 Farben der Halogene Chlor, Brom und Iod im Gaszustand

B 102.2 Die Eigenschaften der Halogene verändern sich innerhalb der Elementfamilie in gleichsinniger Weise

Halogen	Zeichen	Farbe (Gas)	Geruch	Siedetemperatur (°C)	Dichte bei 20 °C (g/ml)	Dichte im gasf. Zustand (g/l)	Löslichkeit in Wasser	Giftwirkung
Fluor	F	hellgrün	sehr scharf	−188	0,0016	1,6	(reagiert)	sehr giftig
Chlor	Cl	gelbgrün	sehr scharf	−34	0,0030	3,0	mäßig	sehr giftig
Brom	Br	rotbraun	scharf	59	3,12	7,2	mäßig	giftig
Iod	I	violett	scharf	183	4,93	11,3	schlecht	schwach giftig
Änderung von oben nach unten		Farbvertiefung	Intensität abnehmend	steigend	zunehmend		abnehmend	

9.2 Reaktionen der Halogene mit Metallen

Die Einwirkung von Chlor auf geschmolzenes Natrium (▶ V 103.1a, ▶ B 103.1) erfolgt unter Aussendung von gelbem Licht. Es entsteht ein *weißer Feststoff*, den wir als **Kochsalz** identifizieren können (▶ V 103.1b). Die chemische Bezeichnung für Kochsalz ist **Natriumchlorid**:

    Natrium   + Chlor ⟶ Natriumchlorid

Ähnlich reagiert Chlor auch mit anderen Metallen. Mit Eisen erhalten wir **Eisenchlorid**, mit Kupfer **Kupferchlorid** (▶ V 103.2a und 2b):

    Eisen   + Chlor ⟶ Eisenchlorid
    Kupfer   + Chlor ⟶ Kupferchlorid

Alle drei Reaktionen verlaufen *exotherm*, jedoch mit unterschiedlicher Heftigkeit. Die Metalle besitzen offensichtlich ein *abgestuftes Bindungsbestreben* zu Chlor. Von den eingesetzten Metallen ist dies bei Natrium am größten, bei Kupfer am geringsten. Die Metalle verhalten sich in ihrem Bindungsbestreben zu Chlor ähnlich wie zu Sauerstoff (↗ Kap. 4.4).
Auch Brom und Iod reagieren mit Metallen. Aluminium und Brom bilden in einer exothermen Reaktion **Aluminiumbromid** (▶ V 103.3, ▶ B 103.2):

    Aluminium + Brom ⟶ Aluminiumbromid

Diese Umsetzung stellt eine der wenigen bisher betrachteten *ungehemmten momentanen Reaktionen* dar. In einer ebenfalls exothermen Reaktion zwischen Magnesium und Iod unter katalytischer Wirkung von Wasser entsteht **Magnesiumiodid** (▶ V 103.4):

    Magnesium + Iod   ⟶ Magnesiumiodid

Aus dem Ablauf dieser Versuche kann man schließen, daß Halogene *reaktionsfähige Elemente* sind.
Die unterschiedliche Heftigkeit der Reaktionen im Versuch ▶ V 103.5 zeigt uns, daß die Halogene zu Natrium (und zu anderen Metallen) ein abgestuftes Bindungsbestreben besitzen. Das Bindungsbestreben nimmt von Chlor über Brom zu Iod hin ab.
Die Produkte aus Halogenen und Metallen heißen **Halogenide**. Aufgrund ähnlicher Eigenschaften wie Natriumchlorid („*Salz*"), nennt man sie auch **Salze**. Dies erklärt die Bezeichnung *Halogene:* **Salzbildner**.
Die Salze entstehen in Reaktionen von *Nichtmetallen* mit *Metallen*. Zu den Salzen zählen auch *Oxide* und *Sulfide*. Bei der Benennung dieser Salze wird zuerst das Metall genannt. Es folgt die Stammsilbe aus dem lateinischen oder griechischen Namen des Nichtmetalls mit angehängter Endung **-id**.

Halogene reagieren mit Metallen in exothermen Reaktionen zu Halogeniden. Das Bindungsbestreben nimmt hierbei von Chlor zu Iod hin ab.

V 103.1 a) In ein Reagenzglas mit einem Loch von ca. 1 cm Durchmesser etwa 2 cm oberhalb des Bodens gibt man ein erbsengroßes, entkrustetes Stück Natrium und erhitzt. Kurz bevor sich das Natrium entzündet, bringt man das Reagenzglas in einen Zylinder mit Chlor (Abzug! B 103.1).
b) Die entstandene Verbindung wird mit möglichst wenig Wasser herausgelöst. Einen Tropfen gibt man auf einen Objektträger und betrachtet den Rückstand unter dem Mikroskop. In gleicher Weise verfährt man mit einer Kochsalzlösung.

V 103.2 a) Erhitzte Stahlwolle wird in einen Zylinder mit Chlor getaucht (Abzug!).
b) In einen Zylinder stellt man einen Tiegel, leitet ständig Chlor ein (Abzug!) und hängt einen erhitzten Kupferblechstreifen in das Chlor.

V 103.3 In ein Reagenzglas füllt man ca. 1 cm hoch Brom (Abzug!) und stellt es in Sand. Hierzu gibt man ein angeschmirgeltes Aluminiumblech (ca. 1 cm × 3 cm). Abzug schließen!

V 103.4 Man verreibt ca. 1 g Magnesiumpulver mit ca. 2 g Iod und tropft etwas Wasser zu (Abzug!).

V 103.5 Der Versuch V 103.1a wird wiederholt und auf analoge Weise mit Brom- und Ioddampf durchgeführt (Abzug!). Hierbei ist bei den Halogenen auf eine vergleichbare Teilchendichte zu achten.

A 103.1 Beim Versuch V 103.5 entstehen Natriumchlorid (NaCl), -bromid (NaBr) und -iodid (NaI). Formuliere hierzu die drei Reaktionsgleichungen.

B 103.1 Reaktion von Natrium mit Chlor

B 103.2 Reaktion von Aluminium mit Brom

9.3 Reaktionen der Halogene mit Wasserstoff

V 104.1 In zwei kleineren, dickwandigen Standzylindern mischt man Chlor und Wasserstoff im Verhältnis 1:1 (Abzug! Kein direktes Licht!). Die Zylinder werden anschließend wieder getrennt.
a) Einen Zylinder umwickelt man mit einem Tuch und zündet das Gemisch an einer Brennerflamme (Schutzbrille! Schutzscheibe!). Nach der Reaktion bedeckt man die Öffnung rasch wieder mit einer Glasplatte. Vorsichtig wird eine Geruchsprobe durchgeführt.
b) Den zweiten Zylinder stellt man in einen Drahtkorb und tauscht die Glasplatte durch eine Kunststoffplatte aus. Die Zündung erfolgt mit einem Blitzlicht (Schutzbrille! Schutzscheibe!).

V 104.2 Eine Wasserstoffflamme wird langsam in einen Standzylinder mit Chlor getaucht (Abzug!). Nach Beendigung der Reaktion haucht man in das Gefäß. Der Zylinder wird verschlossen, der Inhalt wird für V 106.3 benötigt.

V 104.3 Versuchsaufbau wie in B 85.1. Die 2-Liter-Kugel ist durch eine 100-ml-Kugel zu ersetzen. Die Kugel wird mehrmals mit Wasserstoff gespült und K II auf die Marke 30 ml eingestellt. Man füllt K I mit 30 ml Chlor. Zwischen den Elektroden wird eine Funkenstrecke erzeugt und das Chlor langsam in die Kugel geleitet (Schutzscheibe!). Man läßt abkühlen und liest das Endvolumen ab. Bei jeder Ablesung muß bei der Flüssigkeit in den Schenkeln des Manometers Gleichstand herrschen. Das Reaktionsprodukt wird für V 107.2 aufbewahrt.

V 104.4 Man wiederholt Versuch V 104.1a mit gasförmigem Brom (Abzug!). Aufbewahren für V 107.2.

Beim Vermischen von Chlor mit Wasserstoff (▶ V 104.1) ist keine sofortige Umsetzung zu beobachten. Das Gemisch muß zur Reaktion *aktiviert* werden. Die Aktivierung kann durch *Wärme* oder *Licht* erfolgen (▶ V 104.1a und 1b). Das Gemisch reagiert bei Zündung unter Explosion und wird deshalb **Chlorknallgas** genannt. Im zerstreuten Tageslicht dauert die Reaktion mehrere Tage. *Rasch* und *kontrolliert* läuft die Reaktion beim Eintauchen einer Wasserstoffflamme in Chlor ab (▶ V 104.2, ▶ B 104.2). Wasserstoff reagiert mit fahlweißer Flamme. Bei allen Versuchen verschwindet die Farbe des Chlors. Es entsteht ein farbloses Gas, das stechend riecht und an der feuchten Luft Nebel bildet (▶ V 104.1 und 2): **Chlorwasserstoff**.

Die kleinsten Teilchen dieses gasförmigen Stoffes müssen Moleküle sein. Deren Zusammensetzung läßt sich mit Hilfe des Satzes von Avogadro (↗ Kap. 7.5) ermitteln. Bei der Reaktion von 30 ml Wasserstoff mit 30 ml Chlor erhält man 60 ml Chlorwasserstoff (▶ V 104.3). Damit ist das Volumenverhältnis dieser drei Stoffportionen:

V(Wasserstoff) : V(Chlor) : V(Chlorwasserstoff)
= 1 : 1 : 2

In *jedem Raumteil* müssen nach Avogadro *gleich viele* Gasteilchen vorliegen, d.h. bei der Reaktion sind so viele Chlorwasserstoffmoleküle *entstanden,* wie *vor* der Reaktion Wasserstoff- und Chlorteilchen *zusammen vorhanden waren*. Bei a Wasserstoff- bzw. Chlorteilchen entstehen also $2a$ Chlorwasserstoffmoleküle (▶ B 105.1; $a = 5$). Wenn wir davon ausgehen, daß die Gasteilchen von Wasserstoff und Chlor jeweils *zweiatomige* Moleküle sind, so ergibt sich:

$$H_2 + Cl_2 \longrightarrow 2\ HCl$$

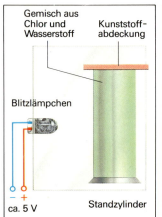

B 104.1 Chlorknallgasreaktion. Nach Zünden des Blitzlichtlämpchens reagiert das Wasserstoff-Chlor-Gemisch unter Explosion

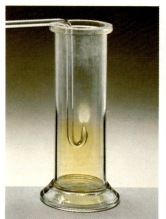

B 104.2 Reaktion von Chlor mit Wasserstoff

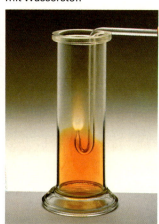

B 104.3 Reaktion von Brom mit Wasserstoff

Reaktionen der Halogene mit Wasserstoff

Würde es sich bei den Gasteilchen von Wasserstoff und Chlor um Atome handeln, so könnte man dieses Volumenverhältnis nicht erhalten. Über die Formel der Chlorwasserstoffmoleküle hinaus erbringt dieser Versuch daher auch den Nachweis, daß neben den Wasserstoffteilchen auch die *Chlorteilchen* als *zweiatomige Moleküle* vorliegen

Auch Brom und Iod reagieren mit Wasserstoff (▶ V 105.1 und 2, ▶ B 104.3). Die Farbe der Halogene verschwindet. Es bilden sich die farblosen Gase **Brom-** bzw. **Iodwasserstoff**, die wie Chlorwasserstoff stechend riechen und an der feuchten Luft Nebel bilden.

Die Reaktion zwischen Wasserstoff und Brom (▶ V 104.4) verläuft bei Zündung *schwächer* als die zwischen Wasserstoff und Chlor (▶ V 104.1a). Die *sehr heftige* Reaktion des Fluors können wir in der Schule nicht durchführen. Dieser unterschiedlich heftige Reaktionsablauf zeigt ein *verschiedenes Bindungsbestreben* der Halogene zu Wasserstoff auf. Wir können das auch an den Bildungswärmen der Halogenwasserstoffe erkennen (▶ B 105.2).

Halogene reagieren mit Wasserstoff zu Halogenwasserstoffen. Das Bindungsbestreben zu Wasserstoff nimmt von Fluor zu Iod hin ab.

Diese Abfolge in der Heftigkeit der Reaktionen von Halogenen mit Wasserstoff bzw. mit Metallen läßt sich auch auf andere Stoffe als Reaktionspartner übertragen. Im Vergleich mit den Alkalimetallen ist diese Abfolge gerade *gegenläufig,* da deren Reaktionsheftigkeit von Lithium zu Caesium hin zunimmt.

V 105.1 Der Versuch V 104.2 wird mit gasförmigem Brom wiederholt (Abzug!).

V 105.2 Zur Bildung von gasförmigem Iod werden wenige Körnchen Iod in einem Gefäß erhitzt (Abzug!). Weiter verfährt man wie bei Versuch V 104.2.

A 105.1 Wie müßte die Reaktion von V 104.3 hinsichtlich der eingesetzten und erhaltenen Volumina verlaufen, wenn ein Chlorwasserstoffmolekül aus
a) 2 Chlor- und 1 Wasserstoffatom bzw. aus
b) 2 Chlor- und 2 Wasserstoffatomen bzw. aus
c) 1 Chlor- und 3 Wasserstoffatomen bestehen würde?

A 105.2 Formuliere für die Bildung von Brom- bzw. Iodwasserstoff die Reaktionsgleichung.

A 105.3 Warum erbringt der Versuch V 104.3 den Nachweis, daß neben den Wasserstoffteilchen auch die Chlorteilchen als zweiatomige Moleküle vorliegen müssen?

A 105.4 Bei der vollständigen Umsetzung von Wasserstoff mit Chlor entstehen 10 l Chlorwasserstoff. Welche Volumina Wasserstoff und Chlor wurden eingesetzt (bei gleichen Bedingungen)?

A 105.5 Erkläre folgende Sachverhalte:
a) Während eine Wasserstoffflamme an einem gebogenen Glasrohr in einer Chloratmosphäre ruhig brennt, explodiert ein Wasserstoff-Chlor-Gemisch bei Zündung sehr heftig.
b) Warum muß man bei der Bereitung eines Wasserstoff-Chlor-Gemisches direktes Licht meiden?

B 105.1 **Synthese von Chlorwasserstoff.** Volumenverhältnis der Gasportionen und Verhältnis der Teilchenanzahlen

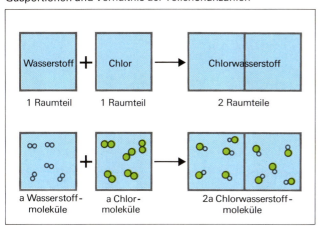

B 105.2 **Bildungswärmen der Halogenwasserstoffe,** ausgehend von gasförmigen Elementen

Halogenwasserstoff	Bildungswärme ($\frac{kJ}{mol}$)	Bildungswärme
Fluorwasserstoff	− 271	Bindungsbestreben zu Wasserstoff ↑
Chlorwasserstoff	− 93	
Bromwasserstoff	− 52	
Iodwasserstoff	− 5	

9.4 Salzsäure

V 106.1 a) Man bläst über eine geöffnete Flasche mit konz. Salzsäure.
b) In die Flaschenöffnung wird zunächst ein trockenes, dann ein feuchtes Indikatorpapier gehalten.

V 106.2 In einem Gefäß wird konz. Salzsäure (Schutzbrille!) erhitzt. Das entstehende Gas wird mit einem doppelt rechtwinklig gebogenen Glasrohr und einem Trichter zunächst auf Wasser, dann auf Wasser mit zugesetztem Universalindikator geleitet.

V 106.3 In das Reaktionsgefäß von V 104.2 wird ein feuchtes Indikatorpapier gehalten. Dann setzt man etwas Wasser zu, schüttelt und prüft mit einigen Tropfen Universalindikator.

V 106.4 In einem Gasentwickler wird auf Natriumchlorid konz. Schwefelsäure (Schutzbrille!) getropft. Das entstehende Gas leitet man auf mit Universalindikator angefärbtes Wasser.

V 106.5 Wie in Versuch V 106.4 stellt man Chlorwasserstoff her und füllt einen trockenen Rundkolben. Als Verschluß dient ein durchbohrter Gummistopfen mit einem ausgezogenen Glasrohr (Spitze nach innen). Der Kolben wird in ein Gefäß mit Wasser getaucht, das mit Universalindikator angefärbt wurde (Schutzbrille! Schutzscheibe!).

V 106.6 In ein Gefäß mit Chlorwasserstoff taucht man ein mit Wasser benetztes Thermoelement.

A 106.1 Warum muß das Indikatorpapier zum Nachweis von Chlorwasserstoff angefeuchtet werden?

Salzsäure, eine klare, farblose, stark ätzende Flüssigkeit, ist eine im Labor sehr häufig gebrauchte Säure. In der Technik verwendet man sie auch zum Reinigen oxidierter Metalle („Lötwasser") und im Haushalt zum Entfernen von Kalkbelägen. Um Verwechslungen und ihren Folgen vorzubeugen, muß sie auch im Haushalt, wie alle Chemikalien, in *deutlich gekennzeichneten Gefäßen* aufbewahrt werden, die *nicht* zur Aufnahme von Lebensmitteln oder Getränken dienen dürfen (z.B. Wein- oder Mineralwasserflaschen).
Stark verdünnte Salzsäure (0,3 bis 0,5%) ist Bestandteil unseres Magensafts. Ein Überschuß an Salzsäure verursacht „Sodbrennen".

Haucht man über die Öffnung einer Flasche mit konzentrierter Salzsäure, so bilden sich Nebel (▶ V 106.1a, ▶ B 106.2 links). Es muß ein Gas entweichen, das mit der Feuchtigkeit der Atemluft Nebel entstehen läßt. Das angefeuchtete Indikatorpapier färbt sich rot (▶ V 106.1b, ▶ B 106.2 rechts), das Gas bildet mit Wasser offensichtlich wieder eine saure Lösung. In ▶ V 106.2 können wir diese Vorgänge genauer beobachten. Beim Erhitzen von Salzsäure entweicht ein stechend riechendes, farbloses Gas mit einer größeren Dichte als Luft. Es sinkt auf die Wasseroberfläche und bildet Schlieren. Wir können daraus schließen, daß ein Lösungsvorgang abgelaufen ist. Der zugesetzte Indikator zeigt eine saure Lösung an. Das Gas hat sich wieder in Wasser gelöst, *unter Bildung von Salzsäure.*

Der in V 104.2 entstandene Chlorwasserstoff besitzt dieselben Eigenschaften wie das unbekannte Gas von V 106.2. Beide Gase sind identisch, das aus Salzsäure entweichende Gas ist *Chlorwasserstoff.*

B 106.1 Salzsäure ist ein ätzender Stoff. Beim Umgang mit ihr ist Vorsicht geboten

B 106.2 Aus Salzsäure entweicht ein Gas. Es bildet mit Feuchtigkeit Nebel (links) und färbt feuchtes Indikatorpapier rot (rechts)

Unfall durch ausgelaufene Salzsäure

Stuttgart. Beim Errichten von Stahlregalen in der Lagerhalle einer Chemikalienhandlung wurde ein dort stehender Tank mit konzentrierter Salzsäure beschädigt, wodurch erhebliche Mengen an Salzsäure ausliefen. Dabei erlitten mehrere Arbeiter starke Reizungen der Atemwege und Verätzungen an den Händen, die im Krankenhaus behandelt werden mußten.

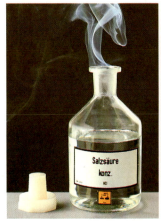
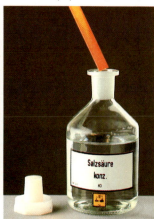

Salzsäure

Chlorwasserstoff und damit auch Salzsäure können direkt aus den Elementen hergestellt werden (↗ Kap. 9.3). Eine weitere, vor allem historisch bedeutsame Möglichkeit besteht darin, konzentrierte Schwefelsäure auf Natriumchlorid („*Salz*") zu tropfen (▶ V 106.4, ▶ B 107.1) und den entstehenden Chlorwasserstoff auf Wasser zu leiten. Dies erklärt auch die Bezeichnung *Salz*säure.

Der Versuch ▶ V 106.5 zeigt das Ausmaß der Löslichkeit von Chlorwasserstoff in Wasser. Der entstehende Springbrunnen deutet auf einen Unterdruck hin, der entstanden ist, nachdem ein großer Teil der Chlorwasserstoffportion von nur wenigen Tropfen Wasser aufgenommen wurde (▶ B 107.2).

Zur Sättigung von 1 l Wasser von 0 °C und einem Druck von 1013 mbar sind *etwa 500 l Chlorwasserstoff nötig!* Verglichen mit anderen Gasen ist diese Löslichkeit ungewöhnlich groß (bei gleichen Bedingungen: Sauerstoff 0,05 l; Kohlenstoffdioxid 1 l). Auch der *exotherme Verlauf* von ▶ V 106.6 (▶ B 107.3) läßt vermuten, daß es sich hier nicht um einen reinen Lösungsvorgang handelt, sondern um eine *chemische Reaktion.* Deren Ablauf können wir mit unseren momentanen Kenntnissen noch nicht klären.

Bei der Reaktion von Chlorwasserstoff mit Wasser entsteht Salzsäure.

Ähnlich wie Chlorwasserstoff verhalten sich auch Brom- und Iodwasserstoff (▶ V 107.2). Sie bilden mit Wasser die **Bromwasserstoffsäure** und die **Iodwasserstoffsäure**. Die **Fluorwasserstoffsäure** oder **Flußsäure** muß in Gefäßen aus Kunststoff aufbewahrt werden, da sie mit Glas reagiert (▶ V 107.3).

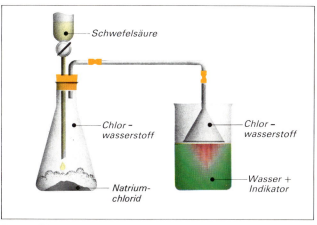

B 107.1 **Herstellung von Chlorwasserstoff** aus Natriumchlorid und konzentrierter Schwefelsäure

V 107.1 Gib zu stark verdünnter Salzsäure jeweils einige Tropfen Rotkohlsaft, Lackmus- bzw. Bromthymolblau-Lösung.

V 107.2 Man wiederholt V 106.3 mit den Inhalten der Reaktionsgefäße von V 104.3 und 4.

V 107.3 Auf ein Stück Fensterglas gibt man einige Tropfen Fluorwasserstoffsäure (Vorsicht! Gummihandschuhe! Abzug!). Nach 10 bis 15 Minuten wäscht man das Glas ab und untersucht seine Oberfläche.

A 107.1 Warum kann man durch Eindampfen von konz. (37%iger) Salzsäure keine 100%ige (wasserfreie) Salzsäure erhalten?

B 107.2 **Der Springbrunnenversuch** beruht auf der außerordentlich guten Aufnahmefähigkeit von Wasser für Chlorwasserstoff

B 107.3 **Reaktion von Chlorwasserstoff mit Wasser.** Es wird Wärmeenergie frei

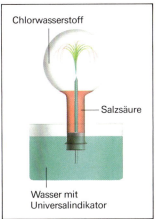

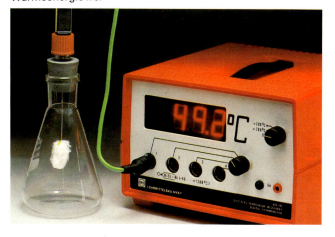

9.5 Kochsalz – ein wichtiges Chlorid

V 108.1 Stelle unter eine Glasglocke ein Schälchen mit Wasser, ein Schälchen mit Fleisch und ein Schälchen mit Fleisch, das mit Kochsalz bestreut wurde. Beobachte über einen längeren Zeitraum.

V 108.2 Vermische in einem Becherglas Eisstücke mit Kochsalz. Stelle die Temperatur fest.

V 108.3 Stelle jeweils einen frisch geschnittenen Pflanzenstengel in Wasser und in eine konz. Kochsalzlösung und vergleiche.

V 108.4 Gib in jeweils eine Petrischale einen Eisennagel auf einem Filterpapier. Bedecke den Nagel mit dest. Wasser bzw. Natriumchloridlösung.

V 108.5 Löse in 100 ml einer gesättigten Gipslösung 4 g Kochsalz und 2 g Kaliumchlorid, säuere mit zwei Tropfen verdünnter Salzsäure an und versetze mit Eisenchloridlösung bis zur Gelbfärbung. Bringe von der Lösung ca. 30 Tropfen auf ein Uhrglas und dampfe über einer Sparflamme vorsichtig ein.

A 108.1 Suche im Atlas Städtenamen, die die Silben -salz, -sulz oder -hall (= Salz) enthalten.

A 108.2 Früher setzte man Sole vor dem Eindampfen dem Einfluß von Sonne und Wind aus und ließ sie oftmals über hohe, aus Reisig bestehende Wände fließen. Welchen wirtschaftlichen Zweck hatten diese sogenannten Gradierwerke?

A 108.3 Erstelle eine Tabelle der großen Stein- und Kalisalzlagerstätten Mitteleuropas.

Bedeutung und Verwendung. Wir benutzen Kochsalz zur geschmacklichen Verbesserung unserer Speisen. Kochsalz ist gleichzeitig auch ein lebenswichtiger Stoff, von dem der Mensch täglich 2 bis 3 g aufnehmen muß. Der menschliche Körper scheidet mit dem Schweiß Kochsalz aus, das ersetzt werden muß. Eine zu kochsalzreiche Ernährung ist andererseits aber auch schädlich.
Im Körper ist Kochsalz notwendig für die Funktion des Nervensystems und der Verdauung. Beim Stoffwechsel würden ohne Kochsalz in der Blutflüssigkeit lebensgefährliche Störungen auftreten. Bei hohem Blutverlust wird dem Blut von Verletzten *physiologische Kochsalzlösung* (0,9%ige) zugesetzt. Die Konzentration entspricht der Salzkonzentration der Blutflüssigkeit. Auch die heilende Wirkung von Quellen mit Salzlösung *(Solequellen)* weiß man in Bädern und Kurorten zu nutzen.

Kochsalz ist ein *Konservierungsstoff* (▶ V 108.1), der die Lebensfähigkeit von Mikroben einschränkt (z. B. bei Pökelfleisch, Salzheringen, Sauerkraut). Ferner verwendet man es noch zum Regenerieren der Wasserenthärter von Spülmaschinen. Große Bedeutung besitzt Kochsalz im Winter als *Streusalz* (▶ V 108.2), da bei Zugabe von Streusalz das Eis zu tauen beginnt und eine Kochsalzlösung erst bei tieferer Temperatur gefriert als Wasser. Eine gehäufte Anwendung von Streusalz kann jedoch die Grundwasserqualität verschlechtern. Außerdem werden Pflanzen am Straßenrand geschädigt (▶ V 108.3) und die Korrosion an Fahrzeugen begünstigt (▶ V 108.4).
Über 90% des geförderten Kochsalzes wird als billiger Rohstoff in der chemischen Industrie zur Produktion von Natrium, Chlor und Natriumhydroxid verwendet.

Entstehung und Vorkommen. Die gewaltigen *Salzlagerstätten* sind durchweg Meeresablagerungen vergangener Erdepochen. Kochsalz ist der Hauptbestandteil der im Meer gelösten Salze, die durch chemische Verwitterung von Gestein in Lösung gebracht und über Flüsse ins Meer transportiert wurden. Die großen Salzlager der Bundesrepublik Deutschland entstanden vor ca. 200 Millionen Jahren, als große Teile unseres Landes von Meeren bedeckt waren. Durch Aufwölbungen am Meeresgrund entstanden flache Meeresbecken, in denen bei dem damals herrschenden heißen Klima das Wasser rasch verdunstete, so daß ständig frisches Meerwasser nachströmte. Dadurch nahm der Salzgehalt in den Becken zu, die schwerer löslichen Salze begannen sich am Boden abzusetzen (▶ B 109.1a).

Wurden die Becken vom Meer abgetrennt, so trockneten sie vollständig aus (▶ V 108.5). Staub- und Sandschichten bedeckten die entstandenen Salzschichten und schützten sie vor Witterungseinflüssen (▶ B 109.1b). Bei

B 108.1 Physiologische Kochsalzlösung

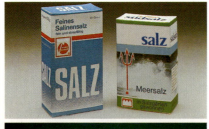

B 108.2 Kochsalz im Alltag. Oben: Speisesalz. Unten: Streusalz (eingefärbt)

Kochsalz — ein wichtiges Chlorid

einer anschließenden Landsenkung konnte das Becken erneut überflutet werden, und der Vorgang wiederholte sich. Im Laufe der Jahrmillionen senkten sich die Salzschichten weiter ab und wurden von neuen Gesteinsschichten überdeckt (▶ B 109.1 c).

In der Bundesrepublik Deutschland, einem der salzreichsten Länder der Erde, befinden sich diese Salzlager vor allem in den nördlichen Landesteilen, jedoch auch an Neckar und Kocher sowie um Berchtesgaden.

Gewinnung. Eine anfängliche Produktion von Kochsalz erfolgte im mitteleuropäischen Raum an den Stellen, an denen Solequellen zutage traten. Das Wasser der Sole wurde verdampft (*Salzsiederei*). Bis heute wird im Prinzip nach diesem Verfahren Salz gewonnen. Vor allem bei stark verschmutztem Rohsalz leitet man Wasser in die salzführenden Schichten und pumpt die Sole ab. Durch Eindampfen der Sole in *Salinen* erhält man *Siedesalz*. In südlichen Ländern kann durch Verdunsten von Meerwasser (ca. 3,5%ige Lösung) in sog. *Salzgärten* *Meersalz* gewonnen werden (▶ B 109.2). Häufig wird das Kochsalz bergmännisch als *Steinsalz* abgebaut (▶ B 109.3). Auf eine Abstützung der dabei entstehenden Hohlräume (Kavernen) kann man verzichten, da das umgebende Salz fest und dicht ist. Daher werden sie zur Vorratshaltung von Erdöl und Erdgas sowie zu Versuchen zur Lagerung von „Atommüll" benutzt.

Viele Städte verdankten ihren Reichtum dem Salzvorkommen oder dem Salzhandel (z. B. Lüneburg; Schwäbisch Hall). Die Salzstraßen stellten wichtige Handelswege dar. Siedlungen, deren Gründung mit dem Salz in Verbindung steht, erkennen wir an den Silben -salz, -sulz oder -hall in der Ortsbezeichnung.

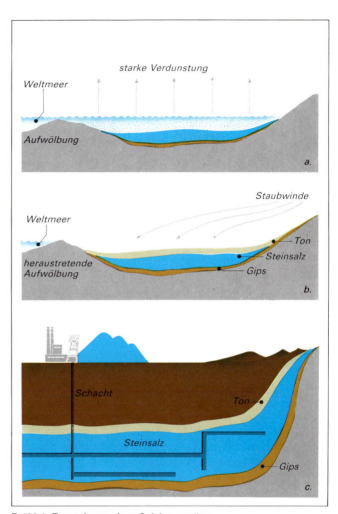

B 109.1 Entstehung einer Salzlagerstätte

B 109.2 **Salzgewinnung in Salzgärten** durch Verdunsten von Meerwasser in flachen Meeresbecken

B 109.3 **Abbau von Steinsalz** unter Tage

9.6 Silberhalogenide

 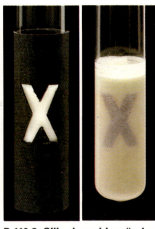

B 110.1 Niederschlag von Silberchlorid

B 110.2 Silberbromid verändert sich beim Belichten

B 110.3 Negativ- und Positivbild. Die hellsten Bereiche des Motivs erscheinen auf dem Negativbild am dunkelsten

B 110.4 Fotolabor zur Herstellung von Positivbildern

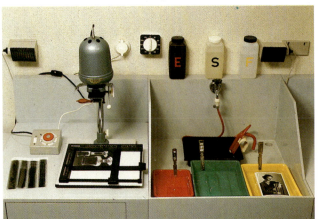

Nachweis von Halogeniden. Gibt man zu Lösungen von Chloriden *Silbersalzlösung*, fällt jeweils ein weißer „käsiger" Niederschlag aus (▶ V 111.1). Alle diese Niederschläge bestehen aus *Silberchlorid (AgCl)*. Entsprechend erhalten wir mit Lösungen von Bromiden bzw. Iodiden weißgelbes *Silberbromid (AgBr)* bzw. hellgelbes *Silberiodid (AgI)* (▶ V 111.1). Man kann also durch Zusatz von Silbersalzlösung zu einer Lösung eines Halogenids an dem auftretenden Niederschlag erkennen, welches Halogenid gelöst vorliegt.

Silbersalzlösung ist ein Reagenz auf Chloride, Bromide und Iodide. Es entsteht ein Niederschlag des entsprechenden schwerlöslichen Silberhalogenids.

Licht kann Stoffe verändern. Läßt man diese Niederschläge einige Zeit stehen, so ist zu beobachten, daß sie sich langsam dunkel färben (▶ V 111.1). Dies könnte durch eine Reaktion mit dem Sauerstoff der Luft oder vielleicht durch einen Einfluß des Lichts hervorgerufen werden. Da sich der Silberchloridniederschlag im Dunkeln nicht verändert, obwohl Sauerstoff zutreten kann und das mit Papier abgedeckte Silberchlorid beim Belichten im Gegensatz zu dem ungeschützten Silberchlorid keine Dunkelfärbung aufweist (▶ V 111.2), müssen wir annehmen, daß sich die Silberhalogenide *unter dem Einfluß des Lichts verändern*. So wird zum Beispiel Silberchlorid in Silber und Chlor gespalten:

$$2\ AgCl \longrightarrow 2\ Ag + Cl_2$$

Das entstehende elementare Silber ruft die Dunkelfärbung hervor. Die Silberhalogenide sind also *lichtempfindliche* Substanzen. Silberchlorid und Silberbromid werden daher in der Fotografie eingesetzt. Reaktionen, die unter Einfluß von Licht verlaufen, bezeichnet man als **fotochemische Reaktionen**.

Fotografie. Die *lichtempfindliche Schicht auf Schwarz-Weiß-Filmen und Fotopapieren* enthält eine in Gelatine eingebettete Suspension von Silberchlorid und Silberbromid. Beim Fotografieren (Belichten) werden in den Körnchen der Schicht, auf die das Licht auftrifft, Silbersalze in Silber **(Silberkeime)** und Halogene umgewandelt. Das Ausmaß der Reaktion ist von der Menge des auftreffenden Lichts abhängig. Brom und Chlor werden in der Gelatineschicht gebunden. Die in den Körnern entstandene Silberportion ist zu gering, um sichtbar zu sein. Daher sieht ein belichteter Film zunächst aus wie ein unbelichteter. Er trägt ein verborgenes, **latentes Bild**.

Entwickeln. Um das latente Bild sichtbar zu machen, müssen die Silbersalzkörner mit den Silberkeimen durch

Silberhalogenide

den Entwickler vollständig in Silber umgebildet werden (▶ V 111.3). Dieser Prozeß verläuft nur an den Körnchen rasch, an denen bereits Silberkeime vorhanden sind. Das bei der Belichtung entstandene Silber wirkt demnach als Katalysator. Dabei wird das Bild sichtbar. Da von hellen Gegenständen mehr Licht auf den Film gelangt als von dunklen, ist das nach dem Entwickeln entstandene Bild ein **Negativ**, bei dem helle und dunkle Stellen vertauscht sind (▶ B 110.3, links).

Der Entwicklungsprozeß kann durch Zusatz verdünnter Säuren (Essigsäure) abgestoppt werden (Stoppbad, ▶ V 111.4).

Fixieren. Ehe das Negativ ans Licht gebracht wird, müssen die nicht von Licht getroffenen Silbersalzkörner entfernt werden (▶ V 111.5), da sonst der ganze Film geschwärzt würde. Das Fixiersalz reagiert mit den Silbersalzen, greift aber elementares Silber nicht an. Erst das fixierte Bild darf dem Tageslicht ausgesetzt werden.

Positivbilder. Durch das Negativ hindurch wird ein Fotopapier belichtet. Es entsteht ein *Negativ vom Negativ*, d. h. ein wirklichkeitsgetreues positives Bild (*Positiv*, ▶ B 110.3, rechts), das ebenfalls entwickelt und fixiert werden muß.

V 111.1 Stelle jeweils eine Lösung von Natriumchlorid, Kaliumchlorid, Calciumchlorid, Natriumbromid, Kaliumbromid, Natriumiodid und Kaliumiodid in dest. Wasser her und gib in jedes Reagenzglas einige Tropfen verdünnte Silbersalzlösung. Was ist sofort nach Zugabe der Silbersalzlösung zu beobachten und was nach ca. 10 min?

V 111.2 Bestreiche einen Zeichenkarton mit einem wäßrigen Brei von Silberchlorid und trockne ihn im Dunkeln. Lege anschließend verschiedene Gegenstände darauf und belichte mit einer Lampe.

V 111.3 Setze einem frisch gefällten Silberchloridniederschlag 1 ml Entwicklerlösung oder alkalische Hydrochinonlösung zu.

V 111.4 Setze einem frisch gefällten Silberchloridniederschlag ca. 1 ml verdünnte Essigsäure und anschließend etwas Entwicklerlösung zu.

V 111.5 Setze einem schon längere Zeit dem Licht ausgesetzten und einem frisch bereiteten Silberchloridniederschlag jeweils unter Umschütteln Fixiersalzlösung zu.

B 111.1 Stadien der Bildentstehung auf einem Negativfilm

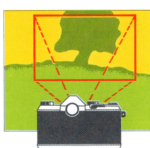

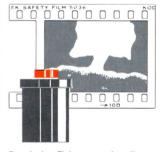

Die *lichtempfindliche Schicht* des Films enthält fein gekörntes Silberbromid.

Beim *Belichten* wird in den vom Licht getroffenen Körnern Silberbromid teilweise in Silber und Brom umgewandelt. Es entsteht ein verborgenes, *latentes Bild*.

Beim *Entwickeln* werden die belichteten Silberbromidkörner vollständig in Silber umgewandelt. Das Bild wird als Negativ *sichtbar*. Es ist noch nicht lichtbeständig.

Durch das *Fixieren* werden die nicht belichteten Silberbromidkörner herausgelöst. Das Negativ kann jetzt dem Licht ausgesetzt und zur Herstellung positiver Bilder verwendet werden.

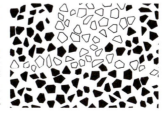

9.7 Überprüfung und Vertiefung

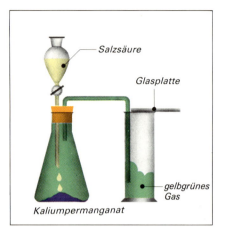

B 112.1 Zu Aufgabe 2

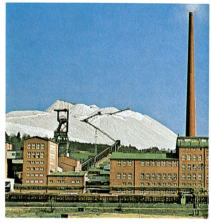

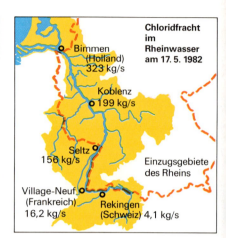

B 112.2 (links und rechts) Zu Aufgabe 6a

1 Wenn man Calciumfluorid mit konzentrierter Schwefelsäure in einem Bleitiegel erhitzt, entweicht ein Gas, das eine über die Öffnung des Tiegels gelegte Glasplatte anätzt. Welches Gas ist entstanden?

2 Beim Zutropfen von konzentrierter Salzsäure auf festes Kaliumpermanganat (▶ B 112.1) entsteht ein gelbgrünes Gas, das ein feuchtes Lackmuspapier bleicht. Um welches Gas handelt es sich?

3 Wie kann man exakt nachweisen, daß es sich bei einer Lösung um
a) gelöstes Natriumchlorid,
b) gelöstes Kaliumbromid,
c) gelöstes Kaliumiodid,
d) Salzsäure handelt?

4 Gibt man Silbersalzlösung zu Leitungswasser, so tritt eine schwache weiße Trübung auf. Erkläre!

5 Konzentrierte 37%ige Salzsäure wird auch rauchende Salzsäure genannt. Warum ist diese Bezeichnung nicht exakt?

6 a) In Salzlagerstätten findet man neben Kochsalz noch Schichten anderer Salze. Besonders die über dem Kochsalz liegenden Kali- und Magnesiumsalze sind wertvoll, da sie wichtige Rohstoffe für die Herstellung von Mineraldünger sind. Bei ihrer Gewinnung fallen riesige Mengen an Salzrückständen an (▶ B 112.2 links). Ein Teil davon wird in die Flüsse geleitet. So transportiert der Rhein täglich viele tausend Tonnen an Salzen in die Nordsee (▶ B 112.2 rechts). Berechne und vergleiche, wieviel Salz täglich den Rhein bei Basel und bei Koblenz passiert.
b) Millionen von Menschen werden aus dem Rhein mit Trinkwasser versorgt. Jahreszeitlich bedingt können bei der Aufbereitung von Trinkwasser Schwierigkeiten auftreten. Das salzhaltige Flußwasser kann dann nur zum Teil als Trinkwasser verwendet werden. Versuche hierfür eine Erklärung zu finden.

7 Erkläre folgenden Versuchsablauf: Beim Auftropfen von konzentrierter Schwefelsäure auf Kochsalz entsteht ein Gas, das über geschmolzenes Natrium geleitet wird. Es reagiert mit heller Leuchterscheinung zu einem weißen, salzig schmeckenden Feststoff und einem Gas, das nach Durchführung der Knallgasprobe entzündet wird. An einem über die Flamme gehaltenen Becherglas kann man einen Beschlag aus kleinen Tröpfchen erkennen (▶ B 112.3).

B 112.3 Zu Aufgabe 7

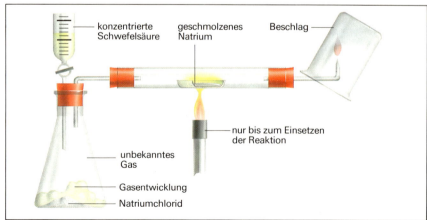

10 Periodensystem und Atombau

Wir haben die Atome der verschiedenen Elemente bisher im Sinne Daltons als Kugeln betrachtet, die sich nur in ihrer Masse und Größe voneinander unterscheiden. Diese einfache Modellvorstellung reichte aus, um die Massengesetze zu veranschaulichen. Die meisten Eigenschaften von Stoffen und deren chemisches Verhalten lassen sich damit jedoch nicht erklären.

Wichtige physikalische Entdeckungen leiteten etwa ab Beginn dieses Jahrhunderts eine Entwicklung zu immer leistungsfähigeren Atommodellen ein, die insbesondere das Innere der Atome zum Gegenstand haben. Sie ermöglichen ein tieferes Verständnis des Aufbaus und des Verhaltens von Stoffen.
In diesem Kapitel befassen wir uns mit einigen wesentlichen Entdeckungen, von denen die Entwicklung verschiedener Atommodelle ausging. Wir gelangen zu einem Modell, durch das wir die Ähnlichkeiten innerhalb einer Elementgruppe erklären können und das uns ein allgemeines Ordnungsprinzip für die Atome aller Elemente liefert.

Das Bild auf dieser Seite zeigt verschiedene Modelle für das Chloratom.

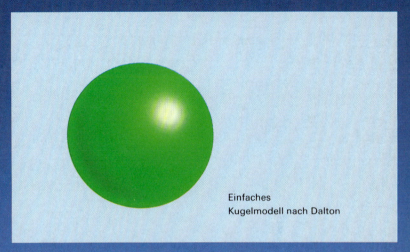
Einfaches Kugelmodell nach Dalton

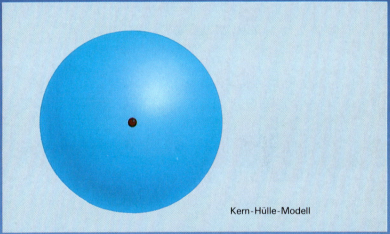
Kern-Hülle-Modell

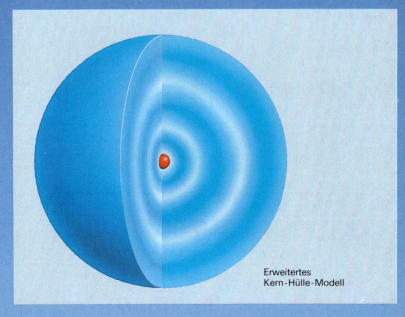
Erweitertes Kern-Hülle-Modell

10.1 Elementgruppen und Periodensystem

Element Zeichen des Atoms	Atommasse in u	Siedetemp. in °C	Dichte (0 °C, 1 bar) in g/l	1 l Luft enthält (ml)	Licht der Leuchtstoffröhre
Helium He	4,0	−269	0,18	0,0046	gelb
Neon Ne	20,2	−246	0,90	0,016	rot
Argon Ar	39,9	−186	1,78	9,3	rot
Krypton Kr	83,8	−153	3,74	0,0011	gelbgrün
Xenon Xe	131,3	−108	5,86	0,00008	violett

B 114.1 Die Edelgase bilden eine Elementgruppe

B 114.2 Ansatz zur Ordnung der Elemente

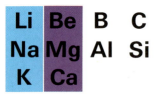

B 114.3 Dimitrij Mendelejew (1834–1907)

B 114.4 Lothar Meyer (1830–1895)

Die Elementgruppe der Edelgase. Es gibt Elemente, die in vielen ihrer Eigenschaften auffallend ähnlich sind. Solche Elemente werden in einer *Elementgruppe* zusammengefaßt. Wir haben bisher drei Elementgruppen kennengelernt: die *Alkalimetalle,* die *Erdalkalimetalle* und die *Halogene.* Eine Gruppe von Elementen, die ihre Verwandtschaft auf besonders einfache Weise erkennen lassen, sind die **Edelgase** (▶ B 114.1).

Die Edelgase wurden erst Ende des 19. Jahrhunderts, jedoch alle innerhalb kurzer Zeit (1894–1898), entdeckt. Sie sind alle in der Luft enthalten. Ihr Anteil ist, mit Ausnahme des Argons, sehr gering. Es zeigte sich, daß das zuerst entdeckte Argon (von griech. argos, träge) mit keinem anderen Stoff reagierte. Entsprechend verhielten sich die anderen Elemente, deshalb nannte man sie Edelgase. Erst seit 1962 weiß man, daß Krypton und Xenon in besonderen Fällen reagieren. Alle Edelgase sind farblos und geruchlos, die kleinsten Teilchen sind Atome.

Wegen ihrer Reaktionsträgheit werden Edelgase als Schutzgase verwendet, um unerwünschte Reaktionen zu verhindern, z. B. die Oxidation von Metallen beim Schweißen oder in Glühlampen. Edelgase erzeugen in Leuchtstoffröhren charakteristische Farben. Helium ersetzt den Wasserstoff als Füllgas für Ballons.

Das System der Elemente von Mendelejew und Meyer. Bis zur Mitte des 19. Jahrhunderts waren etwa 50 Elemente bekannt. Zahlreiche Forscher beschäftigte damals die chemische Verwandtschaft der Elemente. Es wurden bereits Elemente mit ähnlichen Eigenschaften zu Gruppen zusammengefaßt, z. B. die Elemente Lithium, Natrium, Kalium oder die Elemente Chlor, Brom, Iod.

Der russische Forscher Dimitrij Mendelejew und der deutsche Chemiker Lothar Meyer ordneten die Elemente nach steigender Atommasse. Beide erkannten unabhängig voneinander in der Abfolge der Elemente eine Regelmäßigkeit. So folgte z. B. nach jedem Alkalimetall ein Erdalkalimetall, auf jedes Halogen folgte in dieser Anordnung ein Alkalimetall (▶ B 114.2a). In der Reihe fehlen die damals noch unbekannten Edelgase. Teilt man die Reihe in Abschnitte, die jeweils mit dem Alkalimetall beginnen, und stellt diese untereinander, so erhält man ▶ B 114.2 b. Hier stehen durchweg verwandte Elemente untereinander.

In dem von Mendelejew 1869 aufgestellten **System der Elemente** stehen die verwandten Elemente nebeneinander (▶ B 115.1). Die Ordnung nach der Verwandtschaft konnte Mendelejew nur dadurch erreichen, daß er die ihm bekannten Elemente nicht fortlaufend anordnete, sondern Plätze für noch nicht entdeckte Elemente freihielt. Er versah diese in seinem System mit einem Frage-

Elementgruppen und Periodensystem

zeichen. Durch Vergleich mit den daneben stehenden Elementen gelang es ihm sogar, gewisse Eigenschaften der fehlenden Elemente und ihrer Atome vorherzusagen (▶ B 115.2 und 115.3).

Das Periodensystem der Elemente. Heute sind mehr als 100 Elemente bekannt. MENDELEJEWS System konnte ergänzt und durch viele Elemente, darunter die ganze Gruppe der Edelgase, erweitert werden. Die heutige Anordnung der Elemente entspricht im wesentlichen den Systemen von MENDELEJEW und MEYER. Ein gekürztes System zeigt ▶ B 115.4. Reihen von Elementen, die jeweils mit einem Alkalimetall beginnen, nennt man **Perioden**. Diese Anordnung zeigt die periodische Änderung der Elementeigenschaften und wird **Periodensystem** genannt.

Im Periodensystem stehen verwandte Elemente untereinander. Sie gehören zu einer Elementgruppe. Das Periodensystem in ▶ B 115.4 enthält nur die Elemente der **Hauptgruppen**. Weitere Elemente werden in *Nebengruppen* zusammengefaßt. Ein vollständiges Periodensystem, das alle heute bekannten Elemente enthält, ist im Anhang dargestellt.

Die erste Periode des Periodensystems umfaßt nur zwei Elemente, die dadurch eine Sonderstellung einnehmen. Der Wasserstoff wird meist der ersten Hauptgruppe zugeordnet, obwohl er nicht zu den Alkalimetallen gehört.

Bei einer Anordnung nach steigender Atommasse müßte Kalium (K) vor Argon (Ar) und Iod (I) vor Tellur (Te) stehen. Um zu erreichen, daß in einer Gruppe immer nur verwandte Elemente stehen, mußte man an einigen Stellen des Periodensystems die Plätze von jeweils zwei Elementen vertauschen. Für die Reihenfolge der Elemente ist die Atommasse also nicht durchweg entscheidend. Das Ordnungsprinzip der chemischen Verwandtschaft hat Vorrang. Um die Reihenfolge der Elemente festzulegen, erhielt jedes Element eine **Ordnungszahl**. In ▶ B 115.4 steht die Ordnungszahl unter, die Atommasse über dem Zeichen für das Atom.

In den Hauptgruppen I und II finden wir außer dem Wasserstoff nur Metalle, in den Hauptgruppen VII und VIII nur Nichtmetalle. Nicht bei allen Gruppen des Periodensystems ist die chemische Verwandtschaft der Elemente so deutlich zu erkennen wie bei den Elementen dieser Hauptgruppen. Die übrigen Hauptgruppen enthalten Nichtmetalle und Metalle. Das erste Element dieser Hauptgruppen ist jeweils ein Nichtmetall. Die Anzahl der metallischen Elemente nimmt in den Gruppen III bis VI ab. Alle im Hauptgruppensystem nicht aufgeführten Elemente sind Metalle.

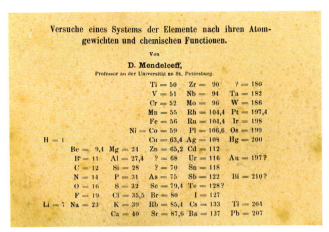

B 115.1 **System der Elemente** von MENDELEJEW von 1869

B 115.2 **Gallium schmilzt wie vorhergesagt** in der Hand

B 115.3 **Eigenschaften von Germanium**

	vorausgesagt	festgestellt
Atommasse (u)	70	72,59
Schmelztemp. (°C)	hoch	937
Dichte (g/cm³)	5,5	5,32
Oxid	XO₂	GeO₂
Dichte (g/cm³)	4,7	4,7
Chlorid	XCl₄	GeCl₄
Siedetemp. (°C)	<100	83

B 115.4 **Gekürztes Periodensystem der Elemente.** Bisher betrachtete Gruppen sind hervorgehoben

Perioden \ Gruppen	I	II	III	IV	V	VI	VII	VIII
1	1,0 H 1							4,0 He 2
2	6,9 Li 3	9,0 Be 4	10,8 B 5	12,0 C 6	14,0 N 7	16,0 O 8	19,0 F 9	20,2 Ne 10
3	23,0 Na 11	24,3 Mg 12	27,0 Al 13	28,1 Si 14	31,0 P 15	32,1 S 16	35,5 Cl 17	39,9 Ar 18
4	39,1 K 19	40,1 Ca 20	69,7 Ga 31	72,6 Ge 32	74,9 As 33	79,0 Se 34	79,9 Br 35	83,8 Kr 36
5	85,5 Rb 37	87,6 Sr 38	114,8 In 49	118,7 Sn 50	121,8 Sb 51	127,6 Te 52	126,9 I 53	131,3 Xe 54
6	132,9 Cs 55	137,3 Ba 56	204,4 Tl 81	207,2 Pb 82	209,0 Bi 83	209 Po 84	210 At 85	222 Rn 86

10.2 Von Atomen lassen sich Elektronen abspalten

 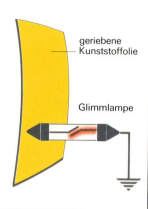

B 116.1 Nachweis der Ladung einer Kunststofffolie, die zuvor mit Papier gerieben wurde. Die Glimmlampe leuchtet am negativen Pol

V 116.1 Reibe nacheinander zwei Acetatfolien (Arbeitsprojektorfolien) mit Papier. Halte beide Folien parallel und nähere sie einander.

V 116.2 Reibe zwei Acetatfolien mit je einem gleich großen, dicht aufliegenden Blatt Papier. Trenne das Papier von der Folie und lege eine Folie kurz auf die Metallplatte eines Elektroskops (B 116.1). Verbinde die zweite Folie mit einer geerdeten Glimmlampe.
Führe diese Versuche auch mit dem zum Reiben verwendeten Papier durch. Reibe zuvor noch einmal die Folie mit diesem Papier.
Beobachte jeweils das Elektroskop und die Glimmlampe.

B 116.2 Elektrische Influenz. Die isoliert aufgehängte Metallkugel wird von der geladenen Kugel angezogen

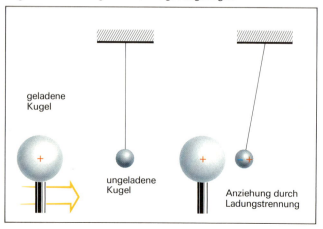

Wir haben die Atome bisher nur als Kugeln mit bestimmter Masse und Größe betrachtet. Mit dieser einfachen Modellvorstellung kann man die Massengesetze erklären. Diese Atomvorstellung führte zur chemischen Zeichensprache.
Mit Atomen, die sich nur in ihrer Masse und Größe voneinander unterscheiden, läßt sich jedoch die gesetzmäßige Anordnung der Elemente im Periodensystem nicht erklären. Warum haben z. B. die Elemente Natrium und Kalium ähnliche Eigenschaften, während zwischen Natrium und Neon so große Unterschiede bestehen? Wären die Massen der Atome für die Eigenschaften der Elemente von entscheidender Bedeutung, müßte die Verwandtschaft zwischen den Elementen am größten sein, die im Periodensystem nebeneinander stehen.
MENDELEJEW und anderen Forschern seiner Zeit gelang es noch nicht, die Rätsel, die das Periodensystem aufgab, zu lösen. Er machte aber eine wichtige Voraussage: „Aller Wahrscheinlichkeit nach liegt die Ursache in der inneren Mechanik der Atome und Moleküle". Die weitere Forschung ergab, daß die Atome aller Atomarten aus kleineren Bauteilchen, den Elementarteilchen zusammengesetzt sind.
Im folgenden wollen wir uns mit einigen Versuchen befassen, die sich nicht mit dem Daltonschen Atommodell erklären lassen. Sie führen uns schrittweise zu einem wichtigen Elementarteilchen, dem Elektron.

Stoffe können sich elektrisch aufladen. Verbindet man ein Metallstück mit einem Pol einer Spannungsquelle, wird es elektrisch aufgeladen. Gegenstände können sich jedoch auch ohne Spannungsquelle *elektrisch aufladen*. Beim Kämmen von Haaren kann man häufig folgende Erscheinung beobachten: Die Haare stoßen sich gegenseitig ab, sie werden jedoch vom Kamm angezogen. Die Ursache dieser Erscheinung läßt sich leicht mit einer Kunststofffolie untersuchen (▶ V 116.1).
Reibt man eine Kunststofffolie mit Papier, so ziehen sich beide gegenseitig an. Werden zwei Folien jeweils mit Papier gerieben und zusammengebracht, so stoßen sie sich ab. Am Zeigerausschlag des Elektroskops erkennen wir, daß Folie und Papier elektrisch aufgeladen sind (▶ B 116.1). Mit der Glimmlampe läßt sich zeigen, daß die Folie bei unserem Versuch *positiv* und das Papier *negativ aufgeladen* wird.

Alle Stoffe enthalten positive und negative elektrische Ladungen. Auch Gegenstände, die weder positiv noch negativ aufgeladen sind, enthalten *elektrische Ladungen*. Die positiven und negativen Ladungsportionen sind hier gleich groß und heben sich in ihrer Wirkung nach außen auf. Gleich große Portionen positiver und negativer Ladung *neutralisieren* sich.

Von Atomen lassen sich Elektronen abspalten

Durch Reiben können Ladungsportionen von einem Gegenstand auf einen anderen übertragen werden. Dabei kann ein Überschuß an positiver oder negativer Ladung entstehen. Gleichnamig aufgeladene Gegenstände stoßen sich ab, zwischen entgegengesetzt aufgeladenen wirkt eine Anziehungskraft.

Die Verschiebung von Ladungen in Metallen. Uns ist bekannt, daß Ladungen durch einen Metalldraht fließen, wenn man ihn mit einer Spannungsquelle so verbindet, daß ein Stromkreis vorliegt. Ladungen lassen sich in Metallen aber auch ohne Spannungsquelle verschieben, wie der folgende Versuch zur elektrischen Influenz zeigt.
Bringt man eine positiv oder negativ geladene Kugel in die Nähe einer neutralen, isoliert aufgehängten Metallkugel, so wird diese angezogen. Die zunächst gleichmäßig verteilten positiven und negativen Ladungen werden durch die von der Ladung der Kugel ausgehenden Kräfte getrennt (▶ B 116.2). Dazu muß wenigstens eine der beiden Ladungen in Metallen leicht beweglich sein.

Bewegliche und festsitzende geladene Teilchen. Hinweise darauf, daß in Metallen nur die negative Ladung beweglich ist, gibt der *glühelektrische Effekt*.
Ein glühender Metalldraht sendet negative Ladung aus. Zum Nachweis wird diese in einem evakuierten Glaskolben von einer Metallplatte aufgefangen. Verbindet man diese Platte mit einem positiv aufgeladenen Elektroskop, so geht der Zeigerausschlag zurück (▶ B 117.1). Wird das Elektroskop und damit auch die Metallplatte negativ aufgeladen, bleibt der Ausschlag bestehen. Positive Ladungen können also den Glühdraht nicht verlassen, die ausgesandten negativen Ladungen werden von der negativen Ladung der Metallplatte abgestoßen.

Der amerikanische Physiker TOLMAN konnte zeigen, daß tatsächlich nur die negativen Ladungen in Metallen beweglich sind. Wird ein schnell bewegter Metallstab plötzlich abgebremst, läßt sich am vorderen Ende kurzzeitig negative, hinten dagegen positive Ladung nachweisen. Diese Beobachtung kann man nur erklären, wenn man annimmt, daß negativ geladene Teilchen vorliegen, die ihre Bewegung beim Abbremsen noch einen Moment fortsetzen. Bei diesen Teilchen kann es sich nur um Atombestandteile handeln. Sie sammeln sich beim Abbremsen des Metallstückes vorne an, während die positiv geladenen Atombestandteile festsitzen. Nach dem Stillstand des Metallstücks erfolgt sehr schnell ein Ladungsausgleich, da sich die negativ geladenen Teilchen untereinander abstoßen und von den positiv geladenen Atombestandteilen angezogen werden. Dieses Verhalten sich abstoßender Teilchen wird in ▶ B 117.2 simuliert.

Elektronen. Im Vergleich zu den positiven Atombestandteilen der Metalle haben deren negative Atombestandteile eine sehr geringe Masse. Sie sind untereinander alle gleich, auch wenn sie von verschiedenen Metallatomen stammen. Man nennt sie **Elektronen**. Alle Elektronen haben eine gleich große negative elektrische Ladung. Diese ist die kleinste Ladungsportion, man nennt sie deshalb *negative Elementarladung*.

Fließt ein Strom durch einen Metalldraht, so bedeutet dies, daß Elektronen fließen. Sie stammen von den Metallatomen. Der festsitzende positive Rest des Atoms ist charakteristisch für das jeweilige Metall und besitzt fast die gesamte Masse des Metallatoms.
Auch Nichtmetallatome können Elektronen abgeben (▶ V 116.2). In fast allen Verbänden aus Nichtmetallatomen sind Elektronen jedoch kaum beweglich.

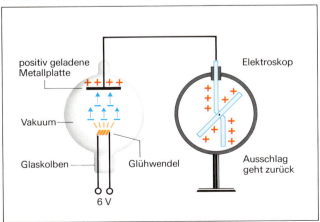

B 117.1 **Glühelektrischer Effekt.** Ein glühender Metalldraht (elektrisch beheizt) sendet negative Ladung aus

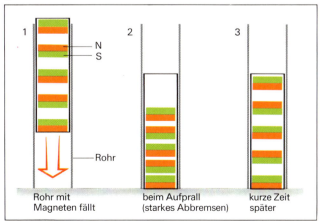

B 117.2 **Modellversuch** mit Magneten zum Verhalten negativ geladener Teilchen beim Abbremsen eines Metallstücks

10.3 Elementarteilchen – Radioaktivität

Elementarteilchen. Elektronen sind Teilchen, die am Aufbau aller Atome beteiligt sind. Sie lassen sich von Atomen abtrennen und sind untereinander gleich. Würden alle Elektronen von einem Atom abgespalten, so bliebe ein positives Teilchen, der Atomkern, zurück. Dieser unterscheidet sich in seiner Masse nur unwesentlich von dem Atom, aus dem er stammt, und ist charakteristisch für jede Atomsorte.

Von allen Atomkernen hat der Kern des Wasserstoffatoms die geringste Masse. Seine Ladung ist die kleinste positive Ladungsportion, die *positive Elementarladung.* Ihr Betrag entspricht dem der negativen Elementarladung, der Ladung eines Elektrons. Wasserstoffatomkerne sind am Aufbau der Kerne aller Atomsorten beteiligt. Wasserstoffatomkerne sind also wie die Elektronen Atombausteine. Man nennt sie **Protonen** (von griech. proton, das Erste). Mit Ausnahme des Wasserstoffatomkerns enthalten alle anderen Atomkerne einen weiteren Kernbaustein: das **Neutron**. Neutronen besitzen keine Ladung. Die Masse eines Neutrons unterscheidet sich nur wenig von der Masse eines Protons.

Elektronen, Protonen und *Neutronen* sind Bauteilchen der Atome. Man nennt sie **Elementarteilchen**.

In ▶ B 118.1 sind die für uns wichtigen Daten dieser Elementarteilchen zusammengefaßt. Damit läßt sich die Zusammensetzung der Atome beschreiben.

Wichtige Aufschlüsse über den Bau der Atome erhielt man durch die Untersuchung radioaktiver Stoffe und aus der Strahlung, die diese Stoffe aussenden.

Entdeckung der Radioaktivität. Legt man auf einen lichtdicht verpackten Röntgenfilm ein Stück Pechblende (ein Uranerz) und dazwischen einige Metallgegenstände, so kann man deren Konturen nach einigen Tagen auf dem entwickelten Film erkennen (▶ B 118.2). Durch ähnliche Versuche entdeckte 1896 der französische Physiker Becquerel, daß es Stoffe gibt, die unsichtbare Strahlen aussenden. Die Strahlung der Pechblende hat in unserem Versuch die Filmhülle aus Papier durchdrungen und den Film geschwärzt. Die Metallgegenstände schwächten die Strahlung ab und wurden dadurch abgebildet.

Die von der Pechblende ausgehende Strahlung schrieb man zunächst dem Element *Uran* zu. Diese „Uran-Strahlen" wurden kurz nach Becquerels Beobachtung auch bei dem Element *Thorium* nachgewiesen. Auf der Suche nach weiteren strahlenden Elementen entdeckten Marie und Pierre Curie 1898 die stark strahlenden Elemente *Radium* (von lat. radius, Strahl) und *Polonium*.

Der Umgang mit den erhaltenen Elementen war außerordentlich gefährlich. Die von Radium ausgehende Strahlung ist etwa eine Million mal intensiver als die des Uran. Zur anschließenden Gewinnung von 100 mg reinem Radium mußten in jahrelanger Arbeit mehrere Tonnen Pechblenderückstände aus der Urangewinnung aufgearbeitet werden. Die Eigenschaft dieser Elemente, ohne äußere Einwirkung dauernd Strahlen auszusenden, wurde vom Ehepaar Curie **Radioaktivität** genannt.

α-, β- und γ-Strahlen. Um die Jahrhundertwende fanden die radioaktiven Stoffe bei vielen Forschern großes Interesse und wurden intensiv weiter untersucht. Dabei stellte sich heraus, daß die von diesen Stoffen ausgehenden Strahlen nicht einheitlich sind. Es ließen sich *drei verschiedene Strahlenarten* nachweisen, man nennt sie

B 118.1 Bauteilchen der Atome. Die Elementarteilchen unterscheiden sich in ihrer Masse und Ladung

	Elektron	Proton	Neutron
Zeichen	e^-	p^+	n
Masse in u	0,0005	1,0073	1,0087
Ladung in Elementarladungen	−1	+1	0

gleich große, aber entgegengesetzte Ladungen (Elektron, Proton) – nahezu gleiche Massen (Proton, Neutron)

B 118.2 Becquerel-Versuch. Durch Auflegen der Pechblende werden die Umrisse der Gegenstände auf dem Film abgebildet

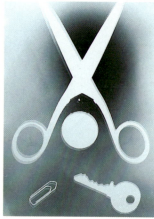

Elementarteilchen – Radioaktivität

α-, β- und γ-Strahlen. Sie können durch ihr unterschiedliches Verhalten in einem elektrischen oder magnetischen Feld erkannt werden. Während die γ-Strahlen ihre Richtung nicht ändern, werden α- und β-Strahlen unterschiedlich abgelenkt (▶ B 119.1). Dies führte zu dem Schluß, daß α-Strahlen aus positiv und β-Strahlen aus negativ geladenen Teilchen bestehen. Weitere Untersuchungen ergaben:

α-Strahlen bestehen aus Teilchen mit der Masse 4 u. Sie besitzen zwei positive Elementarladungen und sind identisch mit den Kernen von Heliumatomen. α-Strahlen haben in Luft eine Reichweite von nur wenigen Zentimetern und können ein Blatt Papier nicht durchdringen.

β-Strahlen sind sehr schnelle Elektronen. Sie können dünne Metallbleche durchdringen.

γ-Strahlen sind wie Licht- und Röntgenstrahlen durch elektrische oder magnetische Felder nicht ablenkbar und haben wie Röntgenstrahlen ein starkes Durchdringungsvermögen. Nur dicke Metallschichten können die Strahlen abschwächen.

Nachweismethoden für radioaktive Strahlen. Da radioaktive Strahlen unsichtbar sind, benötigt man besondere Nachweismethoden, die auf den Wirkungen der Strahlen beruhen. Treffen diese auf einen *Leuchtschirm*, so verursachen sie an der Stelle des Auftreffens ein Aufleuchten. Früher enthielten z. B. Leuchtziffern von Uhren geringe Mengen Radium und einen Leuchtstoff, der beim Auftreffen von α-Teilchen Licht aussendet. In der *Nebelkammer* kann man die Bahn von α- und β-Teilchen sichtbar machen. Sie hinterlassen in Luft, die mit Wasserdampf übersättigt ist, eine Spur von kleinen Wassertröpfchen (Nebel ▶ B 119.2). Der Wasserdampf kondensiert dort, wo α- oder β-Teilchen auf Gasteilchen treffen. Beim *Geiger-Müller-Zählrohr* nutzt man die Eigenschaft der Strahlen aus, Gase elektrisch leitend zu machen. Das Zählrohr besteht aus einem Metallzylinder, in den ein Metallstift ragt. Dieser ist mit dem positiven Pol, das Gehäuse mit dem negativen Pol einer Hochspannungsquelle verbunden. Der Zylinder ist mit einer strahlendurchlässigen Folie verschlossen. Gelangt ein α- oder β-Teilchen in das Zählrohr, so fließt durch das Gas für kurze Zeit ein Strom. Die einzelnen Stromstöße können durch einen Zähler registriert werden. Mit dem Zählrohr lassen sich auch γ-Strahlen erfassen.

Radioaktivität entsteht durch Zerfall von Atomen. Radium sendet α-Teilchen aus. Es handelt sich hierbei um Bruchstücke von Radiumatomen. Zerfällt ein Atom, indem es ein α-Teilchen abgibt, so hat der Rest des Atoms eine geringere Masse. Dabei entsteht eine andere Atomsorte. Auch bei der β-Strahlung verändert sich die Atomsorte, obwohl sich die Atommasse nur unwesentlich ändert. Bei den natürlich vorkommenden radioaktiven Elementen treten γ-Strahlen nur zusammen mit α- oder β-Strahlen auf.

Beim radioaktiven Zerfall einer Radiumportion gibt in einem Jahr nur ein sehr kleiner Bruchteil der Radiumatome α-Teilchen ab. Dadurch verringert sich langsam die Anzahl der Radiumatome und damit auch die Anzahl der Zerfälle. Nach jeweils 1580 Jahren ist nur noch die Hälfte der Radiumatome vorhanden. Die Zeit, in der die Hälfte der ursprünglich vorhandenen Atome einer radioaktiven Atomsorte zerfallen sind, nennt man **Halbwertszeit**. Sie ist charakteristisch für eine bestimmte radioaktive Atomsorte. Die Halbwertszeiten liegen zwischen Bruchteilen von Sekunden und mehreren Milliarden Jahren.

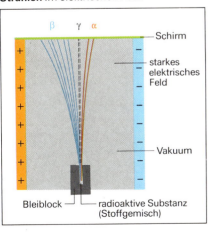

B 119.1 Ablenkung von radioaktiven Strahlen im elektrischen Feld

B 119.2 Nebelkammeraufnahme der Spuren von α-Teilchen

B 119.3 Marie Curie (1867–1934)

10.4 Das Kern-Hülle-Modell

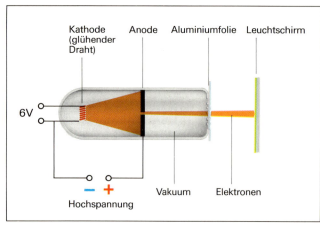

B 120.1 Kathodenstrahlen durchdringen eine Aluminiumfolie und lassen sich mit einem Leuchtschirm nachweisen

Wir haben die Bausteine der Atome kennengelernt und wollen uns nun mit der Anordnung der Elementarteilchen in den Atomen befassen. Dazu betrachten wir zunächst Experimente, die zu einem Modell von der Verteilung der Materie und der Ladung im Atom geführt haben.

Die Untersuchung des Atominnern begann mit den Durchstrahlungsversuchen, die der deutsche Physiker LENARD zu Beginn des Jahrhunderts mit Kathodenstrahlen durchgeführt hat. Es handelt sich dabei um schnell fliegende Elektronen. In einer Kathodenstrahlröhre (▶ B 120.1) gehen von einem glühenden Metalldraht Elektronen aus. Diese werden mit Hilfe einer Hochspannungsquelle stark beschleunigt. LENARD bestrahlte dünne Blättchen verschiedener Stoffe. Er stellte fest, daß schnelle Elektronen dünne Metallschichten durchdringen können, obwohl diese aus vielen Lagen dicht gepackter Atome bestehen. Er schloß daraus, daß die Atome keine massiven Kugeln sein können, sondern zum größten Teil aus leerem Raum bestehen.

B 120.2 Apparatur RUTHERFORDS (Nachbildung)

Um weitere Aufschlüsse über den Bau der Atome zu erhalten, bestrahlte der englische Physiker RUTHERFORD ebenfalls dünne Metallschichten. Er verwendete dazu jedoch die von ihm entdeckten α-Strahlen, also schnell fliegende, positiv geladene Teilchen, deren Masse etwa 7000mal größer ist als die der Elektronen. Als Strahlenquelle diente Radium, das sich in der Bohrung eines Bleiblocks befand. RUTHERFORD erhielt dadurch einen scharf begrenzten Strahl von α-Teilchen. Diesen richtete er in einer evakuierten Apparatur auf eine sehr dünne Goldfolie (▶ B 120.2). Um auf den weiteren Weg der α-Teilchen schließen zu können, benutzte RUTHERFORD einen Leuchtschirm. Durch ein angesetztes Mikroskop konnte

B 120.3 Ablenkung von α-Teilchen. Durch Drehen von Folie und Strahlenquelle ließen sich die abgelenkten Teilchen erfassen

B 120.4 Deutung des Rutherford-Experiments. Nur einige α-Teilchen werden in den Goldatomen abgelenkt

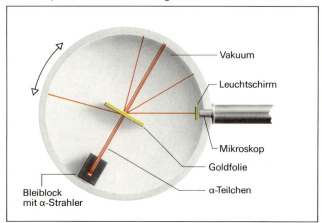

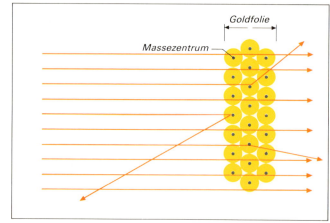

Das Kern-Hülle-Modell

er die Lichtblitze beobachten, die von den auftreffenden α-Teilchen verursacht wurden. Um das Experiment auszuwerten, mußten die Blitze mühsam ausgezählt werden. Später war es dann möglich, für derartige Untersuchungen das von RUTHERFORDS Mitarbeiter GEIGER entwickelte Zählrohr einzusetzen.
Als experimenteller Befund ergab sich, daß nahezu alle α-Teilchen die Goldfolie (eine Schicht aus etwa 2000 Atomen) ungehindert durchdrangen. Nur ein sehr geringer Anteil wurde deutlich abgelenkt (▶ B 120.3).

RUTHERFORD ging davon aus, daß die α-Teilchen abgelenkt werden, wenn sie in die Nähe von positiv geladenen Teilchen gelangen (▶ B 120.4, ▶ V 121.1). Aus den Versuchsergebnissen schloß er, daß fast die ganze Masse des Goldatoms in einem winzigen Bereich vereinigt ist. Dieser liegt im Zentrum des Atoms und wird **Atomkern** genannt. Der Durchmesser des Atomkerns konnte berechnet werden. Er ist bis zu 100000mal kleiner als der Durchmesser des ganzen Atoms (▶ B 121.1). Aus den Bahnen der abgelenkten α-Teilchen ergab sich, daß der Kern des Goldatoms eine hohe positive Ladung besitzt. Untersuchungen mit Folien verschiedener Metalle führten zu entsprechenden Ergebnissen.

Durch seine Untersuchungen kam RUTHERFORD zu einer Modellvorstellung vom Bau der Atome. Danach enthalten alle Atome einen positiv geladenen Atomkern, der nahezu die gesamte Masse des Atoms besitzt. Die positive Ladung des Kerns wird durch die negative Ladung der Elektronen ausgeglichen, die sich mit hoher Geschwindigkeit um den Kern bewegen.
Heute weiß man, daß man für die Bewegung der Elektronen keine festen Bahnen angeben kann. Die Elektronen bewegen sich in einem kugelförmigen Raum, der **Elektronenhülle,** die den Atomkern umgibt (▶ B 121.2a). Ein Elektron kann überall in der Elektronenhülle angetroffen werden. Der Weg eines Elektrons in der Hülle läßt sich nicht verfolgen. Die Ladung des Elektrons ist über die gesamte Hülle verteilt. Um die Verteilung eines Elektrons in der Hülle zu veranschaulichen, denken wir uns viele Momentaufnahmen des Elektrons übereinandergelegt (▶ B 121.2b). Je dichter die Punkte erscheinen, desto größer ist die Wahrscheinlichkeit, das Elektron in diesem Bereich zu finden.

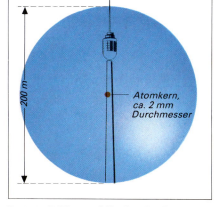

B 121.1 Größenverhältnisse im Atom (Veranschaulichung)

V 121.1 Modellversuch zur Ablenkung von α-Teilchen in Atomen: Ein mit Aluminiumbronze überzogener Tischtennisball wird an einem langen Faden aufgehängt. Dicht daneben stellt man eine große, isolierte Metallkugel und lädt diese mit einem geriebenen Kunststoffstab auf. Die kleine Kugel wird durch Berührung mit der großen Kugel gleichsinnig aufgeladen. Man läßt die kleine Kugel an der großen vorbei pendeln und beobachtet die Bahn.

B 121.2 Kern-Hülle-Modell eines Atoms in verschiedenen Darstellungen. Der positiv geladene Kern (rot) wird vom negativ geladenen Elektron umhüllt (blau)

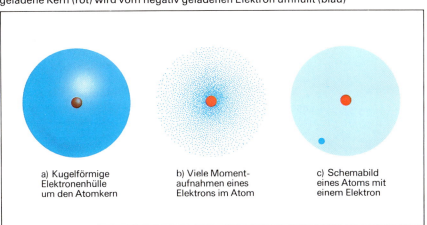

a) Kugelförmige Elektronenhülle um den Atomkern

b) Viele Momentaufnahmen eines Elektrons im Atom

c) Schemabild eines Atoms mit einem Elektron

B 121.3 ERNEST RUTHERFORD (1871–1937)

10.5 Der Atomkern – Isotope

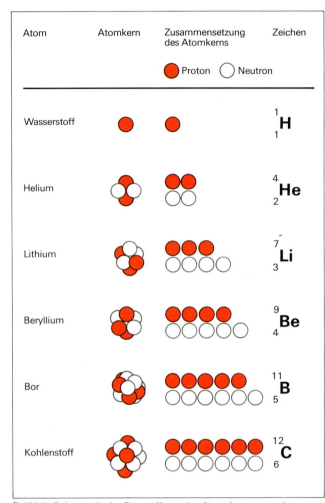

Der Aufbau der Atome aus Elementarteilchen. Die Streuversuche RUTHERFORDS wurden mit verschiedenen Metallfolien durchgeführt. Es gelang dabei nicht nur, die Größe des Kerns, sondern auch die Ladung der betreffenden Atomkerne zu bestimmen. Sie ist ein ganzzahliges Vielfaches der Elementarladung. Die Anzahl der Elementarladungen des Kerns nennt man **Kernladungszahl**.

Mitarbeiter RUTHERFORDS ermittelten Kernladungszahlen für folgende Atomkerne: Gold +79, Platin +78, Silber +47, Kupfer +29, Aluminium +13. Zusammen mit weiteren Untersuchungen ergab sich, daß die Kernladungszahl mit der Ordnungszahl der Elemente im Periodensystem übereinstimmt. Später konnte bewiesen werden, daß die Kernladungszahl der Anzahl der Protonen im Kern entspricht. Damit war MENDELEJEWS Vermutung bewiesen, daß die Anordnung der Elemente im Periodensystem durch den Bau der Atome bestimmt wird. Mit der Entdeckung der Neutronen 1932 entstand ein Atomkernmodell, das den Aufbau aller Atomkerne aus Protonen und Neutronen beschreibt.

Der Atomkern ist aus Protonen und Neutronen aufgebaut. Die Anzahl der Protonen im Kern eines Atoms entspricht der Ordnungszahl des Elements. Die Anzahl der Elektronen in der Hülle stimmt mit der Anzahl der Protonen im Kern überein.

Die Atomkerne verschiedener Atomsorten. Bei den Atomen der Elemente, die im Periodensystem aufeinanderfolgen, nimmt die Anzahl der Protonen (und Elektronen) jeweils um 1 zu. Der Kern des Wasserstoffatoms besteht nur aus einem Proton. Der Kern des Heliumatoms enthält 2 Protonen, der Kern des Lithiumatoms 3 Protonen usw. Da die Masse des Protons etwa 1 u und die Masse des Heliumatoms 4 u beträgt, muß dessen Kern 2 Neutronen enthalten. Die Masse eines Neutrons stimmt fast mit der Masse des Protons überein.
In ▶ B 122.1 ist die Zusammensetzung einiger Atomkerne dargestellt. Zur Kennzeichnung eines Atoms und seines Kerns wird die in ▶ B 122.2 erläuterte Schreibweise verwendet. Die Kernbausteine Protonen und Neutronen bezeichnet man auch als **Nukleonen**. Die Nukleonen werden im Kern durch riesige Kräfte zusammengehalten, die durch einfache Modellvorstellungen nicht erklärt werden können.

B 122.1 Schematische Darstellung der Atomkerne von Atomen der Elemente mit der Ordnungszahl 1 bis 6
B 122.2 Kennzeichnung eines Atoms und seines Kerns durch Angabe der Protonen- und Nukleonenanzahl

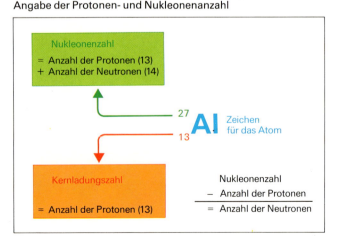

Isotope. Ein Boratom (B), dessen Kern aus 5 Protonen und 6 Neutronen besteht, hat die Masse 11,01 u. Vergleicht man diesen Wert mit der Angabe der Atommasse im Periodensystem 10,8 u (B 115.4), so stellt man eine deutliche Abweichung fest.

Der Atomkern – Isotope

Bei der Massenbestimmung von Boratomen mit Hilfe des Massenspektrographen (↗ Kap. 7.2) erhält man zwei Werte, 10,01 u und 11,01 u. Es gibt also zwei verschiedene Sorten von Boratomen, die sich in ihrer Masse unterscheiden. Das Element Bor ist ein Gemisch aus 80% Boratomen mit der Masse 11,01 u und 20% Boratomen mit der Masse 10,01 u. Da sich die Zusammensetzung des Gemisches nicht ändert, kann man eine mittlere Atommasse von 10,81 u berechnen.
Die Kerne der beiden Boratomsorten enthalten die gleiche Anzahl von Protonen. Die Zahl der Neutronen beträgt entweder 5 oder 6. Es gibt also die Boratomkerne $^{10}_{5}B$ und $^{11}_{5}B$.

Atome des gleichen Elements, die sich in ihrer Neutronenzahl und damit in ihrer Atommasse unterscheiden, werden isotope Atome – oder kurz Isotope – genannt.

Die isotopen Atome eines Elements unterscheiden sich nicht in ihrem chemischen Verhalten. Dieses wird nur durch die Elektronen- und damit durch die Protonenanzahl bestimmt und nicht durch die Anzahl der Neutronen. Man verwendet deshalb für isotope Atome dieselben Zeichen. Nur für die isotopen Atome des Wasserstoffs werden verschiedene Zeichen verwendet. Das Wasserstoffatom mit der Masse 2 u wird *Deuterium* genannt und mit D bezeichnet.

Die meisten Elemente bestehen aus einem *Gemisch von isotopen Atomen*. Diese Elemente nennt man *Mischelemente* im Gegensatz zu den *Reinelementen*, deren Atome untereinander alle gleich sind (▶ B 123.1).
▶ B 123.2 zeigt den Aufbau der Atomkerne einiger Mischelemente und die Zusammensetzung der Isotopengemische. Für die Atome eines Mischelements wird in Tabellen die durchschnittliche Masse angegeben.
In der Natur gibt es drei verschiedene isotope Kohlenstoffatome: $^{12}_{6}C$, $^{13}_{6}C$ und $^{14}_{6}C$. Aus der Häufigkeit und der Masse der isotopen Atome ergibt sich der durchschnittliche Wert $m(1\,C) = 12{,}011$ u. Die Definition der Atommasseneinheit u beruht auf der Masse des Kohlenstoffisotops $^{12}_{6}C$:

$$1\,u = \frac{m(1\,^{12}_{6}C)}{12}$$

Der Kern des Isotops $^{14}_{6}C$ ist instabil und kann zerfallen. Der Anteil dieses Isotops im Isotopengemisch ist sehr gering.
Viele Elemente enthalten geringe Anteile isotoper Atome mit instabilen Kernen und sind deshalb schwach radioaktiv. Die Elemente, deren Ordnungszahlen größer als 83 sind, bestehen nur aus instabilen isotopen Atomen.

Element	Atom	Kern – Anzahl der Protonen	Kern – Anzahl der Neutronen	Hülle – Anzahl der Elektronen
Beryllium	Be	4	5	4
Fluor	F	9	10	9
Natrium	Na	11	12	11
Aluminium	Al	13	14	13
Phosphor	P	15	16	15
Arsen	As	33	42	33
Iod	I	53	74	53
Caesium	Cs	55	78	55
Bismut	Bi	83	126	83

B 123.1 Zusammensetzung der Atome von Reinelementen. Es gibt nur 20 Reinelemente

A 123.1 Was kann man über den Bau der Atome eines Elements aussagen, wenn man dessen Ordnungszahl kennt?

A 123.2 Gib die Anzahl der Protonen, Elektronen und Neutronen für folgende Atome an: $^{20}_{10}Ne$, $^{63}_{29}Cu$, $^{197}_{79}Au$.

A 123.3 Das Element Silber ist ein Mischelement und besteht aus den isotopen Atomsorten $^{107}_{47}Ag$ und $^{109}_{47}Ag$. Der Anteil des Isotops mit der kleineren Atommasse beträgt 52,5%.
Berechne die mittlere Atommasse von Silberatomen und vergleiche mit der Angabe im Periodensystem.
$m(^{107}_{47}Ag) = 106{,}9$ u; $m(^{109}_{47}Ag) = 108{,}9$ u.

B 123.2 Mischelemente bestehen aus zwei oder mehreren isotopen Atomsorten

Element	isotope Atome Teilchenzahlanteil in %				durchschnittliche Atommasse in u
Wasserstoff	$^{1}_{1}H$ 99,99	$^{2}_{1}D$ 0,01			1,008
Magnesium	$^{24}_{12}Mg$ 79,0	$^{25}_{12}Mg$ 10,0	$^{26}_{12}Mg$ 11,0		24,31
Schwefel	$^{32}_{16}S$ 95,0	$^{33}_{16}S$ 0,8	$^{34}_{16}S$ 4,2		32,06
Chlor	$^{35}_{17}Cl$ 75,4	$^{37}_{17}Cl$ 24,6			35,45
Eisen	$^{54}_{26}Fe$ 5,8	$^{56}_{26}Fe$ 91,6	$^{57}_{26}Fe$ 2,2	$^{58}_{26}Fe$ 0,4	55,85

10.6 Atomhülle – Energie der Elektronen

Das Atom besteht aus einem Atomkern und der Atomhülle, die von Elektronen gebildet wird. Man nennt diese auch **Elektronenhülle**. Die Anzahl der Elektronen in der Hülle ist gleich der Anzahl der Protonen im Kern. Atome sind nach außen elektrisch neutral. Die Elektronen bewegen sich sehr schnell in einem kugelförmigen Raum, der den Kern umgibt. Die Bewegung eines Elektrons verhindert, daß es auf den Kern fällt. Da die Veränderungen der Atome bei chemischen Reaktionen nur in der Elektronenhülle erfolgen, wollen wir nun deren Bau näher betrachten. Dazu sollen die Atome zunächst als isolierte Teilchen behandelt werden.

Die Energie eines Elektrons in der Hülle. Da sich ein Elektron in der Hülle bewegt, besitzt es Bewegungsenergie. Außerdem hat das Elektron Lageenergie, die um so größer ist, je weiter es vom Kern entfernt ist. Diese Tatsache können wir uns am Beispiel von zwei entgegengesetzt geladenen Kugeln erklären. Um eine geladene Kugel K1 von einer festsitzenden, entgegengesetzt geladenen Kugel K2 zu entfernen, muß zur Überwindung der Anziehungskraft Arbeit verrichtet werden. Diese Arbeit ist um so größer, je weiter die Ladungen voneinander entfernt werden. Dabei nimmt die Lageenergie von K1 zu. Man kann diesen Vorgang mit dem Anheben eines Gegenstandes vergleichen, dessen Lageenergie um so größer wird, je größer die verrichtete Hubarbeit ist.
Das Elektron in der Hülle des Wasserstoffatoms besitzt eine bestimmte Gesamtenergie aus Bewegungsenergie und Lageenergie, die das Elektron nicht abgibt. Die Energie des Elektrons kann jedoch durch Energiezufuhr erhöht werden. Das Elektron verweilt allerdings nur sehr kurze Zeit in einem höheren Energiezustand und fällt dann wieder unter Energieabgabe in den Ausgangszustand zurück. Diesen Zustand kleinstmöglicher Energie eines Elektrons im Atom nennt man **Grundzustand**.

Die Bildung von Ionen aus Atomen. Unter bestimmten Bedingungen können auch Gase den elektrischen Strom leiten. Schaltet man eine Leuchtstoffröhre ein, so fließt durch die Gasfüllung ein Strom. Es bewegen sich also geladene Teilchen, die aus den neutralen Teilchen entstehen müssen. Verwendet man eine Leuchtstoffröhre mit Heliumfüllung, so werden von Heliumatomen Elektronen abgespalten, und es entstehen positiv geladene Heliumatome. Durch Abspaltung von Elektronen aus einem Atom entstehen *positiv geladene Atome,* da die positive Kernladung nicht mehr durch die negative Ladung der Elektronenhülle ausgeglichen wird. Atome, die nach außen als geladene Teilchen wirken, nennt man **Ionen** (von griech. ion, das Wandernde; ein Ion bewegt sich – „wandert" – wegen seiner Ladung im elektrischen Feld). Zur Kennzeichnung eines Ions verwendet man das Zeichen für das Atom und gibt zusätzlich die Ladung des Ions in Elementarladungen an, z. B. He^+, He^{2+} (▶ B 124.1). Die Abspaltung eines Elektrons aus einem Teilchen wird **Ionisierung** genannt.

Ionisierungsenergie. Die Ionisierungsenergie ist der Energiebetrag, der gerade ausreicht, um die Energie eines Elektrons soweit zu erhöhen, daß es den Anziehungsbereich des Kerns verlassen kann (▶ B 124.2). Damit die Energiebeträge für die Ionisierung verschiedener Atomsorten vergleichbar sind, müssen die Angaben für jeweils gleiche Teilchenanzahlen erfolgen. Häufig wird die Ionisierungsenergie auf die Stoffmenge 1 mol bezogen. Die Ionisierungsenergie für Wasserstoffatome beträgt 1313 kJ/mol.

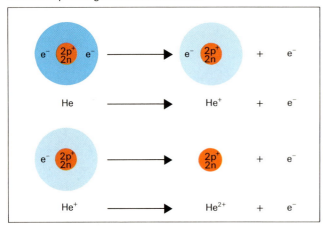

B 124.1 **Abspaltung von Elektronen aus Heliumatomen.** Es entstehen positiv geladene Heliumionen

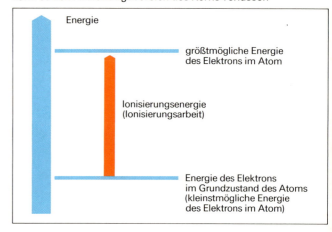

B 124.2 **Ionisierungsenergie.** Wird sie dem Elektron zugeführt, kann es den Anziehungsbereich des Kerns verlassen

Atomhülle – Energie der Elektronen

Ein Elektron wird vom Kern um so stärker angezogen, je größer dessen Ladung ist. Man müßte also erwarten, daß die Energie für die Abspaltung eines Elektrons mit steigender Kernladungszahl der Atome zunimmt, wenn alle Elektronen etwa die gleiche Entfernung zum Kern hätten. Durch die experimentell ermittelten Ionisierungsenergien wird diese Erwartung nur zum Teil bestätigt.
In ▶ B 125.1 erkennen wir, daß die Ionisierungsenergien bis zu den Atomen der Edelgase ansteigen und bei den darauffolgenden Alkalimetallatomen stark abfallen. Ein Elektron wird vom Kern um so stärker festgehalten, je geringer die Entfernung des Elektrons vom Kern ist. Der Grund für die kleine Ionisierungsenergie der Alkalimetallatome ist, daß das abgespaltene Elektron im Alkalimetallatom eine größere mittlere Entfernung zum Kern hatte als das abgespaltene Elektron im Edelgasatom.

Wenn wir Kernabstände von Elektronen vergleichen, müssen wir beachten, daß es sich dabei um mittlere Abstände handelt. Wie wir bereits wissen, bewegt sich ein Elektron in der Atomhülle und erfüllt einen kugelförmigen Raum um den Kern. Man kann also annehmen, daß der „Bewegungsraum" des betrachteten Elektrons bei den Alkalimetallatomen einen größeren Radius hat als bei den Edelgasatomen mit der um 1 kleineren Kernladungszahl.

Um aus einem Ion ein weiteres Elektron abzuspalten, muß ein Energiebetrag aufgewendet werden, der größer ist als die Ionisierungsenergie für das zuerst abgespaltene Elektron. Die Abspaltung eines weiteren Elektrons muß gegen die stärkere Anziehung des positiv geladenen Ions erfolgen. Für jedes weitere abzutrennende Elektron wird die Ionisierungsenergie jeweils größer.
In ▶ B 125.2 sind die Ionisierungsenergien für alle Elektronen des Aluminiumatoms dargestellt. Auffällig ist ein zweimaliges sprunghaftes Ansteigen der Ionisierungsenergie. Von den 13 Elektronen des Aluminiumatoms erhielt das zuerst abgespaltene Elektron die Nummer 13, das zuletzt abgespaltene Elektron, das am stärksten vom Kern festgehalten wird, die Nummer 1. Diese Numerierung ermöglicht übersichtlichere Vergleiche der Elektronenhüllen der verschiedenen Atomsorten.

In ▶ B 125.3 vergleichen wir den Verlauf der Ionisierungsenergien für drei verschiedene Atomsorten. Wir können dabei feststellen, daß bei jeder Atomsorte die Ionisierungsenergie beim vergleichbaren Elektron stark ansteigt. Bei den Atomen aller Elemente mit ausreichender Elektronenzahl findet man diesen sprunghaften Anstieg zwischen den Elektronen Nr. 11 und 10 und den Elektronen Nr. 3 und 2. Diese Ergebnisse geben Hinweise auf ein gemeinsames Bauprinzip für die Elektronenhüllen aller Atome.

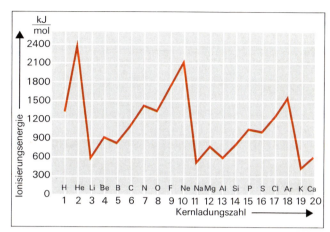

B 125.1 Erste Ionisierungsenergien für die Atome mit den Kernladungszahlen 1 bis 20

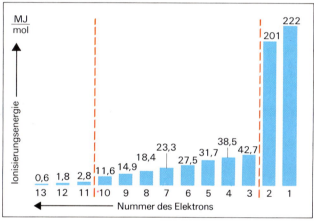

B 125.2 Ionisierungsenergien für alle Elektronen des Aluminiumatoms. (1 MJ/mol = 1000 kJ/mol)

B 125.3 Vergleich der Ionisierungsenergien entsprechender Elektronen von drei verschiedenen Atomsorten

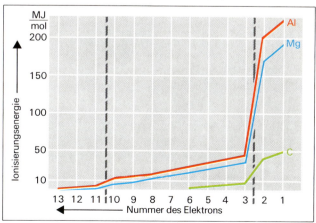

10.7 Energiestufen- und Schalenmodell der Atomhülle

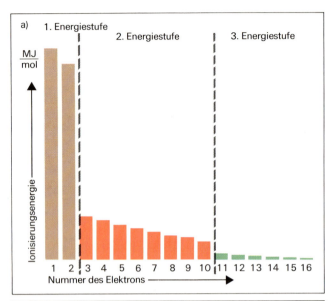

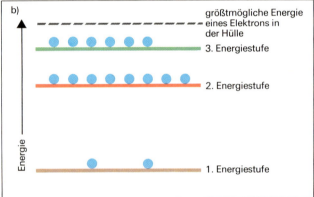

Energiestufen der Elektronen in der Atomhülle. Die Ionisierungsenergien für die Elektronen eines Atoms geben Hinweise auf Energieunterschiede der Elektronen im Atom. Ist zur Abspaltung von Elektronen ein hoher Energiebetrag erforderlich, so haben die Elektronen im Atom eine niedrige Energie. Umgekehrt bedeutet eine kleine Ionisierungsenergie höhere Energie der Elektronen im Atom.

In ▶ B 126.1a sind die Ionisierungsenergien für alle Elektronen des Schwefelatoms dargestellt. Auch hier ist ein zweimaliges *sprunghaftes Ansteigen* der Ionisierungsenergie erkennbar. Dieser Sprung erfolgt wieder bei den Ionisierungsenergien für die Elektronen Nr. 2 und 3 sowie Nr. 10 und 11. Die Ionisierungsenergien für die Elektronen des Schwefelatoms lassen auf eine sprunghafte Änderung der Energie der Elektronen im Atom schließen. Im Schwefelatom gibt es *drei Gruppen* von Elektronen, die sich in ihrer Energie stark voneinander unterscheiden. Aus den Ionisierungsenergien lassen sich jedoch keine Energieunterschiede für die Elektronen *einer* Gruppe ableiten.

Auch für Elektronen gleicher Energie im Atom steigt die Ionisierungsenergie an, wenn die Elektronen nacheinander abgespalten werden. Die Abspaltung jeweils eines weiteren Elektrons muß gegen die Anziehung durch das zurückbleibende Ion erfolgen, dessen Ladung bei jeder Elektronenabspaltung weiter zunimmt.

Die Elektronen einer Gruppe, die sich durch eine sprunghafte Änderung der Ionisierungsenergien abgrenzen läßt, werden einer **Energiestufe** zugeordnet. Die verschiedenen Gruppen von Elektronen im Atom lassen sich also verschiedenen Energiestufen zuordnen (▶ B 126.1b).

B 126.1 Ionisierungsenergien (a) und Energiestufen (b) für die Elektronen des Schwefelatoms

B 126.2 Energiestufen. Die Elektronen der Atome lassen sich verschiedenen Energiestufen zuordnen

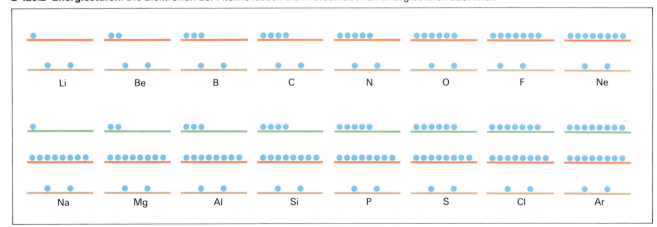

Energiestufen- und Schalenmodell der Atomhülle

Für *alle* Atomsorten lassen sich Gruppen von Elektronen verschiedenen Energiestufen zuordnen. In ▶ B 126.2 ist dies für die Atome mit 3 bis 18 Elektronen veranschaulicht. Wir erkennen, daß die erste Energiestufe jeweils nur die beiden Elektronen mit der geringsten Energie umfaßt. Die energiereicheren Elektronen bilden die zweite Energiestufe, die höchstens 8 Elektronen umfassen kann. Enthält eine Atomhülle mehr als 10 Elektronen, werden weitere, höhere Energiestufen aufgebaut.

Die Atomhüllen der verschiedenen Atomsorten haben ein gemeinsames Bauprinzip. Sie haben die gleichen maximalen Elektronenanzahlen auf den entsprechenden Energiestufen. Diese liegen bei den verschiedenen Atomen nicht auf der gleichen Höhe. Auch die Abstände zwischen den Stufen sind verschieden. Dies zeigen die unterschiedlichen Ionisierungsenergien für die entsprechenden Elektronen verschiedener Atome (B 125.3).

Schalenmodell der Atomhülle. Der den Atomkern umgebende kugelförmige Raum, in dem sich ein Elektron bewegt, kann verschieden groß sein. Seine Ausdehnung nimmt mit steigender Energie des Elektrons zu. Der Bewegungsraum eines Elektrons mit niedriger Energie hat einen kleineren Durchmesser als der Bewegungsraum eines Elektrons mit höherer Energie. Wir können uns die Bewegungsräume verschiedener Elektronen in einem Atom vorstellen als verschieden große Kugeln mit einem gemeinsamen Mittelpunkt, dem Atomkern.

Um ein übersichtlicheres Modell zu erhalten, kann man die Bewegungsräume von Elektronen derselben Energiestufe zu einem gemeinsamen Bewegungsraum zusammenfassen. Die Hülle eines Atoms, dessen Elektronen zu drei verschiedenen Energiestufen gehören, kann man damit durch drei konzentrische Kugeln veranschaulichen (▶ B 127.1). Die Elektronen der zweiten Energiestufe bewegen sich hauptsächlich in dem Raum zwischen der ersten und der zweiten Kugelfläche. Dieser Raum ist eine Kugelschale. Ebenso bewegen sich die Elektronen der dritten Energiestufe in der anschließenden Kugelschale. Entsprechendes gilt für die Elektronen der höheren Energiestufen. Diese Modellvorstellung vom Bau der Atomhülle nennt man **Schalenmodell**. In ▶ B 127.2 sind Schalenmodelle verschiedener Atome dargestellt.

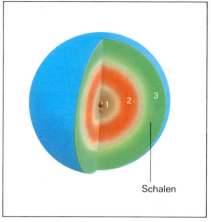

B 127.1 **Modell einer Atomhülle** für Elektronen in drei verschiedenen Energiestufen

A 127.1 a) Welchen Energiestufen lassen sich die Elektronen im Wasserstoff- und im Heliumatom zuordnen? b) Zeichne das Schalenmodell des Wasserstoff- und des Heliumatoms (Schnittbild).

A 127.2 a) Welche Gemeinsamkeiten haben die Hüllen der Atome, die in B 127.2 jeweils untereinanderstehen?
b) Welche Gemeinsamkeiten bestehen bei den Atomen, die in einer Reihe (nebeneinander) stehen?

B 127.2 **Schalenmodell der Atomhülle.** Die Elektronen in verschiedenen Energiestufen sind den entsprechenden Kugelschalen zugeordnet. Diese sind im Schnitt dargestellt. Alle Elektronen sind auf der Schnittebene eingezeichnet

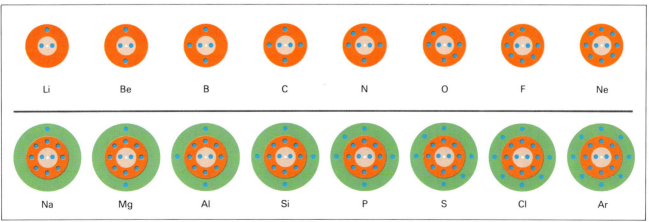

10.8 Atombau und Periodensystem

Unsere bisherigen Betrachtungen zeigen, daß offenbar ein Zusammenhang besteht zwischen der Stellung der Elemente im Periodensystem und dem Bau ihrer Atome. Entscheidend für diesen Zusammenhang ist der Aufbau der Atomhülle.

Periodensystem der Elemente und Atomarten. In ▶ B 128.1 entspricht die Anordnung der Atome der Anordnung der jeweiligen Elemente im Periodensystem. Wir erkennen, daß die Atome in einer Reihe jeweils die gleiche Anzahl von Schalen besitzen. Beim Übergang vom Edelgasatom zum Alkalimetallatom wird eine neue Schale aufgebaut. Die untereinanderstehenden Atome unterscheiden sich in der Anzahl der Schalen, besitzen jedoch in der äußersten Schale die gleiche Anzahl von Elektronen. Nur das Heliumatom weicht davon ab.

Die in ▶ B 128.1 nicht aufgeführten Atome der Hauptgruppenelemente zeigen dasselbe Aufbauprinzip. So besitzt z. B. ein Bariumatom (Ba) sechs Schalen. Die äußerste Schale umfaßt zwei Elektronen.
Die Nummer der Periode, in der ein Element steht, und die Anzahl der Schalen seiner Atome stimmen überein. Die Nummer der Hauptgruppe entspricht der Elektronenanzahl auf der äußersten Schale.

Außenelektronen. Die Ähnlichkeit von Elementen derselben Hauptgruppe beruht auf einer Gemeinsamkeit im Aufbau ihrer Atome. Offensichtlich spielt dabei die Anzahl der Schalen keine entscheidende Rolle, da sich die Elemente einer Periode stark voneinander unterscheiden. Es fällt auf, daß z. B. bei allen Atomen der Alkalimetalle die äußerste Schale nur von *einem* Elektron gebildet wird. Auch bei den Atomen der übrigen Elementgruppen umfaßt die äußerste Schale jeweils gleiche Elektronenanzahlen. Die Elektronen der äußersten Schale eines Atoms nennt man *Außenelektronen.* Sie bestimmen die charakteristischen Eigenschaften der Elemente einer Gruppe. Deshalb genügt es häufig, für ein Atom nur die Außenelektronen anzugeben. Sie können durch Punkte um das Zeichen für das Atom dargestellt werden (▶ B 129.1). Die Elektronen der inneren Schalen bilden zusammen mit dem Atomkern den **Atomrumpf**.

Besonders auffällig ist, daß die Atome der reaktionsfreudigen Halogene nur ein Außenelektron weniger besitzen als die Atome der Edelgase, von denen nur Krypton und Xenon in seltenen Ausnahmefällen reagieren. Das Heliumatom weicht in der Anzahl der Außenelektronen von den übrigen Edelgasatomen ab. Es besitzt jedoch wie diese die größtmögliche Anzahl von Außenelektronen.

B 128.1 Schalenaufbau der Atome und Periodensystem der Atomarten. Man erkennt den Zusammenhang zwischen der Periode und der Anzahl der Schalen. Es sind nur die Elektronen der äußersten Schale eingezeichnet

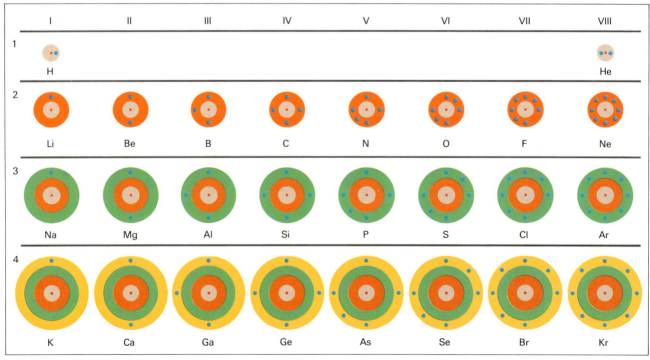

Atombau und Periodensystem

Trotz gleicher Anzahl der Außenelektronen des Wasserstoffatoms und der Alkalimetallatome wird der Wasserstoff nicht in die Elementgruppe der Alkalimetalle eingeordnet. Die Sonderstellung des Wasserstoffs erklärt man damit, daß das Elektron des Wasserstoffatoms durch die Nähe des Atomkerns wesentlich stärker angezogen wird als das Außenelektron eines Alkalimetallatoms. Dies bestätigt ein Vergleich der Ionisierungsenergie des Wasserstoffatoms mit den Ionisierungsenergien der Alkalimetallatome (B 125.1). Ferner ist das Wasserstoffatom das einzige Atom, von dem nach Abspaltung eines Elektrons nur noch der Atomkern übrigbleibt, der ja viel kleiner ist als das Atom selbst. Bei keinem anderen Atom bedeutet die Abspaltung eines Elektrons eine so einschneidende Größenänderung.

Vergleich der Größe verschiedener Atome. Betrachtet man verschiedene Atome mit gleicher Anzahl von Außenelektronen, so stellt man fest, daß ein Atom um so größer ist, je mehr Schalen es besitzt (B 130.3). Im Periodensystem der Atomarten nimmt in einer *Gruppe* die Größe der Atome in der Regel von oben nach unten zu. Trotz gleicher Anzahl von Schalen nimmt die Größe der Atome in einer *Periode* von links nach rechts ab, was in ▶ B 128.1 nicht berücksichtigt ist. Dies ist auf die zunehmende Anziehung der Elektronenhülle durch die steigende Ladung des Kerns zurückzuführen. Erst beim Aufbau einer neuen Schale bei den Alkalimetallatomen erfolgt eine sprunghafte Vergrößerung.

Nebengruppenelemente. Im Periodensystem sind die Elemente nach steigender Kernladungszahl geordnet. Dies entspricht der Anordnung der Atome nach steigender Elektronenzahl. In dem in B 115.4 dargestellten Periodensystem stellen wir jedoch fest, daß auf das Calciumatom (Ca) mit 20 Elektronen das Galliumatom (Ga) mit 31 Elektronen folgt. Weitere Lücken finden wir auch nach $_{38}$Sr und $_{56}$Ba. In diesem Periodensystem sind in der 4. und 5. Periode je 10 Atome nicht berücksichtigt. In der 6. Periode fehlen 24 Atome. Im Periodensystem im Anhang sind jeweils 10 dieser Atomsorten in den **Nebengruppen** aufgeführt. Bei diesen Atomen wird die zweitäußerste Schale durch zusätzliche Elektronen erweitert. Nur für die zweite Schale beträgt die maximal mögliche Elektronenanzahl 8. Sie wird bei den folgenden Schalen immer größer.

▶ B 129.2 zeigt die Verteilung der Elektronen für die Atome der Hauptgruppenelemente der höheren Perioden und die Einordnung der Atome der Nebengruppenelemente. Eine Reihe von Nebengruppenelementen folgt jeweils auf die Erdalkalimetalle Calcium und Strontium. Auf die Elemente Lanthan (6. Periode) und Actinium (7. Periode) folgen jeweils weitere 14 Elemente (↗ Periodensystem im Anhang).

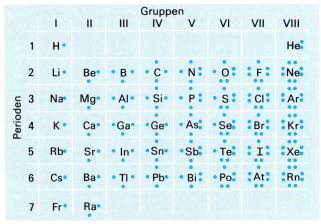

B 129.1 **Außenelektronen.** Ihre Anzahl entspricht der Gruppennummer (mit Ausnahme des Heliumatoms)

B 129.2 **Anzahl und Verteilung der Elektronen** und Einordnung der Atome der Nebengruppenelemente

Perioden		Gruppen								
		I	II		III	IV	V	VI	VII	VIII
4	Ordnungszahl	19	20		31	32	33	34	35	36
	Zeichen	K	Ca	10 Atome mit erweiterter 3. Schale	Ga	Ge	As	Se	Br	Kr
	1. Schale (Anzahl der Elektronen)	2	2		2	2	2	2	2	2
	2.	8	8		8	8	8	8	8	8
	3.	8	8		18	18	18	18	18	18
	4.	1	2		3	4	5	6	7	8
5	Ordnungszahl	37	38		49	50	51	52	53	54
	Zeichen	Rb	Sr	10 Atome mit erweiterter 4. Schale	In	Sn	Sb	Te	I	Xe
	1. Schale (Anzahl der Elektronen)	2	2		2	2	2	2	2	2
	2.	8	8		8	8	8	8	8	8
	3.	18	18		18	18	18	18	18	18
	4.	8	8		18	18	18	18	18	18
	5.	1	2		3	4	5	6	7	8
6	Ordnungszahl	55	56		81	82	83	84	85	86
	Zeichen	Cs	Ba	14 Atome mit erweiterter 4. Schale und 10 Atome mit erweiterter 5. Schale	Tl	Pb	Bi	Po	At	Rn
	1. Schale (Anzahl der Elektronen)	2	2		2	2	2	2	2	2
	2.	8	8		8	8	8	8	8	8
	3.	18	18		18	18	18	18	18	18
	4.	18	18		32	32	32	32	32	32
	5.	8	8		18	18	18	18	18	18
	6.	1	2		3	4	5	6	7	8

10.9 Überprüfung und Vertiefung

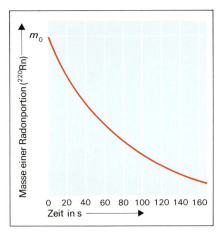

B 130.1 Zu Aufgabe 3

1 Nenne Eigenschaften einiger Edelgase. Welche Verwendungsmöglichkeiten ergeben sich daraus?

2 Im System der Elemente von MENDELEJEW aus dem Jahre 1869 steht hinter der Atommasse des Telluratoms (Te) ein Fragezeichen. Nenne mögliche Gründe.

3 Das Edelgas Radon ist ein α-Strahler. Durch den Zerfall von Radonatomen, aus denen dadurch neue Atome entstehen, verringert sich die Masse einer Radonportion ständig. In ▶ B 130.1 ist diese Massenabnahme dargestellt. Welche Halbwertszeit läßt sich aus dem Diagramm entnehmen? Welcher Bruchteil der Ausgangsmasse liegt nach drei Halbwertszeiten noch vor?

4 Beim Zerfall des Radonatoms ^{220}Rn wird ein α-Teilchen ausgesandt. Bezeichne exakt den dabei zurückbleibenden Atomkern.

5 Der Eiffelturm besteht aus 7000 Tonnen Eisen ($\varrho = 7{,}87$ g/cm³). Diese Masse ergibt sich fast ausschließlich aus der Masse der Atomkerne. Wie groß ist das Volumen der gesamten Eisenportion? Ermittle überschlagsmäßig das Gesamtvolumen der Atomkerne.

6 Das Element Lithium besteht aus zwei Atomsorten mit den Massen 6,02 u und 7,02 u. Die mittlere Atommasse beträgt 6,94 u. Berechne den Teilchenzahlanteil der beiden Isotope im Element.

7 Ein Atom hat eine geringere Masse als sich durch Addition der Massen der am Aufbau beteiligten Elementarteilchen ergibt. Diese Abweichung nennt man Massendefekt. Die Masse des Borisotops $^{11}_{5}$B beträgt 11,01 u. Welcher Wert ergibt sich durch Addition der Massen der Elementarteilchen?

8 Skizziere analog B 125.3 den Verlauf der Ionisierungsenergien für die Elektronen des Sauerstoffatoms und des Natriumatoms.

9 Vergleiche ▶ B 130.2 mit B 125.1. Welche Unterschiede bestehen? Gib dafür eine Erklärung.

10 Zeichne das Schalenmodell des Bromatoms und des Iodatoms im Schnittbild.

11 Das Eisenatom hat die Kernladungszahl 26. Gib die Verteilung der Elektronen auf die verschiedenen Energiestufen an.

12 Die Atome $_{29}$Cu, $_{47}$Ag und $_{79}$Au stehen in derselben Nebengruppe.
a) Welche Gemeinsamkeiten haben die Hüllen dieser Atome? Gib dazu die Anzahl der Elektronen in den Schalen an.
b) Worin unterscheiden sich diese Atome?

13 Bei welchem Atom ist die 3. Schale vollständig besetzt?

14 Erkläre die Zunahme der Atomdurchmesser innerhalb einer Gruppe (▶ B130.3). Warum nehmen die Atomdurchmesser innerhalb einer Periode ab?

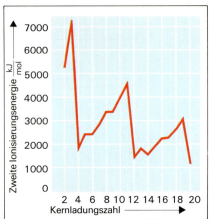

B 130.2 **Ionisierungsenergien** für die Abspaltung eines zweiten Elektrons. Zu Aufgabe 9

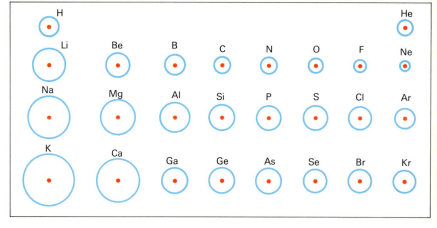

B 130.3 **Durchmesser verschiedener Atome.** Die Atome der Hauptgruppenelemente der ersten vier Perioden sind im richtigen Größenverhältnis gezeichnet. Zu Aufgabe 14

11 Die Ionenbindung

Bei der Behandlung des Atombaus haben wir einzelne, voneinander getrennte Atome betrachtet. Isolierte Atome kommen bei Zimmertemperatur jedoch nur selten, z. B. bei den Edelgasen vor. Bei den meisten Elementen sind Atome miteinander verbunden und dadurch in der Elektronenhülle verändert. Auch bei der Entstehung von Verbindungen verändern sich die Elektronenhüllen der Atome.

Wir wollen uns zunächst mit Verbindungen befassen, die man durch Reaktion eines Metalls mit einem Nichtmetall herstellen kann. Dabei werden wir sehen, daß der Aufbau solcher Verbindungen durch das Vorhandensein entgegengesetzt geladener Ionen erklärt werden kann. Aus der Anordnung der Ionen und den Kräften, die zwischen ihnen wirken, lassen sich wichtige Eigenschaften der Verbindungen verstehen.

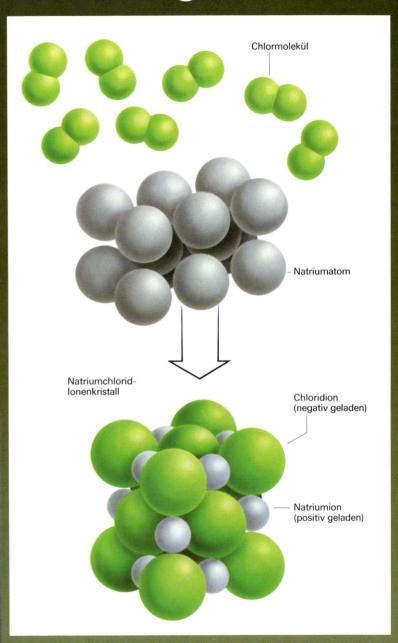

Ein typischer Vertreter dieser Verbindungen ist das uns als Kochsalz bekannte Natriumchlorid, das aus Natriumionen und Chloridionen aufgebaut ist.

11.1 Ionen in Lösungen und Schmelzen von Halogeniden

V 132.1 Löse in je einem Reagenzglas etwas Natriumchlorid, Kaliumiodid, Zinkchlorid, Zucker, Harnstoff und Soda in Wasser. Gib in ein weiteres Reagenzglas reines Wasser. Prüfe nacheinander, beginnend mit Wasser, die elektrische Leitfähigkeit der Flüssigkeiten. Der Leitfähigkeitsprüfer muß nach jedem Versuch abgespült werden. Den Versuchsaufbau zeigt B 132.1.

V 132.2 Versuchsaufbau wie in B 132.2. Fülle in ein U-Rohr eine Kupferchloridlösung. Verschließe die beiden Schenkel mit je einem Stopfen, in dem eine Graphitelektrode steckt. Verbinde die Elektroden mit den Polen einer Gleichspannungsquelle und schalte eine Glühlampe (0,1 A) in den Stromkreis. Verschließe das Röhrchen an der Anodenseite des U-Rohres mit einem Luftballon. Erhöhe langsam die Spannung, bis das Lämpchen leuchtet. Nimm nach etwa 5 Minuten den Luftballon kurz ab und halte ein Kaliumiodid-Stärke-Papier an die Rohröffnung. Schalte den Strom ab und nimm die Kathode aus der Lösung.

V 132.3 In einem U-Rohr wird eine Zinkbromidlösung mit Platinelektroden elektrolysiert. Zur Projektion stellt man das U-Rohr in eine wassergefüllte Küvette.

V 132.4 In einem großen Reagenzglas wird Bleichlorid (dem etwas Kaliumchlorid zugesetzt ist) geschmolzen. In die Schmelze taucht man zwei Graphitelektroden. Die Kathode steckt in einem Glasrohr und taucht tiefer ein. (Die Zuleitungen müssen vor der Hitze geschützt werden.) Man elektrolysiert die Schmelze mit ca. 4 Ampere 5 bis 10 Minuten. (Abzug!)

Viele wäßrige Lösungen leiten den elektrischen Strom. Metalle lassen sich von den Nichtmetallen mit Ausnahme des Graphits dadurch unterscheiden, daß sie im festen Zustand den elektrischen Strom gut leiten. Dabei bewegen sich Elektronen im Metall. Viele Verbindungen, die im festen Zustand den elektrischen Strom nicht leiten, zeigen jedoch in wäßriger Lösung eine elektrische Leitfähigkeit (▶ V 132.1). So leiten z.B. alle wäßrigen Halogenidlösungen den elektrischen Strom. Dies bedeutet, daß sich in der Lösung geladene Teilchen bewegen. Im folgenden wollen wir untersuchen, welche geladenen Teilchen in der Lösung vorliegen.

Elektrolyse wäßriger Halogenidlösungen. Bei der Prüfung der elektrischen Leitfähigkeit kann man häufig an den Drähten des Leitfähigkeitsprüfers eine Gasentwicklung beobachten. Um stoffliche Veränderungen an den Elektroden besser beobachten zu können, verwenden wir zwei Graphitstäbe, die mit jeweils einem Pol einer Gleichspannungsquelle verbunden sind, als Elektroden in einer wäßrigen Kupferchloridlösung (▶ V 132.2). Die negativ geladene Elektrode, die Kathode, überzieht sich mit einem Kupferbelag. An der positiv geladenen Elektrode, der Anode, beobachtet man eine Gasentwicklung. Es entsteht Chlor. Aus einer wäßrigen Kupferchloridlösung entstehen bei diesem Versuch Kupfer und Chlor. Diese Reaktion erfolgte beim Stromdurchgang.

Eine Reaktion, die durch elektrischen Strom bewirkt wird, nennt man Elektrolyse.

In der Kupferchloridlösung liegen geladene Teilchen vor. Zur Kathode bewegen sich die positiv geladenen Kupferionen. Die Chlorabscheidung an der Anode zeigt, daß die

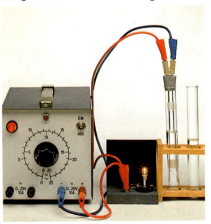

B 132.1 **Prüfung der elektrischen Leitfähigkeit** verschiedener Lösungen

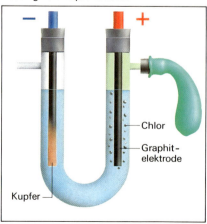

B 132.2 **Elektrolyse** einer wäßrigen Lösung von Kupferchlorid

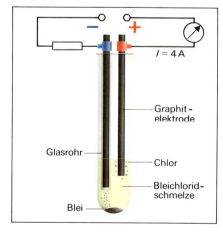

B 132.3 **Schmelzflußelektrolyse** von Bleichlorid

Ionen in Lösungen und Schmelzen von Halogeniden

Chlorid-Teilchen negativ geladen sind. Es handelt sich um negativ geladene Chloratome, man nennt sie Chloridionen. Da sie sich bei der Elektrolyse zur Anode bewegen, werden sie **Anionen** genannt. Positiv geladene Ionen bezeichnet man als **Kationen**.

An der Kathode werden die Kupferionen entladen, dadurch entstehen Kupferatome. An der Anode geben die Chloridionen ihre negative Ladung ab, es bilden sich Chloratome, die zu Chlormolekülen weiterreagieren.

Bei der Elektrolyse einer wäßrigen Zinkbromidlösung (▶ V 132.3) entsteht an der Kathode Zink, an der Anode Brom. Eine Zinkbromidlösung enthält also positiv geladene Zinkionen und negativ geladene Bromidionen.

In den wäßrigen Lösungen von Metallhalogeniden liegen positiv geladene Metallionen und negativ geladene Halogenidionen vor. Die Kationen und Anionen sind in der wäßrigen Lösung von Wassermolekülen umgeben und dadurch voneinander getrennt.

Elektrolyse von Halogenidschmelzen. Enthalten nur die wäßrigen Lösungen der Halogenide Ionen oder ist bereits der Feststoff aus Ionen aufgebaut? Einen Hinweis liefert die Untersuchung der elektrischen Leitfähigkeit von Halogeniden. Voraussetzung für einen Ladungstransport sind bewegliche, geladene Teilchen. Durch Schmelzen werden die Teilchen eines Feststoffes beweglich.

Schmelzen von Halogeniden sind elektrisch leitend. Beim Anlegen von Gleichspannung findet eine Elektrolyse statt. An der Anode entsteht das Halogen, an der Kathode scheidet sich das Metall ab. So erhält man z. B. bei der **Schmelzflußelektrolyse** von Bleichlorid außer Chlor eine Kugel aus metallischem Blei (▶ V 132.4).

Ionenwanderung. Bei der Elektrolyse bewegen sich Ionen zu den Elektroden. Man bezeichnet diesen Vorgang auch als *Ionenwanderung*. Die blaue Farbe von wäßrigen Lösungen einiger Kupferverbindungen ist auf das Vorliegen von Kupferionen zurückzuführen. Die gelbe Farbe einer Kaliumchromatlösung wird durch die negativ geladenen Chromationen verursacht. Eine wäßrige Lösung, die Kupfer- und Chromationen enthält, zeigt die Mischfarbe Grün. Legt man eine Gleichspannung an (▶ V 133.1), wird die Ionenwanderung durch die Farbzonen sichtbar, die sich auf die Elektroden zubewegen (▶ B 133.2).

Ionenverbindungen. Halogenide bauen sich aus positiv geladenen Metallionen und negativ geladenen Halogenidionen auf. Neben den Halogeniden gibt es viele weitere Verbindungen, die aus Ionen aufgebaut sind. Diese *Ionenverbindungen* bezeichnet man wie die Halogenide als **Salze**.

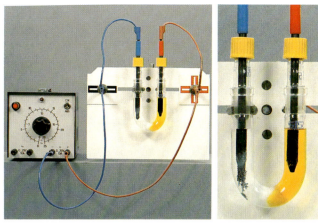

B 133.1 **Elektrolyse** einer Zinkiodidlösung. An der Kathode entsteht Zink, an der Anode Iod, das sich in der Flüssigkeit löst

V 133.1 Man stellt eine Lösung von Kupfersulfat, der Ammoniak zugesetzt wurde, und eine Kaliumchromatlösung her. Die vereinigten Lösungen werden in den mittleren Schenkel eines Doppel-U-Rohres gefüllt. Seine Schenkel sind durch poröse Wände voneinander getrennt. Die äußeren Schenkel enthalten Kaliumnitratlösung und jeweils eine Platinelektrode. An die Elektroden wird eine Gleichspannung von 40 Volt angelegt.

V 133.2 Gib einen Tropfen einer Lösung, die Kupfer- und Chromationen enthält, auf die Mitte eines Filtrierpapierstreifens, der zuvor mit Kaliumnitratlösung getränkt wurde. Lege wie in B 133.2 rechts gezeigt eine Gleichspannung von 20 Volt an.

B 133.2 **Ionenwanderung.** Kupferionen wandern zur Kathode, Chromationen zur Anode

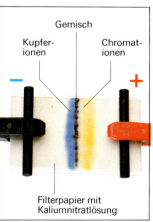

11.2 Das Ionengitter des Natriumchlorids

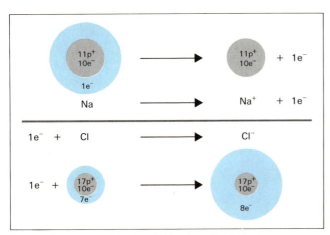

B 134.1 **Ionen** entstehen durch Abgabe oder Aufnahme von Elektronen

B 134.2 **Elektrische Ladungen** wirken nach allen Seiten

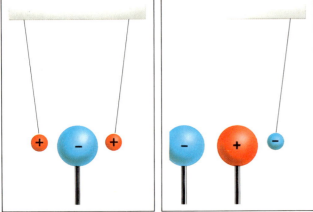

Natriumionen und Chloridionen. Natrium reagiert mit Chlor zu einem weißen Feststoff, dem Natriumchlorid. Dieses ist aus *positiv geladenen* Natriumionen und *negativ geladenen* Chloridionen aufgebaut.
Die Natriumionen entstehen, indem Natriumatome jeweils ihr Außenelektron abgeben. Dadurch wird die positive Ladung des Kerns durch die Ladung der Elektronenhülle nicht mehr ausgeglichen. Das Natriumion wirkt nach außen wie ein einfach positiv geladenes Teilchen (▶ B 134.1). Ein Chloridion ist einfach negativ geladen. Es entsteht aus einem Chloratom, indem dieses ein Elektron aufnimmt.

Das Ionengitter aus Natrium- und Chloridionen. Ein Natriumion und ein Chloridion ziehen sich gegenseitig an. Da Ladungen allseitig wirken (▶ B 134.2), können von einem Kation mehrere benachbarte Anionen und von einem Anion mehrere benachbarte Kationen angezogen werden. Ionen mit gleichnamiger Ladung stoßen sich gegenseitig ab.

Bei der Reaktion von Natrium mit Chlor entsteht eine riesige Anzahl von Natriumionen und Chloridionen. Diese gruppieren sich so, daß sich eine größtmögliche gegenseitige Anziehung ergibt. Es entsteht ein *Ionenverband,* in dem die Ionen regelmäßig angeordnet sind.
▶ B 134.3 zeigt einen Schnitt durch einen Ionenverband aus Natrium- und Chloridionen. In ▶ B 134.4 ist die räumliche Anordnung dieser Ionen zu erkennen. Ein Natriumion ist von sechs Chloridionen umgeben, um jedes Chloridion ordnen sich sechs Natriumionen an. Jedes Ion hat also sechs nächste Nachbarn. Insgesamt ist die Anzahl der Natriumionen in einem großen Ionenverband gleich der Anzahl der Chloridionen, die Verhältnisformel ist NaCl.

B 134.3 **Schnitt** durch den Ionenverband aus Natrium- und Chloridionen

B 134.4 **Räumliche Anordnung** der Natrium- und Chloridionen im Ionenverband

B 134.5 **Gittermodell** des Ionengitters von Natriumchlorid

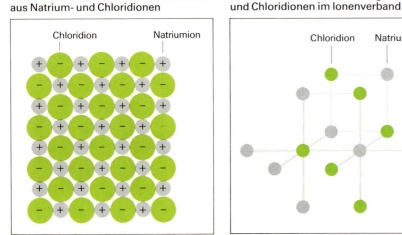
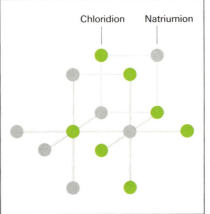
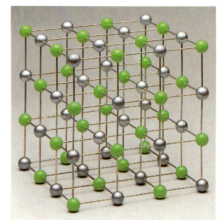

Das Ionengitter des Natriumchlorids

Die regelmäßige Anordnung der Ionen in einem Ionenverband nennt man **Ionengitter**. In ▶ B 134.5 ist ein Ausschnitt aus dem Ionengitter des Natriumchlorids dargestellt. Dieses *Gittermodell* läßt erkennen, daß die Ionen an den Ecken von Würfeln sitzen, die durch die Verbindungslinien zwischen den Mittelpunkten der Ionen gebildet werden. Außerdem erkennt man die Anzahl der nächsten Nachbarn, sie wird **Koordinationszahl** genannt.
Berücksichtigt man, daß die Natriumionen nur etwa den halben Durchmesser der Chloridionen haben, und beachtet man außerdem die tatsächlichen Abstände zwischen den Ionen, so ergibt sich das Modell in ▶ B 135.1. Auch hier ergeben sich Begrenzungsflächen, die miteinander rechte Winkel bilden, wie wir sie auch bei Natriumchloridkristallen erkennen (▶ B 135.2).
Es gibt eine ganze Reihe von Ionenverbindungen, bei denen die Ionen so angeordnet sind wie die Natrium- und Chloridionen im festen Natriumchlorid. Dazu gehören viele Halogenide, z. B. Lithiumchlorid, Kaliumchlorid, Kaliumbromid. Man sagt, diese Ionenverbindungen haben eine **Natriumchloridstruktur**.

B 135.1 Raumerfüllung im Natriumchloridgitter

Gitterenergie. Um die im Ionengitter festsitzenden Ionen vollständig voneinander zu trennen, muß gegen die Anziehungskräfte Arbeit verrichtet, also Energie zugeführt werden. Umgekehrt wird diese Energie freigesetzt, wenn aus isolierten Ionen ein Ionengitter entsteht. Diese Energie bezeichnet man als *Gitterenergie* eines Ionengitters.
Die bei der Reaktion von Natrium mit Chlor freiwerdende Bildungswärme einer Natriumchloridportion ist viel kleiner als deren Gitterenergie. Um diesen Unterschied zu erklären, zerlegen wir die Reaktion in gedachte Teilschritte (▶ B 135.3):
Um Natriumatome aus einem Atomverband zu isolieren, ist Energie erforderlich, ebenso zur Spaltung von Chlormolekülen in Chloratome. Zur Bildung von Natriumionen muß die Ionisierungsenergie zugeführt werden, während bei der Bildung von Chloridionen Energie frei wird. Für die Bildung von Natriumionen und Chloridionen aus Natrium und Chlor muß insgesamt ein hoher Energiebetrag aufgebracht werden. Entsteht aus diesen Ionen ein Ionengitter, wird die Gitterenergie frei. Sie ist die Ursache dafür, daß die Reaktion von Natrium mit Chlor insgesamt exotherm verläuft.

B 135.2 Natriumchloridkristalle

B 135.3 Bildung des Natriumchloridgitters. Die Reaktion eines Verbands aus Natriumatomen mit Chlormolekülen läßt sich in gedachte Teilschritte zerlegen.

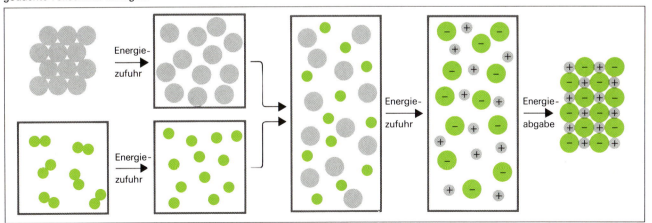

II.3 Aufbau und Eigenschaften von Ionenverbindungen

Ionenladung. Reagieren Natrium und Chlor miteinander, so geben die Natriumatome jeweils ein Elektron ab, jedes Chloratom nimmt ein Elektron auf. Die entstehenden Ionen bilden das stabile Natriumchloridgitter. Die freiwerdende Energie ermöglicht die Bildung weiterer Ionen. Bei der Reaktion eines *Alkalimetalls* mit einem *Halogen* entstehen immer *einfach positiv* geladene Metallionen und *einfach negativ* geladene Halogenidionen. Ein Alkalimetallatom gibt dabei das Außenelektron ab. Danach hat es in seiner Elektronenhülle die gleiche Anzahl von Elektronen wie das im Periodensystem vor ihm stehende Edelgasatom. Auch ein Halogenatom erhält durch die Aufnahme eines Elektrons die Elektronenhülle eines Edelgasatoms. In Verbindungen von Halogenen auch mit anderen Metallen liegen in den Ionengittern immer einfach negativ geladene Halogenidionen vor. Umgekehrt sind in allen Ionengittern, in denen Alkalimetallionen vorliegen, diese einfach positiv geladen.

Reagieren aber *Erdalkalimetalle* zu Ionenverbindungen, entstehen aus den Metallatomen durch Abgabe der beiden Außenelektronen *zweifach positiv* geladene Ionen. Diese haben wieder jeweils die Elektronenhülle eines Edelgasatoms.

Außer den Halogenen reagieren auch *Sauerstoff* und *Schwefel* mit Metallen zu Ionenverbindungen. Die Nichtmetallatome nehmen dabei jeweils zwei Elektronen auf. Die *zweifach negativ* geladenen Ionen besitzen auch hier die Elektronenhülle eines Edelgasatoms (▶ B 136.1).

Formeln von Ionenverbindungen. Die Ladung der Kationen und die Ladung der Anionen bestimmen gemeinsam das Anzahlverhältnis der Ionen im Gitter. Da die Verbindung elektrisch neutral ist, muß die Anzahl der positiven Ladungen mit der Anzahl der negativen Ladungen übereinstimmen. Bei gleicher Ladungszahl von Kation und Anion ist deren Anzahlverhältnis 1:1. Dadurch ergeben sich Verhältnisformeln wie NaCl, KCl, LiBr, MgO, CaS.
Bei der Kombination von einfach und zweifach geladenen Ionen erhält man z. B. folgende Verhältnisformeln: Li_2O, Na_2S, $MgCl_2$, $CaBr_2$.

Ionenradien. Bei der Entstehung von Ionen aus Atomen ändert sich die Größe der Teilchen. Gibt ein Atom Elektronen ab, so ist der Radius des entstehenden Kations kleiner als der des Atoms. Dagegen ist der Radius eines Anions größer als der des Atoms, aus dem es entstanden ist. In ▶ B 136.2 ist zu erkennen, daß die Radien der Alkalimetallionen in der Reihe von Li^+ bis Cs^+ zunehmen. Entsprechendes gilt für die Reihe der Erdalkalimetallionen. Auch bei den Anionen nimmt der Radius mit zunehmender Anzahl der Elektronenschalen zu.

Ionengitter und Eigenschaften von Ionenverbindungen. Ionenverbindungen (Salze) haben einige charakteristische gemeinsame Eigenschaften. Salzschmelzen und wäßrige Salzlösungen leiten den elektrischen Strom. Salzkristalle sind hart und spröde. Zum Schmelzen von Salzen sind hohe Temperaturen erforderlich.
Die hohen Schmelztemperaturen der Ionenverbindungen lassen erkennen, daß zwischen den Ionen im Ionengitter starke Anziehungskräfte wirken. Bei Temperaturerhöhung, also bei Energiezufuhr, schwingen die Ionen immer stärker um ihre Gitterplätze. Erst bei hohen Temperaturen können die Teilchen diese Plätze verlassen, sie sind dann in der Schmelze beweglich. Dennoch wirken auch hier noch starke Anziehungskräfte.

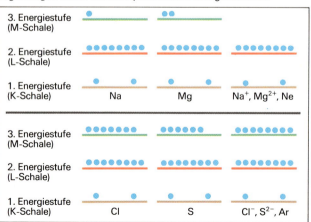

B 136.1 **Elektronenverteilung** in der Hülle von Atomen, zugehörigen Ionen und entsprechenden Edelgasatomen

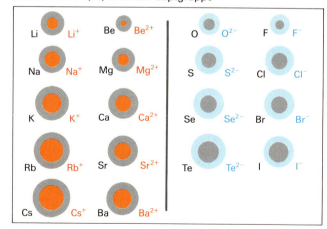

B 136.2 **Vergleich der Radien von Atomen und Ionen** der Elemente der 1., 2., 6. und 7. Hauptgruppe

Aufbau und Eigenschaften von Ionenverbindungen

In der Reihe Kaliumchlorid, Kaliumbromid und Kaliumiodid nehmen die Schmelztemperaturen ab (▶ V 137.1). Entsprechendes gilt auch für die Natriumhalogenide (▶ B 137.2). Diese Regelmäßigkeit kann man erklären, wenn man die Anziehungskräfte zwischen den Ionen verschiedener Größe vergleicht (▶ B 137.1). Die Anziehungskräfte sind um so größer, je geringer der Abstand zwischen den Ladungsschwerpunkten ist.
Auch Abstoßungskräfte zwischen gleichnamig geladenen Ionen beeinflussen die Schmelztemperatur, besonders wenn große Anionen nur durch kleine Kationen getrennt sind. Dieser Einfluß zeigt sich beim Vergleich der Schmelztemperaturen von Natrium- und Kaliumiodid.
Die Schmelztemperaturen der Erdalkalimetalloxide unterscheiden sich stark von denen der Alkalimetallhalogenide (▶ B 137.2). Die sehr hohen Schmelztemperaturen der Erdalkalimetalloxide lassen sich auf die großen Anziehungskräfte zurückführen, die zwischen den jeweils zweifach geladenen Ionen wirken.
Die Anziehungskräfte zwischen geladenen Teilchen sind um so größer, je höher deren Ladung und je geringer der Abstand zwischen den Ladungsschwerpunkten ist.

Ionenradien und Gitterstruktur. In Ionenverbindungen mit der allgemeinen Verhältnisformel AB können die Ionen wie im Natriumchloridgitter angeordnet sein. Voraussetzung ist jedoch, daß das Verhältnis der Ionenradien nicht zu stark vom Radienverhältnis $r(Na^+) : r(Cl^-)$ abweicht. So bildet z. B. Caesiumchlorid kein Natriumchloridgitter, da die Caesiumionen viel größer als Natriumionen sind. Die Koordinationszahl im Caesiumchloridgitter ist 8 (▶ B 137.3). Ionenverbände mit sehr kleinen Kationen bilden häufig ein Zinksulfidgitter. Hier ist die Koordinationszahl der Ionen 4.

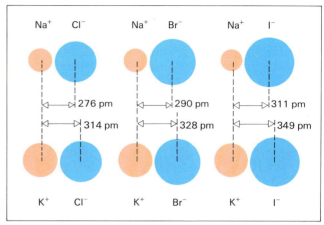

B 137.1 Abstand der Ladungsschwerpunkte in den Ionengittern von Natrium- und Kaliumhalogeniden

V 137.1 Man füllt in je ein Reagenzglas ca. 1 cm hoch Kaliumchlorid, Kaliumbromid und Kaliumiodid. In die Salze taucht man je zwei Graphitelektroden, die am unteren Ende durch eine Magnesiarinne gegeneinander isoliert werden. Am oberen Ende werden zwei isolierte Krokodilklemmen so angebracht, daß sich die Elektroden nicht berühren.
An jedes Elektrodenpaar wird dieselbe Wechselspannung angelegt. Dazu schaltet man die Elektrodenpaare parallel. In jeden Stromkreis ist ein Lämpchen geschaltet.
Die Reagenzgläser werden schräg in gleicher Höhe eingespannt. Man erhitzt jeweils mit einem Brenner. Es ist darauf zu achten, daß man jedem Reagenzglas etwa die gleiche Wärmemenge zuführt.

B 137.2 Schmelztemperaturen einiger Salze mit Natriumchloridstruktur (in °C)

LiF 870				MgO 2800
NaF 992	NaCl 801	NaBr 747	NaI 660	CaO 2570
	KCl 770	KBr 734	KI 681	SrO 2430
			RbI 647	BaO 1920

B 137.3 Caesiumchloridgitter. Links: Jedes Ion ist von acht entgegengesetzt geladenen Ionen umgeben. Die Koordinationszahl ist 8. Rechts: Ausschnitt aus dem Ionengitter

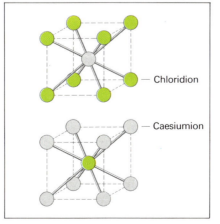
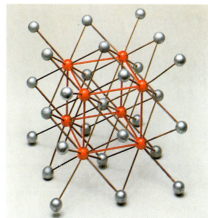

II.4 Überprüfung und Vertiefung

Ionenradien in pm (1 pm = 10^{-12} m)

Li^+ 60	Be^{2+} 31	O^{2-} 140	F^- 136
Na^+ 95	Mg^{2+} 65	S^{2-} 184	Cl^- 181
K^+ 133	Ca^{2+} 99	Se^{2-} 198	Br^- 195
Rb^+ 148	Sr^{2+} 113	Te^{2-} 221	I^- 216
Cs^+ 169	Ba^{2+} 135		

B 138.1 Zu Aufgabe 6

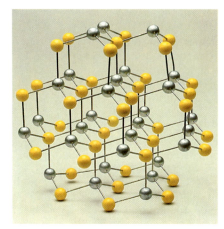

B 138.2 Zu Aufgabe 7

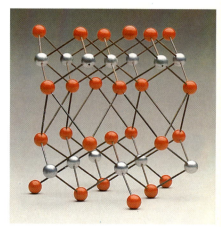

B 138.3 Zu Aufgabe 8

Gitterenergien in kJ/mol

LiF 1039	LiCl 850	LiBr 802	LiI 742	
NaF 920	NaCl 780	NaBr 740	NaI 692	MgO 3929
KF 816	KCl 710	KBr 680	KI 639	CaO 3477
RbF 780	RbCl 686	RbBr 558	RbI 621	SrO 3205
CsF 749	CsCl 651	CsBr 630	CsI 599	BaO 3042

B 138.4 Zu Aufgabe 9

B 138.5 Zu Aufgabe 10

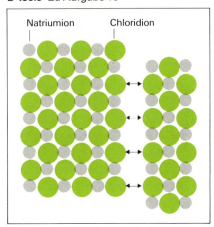

1 Welche Voraussetzungen müssen erfüllt sein, damit ein Stoff den elektrischen Strom leitet?

2 Welche Stoffe entstehen an der Kathode bzw. Anode bei der Schmelzflußelektrolyse von Natriumchlorid, Lithiumbromid, Calciumiodid? Welche Teilchen enthalten die Schmelzen?

3 Welche Verhältnisformeln ergeben sich für folgende Ionenverbindungen: Lithiumoxid, Natriumsulfid, Bariumsulfid, Magnesiumchlorid, Calciumfluorid?

4 Ermittle aus folgenden Verhältnisformeln von Ionenverbindungen die jeweils vorliegenden Ionen: $CuCl_2$, ZnI_2, $FeBr_3$, Al_2O_3, Mg_3N_2.

5 Gib die Anzahl der Elektronen folgender Ionen an: Na^+, Mg^{2+}, Al^{3+}, N^{3-}, O^{2-}, F^-. Wieviel Elektronen sind in der äußersten Schale dieser Ionen?

6 Kationen und Anionen mit gleicher Ladungszahl können in einem Ionenverband nur dann eine Natriumchloridstruktur bilden, wenn das Radienverhältnis r(Kation) : r(Anion) zwischen den Werten 0,414 und 0,732 liegt. Ermittle mit Hilfe der in ▶ B 138.1 angegebenen Ionenradien, welche Salze keine Natriumchloridstruktur bilden können.

7 Bestimme die Koordinationszahl im Zinksulfidgitter (▶ B 138.2). Vergleiche das Radienverhältnis $r(Zn^{2+}) : r(S^{2-})$ mit $r(Na^+) : r(Cl^-)$. ($r(Zn^{2+})$ = 74 pm)

8 Die Schmelztemperatur von Magnesiumchlorid beträgt 714 °C, ist also niedriger als die des Natriumchlorids. Das Gitter des Magnesiumchlorids unterscheidet sich von dem des Natriumchlorids u. a. durch die Ladung und Größe der Kationen und durch das Anzahlverhältnis von Kationen und Anionen. Welcher dieser Unterschiede ist verantwortlich für die geringere Schmelztemperatur des Magnesiumchlorids? Gib eine Begründung. Verwende dazu auch ▶ B 138.3.

9 Vergleiche die Gitterenergien in ▶ B 138.4 miteinander. Begründe die Unterschiede. Vergleiche ▶ B 138.4 mit B 137.2. Welcher Zusammenhang fällt dabei auf?

10 Gib eine Erklärung dafür, daß ein Salzkristall spröde ist. Bei Einwirkung einer Kraft, die eine geringfügige Verschiebung der Ionen einer bestimmten Ebene verursacht, wird der Kristall gespalten (▶ B 138.5). Warum bilden die möglichen Spaltebenen bei Kochsalz einen Winkel von 90°? Warum erfolgt bei einer Verschiebung längs einer Ebene, die durch gleichgeladene Ionen gebildet wird, keine Spaltung?

12 Atombindung und molekulare Stoffe

Wir haben den Aufbau einiger Salze aus Ionen kennengelernt und konnten damit typische Eigenschaften dieser Stoffe, z. B. ihre hohe Schmelztemperatur und ihre sehr hohe Siedetemperatur, erklären.

Wir kennen aber auch Stoffe mit grundsätzlich anderen Eigenschaften. Wasserstoff, Sauerstoff und Stickstoff sind Gase, Brom und Iod gehen leicht in den Gaszustand über. All diesen Stoffen ist gemeinsam, daß sie aus Molekülen bestehen, die nur aus wenigen Atomen aufgebaut sind. Zu den molekularen Stoffen zählen fast alle Nichtmetalle unter den Elementen sowie eine Vielzahl von Verbindungen.

Die leichte Verdampfbarkeit molekularer Stoffe weist darauf hin, daß zwischen den Molekülen nur geringe Kräfte wirken. Die Moleküle selbst bleiben aber auch im Gaszustand erhalten. Die Atome in den Molekülen müssen also fest aneinander gebunden sein.

Wir wollen der Frage nachgehen, wie neutrale Atome in einem Molekül zusammenhalten und hierzu uns bereits bekannte, einfache Moleküle behandeln. Dabei werden wir auch erfahren, wie sich viele Molekülformeln mit einer einfachen Regel ableiten lassen. Mit Hilfe der Molekülformeln können wir den räumlichen Bau der Moleküle erschließen und gelangen dadurch zu einem Verständnis wichtiger Eigenschaften einzelner molekularer Stoffe.

Wir werden auch sehen, daß ein so vertrauter Stoff wie Wasser einige ungewöhnliche Eigenschaften besitzt, die ebenfalls auf den Bau der Moleküle zurückgeführt werden können.

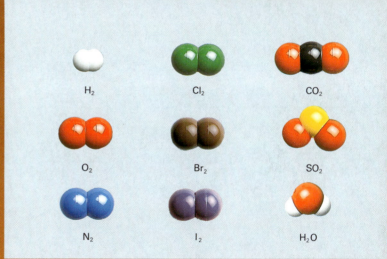

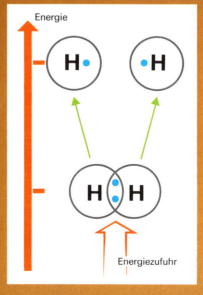

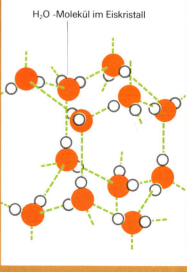

H_2O -Molekül im Eiskristall

12.1 Die Bindung in Molekülen

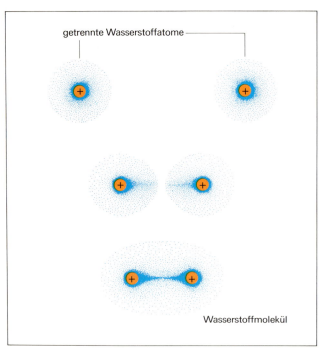

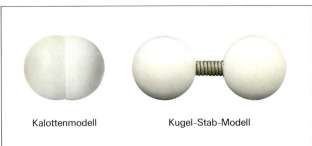

B 140.1 Bildung des Wasserstoffmoleküls. Molekülmodelle

B 140.2 Bindungsenergie für die Bildung eines Wasserstoffmoleküls

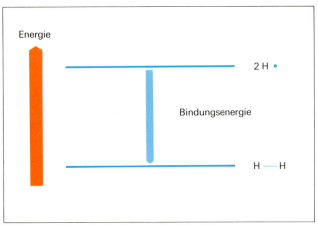

Das Wasserstoffmolekül. Wie halten Atome in Molekülen zusammen? Um dies zu klären, betrachten wir zunächst das einfachste Molekül, das Wasserstoffmolekül. In einem nicht gebundenen Wasserstoffatom bewegt sich das Elektron in einem Raumbereich, der den Kern kugelförmig umgibt, und bildet damit die Elektronenhülle. Dieser Raumbereich, in dem sich das Elektron sehr schnell bewegt, hat keine scharfe Begrenzung. Die negative Ladung ist über den ganzen Raumbereich verteilt. Man spricht von einer *Elektronenwolke*.

Zwei Wasserstoffatome können so zusammentreffen, daß sich die Elektronenwolken durchdringen. Damit bewegen sich die Elektronen im Anziehungsbereich beider Kerne. Es kommt zwischen diesen zu einer Verdichtung der negativen Ladung, zu der beide Elektronen gleich viel beitragen. Die Elektronen bilden eine **gemeinsame Elektronenwolke** um beide Kerne, die durch die negative Ladung zwischen ihnen zusammengehalten werden (▶ B 140.1). Zwischen beiden Atomen besteht also eine **Bindung**. Die beiden Elektronen, die diese Bindung bewirken, bezeichnet man als **bindendes Elektronenpaar**. Vereinfacht wird es durch zwei Punkte oder durch einen Strich zwischen den Zeichen der Atome angegeben, z. B.

H : H oder H – H

Diese Darstellung des Moleküls drückt die Vergrößerung der Ladungsdichte zwischen den Kernen aus.

Die beiden Kerne im Wasserstoffmolekül werden über das gemeinsame Elektronenpaar zusammengehalten. Um ihren Abstand zu vergrößern, muß Arbeit verrichtet werden. Zur Trennung der verbundenen Atome ist also Energie erforderlich. Der gleiche Energiebetrag wird frei, wenn zwischen zwei Wasserstoffatomen eine Bindung entsteht. Diese Energie wird **Bindungsenergie** genannt (▶ B 140.2).

Elektronenpaare in Edelgasatomen. Die Hülle eines Heliumatoms enthält nur ein Elektron mehr als die eines Wasserstoffatoms. Trotz dieses scheinbar geringen Unterschieds bilden Heliumatome keine Moleküle. Die Elektronenwolke eines Heliumatoms wird von zwei Elektronen gebildet. Zusammen mit der Elektronenwolke eines weiteren Atoms kann keine gemeinsame Elektronenwolke entstehen. Eine solche würde aus mehr als zwei Elektronen bestehen. Es hat sich jedoch gezeigt, daß *eine Elektronenwolke aus höchstens zwei Elektronen* bestehen kann.

Auch Neonatome bilden keine Moleküle. Ihre acht Außenelektronen sind auf vier Elektronenwolken verteilt. Diese werden jeweils durch ein Elektronenpaar gebildet. Auch bei den übrigen Edelgasatomen bilden die Außenelektronen vier Elektronenpaare. Sie werden durch einen

Die Bindung in Molekülen

Strich am Atomzeichen angegeben. Für die Edelgasatome ergibt sich damit folgende Schreibweise:

$\text{He}| \quad |\overline{\text{Ne}}| \quad |\overline{\text{Ar}}| \quad |\overline{\text{Kr}}| \quad |\overline{\text{Xe}}|$

Halogenwasserstoffmoleküle. Wir können davon ausgehen, daß bei der Bildung von Molekülen nur die Außenelektronen der Atome berücksichtigt werden müssen.

Die Moleküle des Chlorwasserstoffs sind aus je einem Wasserstoff- und Chloratom zusammengesetzt. Die Molekülformel ist HCl. Beide Atome liefern je ein Elektron zum bindenden Elektronenpaar. Die restlichen sechs Außenelektronen des Chloratoms bilden drei Paare. Elektronenpaare der Außenschale, die nur zu einem Atom gehören, nennt man **freie Elektronenpaare**. Man unterscheidet sie von den bindenden Elektronenpaaren, die den verbundenen Atomen gemeinsam angehören. Die Bindung zwischen zwei Atomen durch ein bindendes Elektronenpaar nennt man **Atombindung** (Elektronenpaarbindung).

Da alle Halogenatome die gleiche Anzahl von Außenelektronen besitzen, ergibt sich für die Moleküle der Halogenwasserstoffe folgende Elektronenpaar-Schreibweise:

$\text{H}-\overline{\underline{\text{F}}}| \quad \text{H}-\overline{\underline{\text{Cl}}}| \quad \text{H}-\overline{\underline{\text{Br}}}| \quad \text{H}-\overline{\underline{\text{I}}}|$

Halogenmoleküle. In den Molekülen der Halogene sind jeweils zwei Halogenatome miteinander verbunden. Von den jeweils sieben Außenelektronen der beiden Halogenatome beteiligt sich je eines an der Bildung des gemeinsamen Elektronenpaars. Die übrigen Außenelektronen bilden freie Elektronenpaare. Man erhält folgende Formeln in Elektronenpaar-Schreibweise:

$|\overline{\underline{\text{F}}}-\overline{\underline{\text{F}}}| \quad |\overline{\underline{\text{Cl}}}-\overline{\underline{\text{Cl}}}| \quad |\overline{\underline{\text{Br}}}-\overline{\underline{\text{Br}}}| \quad |\overline{\underline{\text{I}}}-\overline{\underline{\text{I}}}|$

Oktett-Regel. In den Halogenmolekülen sind die Atomrümpfe jeweils von vier Elektronenpaaren umgeben. Damit befinden sich in der äußersten Schale eines gebundenen Halogenatoms acht Elektronen wie bei Edelgasatomen. Die Zahl Acht ergibt sich, wenn man das bindende Elektronenpaar jeweils beiden gebundenen Atomen zuordnet. Für viele weitere Moleküle gilt die **Oktett-Regel**: Die Gesamtzahl der Elektronen der bindenden und freien Elektronenpaare um einen Atomrumpf beträgt acht.

Abweichend von der Oktett-Regel enthält die Hülle eines gebundenen Wasserstoffatoms zwei Elektronen wie ein Heliumatom.

Mit Hilfe der Oktett-Regel lassen sich häufig Molekülformeln vorhersagen (▶ B 141.1). Für ein Molekül, das z. B. aus einem Stickstoffatom und Wasserstoffatomen aufgebaut wird, erhält man nur für das Molekül NH_3 ein Elektronenoktett um den Stickstoffatomrumpf.

Zwischen bestimmten Atomen kann die Bindung auch durch zwei oder drei Elektronenpaare erfolgen. Man spricht dann von einer Doppel- oder Dreifachbindung. Bei Berücksichtigung der Oktett-Regel ergeben sich z. B. für das Stickstoffmolekül drei bindende Elektronenpaare. Im Kohlenstoffdioxidmolekül liegt am Kohlenstoffatom nur dann ein Oktett vor, wenn vom Kohlenstoffatom vier bindende Elektronenpaare ausgehen. Die Sauerstoffatome sind also durch **Doppelbindungen** gebunden. Für Moleküle mit Atomen, die mehr als zwei Elektronenschalen besitzen, gilt die Oktett-Regel nicht immer.

▶ B 141.2 zeigt Kalottenmodelle zu den in ▶ B 141.1 formulierten Molekülformeln. Diese Modelle veranschaulichen die gegenseitige Durchdringung der Elektronenwolke durch die Bindung.

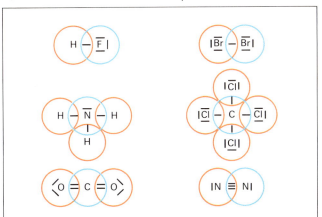

B 141.1 **Anwendung der Oktett-Regel** zur Ermittlung der Anzahl der bindenden und freien Elektronenpaare in Molekülen

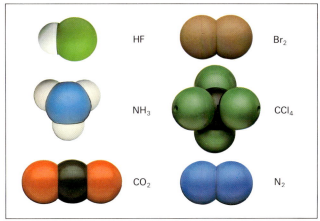

B 141.2 **Kalottenmodelle** einiger Moleküle. Die Atome sind durch Kugelabschnitte (Kalotten) dargestellt.

12.2 Der räumliche Bau von Molekülen

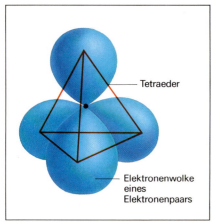

B 142.1 **Vier Elektronenpaarwolken** ordnen sich durch Abstoßung tetraedrisch an

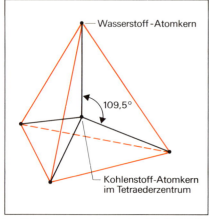

B 142.2 **Atomanordnung im CH_4-Molekül**

Mit der Oktett-Regel lassen sich Atome zu möglichen Molekülen kombinieren. Besteht ein Molekül aus mehr als zwei Atomen, so sind *verschiedene räumliche Anordnungen* der Atome denkbar. Der amerikanische Chemiker GILLESPIE hat eine einfache Modellvorstellung entwickelt, die es erlaubt, mit Hilfe der Formel den räumlichen Bau eines Moleküls zu bestimmen.

Elektronenpaare und Molekülstruktur. Geht man davon aus, daß sich Elektronenwolken aus Elektronenpaaren gegenseitig abstoßen, läßt sich der räumliche Bau eines Moleküls ableiten.

Das CH_4-Molekül besitzt vier bindende Elektronenpaare. Vom Kohlenstoffatom gehen also vier bindende Elektronenwolken aus, die von je zwei Elektronen gebildet werden. Durch die gegenseitige *Abstoßung der Elektronenwolken* ordnen sich diese so an, daß sie den größtmöglichen Abstand voneinander einnehmen. Es ergibt sich die in ▶ B 142.1 dargestellte Anordnung. Die Kerne der Wasserstoffatome sind alle gleich weit voneinander entfernt und bilden die Ecken eines gedachten *Tetraeders*. ▶ B 142.2 zeigt die Verbindungslinien zwischen den Kernen der Wasserstoffatome und dem Kern des Kohlenstoffatoms. Alle von diesen Linien gebildeten Winkel sind gleich. Man nennt sie *Tetraederwinkel*, sie betragen jeweils 109,5°. Aus der Anordnung der Elektronenpaare folgt also, daß die vier Wasserstoffatome tetraedrisch um das Kohlenstoffatom angeordnet sind (▶ B 142.3a); dieses befindet sich im Zentrum des Tetraeders.

Neben den bindenden bestimmen auch die freien Elektronenpaare den räumlichen Bau eines Moleküls. Das freie Elektronenpaar des NH_3-Moleküls (↗ S. 141) sowie dessen drei bindende Elektronenpaare stoßen sich gegenseitig ab. Dadurch ergibt sich wie im CH_4-Molekül eine tetraedrische Anordnung der Elektronenpaare (▶ B 142.3b). Die Winkel zwischen den bindenden Elektronenpaaren sind allerdings etwas kleiner als der Tetraederwinkel. Man kann zur Erklärung annehmen, daß durch ein freies Elektronenpaar wegen größerer Raumbeanspruchung dieser Elektronenwolke eine etwas stärkere Abstoßung erfolgt als durch ein bindendes Elektronenpaar.

Auch im H_2O-Molekül sind vier Elektronenpaare ungefähr tetraedrisch angeordnet (▶ B 142.3c). Wegen der noch stärkeren Abstoßung der bindenden Elektronenpaare durch die beiden freien Elektronenpaare weicht der Bin-

B 142.3 **Ableitung einiger Molekülstrukturen aus der tetraedrischen Anordnung der bindenden und freien Elektronenpaare:**
a) tetraedrisch, b) pyramidal, c) gewinkelt, d) linear (gestreckt)

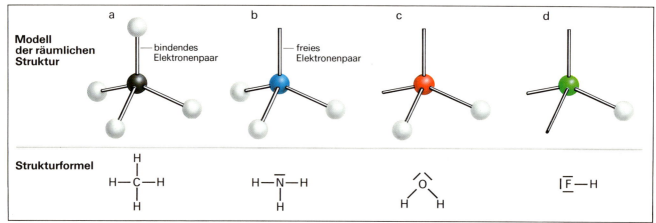

Der räumliche Bau von Molekülen

dungswinkel weiter vom Tetraederwinkel ab als beim NH₃-Molekül. Der Bindungswinkel im Wassermolekül beträgt 105°.

Eine Molekülformel, in der die bindenden Elektronenpaare angegeben sind und die die räumliche Anordnung der Atome berücksichtigt, nennt man **Strukturformel.** Es ist zweckmäßig, in ihr auch die freien Elektronenpaare anzugeben. Bei Molekülen, deren Atome nicht in einer Ebene liegen, kann die Strukturformel die Bindungswinkel nicht richtig angeben (▶ B 142.3 a, b). In solchen Fällen werden tetraedrische Bindungswinkel durch rechte Winkel in der Strukturformel wiedergegeben.

Mit dem Modell der Elektronenpaar-Abstoßung ist es auch möglich, die Struktur von Molekülen mit *Doppel-* oder *Dreifachbindungen* zu bestimmen. Eine Doppelbindung wird durch zwei bindende Elektronenwolken gebildet. In ▶ B 143.1 ist dies für die Doppelbindung zwischen dem Kohlenstoff- und dem Sauerstoffatom des H₂CO-Moleküls dargestellt. Die beiden Elektronenpaare stoßen sich gegenseitig ab. Da beide zwischen denselben Atomen liegen, können sie sich nicht weit voneinander entfernen. Im Molekülmodell wird dies durch gebogene Bindungen veranschaulicht. Die Elektronenpaare einer Doppelbindung wirken deshalb auf weitere Elektronenpaare fast wie eine einzige Elektronenwolke. Zur Strukturbestimmung eines Moleküls behandelt man deshalb eine Doppelbindung näherungsweise wie eine Einfachbindung. Gehen von einem Atom, das kein freies Elektronenpaar besitzt, drei Bindungen aus, so führt ihre gegenseitige Abstoßung zu Bindungswinkeln von 120°. Damit haben die drei Bindungen den größtmöglichen Abstand voneinander. Alle vier Atome liegen in einer Ebene.
Die beiden Doppelbindungen im CO₂-Molekül bilden durch die gegenseitige Abstoßung den größtmöglichen Winkel von 180°. Die drei Atome sind linear angeordnet (▶ B 143.2 links).
Bei der Ermittlung einer Molekülstruktur anhand des Modells der Elektronenpaar-Abstoßung können auch Dreifachbindungen ähnlich wie Einfachbindungen behandelt werden. Das Kohlenstoffatom im HCN-Molekül ist von zwei Atomen umgeben. Da das Kohlenstoffatom keine freien Elektronenpaare hat, führt die Abstoßung zwischen der Einfach- und der Dreifachbindung zu einer linearen Anordnung der Atome (▶ B 143.2 rechts).

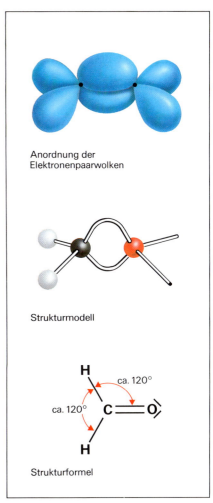

Anordnung der Elektronenpaarwolken

Strukturmodell

Strukturformel

B 143.1 Ebener, gewinkelter Bau im H₂CO-Molekül durch Doppelbindung

B 143.2 Gestreckter Molekülbau bei zwei Doppelbindungen (links) und Dreifachbindung (rechts)

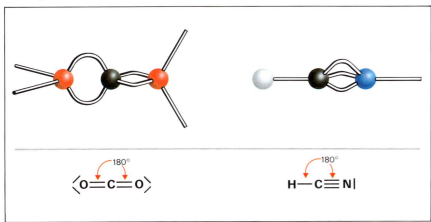

A 143.1 Baue Kugel-Stab-Modelle folgender Moleküle: CCl₄, H₂S, C₂H₄, C₂H₂
Gib die Strukturformeln dieser Moleküle an.

A 143.2 Zeichne die Strukturformeln der Moleküle mit den allgemeinen Molekülformeln AB₄, |AB₃, ⟨AB₂. In ihnen sind die freien Elektronenpaare angegeben. Mache jeweils eine Angabe über die Bindungswinkel. Ordne dir bekannte Moleküle den allgemeinen Formeln zu.

12.3 Die polare Atombindung

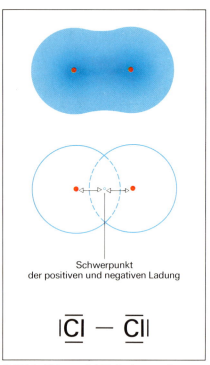

B 144.1 Chlormolekül: Ladungsschwerpunkte
B 144.2 Chlorwasserstoffmolekül: Ladungsschwerpunkte

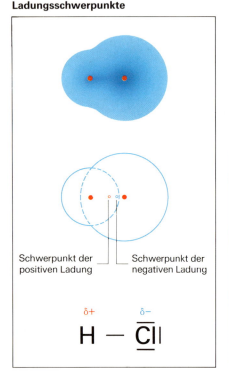

Die Bindung zwischen den Atomen im Chlormolekül erfolgt durch eine gemeinsame Elektronenwolke, die von zwei Elektronen gebildet wird. Sie bewegen sich im Anziehungsbereich der Kerne. Die Bildung der Bindung führt zu einer Verdichtung der negativen Ladung zwischen den Kernen (▶ B 144.1 oben). Die bindende Elektronenwolke ist symmetrisch um beide Kerne angeordnet. Das Zentrum der negativen Ladung liegt also an derselben Stelle wie das Zentrum der positiven Ladung beider Kerne (▶ B 144.1 Mitte). Man sagt, beide *Ladungsschwerpunkte* fallen zusammen.

Die polare Bindung im Chlorwasserstoffmolekül. Die bindende Elektronenwolke im Chlorwasserstoffmolekül befindet sich im Anziehungsbereich von Kernen mit sehr unterschiedlicher Ladungszahl. Die Bindungselektronen werden also von den beiden Kernen *unterschiedlich* stark angezogen, die Elektronenwolke ist zum Chloratom verschoben (▶ B 144.2 oben), obwohl beim Chloratom die Wirkung der Kernladung durch innere Elektronenschalen abgeschwächt wird. Dadurch fallen die Schwerpunkte der positiven und der negativen Ladung nicht mehr zusammen. Dies ist in ▶ B 144.2 Mitte schematisch dargestellt. Durch die nicht symmetrische Verteilung der Bindungselektronen besitzt das Chloratom einen Überschuß an negativer Ladung. Diese zusätzliche Ladung ist jedoch kleiner als eine negative Elementarladung und wird deshalb als *negative Teilladung* (Zeichen: $\delta-$) bezeichnet. Entsprechend besitzt das Wasserstoffatom die gleich große *positive Teilladung* $\delta+$ (▶ B 144.2 unten). Das Chlorwasserstoffmolekül hat also ein positives und ein negatives Ende und ist damit ein **Dipolmolekül**.

In Molekülen können Teilladungen vorliegen, wenn zwei unterschiedliche Atome durch eine Atombindung miteinander verbunden sind. Diese Bindung bezeichnet man als **polare Atombindung**.

Elektronegativität. Das Vorzeichen und die Größe der Teilladung eines gebundenen Atoms wird durch seine Anziehungskraft auf die Bindungselektronen bestimmt. Diese Anziehung hängt ab von der Ladung des Atomkerns und der Anzahl der Elektronenschalen. Bei gleicher Anzahl von Schalen werden die Außenelektronen und damit auch die Bindungselektronen um so

B 144.3 Elektronegativitätswerte von Atomen der Hauptgruppenelemente

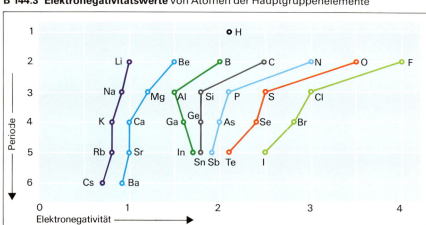

Die polare Atombindung

stärker angezogen, je größer die Ladung des Kerns ist. Mit zunehmender Anzahl der Schalen wird die Anziehung zwischen Kern und Außenelektronen schwächer. Um die Fähigkeit eines Atoms, Bindungselektronen anzuziehen, mit anderen Atomen vergleichen zu können, hat man den Begriff der **Elektronegativität** eingeführt. Die Elektronegativität eines Atoms wird durch eine Zahl angegeben. Da von allen Atomen das Fluoratom die Elektronen einer Atombindung am stärksten anzuziehen vermag, wurde ihm der größte Elektronegativitätswert zugeordnet. Dafür wählte man die Zahl 4. Die Elektronegativität nimmt bei den Atomen einer Periode von links nach rechts zu, in einer Hauptgruppe dagegen von oben nach unten ab (▶ B 144.3). Da auch Metallatome Atombindungen ausbilden können, wurden auch ihnen Elektronegativitätswerte zugeordnet.
Sind zwei Atome miteinander verbunden, so besitzt das elektronegativere die negative Teilladung. Die Bindung wird in der Regel um so polarer, je größer die Differenz der Elektronegativitätswerte ist.

Dipolmoleküle. Alle *Halogenwasserstoffmoleküle* sind wie das Chlorwasserstoffmolekül Dipole. Da die Elektronegativität vom Fluoratom zum Iodatom abnimmt, ist das Fluorwasserstoffmolekül von allen Halogenwasserstoffmolekülen der stärkste Dipol.
Im Kohlenstoffdioxidmolekül liegen zwei polare Bindungen vor. Die elektronegativeren Sauerstoffatome tragen jeweils eine negative Teilladung. Das Kohlenstoffatom trägt die positive Teilladung, die so groß ist wie der Betrag der beiden negativen Teilladungen zusammen. Bei der Angabe von Teilladungen wird nur das Vorzeichen, jedoch nicht die Größe der Ladung berücksichtigt (▶ B 145.1).
Obwohl die Bindungen im Kohlenstoffdioxidmolekül polar sind, ist es kein Dipol, da der Schwerpunkt der negativen Teilladungen mit dem Zentrum der positiven Teilladung zusammenfällt (▶ B 145.1). Dies ist bei allen Molekülen der Fall, bei denen die Teilladungen symmetrisch angeordnet sind. Auch das tetraedrisch gebaute CCl_4-Molekül ist deshalb kein Dipol.
Durch den gewinkelten Bau des *Wassermoleküls* liegen die positiven Teilladungen auf einer Seite des Moleküls. Ihr Schwerpunkt liegt auf der Winkelhalbierenden des Bindungswinkels und fällt nicht mit der negativen Teilladung zusammen. Das Wassermolekül ist also ein Dipol. Ein Wasserstrahl wird durch einen elektrisch aufgeladenen Stab deutlich abgelenkt, während Tetrachlormethan keine sichtbare Ablenkung erfährt (▶ B 145.2). Ist der Stab z. B. negativ geladen, orientieren sich die Wassermoleküle so, daß die positive Ladung zum Stab zeigt. Dadurch überwiegt die Anziehungskraft (B 134.2 rechts). Der Versuch zeigt, daß Wasser im Gegensatz zu Tetrachlormethan CCl_4 aus Dipolmolekülen besteht.

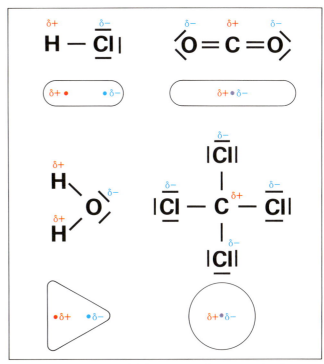

B 145.1 Moleküle mit Teilladungen. Die Schwerpunkte der Teilladungen sind durch Punkte gekennzeichnet

A 145.1 Ist das NH_3-Molekül ein Dipol? Wo liegt der Schwerpunkt der positiven Teilladungen?

A 145.2 Ordne folgende Bindungen nach steigender Polarität: N-H, C-H, F-H, O-H.

B 145.2 Ablenkung eines Wasserstrahls durch einen geladenen Stab. Tetrachlormethan wird nicht abgelenkt

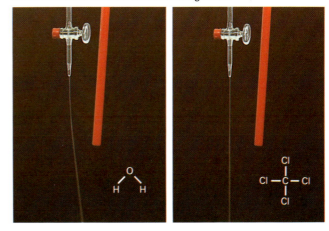

12.4 Kräfte zwischen Molekülen

Helium	−269 °C		
Neon	−246 °C	Fluor	−188 °C
Argon	−186 °C	Chlor	−35 °C
Krypton	−152 °C	Brom	58 °C
Xenon	−108 °C	Iod	183 °C
Wasserstoff	−253 °C		
Stickstoff	−196 °C		
Sauerstoff	−183 °C		

B 146.1 Siedetemperaturen einiger Elemente

B 146.2 Molekülgitter des Iods

Um eine Flüssigkeit zu verdampfen, muß man Energie zuführen. Die Teilchen einer Flüssigkeit berühren sich und werden durch Kräfte zusammengehalten. Durch Energiezufuhr können die Teilchen getrennt werden, sie sind dann im Gas frei beweglich. Je größer die Anziehungskräfte zwischen den Teilchen sind, desto höher liegt die Siedetemperatur des Stoffes. Sind die Teilchen der Flüssigkeit Dipole, läßt sich deren Zusammenhalt durch die gegenseitige Anziehung der Teilladungen erklären. Da sich alle Gase kondensieren lassen, müssen aber auch zwischen Atomen und unpolaren Molekülen Kräfte wirken.

Van-der-Waals-Kräfte. Die tiefen Siedetemperaturen der Edelgase zeigen, daß zwischen den Atomen dieser Stoffe nur sehr geringe Kräfte wirken (▶ B 146.1). Dies gilt auch für unpolare Moleküle wie z. B. H_2, N_2, O_2, F_2, Cl_2. Die Kräfte zwischen Edelgasatomen bzw. unpolaren Molekülen erklärt man durch eine nicht immer völlig symmetrische Verteilung der Elektronen in der Hülle. So entstehen für kurze Zeit schwache Dipole, die auf die Hüllen benachbarter Teilchen einwirken und diese ebenfalls polarisieren. Die so entstehenden schwachen Anziehungskräfte werden **van-der-Waals-Kräfte** genannt. Die Siedetemperaturen der Edelgase und der Halogene (▶ B 146.1) zeigen, daß diese Kräfte mit zunehmender Elektronenanzahl größer werden. Bei gleicher Elektronenanzahl nehmen sie mit der Teilchenoberfläche zu. Wegen der großen Elektronenanzahl des Brommoleküls ist Brom bei Zimmertemperatur flüssig. Zwischen den Iodmolekülen sind die van-der-Waals-Kräfte noch größer, so daß die Moleküle bei Zimmertemperatur nicht mehr verschiebbar sind und in einem **Molekülgitter** vorliegen (▶ B 146.2).

Wasserstoffbrücken. Die Siedetemperatur von Methan (Molekülformel CH_4) läßt erkennen, daß zwischen den unpolaren Molekülen nur geringe Kräfte wirken (▶ B 146.3). Dies gilt auch für die ebenfalls tetraedrischen Moleküle SiH_4, GeH_4, SnH_4. Da die Elektronenanzahl in dieser Reihe zunimmt, steigen die Siedetemperaturen der Verbindungen an.
Wie die Siedetemperaturen der *Halogenwasserstoffe* zeigen, müssen zwischen den HF-Molekülen besonders große Kräfte wirken. Die Bindung im Molekül ist wegen der großen Differenz der Elektronegativitätswerte des

B 146.3 Siedetemperaturen einiger Wasserstoffverbindungen und Elektronenanzahlen der Moleküle

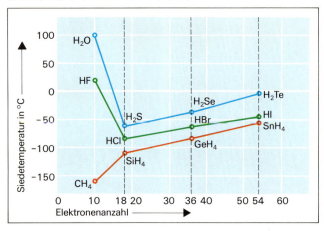

B 146.4 Wasserstoffbrücken zwischen Fluorwasserstoffmolekülen und zwischen Wassermolekülen

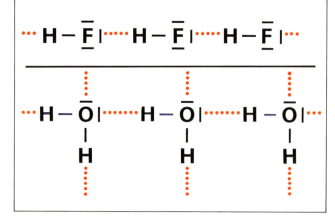

Kräfte zwischen Molekülen

Wasserstoff- und des Fluoratoms stark polar. Zwischen der positiven Teilladung des Wasserstoffatoms und der negativen Teilladung eines Nachbarmoleküls besteht eine starke Wechselwirkung. Die sich dadurch ergebenden großen zwischenmolekularen Kräfte nennt man *Wasserstoffbrücken* (▶ B 146.4). Die Polarität der Bindung ist im HCl-Molekül viel geringer und nimmt bei HBr und HI weiter ab. Ihr Einfluß auf die Siedetemperaturen ist hier nur gering. Der Anstieg der Siedetemperaturen in der Reihe Chlorwasserstoff, Bromwasserstoff und Iodwasserstoff ist auf die zunehmenden van-der-Waals-Kräfte zurückzuführen.

Wasserstoffbrücken können sich zwischen Molekülen ausbilden, in denen Wasserstoffatome mit den stark elektronegativen *Fluor-, Sauerstoff-* oder *Stickstoffatomen* verbunden sind.

Die Stärke der Wasserstoffbrücke nimmt mit der Polarität der Bindung in der Reihe N-H, O-H, F-H zu. Zur Spaltung einer Wasserstoffbrücke ist eine viel kleinere Energie erforderlich als zur Spaltung einer Atombindung. Die Energie zur Trennung von Wasserstoffbrücken zwischen HF-Molekülen beträgt etwa 5% der Bindungsenergie der H-F-Bindungen.

Jedes *Wassermolekül* kann zu Nachbarmolekülen zwei Wasserstoffbrücken ausbilden (▶ B 146.4). Sie bewirken, daß die Siedetemperatur von Wasser noch höher ist als die von Fluorwasserstoff (▶ B 146.3). Zwischen H_2S-Molekülen wirken wesentlich geringere Kräfte, da die Polarität der H-S-Bindung nur gering ist. Die Zunahme der zwischenmolekularen Kräfte in der Reihe H_2S, H_2Se und H_2Te beruht auf der Zunahme der van-der-Waals-Kräfte.

Das Molekülgitter von Eis. Eine Wasserstoffbrücke zwischen zwei Wassermolekülen wird zwischen einem Wasserstoffatom und einem freien Elektronenpaar eines Sauerstoffatoms ausgebildet. Im Eis ist jedes Sauerstoffatom tetraedrisch von vier Wasserstoffatomen umgeben (▶ B 147.1). Zu zwei Wasserstoffatomen führt je eine Atombindung, zu den beiden anderen, etwas weiter entfernten, je eine Wasserstoffbrücke. Diese Anordnung ergibt ein weitmaschiges Gitter mit durchgängigen Hohlräumen von *sechseckigem* Querschnitt. Diese Form zeigen auch die Eiskristalle (▶ B 147.2). Wegen dieser weiträumigen Struktur besitzt Eis eine geringere Dichte als flüssiges Wasser und schwimmt in diesem (▶ B 147.3). Im Gegensatz dazu haben fast alle anderen Stoffe im festen Zustand eine größere Dichte als im flüssigen.

Wenn Eis schmilzt, bricht das Gitter zusammen, und die Dichte nimmt zu. Mit steigender Temperatur werden die Bruchstücke immer kleiner. Dadurch steigt die Dichte des Wassers bis 4°C an. Bei weiterer Temperaturerhöhung dehnt sich Wasser wie jede andere Flüssigkeit aus.

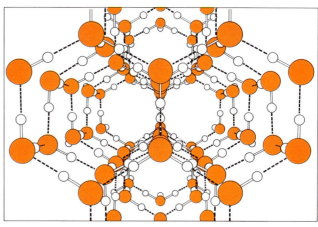

B 147.1 **Molekülgitter von Eis.** Durch die Anordnung der Wassermoleküle entstehen Hohlräume

A 147.1 Die Schmelztemperaturen der Halogene sind: Fluor −220°C, Chlor −101°C, Brom −7°C, Iod 114°C. Warum nimmt die Stabilität der Molekülgitter in dieser Reihe zu?

A 147.2 Zeichne wie in B 146.3 ein Diagramm mit den Siedetemperaturen folgender Verbindungen (in der Klammer ist jeweils die Molekülformel angegeben): Ammoniak (NH_3) −33°C, Phosphorwasserstoff (PH_3) −88°C, Arsenwasserstoff (AsH_3) −57°C, Antimonwasserstoff (SbH_3) −17°C. Erkläre den Verlauf der Siedetemperaturen in dieser Reihe.

A 147.3 Gib die Winkel an, die von den Atomen HOH bzw. OHO im Molekülgitter von Eis gebildet werden.

B 147.2 **Ein Eiskristall** hat einen sechseckigen Querschnitt

B 147.3 **Eisberg.** 1/12 ragt aus dem Wasser

12.5 Wasser als Lösungsmittel – Salzhydrate

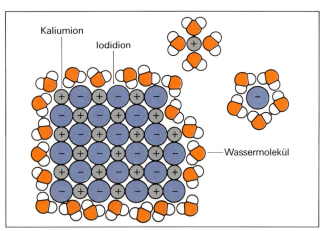

B 148.1 Zerteilung eines Ionengitters durch Wassermoleküle.
Die Ionen werden von den Dipolmolekülen umhüllt

Wasser ist ein gutes Lösungsmittel für viele Salze und für zahlreiche molekulare Stoffe. Viele chemische Reaktionen in Labor und Technik, aber auch in den Zellen von Organismen, laufen in wäßrigen Lösungen ab. Das in der Natur vorkommende Wasser enthält meist viele gelöste Stoffe. Im Wasser können sich Feststoffe, Flüssigkeiten oder Gase lösen.

Vorgänge beim Lösen eines Salzkristalls. Beim Lösen von Natriumchlorid werden die Ionen des Gitters voneinander getrennt und sind in der Lösung beweglich. Wie kommt es, daß ein Ionengitter, in dem große Anziehungskräfte wirken, durch Wassermoleküle zerteilt werden kann?

Da Wassermoleküle Dipole sind, werden sie von den Ionen angezogen und lagern sich an der Oberfläche des Gitters an (▶ B 148.1). An den Ecken und Kanten des Gitters werden mehrere Wassermoleküle von einem Ion angezogen. Bei der Anlagerung der Dipole an das Ion wird Energie frei. Da auf die randständigen Ionen geringere Gitterkräfte wirken als auf die übrigen Ionen des Gitters, können die randständigen durch Anlagerung von Wassermolekülen am leichtesten abgetrennt werden. Dabei werden die Ionen vollständig von den Dipolmolekülen umhüllt. Dieser Vorgang kann sich bis zum völligen Abbau des Gitters wiederholen. In der Lösung besitzen alle Ionen eine Hülle von Wassermolekülen, die sogenannte **Hydrathülle**.

Beim Lösen eines Salzes entstehen hydratisierte Ionen. Um hydratisierte Ionen zu kennzeichnen, verwendet man das Zeichen **aq** (von lat. aqua, Wasser) und schreibt z. B. $Na^+(aq)$ bzw. $Cl^-(aq)$. Die Bildung einer Hydrathülle durch Anlagerung von Wassermolekülen an Teilchen nennt man **Hydratation**.

V 148.1 Fülle in je ein Reagenzglas etwa ½ cm hoch je eine der in (a), (b) und (c) angegebenen Substanzen. Gib in jedes Reagenzglas etwa 3 cm hoch Wasser, dessen Temperatur zuvor bestimmt wurde. Schüttle und bestimme die Temperaturänderung.
a) Calciumchlorid, Lithiumchlorid, Zinkbromid;
b) Kaliumchlorid, Kaliumbromid, Kaliumiodid;
c) Magnesiumoxid, Eisensulfid, Calciumfluorid, Eisenoxid.

V 148.2 Man gibt zu gelbem Nickelchlorid in einem Reagenzglas tropfenweise Wasser und prüft, ob eine Temperaturänderung erfolgt.
Man löst das Salz durch weitere Wasserzugabe. Dann gießt man die Lösung in eine Kristallisierschale und läßt das Lösungsmittel verdampfen.

V 148.3 Man erhitzt grünes Nickelchlorid in einem waagerecht gehaltenen Reagenzglas.

V 148.4 a) Tränke zwei Streifen Filterpapier mit Cobaltchloridlösung. Lege diese bei 40 °C in den Trockenschrank. Gib auf einen völlig trockenen Streifen dieses Cobaltchloridpapiers einen Tropfen Wasser. Laß den zweiten Streifen einige Zeit liegen.
b) Nimm als „Tinte" verdünnte Cobaltchloridlösung und schreibe mit einer Feder auf rosafarbenes Papier. Laß es an der Luft trocknen und erwärme es anschließend mit einem Fön. Besprühe das Papier nach dem Abkühlen mit einem Wasserzerstäuber.

A 148.1 Wasserfreies Calciumchlorid löst sich exotherm, das Hexahydrat jedoch endotherm in Wasser. Wie läßt sich dieser Unterschied erklären?

Hydratationsenergie und Gitterenergie. Um die Ionen eines Gitters vollständig voneinander zu trennen, muß die Gitterenergie aufgewendet werden. Bei der Hydratation wird dagegen die **Hydratationsenergie** frei. Viele Lösungsvorgänge verlaufen exotherm (▶ V 148.1 a). Hier ist die Hydratationsenergie größer als die Gitterenergie. Durch den Energieüberschuß erwärmt sich die Lösung. Die Differenz zwischen Hydratationsenergie und Gitterenergie ist die **Lösungswärme** (▶ B 149.1 links). Erstaunlicherweise beobachtet man beim Lösen vieler Salze eine Abkühlung (▶ V 148.1 b). In diesen Fällen wird die Gitterenergie nicht ganz von der Hydratationsenergie aufgebracht. Den fehlenden Energiebetrag liefert die Wärmeenergie des Wassers, das sich dadurch abkühlt (▶ B 149.1 rechts).
Ist die Gitterenergie viel größer als die Hydratationsenergie, besitzen die Salze eine außerordentlich geringe Löslichkeit (▶ V 148.1 c).

Wasser als Lösungsmittel – Salzhydrate

Salzhydrate. Gibt man gelbes Nickelchlorid in Wasser, so entsteht unter Erwärmung eine grüne Lösung. Aus dieser erhält man durch Verdampfen des Lösungsmittels ein grünes Salz (▶ V 148.2, ▶ B 149.2), bei dem es sich ebenfalls um ein Nickelchlorid handelt. Beim Erhitzen des völlig trockenen grünen Salzes bildet sich neben Wasser wieder das gelbe Nickelchlorid (▶ V 148.3).

Beim Lösen des gelben Nickelchlorids entstehen hydratisierte Ionen. Die grüne Farbe der Lösung wird durch die hydratisierten Nickelionen verursacht. Beim Verdampfen des Lösungsmittels werden die Abstände zwischen den Ionen geringer, bis sich schließlich ein Gitter ausbildet. Die Nickelionen verlieren jedoch beim Einbau in das Gitter ihre Hydrathülle nicht vollständig. Sechs an das Nickelion angelagerte Wassermoleküle werden mit eingebaut. Sie werden bei höherer Temperatur wieder abgegeben. Beim grünen Nickelchlorid müssen diese Wassermoleküle in der Formel berücksichtigt werden, man schreibt: $NiCl_2 \cdot 6H_2O$.
Das im Kristall gebundene Wasser nennt man **Hydratwasser**. Zur Unterscheidung der beiden Nickelchloride bezeichnet man das grüne als *Nickelchlorid-Hydrat*.

Viele Salze kristallisieren aus ihren Lösungen als Hydrate aus. In vielen Fällen sind die Wassermoleküle an die Kationen angelagert. Die Anzahl der um ein Ion gruppierten Wassermoleküle ist nicht bei allen Salzen gleich, häufig findet man jedoch die Zahl 6, z. B. $CoCl_2 \cdot 6H_2O$, $CaCl_2 \cdot 6H_2O$. Solche Hydrate nennt man Hexahydrate.

Wie beim Nickelchlorid unterscheidet sich auch das Cobaltchlorid-Hexahydrat in seiner Farbe vom wasserfreien Salz. Das Hexahydrat, das rot ist, gibt bereits beim schwachen Erwärmen Wasser ab und geht dabei in ein wasserärmeres, tiefblaues Hydrat über. Dieses wird als Nachweismittel für Wasser verwendet (▶ V 148.4). Erst bei höherer Temperatur verliert das tiefblaue Hydrat das restliche Hydratwasser. Das entstehende wasserfreie Cobaltchlorid ist blaßblau.

Salze, die Hydrate bilden können, sind meist hygroskopisch, sie nehmen aus der Luft Wasser auf. Dabei werden Wassermoleküle in das Ionengitter eingebaut. Wegen dieser Eigenschaft werden manche Salze, z. B. Calciumchlorid, als *Trockenmittel* verwendet.

Alkalimetallhalogenide bilden mit Ausnahme der Lithiumhalogenide keine Hydrate. Die großen, einfach geladenen Alkalimetall-Kationen können ihre Hydrathülle beim Auskristallisieren des Salzes nicht festhalten. Dies gilt auch für die noch größeren Halogenid-Anionen. Je kleiner ein Ion und je größer seine Ladung ist, desto stärker werden die Dipolmoleküle des Wassers festgehalten. So läßt sich z. B. aus Aluminiumchlorid-Hexahydrat ($AlCl_3 \cdot 6H_2O$) durch Erhitzen kein wasserfreies Aluminiumchlorid herstellen.

Wasser als Lösungsmittel für molekulare Stoffe. Auch an Dipolmoleküle mit stark polaren Bindungen können sich Wassermoleküle anlagern. Aus diesem Grund sind viele molekulare Stoffe wasserlöslich, z. B. Zucker und Harnstoff (V 132.1). In manchen Fällen *reagieren* solche Stoffe auch mit Wasser zu wasserlöslichen Reaktionsprodukten. Die geringe, aber doch vorhandene Wasserlöslichkeit von Stoffen mit unpolaren Molekülen beruht auf der polarisierenden Wirkung der Wassermoleküle. Dabei werden z. B. Sauerstoff- oder Halogenmoleküle zu schwachen Dipolen.

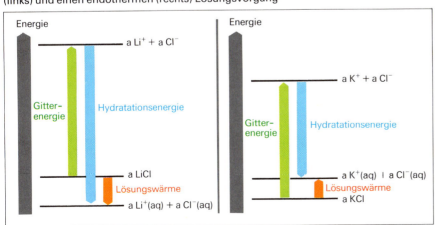

B 149.1 **Hydratationsenergie und Gitterenergie.** Energieschema für einen exothermen (links) und einen endothermen (rechts) Lösungsvorgang

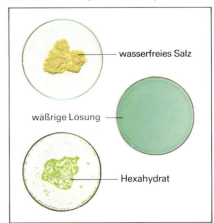

B 149.2 **Farbänderung durch Hydratation** der Nickelionen (Nickelchlorid)

12.6 Überprüfung und Vertiefung

Moleküle	Bindungs-länge (pm)	Bindungs-energie (kJ/mol)
H_2	74	436
N_2	110	945
O_2	121	498
F_2	142	159
Cl_2	199	242
Br_2	228	193
I_2	267	151
HF	92	567
HCl	128	431
HBr	141	366
HI	160	298

B 150.1 Zu Aufgabe 4

B 150.2 Zu Aufgabe 7

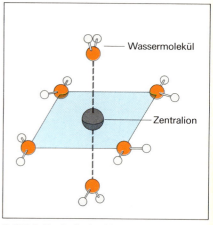

B 150.3 Zu Aufgabe 11

1 Gib die Strukturformeln folgender Moleküle an: H_2S, CF_4, NH_3, $CHCl_3$, C_2H_4.
Trage in die Strukturformeln die Teilladungen der Atome ein. Welche dieser Moleküle sind Dipole?

2 Ordne folgende Atome nach steigender Elektronegativität:
a) O, F, H, Na, S, Al
b) Br, C, O, H, Cl, Mg

3 Ordne folgende Bindungen nach steigender Polarität: Cl-H, O-H, C-H, F-H, Br-H.

4 Der Abstand der Kerne von zwei Atomen, die durch eine Atombindung verbunden sind, wird als **Bindungslänge** bezeichnet.
a) Vergleiche die in ▶ B 150.1 angegebenen Bindungsenergien und die Bindungslängen folgender Bindungen:
H-H, Cl-Cl, Br-Br, I-I.
Welcher Zusammenhang besteht hier? Gilt dieser auch in der Reihe H-F, H-Cl, H-Br, H-I?
b) Vergleiche die Bindungsenergie für das Stickstoffmolekül mit den Bindungsenergien der übrigen in ▶ B 150.1 aufgeführten unpolaren Moleküle. Erkläre den Unterschied!
c) Das Fluorwasserstoffmolekül hat eine größere Bindungsenergie als das Wasserstoffmolekül, obwohl die F-H-Bindung länger ist als die H-H-Bindung. Womit könnte dies zusammenhängen?

5 Ordne die Siedetemperaturen (in °C) −269, −196, −183, −85, −85, 19 folgenden Stoffen zu: Sauerstoff, Chlorwasserstoff, Fluorwasserstoff, Helium, Stickstoff, Bromwasserstoff.

6 Warum liegt die Siedetemperatur des Wassers höher als die des Fluorwasserstoffs, obwohl die Polarität der H-F-Bindung größer ist als die der O-H-Bindung?

7 In ▶ B 150.2 ist die Anordnung der Wassermoleküle im Eis durch die Kalottenmodelle der Moleküle veranschaulicht. Vergleiche mit B 147.1. Welche Struktur ist in beiden Modellen zu erkennen?
In welchen Aussagen unterscheiden sich die beiden Modelle?

8 Zwischen einem HF-Molekül und einem H_2O-Molekül kann sich eine Wasserstoffbrücke ausbilden, ebenso zwischen einem NH_3- und einem H_2O-Molekül.
Zeichne die Strukturformeln der Moleküle und die verbindende Wasserstoffbrücke.

9 In welchen Eigenschaften unterscheiden sich molekulare Stoffe von den Salzen?

10 Gibt man einige Spatel wasserfreies Calciumchlorid in einen Meßkolben, füllt mit Wasser bis zur Eichmarke auf, verschließt und schüttelt, so kann man nach dem Lösen eine deutliche Abnahme des Volumens beobachten.
Wie läßt sich dieses Versuchsergebnis erklären?

11 ▶ B 150.3 zeigt die räumliche Anordnung der Wassermoleküle um ein Calciumion im Gitter des Hexahydrats von Calciumchlorid.
Welcher Körper ergibt sich, wenn man die Zentren der Sauerstoffatome miteinander verbindet?
Welche räumlichen Anordnungen der Wassermoleküle könnten in Di-, Tetra-, und Octahydraten vorliegen?

12 Zur Bestimmung der Masse des Hydratwassers von Nickelchlorid erhitzt man 1,00 g des Hydrats im Tiegelofen bei etwa 300 °C. Nach 10 min läßt man in trockener Luft abkühlen, bestimmt die Masse und erhitzt erneut, bis die Masse konstant bleibt.
Berechne zum Vergleich die Masse des bei diesem Versuch entstehenden wasserfreien Nickelchlorids, wenn das Hexahydrat eingesetzt wurde.

13 Elektronenübergänge - Elektrolyse

Bisher haben wir Reaktionen mit Sauerstoff als Oxidationsreaktionen bezeichnet. Es zeigt sich aber, daß Reaktionen mit anderen Nichtmetallen in vielerlei Hinsicht denen mit Sauerstoff ähnlich sind. So ergibt sich aus unseren Kenntnissen vom Atombau, daß beispielsweise zwischen der Reaktion eines Metalls mit Sauerstoff und derjenigen mit Chlor eine grundlegende Gemeinsamkeit besteht: In beiden Fällen gehen Elektronen vom Metallatom auf das Nichtmetallatom über. Dies wird zu einer Erweiterung unseres Redoxbegriffs führen.

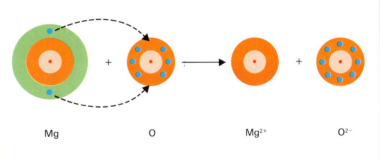

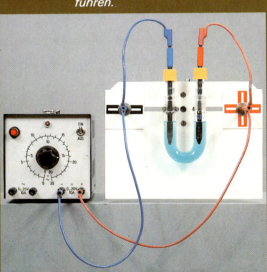

Auch bei Elektrolysen finden Elektronenübergänge statt; infolgedessen sind Elektrolysen mit Redoxreaktionen verknüpft. Deshalb ist es möglich, Metalle aus ihren Verbindungen auch mit Hilfe des elektrischen Stroms in reiner Form zu erhalten. Viele Metalle können überhaupt nur so in großtechnischem Maßstab wirtschaftlich gewonnen werden.

13.1 Elektronenübergänge – Redoxreaktionen

Die Verbrennung von Metallen in Sauerstoff, z. B. die Reaktion von *Magnesium mit Sauerstoff*, wurde in ↗ Kap. 4.4 als *Oxidation* bezeichnet, für die sich die folgende Reaktionsgleichung formulieren läßt.

$$2\,Mg + O_2 \longrightarrow 2\,MgO$$

Magnesiumoxid ist eine *Ionenverbindung.* Die Ionen entstehen dadurch, daß jedes Magnesiumatom zwei *Elektronen abgibt* und jedes Sauerstoffatom zwei *Elektronen aufnimmt* (▶ B 152.1 oben).

Auch bei der Reaktion von *Magnesium mit Chlor* (▶ V 153.1) entsteht aus einem Metall und einem Nichtmetall ein *Salz,* also eine aus Ionen aufgebaute Verbindung. Wieder geben bei der Reaktion die Metallatome Elektronen ab, welche die Nichtmetallatome aufnehmen (▶ B 152.1 Mitte).

Die Abgabe und Aufnahme von Elektronen läßt sich durch zwei *Teilreaktionsgleichungen* darstellen, die z. B. für die Reaktion von Magnesium mit Chlor so aussehen:

Abgabe: $Mg \longrightarrow Mg^{2+} + 2\,e^-$
Aufnahme: $2\,Cl + 2\,e^- \longrightarrow 2\,Cl^-$

Eine entsprechende dritte Reaktion ist die Bildung von Kupfersulfid (↗ Kap. 7.1). Sie ist ebenfalls in ▶ B 152.1 (unten) dargestellt.

Die drei angeführten Reaktionen stimmen darin überein, daß *Elektronen von den Metallatomen zu den Nichtmetallatomen übergehen.* Dies ist auch bei sehr vielen anderen Reaktionen der Fall. Man kann sie zur Gruppe der *Elektronenübergänge* zusammenfassen. Dabei wirken die Metallatome als *Elektronendonatoren* (von lat. donare, geben) und die Nichtmetallatome als *Elektronenakzeptoren* (von lat. accipere, annehmen, aufnehmen).

B 152.1 Elektronenübergänge von Metallatomen zu Nichtmetallatomen führen zur Bildung von Ionen

$$Mg + O \longrightarrow Mg^{2+} + O^{2-}$$
$$Cl + Mg + Cl \longrightarrow Cl^- + Mg^{2+} + Cl^-$$
$$Cu + S + Cu \longrightarrow Cu^+ + S^{2-} + Cu^+$$

Redoxreaktionen. In einer anderen, etwas kürzeren Ausdrucksweise knüpft man an das bekannte Begriffspaar Oxidation/Reduktion an und bezeichnet jetzt jede *Elektronenabgabe* als Oxidation und jede *Elektronenaufnahme* als Reduktion.

Die beiden Sätze
   „Die Magnesiumatome werden oxidiert" und
   „Die Magnesiumatome geben Elektronen ab"
besagen also das gleiche, ebenso die Sätze
   „Die Chloratome werden reduziert" und
   „Die Chloratome nehmen Elektronen auf".

Nun können Elektronen von einem Reaktionspartner nur aufgenommen werden, wenn sie von einem anderen Partner abgegeben werden. Auch die Abgabe ist meist nur möglich, wenn zugleich eine Elektronenaufnahme erfolgt. Daher sind *Reduktion und Oxidation miteinander gekoppelt.* So ist die Reaktion von Magnesium mit Chlor in dieser neuen Sichtweise gleichzeitig eine Oxidation des Magnesiums und eine Reduktion des Chlors. Diesen kombinierten Vorgang bezeichnet man als Reduktions-Oxidations-Reaktion oder kurz als *Redoxreaktion.*

Oxidation ist die Abgabe, Reduktion die Aufnahme von Elektronen.
Redoxreaktionen sind Elektronenübergänge.

Der Begriff Elektronenübergang ist auf Teilchen bezogen. Den Ausdruck Redoxreaktion wendet man auch auf die Reaktion der Stoffe an.
Ein Reaktionspartner, der selbst oxidiert wird (also Elektronen abgibt), reduziert einen anderen:
Somit ist ein *Elektronendonator ein Reduktionsmittel.* Ein *Elektronakzeptor wirkt als Oxidationsmittel.*

Reduktions- und Oxidationsvermögen. Während Eisen aus oxidischen Erzen mittels Koks hergestellt wird, reicht das Reduktionsvermögen des Kohlenstoffs z. B. für die Gewinnung von Chrom aus Chromoxid nicht aus. Man kann als Reduktionsmittel dann ein Metall nehmen, das unedler als das zu gewinnende ist. Bei der Chromgewinnung verwendet man Aluminium:

$$Cr_2O_3 + 2\,Al \longrightarrow 2\,Cr + Al_2O_3$$

Wird die Reaktionsgleichung mit Ionen geschrieben, sieht man, daß die Oxidionen zwar den Bindungspartner wechseln, aber am Elektronenübergang nicht beteiligt sind:

$$2\,Cr^{3+} + 3\,O^{2-} + 2\,Al \longrightarrow 2\,Cr + 3\,O^{2-} + 2\,Al^{3+}$$

Die Redoxreaktion spielt sich zwischen den Metallatomen und Metallionen ab:

$$Cr^{3+} + Al \longrightarrow Cr + Al^{3+}$$

Elektronenübergänge – Redoxreaktionen

Das Aluminium hat ein großes Reduktionsvermögen, Elektronen werden von Aluminiumatomen an Chromionen abgegeben.
Die hier beschriebene Reaktion ist eine weitere Anwendung des Thermitverfahrens (↗ Kap. 5.1) und kommt erst durch starkes Erhitzen in Gang.

Verdrängungsreaktionen sind auch ohne Erhitzen möglich, wenn man Metalle auf die Lösungen von Salzen anderer Metalle einwirken läßt (▶ V 153.3 und 4, ▶ B 153.1).

Wie aufgrund des unterschiedlichen Bindungsbestrebens der Metalle zu Sauerstoff und zu Chlor zu erwarten ist, finden Reaktionen nicht bei all den Kombinationen von Atomen mit Kationen statt, welche das Schema von ▶ V 153.3 vorsieht. So reagieren Silberatome nicht mit Zinkionen, wohl aber Zinkatome mit Silberionen:

$$Zn + 2\,Ag^+ \longrightarrow Zn^{2+} + 2\,Ag$$

Die Teilreaktionsgleichungen lauten:

Oxidation: $Zn \longrightarrow Zn^{2+} + 2\,e^-$
Reduktion: $2\,e^- + 2\,Ag^+ \longrightarrow 2\,Ag$

Von den in ▶ V 153.3 vorkommenden Metallatomen geben die Zinkatome am leichtesten Elektronen ab und die Silberatome am schwersten. Die anderen Atome sind wie folgt einzuordnen:

⟵ Zn   Cu   Hg   Ag   Reduktionsvermögen nimmt nach links zu

Redoxreihe. Wenn man entsprechende Versuche mit anderen Metallen ausführt und die Atome gemäß ihrem Reduktionsvermögen ordnet, erhält man insgesamt folgende Reihe, in der links unedle Metalle, rechts Edelmetalle stehen.

Ca   Mg   Al   Cr   Zn   Fe   Cu   Hg   Ag   Au
Reduktionsvermögen nimmt nach links zu

Aus einem Atom, das leicht Elektronen abgibt, entsteht ein Ion, das schwer Elektronen aufnimmt. Ebenso gehört zu einem Atom, das nur schwer Elektronen abgibt, ein Ion, das leicht Elektronen aufnimmt. Deshalb ist das *Oxidationsvermögen der Metallionen* unmittelbar *mit dem Reduktionsvermögen der Metallatome* verknüpft.

Ca^{2+} Mg^{2+} Al^{3+} Cr^{3+} Zn^{2+} Fe^{2+} Cu^{2+} Hg^{2+} Ag^+ Au^{3+}
Oxidationsvermögen nimmt nach rechts zu

Für die Metallatome und ihre Ionen gilt also die gleiche Reihenfolge. Ein Atom und das zugehörige Ion stehen in der jeweiligen Reihe an der gleichen Stelle. Man faßt deshalb das Atom und das zugehörige Ion (z. B. Zn und Zn^{2+}) unter dem Namen **Redoxpaar** zusammen, ebenso die beiden oben genannten Reihen zu *einer* **Redoxreihe** (einige Paare sind ausgelassen):

Ca/Ca^{2+} Al/Al^{3+} Zn/Zn^{2+} Fe/Fe^{2+} Cu/Cu^{2+} Ag/Ag^+ Au/Au^{3+}
Das Reduktionsvermögen der Metallatome nimmt ab. Das Oxidationsvermögen der Metallionen nimmt zu.

Ist die Redoxreihe einmal aufgestellt, kann man aus ihr ablesen, ob eine ins Auge gefaßte Redoxreaktion möglich ist. Beispiel: Eisenatome haben ein größeres Reduktionsvermögen als Kupferatome. Deshalb sollte Eisen mit einer Kupfersulfatlösung reagieren. Auf blanken Eisenoberflächen entstehen besonders schöne Kupferüberzüge (▶ B 153.2).

V 153.1 In einen mit Chlor gefüllten Zylinder führt man ein brennendes Magnesiumband ein.

V 153.2 Man wiederholt V 56.2 mit rotem Kupferoxid (Cu_2O).

V 153.3 Welche Metalle reagieren mit welchen Salzlösungen? Stelle entsprechend dem unten gezeigten Schema (bis zu den dicken Linien) je zwei Reagenzgläser mit Zinkchlorid-, Silbernitrat- bzw. Kupferchloridlösung bereit. Mit je zwei Blechstücken von Zink, Silber und Kupfer ist jede Kombination möglich. Tauche die Blechstücke in die Lösungen.

	Zn^{2+}	Ag^+	Cu^{2+}	Hg^{2+}
Zn	X			
Ag		X		
Cu			X	
Hg				X

V 153.4 Man führt die V 153.3 entsprechenden Versuche mit Quecksilberchloridlösung ($HgCl_2$) bzw. Quecksilber aus (s. Schema).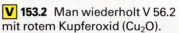

A A 153.1 Reagiert Kupfer mit Calciumchloridlösung? Begründe.

B 153.1 Kupfer in Silbernitratlösung   B 153.2 Eisen in Kupfersulfatlösung

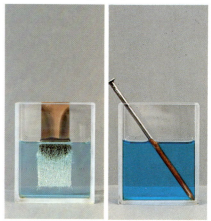

Elektronenübergänge – Redoxreaktionen

Redoxgleichungen. Das Aufstellen der Reaktionsgleichungen für die bisher behandelten Redoxvorgänge war leicht möglich. Denn wenn der Elektronendonator ebensoviel Elektronen abgibt wie der Akzeptor aufnimmt (z.B. bei der Reaktion von Al-Atomen mit Cr^{3+}-Ionen), müssen keine Vorzahlen für die Reaktionsgleichung gesucht werden.

Diese Voraussetzung ist z.B. bei der Bildung von Aluminiumoxid aus Aluminium und Sauerstoff nicht erfüllt. Das Aluminiumatom gibt *drei* Elektronen ab, und das Sauerstoffatom nimmt *zwei* Elektronen auf. Die Anzahl der abgegebenen muß aber gleich der Anzahl der aufgenommenen Elektronen sein, so daß die *Teilreaktionsgleichungen* mit geeigneten Multiplikatoren *vervielfacht* werden müssen:

$$Al \longrightarrow Al^{3+} + 3\,e^- \;|\cdot 2 \quad \text{und} \quad O + 2\,e^- \longrightarrow O^{2-} \;|\cdot 3$$

Also ergibt sich:
$$2\,Al \longrightarrow 2\,Al^{3+} + 6\,e^- \quad \text{und} \quad 3\,O + 6\,e^- \longrightarrow 3\,O^{2-}$$

Gesamtreaktion: $\quad 2\,Al + 3\,O \longrightarrow Al_2O_3$

Berücksichtigt man noch, daß Sauerstoff in zweiatomigen Molekülen vorliegt, lautet die Reaktionsgleichung:

$$4\,Al + 3\,O_2 \longrightarrow 2\,Al_2O_3$$

Entsprechend kann man auch für kompliziertere Redoxgleichungen die richtigen Vorzahlen der Reaktionspartner ermitteln. Dann weiß man auch, in welchem Stoffmengenverhältnis die Teilchen miteinander reagieren. Bei Kenntnis der molaren Massen (↗ Kap. 7.7) kann somit auch das *Massenverhältnis* errechnet werden, *in welchem die Stoffportionen sich vollständig miteinander umsetzen* können.

B 154.1 Oxidationszahlen. Ihre Ermittlung aus Strukturformeln unter Beachtung der Elektronegativitäten

Strukturformel mit Elektronegativitäten	Molekülformel mit Oxidationszahlen
$\overset{2{,}1}{H}\!-\!\overset{3{,}0}{Cl}$	$\overset{I\;\;-I}{HCl}$
$\overset{2{,}1}{H}\!-\!\overset{2{,}5}{S}\!-\!\overset{2{,}1}{H}$	$\overset{I\;\;-II}{H_2S}$
$\overset{3{,}5}{O}\!=\!\overset{2{,}5}{C}\!=\!\overset{3{,}5}{O}$	$\overset{IV\;\;-II}{CO_2}$

Oxidationszahlen. Wir haben früher nicht nur die Entstehung von *Metall*oxiden, sondern auch die von Wasser, Kohlenstoffdioxid und Schwefeldioxid aus den Elementen als Oxidation bezeichnet. Diese *Nichtmetall*oxide sind keine Ionenverbindungen; dennoch können wir die genannten Reaktionen auch nach der neuen Definition als Oxidationen (darüber hinaus gleichzeitig als Reduktionen) darstellen.

Die Atombindungen vieler Moleküle sind *polar*. Zur Darstellung von Redoxreaktionen ist es zweckmäßig, die *Elektronen einer Bindung ganz dem elektronegativeren Atom zuzuordnen*. Man behandelt die Moleküle also so, als ob sie aus lauter Ionen aufgebaut wären. Die Ladungen, die diese Ionen hätten, gibt man durch **Oxidationszahlen** an.

Oxidationszahlen können z.B. in römischen Ziffern über die Atomzeichen der Molekülformeln geschrieben werden. Ein Minuszeichen wird verwendet, wenn die Ladung des gedachten Ions negativ ist.

Beispiele: $\overset{I\;-I}{HCl} \quad \overset{I\;-II}{H_2O} \quad \overset{I\;-I}{HBr} \quad \overset{IV\;-II}{CO_2} \quad \overset{IV\;-II}{SO_2}$

Bei ungeladenen Teilchen muß die Summe der Oxidationszahlen aller Atome Null sein, weil alle gedachten Ladungen zusammen die Ladung Null ergeben müssen. Bei der Bildung dieser Summe ist darauf zu achten, daß mit einer Indexzahl am Zeichen einer Atomart auch die zugehörige Oxidationszahl zu multiplizieren ist.

Einfache Ermittlung von Oxidationszahlen. Es ist nicht immer erforderlich, die Ermittlung der Oxidationszahlen von Grund auf durch das oben beschriebene Verfahren vorzunehmen. Denn es hat sich herausgestellt, daß gleiche Atome auch in verschiedenen Molekülen oft die gleiche Oxidationszahl haben. Sie kann in vielen Fällen schon mit einfachen Regeln gefunden werden.

In Molekülen aus gleichen Atomen (wie H_2, N_2 oder S_8), ebenso in größeren Atomverbänden, wie sie bei metallischen Elementen vorliegen, gibt es keine polaren Bindungen.

Regel 1: Bei den *Elementen* erhalten die Atome die *Oxidationszahl Null*. Sie wird bei Bedarf durch eine arabische Null (0) dargestellt.

Regel 2: Bei *Ionen*, die aus einem Atom entstehen, ist die *Oxidationszahl* gleich der *Ladungszahl* des Ions (einschließlich des Vorzeichens der Ladung). Die Ladungszahl von Kationen ist häufig direkt durch die Gruppennummer im Periodensystem gegeben: Na^+, Mg^{2+}, Al^{3+}. Aus Nichtmetallatomen entstehen oft Anionen, deren Ladungszahl q sich aus q = Hauptgruppennummer − 8 ergibt: Cl^-, O^{2-}.

Elektronenübergänge – Redoxreaktionen

Regel 3: In Molekülen einer Verbindung haben Wasserstoffatome fast immer die Oxidationszahl I, Sauerstoffatome meistens die Oxidationszahl -II, Halogenatome meist die Oxidationszahl -I.
Da die Summe der Oxidationszahlen bei ungeladenen Teilchen gleich Null sein muß, ergibt sich daraus oft auch die fehlende Oxidationszahl eines Atoms im Molekül.

Anwendungsbeispiele. In der Molekülformel P_4O_{10} kommen den Sauerstoffatomen zusammen 20 gedachte negative Ladungen zu. Diesen müssen 20 positive Ladungen gegenüberstehen. Also kommen auf jedes der 4 Phosphoratome 5 gedachte positive Ladungen. Für dieses und andere Moleküle ergibt sich so aus den einfachen Regeln:

$$\overset{V}{P_4}\overset{-II}{O_{10}} \quad \overset{II}{C}\overset{-II}{O} \quad \overset{IV}{S}\overset{-II}{O_2} \quad \overset{I}{H_2}\overset{-II}{S} \quad \overset{-III}{N}\overset{I}{H_3} \quad \overset{-IV}{C}\overset{I}{H_4}$$

Redoxreaktionen mit Molekülen. Das Einführen der Oxidationszahl macht es möglich, den Begriff des Elektronenübergangs auch dann anzuwenden, wenn keine vollständige Übertragung von Elektronen zwischen den Reaktionspartnern erfolgt. Wenn die Bindungselektronen im CO_2-Molekül ganz den Sauerstoffatomen zugeordnet werden, so findet bei der Reaktion

$$\overset{0}{C} + \overset{0}{O_2} \longrightarrow \overset{IV\ -II}{CO_2}$$

ein gedachter Elektronenübergang vom Kohlenstoffatom auf die Sauerstoffatome statt. Dadurch *ändern sich die Oxidationszahlen.* Auch solche gedachten Elektronenübergänge zählen zu den Redoxreaktionen.

Wir erkennen jetzt viele Reaktionen, an denen Moleküle beteiligt sind, als Redoxreaktionen, so z. B.:

$$\overset{0}{Ca} + 2\ \overset{I\ -II}{H_2O} \longrightarrow \overset{II\ -II\ I}{Ca(OH)_2} + \overset{0}{H_2}$$

Die Redoxreaktion spielt sich zwischen den Calciumatomen und einem Teil der Wasserstoffatome ab.

Nomenklatur (Benennungsweise). Es gibt verschiedene Verbindungen aus den gleichen Elementen, z. B. zwei Kupferoxide mit den Verhältnisformeln Cu_2O bzw. CuO. Bisher haben wir sie nach ihren Farben benannt: rotes Kupferoxid bzw. schwarzes Kupferoxid. Eine systematische und zweckmäßige Benennungsweise macht von den verschiedenen Oxidationszahlen Gebrauch:

Das rote Kupferoxid ($\overset{I\ -II}{Cu_2O}$) heißt Kupfer(I)-oxid,

schwarzes Kupferoxid ($\overset{II\ -II}{CuO}$) heißt Kupfer(II)-oxid.

Entsprechend unterscheidet man Blei(II)-oxid (PbO) von Blei(IV)-oxid (PbO_2) und Quecksilber(I)-chlorid (HgCl) von Quecksilber(II)-chlorid ($HgCl_2$).

V 155.1 Verreibe 8 g trockenes Blei(II)-oxid gründlich mit 1 g ausgeglühter Holzkohle. Erhitze das Gemisch in einem Reagenzglas mit Stopfen und Gasableitungsrohr, das etwa 1 mm tief in Kalkwasser taucht (B 155.1, Schülerinnen nicht!). Stelle die Redoxgleichung auf.

A 155.1 Schreibe über die Atomzeichen der folgenden Molekülformeln die Oxidationszahlen:
HBr, SO_2, CCl_4, P_4O_6, HI, SO_3, PH_3.

A 155.2 Welche Oxidationszahlen kommen den Ionen in den in B 81.1 dargestellten Formeln zu? Beachte: Im schwarzen Eisenoxid kommen Eisenionen mit zweierlei Oxidationszahlen vor, nämlich mit II und mit III; im Pyrit haben die Schwefelatome in den Anionen die Oxidationszahl -I.

A 155.3 Stelle für die fünf auf S. 103 besprochenen Reaktionen die Redoxgleichungen auf. Gehe davon aus, daß die Ionen in den entstehenden Verbindungen die folgenden Oxidationszahlen haben:
Na^+, Fe^{3+}, Cu^+, Al^{3+}, Mg^{2+}, Cl^-, Br^-, I^-.

A 155.4 Früher hat man Chlor durch „Verbrennung" von Chlorwasserstoff hergestellt, nämlich durch Reaktion mit Luftsauerstoff über einem Kupferoxidkatalysator. Stelle die Reaktionsgleichung auf und verwende dabei Oxidationszahlen.

A 155.5 Im Hochofen wird ein kleiner Teil der Eisenerze direkt durch Kohlenstoff reduziert; dabei entsteht Kohlenstoffmonooxid. Stelle die Gleichungen auf für die Reaktion von Eisen(III)-oxid und von Eisen(II,III)-oxid.

B 155.1 Blei(II)-oxid reagiert mit Holzkohle. Rechts: An der Reagenzglaswand sind kleine Bleitröpfchen zu sehen

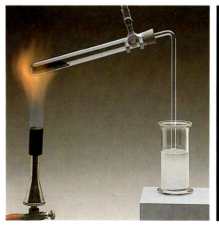

13.2 Elektrolysen als Redoxvorgänge

V 156.1 In eine auf weißer Unterlage oder dem Tageslichtprojektor stehende Petrischale wird gesättigte Bleichloridlösung gefüllt. Dann elektrolysiert man mit den nach B 156.1 angebrachten Bleielektroden (Spannung anfangs 4 V, dann 8 V). (Achtung, Chlor absaugen!)

⚠ **V 156.2** Sorgfältig entwässertes Natriumhydroxid wird in einem Nickeltiegel geschmolzen, der in einem großen Keramikdrahtnetz sitzt. Dann taucht man zwei nach B 157.1 ummantelte Eisendrähte ein, drosselt den Brenner und elektrolysiert (Stromstärke auf 2 bis 3 A einregulieren). (Spritzgefahr, Schutzbrille, Schutzscheibe!)
Nach einiger Zeit hält man in das Gasableitungsrohr der Anode einen glimmenden Span, dann schiebt man blaues Cobaltchloridpapier hinein. Nach etwa 10 min schaltet man den Strom ab und senkt die Kathode mit Schutzrohr nach kurzer Abkühlzeit in einen Zylinder mit Wasser, in dem die Kathode ganz untertaucht.

A 156.1 Formuliere für V 132.2 und 3 die Elektrodenvorgänge durch Teilreaktionsgleichungen.

In V 132.4 wurde eine Bleichloridschmelze und in ▶ V 156.1 eine Bleichloridlösung elektrolysiert. In beiden Fällen hat sich an der Kathode Blei und an der Anode Chlor gebildet. Aus einer Verbindung sind also zwei Elemente entstanden:

$$PbCl_2 \longrightarrow Pb + Cl_2$$

Insgesamt vollzieht sich somit eine Zerlegung, die derjenigen von Quecksilberoxid (V 47.2) entspricht. Auch in ▶ V 156.2 wird eine Verbindung in die Elemente zerlegt. Das Zerlegen von Verbindungen durch Elektrolyse (vgl. auch V 132.2 und 3) ist eine Umkehrung der auf ↗ S. 152 beschriebenen Verbindungsbildungen. Diese sind Redoxreaktionen; daher muß es sich auch bei den *Elektrolysen* um *Redoxreaktionen* handeln.
Der wesentliche Unterschied besteht darin, daß bei den Verbindungsbildungen die Elektronenübergänge unmittelbar zwischen den reagierenden Teilchen stattfinden, während bei einer Elektrolyse die beiden *Teilreaktionen räumlich voneinander getrennt* ablaufen. Die Elektronenübertragung verläuft dabei über die Elektroden.
Ein an der Kathode ankommendes Bleiion erhält aus ihr zwei Elektronen und wird dadurch zum Bleiatom reduziert. Die Anode entzieht einem ankommenden Chloridion ein Elektron; die entstehenden Chloratome vereinigen sich zu Chlormolekülen:

| Kathodenreaktion: | $Pb^{2+} + 2e^-$ | $\longrightarrow$ | Pb | Reduktion |
| Anodenreaktion: | $2\,Cl^-$ | $\longrightarrow$ | $Cl_2 + 2\,e^-$ | Oxidation |

Den Transport der Elektronen von der Anode zur Kathode besorgt die Spannungsquelle, die dabei Arbeit verrichtet. Während die oben erwähnte Zerlegung von Quecksilberoxid durch Wärmezufuhr bewirkt wurde, wird bei Elektrolysen elektrische Energie eingesetzt. Die Tatsache, daß die Zerlegung von Verbindungen Energie erfordert, entspricht derjenigen, daß umgekehrt bei der Bildung der Verbindungen Energie frei wird.

Bei einer Elektrolyse findet an der Kathode eine Reduktion (Elektronenaufnahme durch das Kation) und an der Anode eine Oxidation (Elektronenabgabe durch das Anion) statt.

B 156.1 „Bleibaum" durch Elektrolyse von Bleichloridlösung

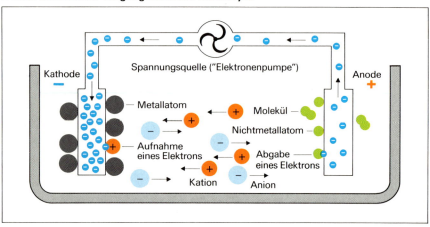

B 156.2 Schema der Vorgänge bei einer Elektrolyse

Elektrolysen als Redoxvorgänge

Schmelzflußelektrolyse von Natriumhydroxid. Natriumhydroxid ist ein Salz. Seine wäßrige Lösung, die Natronlauge, leitet den elektrischen Strom. Einen Hinweis darauf, aus welchen Ionen Natriumhydroxid aufgebaut ist, gibt uns die Elektrolyse einer Natriumhydroxidschmelze (▶ V 156.2). An der *Anode* entsteht nicht nur Sauerstoff, sondern auch *Wasser*. Es ist also nicht anzunehmen, daß im Natriumhydroxid H^+-Ionen vorliegen, sie hätten zur Kathode wandern und dort zur Bildung von Wasserstoffmolekülen führen müssen. Vielmehr wandern die Wasserstoffatome gemeinsam mit den Sauerstoffatomen in Gestalt des **Hydroxidions (OH)⁻** zur Anode. Dort spielt sich folgende Teilreaktion ab:

$$(H-\overline{\underline{O}}|)^- + (H-\overline{\underline{O}}|)^- \longrightarrow H-\overline{\underline{O}}-H + \cdot\overline{\underline{O}}| + 2\,e^-$$

Da die O-Atome sich sofort zu O_2-Molekülen vereinigen, wird die Teilreaktion des Anodenvorgangs so formuliert:

$$4\,(\overset{-II\ I}{OH})^- \longrightarrow 2\,\overset{I\ -II}{H_2O} + \overset{O}{O_2} + 4\,e^-$$

Elektrolytische Gewinnung von Aluminium. Die *Kathode* einer Elektrolyseanordnung ist bei entsprechender Spannung das *stärkste Reduktionsmittel,* das es gibt. Auch das sehr unedle Aluminium, das sonst nur auf unwirtschaftliche Weise mit einem noch unedleren Metall (z. B. Kalium) hergestellt werden könnte, kann aus geschmolzenem Aluminiumoxid durch Elektrolyse gewonnen werden.

Der am besten geeignete Ausgangsstoff zur Herstellung von reinem Aluminiumoxid ist der Bauxit, von dem es große Vorkommen in Jugoslawien und vor allem in Guayana gibt. Er wird von störendem Begleitstein befreit und in Aluminiumoxid umgewandelt.

Reines Aluminiumoxid („Tonerde") hat mit 2050 °C eine sehr hohe Schmelztemperatur. Deshalb mischt man das Aluminiumoxid mit Kryolith (Na_3AlF_6), dessen Schmelztemperatur von etwa 1000 °C durch den Oxidzusatz auf 950 °C herabgesetzt wird. Die Schmelze wird in Wannen aus Kohle, die gleichzeitig als Kathode dienen, mit einer Spannung von 5 bis 6 V und einer Stromstärke von bis zu 200 000 A elektrolysiert (▶ B 157.3). Als Anode verwendet man dicke Kohleblöcke (▶ B 157.2). Der an ihnen entstehende Sauerstoff reagiert mit dem Kohlenstoff zu Kohlenstoffoxiden. Das in der Wanne abgeschiedene flüssige Aluminium wird durch die darüberliegende Schmelze vor der Oxidation durch den Luftsauerstoff geschützt. Man sticht es von Zeit zu Zeit ab; es wird dann zur Reinigung meist noch umgeschmolzen.

Die Herstellung von Aluminium erfordert sehr viel Energie, insgesamt etwa $57 \cdot 10^6$ kJ/t. Durch *Recycling* (engl. zurückführen) von Aluminiumabfällen können Energie und Rohstoffe gespart werden.

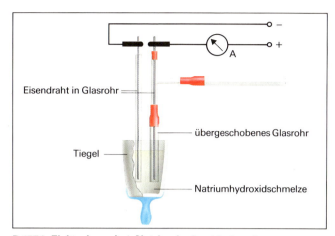

B 157.1 **Elektrolyse einer Natriumhydroxidschmelze**

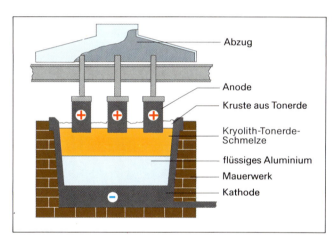

B 157.2 **Elektrolyseofen zur Aluminiumgewinnung** aus Aluminiumoxid

B 157.3 **Aluminiumoxid-Kryolith-Schmelze**

13.3 Überprüfung und Vertiefung

1 Stelle die Bildung von Natriumbromid und Aluminiumsulfid (aus den Elementen) sowie die Zerlegung von Quecksilbersulfid (HgS) entsprechend B 152.1 dar.

2 Schreibe die Teilreaktionsgleichungen von den in V 153.1 und 2 abgelaufenen Reaktionen auf.

3 Stelle die Reaktionsgleichungen für die Bildung von a) Calciumoxid, b) Bariumchlorid, c) Schwefeldioxid (aus den Elementen) sowie für die Hitzespaltung von Wasser (in die Elemente) unter Verwendung von Oxidationszahlen auf.

4 Stelle durch Anfügen der Oxidationszahlen an die Formeln der Reaktionsteilnehmer fest, ob Redoxreaktionen vorliegen, und zwar für a) die Reaktion von Natrium mit Wasser (↗ Kap. 8.2), b) die Herstellung von Chlorwasserstoff aus Natriumchlorid und Schwefelsäure (B 107.1), c) die Zerlegung von Silberchlorid durch Licht (↗ Kap. 9.6).

5 Gib unter Verwendung von Oxidationszahlen die Namen der Stoffe an, zu denen die folgenden Verhältnisformeln gehören: $CuCl$, $CuCl_2$; $FeBr_2$, $FeBr_3$; $SnCl_2$, $SnCl_4$; FeO, Fe_2O_3, Fe_3O_4; PbO, Pb_3O_4, PbO_2. Beachte: In einem der jeweils drei Oxide des Eisens und des Bleis kommen die Atome mit *zwei verschiedenen Oxidationszahlen* vor.

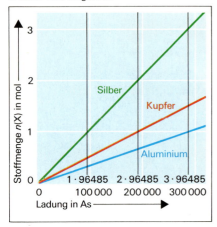

B 158.1 Zu Aufgabe 9

6 Das wichtigste Kupfererz ist der Kupferkies mit der Verhältnisformel $CuFeS_2$. Er wird „geröstet", d.h. bei hoher Temperatur mit Sauerstoff (aus der Luft) umgesetzt:

$$2\ CuFeS_2 + 5\ O_2 \longrightarrow 2\ Cu + 2\ FeO + 4\ SO_2$$

Welche Atome bzw. Ionen werden oxidiert, welche reduziert? Begründe mit Hilfe von Teilreaktionsgleichungen die Vorzahlen der Reaktionsgleichung.

7 Große Mengen von Eisen(III)-oxid (für die Eisengewinnung) und Schwefeldioxid (für die Schwefelsäureherstellung) werden durch Rösten (s.o.) von Eisensulfid (Verhältnisformel FeS) gewonnen. Stelle die Reaktionsgleichung auf.

8 a) Welche Verbindung (außer Quecksilberoxid) haben wir früher durch Wärmezufuhr in die Elemente zerlegt? b) Welche Verbindungen haben wir bisher durch Elektrolyse in die Elemente zerlegt?

9 MICHAEL FARADAY hat erkannt, daß die Masse der Stoffportion, die bei einer Elektrolyse abgeschieden wird, *proportional ist zur Ladung* (Stromstärke · Zeit), die durch die Lösung geflossen ist (erstes Faradaysches Gesetz). Dies läßt sich prüfen, wenn man z.B. eine Kupfer(II)-Salz-Lösung bei konstanter Stromstärke verschieden lang elektrolysiert und die gut getrocknete Kathode jedesmal vor und nach der Elektrolyse wiegt. Bei einer Stromstärke von 0,8 A und einer Dauer von 250 s wurden 67 mg Kupfer und bei einer Dauer von 500 s 134 mg Kupfer abgeschieden. Berechne das Verhältnis der Massen und das der Ladungen.
Welche Masse hätte die Kupferportion, die bei 0,8 A und einer Elektrolysedauer von 10 min abgeschieden würde?
b) FARADAY verglich auch die Stoffportionen *verschiedener Elemente*, die durch die *gleiche* Ladung abgeschieden werden. Dazu schaltet man zwei Elektrolysierkammern hintereinander. Eine enthält Kupfernitratlösung und eine Kupferkathode, die andere Silbernitratlösung und eine Silberkathode. Dann bekommt man z.B. bei einer Stromstärke von 1 A und einer Elektrolysedauer von 96,5 s eine Abscheidung von 31,75 mg Kupfer und 107,9 mg Silber. Die Stoffmengen sind also $n(Cu) = 0{,}5$ mmol und $n(Ag) = 1$ mmol. Eine bestimmte Ladung scheidet somit halb so viel Cu^{2+}-Ionen wie Ag^+-Ionen ab (▶ B 158.1).

Durch die Ladung $Q = 96485$ As werden Stoffportionen mit folgenden Stoffmengen abgeschieden:

$n(Ag) = \frac{1}{1}$ mol, aus Ag^{1+}-Ionen,

$n(Cu) = \frac{1}{2}$ mol, aus Cu^{2+}-Ionen,

$n(Al) = \frac{1}{3}$ mol, aus Al^{3+}-Ionen.

Dies ist – in Beispielen – die Aussage des zweiten Faradayschen Gesetzes. Allgemein kann man es formulieren, wenn man rein formal gedachte Teile von Ionen einführt: Ein (gedachtes) Drittel eines Al^{3+}-Ions hat nicht die Ladung 3+, sondern 1+, ebenso ein halbes Cu^{2+}-Ion usw. Solche gedachten Teilchen, die alle die gleiche Ladung tragen, sind also in dieser Hinsicht einander gleichwertig; man nennt sie *Äquivalentteilchen*. Das zweite Faradaysche Gesetz lautet dann: Gleiche Ladungen entladen gleich viele Äquivalentteilchen aller Art.

Die Faradayschen Gesetze haben seinerzeit die Annahme nahegelegt, daß es „Elektrizitätsatome" gibt. 50 Jahre später, als dies zur Gewißheit geworden war, nannte G. J. STONEY diese Elektrizitätsatome Elektronen.

10 Ordne Anode und Kathode den Begriffen Reduktions- und Oxidationsmittel zu.

14 Saure und alkalische Lösungen

Saure und alkalische Lösungen ergeben mit Indikatoren charakteristische Farben und weisen auch sonst untereinander gemeinsame Eigenschaften auf, selbst wenn die Lösungen aus ganz verschiedenen Stoffen hergestellt wurden.

Gibt man jedoch saure und alkalische Lösungen zusammen, so können sie sich in ihrer Wirkung gegenseitig aufheben. Bei diesem Vorgang, Neutralisation genannt, spielt der Gehalt der beiden Lösungen eine wichtige Rolle. Neutralisationsvorgänge werden vielfältig genutzt, beispielsweise um saure Abwässer unschädlich zu machen.

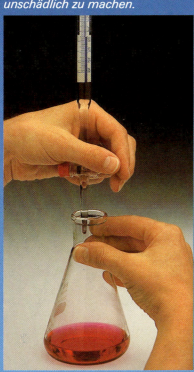

In diesem Kapitel werden wir die Gründe für das einheitliche Verhalten sowie typische Reaktionen saurer bzw. alkalischer Lösungen kennenlernen. Außerdem wird gezeigt, wie sich der Gehalt einer Lösung genau bestimmen läßt.

14.1 Eigenschaften saurer und alkalischer Lösungen

V 160.1 Prüfe verdünnte Salzsäure, verdünnte Brom- und Iodwasserstoffsäure sowie wäßrige Lösungen von Kohlenstoffdioxid bzw. Schwefeldioxid mit Lackmus- bzw. Bromthymolblaulösung und Universalindikator (Lösung oder Papier). (Schutzbrille!)

V 160.2 Überprüfe mit der Apparatur von V 132.1 die Leitfähigkeit der Lösungen von V 160.1 (Schutzbrille!).

V 160.3 Führe die Elektrolyse von verdünnter Salzsäure nach B 160.1 durch. Prüfe das an der Kathode entstehende Gas auf Brennbarkeit, das an der Anode entstehende auf Bleichwirkung: Halte in das Gas ein farbiges Blütenblatt oder feuchtes Lackmuspapier (Schutzbrille! Abzug!).

V 160.4 Versetze verdünnte Salzsäure, Natriumchlorid-, Kaliumchlorid- bzw. Calciumchloridlösung jeweils mit einigen Tropfen Silbersalzlösung.

V 160.5 Man wiederholt V 106.4 und prüft dabei die Leitfähigkeit der Lösung vor und während des Versuchsablaufs.

V 160.6 Halte jeweils ein trockenes und ein feuchtes Indikatorpapier in einen Standzylinder mit Kohlenstoffdioxid bzw. Schwefeldioxid (Abzug!).

A 160.1 Formuliere für V 160.3 die Gleichungen für die Vorgänge an den Elektroden sowie die (Gesamt-)Reaktionsgleichung für die Elektrolyse.

A 160.2 Warum ist die Aussage, Salzsäure habe die Formel HCl, nicht korrekt?

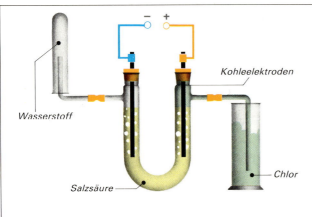

B 160.1 Elektrolyse von Salzsäure. An der Kathode entsteht Wasserstoff, an der Anode Chlor

Saure Lösungen. Diese Lösungen besitzen einige gemeinsame Eigenschaften: Neben ihrem *sauren Geschmack* ergeben sie mit Indikatoren *charakteristisch gefärbte Lösungen* (▶ V 160.1, ↗ Kap. 4.6). Ferner zeigen sie *elektrische Leitfähigkeit* (▶ V 160.2), woraus man schließen kann, daß in den Lösungen Ionen vorhanden sein müssen (↗ Kap. 11.1). Dies soll am Beispiel der verdünnten Salzsäure näher untersucht werden.

Die Elektrolyse von verdünnter Salzsäure (▶ V 160.3) liefert an der Kathode Wasserstoff, der durch die Knallgasprobe nachgewiesen wird. An der Anode entsteht Chlor, das man an seiner gelbgrünen Farbe, seiner bleichenden Wirkung und seinem Geruch erkennt. Wenn sich an der Anode Chlor bildet, ist anzunehmen, daß die Lösung *negativ geladene Chloridionen* enthält.

Einen weiteren Hinweis hierauf erhält man aus der Reaktion von verdünnter Salzsäure und verschiedener Chloride mit Silbersalzlösung, bei der jeweils ein weißer, käsiger Niederschlag von Silberchlorid ausfällt (▶ V 160.4). Da die Chloride Salze sind, deren wäßrige Lösungen *hydratisierte Chloridionen* enthalten und die mit Silbersalzlösung jeweils denselben Niederschlag ergeben, ist es naheliegend, daß in Salzsäure, mit der man ebenfalls diesen Silberchlorid-Niederschlag erhält, auch hydratisierte Chloridionen enthalten sind. Der Nachweis mit *Silbersalzlösung* ist demnach ein *Nachweis für Chloridionen*! Auch bei Bromiden und Iodiden werden mit Silbersalzlösung *Bromid-* bzw. *Iodidionen nachgewiesen*.

Die Chloridionen der verdünnten Salzsäure können nur aus Molekülen des Chlorwasserstoffs gebildet worden sein. Darauf weist auch ▶ V 160.5 hin. Aus Molekülen eines Gases entstehen demnach in einer Lösung Ionen. Damit wird die Vermutung untermauert, daß beim Einleiten von Chlorwasserstoff in Wasser eine *chemische Reaktion* abläuft (↗ Kap. 9.4), bei der sich neben positiv geladenen H_3O^+-Ionen negativ geladene Chloridionen bilden:

$$HCl + H_2O \longrightarrow H_3O^+ + Cl^- \quad | \quad \text{exotherm}$$

Die H_3O^+-Ionen bezeichnet man als **Oxoniumionen**. Der sich an der Kathode abscheidende Wasserstoff entsteht aus diesen positiv geladenen Ionen.

Das Oxoniumion setzt sich aus einem Wassermolekül und dem „restlichen Teil" des Chlorwasserstoffmoleküls zusammen, einem „H^+-Ion". Da ein Wasserstoffatom nur aus einem Proton und einem Elektron besteht, ist das positiv geladene Wasserstoffion allein ein *Proton*! Die Oxoniumionen besitzen eine pyramidale Struktur (↗ Kap. 12.2, ▶ B 161.1).

Eigenschaften saurer und alkalischer Lösungen

Wie Chlorwasserstoff reagieren auch Fluor-, Brom- und Iodwasserstoff mit Wasser. Die neben den *Oxoniumionen* entstehenden *Halogenidionen* nennt man allgemein **Säurerestionen**.

Welche Ionen bewirken die sauren Eigenschaften? Salzsäure, Bromwasserstoff- und Iodwasserstoffsäure besitzen *dieselben* Eigenschaften saurer Lösungen (▶ V 160.1). Sie enthalten neben den verschiedenen Halogenidionen Oxoniumionen, so daß zu vermuten ist, daß die Oxoniumionen die Verursacher der charakteristischen Eigenschaften saurer Lösungen sind.

Auch Lösungen von Kohlenstoffdioxid und Schwefeldioxid in Wasser besitzen saure Eigenschaften (▶ V 160.1) sowie elektrische Leitfähigkeit (▶ V 160.2). Die Lösungen enthalten ebenfalls *Oxoniumionen* und damit auch *Säurerestionen*. Die gleichen Eigenschaften sind auch bei Lösungen anderer Nichtmetalloxide in Wasser zu beobachten. Da die Nichtmetalloxide mit Wasser saure Lösungen ergeben (▶ V 160.6), muß auch bei diesen Stoffen eine *Reaktion mit Wasser* angenommen werden, bei der sich Oxonium- und Säurerestionen bilden.

Aufgrund der Tatsache, daß viele Nichtmetalloxide zusammen mit Wasser saure Lösungen ergeben, schloß der Chemiker Lavoisier im 18. Jahrhundert irrtümlich, daß alle Substanzen, die mit Wasser saure Lösungen ergeben, Sauerstoffverbindungen sein müßten und daß das Vorhandensein von gebundenen Sauerstoffatomen die sauren Eigenschaften bedinge. Daher rührt der Elementname Sauerstoff, ebenso das chemische Zeichen O, das sich von Oxygenium (von griech./lat., Säurebildner) ableitet.

Alkalische Lösungen. Wie die sauren Lösungen besitzen auch alkalische Lösungen einige gemeinsame Eigenschaften. Diese Lösungen ergeben mit Indikatoren charakteristische *Färbungen* (▶ V 161.1) und fühlen sich auf der Haut *glitschig* an. Die Lösungen sind *ätzend,* daher muß beim Arbeiten mit alkalischen Lösungen stets eine Schutzbrille getragen werden. Ferner zeigen sie *elektrische Leitfähigkeit* (▶ V 161.2), es müssen also Ionen vorliegen. Alkalische Lösungen erhält man u. a. durch *Lösen von Alkali- oder Erdalkalimetallhydroxiden* in *Wasser*. Die Schmelzen dieser Hydroxide zeigen ebenfalls elektrische Leitfähigkeit (▶ V 156.2). Alkali- und Erdalkalimetallhydroxide sind demnach *Salze,* die im festen Zustand ein *Ionengitter* bilden, das aus positiv geladenen Metallionen und negativ geladenen Hydroxidionen aufgebaut ist. Davon ausgehend kann angenommen werden, daß nach *Lösen der Hydroxide* in Wasser in diesen Lösungen ebenfalls *Metall- und Hydroxidionen* vorhanden sind.

Da *alle* alkalischen Lösungen obengenannte Eigenschaften aufweisen, ist es naheliegend, daß diese auf das Vorliegen einer allen Lösungen *gemeinsamen Teilchenart* zurückzuführen sind, auf die *Hydroxidionen.*

Alkalische Lösungen entstehen auch bei der *Reaktion* von *Alkali-* bzw. *Erdalkalimetallen* mit *Wasser*. Ferner erhält man bei der *Umsetzung* von *Alkali-* oder *Erdalkalimetalloxiden* mit *Wasser* alkalische Lösungen.

Alkalische Lösungen enthalten Kationen und negativ geladene Hydroxidionen. Saure Lösungen enthalten Oxonium- und Säurerestionen. Hydroxid- und Oxoniumionen bewirken die charakteristischen Eigenschaften der jeweiligen Lösungen.

V 161.1 Prüfe verdünnte Natronlauge, verdünnte Kalilauge und Kalkwasser mit Lackmus-, Phenolphthalein- bzw. Bromthymolblaulösung und Universalindikator (Lösung oder Papier). (Schutzbrille!)

V 161.2 Überprüfe mit der Apparatur von V 132.1 die Leitfähigkeit der Lösungen von V 161.1. (Schutzbrille!)

A 161.1 Kochsalzlösung und verdünnte Salzsäure stimmen in einer Ionensorte überein. Welche ist das? Wie könnte man die Behauptung experimentell nachprüfen?

A 161.2 Formuliere die Reaktionsgleichungen für die Reaktionen von Lithiumoxid, Magnesiumoxid bzw. Calciumoxid mit Wasser.

A 161.3 Warum besitzt das Oxoniumion einen pyramidalen und keinen ebenen Bau, obwohl vom Sauerstoffatom nur drei Bindungen ausgehen?

A 161.4 Welche Hinweise gibt es dafür, daß beim Einleiten der Halogenwasserstoffe in Wasser eine chemische Reaktion abläuft?

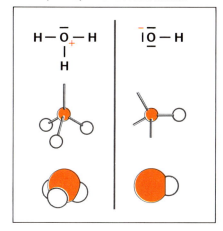

B 161.1 Oxoniumion (links) und Hydroxidion (rechts) in Formel und Modell

14.2 Die Neutralisationsreaktion

V 162.1 Gib in einem Reagenzglas zu einer Portion verdünnter Natronlauge, der Universalindikator zugesetzt ist, mit einem Tropfrohr langsam verdünnte Salzsäure, bis der Indikator nach gelbgrün umschlägt (Schutzbrille!). Schüttle die Lösung zur Entfernung des Indikators mit Aktivkohle und filtriere. Laß die Flüssigkeit des Filtrats verdunsten und beobachte den Rückstand unter der Lupe.

V 162.2 Wiederhole V 162.1 mit Phenolphthalein als Indikator. Gib solange Salzsäure zu, bis der Indikator gerade entfärbt wird (Schutzbrille!). Laß das Wasser verdunsten und betrachte den Rückstand unter der Lupe.

V 162.3 Man gibt in ein Reagenzglas, das in einem Erlenmeyerkolben steht, eine Portion konz. Natronlauge und setzt langsam tropfenweise konz. Salzsäure zu. (Vorsicht! Schutzscheibe, Schutzbrille!)

A 162.1 Eine farblose Lösung eines Salzes färbt die Flamme intensiv gelb. Welches Metallion wird dadurch nachgewiesen. Wie kann man zeigen, ob die Anionen Hydroxid-, Chlorid- oder Iodidionen sind?

A 162.2 Welche Hinweise gibt es dafür, daß beim Zusammengeben von sauren und alkalischen Lösungen eine chemische Reaktion stattfindet?

A 162.3 Leitet eine neutralisierte Lösung den elektrischen Strom? Begründe die Antwort.

A 162.4 Erläutere den Begriff Neutralisation.

Natronlauge reagiert mit Salzsäure. Läßt man zu verdünnter Natronlauge so lange verdünnte Salzsäure fließen, bis der zugesetzte Indikator weder alkalisch noch sauer anzeigt, so ist die Lösung **neutral**, ihr pH-Wert ist 7 (▶ V 162.1, ▶ B 162.1). Man bezeichnet daher solche Reaktionen zwischen *sauren* und *alkalischen* Lösungen als **Neutralisation**. Die würfelförmigen Kristalle, die nach dem Verdunsten der Flüssigkeit sichtbar werden, legen nahe, daß Natriumchlorid entstanden ist.

Auch Phenolphthalein kann als Indikator für Neutralisationsreaktionen eingesetzt werden, wenn man einer alkalischen Lösung *nur so viel* saure Lösung zusetzt, bis der Indikator *gerade entfärbt* wird (▶ V 162.2).

Natriumchlorid kristallisiert aus der verdunstenden Lösung aus und bildet als Salz im festen Zustand ein Ionengitter. Die Ionen hierfür, Natrium- und Chloridionen, müssen schon vor dem Verdunsten des Wassers hydratisiert in der Lösung vorgelegen haben. Die im Versuch eingesetzte Salzsäure enthält schon *vor* der Reaktion hydratisierte Chloridionen, die Natronlauge hydratisierte Natriumionen. Zwischen Natrium- und Chloridionen ist also sicherlich *keine* Reaktion abgelaufen. Demnach kommen als Reaktionspartner nur die *Oxonium-* und *Hydroxidionen* in Frage. Darauf weist auch die Tatsache hin, daß *nach der Neutralisation* die Eigenschaften der *sauren* Lösung, hervorgerufen durch die Oxoniumionen, und die Eigenschaften der *alkalischen* Lösung, bedingt durch die Hydroxidionen, *nicht mehr vorhanden* sind.

Führt man die Neutralisation mit konzentrierten Säure- und Hydroxidlösungen durch, so ist die *Salzbildung* direkt zu beobachten (▶ V 162.3). Die Reaktion ist stark *exotherm*.

B 162.1 Neutralisation von Natronlauge mit Salzsäure. Der Indikator zeigt den Neutralpunkt an. Die Reaktion ist exotherm

B 162.2 Eindampfen der neutralisierten Lösung. Kochsalz bleibt zurück

Die Neutralisationsreaktion

Die auftretende Reaktionswärme weist darauf hin, daß der Verlust der charakteristischen Eigenschaften der sauren und alkalischen Lösungen nicht durch einfaches Vermischen der beiden Lösungen zustande gekommen ist, sondern durch eine exotherme Reaktion der beiden Teilchensorten miteinander.

Die Reaktionsgleichung in Ionenschreibweise (Ionengleichung) für die Neutralisation lautet:

$Na^+ + OH^-\ +\ H_3O^+ + Cl^- \longrightarrow Na^+ + Cl^-\ + 2\ H_2O$

<small>Ionen in der Natronlauge — Ionen in der Salzsäure — Ionen in der neutralen Lösung</small>

Die Ionengleichung zeigt, daß *nicht alle Ionen* an der Reaktion beteiligt sind. *Nur die Hydroxid- und Oxoniumionen reagieren,* und zwar zu Wassermolekülen. Das Wasser, das bei den Reaktionen entsteht, können wir bei den Versuchen jedoch nicht beobachten, da die Reaktionen bereits in wäßriger Lösung ablaufen. Unter Verzicht auf die nichtreagierenden Ionen kann die Reaktionsgleichung zu der folgenden *allgemeinen Gleichung der Neutralisation* vereinfacht werden (▶ B 163.1):

$H_3O^+ + OH^- \longrightarrow 2\ H_2O\ \mid\ $ exotherm

Unabhängig von der Art der sauren und alkalischen Lösungen läuft stets die *gleiche* Reaktion ab. Man erhält bei der Neutralisation also immer Wasser und ein Salz, das gelöst vorliegt oder bei Schwerlöslichkeit einen Niederschlag bildet. Daß dabei immer Oxoniumionen mit Hydroxidionen reagieren müssen, entnimmt man auch aus der Tatsache, daß bei *allen Neutralisationsreaktionen,* sofern kein Niederschlag auftritt, bei gleichen Stoffmengen an Oxonium- bzw. Hydroxidionen die *gleiche Reaktionswärme* frei wird, die **Neutralisationswärme**.

Bei der Neutralisation verbinden sich Oxoniumionen und Hydroxidionen zu Wassermolekülen.

Bei vielen *industriellen Prozessen* entstehen saure und alkalische Abwässer, die, in Flüsse, Seen und Meere eingeleitet, die dort vorhandenen Lebewesen sehr stark schädigen bzw. abtöten. So hat z.B. das *„Verklappen" von „Dünnsäure"* mit Tankschiffen in die Nordsee zu einem starken Rückgang der Fischereierträge und zu Fischkrankheiten beigetragen. Ferner wird die *Funktion der biologischen Klärstufe* der Kläranlagen durch diese Lösungen stark beeinträchtigt. Daher müssen die Abwässer vor dem Einleiten in die Gewässer weitgehend neutralisiert werden (▶ B 163.2). Die *Salzfracht* der Gewässer erhöht sich dadurch nur wenig. Eine noch günstigere Methode liegt in der weitgehenden Aufbereitung und Wiederverwendung dieser Lösungen.

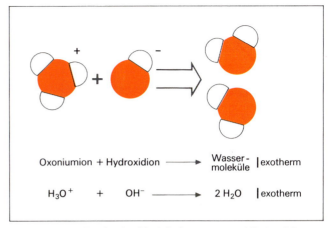

B 163.1 Neutralisation im Modell. Oxonium- und Hydroxidionen verbinden sich zu Wassermolekülen

A 163.1 Formuliere die vollständigen Ionengleichungen für folgende Neutralisationsreaktionen:
a) Bromwasserstoffsäure mit Calciumhydroxidlösung,
b) Fluorwasserstoffsäure mit Lithiumhydroxidlösung,
c) Salzsäure mit Kalilauge,
d) Iodwasserstoffsäure mit Bariumhydroxidlösung.

A 163.2 a) Welche Hinweise liegen vor, daß bei der Neutralisationsreaktion eine Reaktion zwischen Oxonium- und Hydroxidionen stattfindet?
b) Warum kann in V 162.1 das bei der Neutralisation entstehende Wasser nicht beobachtet werden?
c) Welche sauren und alkalischen Lösungen muß man einsetzen, um nach Eindampfen der neutralisierten Lösung Kaliumiodid zu erhalten?

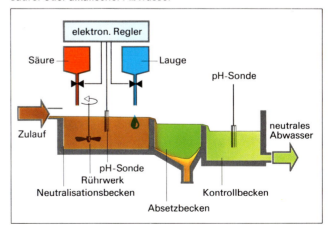

B 163.2 Schema einer Neutralisationsanlage zur Neutralisation saurer oder alkalischer Abwässer

14.3 Quantitative Durchführung der Neutralisation

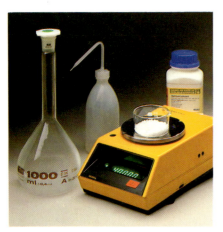

B 164.1 **Herstellung einer Maßlösung:**
Natronlauge mit c (NaOH) = 1 mol/l

⚠️ **V 164.1** In einem Erlenmeyerkolben gibt man zu 20 ml konz. Natronlauge, der Universalindikator zugesetzt wurde, 20 ml verdünnte Salzsäure. Der Versuch wird mit konz. Salzsäure und verdünnter Natronlauge wiederholt. (Vorsicht! Schutzbrille!)

A 164.1 Beschreibe die einzelnen Arbeitsgänge, die zur Herstellung einer Calciumchloridlösung notwendig sind: V(Lösung) = 0,5 l; c(CaCl$_2$) = 1,5 mol/l.

B 164.2 **Gebrauchsfertige Maßlösung**

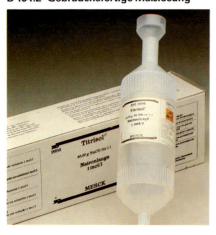

Beim Zusammengeben von Salzsäure und Natronlauge erhält man oft selbst dann *keine* neutrale Lösung, wenn beide Portionen das gleiche Volumen hatten (▶ V 164.1). Hier ist also eine andere Größe als das Volumen von Bedeutung. Nach der Neutralisationsgleichung reagiert *ein* Oxoniumion mit *einem* Hydroxidion. Demnach ist vor allem die Kenntnis der *Teilchenanzahl* in einer Lösungsportion wichtig. Jedoch verwendet man statt dessen die bequemere Angabe der Stoffmenge n, die zur Teilchenanzahl proportional ist.

Die Stoffmengenkonzentration. Portionen verschiedener Volumina von einer gegebenen Lösung eines Stoffes haben verschiedene Stoffmengen. Die Stoffmenge ist z.B. bei doppeltem Volumen doppelt so groß. Der Quotient aus Stoffmenge und Volumen ergibt deshalb für alle Portionen dieser Lösung den gleichen Wert. Diesen Quotienten nennt man Stoffmengenkonzentration c.

$$c(X) = \frac{n(X)}{V(\text{Lösung})}$$

Die Zeichen der Teilchen bzw. Elementargruppen, die der Stoffmengenangabe zugrunde liegen, werden in Klammern direkt hinter das Zeichen c gesetzt. Die Stoffmengenkonzentration wird oft kurz **Konzentration** genannt.

Beispiel: Eine Natriumhydroxidportion mit der Stoffmenge n(NaOH) = 3 mol ist in einer Lösung mit dem Volumen V(Lösung) = 0,5 l gelöst. Berechne die Stoffmengenkonzentration dieser Natronlauge.

$$c(\text{NaOH}) = \frac{3 \text{ mol}}{0,5 \text{ l}} = 6 \frac{\text{mol}}{\text{l}}$$

Bei Neutralisationsreaktionen sind die *reagierenden Teilchen* H$_3$O$^+$ und OH$^-$. Deshalb muß man mit deren Stoffmengen rechnen und braucht dabei ihre Stoffmengenkonzentrationen. Beim Einleiten von Chlorwasserstoff in Wasser reagiert jeweils *ein Chlorwasserstoffmolekül* unter Bildung *eines Oxoniumions* und *eines Chloridions*. Also ist:

$$c(\text{H}_3\text{O}^+) = c(\text{Cl}^-) = c(\text{HCl})$$

Eine Elementargruppe Natriumhydroxid besteht aus *einem* Natrium- und *einem* Hydroxidion. Daher ist entsprechend:

$$c(\text{OH}^-) = c(\text{Na}^+) = c(\text{NaOH})$$

Eine Elementargruppe Calciumhydroxid enthält neben *einem* Ca^{2+}-Ion jedoch *zwei* Hydroxidionen. Daher gilt:

$$c(\text{OH}^-) = 2\, c(\text{Ca}^{2+}) = 2\, c(\text{Ca(OH)}_2)$$

Soll eine Portion Natronlauge mit dem Volumen V(Lösung) = 1 l und der Konzentration c(NaOH) = 1 mol/l hergestellt werden, so muß hierfür eine Stoffportion mit der Stoffmenge n(NaOH) = 1 mol bereitgestellt werden. Die Masse m dieser Stoffportion läßt sich aus der Stoffmenge und der molaren Masse M ermitteln: $m = n \cdot M$ (↗ Kap. 7.7). Da die Stoffmenge wiederum von der gewünschten Konzentration und dem Volumen bestimmt wird ($n = c \cdot V$), ist die Masse der aufzulösenden Stoffportion insgesamt:

$$m(\text{Natriumhydroxid}) = c(\text{NaOH}) \cdot V(\text{Lösung}) \cdot M(\text{NaOH}) =$$
$$1 \frac{\text{mol}}{\text{l}} \cdot 1 \text{ l} \cdot 40 \frac{\text{g}}{\text{mol}} = 40 \text{ g}$$

Zunächst wird diese Stoffportion in wenig Wasser gelöst. Die Lösung wird vollständig (nachspülen!) in einen Meßkolben mit V = 1 l (▶ B 164.1) gebracht und mit Wasser bis zur Marke des Kolbens verdünnt. Man erhält so 1 Liter Natriumhydroxidlösung der Konzentration c(NaOH) = 1 mol/l.

Quantitative Durchführung der Neutralisation

Die Herstellung von Lösungen genau definierter Konzentration auf diese Weise ist sehr mühsam. Daher sind hierzu im Chemikalienhandel *Ampullen mit Lösungen* erhältlich (▶ B 164.2), die beim Verdünnen im Meßkolben auf ein bestimmtes Volumen, meist $V = 1\,l$, die Lösung mit der gewünschten Konzentration ergeben.

Titration saurer und alkalischer Lösungen. Da sich *gleiche Stoffmengen* an Oxoniumionen und Hydroxidionen gegenseitig neutralisieren, muß man von sauren und alkalischen Lösungen *gleicher Konzentration* an H_3O^+-Ionen bzw. OH^--Ionen *gleiche Volumina* einsetzen, um eine neutrale Lösung zu erhalten. Da $c(HCl) = c(H_3O^+)$ und $c(NaOH) = c(OH^-)$, neutralisieren sich auch gleiche Volumina Salzsäure und Natronlauge gleicher Konzentration.

Diese Zusammenhänge werden genutzt, um die *unbekannte* Konzentration einer sauren oder alkalischen Lösung zu ermitteln. Hierbei gibt man eine saure oder alkalische Lösung *bekannter* Konzentration (**Maßlösung**) zu einer bestimmten Portion alkalischer oder saurer Lösung *unbekannter* Konzentration (**Probelösung**) bis zur Neutralisation aus einer Bürette zu (▶ V 165.1). Ein Indikator zeigt den Neutralpunkt an. Dieses Verfahren zur Bestimmung der Stoffmenge nennt man **Titration** (▶ B 165.1). Aus dem Volumen der verbrauchten Portion Maßlösung, ihrer Konzentration und dem Volumen der Probelösung kann deren Konzentration sowie die Stoffmenge und die Masse der in der Probelösung gelösten Substanz bestimmt werden. Hierbei gilt (P bedeutet Probelösung, M Maßlösung):

$c_P(OH^-) \cdot V_{P,alk.} = c_M(H_3O^+) \cdot V_{M,sauer}$
wegen $n_P(OH^-) = n_M(H_3O^+)$
$c_P(H_3O^+) \cdot V_{P,sauer} = c_M(OH^-) \cdot V_{M,alk.}$
wegen $n_P(H_3O^+) = n_M(OH^-)$

Beispiel: Zur Neutralisation einer Natronlaugeportion mit $V_{P,alk.} = 20\,ml$ wird eine Salzsäureportion mit $V_{M,sauer} = 10\,ml$ und $c_M(H_3O^+) = 0{,}1\,mol/l$ verbraucht. Berechne die Stoffmenge und die Masse der gelösten Natriumhydroxidportion sowie die Stoffmengenkonzentration der Natronlauge.

$$n_P(NaOH) = n_M(H_3O^+) = c_M(H_3O^+) \cdot V_{M,sauer}$$
$$= 0{,}1\,\frac{mol}{l} \cdot 0{,}01\,l = 0{,}001\,mol$$

$$m_P(\text{Natriumhydroxid}) = n_P(NaOH) \cdot M(NaOH)$$
$$= 0{,}001\,mol \cdot 40\,\frac{g}{mol} = 0{,}04\,g$$

$$c_P(NaOH) = \frac{n_P(NaOH)}{V_{P,alk.}} = \frac{0{,}001\,mol}{0{,}02\,l} = 0{,}05\,\frac{mol}{l}$$

V 165.1 a) Gib mit Hilfe einer Pipette genau 20 ml einer Natronlauge unbekannter Konzentration in einen Erlenmeyerkolben (Schutzbrille!) und verdünne mit etwa 50 ml dest. Wasser. Setze 5 Tropfen Phenolphthaleinlösung zu und tropfe aus einer Bürette unter ständigem Umschwenken Salzsäure, $c(HCl) = 1\,mol/l$ zu, bis der Indikator gerade von rotviolett nach farblos umschlägt. Lies das Volumen der verbrauchten Salzsäureportion an der Bürette ab und errechne daraus die Stoffmenge und die Masse der gelösten Natriumhydroxidportion sowie die Stoffmengenkonzentration der Natronlauge.
b) Wiederhole den Versuch (a) mit 20 ml Salzsäure unbekannter Konzentration (Schutzbrille!). Verwende als Maßlösung Kalilauge, $c(KOH) = 1\,mol/l$ und Phenolphthalein als Indikator. Titriere bis zur bleibenden schwachen Rosafärbung.
c) Wiederhole den Versuch (a) mit 20 ml Kalkwasser.

A 165.1 Zur Neutralisation einer Portion Kalilauge, $V(\text{Kalilauge}) = 25\,ml$, wird eine Salzsäureportion, $V(\text{Salzsäure}) = 35\,ml$, $c(HCl) = 0{,}5\,mol/l$, benötigt. Wieviel Gramm Kaliumhydroxid enthält 1 l dieser Lauge?

B 165.1 Durchführung einer Titration (Salzsäure mit Natronlauge)

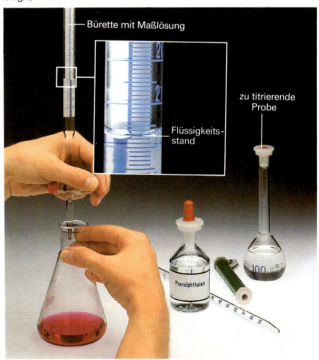

14.4 Reaktionen saurer Lösungen mit Metalloxiden

V 166.1 a) Gib in ein Reagenzglas etwas Kupfer(II)-oxid und setze verdünnte Salzsäure zu (Schutzbrille!). Erwärme kurz.
b) Filtriere das eventuell nicht vollständig umgesetzte Kupfer(II)-oxid ab und dampfe die Lösung in einer Porzellanschale ein.
c) Löse einen Teil des Reaktionsprodukts in dest. Wasser, setze Silbersalzlösung zu und filtriere ab.

V 166.2 a) Gib in ein Reagenzglas etwas Magnesiumoxid und setze verdünnte Salzsäure zu (Schutzbrille!). Erwärme kurz.
b) Filtriere das eventuell nicht vollständig umgesetzte Magnesiumoxid ab und dampfe die Lösung in einer Porzellanschale ein.
c) Laß eine Portion Magnesiumoxid und eine Portion des Reaktionsprodukts jeweils auf einem Uhrglas längere Zeit an der Luft offen stehen.
d) Löse einen Teil des Reaktionsprodukts in dest. Wasser und setze Silbersalzlösung zu.

V 166.3 Gib in ein Reagenzglas etwas Zinkoxid und setze verdünnte Salzsäure zu (Schutzbrille!). Erwärme kurz. Filtriere das eventuell nicht vollständig umgesetzte Oxid ab und dampfe das Filtrat ein.

V 166.4 Wiederhole V 166.3 mit Calciumoxid und Salzsäure.

V 166.5 Wiederhole V 166.3 und 4 mit Bromwasserstoffsäure.

A 166.1 Formuliere für die Reaktionen von V 166.3 bis 5 die Reaktionsgleichungen.

B 166.1 Links: Kupfer(II)-oxid reagiert mit Salzsäure. Rechts: Beim Eindampfen bleibt Kupfer(II)-chlorid zurück

Saure Lösungen reagieren nicht nur mit Lösungen von *Metallhydroxiden,* sondern zum Beispiel auch mit *Metalloxiden* (▶ V 166.1 bis 5).
Bei der Reaktion von Salzsäure mit Kupfer(II)-oxid erhält man eine grünblaue Lösung, aus der beim Eindampfen ein grünblaues Salz auskristallisiert (▶ V 166.1, ▶ B 166.1). Löst man eine kleine Portion des Reaktionsprodukts in Wasser und setzt einige Tropfen Silbersalzlösung zu, so tritt ein weißer Niederschlag, Silberchlorid, auf. Die Lösung enthält demnach *Chloridionen* (▶ V 166.1c). Diese Chloridionen können nicht mehr Teile der eingesetzten Salzsäure sein, da beim Eindampfen der Lösung die restliche, nicht umgesetzte Salzsäure als Chlorwasserstoff und Wasserdampf entweicht. Bei der Reaktion hat sich also ein Chlorid gebildet, *Kupfer(II)-chlorid.* Daneben entsteht Wasser, das man jedoch nicht erkennen kann, da die Reaktion bereits in wäßriger Lösung abläuft.

Bei der Formulierung von Reaktionsgleichungen in Ionenschreibweise ist es zweckmäßig, für die im Gitter fixierten Ionen die Elementargruppe anzugeben, um sie von den isoliert in Lösung vorliegenden Ionen unterscheiden zu können:

$$CuO + 2\,H_3O^+ + 2\,Cl^- \longrightarrow Cu^{2+} + 2\,Cl^- + 3\,H_2O$$

Sind die beim Zusammenbringen eines Metalloxids mit einer sauren Lösung entstehenden Lösungen farblos, läßt sich nicht ohne weiteres erkennen, ob eine Reaktion abgelaufen ist. So wird bei der Umsetzung von Magnesiumoxid mit Salzsäure ein weißer Stoff eingesetzt, und beim Eindampfen der farblosen Lösung bleibt wiederum eine weiße Substanz zurück (▶ V 166.2b). Läßt man diese jedoch an der Luft stehen, so zeigt sie ein hygroskopisches Verhalten, nimmt also rasch Feuchtigkeit auf und zerfließt. Diese Eigenschaft ist bei Magnesiumoxid nicht zu beobachten (▶ V 166.2c). Es muß also eine Reaktion stattgefunden haben. Die Untersuchung mit Silbersalzlösung zeigt, daß auch bei dieser Reaktion ein Chlorid entstanden ist, *Magnesiumchlorid* (▶ V 166.2d). Daneben entsteht ebenfalls Wasser.

Reaktionsgleichung in Ionenschreibweise:

$$MgO + 2\,H_3O^+ + 2\,Cl^- \longrightarrow Mg^{2+} + 2\,Cl^- + 3\,H_2O$$

Entsprechend reagieren zum Beispiel auch Zinkoxid, ZnO, bzw. Calciumoxid, CaO, mit Salzsäure (▶ V 166.3 und 4). Mit verdünnter Bromwasserstoffsäure erhält man die entsprechenden *Bromide* (▶ V 166.5), mit Iodwasserstoffsäure die *Iodide* und mit Fluorwasserstoffsäure die *Fluoride.*

Metalloxide reagieren mit sauren Lösungen zu Wasser und den entsprechenden Salzen, die häufig gelöst vorliegen.

14.5 Reaktionen saurer Lösungen mit Metallen

Verdünnte Salzsäure und Magnesium reagieren miteinander in einer exothermen Reaktion (▶ V 167.1, ▶ B 167.1). Das dabei entstehende Gas kann an der Reagenzglasöffnung entzündet werden, es handelt sich um *Wasserstoff*. Um über weitere Reaktionsprodukte eine Aussage machen zu können, muß die vorhandene Flüssigkeit eingedampft werden. Dabei scheidet sich in der Porzellanschale ein weißer Stoff ab, der – gelöst in Wasser – elektrische Leitfähigkeit zeigt, also vermutlich aus *Ionen* aufgebaut ist. Die Probe mit Silbersalzlösung weist auf in der Lösung vorhandene *Chloridionen* hin, die jedoch nicht mehr Teile der Salzsäure sein können. Der Feststoff ist demnach ein *Salz*, ein *Chlorid*. Die neben den Chloridionen vorliegenden Metallionen können sich nur aus Atomen des eingesetzten Magnesiums gebildet haben, das nach der Reaktion nicht mehr zu beobachten ist. Der weiße Stoff ist also *Magnesiumchlorid*:

$$Mg + 2\,H_3O^+ + 2\,Cl^- \longrightarrow Mg^{2+} + 2\,Cl^- + 2\,H_2O + H_2$$

Wie die Reaktionsgleichung zeigt, bleibt das Säurerestion der Salzsäure unverändert und ist auch in der Salzlösung als negatives Säurerestion vorhanden, d.h. die eigentliche Reaktion erfolgt nur zwischen den *Oxoniumionen* der sauren Lösung und den *Metallatomen*:

$$Mg + 2\,H_3O^+ \longrightarrow Mg^{2+} + 2\,H_2O + H_2$$

Das Magnesiumatom geht unter Abgabe von Elektronen in ein Magnesiumion über. Durch Elektronenaufnahme werden die Oxoniumionen entladen und bilden Wasserstoff und Wasser. Demnach handelt es sich hierbei um eine *Redoxreaktion*.

Wie Magnesium reagieren auch andere unedle Metalle mit Salzsäure und anderen sauren Lösungen (▶ V 167.2 und 3). Kupfer, Quecksilber und die Edelmetalle reagieren nicht (▶ B 167.1). Die Reaktionsgleichung der Umsetzung von Magnesium mit Oxoniumionen stellt die allgemeine Gleichung für die Reaktion dieses Metalls mit einer beliebigen sauren Lösung dar. Bei Verwendung konzentrierter Lösungen kann das entstehende Salz teilweise aus der Lösung ausfallen (▶ V 167.4, ▶ B 167.2).

Durch die Reaktion von Salzsäure mit unedlen Metallen entstehen die Chloride, von Bromwasserstoffsäure die Bromide. Da Chloride und Salzsäure bzw. Bromide und Bromwasserstoffsäure dasselbe Säurerestion enthalten, bezeichnet man die Chloride auch als *Salze der Salzsäure* und entsprechend die Bromide als *Salze der Bromwasserstoffsäure*.

Unedle Metalle reagieren mit sauren Lösungen in Redoxreaktionen unter Bildung von Wasserstoff und Salzlösungen.

V 167.1 a) Gib in ein Reagenzglas zu verdünnter Salzsäure Magnesiumspäne (Schutzbrille!). Versuche nach negativem Ausfall der Knallgasprobe, das entstehende Gas an einem aufgesteckten, zur Spitze ausgezogenen Glasrohr mit Stahlwollsicherung zu entzünden. Gib so viele Metallspäne zu, bis die Gasentwicklung aufhört. Filtriere nicht umgesetztes Magnesium ab und dampfe die Lösung in einer Porzellanschale ein.
b) Löse den Stoff in Wasser, prüfe die elektrische Leitfähigkeit der Lösung, auch im Vergleich zu Wasser, und setze anschließend einige Tropfen Silbersalzlösung zu.

V 167.2 Wiederhole V 167.1a mit Aluminium, Kupfer, Zink bzw. Platin.

V 167.3 Wiederhole V 167.1a und 2 mit Bromwasserstoffsäure.

V 167.4 Man gibt in einer Glasschale ein linsengroßes Stückchen Natrium (Schutzbrille!) auf konz. Salzsäure und fügt nach erfolgter Reaktion jeweils ein weiteres Natriumstückchen hinzu. Man gießt die überstehende Säure ab, löst einen Teil des Salzes in wenig Wasser und dampft einen Teil der Lösung ein. Den übrigen Teil läßt man auf einem Filterpapier verdunsten und betrachtet die auftretenden Kristalle mit der Lupe.

A 167.1 a) Formuliere für V 167.2 bis 4 die Reaktionsgleichungen und benenne die entstehenden Stoffe.
b) Formuliere die Reaktionsgleichung für die Reaktion von Iodwasserstoffsäure mit Zink bzw. Fluorwasserstoffsäure mit Lithium.

B 167.1 Magnesium reagiert mit Salzsäure, Kupfer nicht

B 167.2 Reaktion von Natrium mit konzentrierter Salzsäure

14.6 Überprüfung und Vertiefung

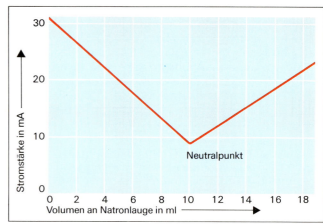

B 168.1 (links und rechts) Zu Aufgabe 7: Leitfähigkeitstitration einer sauren Lösung

1 Schlage vier unterschiedliche Reaktionen vor, Natriumchlorid herzustellen, und formuliere hierfür die Reaktionsgleichungen.

2 Welche Masse hat die Natriumhydroxidportion, die in der Lösung einer Ampulle zur Herstellung von Maßlösungen gelöst sein muß, wenn nach dem Verdünnen auf $V = 1$ l die Konzentration der Natronlauge $c(NaOH) = 2$ mol/l betragen soll?

3 Formuliere die Ionengleichungen für die Nachweisreaktionen für Chloride, Bromide bzw. Iodide mit Silbersalzlösung.

4 Formuliere die Reaktionsgleichungen für die Reaktionen, die beim Einleiten der Halogenwasserstoffe in Wasser ablaufen.

5 Erkläre folgenden Sachverhalt: Bei der Neutralisation von Salzsäure, $c(HCl) = 2$ mol/l, mit Natronlauge, $c(NaOH) = 1$ mol/l, wird dieselbe Wärmemenge frei wie bei der Neutralisation von Bromwasserstoffsäure, $c(HBr) = 2$ mol/l, mit Kalilauge, $c(KOH) = 1$ mol/l.

6 Formuliere die Reaktionsgleichungen für die Reaktionen von Lithiumoxid, Bariumoxid bzw. Calciumoxid mit Wasser.

7 Halogenwasserstoffsäuren und Lösungen von Alkalimetallhydroxiden leiten den elektrischen Strom besser als Salzlösungen vergleichbarer Konzentration. Dies nutzt man in Leitfähigkeitstitrationen (▶ B 168.1 links), bei denen die Veränderung der Stromstärke in Abhängigkeit vom Volumen der zugesetzten Maßlösung in einem Schaubild aufgetragen wird. Die Stromstärke wird jeweils nach dem Zusatz von einem Milliliter Maßlösung erneut bestimmt. Dabei erhält man einen charakteristischen Kurvenverlauf. Erkläre den Kurvenverlauf der Leitfähigkeits-Neutralisationstitration einer Salzsäureportion mit Natronlauge als Maßlösung (▶ B 168.1 rechts).

8 Eine Portion Lithiumhydroxid, $m = 4$ g, ergibt in Wasser gelöst eine Portion Lithiumhydroxidlösung, $V = 120$ ml. Berechne die Stoffmengenkonzentration $c(LiOH)$ der Lösung. Welches Volumen hat die Salzsäureportion, $c(HCl) = 1$ mol/l, die zur Neutralisation dieser Laugenportion erforderlich ist?

9 Zur Neutralisation von 25 ml Bariumhydroxidlösung unbekannter Konzentration wurden 5 ml Salzsäure, $c(HCl) = 0{,}1$ mol/l benötigt. Welche Stoffmenge und welche Masse hat die Bariumhydroxidportion, die in der Lösungsportion gelöst war?

10 In Alltag und Technik werden häufig Gehaltsangaben für gelöste Feststoffe durch den Massenanteil und für gelöste Flüssigkeiten durch die Volumenkonzentration ausgedrückt. Beide können in Prozent angegeben werden. Massenanteil (für einen gelösten Feststoff A):

$$w = \frac{m(\text{Stoff A})}{m(\text{Lösung})}$$

Volumenkonzentration (für eine gelöste Flüssigkeit Z):

$$\sigma = \frac{V(\text{Flüssigkeit Z})}{V(\text{Lösung})}$$

a) Berechne den Massenanteil an Zucker in einer Zuckerlösung, wenn eine Zuckerportion, $m = 100$ g, für eine Zuckerlösung, $m = 400$ g, verwendet wird.
b) Berechne den Massenanteil an Kochsalz in einer Kochsalzlösung, wenn eine Kochsalzportion, $m = 30$ g, in Wasser, $V = 120$ ml, gelöst wurde.
c) Berechne die Volumenkonzentration von Alkohol in Branntwein, wenn in einer Portion Branntwein, $V = 50$ ml, eine Alkoholportion, $V = 19$ ml, enthalten ist.

15 Einige Grundprodukte der chemischen Industrie

Chemie wird nicht nur im Labor betrieben. Die dort gewonnenen Erkenntnisse gehen auch in Produktionsprozesse der chemischen Industrie ein. Aus ihnen resultieren einerseits Produkte des täglichen Bedarfs, andererseits werden – ausgehend von einfachen Rohstoffen – Grundchemikalien erzeugt, aus denen sich wichtige Folgeprodukte, z. B.

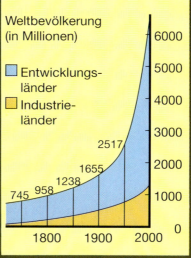

Bilanz des Hungers in der Welt

Bremen (dpa). Jährlich verhungern auf der Erde 40 Millionen Menschen, fast 1 Milliarde ist unterernährt. Nach Schätzungen von Fachleuten auf dem 4. Welternährungstag in Bremen wird sich die Lage wegen der Bevölkerungsexplosion in den Entwicklungsländern noch drastisch verschärfen.
Die Nahrungsmittelproduktion müsste erheblich gesteigert werden, um die Menschheit ausreichend zu ernähren.

Düngemittel, in großen Mengen herstellen lassen. Dadurch leistet die Chemie einen wesentlichen Beitrag auch zur Ernährung der ständig wachsenden Weltbevölkerung.

Die Nutzung chemischer Vorgänge in großem Maßstab bringt aber auch erhebliche Probleme für unsere Umwelt und Gesundheit mit sich.

In diesem Kapitel werden wir die Eigenschaften und großtechnische Herstellung einiger wichtiger chemischer Grundprodukte näher kennenlernen und uns auch mit drängenden Problemen der Belastung von Luft und Gewässern durch Schadstoffe beschäftigen.

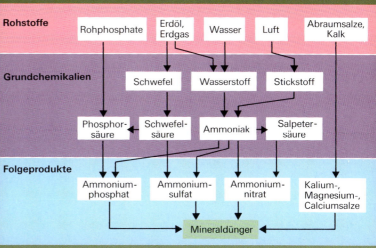

15.1 Vom Schwefeldioxid zur Schwefligen Säure

V 170.1 Laß Schweflige Säure unter Zusatz von Lackmuslösung einige Minuten sieden (Abzug). Führe während und nach dem Sieden vorsichtig Geruchsproben durch und prüfe vorher und nachher die elektrische Leitfähigkeit der Lösung.

V 170.2 Gib zu etwa 10 ml Schwefliger Säure Magnesiumpulver im Überschuß. Verschließe das Reagenzglas mit dem Daumen und prüfe das Gas danach mit der Knallgasprobe. Filtriere von nicht umgesetztem Magnesium ab und dampfe das Filtrat unter dem Abzug langsam ein.

V 170.3 Gib einen Spatel eines Sulfits oder Hydrogensulfits in ein Reagenzglas und setze verdünnte Salzsäure zu. Führe vorsichtig eine Geruchsprobe durch. Wiederhole den Versuch mit konz. Lösungen der Salze (Abzug!).

V 170.4 Zerreibe einen Apfel. Laß einen Teil des Apfelbreis an der Luft stehen. Gib den Rest in ein mit Schwefeldioxid gefülltes Einmachglas und verschließe das Gefäß. Vergleiche die Farbe nach einigen Stunden.

B 170.1 Mit Schwefeldioxid behandeltes Trockenobst

Schweflige Säure. Beim Verbrennen von Schwefel entsteht Schwefeldioxid. Es bildet mit Wasser eine *saure Lösung*, obwohl es *keine Wasserstoffverbindung* ist. Die Bildung der sauren Lösung kann man sich modellhaft wie folgt vorstellen: Zunächst bilden sich Moleküle der **Schwefligen Säure**:

$$H_2O + SO_2 \longrightarrow H_2SO_3$$

Mit weiteren Wassermolekülen werden Oxoniumionen und zwei Arten von Säurerestionen gebildet:

$$H_2SO_3 + H_2O \longrightarrow H_3O^+ + HSO_3^- \quad \text{und} \quad HSO_3^- + H_2O \longrightarrow H_3O^+ + SO_3^{2-}$$

Die SO_3^{2-}-Ionen bezeichnet man als **Sulfitionen**, die HSO_3^--Ionen als **Hydrogensulfitionen** (von griech./lat. Hydrogenium, Wasserstoff), da sie noch gebundene Wasserstoffatome enthalten.

Substanzen, die mit Wasser saure Lösungen ergeben und deren Moleküle Wasserstoff-, Nichtmetall- und Sauerstoffatome enthalten, heißen **Sauerstoffsäuren**. Meist können sie durch Reaktion von *Wasser* mit den entsprechenden *Nichtmetalloxiden* erhalten werden. Die sauren Lösungen, die man durch Reaktion der Sauerstoffsäuren mit Wasser erhält, werden ebenfalls mit dem Namen der Sauerstoffsäure benannt.

Bei der Schwefligen Säure ist es jedoch nicht gelungen, sie im reinen, wasserfreien Zustand herzustellen. Sauerstoffsäuren, deren wäßrige Lösungen schon bei leichtem Erwärmen das (gasförmige) Nichtmetalloxid freisetzen, nennt man **unbeständige Säuren**. Ihr Zerfall setzt häufig schon bei Zimmertemperatur ein: Schweflige Säure riecht stark nach Schwefeldioxid und kann daran erkannt werden.

Salze der Schwefligen Säure. Wie andere saure Lösungen kann auch die Schweflige Säure Salze bilden. Unedle Metalle wie Magnesium reagieren mit der Säure unter Wasserstoffentwicklung. Beim Eindampfen der Lösung bleibt ein Salz zurück, z. B. Magnesiumsulfit, $MgSO_3$ (▶ V 170.2):

$$Mg + 2\,H_3O^+ + SO_3^{2-} \longrightarrow Mg^{2+} + SO_3^{2-} + 2\,H_2O + H_2$$

Auch mit Metalloxiden bzw. alkalischen Lösungen entstehen die entsprechenden **Sulfite**. Ferner gibt es – entsprechend den in Lösung vorhandenen Säurerestionen – eine weitere Reihe von Salzen, die **Hydrogensulfite**, z.B. Calciumhydrogensulfit mit der Verhältnisformel $Ca(HSO_3)_2$.

Sulfite, Hydrogensulfite oder Lösungen dieser Salze entwickeln beim Auftropfen von Salzsäure Schwefeldioxid, das man an seinem stechenden Geruch erkennt (▶ V 170.3). Mit dieser Reaktion können sie von anderen Salzen unterschieden werden.

Schwefeldioxid und Schweflige Säure in Alltag und Umwelt. Beim Verbrennen von *Kohle* und *Heizöl* bildet sich *Schwefeldioxid*, da diese Brennstoffe Schwefelverbindungen enthalten. Schwefeldioxid ist ein *Umweltgift*, das in Natur und Technik schwere Schäden hervorruft und mitverantwortlich ist für den **„sauren Regen"** (↗ Kap. 15.12).

Schwefeldioxid wird als *Bleichmittel* für Wolle, Seide, Stroh und andere Materialien verwendet, die eine Chlorbleiche nicht vertragen. Auch als *Desinfektions-* und *Konservierungsmittel* wird Schwefeldioxid eingesetzt. So werden z.B. Fässer vor der Wein- und Mostbereitung „ausgeschwefelt". Schwefeldioxid hemmt die Gärung in Wein und Fruchtsäften. Auch Trockenobst wird mit Schwefeldioxid gebleicht und haltbar gemacht (▶ V 170.4, ▶ B 170.1).

15.2 Schwefeltrioxid und Schwefelsäure

Schwefelsäure. Beim Verbrennen von Schwefel in einer Sauerstoffatmosphäre entsteht neben unsichtbarem Schwefeldioxid in geringem Ausmaß ein *weißer Rauch*. Dieser Rauch entsteht auch bei der Reaktion von Schwefeldioxid mit Sauerstoff an Platin als Katalysator (▶ V 171.1, ▶ B 171.1). Da das Schwefeldioxid mit weiterem Sauerstoff reagiert, ist zu vermuten, daß sich ein Schwefeloxidmolekül mit *höherer Oxidationszahl* des *Schwefelatoms* gebildet hat. Quantitative Untersuchungen haben gezeigt, daß **Schwefeltrioxid** entsteht, ein weißer Feststoff. Es reagiert mit Wasser zu **Schwefelsäure**, die mit weiterem Wasser eine saure Lösung ergibt (▶ V 171.1):

$$SO_3 + H_2O \longrightarrow H_2SO_4$$

Durch Kochen der sauren Lösung zeigt sich, daß die Indikatorfärbung nicht durch restliches Schwefeldioxid bzw. Schweflige Säure hervorgerufen wird.

Das Ausmaß der Reaktion von Schwefeldioxid zu Schwefeltrioxid ist stark temperaturabhängig (▶ V 171.1). Oberhalb 600 °C zerfällt das Schwefeltrioxid in Schwefeldioxid und Sauerstoff (▶ B 171.2). Temperaturen von 400 °C und darunter wären günstige Reaktionsbedingungen. Bei Zimmertemperatur ist jedoch keine Umsetzung zwischen Schwefeldioxid und Sauerstoff zu beobachten, da die Umsetzung unter diesen Bedingungen äußerst langsam abläuft. Auch zwischen 400 °C und 600 °C findet die Reaktion nur mit Hilfe eines Katalysators hinreichend schnell statt.

Verwendung der Schwefelsäure. Sie ist eine der *wichtigsten Industriechemikalien*. Aufgrund ihrer vielseitigen Verwendbarkeit wird die Schwefelsäureproduktion oft sogar als Maß für die Leistungsfähigkeit der chemischen Industrie eines Landes betrachtet. Schwefelsäure ist ein **Halbfertigprodukt**, d. h. der größte Teil wird zu anderen chemischen Produkten weiterverarbeitet wie z. B. Düngemitteln, Farbstoffen, Waschmitteln, Sprengstoffen, Arzneimitteln, Pergamentpapier und Celluloid (Kunststoff). Daneben ist sie im Labor eine häufig eingesetzte Chemikalie. Größere Mengen werden auch in der Mineralölindustrie sowie in der Elektrotechnik verwendet („Batteriesäure" für Batterien von ca. 400 Millionen Fahrzeugen weltweit).

V 171.1 Versuchsaufbau siehe B 171.1. Durch Blasenzähler (Reagenzgläser oder Waschflaschen mit konz. Schwefelsäure) wird langsam Sauerstoff geleitet. Der Sauerstoffstrom wird mit den Schlauchklemmen reguliert. Schwefel und Platin-Perlkatalysator werden erhitzt.

Nach Entzünden des Schwefels wird der darunter stehende Brenner entfernt und der Platin-Perlkatalysator vorsichtig weiter erhitzt. Sobald ein weißer Rauch entsteht, versucht man durch zeitweiliges Entfernen des Brenners diese Temperatur zu halten. Nachdem ausreichend Schwefeltrioxid entstanden ist, wird der Katalysator bis auf Rotglut erhitzt und das Ausmaß der Schwefeltrioxidbildung mit demjenigen bei tieferen Temperaturen verglichen.

Nach Verbrennen des Schwefels wird der Sauerstoffstrom abgestellt, und es werden etwa 200 ml Wasser in den Kolben mit dem weißen Rauch eingefüllt und mehrmals kräftig geschüttelt. Ein Teil der Flüssigkeit wird in ein Reagenzglas gegeben, mit Universalindikator versetzt und etwa eine Minute aufgekocht.

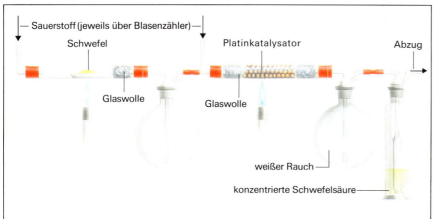

B 171.1 **Modellversuch zum Kontaktverfahren.** Am Katalysator reagiert ein Gemisch aus Schwefeldioxid und Sauerstoff

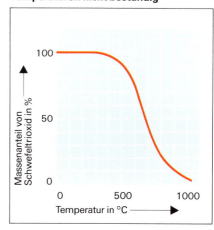

B 171.2 **Schwefeltrioxid ist bei höheren Temperaturen nicht beständig**

15.3 Technische Herstellung der Schwefelsäure

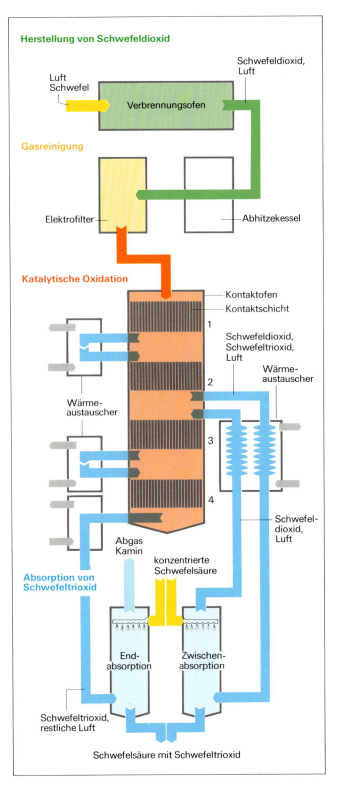

B 172.1 Schema der technischen Schwefelsäureherstellung nach dem Doppelkontaktverfahren

Das Kontaktverfahren. Schwefelsäure ist ein sehr wichtiges Produkt der chemischen Industrie. Insgesamt wurden 1982 etwa 120 Millionen Tonnen produziert, davon rund 5 Millionen Tonnen in der Bundesrepublik Deutschland (▶ B 173.1). Die Herstellung der Schwefelsäure erfolgt heute großtechnisch nach dem sogenannten Kontaktverfahren (Kontakt: frühere Bezeichnung für Katalysator) (▶ B 172.1, ▶ B 173.2). Der Katalysator ist notwendig, um bei den erforderlichen Reaktionsbedingungen zu einem wirtschaftlichen Reaktionsablauf zu kommen. Der Produktionsprozeß läßt sich in vier Stufen untergliedern:

1. Stufe: Gewinnung von Schwefeldioxid. Ausgangsstoffe für die Schwefelsäuresynthese sind *elementarer Schwefel* (aus Schwefellagern oder bei der Kohle- bzw. Erdölaufbereitung gewonnen) sowie *sulfidische Erze*, z.B. Pyrit, ein Eisensulfid, Kupfer-, Blei- oder Zinksulfid. Der Schwefel wird zunächst in einem Ofen geschmolzen, dann mit Luft zerstäubt und zu Schwefeldioxid verbrannt. Beim „Abrösten" der Sulfide (Erhitzen unter Luftzufuhr), z.B. Pyrit, entsteht ebenfalls Schwefeldioxid:

$$4\ FeS_2 + 11\ O_2 \longrightarrow 2\ Fe_2O_3 + 8\ SO_2 \quad |\quad \text{exotherm}$$

Der Röstprozeß wird bei Kupfer-, Blei- und Zinksulfid nur durchgeführt, um die *sulfidischen Erze in Oxide umzubilden*, die im Verhüttungsprozeß eingesetzt werden können (↗ Kap. 5.2). Das in großen Mengen als Nebenprodukt anfallende Umweltgift Schwefeldioxid kann nicht an die Luft abgegeben werden. Daher sind diesen Metallhütten Schwefelsäureanlagen zur sinnvollen *Verwertung des Schwefeldioxids* angeschlossen. Der größte Teil der in der Bundesrepublik Deutschland erzeugten Schwefelsäure wird auf der Basis der Verbrennung elementaren Schwefels gewonnen.

2. Stufe: Gasreinigung und Trocknung. Der Verbrennungs- bzw. Röstprozeß ist exotherm. Die Abgase werden deshalb zunächst *gekühlt* (Abhitzekessel) und anschließend in einem gründlichen *Reinigungsprozeß* (elektrostatische Filtration, Gaswäsche) von Fremdstoffen befreit, die mit dem Katalysator reagieren und ihn dadurch unwirksam machen können *(Katalysatorgifte)*. Das getrocknete Schwefeldioxid-Luft-Gemisch wird dann in einen *Kontaktofen* geleitet, wo der entscheidende Verfahrensschritt, die *Oxidation zu Schwefeltrioxid,* erfolgt.

Technische Herstellung der Schwefelsäure

3. Stufe: Katalytische Oxidation von Schwefeldioxid. Schwefeltrioxid beginnt ab 400 °C, in Schwefeldioxid und Sauerstoff zu zerfallen. Deshalb muß man bei der Oxidation niedrige Temperaturen einhalten. Hierbei entstehen größere Schwefeltrioxidmengen nur bei Anwendung von *Katalysatoren („Kontakte")*. In der Technik verwendet man hierfür *Vanadium(V)-oxid*. Das Gasgemisch wird bei ca. 430 °C auf die *erste Kontaktschicht* geleitet. Durch die exotherme Oxidation heizt sich das Gasgemisch weiter auf. Es muß nach Verlassen der Kontaktschichten wieder auf 430 °C abgekühlt werden. Dies erfolgt in *Wärmeaustauschern.* Dabei wird die Wärme in Anlagen mit Röstgaserzeugung an frisch zur Reaktion herbeigeführtes Gas abgegeben, um es auf die entsprechende Reaktionstemperatur zu bringen. In Anlagen mit Schwefelverbrennung wird die Wärme vor allem zur Erzeugung von Dampf genutzt. Zwischen der zweiten und dritten Kontaktschicht gelangen die Gase in einen *Zwischenabsorber,* wo das bislang entstandene Schwefeltrioxid aus dem Gemisch entfernt wird. Anschließend werden die Restgase wieder auf Reaktionstemperatur gebracht und in den *Kontaktofen* zurückgeführt.

In Anlagen mit diesem **Doppelkontaktverfahren** wird ein Umsatz von 99,5% bis 99,7% erreicht. Damit kann die Ausbeute erhöht und die Belastung der Umwelt durch eventuell nicht umgesetztes Schwefeldioxid niedrig gehalten werden.

4. Stufe: Umsetzung des Schwefeltrioxids zur Schwefelsäure. Das Schwefeltrioxid wird in den *Absorptionstürmen* in konzentrierte Schwefelsäure eingeleitet, da es von der Schwefelsäure besser aufgenommen wird als von Wasser. Durch zusätzliche Wasserzufuhr kann der Volumenanteil der Schwefelsäure ständig auf 98% gehalten werden.

Neben der Produktion von Schwefelsäure aus Schwefeltrioxid gewinnt das Recycling von Abfallschwefelsäure an Bedeutung.

Land	Schwefelsäure – Produktion in Mio. t
USA	30
GUS	24
Volksrepublik China	8
Japan	7
Deutschland	6
Frankreich	4
Kanada	3
Welt	ca. 120

B 173.1 Produktion von Schwefelsäure pro Jahr

A 173.1 Bei der technischen Schwefeltrioxidherstellung muß das Gasgemisch immer nach Durchströmen einer Kontaktschicht über Wärmeaustauscher geleitet werden. Erkläre.

A 173.2 Welche Vorteile besitzt das Doppelkontaktverfahren?

B 173.2 **Anlage zur großtechnischen Herstellung von Schwefelsäure nach dem Doppelkontaktverfahren.** Der Kontaktofen befindet sich im rechten Teil des Bildes

15.4 Eigenschaften und Reaktionen der Schwefelsäure

V 174.1 Die Dichte von konz. Schwefelsäure wird mit Hilfe eines Aräometers oder durch Wägen einer Schwefelsäureportion mit $V = 50$ ml ermittelt (Schutzbrille!).

V 174.2 Durch die Apparatur nach B 174.1 wird Luft gesaugt. Die Färbungen der beiden blauen Cobaltchloridpapiere werden beobachtet (Schutzbrille!).

V 174.3 In einem Becherglas, das in einer Glasschale steht, wird ein dickflüssiger Sirup aus Zucker und Wasser hergestellt. Man gießt ebensoviel konz. Schwefelsäure zu (Vorsicht! Schutzbrille! Abzug!).

V 174.4 Ein Holzspan wird etwa 30 s lang in einem Reagenzglas in konz. Schwefelsäure getaucht (Schutzbrille!).

V 174.5 Auf ein Stück Filterpapier in einer Porzellanschale werden einige Tropfen konz. Schwefelsäure gegeben (Schutzbrille!).

V 174.6 Ein Stück Baumwoll- oder Leinenstoff wird über eine Porzellanschale gelegt und in der Mitte der Schale mit einigen Tropfen konz. Schwefelsäure benetzt (Schutzbrille!).

V 174.7 Unter Umrühren werden etwa 50 ml konz. Schwefelsäure in kleinen Portionen zu etwa 25 ml Wasser gegeben. Die Temperatur wird jeweils gemessen (Schutzbrille!).

A 174.1 Wie kann man eine feuchte, temperaturempfindliche Substanz schonend trocknen?

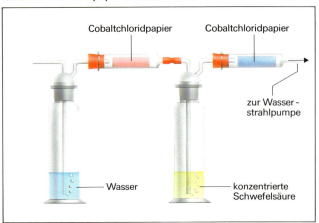
B 174.1 **Konzentrierte Schwefelsäure trocknet Gase.** Nur das linke Cobaltchloridpapier färbt sich rosa

Konzentrierte Schwefelsäure besitzt einen Volumenanteil von 96% bis 98%. Sie ist eine farblose, ölige Flüssigkeit mit einer Siedetemperatur von 338 °C und einer Dichte $\varrho = 1{,}84$ g/ml (▶ V 174.1). Im Gegensatz zur Schwefligen Säure ist sie eine **beständige Säure**.

Schwefelsäure ist hygroskopisch. In ▶ V 174.2 verfärbt sich aufgrund der mit Wasserdampf angereicherten Luft nur das Cobaltchloridpapier zwischen den beiden Waschflaschen rosa. Konzentrierte Schwefelsäure nimmt demnach aus ihrer Umgebung Wasserdampf auf, ist also **hygroskopisch**. Sie wird daher als Trockenmittel in **Exsikkatoren** (von lat. exsiccare, austrocknen) und zum *Trocknen von Gasen* verwendet.
Aus Stoffen wie Zucker, Holz oder Papier, die hauptsächlich aus Kohlenstoff-, Wasserstoff- und Sauerstoffatomen aufgebaut sind, spaltet konzentrierte Schwefelsäure Wasser ab; die Säure wirkt *verkohlend*. Auch Kleidungsstücke (▶ V 174.6), Haut und Haare werden zerstört. *Heiße konzentrierte* Schwefelsäure führt zu *schweren Verätzungen* und *Brandwunden*.
Beim Umgang mit der Säure sind daher die Sicherheitsvorschriften streng zu beachten.

Verdünnen von Schwefelsäure. Beim Einbringen von konzentrierter Schwefelsäure in Wasser wird eine erhebliche Wärmemenge frei, die dabei erreichten Temperaturen können die Siedetemperatur des Wassers übersteigen (▶ V 174.7). Bei der Herstellung einer Schwefelsäurelösung darf man daher *niemals Wasser in konzentrierte Schwefelsäure gießen,* da sich das Wasser aufgrund seiner geringeren Dichte nicht sofort mit der Schwefelsäure vermischt. An der Berührungsfläche von Wasser und Säure bilden sich durch örtliche Überhitzung Dampfblasen, so daß Säure aus dem Gefäß spritzen und schwere Verletzungen verursachen kann. Deshalb muß beim Verdünnen von konzentrierter Schwefelsäure mit Wasser stets die Säure in kleinen Portionen unter Umrühren in das Wasser gegeben werden.

Konzentrierte Schwefelsäure enthält im wesentlichen H_2SO_4-Moleküle. Da verdünnte Schwefelsäure saure Eigenschaften besitzt, muß die beim Eingießen von konzentrierter Schwefelsäure in Wasser auftretende starke Erwärmung von der *Reaktion* der Schwefelsäuremoleküle mit Wassermolekülen und von der *Hydratation* der dabei gebildeten Oxonium- und Säurestionen herrühren:

$$H_2SO_4 + H_2O \longrightarrow H_3O^+ + HSO_4^-$$
$$HSO_4^- + H_2O \longrightarrow H_3O^+ + SO_4^{2-}$$

Die HSO_4^--Ionen heißen **Hydrogensulfationen**, die SO_4^{2-}-Ionen **Sulfationen**. Die Sulfationen bilden sich vor allem bei starker Verdünnung.

Eigenschaften und Reaktionen der Schwefelsäure

Reaktionen der verdünnten Schwefelsäure. Sie zeigt die typischen Reaktionen saurer Lösungen, wobei zwei Arten von Salzen entstehen können: **Sulfate** und **Hydrogensulfate**.

Mit unedlen Metallen, z. B. Magnesium, entstehen Wasserstoff und gelöstes Magnesiumsulfat (▶ V 175.1a). Mit Kupfer, Quecksilber und Edelmetallen reagiert verdünnte Schwefelsäure nicht (▶ V 175.1b). Auch mit Metalloxiden entstehen die entsprechenden Salzlösungen, so entsteht z. B. mit Kupfer(II)-oxid eine Lösung von blauem Kupfersulfat (▶ V 175.2).

Zur Neutralisation der Schwefelsäure (▶ V 175.3) wird von Kalilauge *gleicher* Konzentration eine Portion *doppelten* Volumens benötigt. Dies beweist, daß *pro Schwefelsäuremolekül* bei der Reaktion mit Wassermolekülen *zwei* Oxoniumionen entstehen können. In ▶ V 175.3 bleibt eine Lösung zurück, die Kalium- und Sulfationen enthält und aus der Kaliumsulfat teilweise ausfällt:

$$2\,K^+ + 2\,OH^- + 2\,H_3O^+ + SO_4^{2-} \longrightarrow 2\,K^+ + SO_4^{2-} + 4\,H_2O$$

Setzt man verdünnte Schwefelsäure mit einer gleich großen Portion Kalilauge derselben Konzentration um und dampft die Lösung ein, so erhält man ebenfalls ein Salz, Kaliumhydrogensulfat.

Reaktionen der konzentrierten Schwefelsäure. Die Säure reagiert ebenfalls mit unedlen Metallen (▶ V 175.4, ▶ B 175.1). Dabei entsteht jedoch *kein* Wasserstoff, sondern ein Gemisch aus Schwefeldioxid, Schwefel und einem weiteren Gas, das nach faulen Eiern riecht und das Bleisalzpapier schwarz färbt: **Schwefelwasserstoff**. Bei der Betrachtung der Oxidationszahlen des Schwefelatoms im Schwefelsäuremolekül und in den Molekülen der Reaktionsprodukte erkennt man, daß die Schwefelsäure *reduziert* wird, d.h. daß die Metalle, z.B. Zink, *oxidiert* werden. Konzentrierte Schwefelsäure wirkt demnach *stark oxidierend*! Von heißer konzentrierter Schwefelsäure wird *sogar Kupfer oxidiert,* das von sauren Lösungen nicht angegriffen wird (▶ V 175.5, ▶ B 175.2).

Schwefelwasserstoff. Bei Redoxreaktionen der konzentrierten Schwefelsäure kann als Reaktionsprodukt Schwefelwasserstoff entstehen, ein giftiges Gas mit der Molekülformel H_2S, welches auch beim Faulen von Eiern entsteht. Schwefelwasserstoff bildet mit Wasser eine saure Lösung, Schwefelwasserstoffsäure (▶ V 175.6); diese enthält als Säurerestionen HS^-, **Hydrogensulfidionen**, und S^{2-}, **Sulfidionen**. Mit Metallsalzlösungen bildet die Säure größtenteils *schwerlösliche Sulfide* (▶ V 175.7). Diese Fällungsreaktionen werden zum *Nachweis bestimmter Metallkationen* benutzt. Der Nachweis von Schwefelwasserstoff mit Bleisalzpapier beruht auf der Bildung von schwarzem Bleisulfid.

V 175.1 a) Gib zu etwa 10 ml verdünnter Schwefelsäure Magnesiumband bzw. Zinkgranalien im Überschuß. Prüfe das entstehende Gas mit der Knallgasprobe. Filtriere von nicht umgesetztem Metall ab und dampfe das Filtrat langsam ein. (Schutzbrille!)
b) Wiederhole den Versuch mit Kupfer.

V 175.2 Gib zu verdünnter Schwefelsäure Kupfer(II)-oxid-Pulver und erwärme, bis keine Reaktion mehr erfolgt (Schutzbrille!). Filtriere die noch heiße Lösung und stelle das Filtrat zum Kristallisieren auf.

V 175.3 Zu 10 ml Schwefelsäure, $c(H_2SO_4) = 5$ mol/l, die mit einigen Tropfen Phenolphthaleinlösung versetzt wurde, wird so lange unter Umschwenken Kalilauge, $c(KOH) = 5$ mol/l, gegeben, bis sich der Indikator rosa färbt. Bestimme den Verbrauch an Kalilauge (Schutzbrille!).

V 175.4 Zu konz. Schwefelsäure wird Zinkpulver gegeben (Schutzbrille!). Die entstehenden Gase werden durch Geruchsprobe und ein angefeuchtetes Indikator- bzw. Bleisalzpapier nachgewiesen.

V 175.5 Zu etwa 10 ml konz. Schwefelsäure werden Kupferspäne gegeben und erwärmt (Schutzbrille!). Das entstehende Gas wird durch Geruchsprobe und ein angefeuchtetes Indikatorpapier nachgewiesen.

V 175.6 Man leitet Schwefelwasserstoff in Wasser (Abzug!) und prüft die Lösung mit einem Indikator.

V 175.7 Schwefelwasserstoffsäure wird zu Bleichlorid- und Antimonchloridlösung gegeben. Vorsicht, auch die beiden Salze sind giftig.

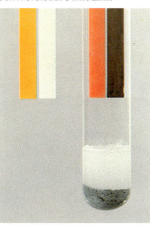

B 175.1 Reaktion von konz. Schwefelsäure mit Zink

B 175.2 Reaktion von konz. Schwefelsäure mit Kupfer

15.5 Sulfate

V 176.1 a) Erhitze in einem waagerecht gehaltenen Reagenzglas einige Kristalle von blauem Kupfersulfat. Beobachte den kälteren Teil des Reagenzglases und den Feststoff. Laß das Glas in waagerechter Stellung erkalten. Gib danach einige Tropfen Wasser zu. Beobachte die Farbe des Salzes und prüfe die Temperaturänderung.
b) Gib zu 40%igem und 96%igem Alkohol wasserfreies Kupfersulfat und schüttle.

V 176.2 Erhitze Fasergips oder Marienglas in einem waagerecht gehaltenen Reagenzglas.

V 176.3 Rühre gebrannten Gips (Stuckgips) mit Wasser zu einem Brei an. Gib den Gipsmörtel in eine Form (z. B. Streichholzschachtel). Drücke eine mit Öl oder Glycerin bestrichene Münze in die Gipsmasse und entferne sie nach etwa 20 min wieder.

A 176.1 Weshalb wird die Oberfläche von Kupfersulfat weiß, wenn man zu dem hydratwasserhaltigen Salz konz. Schwefelsäure gibt?

Kupfersulfat. Erhitzt man blaues Kupfersulfat, so entweicht Wasserdampf, und es entsteht ein weißes Salz; bei Zugabe von Wasser bildet sich in exothermer Reaktion wieder das blaue Salz (▶ V 176.1a). Dieser Vorgang beruht darauf, daß blaues Kupfersulfat **Hydratwasser** enthält, d. h. daß Wassermoleküle in einem bestimmten Verhältnis in das Ionengitter des Salzes eingebaut sind. Da der Hydratwasseranteil für bestimmte Salze typisch ist, wird er auch in der Verhältnisformel angegeben. Sie lautet für das blaue Kupfersulfat $CuSO_4 \cdot 5H_2O$ (lies: $CuSO_4$ mit 5 Molekülen Wasser). Das weiße Kupfersulfat ist hydratwasserfrei:

$$CuSO_4 \cdot 5\,H_2O \longrightarrow CuSO_4 + 5\,H_2O$$

Hydratwasserfreie Salze besitzen andere Eigenschaften als hydratwasserhaltige. Bei Kupfersulfat tritt wie bei Cobaltchlorid ein Farbunterschied auf; beide Salze lassen sich daher im hydratwasserfreien Zustand zum Nachweis von Wasser verwenden (▶ V 176.1b).

Bei wasserhaltigen Salzen, Salzhydraten, sind Wassermoleküle in einem bestimmten Anzahlverhältnis in die Ionengitter der Salze eingebaut.

Calciumsulfat. Das Salz mit der Verhältnisformel $CaSO_4 \cdot 2\,H_2O$ kommt als **Gips** häufig in der Natur vor (▶ B 177.3). Gips bildet oft schöne Kristalle (▶ B 176.2), ist aber auch in durchsichtigen Plättchen („Marienglas") anzutreffen. Durch Erhitzen auf ca. 130 °C erhält man **gebrannten Gips** („Gips brennen") oder **Stuckgips** (▶ V 176.2). Er besitzt nur noch ein Viertel seines Hydratwassers. Angerührt mit Wasser, erhärtet der Brei innerhalb kurzer Zeit („der Gips bindet ab"; ▶ V 176.3). In einer exothermen Reaktion entstehen durch Aufnahme von Hydratwasser feine nadelförmige Kristalle, die ineinander verfilzt sind. Das Volumen vergrößert sich dabei um etwa 1%.
Gebrannten Gips verwendet man zur Herstellung von Innenputz, Gipsdielen, Gipsverbänden, Gipsabdrücken u.a. (▶ B 176.3, ▶ V 176.3). In der Natur kommt ferner noch hydratwasserfreies Calciumsulfat *(Anhydrit)* vor, das man auch erhält, wenn man Gips auf ca. 1000 °C erhitzt („totgebrannter Gips"). Dieser setzt sich nur schwer mit Wasser um.

B 176.1 Hydratwasserhaltiges Kupfersulfat verändert beim Erhitzen seine Farbe

B 176.2 Gipskristalle. Ein Teil davon bildet sog. Schwalbenschwanzzwillinge

B 176.3 Gipsabgüsse geben komplizierte Formen originalgetreu wieder

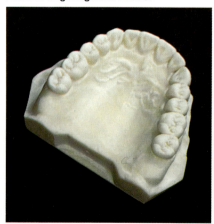

Sulfate

Bariumsulfat. Der Name *Schwerspat* für das in der Natur vorkommende Mineral weist auf die hohe Dichte hin (ϱ(Bariumsulfat) = 4,5 g/cm³). Bariumsulfat wird als weißes Füllmaterial zur Herstellung von Kunstdruckpapier verwendet. Ferner wird es als Röntgenkontrastmittel benutzt (▶ B 177.1). Im Gegensatz zu anderen Bariumverbindungen ist Bariumsulfat wegen seiner äußerst geringen Löslichkeit ungiftig.

Kaliumhydrogensulfat, ein saures Salz. Nicht nur Lösungen von „Säuren", sondern auch manche *Salzlösungen* können saure Eigenschaften besitzen (▶ V 177.1). Die die sauren Eigenschaften verursachenden Oxoniumionen müssen demnach durch die Reaktion dieses Salzes mit Wasser entstehen. Wie die verdünnte Schwefelsäure enthält Kaliumhydrogensulfat das Hydrogensulfatanion, das mit Wassermolekülen reagieren kann:

$$HSO_4^- + H_2O \longrightarrow H_3O^+ + SO_4^{2-}$$

Kaliumhydrogensulfat ersetzt die ehemals als WC-Reiniger verwendete Salzsäure. Eine wäßrige Kaliumsulfatlösung besitzt dagegen keine sauren Eigenschaften.

Nachweis von Sulfationen. Gibt man Bariumchloridlösung zu Schwefelsäure- oder Sulfatlösungen, so fällt ein *weißer Niederschlag* aus, den man von einem ebenfalls weißen Silberchloridniederschlag durch seine feinkristalline Struktur und dadurch, daß er nicht lichtempfindlich ist, unterscheiden kann. Aus Barium- und Sulfationen entsteht schwerlösliches Bariumsulfat (▶ V 177.2). Der Nachweis ist so empfindlich, daß auch die im Trinkwasser enthaltenen Sulfationen erfaßt werden.

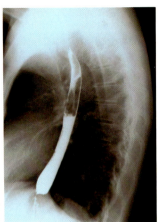

B 177.1 Schwerspat (links), **Bariumsulfat als Röntgenkontrastmittel** (rechts)

V 177.1 Löse etwas Kaliumhydrogensulfat in Wasser und prüfe die Lösung mit Universalindikator. Wiederhole den Versuch mit Kaliumsulfat.

V 177.2 Gib zu Schwefelsäure- bzw. Sulfatlösungen einige Tropfen Bariumchloridlösung. Wiederhole den Versuch mit Leitungswasser.

A 177.1 Wieso kann man Gips zum Fixieren von Wandhaken verwenden?

A 177.2 a) Wie kann man prüfen, ob Gips in Wasser löslich ist?
b) Wie könnte man hartgewordenen (abgebundenen) Gips wieder verwendungsfähig machen?

B 177.2 Zusammensetzung und Verwendung der wichtigsten Sulfate im Überblick

Name	Formel	Verwendung
Kupfersulfat	CuSO$_4$ · 5 H$_2$O	Bekämpfung von Pilzkrankheiten (Obst- und Weinbau); Kunstseideherstellung
Calciumsulfat (Gips)	CaSO$_4$ · 2 H$_2$O	Stuckarbeiten, Tafelkreide, Gipsabdrücke, Estrichgips
Bariumsulfat	BaSO$_4$	Röntgenkontrastmittel, Füllmaterial für Kunstdruckpapiere
Natriumsulfat (Glaubersalz)	Na$_2$SO$_4$ · 10 H$_2$O	Bestandteil von Heilquellen
Magnesiumsulfat (Bittersalz)	MgSO$_4$ · 7 H$_2$O	
Kaliumhydrogensulfat	KHSO$_4$	WC-Reiniger

B 177.3 Gipsbruch in Süddeutschland

15.6 Formelermittlung von Ammoniak

B 178.1 Reaktion von Magnesiumspänen mit Luft. Es entstehen zwei Reaktionsprodukte.

V 178.1 Man schichtet auf eine Eisenplatte 5 Löffel Magnesiumspäne und entzündet sie. Brich nach dem Abkühlen die weiße Außenschicht auf und gib etwas von dem gelbgrünen Produkt in ein Reagenzglas. Setze vorsichtig einige Tropfen Wasser zu, Geruchsprobe! Prüfe das Gas mit feuchtem Universalindikatorpapier.

V 178.2 Man stellt Ammoniak durch Auftropfen von Ammoniakwasser auf Natriumhydroxid her und leitet ihn durch eine Apparatur nach B 178.2 (Hahnstellung 1). Wenn im Absorptionsgefäß keine Gasblasen mehr auftreten, erhitzt man das Kupfer(II)-oxid stark und fängt das entstehende Gas auf (Hahnstellung 2). Das Gas wird mit der Glimmspanprobe, die entstandene Flüssigkeit mit Cobaltchlorid geprüft.

Neben Schwefelverbindungen spielen auch Stickstoffverbindungen bei großtechnischen Verfahren eine wichtige Rolle. Elementarer Stickstoff, der in der Luft in großen Mengen zur Verfügung steht, ist jedoch sehr reaktionsträge. Dies beruht auf der sehr *festen Dreifachbindung* im Stickstoffmolekül (↗ Kap. 12.1). Sollen Stickstoffmoleküle zur Reaktion gebracht werden, so sind sehr hohe Temperaturen bzw. Katalysatoren oder besonders reaktionsfreudige Elemente, wie z.B. Alkali- und Erdalkalimetalle, erforderlich. Diese Möglichkeiten werden bei verschiedenen Umsetzungen genutzt.

Beim Entzünden von Magnesiumspänen an der Luft (▶ V 178.1) tritt durch die Reaktion von Magnesium mit Sauerstoff ein grelles Licht auf. Die Reaktion dauert jedoch unter Glühen noch länger an. Bei hohen Temperaturen reagiert auch Stickstoff mit Magnesium. Dabei entsteht ein gelbgrünes Reaktionsprodukt, eine Magnesium-Stickstoff-Verbindung. Es handelt sich um ein Salz, das aus N^{3-}- und Mg^{2+}-Ionen aufgebaut ist, *Magnesiumnitrid*, Mg_3N_2:

$$3\,Mg + N_2 \longrightarrow Mg_3N_2$$

Magnesiumnitrid reagiert mit Wasser unter Bildung von **Ammoniak**, einem stechend riechenden Gas, das mit Wasser eine alkalische Lösung ergibt. Sie wird als **Ammoniakwasser** bezeichnet. Aus konzentriertem Ammoniakwasser läßt sich im Labor Ammoniak gewinnen.

Um festzustellen, aus welchen Atomarten Ammoniakmoleküle aufgebaut sind, leitet man Ammoniak über erhitztes Kupfer(II)-oxid (▶ V 178.2, ▶ B 178.2). Dabei wird Kupfer(II)-oxid zu Kupfer reduziert. Die entstehende Flüssigkeit ist Wasser. Demnach müssen im Ammoniakmole-

B 178.2 Qualitative Zerlegung von Ammoniak. Das Gas wird durch Auftropfen von Ammoniakwasser auf Natriumhydroxid hergestellt

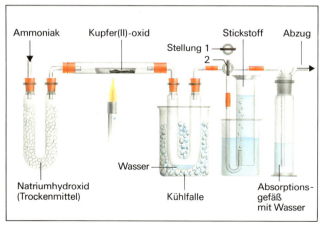

B 178.3 Quantitative Untersuchung von Ammoniak. Spaltrohr (a) und Oxidationsrohr (b) werden nacheinander in die Apparatur eingebaut

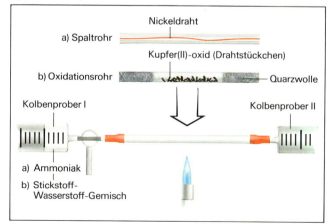

Formelermittlung von Ammoniak

kül *Wasserstoffatome* gebunden sein. Das nach Beginn der Reaktion aufgefangene Gas erstickt eine Flamme: Es handelt sich um *Stickstoff*.
Ammoniak ist also eine Stickstoff-Wasserstoff-Verbindung. Zur Ermittlung der Zusammensetzung der Ammoniakmoleküle wird eine quantitative Untersuchung durchgeführt (▶ V 179.1, ▶ B 178.3). Diese gliedert sich in zwei Schritte: Zunächst erfolgt die *Zerlegung des Ammoniaks,* und dann wird das entstehende Gasgemisch mit Kupfer(II)-oxid umgesetzt. Zur Auswertung benutzen wir den Satz von Avogadro (↗ Kap. 7.5).

Nach der Zerlegung des Ammoniaks hat sich das Volumen der Gasportion *verdoppelt* (von 40 ml auf 80 ml). Jetzt müssen noch die Anteile von Wasserstoff und Stickstoff in dieser Gasportion festgestellt werden. Hierzu wird das Gasgemisch über Kupferoxid geleitet, das mit dem Wasserstoff zu flüssigem Wasser und Kupfer reagiert (▶ V 179.1b).

Die Restgasportion (Stickstoff) besitzt ein Volumen von 20 ml, das Volumen des gebildeten flüssigen Wassers fällt nicht ins Gewicht. Aus *40 ml Ammoniak* entstehen bei der Spaltung demnach *60 ml Wasserstoff* und *20 ml Stickstoff.* Somit ist das Verhältnis

V(Ammoniak) : V(Wasserstoff) : V(Stickstoff) = 2 : 3 : 1

Daraus folgt nach Avogadro, daß aus 2a Ammoniakmolekülen 3a Wasserstoffmoleküle und 1a Stickstoffmoleküle entstanden sein müssen (▶ B 179.1, a = 3). Da die Moleküle von Stickstoff und Wasserstoff jeweils aus 2 Atomen bestehen, *muß die Formel für die Ammoniakmoleküle NH_3 sein:*

$$2\,NH_3 \longrightarrow 3\,H_2 + N_2$$

V 179.1 a) Zerlegung von Ammoniak mit quantitativer Auswertung. Die Apparatur wird nach B 178.3 zusammengebaut. Sie muß vollständig trocken sein. Zwischen den Kolbenprobern befindet sich ein Quarzrohr mit Nickeldraht (oder ein Quarzrohr, Durchmesser 8 mm, gefüllt mit entfetteter Stahlwolle). Man spült die Apparatur mehrmals mit Ammoniak (Ammoniak aus der Stahlflasche oder durch Schütteln von Ammoniumchlorid mit Natriumhydroxid in einem Kolben mit Gasableitungsrohr) und mißt 40 ml Ammoniak in Kolbenprober I ab. Das Quarzrohr wird bis zur hellen Rotglut des Nickeldrahts erhitzt, dann leitet man Ammoniak über den glühenden Nickeldraht, bis das Volumen konstant bleibt. Die Gasportion wird im Kolbenprober I eingeschlossen. Nach dem Abkühlen bestimmt man ihr Volumen.

b) Oxidation des Wasserstoffs im Oxidationsrohr. Das Quarzrohr mit dem Nickeldraht wird durch ein Quarzrohr ersetzt, das mit Kupfer(II)-oxid in Drahtform gefüllt ist. Das Kupfer(II)-oxid wird mit entleuchteter, schwach rauschender Flamme erhitzt und die Gasportion bis zur Volumenkonstanz (ca. 4mal) langsam über das erhitzte Kupfer(II)-oxid geleitet. Beobachtung?
Nach dem Abkühlen wird das Volumen des Restgases abgelesen. Das Gas wird über das seitlich verschlossene T-Stück in ein kleines Becherglas gedrückt, in dem eine Kerze brennt.

A 179.1 Formuliere die Reaktionsgleichungen für V 178.2 und für die Umsetzung von Magnesiumnitrid mit Wasser.

B 179.1 Zerlegung von Ammoniak. Die Volumina der Gasportionen von Ausgangsstoffen und Reaktionsprodukten sowie ihre Teilchenanzahlen verhalten sich wie 2 : 4

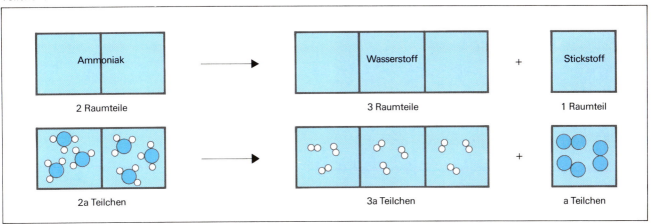

15.7 Herstellung von Ammoniak (Haber-Bosch-Verfahren)

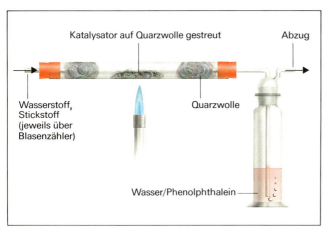

B 180.1 **Bildung von Ammoniak** aus Stickstoff und Wasserstoff in einer Versuchsapparatur

 V 180.1 Man baut eine Versuchsanordnung nach B 180.1 (Katalysator: z. B. Cereisen, hergestellt aus pulverisierten Zündsteinen) und prüft diese auf Dichtheit.

Anschließend werden Wasserstoff und Stickstoff durch Waschflaschen mit konz. Schwefelsäure (Trockenmittel) geleitet, dabei wird ein Gasstrom von jeweils 3 bis 5 Blasen pro Sekunde eingestellt. Man läßt das Gasgemisch so lange durch die Apparatur strömen, bis diese frei von Knallgas ist (etwa 5 min, Knallgasprobe!). Dann erhitzt man langsam den Katalysator (keine Glut!).

Nach Einsetzen der Reaktion darf die Temperatur nicht weiter gesteigert werden.

B 180.2 FRITZ HABER (1868–1934)

B 180.3 CARL BOSCH (1874–1940)

Bedeutung des Ammoniaks. Wie die Schwefelsäure ist Ammoniak ein äußerst bedeutendes Produkt der chemischen Industrie. Die Weltproduktionskapazität beläuft sich auf etwa 100 Millionen Tonnen pro Jahr. Drei Viertel der Produktion werden zur Herstellung von Düngemitteln verwendet. Daneben bildet Ammoniak die Basis zur Produktion von Kunststoffen, Farb- und Sprengstoffen sowie Medikamenten und Pflanzenschutzmitteln. In der Bundesrepublik Deutschland wurden 1982 etwa 2 Millionen Tonnen Ammoniak hergestellt.

Gegen Ende des 19. und zu Beginn des 20. Jahrhunderts nahm der Bedarf an Düngemitteln ständig zu, woran die *Stickstoff-Dünger* einen beträchtlichen Anteil hatten. Aus diesem Grunde versuchten Chemiker in dieser Zeit, Stickstoffverbindungen in möglichst großen Mengen möglichst preiswert herzustellen. Voraussetzung hierfür sind billige, ergiebige Rohstoffquellen. Da für Stickstoff Luft zur Verfügung steht und Wasserstoff sich aus Wasser gewinnen läßt, versuchten viele Chemiker, *Ammoniak aus den Elementen herzustellen:*

$$3 H_2 + N_2 \longrightarrow 2 NH_3 \quad | \quad exotherm$$

Die grundlegenden Forschungsarbeiten hierfür lieferte bis 1909 der deutsche Chemiker FRITZ HABER (▶ B 180.2). Die Übertragung dieser Reaktion in den *großtechnischen Maßstab* war wegen der erforderlichen neuartigen Technologie eine zweite Meisterleistung, vollbracht von CARL BOSCH (▶ B 180.3). Am 9. September 1913 konnte die Badische Anilin- und Sodafabrik (BASF) in Ludwigshafen die erste großtechnische Ammoniaksynthese nach dem **Haber-Bosch-Verfahren** mit einer Tagesleistung von 30 Tonnen Ammoniak in Betrieb nehmen. Moderne Anlagen produzieren über 1500 Tonnen Ammoniak pro Tag.

Reaktionsbedingungen für die Ammoniaksynthese. Das Ausmaß der Ammoniakbildung ist stark *temperaturabhängig* (▶ B 181.2). Es müßte sich um so mehr Ammoniak bilden, je niedriger die Temperatur ist. Demnach sollte man die Synthese bei möglichst tiefen Temperaturen vornehmen. Bei *Zimmertemperatur* ist jedoch *keine Umsetzung* zwischen Wasserstoff und Stickstoff zu beobachten, da unter diesen Bedingungen die Reaktion äußerst langsam abläuft. Auch mit Hilfe eines *Katalysators* (in der Technik verwendet man Eisen, dem Aluminium-, Calcium- und Kaliumoxid zugesetzt ist) reagieren die Gase erst bei 450 °C bis 500 °C ausreichend rasch miteinander.
Bei Normdruck und 450 °C entstehen aber nur geringe Mengen Ammoniak (▶ V 180.1). Dieser Anteil kann jedoch durch *Druckerhöhung* erheblich gesteigert werden. Der Erzeugung hoher Drücke sind aber vor allem durch die Wirtschaftlichkeit Grenzen gesetzt.

Herstellung von Ammoniak (Haber-Bosch-Verfahren)

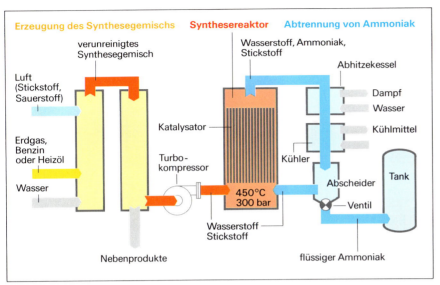

B 181.1 **Schema der technischen Ammoniakherstellung** nach dem Haber-Bosch-Verfahren

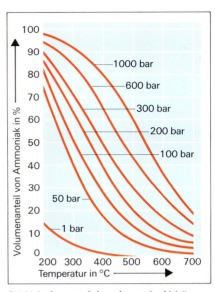

B 181.2 **Ammoniakausbeute** in Abhängigkeit von den Reaktionsbedingungen

B 181.3 **Ammoniaksyntheseanlage**

Die moderne Ammoniaksynthese. Für die großtechnische Synthese von Ammoniak (▶ B 181.1 und 181.3) wählt man Reaktionsbedingungen von 200 bar bis 300 bar und 450 °C bis 500 °C. Wasserstoff wird vor allem durch Reaktion von Erdgas mit Wasserdampf, Stickstoff aus Luft gewonnen. Vor der Reaktion muß das Gasgemisch gereinigt und verdichtet werden. Nach der Reaktion wird das Gas in mehreren Stufen abgekühlt, bis sich Ammoniak bei −33 °C verflüssigt. Nicht umgesetztes Gasgemisch wird wieder eingesetzt.

Bei der Entwicklung dieses Verfahrens mußten vor allem drei zentrale Probleme gelöst werden:

1. *Preiswerter Katalysator.* HABER verwendete Osmium- und Urankatalysatoren, die für die Großtechnik (pro Reaktor etwa 35 m³ Katalysator!) viel zu teuer waren. Erst in tausenden von Versuchen fand man schließlich ein geeignetes Katalysatorgemisch.

2. *Haltbare Hochdruckapparatur.* Die zunächst verwendeten Stahlrohre platzten, da Wasserstoff in das Wandmaterial eindrang und mit dem Kohlenstoffanteil des Stahls zu einer gasförmigen Kohlenstoff-Wasserstoff-Verbindung reagierte. BOSCH entwickelte ein Druckrohr mit einem Innenrohr aus kohlenstoffarmem Weicheisen mit einem stützenden Mantel aus Spezialstahl. In dem Stahlmantel wurden dünne Bohrungen („Bosch-Löcher") angebracht, durch die der nach wie vor herausdiffundierende Wasserstoff entweichen konnte, bevor mit dem Kohlenstoff des Stahls eine Reaktion möglich war. Durch Entwicklung hinreichend beständiger Chrom-Molybdän-Stähle kann heute auf die Doppelmantelkonstruktion verzichtet werden.

3. *Erzeugung großer Mengen Synthesegemisch.* Ausgangsmaterialien waren Luft, Wasser und Kohle. Luft bzw. Wasserdampf wurden abwechselnd über glühenden Koks geleitet. Die entstehenden Gasgemische (*Generator-* bzw. *Wassergas*) mußten vor der Synthese noch von Nebenprodukten gereinigt werden.

15.8 Eigenschaften und Reaktionen von Ammoniak

V 182.1 Wie im Versuch V 178.2 stellt man Ammoniak her und füllt einen trockenen Rundkolben. Als Verschluß dient ein durchbohrter Gummistopfen mit einem ausgezogenen Glasrohr nach innen. Der Kolben wird in ein Gefäß mit Wasser getaucht, das mit Universalindikator versetzt wurde (Schutzbrille! Schutzscheibe!).

V 182.2 In einem Becherglas befindet sich dest. Wasser, in das ein Leitfähigkeitsprüfer eintaucht. Leite Ammoniak (hergestellt wie in V 178.2) auf die Wasseroberfläche und beobachte den Stromstärkemesser.

V 182.3 Rieche vorsichtig an Salzsäure bzw. Ammoniaklösung, $c = 0{,}2$ mol/l.

V 182.4 Prüfe die elektrische Leitfähigkeit einer Salzsäure bzw. Ammoniaklösung, $c = 0{,}2$ mol/l, und vergleiche. Reguliere die Spannungsquelle so ein, daß der Stromstärkemesser bei der Salzsäure Vollausschlag zeigt.

V 182.5 a) Ein Tropfen konz. Salzsäure wird einem Tropfen Ammoniaklösung (jeweils an einem Glasstab) genähert (Schutzbrille!).
b) Man bringt je einen mit konz. Salzsäure bzw. konz. Ammoniaklösung getränkten Wattebausch in ein Becherglas und bedeckt es mit einem Uhrglas (Schutzbrille!). Nach einiger Zeit werden die noch evtl. vorhandenen Gasreste entfernt, und der entstandene Stoff wird in Wasser gelöst. Man prüft auf Leitfähigkeit und auf Chloridionen (Abzug!).

A 182.1 Wieso muß man in V 182.1 den Kolben tief ins Wasser tauchen, damit der Vorgang rasch startet?

B 182.1 Strukturformel und räumliches Modell des Ammoniakmoleküls (oben) und des Ammoniumions (unten)

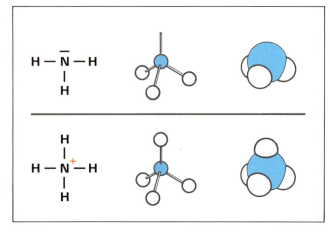

Ammoniak entsteht auch dort, wo sich pflanzliche und tierische Stickstoffverbindungen bakteriell zersetzen, z.B. in Ställen und Komposthaufen. Es ist ein farbloses, stechend riechendes, die Augen zum Tränen reizendes Gas mit einer geringeren Dichte als Luft. Obwohl die Ammoniakmoleküle klein sind, weist Ammoniak im Vergleich zu Stickstoff oder Chlorwasserstoff eine hohe Siedetemperatur auf (Siedetemperatur von Ammoniak: $-33{,}4$ °C, Siedetemperatur von Stickstoff: -193 °C, Siedetemperatur von Chlorwasserstoff: -85 °C). Daraus kann man auf *starke zwischenmolekulare Kräfte* zwischen den Ammoniakmolekülen schließen.

Die N-H-Bindungen im Ammoniakmolekül sind polar, das Molekül besitzt einen pyramidalen Bau (▶ B 182.1, ⬈ Kap. 12.2), die Ladungsschwerpunkte fallen nicht zusammen: *Ammoniakmoleküle stellen Dipole dar.* Die Polarität der N-H-Bindungen ist so groß, daß sich darüber hinaus *Wasserstoffbrücken* zwischen den Ammoniakmolekülen ausbilden.

Von Wasser werden unter Bildung einer alkalischen Lösung beträchtliche Portionen Ammoniak aufgenommen (▶ V 182.1), bei Zimmertemperatur etwa 700 l Ammoniak in 1 l Wasser. Die Flüssigkeit wird als *Ammoniakwasser, -lösung* oder „Salmiakgeist" bezeichnet. Sie dient als Reinigungsmittel (zersetzt Fette) und zum Ablaugen alter Farbanstriche. Die alkalische Lösung (Hydroxidionen!) und die auftretende Leitfähigkeit (▶ V 182.2) weisen auf eine Reaktion zwischen Wasser- und Ammoniakmolekülen hin:

$$NH_3 + H_2O \longrightarrow NH_4^+ + OH^-$$

Das NH_4^+-Ion heißt **Ammoniumion**. Es entsteht, indem ein Ammoniakmolekül an sein freies Elektronenpaar – ähnlich wie ein Wassermolekül bei der Bildung eines Oxoniumions – ein Proton, hier aus einem Wassermolekül, bindet. Das Ammoniumion besitzt eine *symmetrische tetraedrische Struktur* (▶ B 182.1).

Führt man an verdünnter Salzsäure und an einer Ammoniaklösung gleicher Konzentration die Geruchsprobe durch, kann man deutlich Ammoniak riechen, jedoch keinen Chlorwasserstoff (▶ V 182.3). Der Unterschied rührt daher, daß nicht die gesamte Ammoniakportion mit Wasser reagiert hat. Dies zeigt auch eine Untersuchung der Leitfähigkeit beider Lösungen.
Die Ammoniaklösung besitzt eine sehr geringe Leitfähigkeit (▶ V 182.4). Das bedeutet, daß der größte Teil der vom Wasser aufgenommenen Ammoniakportion *nicht mit Wasser reagiert,* sondern nur *gelöst* vorliegt. Untersuchungen haben ergeben, daß von einer Stoffportion Ammoniak mit der Stoffmenge $n(NH_3) = 0{,}1$ mol, die man in 1 l Wasser einleitet, nur etwa 1% reagiert (bei Chlorwasserstoff 99,9%).

Eigenschaften und Reaktionen von Ammoniak

Die Reaktion zwischen Ammoniak- und Wassermolekülen gehört zu den *unvollständig ablaufenden Reaktionen*. Solche Reaktionen sind dadurch gekennzeichnet, daß im Reaktionsgemisch neben den Reaktionsprodukten auch noch Ausgangsstoffe vorliegen, bei Ammoniaklösung außer Wassermolekülen sowohl Ammoniakmoleküle als auch Ammonium- und Hydroxidionen. Dann kann jedoch die Aufnahme von ausgesprochen viel Ammoniak in Wasser nicht (wie bei Chlorwasserstoff) auf einer Reaktion zwischen den beiden Stoffen beruhen! Ammoniakmoleküle sind ebenso wie Wassermoleküle in der Lage, Wasserstoffbrücken auszubilden, so daß wir die gute Löslichkeit *auf Wasserstoffbrücken zwischen Wasser- und Ammoniakmolekülen* zurückführen können.

Ammoniumsalze. Bringt man konzentrierte Ammoniaklösung in die Nähe von konzentrierter Salzsäure, so entsteht ein weißer Rauch, ohne daß sich die Flüssigkeiten berühren (▶ V 182.5a). Es müssen also Gase miteinander reagiert haben, Ammoniak und Chlorwasserstoff. Dieser Vorgang wird häufig zum Nachweis von einer der beiden Verbindungen benutzt. Führt man die Reaktion in einem Gefäß durch, scheidet sich der weiße Stoff ab, der in Wasser leicht löslich ist und Chloridionen enthält (▶ V 182.5b). Aus den beiden Gasen ist also ein Salz, ein Chlorid, entstanden. Um Genaueres über diese Reaktion zu erfahren, lassen wir den Versuch unter kontrollierbaren Bedingungen ablaufen (▶ V 183.1). Hierbei läuft die Reaktion nur dann vollständig ab, wenn gleiche Volumina von Ammoniak und Chlorwasserstoff eingesetzt werden. Nach AVOGADRO reagieren also Ammoniak- und Chlorwasserstoffmoleküle im *Anzahl*verhältnis 1:1 miteinander. Die Reaktionsgleichung lautet:

$$NH_3 + HCl \longrightarrow NH_4Cl$$

Der entstehende Stoff heißt **Ammoniumchlorid**, in der Umgangssprache *Salmiak*. Er bildet ein Ionengitter aus Ammonium- und Chloridionen.
Auch durch Reaktion von Ammoniaklösungen mit sauren Lösungen, z.B. verdünnter Schwefelsäure, erhält man nach Verdunsten des Wassers Ammoniumsalze, z.B. Ammoniumsulfat (▶ V 183.2) mit der Verhältnisformel $(NH_4)_2SO_4$.

Erhitzt man Ammoniumchlorid, scheint es zu sublimieren, obwohl diese Eigenschaft nur molekular aufgebaute Stoffe besitzen (▶ V 183.3a). Bei genauer Untersuchung der Reaktion stellt man jedoch fest, daß es sich um eine „Scheinsublimation" handelt (▶ V 183.3b, ▶ B 183.1): Ammoniumchlorid zerfällt beim Erhitzen in Ammoniak und Chlorwasserstoff, wobei die Ammoniakmoleküle wegen ihrer geringeren Masse rascher diffundieren als die Chlorwasserstoffmoleküle. Dieser Vorgang ist die Umkehrung der Bildung des Ammoniumchlorids. *Umkehrbare Reaktionen* sind uns auch schon früher begegnet, so z.B. bei der Schwefeltrioxid- und bei der Ammoniaksynthese oder bei der Bildung und Zerlegung von Silbersulfid.
Aufgrund dieser Zerfallsreaktion dient Ammoniumchlorid als *Lötstein*. Durch die gebildeten Gase Chlorwasserstoff und Ammoniak werden die Oxide von den Metalloberflächen entfernt. Ammoniumchlorid wirkt ferner schleimlösend und ist daher in manchen Halspastillen enthalten (Salmiakpastillen).

Durch Alkali- und Erdalkalimetallhydroxide werden Ammoniumsalze unter Ammoniakentwicklung zersetzt (▶ V 183.4). Dies nutzt man zur Herstellung von Ammoniak im Labor bzw. zum Nachweis von Ammoniumverbindungen:

$$NaOH + NH_4Cl \longrightarrow NaCl + H_2O + NH_3$$

V 183.1 Man evakuiert eine Gaswägekugel (V = 250 ml) und läßt zuerst 100 ml Ammoniak (trocken) und danach 100 ml Chlorwasserstoff (trocken) einströmen. Nach dem Abkühlen schließt man einen Kolbenprober an die Kugel an und stellt fest, wieviel Luft von der Kugel aufgenommen wird.

V 183.2 Gib zu einer kleinen Portion Ammoniaklösung einige Tropfen Phenolphthaleinlösung und anschließend so lange tropfenweise verdünnte Schwefelsäure, bis eine Farbänderung eintritt (Schutzbrille!). Stelle die Lösung zum Verdampfen des Lösungsmittels auf.

V 183.3 a) Erhitze im Reagenzglas vorsichtig festes Ammoniumchlorid. b) Erhitze Ammoniumchlorid in einem Reagenzglas, an dessen Wandung zwei feuchte Universalindikatorpapiere, getrennt durch einen Glaswollebausch, kleben (B 183.1).

V 183.4 Zerreibe in einer Reibschale wenig Ammoniumchlorid oder -sulfat mit Natriumhydroxid (Schutzbrille!). Führe vorsichtig eine Geruchsprobe durch.

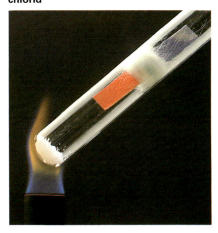

B 183.1 Thermolyse von Ammoniumchlorid

15.9 Oxidation von Ammoniak – Salpetersäure

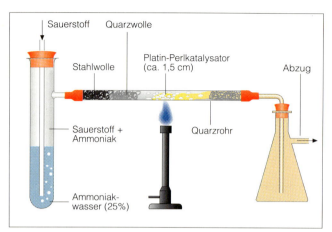

B 184.1 Modellversuch zum Ostwald-Verfahren. Das braune Stickstoffdioxid bildet mit Sauerstoff und Wasser Salpetersäure

V 184.1 Man baut eine Apparatur nach B 184.1 zusammen; das Quarzrohr (Durchmesser 8 mm) wird mit Platinasbest und Quarzwolle locker ausgefüllt. Dann leitet man einen Sauerstoffstrom durch die Apparatur (einige Blasen pro Sekunde) und erhitzt den Katalysator auf Rotglut (Schutzbrille! Schutzscheibe!). Glüht dieser nach Entfernen des Brenners nicht kräftig weiter, verstärkt man den Sauerstoffstrom. Tritt weißer Rauch auf, zieht man das Einleitungsrohr bis knapp über die Oberfläche des Ammoniakwassers heraus. Sobald die Stickstoffdioxidentwicklung eingesetzt hat, wird das Gas in den Erlenmeyerkolben geleitet. Nach Beendigung des Versuchs gibt man Wasser in das Gefäß, schüttelt kräftig und setzt einige Tropfen Universalindikatorlösung zu.

Oxidation von Ammoniak. Ein großer Teil des nach dem Haber-Bosch-Verfahren erzeugten Ammoniaks wird in einer ebenfalls großtechnisch bedeutenden Reaktion zur Produktion von **Salpetersäure**, der nach Ammoniak wichtigsten Stickstoffverbindung, eingesetzt. Im Laborversuch (▶ V 184.1) reißt ein Sauerstoffstrom Ammoniak aus der Lösung mit, die Reaktion zwischen den beiden Gasen erfolgt am *Platinkatalysator*:

$$4\,NH_3 + 5\,O_2 \xrightarrow{Pt} 4\,NO + 6\,H_2O \quad | \quad \text{exotherm}$$

Das farblose, giftige *Stickstoffmonooxid* setzt sich mit weiterem Sauerstoff sofort zu braunem *Stickstoffdioxid* um, einem stark giftigen Gas mit süßlichem, bromähnlichem Geruch:

$$2\,NO + O_2 \longrightarrow 2\,NO_2 \quad | \quad \text{exotherm}$$

Stickstoffdioxid reagiert mit Wasser und Sauerstoff (Luft) zu **Salpetersäure**:

$$4\,NO_2 + O_2 + 2\,H_2O \longrightarrow 4\,HNO_3$$

Das technische Verfahren (▶ B 185.1) geht auf Arbeiten von W. Ostwald (1853–1932) zurück und ist nach ihm benannt. Hierbei erfolgt die Reaktion zwischen Ammoniak und Sauerstoff (Luft) bei etwa 700 °C in Ammoniak-Verbrennungsöfen an einem äußerst feinmaschigen Platinnetz (ca. 2000 Maschen/cm²), an dem das Gasgemisch mit hoher Geschwindigkeit vorbeiströmt (Verweilzeit am Katalysator $2 \cdot 10^{-4}$ s). Das Mischungsverhältnis zwischen Ammoniak und Sauerstoff muß *genau eingehalten werden,* da die beiden Gase auch zu *Stickstoff* und *Wasser reagieren können.* Die kurze Verweilzeit ist erforderlich, um den sonst eintretenden Zerfall von Stickstoffmonooxid in Sauerstoff und Stickstoff zu verhindern.

B 184.2 Verbrennungsofen einer Anlage zur Oxidation von Ammoniak nach dem Ostwald-Verfahren. Rechts: Schnitt durch einen der Reaktoröfen

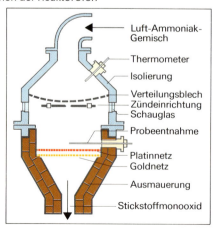

B 184.3 Salpetersäure ist ein wichtiges Halbfertigprodukt

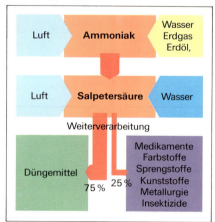

Oxidation von Ammoniak – Salpetersäure

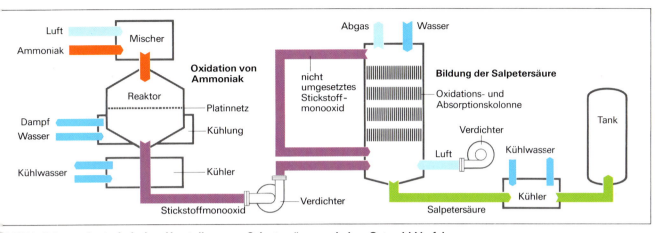

B 185.1 Schema der technischen Herstellung von Salpetersäure nach dem Ostwald-Verfahren

Die hohe Strömungsgeschwindigkeit führt zu einem relativ starken Abrieb am Katalysator; ein großer Teil davon schlägt sich auf dem nachgeschalteten Goldnetz nieder. Das Stickstoffmonooxid reagiert in der Oxidations- und Absorptionskolonne mit Sauerstoff (Luft) über Stickstoffdioxid zu Salpetersäure. Nicht umgesetztes Stickstoffmonooxid wird in den Kreislauf zurückgeführt. Mit einer Abgasreinigung wird versucht, die Umweltbelastung durch Stickstoffoxide in Grenzen zu halten.

Verwendung. In der Bundesrepublik Deutschland wurden 1982 ca. zwei Millionen Tonnen Salpetersäure produziert. Davon gingen 75% in die Düngemittelherstellung. Ferner wird die Salpetersäure zur Herstellung von Medikamenten, Pflanzenschutzmitteln, Spreng-, Farb- und Kunststoffen verwendet (▶ B 184.3).

Die Luftverbrennung. Die Möglichkeit, aus Ammoniak Salpetersäure herzustellen, war schon seit 1838 bekannt. Ohne große Ammoniakmengen konnte sie jedoch technisch nicht genutzt werden. Dies änderte sich erst mit der Produktion nach dem Haber-Bosch-Verfahren 1913. Aufgrund des jedoch schon gegen Ende des 19. Jahrhunderts stark zunehmenden Bedarfs an Stickstoffdünger (und Sprengstoffen), wurde nach Verfahren gesucht, mit Stickstoff und Sauerstoff aus der Luft über Stickstoffmonooxid Salpetersäure zu gewinnen. Eines dieser Verfahren ist die sog. *Luftverbrennung* (▶ B185.2), bei der Stickstoff und Sauerstoff im *elektrischen Lichtbogen* (über 3000 °C) zu Stickstoffmono- bzw. dioxid reagieren (▶ V 185.1). Das Verfahren hat jedoch aufgrund des *hohen Energiebedarfs* nur in Ländern mit billiger Wasserkraft (Norwegen, Schweiz) für einige Zeit eine Rolle gespielt.

V 185.1 Man baut eine Apparatur nach B 185.2 zusammen. In der Waschflasche befindet sich Wasser, versetzt mit einigen Tropfen Universalindikatorlösung. Die Kupferelektroden der Reaktionskugel (Abstand ca. 0,5 cm) verbindet man mit den Polen eines Hochspannungstransformators (5000 bis 6000 V, Vorsicht! Hochspannung!) und erzeugt eine kräftige Funkenstrecke.
Sobald sich die Kugel mit braunem Gas gefüllt hat, wird durch das obere Glasrohr ein schwacher Luftstrom gedrückt.

A 185.1 In Luft liegt Stickstoff neben Sauerstoff vor, ohne daß eine Reaktion eintritt. In V 185.1 läuft jedoch eine Reaktion ab. Erkläre den Unterschied.

B 185.2 **Luftverbrennung.** Stickstoff reagiert mit Sauerstoff im elektrischen Lichtbogen

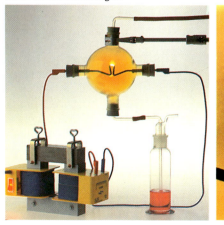

15.10 Eigenschaften und Reaktionen der Salpetersäure

V 186.1 Man gibt zu Zink bzw. Magnesiumband 15%ige Salpeter- bzw. Schwefelsäure (Abzug!). Beobachte jeweils die Gasentwicklung.

V 186.2 In einem Gasentwickler wird halbkonz. Salpetersäure zu Kupferspänen getropft (Schutzbrille!). Das Gas wird pneumatisch aufgefangen und anschließend im Abzug mit Luft in Berührung gebracht.

V 186.3 In ein Reagenzglas mit Silberspiegel wird konz. Salpetersäure getropft (Schutzbrille!).

V 186.4 a) Man übergießt etwas Blattgold mit konz. Salpetersäure.
b) Der Versuch wird mit Königswasser (3 ml konz. Salzsäure und 1 ml konz. Salpetersäure) wiederholt (Schutzbrille!).

V 186.5 In einer Porzellanschale erwärmt man konz. Salpetersäure und gibt glühende Holzkohle zu (Vorsicht! Schutzbrille! Abzug!).

V 186.6 Auf gekochtes Eiweiß und Nagelreste wird konz. Salpetersäure getropft (Schutzbrille!).

B 186.1 Reaktion von konzentrierter Salpetersäure mit Holzkohle

Reine, 100%ige **Salpetersäure** ist eine farblose Flüssigkeit mit einer Siedetemperatur von 84,1 °C. Sie bildet an der Luft Nebel und wird auch als *„rauchende" Salpetersäure* bezeichnet. Da sie durch Lichteinwirkung in Umkehrung ihrer Synthesereaktion zerfällt, muß sie in braunen Flaschen aufbewahrt werden. Sie ist häufig durch das beim Zerfall entstehende und sich in der Säure lösende Stickstoffdioxid gelbgefärbt. Der Massenanteil der konzentrierten Salpetersäure liegt zwischen 65% und 69%.

Beim Verdünnen entsteht eine saure Lösung mit dem Säurerestion NO_3^-, dem Nitration. Salze der Salpetersäure heißen **Nitrate**. Sie entstehen z. B. bei der Reaktion verdünnter Salpetersäure mit Metalloxiden bzw. alkalischen Lösungen.
Nur *sehr stark verdünnte* Salpetersäure (unter 1%ig) reagiert wie eine typische saure Lösung mit *unedlen Metallen* unter Wasserstoffentwicklung. Diese Reaktion wird fast immer von einer weiteren Reaktion begleitet, die um so mehr dominiert, je konzentrierter die Säure ist: Läßt man *nicht zu stark verdünnte* Salpetersäure auf unedle Metalle einwirken, so bilden sich zwar auch Nitratlösungen, anders als bei anderen verdünnten Säuren werden statt Wasserstoff jedoch giftige Stickstoffoxide, sog. nitrose Gase, gebildet (▶ V 186.1): farbloses Stickstoffmonooxid und braunrotes Stickstoffdioxid. In den Molekülen dieser Oxide besitzt das Stickstoffatom eine kleinere Oxidationszahl als im Salpetersäuremolekül. Salpetersäure wird bei der Bildung dieser Oxide somit reduziert, wirkt also *oxidierend*.

Halbkonzentrierte Salpetersäure ist sogar in der Lage, mit *Kupfer* zu reagieren (▶ V 186.2). Hierbei entsteht das in Wasser wenig lösliche, farblose Stickstoffmonooxid, das mit Sauerstoff rasch zu braunem Stickstoffdioxid reagiert. Daher färbt sich auch das Innere der Apparatur zunächst braun. Aufgrund der Tatsache, daß Stickstoffdioxid von Wasser aufgenommen wird, können die beiden Gase getrennt werden. *Konzentrierte* Salpetersäure reagiert wegen ihrer stark oxidierenden Wirkung außer mit Kupfer auch mit *Quecksilber* und *Silber* (▶ V186.3) unter Bildung der Nitrate und Stickstoffdioxid:

$$Cu + 4\,HNO_3 \longrightarrow Cu^{2+} + 2\,NO_3^- + 2\,NO_2 + 2\,H_2O$$

Salpetersäure ist eine noch stärker oxidierende Säure als Schwefelsäure. Nur die *Edelmetalle*, wie z. B. Gold, werden *nicht angegriffen* (▶ V 186.4a). Diese Eigenschaft wird benutzt, um Gold von Silber zu trennen (scheiden). Konzentrierte Salpetersäure wird daher auch *Scheidewasser* genannt und seit Jahrhunderten für diesen Zweck benutzt.
Ein Gemisch aus konzentrierter Salzsäure und konzentrierter Salpetersäure vermag auch mit *Gold* und *Platin* zu reagieren (▶ V 186.4b). Da Gold als „König der Metalle" bezeichnet wird, heißt dieses Gemisch *Königswasser*.

Auch *Nichtmetalle* werden von konzentrierter Salpetersäure oxidiert. Aus Schwefel entsteht dabei Schwefelsäure. Holzkohle oder weißer Phosphor reagieren ebenfalls äußerst heftig (▶ V 186.5, ▶ B 186.1). Einige Stoffe, wie z. B. Holzwolle oder Terpentinöl, werden durch konzentrierte Salpetersäure sogar *entflammt*.
Auf Eiweißstoffe, z. B. Haut, wirkt konzentrierte Salpetersäure ätzend und *zerstörend*. Außerdem färbt sie diese Stoffe intensiv gelb (▶ V 186.6); konzentrierte Salpetersäure ist daher ein Nachweismittel für Eiweiße. Diese Reaktion nennt man **Xanthoproteinreaktion**.

15.11 Wichtige Nitrate

Nitrate. Die Ionengitter der Salze der Salpetersäure sind aus Metall- und *Nitrationen*, NO_3^-, aufgebaut. Da alle Nitrate in Wasser leicht löslich sind, können sie nicht wie die Salze der Salz- oder Schwefelsäure durch eine Fällungsreaktion nachgewiesen werden. Eisen(II)-Ionen geben aber mit Nitrationen beim Unterschichten der Lösung mit konzentrierter Schwefelsäure eine typische Farbreaktion, einen braunen Ring an der Grenzfläche der beiden Phasen (▶ V 187.1, ▶ B 187.1).

Eisen(II)-Salz-Lösung, unterschichtet mit konzentrierter Schwefelsäure, ist ein Reagenz auf Nitrationen.

Neutrale Lösungen von Nitraten in Wasser sind *kaum oxidierend*, im Gegensatz zu *Nitratschmelzen* (▶ V 187.2, ▶ B 187.2), die sich beim Erhitzen zersetzen. Alkalinitrate zerfallen in Sauerstoff und **Nitrite**:

$$2\ KNO_3 \longrightarrow 2\ KNO_2 + O_2$$

Nitrite sind Salze der **Salpetrigen Säure** (Molekülformel HNO_2), einer bei Zimmertemperatur unbeständigen Säure.
Schwermetallnitrate zerfallen beim Erhitzen in Metalloxid, Stickstoffdioxid und Sauerstoff (▶ V 187.3):

$$2\ Pb(NO_3)_2 \longrightarrow 2\ PbO + 4\ NO_2 + O_2$$

Diese Reaktion dient im Labor zur einfachen Herstellung von Stickstoffdioxid.

Vorkommen und Verwendung der Nitrate. Auf der Erde gibt es nur einige wenige bedeutende Lagerstätten von Nitraten. *Kaliumnitrat (Salpeter,* von griech./lat. sal petrae, Felsensalz) mit der Verhältnisformel KNO_3, findet man u.a. in Indien und China, *Natriumnitrat (Natronsalpeter)* mit der Formel $NaNO_3$ vor allem in der Wüste Atacama in Nordchile *(Chilesalpeter)*.

Chilesalpeter war lange Zeit ein wichtiges Welthandelsgut, um dessen Lagerstätten zwischen Chile, Bolivien und Peru sogar Krieg geführt wurde (Salpeterkrieg 1879–1883). Dabei verlor Bolivien seinen Zugang zum Pazifischen Ozean. In früherer Zeit diente Salpeter vor allem zur Herstellung von Schießpulver; Kaliumnitrat ist der oxidierende Bestandteil des *Schwarzpulvers,* das außerdem Kohle- und Schwefelpulver enthält. Salpeter stellte auch lange Zeit (bis zur Entwicklung der Luftverbrennung bzw. des Haber-Bosch-Verfahrens) den einzigen Zugang zur Salpetersäure dar (▶ V 187.4). Der Chilesalpeter wurde bis zum Beginn des 20. Jahrhunderts mit sog. Salpeterseglern um Kap Hoorn nach Europa transportiert. Der Handel kam nach Einführung der großtechnischen Methoden zur Herstellung von Ammoniak, Salpetersäure und Nitraten vollständig zum Erliegen.
Seit Mitte des 19. Jahrhunderts finden *Kalium-* und *Natriumnitrat* sowie später auch *Ammoniumnitrat* immer stärkere Anwendung als **Mineraldünger**, da Pflanzen nicht ohne Stickstoffverbindungen leben können. *Ammoniumnitrat* zerfällt bei starkem Erhitzen explosionsartig in gasförmige Stoffe *(Detonation)*. Aufgrund dieser Eigenschaft darf es nur im Gemisch mit anderen Stoffen als Dünger eingesetzt werden. Daneben findet es noch als Sicherheitssprengstoff Verwendung.
Silbernitrat ($AgNO_3$) ist das Silbersalz zum Nachweis von Chlorid-, Bromid- und Iodidionen. Früher wurde es in der Medizin u.a. als „Höllenstein" zur Entfernung von Warzen verwendet. *Strontium-* und *Bariumnitrat* werden vor allem bei der Herstellung von Feuerwerkskörpern eingesetzt.

V 187.1 Man versetzt Nitratlösung mit Eisen(II)-sulfat-Lösung und unterschichtet mit konz. Schwefelsäure (Schutzbrille!).

V 187.2 Man erhitzt im Reagenzglas (Stativ!) Kaliumnitrat und prüft mit einem glimmenden Span. Anschließend läßt man den Span in die Schmelze fallen (Vorsicht!).

V 187.3 Man erhitzt Silbernitrat im Reagenzglas und leitet die entstehenden Gase in eine pneumatische Wanne. Man sammelt das farblose Gas und prüft es mit einem glimmenden Span.

V 187.4 Im Kolben einer Destillationsapparatur mischt man 10 ml konz. Schwefelsäure mit 20 g Kaliumnitrat und erwärmt mäßig. Die Wärmezufuhr wird langsam gesteigert. Das Destillat wird verdünnt und mit Universalindikator, Eisen(II)-sulfat- sowie Bariumchloridlösung geprüft (Schutzbrille! Abzug!).

A 187.1 Wenn 3 g Kaliumnitrat lange erhitzt werden, bleiben 2,5 g eines weißen Salzes zurück. Wie ist seine Formel?

B 187.1 Nitratnachweis

B 187.2 Holz in einer Kaliumnitratschmelze

15.12 Luftverschmutzung

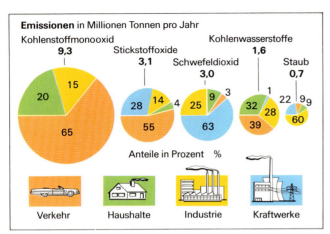

B 188.1 Ausmaß der Luftverschmutzung in der Bundesrepublik Deutschland 1982

V 188.1 Verdünnte Iod-Kaliumiodid-Lösung ist unter bestimmten Voraussetzungen ein Reagenz auf Schwefeldioxid (Entfärbung). a) Man verbrennt Schwefel und saugt die Verbrennungsgase durch ein U-Rohr mit Glaswolle und anschließend durch eine verdünnte Iod-Kaliumiodid-Lösung (Abzug!). b) Man wiederholt den Versuch mit Heizöl.

V 188.2 Man bringt feuchten Marmor für längere Zeit in ein Gefäß mit Schwefel- bzw. Stickstoffdioxid.

V 188.3 Prüfe mit einem Gasspürgerät a) an stark befahrenen Kreuzungen und in einer Tiefgarage auf Kohlenstoffmonooxid und b) in einem Industrie- bzw. Wohngebiet auf Schwefeldioxid.

B 188.2 Fachausdrücke aus dem Bereich der Luftüberwachung und ihre Bedeutung

Emission. Abgabe luftverunreinigender Stoffe an die Außenluft.	**ppm.** Die MIK-Werte werden im allgemeinen in ppm (parts per million), d. h. 1 Teil Schadstoff pro 1 Million Teile Wasser oder Luft angegeben. 1 ppm entspricht 0,0001 %.
Immission. Konzentration der Schadstoffe in der Atemluft. Je größer der Abstand von der Emissionsquelle (hohe Schornsteine!), desto geringer ist die Immission.	**SO_2-MIK-Wert** bei Einwirkung in 24 Std.: 0,12 ppm. 1 ppm entspricht 2,86 mg SO_2/m^3. Smogwarnung bei 0,8 mg SO_2/m^3.
Maximale Immissions-Konzentration (MIK-Wert). Durchschnittskonzentration, die derzeit als gesundheitlich unbedenklich gilt.	Höchste SO_2-Immission 1962 im Ruhrgebiet 2,5 bis 5 mg SO_2/m^3.

Alarmierende Berichte über *sauren Regen, Waldsterben, Erkrankung der Atemwege, Zerfall von Gebäudefassaden* usw. haben die Öffentlichkeit aufgerüttelt, sich verstärkt mit der ständig zunehmenden *Luftverschmutzung* auseinanderzusetzen, die nicht nur in industriellen Ballungsgebieten, sondern durch Windverfrachtung auch in industriefernen Zonen schädigend wirkt. 1982 wurden von verschiedenen Verursachern ca. 18 Millionen Tonnen Schadstoffe (▶ B188.1) an die Atmosphäre abgegeben (**Emissionen,** ▶ B 188.2). Diese Stoffe bzw. ihre Folgeprodukte wirken als **Immissionen** (▶ B 188.2) schädigend auf die Umwelt ein.

Schwefeldioxid. Etwa ein Fünftel der Abgase besteht aus Schwefeldioxid, zu 90% von Kraftwerken, Raffinerien und Haushalten emittiert. Ursache sind die in Kohle und Erdöl *enthaltenen Schwefelverbindungen* (▶ V 188.1), die beim Verbrennen *Schwefeldioxid* liefern (▶ V 188.3b), das die entscheidende Rolle beim *Absterben der Wälder* spielt, zusammen mit den Stickstoffoxiden. Leichtes Heizöl darf bis zu 0,3%, schweres Heizöl bis zu 2,8% Schwefel enthalten. Bei Kohle beträgt der Massenanteil an Schwefel etwa 1% bis 1,5%.

Stickstoffoxide. Von den ca. 3 Millionen Tonnen Stickstoffoxiden (Stickstoffmonooxid und -dioxid, NO_x) werden über 50% vom Verkehr und 30% von Kraftwerken emittiert. Diese Oxide entstehen bei *hohen Verbrennungstemperaturen* aus Stickstoff und Sauerstoff der Luft.

Kohlenstoffmonooxid. Die Emission dieses *äußerst giftigen Gases* macht etwa 50% der Gesamtemission aus. Hauptverursacher sind Verbrennungsmotoren. Das Gas ist in noch stärkerem Maße als die Stickstoffoxide in den *Abgasen der Fahrzeuge* enthalten. Besonders hoch ist die Emission im Leerlauf, daher reichert sich Kohlenstoffmonooxid *an Kreuzungen und in Garagen* an (▶ V 188.3a). Pro Jahr emittiert ein Auto durchschnittlich 600 000 l Kohlenstoffmonooxid. 100 l Abgas dürfen nicht mehr als 4,5 l Kohlenstoffmonooxid enthalten. Dies wird in Autoabgastests überprüft. Wie die Stickstoffoxide wird auch Kohlenstoffmonooxid vom Hämoglobin der roten Blutkörperchen gebunden, so daß die Sauerstoffaufnahme des Körpers beeinträchtigt wird.

Kohlenwasserstoffe. Benzin, Diesel- und Heizöl bestehen vor allem aus Kohlenstoff-Wasserstoff-Verbindungen. Ein Teil davon wird bei ihrer Verbrennung in Motoren und Öfen nicht umgesetzt und ist daher in den Abgasen enthalten. Sie setzen sich unter der UV-Strahlung der Sonne mit Stickstoffoxiden zu Folgeprodukten um, die für das Waldsterben mitverantwortlich sind.

Luftverschmutzung

Blei. Dem Benzin werden zur Zeit noch Bleiverbindungen zugesetzt, damit die Verbrennung im Motor besser abläuft. Daher enthalten die Abgase giftige Bleiverbindungen, die *über die Nahrungskette in den menschlichen Körper* gelangen. Seit 1976 ist die Massenkonzentration im Benzin auf 0,15 g/l begrenzt (↗ Kap. 21.3).

Staub. Die Staubemissionen stammen überwiegend aus Verbrennungsprozessen, etwa zu 80% aus Kraftwerken sowie der Industrie. Die Gesamtemission ist durch Verwendung von Elektrofiltern in den letzten Jahren merklich zurückgegangen. Die Feinstäube können giftige Schwermetalle enthalten.

Saurer Regen. Schwefeldioxid bildet mit der Luftfeuchtigkeit *Schweflige Säure*. Diese wiederum reagiert zum Teil langsam mit Sauerstoff zu *Schwefelsäure*. Auch aus den Stickstoffoxiden entsteht durch Reaktion mit der Luftfeuchtigkeit eine Säure, die *Salpetersäure*. Diese Säuren gelangen mit den Niederschlägen als saurer Regen auf die Erde und verändern den Boden nachteilig (▶ B 189.1).

Korrosion. Die mit der Luftfeuchtigkeit gebildeten Säuren können auch sehr fein verteilt auftreten. Solche Gemische aus Luft und feinsten Flüssigkeitströpfchen nennt man *Aerosole*. Diese sauren Aerosole greifen Metalle an und zerstören sie. Die Zerstörung von Metallen durch Witterungs- und Umwelteinflüsse bezeichnet man als **Korrosion**. Ein bekannter Korrosionsvorgang ist das Rosten von Eisen. Er wird durch die im Regen enthaltenen Säuren *erheblich beschleunigt*.
Die Aerosole fördern nicht nur die Korrosion der Metalle, sondern greifen auch Gesteine an. Besonders korrosionsgefährdet sind Sandsteine mit kalkhaltigem Bindemittel. Das Bindemittel wird durch den sauren Regen gelöst, so daß die Steine langsam abbröckeln (▶ B 189.2, ▶ V 188.2). Die Zerstörung dieses Gesteins hat in den letzten Jahrzehnten deutlich zugenommen.

Smog. Bei ungünstigen Wetterlagen werden die Schadstoffe über Industrie- und Ballungsgebieten nicht durch Luftbewegungen wegtransportiert und können sich in gefährlichen Mengen ansammeln. Die giftigen Schadstoffe *bilden eine Glocke aus Dunst, Staub und Abgasen*. Diese Erscheinung bezeichnet man als **Smog** (engl. smoke, Rauch; fog, Nebel). Smog ist in fast allen Ballungsgebieten der Erde seit langem eine bekannte und gefürchtete Erscheinung. So kam es bei der Smogkatastrophe im Jahre 1952 in London zu einer erhöhten Sterbehäufigkeit. Für einige Verdichtungsräume der Bundesrepublik Deutschland (z.B. Ruhrgebiet, Rhein-Main-Raum) wurden *Smogwarnpläne* mit möglichen Fahrverboten aufgestellt.

B 189.1 Entstehung von saurem Regen

B 189.2 **Korrosion durch sauren Regen.** Links: Figur an der Esslinger Frauenkirche um 1900. Rechts: Zustand 1985

B 189.3 **Smog** im Neckartal bei Esslingen als Folge hoher Luftverschmutzung

Luftverschmutzung

B 190.1 Sterbender Wald

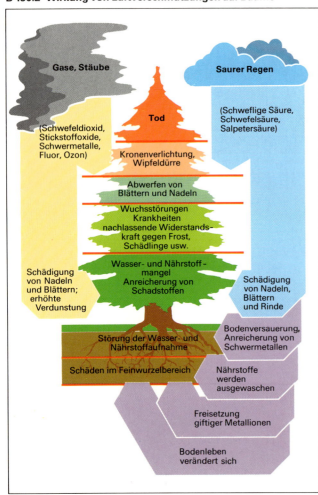

B 190.2 Wirkung von Luftverschmutzungen auf Bäume

Saurer Regen und Waldsterben. Der saure Regen wird auch mit dem *Waldsterben* in Zusammenhang gebracht. Nach heutigen Erkenntnissen ist die *Gesamtheit der Luftverunreinigungen* für das Waldsterben verantwortlich. Dazu gehören neben Schwefeldioxid und Stickstoffoxiden auch noch andere Stoffe, z. B. starke Oxidationsmittel (u. a. Ozon) und Schwermetalle. Insgesamt sind bis heute etwa 3000 Verbindungen bekannt, die als Luftverschmutzungen in Frage kommen. Die genauen Zusammenhänge sind noch nicht vollständig geklärt. Ziemlich sicher ist jedoch, daß mehrere Schadstoffe zusammenwirken.

Die Wirkung von saurem Regen auf Bäume. Durch die Übersäuerung des Bodens wird zunächst seine natürliche Zusammensetzung gestört. So tötet die Säure nützliche Bodenbakterien ab und setzt über chemische Reaktionen schädliche Stoffe, wie z. B. giftige Schwermetallionen frei, die zuvor in Form unschädlicher, nichtlöslicher Verbindungen im Boden vorhanden waren. Als Folge dieser Veränderungen sterben die Feinwurzeln ab, und es kommt zu Störungen im Wasser- und Nährstoffhaushalt. Die Widerstandskraft der Bäume wird geschwächt, sie werden anfällig für Krankheiten. Natürliche Belastungen, wie Trockenperioden, Frost und Schädlingsbefall, die unter normalen Verhältnissen den Bäumen in der Regel wenig anhaben, wirken sich nun wesentlich stärker aus (▶ B 190.2). Durch den sauren Regen werden nicht nur Jungbäume im Aufwachsen behindert, sondern auch ausgewachsene Bäume erheblich geschädigt. Äußerlich sind diese Schädigungen zunächst an Blatt- und Nadelabwurf, dann an Wipfeldürre und Kronenverlichtung zu erkennen. Schließlich sterben die Bäume ab (▶ B 190.1).

Die Luftverunreinigungen schädigen mehrfach. Die Luftverunreinigungen wirken nicht nur über Boden und Wurzeln schädigend auf die Bäume, sondern auch direkt über Nadeln und Blätter. So kann säurehaltiger Regen die Blätter direkt schädigen, so daß sie nicht mehr funktionsfähig sind. Über die Spaltöffnungen der Blätter kann z. B. Schwefeldioxid eindringen und sich im Blattinnern mit dem im Pflanzengewebe enthaltenen Wasser zu Schwefliger Säure verbinden. Diese zerstört den für die Fotosynthese wichtigen Pflanzenfarbstoff Chlorophyll und die Zellen (▶ V 191.1 und 2).

Wenn es nicht gelingt, die Ursachen des Baumsterbens zu beseitigen, dürften künftig großflächig abgestorbene Wälder keine Seltenheit sein. Die Folgen des Waldsterbens für den Schutz des Grundwassers, die Speicherung der Niederschläge, das Klima, die Vermeidung von Bodenerosion und die Beschaffenheit der Luft sind unabsehbar und in ihren Auswirkungen mit Sicherheit katastrophal.

Luftverschmutzung

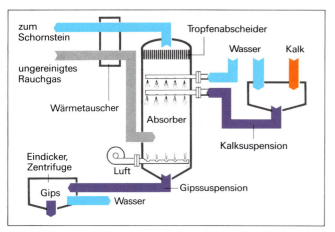

B 191.1 **Schema der Rauchgasentschwefelung eines Kraftwerks.** Dabei entsteht Gips

B 191.2 **Kohlekraftwerk mit Rauchgasentschwefelungsanlage**

Bekämpfung der Luftverschmutzung. Die auf lange Sicht einzige wirksame Maßnahme ist die Verringerung der Schadstoffemission, z.B. durch Einbau von *Entschwefelungs-* und *„Entstickungs"anlagen* in Kraftwerken bzw. *Abgaskatalysatoren* bei Kraftfahrzeugen.
In Entschwefelungsanlagen werden die schwefeldioxidhaltigen Rauchgase mit einer Suspension von Calciumhydroxid oder Kalk besprüht. Das entstehende *Calciumsulfit* bzw. *-hydrogensulfit* wird durch Luft zu *Calciumsulfat, Gips,* oxidiert (▶ B 191.1 und 2), der in Gips- und Zementwerken weiterverarbeitet wird. Zur Zeit sind jedoch erst wenige Großkraftwerke mit solchen Anlagen ausgerüstet. *Anlagen zur „Entstickung",* d. h. zur Beseitigung der Stickstoffoxide, befinden sich in der Bundesrepublik erst in geringer Zahl in der Erprobung. Dabei werden Stickstoffoxide mit zugeführtem Ammoniak zu Stickstoff und Wasser umgesetzt.
Ferner muß eine deutliche Verminderung der Schadstoffemission bei *Kraftfahrzeugen* erreicht werden. Hierzu sollen neue Autos mit *Abgaskatalysatoren* ausgerüstet sein. Diese bestehen aus wabenförmigen Keramikkörpern (hohe Temperaturen!) mit katalytisch wirksamen Edelmetallen an ihrer Oberfläche. Die Schadstoffe reagieren miteinander bzw. mit Sauerstoff, dessen Anteil über eine Meßsonde geregelt wird, zu Wasserdampf, Kohlenstoffdioxid und Stickstoff. Voraussetzung ist *bleifreies Benzin,* da Blei als *Katalysatorgift* wirkt.

Luftverschmutzung, ein internationales Problem.
Ein Großteil der Schadstoffe stammt aus unseren Nachbarländern. Umgekehrt werden vergleichbare Mengen wieder in diese Länder „exportiert" (▶ B 191.3). Eine befriedigende Lösung der Probleme läßt sich daher nur auf internationaler Ebene erreichen.

V 191.1 Man leitet in ein Becherglas mit Kressekeimlingen Schwefeldioxid bzw. Stickstoffdioxid und läßt das Gas längere Zeit einwirken (Abzug!).

V 191.2 Gib in 2 Petrischalen mit angefeuchtetem Filterpapier je 25 Kressesamen. Stelle eine Petrischale in eine Plastiktüte und fülle sie mit Autoabgasen. Nimm die Schale nach 60 min heraus. Vergleiche nach 2 bis 3 Tagen die Sproß- und Wurzellänge der Keimlinge der beiden Schalen.

A 191.1 Welche Folgen könnte ein großflächiges Waldsterben haben? Informiere dich im Biologiebuch über die Bedeutung des Waldes.

B 191.3 **Schwefeldioxid-Austausch mit Nachbarländern.** Wir importieren und exportieren Schadstoffe (in 1000 t Schwefel/Jahr)

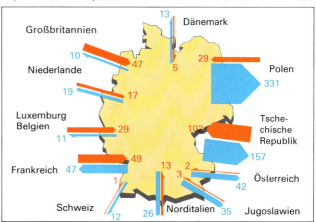

15.13 Phosphorsäure und Phosphate

V 192.1 Auf eine Balkenwaage gibt man ein Schälchen mit Phosphor(V)-oxid und tariert aus.

V 192.2 a) Roter Phosphor wird in Sauerstoffatmosphäre verbrannt. Nach dem Abkühlen setzt man zunächst nur einige Tropfen, dann mehr Wasser zu und prüft die Temperatur.
b) Die Lösung wird mit Universalindikator und auf Leitfähigkeit geprüft.

  V 192.3 Gib Magnesiumspäne zu verdünnter Phosphorsäure und führe die Knallgasprobe durch.

V 192.4 Streiche Phosphorsäure dünn auf ein rostiges Eisenblech und trockne durch Erwärmen. Versuche den Belag abzuwaschen.

V 192.5 Gib zu einer Spatelspitze Calciumphosphat 10 ml Wasser bzw. 10 ml verdünnte Schwefelsäure (Schutzbrille!).

V 192.6 Gib zu Leitungswasser Natriumphosphatlösung.

V 192.7 Man läßt Phosphatlösung in salpetersaure Ammoniummolybdatlösung tropfen.

B 192.1 Rostumwandlung durch Phosphorsäure. Dabei entsteht eine schützende Phosphatschicht

Phosphorsäure. Konzentrierte Phosphorsäure ist eine farblose, ölige Flüssigkeit mit einem Massenanteil von etwa 85% Phosphorsäure. Reine Phosphorsäure ist ein *sehr hygroskopischer Feststoff* (Schmelztemperatur: 42 °C). Wie z. B. Schwefelsäure kann auch Phosphorsäure aus dem entsprechenden Oxid hergestellt werden. Beim Verbrennen von Phosphor entsteht *Phosphor(V)-oxid,* eine äußerst hygroskopische Substanz (▶ V 192.1), die vielfach als hochwirksames Trockenmittel eingesetzt wird. Dieser Feststoff ist aus Molekülen aufgebaut, die die Formel P_4O_{10} besitzen. Phosphor(V)-oxid bildet mit Wasser in einer exothermen Reaktion Phosphorsäure (▶ V 192.2 a):

$$P_4O_{10} + 6\,H_2O \longrightarrow 4\,H_3PO_4$$

Phosphor(V)-oxid bezeichnet man daher als **Anhydrid** der Phosphorsäure. Dementsprechend ist Schwefeltrioxid das *Anhydrid der Schwefelsäure* (von griech. an, nicht; hydor, Wasser).

Phosphorsäure ergibt mit Wasser eine saure Lösung (▶ V 192.2 b), die Oxonium- und Säurerestionen, hier *Dihydrogenphosphat* ($H_2PO_4^-$)-, *Hydrogenphosphat* (HPO_4^{2-})- und *Phosphat* (PO_4^{3-})-*Ionen* enthält. Die Konzentration der Hydrogenphosphationen in der Lösung ist gering, noch geringer ist die der Phosphationen. Die Lösung zeigt die typischen Reaktionen saurer Lösungen (▶ V 192.3). Den Säurerestionen entsprechend bildet Phosphorsäure drei Reihen von Salzen, die *Dihydrogenphosphate (primäre Phosphate),* die *Hydrogenphosphate (sekundäre Phosphate)* und die *Phosphate (tertiäre Phosphate).* Wegen ihrer Ungiftigkeit wird Phosphorsäure als Zusatz zu Erfrischungsgetränken verwendet, um diesen einen sauren Geschmack zu verleihen. Phosphorsäure wird vor allem zur Herstellung von Düngemitteln, Waschmitteln und Rostumwandlern (▶ V 192.4, ▶ B 192.1) gebraucht.

Phosphate. Das wichtigste in der Natur vorkommende Phosphat ist das *Calciumphosphat* (Apatit, Phosphorit), das große Lager bildet in Nordafrika (Marokko, Algerien, Tunesien), den USA (Florida) und in der Sowjetunion (Halbinsel Kola am Weißen Meer). Dieses Salz ist der Ausgangsstoff zur Gewinnung anderer Phosphorverbindungen und von Phosphor selbst. Calciumphosphat ist in Wasser *nur sehr wenig löslich,* leicht löslich sind nur die Alkaliphosphate. Durch „Aufschließen" mit Schwefelsäure kann es in *lösliches Dihydrogenphosphat* überführt werden (▶ V 192.5):

$$Ca_3(PO_4)_2 + 2\,H_2SO_4 \longrightarrow 2\,CaSO_4 + Ca(H_2PO_4)_2$$

Das entstehende Salzgemisch nennt man *Superphosphat;* es ist ein wichtiger Mineraldünger. Für seine Erzeugung werden etwa 60% der Weltproduktion an Schwefelsäure eingesetzt.

Bedeutung von Phosphaten. Phosphationen sind für alle Organismen lebenswichtig. So enthalten z.B. Knochen und Zähne einen hohen Anteil an Calciumphosphat. Pflanzen entziehen die für ihr Wachstum notwendigen Phosphate dem Boden. Sie müssen daher neben anderen Salzen dem Boden wieder zugeführt werden. Phosphate werden auch in großen Mengen zur *Wasserenthärtung* gebraucht. Statt des früher üblichen *Natriumphosphats* (▶ V 192.6) werden heute den Spül- und Waschmitteln bis zu 40% *Polyphosphate* zugesetzt. Zu ihrer Produktion werden etwa 40% der technisch (vor allem aus Phosphor) hergestellten Phosphorsäure verbraucht. Die Polyphosphationen binden die Calcium- und Magnesiumionen der in Wasser gelösten Salze. Phosphate lassen sich mit *Ammoniummolybdatlösung* nachweisen, wobei ein *gelber Niederschlag* auftritt (▶ V 192.7).

15.14 Düngung

Die Bevölkerung der Erde wird bis zum Jahr 2000 voraussichtlich bis auf 7 Milliarden anwachsen. Bereits jetzt verhungern jedoch Millionen von Menschen oder leiden an Unterernährung. Eine ausreichende Ernährung kann nur erreicht werden, wenn die nutzbaren Flächen bestmöglich bewirtschaftet werden. Ihr Ertrag hängt u.a. stark vom Ausmaß der **Düngung** ab.

Nährstoffe der Pflanzen. Pflanzen benötigen zum Wachstum neben Licht und Wärme zahlreiche Stoffe: *Kohlenstoffdioxid* aus der Luft benötigen sie zum Aufbau von Kohlenstoffverbindungen. Alle übrigen Substanzen, *Wasser* und *Mineralstoffe*, stammen aus dem Boden (▶ V 193.2). Die Mineralstoffe liegen als Salze vor und werden im gelösten Zustand mit den Wurzeln aufgenommen. Neben *Stickstoffverbindungen* benötigt die Pflanze *Phosphate, Sulfate, Kalium-, Calcium-, Magnesium-* und *Eisensalze,* ferner in geringen Portionen *Schwermetallionen (Spurenelemente)*, z.B. Kupfer-, Mangan-, Zink- und Molybdänionen.

Warum gedüngt werden muß. Die Mineralstoffe durchlaufen in der unberührten Natur *einen geschlossenen Kreislauf.* Aus ihnen wird Pflanzensubstanz aufgebaut, die beim Absterben der Pflanze wieder in den Boden zurückgelangt. Auf landwirtschaftlich intensiv genutzten Flächen werden die Stoffe mit der Ernte diesem *Kreislauf entzogen* (▶ B 193.3). Der Boden verarmt rasch an Nährsalzen, die Erträge nehmen ab. Daher müssen ihm die verlorengegangenen Salze durch *Wirtschaftsdünger* (Mist, Jauche, Kompost) oder industriell hergestellte *Mineraldünger* wieder zugeführt werden. Es ist ein großes Verdienst des Chemikers JUSTUS VON LIEBIG (1803–1873), der 1840 auf diesen Tatbestand hingewiesen hat.

B 193.1 Getreidefeld gedüngt (links) und ungedüngt (rechts)

V 193.1 Gib zu Holzkohlenasche verdünnte Salzsäure und filtriere vom Rückstand ab (Schutzbrille!). Führe mit dem Filtrat Nachweisproben auf Kaliumverbindungen, Phosphat- und Sulfationen durch. Prüfe mit Teststäbchen auf Calcium- und Eisenionen.

V 193.2 Schlämme Garten- oder Ackerboden mit dest. Wasser auf und filtriere. Man prüft das Filtrat auf Kalium-, Ammonium-, Nitrat-, Phosphat-, Sulfat- (vorher Salzsäure zusetzen) und Chloridionen (vorher Salpetersäure zusetzen). (Schutzbrille!)
Wiederhole die Nachweisreaktionen mit Teststäbchen bzw. Reagenziensätzen und prüfe zusätzlich auf Eisen- und Calciumionen.

B 193.2 JUSTUS VON LIEBIG (1803–1873) und seine grundlegende Erkenntnis zum Prinzip der Düngung

B 193.3 **Nährsalzentzug in kg/ha durch eine gute Ernte**. Die Salze müssen dem Boden durch Düngung wieder zugeführt werden. Die Zahlenangaben legen N, P_2O_5, K_2O zugrunde

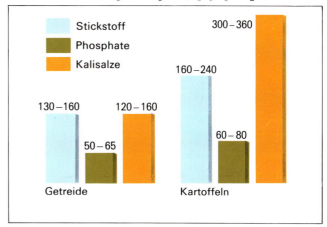

Düngung

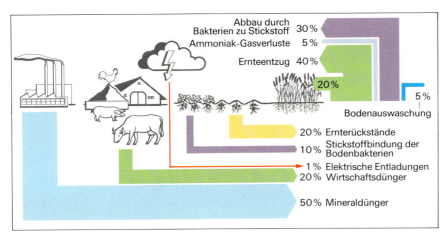

B 194.1 Kreislauf des Stickstoffs

B 194.2 **Knöllchenbakterien** an Lupinenwurzeln zur Bindung von Luftstickstoff

Der Stickstoffkreislauf. In der Natur existieren zahlreiche *Stoffkreisläufe,* z. B. für Wasser und Sauerstoff. Auf Seite 193 haben wir den Kreislauf der Nährsalze in der unberührten Natur kennengelernt. Im folgenden soll nun ein Stoffkreislauf *nach Eingriff durch landwirtschaftliche Nutzung* am Beispiel des *Stickstoffs* dargestellt werden (▶ B 194.1).

Stickstoffverbindungen sind unentbehrlich für den Aufbau von Eiweißsubstanzen der Pflanzen. Sie nehmen aus dem Boden *Nitrationen* auf. Nur wenige Pflanzen, Leguminosen (z. B. Lupinen, Klee), können mit Hilfe von Bakterien in ihren Wurzeln (Knöllchenbakterien) Stickstoff aus der Luft binden (▶ B 194.2). Tiere fressen Pflanzen und bauen damit tierisches Eiweiß auf. Ausscheidungen von Tieren, abgestorbene Pflanzen und Überreste von Tieren werden im Boden durch Bakterien zu *Ammoniak* bzw. Ammoniumsalzen abgebaut und schließlich wieder zu *Nitraten* umgewandelt. LIEBIG hat diesen Teil des Kreislaufs 1840 beschrieben (▶ B 194.3).

Ein Teil des Ammoniaks wird aber auch von Bakterien in Stickstoff umgebildet, der an die Atmosphäre abgegeben wird. Luftstickstoff kann aber nicht nur durch die Leguminosen gebunden werden. Bei Gewittern entsteht durch Blitze *Stickstoffmonooxid,* das zu Salpetersäure reagiert, die mit dem Regenwasser in den Boden gelangt. Die Mengen sind jedoch gering.

Der Stickstoffkreislauf wird durch die *landwirtschaftliche Nutzung* stark gestört, da ein beträchtlicher Teil der Nährstoffe weggeführt wird. Mit der Wirtschaftsdüngung wurde früher versucht, die entzogenen Nährstoffe wieder zurückzuführen. Ferner sollte mit der sog. *Dreifelderwirtschaft* (Winter-, Sommergetreide, Brache im dreijährigen Wechsel auf einem Feld) eine einseitige Auslaugung verhindert und eine Erholung des Bodens erreicht werden.

Daraus entstand später die *Fruchtwechselwirtschaft,* die anstelle der Brache Hack- oder Futterpflanzen zur Bodenverbesserung vorsah. Seit den Untersuchungen LIEBIGS gewann die *Mineraldüngung,* vor allem zur Steigerung der Erträge, immer mehr an Bedeutung. An Stickstoffdünger standen nur Kalium- und Natriumnitrat zur Verfügung, und zur Jahrhundertwende bestand Sorge, daß diese Lager bald erschöpft sein würden. Daher wurde nach Wegen gesucht, *Stickstoff aus der Luft zu binden.* Dieses Problem wurde mit dem Haber-Bosch-Verfahren gelöst. Heute werden 85 % der Ammoniakproduktion auf der Welt zu Düngemitteln verarbeitet.

B 194.3 Text JUSTUS VON LIEBIGS **über den Kreislauf der Stoffe** aus dem Jahre 1840 (Auszug)

> Kohlensäure, Ammoniak und Wasser enthalten in ihren Elementen die Bedingungen zur Erzeugung aller Thier- und Pflanzenstoffe, während ihres Lebens. Kohlensäure, Ammoniak und Wasser sind die letzten Producte des chemischen Processes ihrer Fäulniß und Verwesung. Alle die zahllosen, in ihren Eigenschaften so unendlich verschiedenen, Producte der Lebenskraft nehmen nach dem Tode die ursprünglichen Formen wieder an, aus denen sie gebildet worden sind. Der Tod, die völlige Auflösung einer untergegangenen Generation, ist die Quelle des Lebens für eine neue.

Düngung

Die im Handel befindlichen Mineraldünger ermöglichen es, jeweils mit denjenigen Nährsalzen zu düngen, die die Pflanze braucht. Beim Düngen muß das von LIEBIG formulierte **Minimumgesetz** berücksichtigt werden: Die Pflanzennährstoffe können sich nicht gegenseitig ersetzen. Der Ertrag richtet sich nach demjenigen Nährstoff, an dem es am *stärksten mangelt* (▶ B 195.1).

Die Düngersorten. Auf *Stickstoffdünger* sind die Pflanzen besonders angewiesen, da der im Boden gebundene Stickstoff nur begrenzt verfügbar ist. Die wichtigsten Stickstoff-Dünger sind Nitrate und Ammoniumsalze. Auch *Phosphate* dienen zum Aufbau lebenswichtiger Stoffe. Bei der Düngerherstellung wird unlösliches Calciumphosphat „aufgeschlossen" (↗ Kap. 15.13). *Kaliumionen* haben Einfluß auf die Steuerung des Wasserhaushalts der Pflanzen. Kalidünger werden aus Salzen gewonnen, die in Kalibergwerken abgebaut werden. *Calciumionen* spielen eine ähnliche Rolle wie Kaliumionen. Vor allem kalkarme oder saure Böden müssen mit Kalk versorgt werden. *Volldünger* enthalten die Nährsalze in einem abgestimmten Mischungsverhältnis.

Bedeutung der Mineraldünger. Die Verwendung von Mineraldüngern hat zu einer *erheblichen Steigerung der Ernteerträge* geführt (▶ B 195.3). 1981/82 wurden weltweit 32 Millionen Tonnen Phosphatdünger (angegeben als P_2O_5), 65 Millionen Tonnen Stickstoffdünger (angegeben als N) und 26 Millionen Tonnen Kalidünger (angegeben als K_2O) hergestellt. Die chemische Industrie leistet damit einen erheblichen Beitrag zur Ernährung der ständig wachsenden Bevölkerung, wobei aus *Rohstoffen* wie Luft, Wasser, Kohle bzw. Erdöl oder Erdgas sowie Salzen *hochwertige Düngemittel* gewonnen werden.

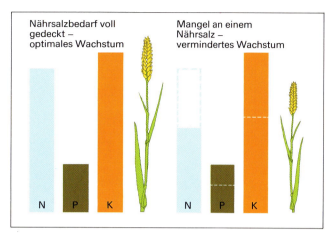

B 195.1 Minimumgesetz. Das Pflanzenwachstum wird von dem im Minimum vorliegenden Nährstoff begrenzt

V 195.1 Gib in drei Reagenzgläser a) dest. Wasser, b) Nährlösung (in 1 l dest. Wasser 1 g Calciumnitrat, 0,5 g Kaliumdihydrogenphosphat und 0,5 g Magnesiumsulfat) c) Nährlösung ohne Calciumnitrat. Stecke jeweils einen Zweig der Ampelpflanze (Tradeskantia) in die Lösungen. Beobachte das Wachstum.

V 195.2 Löse verschiedene Mineraldünger in Wasser und filtriere, falls erforderlich, ab. Prüfe das Filtrat auf Kalium-, Calcium-, Ammonium-, Nitrat-, Sulfat- (vorher Salzsäure zusetzen) und Phosphationen mit Teststäbchen.

A 195.1 Informiere dich im Lexikon über Gründüngung.

B 195.2 Zusammensetzung einiger wichtiger Mineraldünger

Düngerart Handelsname (Beispiele)	Bestandteile	Nährstoffgehalt in %		
		N	P (als P_2O_5)	K (als K_2O)
N-Dünger Ammonsulfatsalpeter 26	$(NH_4)_2SO_4$ NH_4NO_3	26		
P-Dünger Superphosphat	$Ca(H_2PO_4)_2$ $CaSO_4$		18	
K-Dünger Kaliumchlorid	KCl			50
NPK-Dünger Nitrophoska, Rustica usw.	NH_4NO_3 $(NH_4)_2HPO_4$ $CaHPO_4$ KCl $Ca(H_2PO_4)_2$ $CaSO_4$	13	13	21

B 195.3 Steigerung der Ernteerträge durch Einsatz von Mineraldüngern

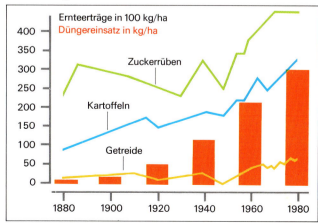

195

15.15 Belastung der Umwelt durch Nitrate und Phosphate

Sorgen um Nitrat im Wasser

Stuttgart. Der steigende Nitratgehalt im Grund- und Trinkwasser und die damit verbundene Gefahr für die Gesundheit bereiten zunehmend Sorge. Viele der etwa 4000 Grundwassererfassungen in Baden-Württemberg überschreiten den EG-Grenzwert für Nitrat im Trinkwasser von 50 mg/l zum Teil noch erheblich. Hauptursache ist die intensive Düngung in der Landwirtschaft. Abhängig von Düngermenge, Bodenart und Bepflanzung wird Nitrat aus dem Boden gewaschen und gelangt über das Grundwasser ins Trinkwasser. Ein Forschungsprogramm soll der Nitratbelastung langfristig entgegenwirken. Als Sofortmaßnahmen kommen in Betracht: Mischen mit nitratärmerem Wasser, Anschluß an die öffentliche Wasserversorgung oder Aufbereitung des Grundwassers.

B 196.1 Bericht aus einer Tageszeitung

▶ **196.1** Untersuche bei unterschiedlicher Witterung gesammelte Wasserproben aus Bächen und Flüssen mit Teststäbchen bzw. Reagenziensätzen auf den Gehalt von Ammonium-, Nitrat- und Phosphationen.

▶ **196.2** a) Stelle mit Teststäbchen den Nitratgehalt von konventionell bzw. biologisch-dynamisch erzeugten Karotten bzw. Roten Beten fest. Verarbeite dazu das Material zu einem Brei und nimm ihn mit dest. Wasser auf. Untersuche anschließend das Filtrat. Störende Färbungen können durch Schütteln mit Clarocarbon F und anschließendes Filtrieren beseitigt werden.
b) Wiederhole den Versuch mit käuflichem Karotten- bzw. Rote-Bete-Saft.

Gefährdung durch Überdüngung. Trotz der großen Bedeutung der Mineraldüngung bringt diese auch Gefahren mit sich, vor allem wenn Düngemittel bei sehr intensiv betriebener Landwirtschaft oder intensiv betriebenem Gartenbau in zu großer Menge eingesetzt werden. Überschüssige Nährsalze können den *Boden versalzen* bzw. werden durch das Regenwasser aus dem Boden ausgewaschen und gelangen in *Grund- und Oberflächenwasser* (▶ V 196.1). Dort können sie u.a. zur *Belastung der Trinkwasserreserven*, z.B. durch die sehr leicht löslichen Nitrate (▶ B 196.1 und 2), und zur *Veränderung der Oberflächengewässer* führen (▶ B 196.4). Zu einer Auswaschung der Nitrate kommt es vor allem dann, wenn zuviel gedüngt wird oder wenn zu Zeiten gedüngt wird, in denen der Nitratbedarf der Pflanze gering ist (▶ B 196.3) bzw. wenn hohe Sickerwassermengen anfallen, z.B. bei Düngung auf stark durchlässigen Böden bei darauf folgenden Niederschlägen.

Ferner kann die Überdüngung zu einer Anreicherung von Nitraten in der Pflanze und somit in unserer Nahrung führen. Bestimmte Pflanzen *können Nitrat speichern* (z.B. Spinat, Rote Bete, Kopfsalat, ▶ V 196.2). In Abkehr von einer verstärkten Mineraldüngung sowie Verwendung chemischer Pflanzenschutzmittel hat sich der *„biologische Landbau"* entwickelt, mit der Absicht, weniger belastete Produkte anzubieten. Dabei wird auf Höchsterträge verzichtet.

Durch nitratreduzierende Bakterien entstehen *Nitritionen*, die mit dem Hämoglobin der roten Blutkörperchen eine Verbindung eingehen. *Dadurch wird eine weitere Sauerstoffaufnahme beeinträchtigt.* Besonders gefährdet sind hierbei Säuglinge. Aus Nitraten können im Körper auch krebserregende Stoffe entstehen.

B 196.2 Nitratnachweis in Trinkwasserprobe

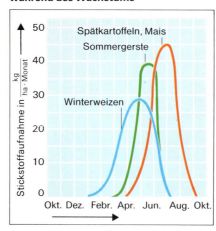

B 196.3 Stickstoffbedarf einiger Pflanzen während des Wachstums

B 196.4 Eutrophierter See mit starkem Algenwachstum und trübem Wasser

Belastung der Umwelt durch Nitrate und Phosphate

Umweltgefährdung durch Phosphate. Häusliche Abwässer enthalten neben Phosphaten und fäulnisfähigen Stickstoffverbindungen aus Fäkalien häufig eine Menge *Phosphate aus Waschmittelrückständen* (▶ V 197.1). Zu der Abwasserbelastung, an der auch die Industrie beteiligt ist, kommt noch die Phosphatzufuhr, die durch das *Auswaschen überdüngter Ackerböden* in die Gewässer gelangt (▶ V 196.1). So stammen etwa 20% der Phosphate, die durch Abwasser in den Bodensee gelangen, aus Ackerböden, 40% aus Fäkalien und weitere 40% aus Waschmitteln.

Die große Zufuhr an Nährstoffen führt zu einem starken Pflanzenwachstum, vor allem bei den Algen (▶ V 197.3). Diesen Vorgang nennt man **Eutrophierung** (Überdüngung, ▶ B 196.4). So stieg der Planktongehalt des Bodensees in den letzten 30 Jahren auf das 30- bis 100fache an. Durch das übermäßige Wachstum mancher Pflanzenarten wird das *biologische Gleichgewicht eines Gewässers gestört:* Die Pflanzen nehmen sich gegenseitig den Lebensraum weg, sterben dadurch ab und sinken auf den Grund des Gewässers. Bei ihrer Zersetzung verbrauchen die Pflanzen den im Wasser gelösten Sauerstoff. Schließlich tritt *Fäulnis* ein, wobei Giftstoffe, u. a. auch *Schwefelwasserstoff,* entstehen. Man sagt: das Gewässer *„kippt um".* Der Boden bedeckt sich mit einer immer stärker werdenden *Schlammschicht;* Fische und andere Lebewesen gehen zugrunde (▶ B 197.2).

Die Phosphatbelastung kann durch Gebrauch *phosphatarmer Waschmittel* (▶ B 197.1) eingedämmt werden. Mit *Sasil® (Natrium-aluminium-silicat)* wurde ein unbedenklicher Ersatz gefunden. Ferner können *chemische Reinigungsstufen in Kläranlagen* (▶ V 197.2) und eine vernünftige Düngung den Phosphatgehalt senken.

B 197.1 Phosphatarmes Waschmittel

V 197.1 Im Reagenzglas wird eine Waschmittellösung mit Salpetersäure gekocht und auf Phosphationen geprüft (Schutzbrille!).

V 197.2 Gib zu einer Wasserprobe vom Ablauf einer Kläranlage bzw. zu einer Kaliumdihydrogenphosphatlösung 10%ige Eisen(III)-chlorid-Lösung.

V 197.3 Bringe zu 100 ml dest. Wasser bzw. zu 100 ml Nährlösung I (1 g Kaliumnitrat; 0,25 g Magnesiumsulfat; 0,015 g Calciumchlorid in 1 l dest. Wasser) bzw. zu 100 ml Nährlösung II (wie Nährlösung I, zusätzlich 0,5 g Natriumhydrogenphosphat und 0,08 g Dinatriumhydrogenphosphat) je 2 ml Algensuspension. Verschließe die Gefäße mit Watte und stelle sie an Nordfenstern ab. Schüttle täglich kräftig durch (2 bis 4 Wochen).

B 197.2 **Eutrophierung eines Gewässers durch Phosphate.** Links: Normales Gewässer. Mitte: Starkes Pflanzenwachstum durch eingeleitete Phosphate. Rechts: Das Gewässer ist „umgekippt"

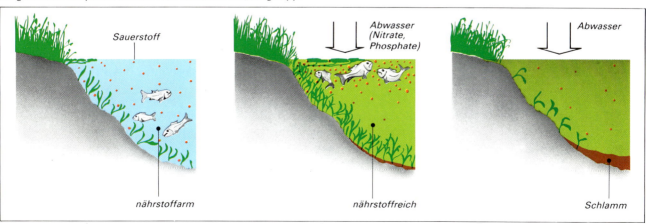

15.16 Überprüfung und Vertiefung

Untersuchung	Befund
Bodenart	mittlerer Lößboden
pH-Wert	5,2
Kalkzustand	
Stufe	A (niedrig)
Bedarf	68 kg CaO/ar
Nährstoffgehalt (mg/100 g Boden)	Klasse
– Phosphat (als P_2O_5)	7 A
– Kalium (als K_2O)	16 B
– Magnesium	11 B
Empfehlung: Boden kalken, Phosphatdüngung verstärken	

B 198.1 (links und rechts) Zu Aufgabe 1

B 198.2 Zu Aufgabe 5

1 Viele Bauern lassen Bodenuntersuchungen durchführen (▶ B 198.1). Warum ist dies für den Ertrag und zugleich für die Umwelt wichtig?

2 Ein Metall reagiert mit Salpetersäure. Die entstehende Lösung gibt mit Kochsalzlösung einen weißen, käsigen Niederschlag. Erkläre.

3 Wieso kann man am Beispiel des Ammoniaks bzw. der Salpetersäure von den „zwei Gesichtern der Chemie" sprechen?

4 Formuliere die Reaktionsgleichung für V 183.2 sowie für die Bildung von Ammoniumsulfat durch Einleiten von Ammoniak in konzentrierte Schwefelsäure.

5 Wieso kommt es bei Gewittern (▶ B 198.2) zur Bildung von Salpetersäure?

6 Erkläre: Zu Schwefliger Säure wird Wasserstoffperoxid (Oxidationsmittel) gegeben. Die Lösung riecht anschließend nicht mehr nach Schwefeldioxid, und mit Bariumchloridlösung fällt ein feinkristalliner weißer Niederschlag aus.

7 Welche Vorgänge laufen beim Brennen und Abbinden von Gips ab?

8 Stelle die Reaktionsgleichungen für den Aufschluß von Calciumphosphat mit Phosphor- bzw. Salpetersäure auf.

9 Nenne Namen und Formeln von Alkalisalzen, die sich von der Phosphorsäure ableiten.

10 Welche Probleme ergeben sich aus den Energieanteilen bei der Pflanzenproduktion (▶ B 198.3) vor allem für Länder der dritten Welt?

11 Versuche ein Schema zu entwickeln, das den Weg von den entsprechenden Rohstoffen und die Verflechtung der Zwischenprodukte bis zu Phosphat-, Nitrat-, Sulfat- und Kalidüngern aufzeigt.

12 Erkläre folgende Vorgänge: Blaues Kupfersulfat wird beim Erhitzen weiß. Bei weiterem, stärkerem Erhitzen tritt ein weißer Rauch auf, und ein schwarzer Stoff bleibt zurück. Formuliere für den letzten Vorgang die Reaktionsgleichung.

13 In Ländern der dritten Welt (z. B. Indien) wird Mist häufig nicht zum Düngen der Felder verwendet. Erläutere die Hintergründe.

14 5 g blaues Kupfersulfat werden im Tiegelofen erhitzt. Nach dem Abkühlen erhält man 3,17 g weißes Kupfersulfat. Berechne daraus die Verhältnisformel des blauen Kupfersulfats.

15 Informiere dich über den Wanderfeldbau bzw. die Brandrodungswirtschaft in den Tropen.

16 Bei einer quantitativen Reaktion in einer Kolbenproberapparatur werden 40 ml Schwefeldioxid mit 40 ml Sauerstoff zur Reaktion gebracht. Nach Beendigung des Versuches sind noch 20 ml Gas vorhanden, die sich als Sauerstoff nachweisen lassen. Berechne die Formel des entstandenen Schwefeloxids.

17 Stelle die Zusammensetzung handelsüblicher Düngemittel fest. Sie ist meist auf den Säcken abgedruckt.

18 Welches Salz der Salpetersäure eignet sich besonders als Stickstoffdünger? Warum gibt es bei seiner Anwendung Probleme?

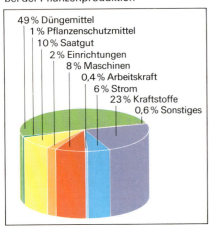

B 198.3 Zu Aufgabe 10: Energieanteile bei der Pflanzenproduktion

49 % Düngemittel
1 % Pflanzenschutzmittel
10 % Saatgut
2 % Einrichtungen
8 % Maschinen
0,4 % Arbeitskraft
6 % Strom
23 % Kraftstoffe
0,6 % Sonstiges

16 Säuren und Basen

In den beiden letzten Kapiteln haben wir viele saure und alkalische Lösungen kennengelernt. Ihre Eigenschaften waren durch das Vorhandensein von Oxoniumionen und Hydroxidionen bedingt. Diese reagieren beim Zusammenbringen beider Lösungen miteinander zu Wassermolekülen, aus den Kationen des Hydroxids und den Anionen der Säure bildet sich beim Eindampfen das entsprechende Salz. Ein solcher Vorgang ist beispielsweise die Bildung von Ammoniumchlorid aus Ammoniakwasser und Salzsäure.

Das gleiche Salz entsteht jedoch auch, wenn die beiden Gase Ammoniak und Chlorwasserstoff direkt miteinander reagieren. Diese Salzbildung ist also nicht an die Reaktion von Oxoniumionen mit Hydroxidionen gebunden. Entscheidend für ihr Zustandekommen ist vielmehr, daß ein Proton vom Chlorwasserstoffmolekül auf das Ammoniakmolekül übergegangen ist.

Die Heraushebung des Protonenübergangs ermöglicht uns, viele bekannte, jedoch recht verschiedenartig erscheinende Reaktionen unter einem gemeinsamen Aspekt zu betrachten und einzuordnen. Zugleich wird unser bisheriger Säurebegriff auf eine allgemeinere Grundlage gestellt.

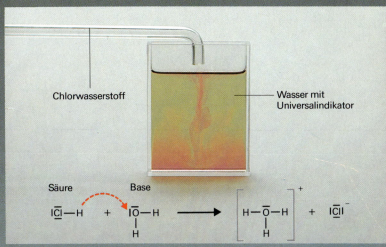

16.1 Der Säure-Base-Begriff nach Brönsted

V 200.1 a) Man wiederholt Versuch V 106.4.
b) Einige Tropfen konz. Schwefelsäure werden in Wasser gegeben, dem Universalindikatorlösung zugesetzt wurde (Vorsicht! Schutzbrille!).

V 200.2 Durch Auftropfen von konz. Schwefelsäure auf Natriumchlorid wird Chlorwasserstoff erzeugt, der auf Wasser, angefärbt mit Universalindikator, geleitet wird. Dabei wird vor und während des Versuchs die Leitfähigkeit der Lösung bestimmt (Schutzbrille!).

V 200.3 Die Öffnungen der Substanzflaschen von konz. Salzsäure und konz. Ammoniaklösung werden einander genähert. (Schutzbrille!)

V 200.4 Leite Ammoniak, der durch Auftropfen von Ammoniakwasser auf Natriumhydroxid gewonnen wird, in Wasser, dem einige Tropfen Phenolphthaleinlösung zugesetzt wurden. (Schutzbrille!)

A 200.1 a) Erkläre den Unterschied der Begriffe „Lauge" und „Base".
b) Warum lagert sich an das freie Elektronenpaar des Oxoniumions kein weiteres Proton an?

B 200.1 Bildung von Salzsäure als Säure-Base-Reaktion

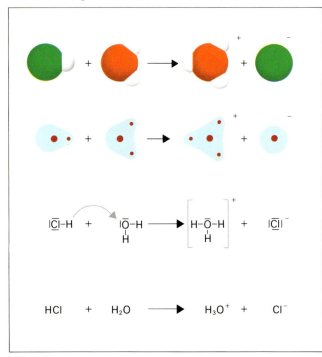

Saure Lösungen enthalten Oxonium- und Säurerestionen und entstehen z. B., wenn konzentrierte Sauerstoffsäuren oder Halogenwasserstoffe in Wasser gegeben werden (▶ V 200.2). Wir wollen am Beispiel des Chlorwasserstoffs untersuchen, welche Vorgänge hierbei an den Teilchen ablaufen.

Reaktion von Chlorwasserstoff- mit Wassermolekülen. Beide Moleküle stellen *Dipole* dar. Treffen diese aufeinander, so lagert sich der *positive Pol* des Chlorwasserstoffmoleküls an den *negativen Pol* des Wassermoleküls an. Der große Überschuß an negativer Ladung am Sauerstoffatom übt auf das eine positive Teilladung tragende Wasserstoffatom des Chlorwasserstoffmoleküls eine starke Anziehungskraft aus. Dadurch werden die Bindungselektronen der H-Cl-Bindung noch weiter in Richtung zum Chloratom gedrängt, d.h. die Bindung wird noch *stärker polarisiert*. Schließlich verläßt der Kern des Wasserstoffatoms das Chlorwasserstoffmolekül unter Zurücklassen der Bindungselektronen. Dadurch wird ein H^+-Ion (das ist ein Proton) vom Chlorwasserstoffmolekül *abgespalten* und dringt in die Elektronenhülle des Sauerstoffatoms eines Wassermoleküls ein (▶ B 200.1). Im Wassermolekül besitzt das Sauerstoffatom zwei freie Elektronenpaare. Über eines wird das neu hinzugekommene Proton *gebunden*, wobei das Sauerstoffatom die zur Ausbildung einer Atombindung erforderlichen *zwei Bindungselektronen zur Verfügung stellt*. Dadurch ist also eine Bindung möglich, obwohl das Proton keine Elektronen mehr besitzt. Durch das Binden des positiv geladenen Protons entsteht ein *positiv geladenes Ion*; es ist das bereits bekannte *Oxoniumion*.

Das beim Chloratom des ehemaligen Chlorwasserstoffmoleküls zurückbleibende Elektron des Wasserstoffatoms ergibt einen Überschuß an negativer Ladung. Es entsteht ein Chloridion (Säurerestion). Auf entsprechende Weise verläuft die Reaktion weiterer Teilchen (z.B. von Schwefel-, Salpeter- oder Phosphorsäuremolekülen) mit Wassermolekülen unter Bildung von Oxonium- und Säurerestionen.

Da das Proton keine Elektronenhülle besitzt, ist es mehr als *10 000mal kleiner* als alle anderen Ionen. Daher besitzt es eine sehr hohe Ladungsdichte und kommt in wäßriger Lösung nicht frei vor.
Protonen können nur abgegeben werden, wenn ein Reaktionspartner sie aufnimmt. Dieser muß ein freies Elektronenpaar zur Bindung zur Verfügung stellen und eine große Anziehungskraft auf Protonen ausüben. Die *stark polaren* Wassermoleküle besitzen diese Eigenschaft, die *unpolaren* Moleküle z.B. des Tetrachlormethans dagegen nicht. Ein Protonenübergang ist um so

Der Säure-Base-Begriff nach Brönsted

wahrscheinlicher, je stärker positiv polarisiert das Wasserstoffatom und je ausgeprägter die Anziehungskraft des Reaktionspartners ist.

Weitere Reaktionen mit Protonenübergang. Auch bei der Reaktion von Ammoniakmolekülen mit Chlorwasserstoffmolekülen (▶ V 200.3) entstehen Ionen: Ammonium- und Chloridionen. Sie bilden sich, indem das Ammoniakmolekül mit seinem *freien Elektronenpaar das Proton* aus dem Chlorwasserstoffmolekül bindet (▶ B 201.1). Obwohl sich bei dieser Reaktion das entstehende Salz als Festsubstanz abscheidet, werden in ▶ B 201.1 zur besseren Übersicht die Ionen als isolierte Teilchen formuliert.

Beim Einleiten von Ammoniak in Wasser treten Ammonium- und Hydroxidionen auf (▶ V 200.4). Bei der Reaktion eines Ammoniakmoleküls mit einem Wassermolekül bindet das Ammoniakmolekül mit seinem *freien Elektronenpaar ein Proton* aus dem Wassermolekül (▶ B 201.2).

Vergleichen wir die drei durchgeführten Reaktionen hinsichtlich ihrer Abläufe, so fällt auf, daß bei allen drei Umsetzungen *ein Proton von einem Teilchen auf ein anderes übertragen wird.* Man bezeichnet solche Reaktionen als Protonenübergänge („Protolysen").
Zur Untersuchung von Protonenübergängen ist es zweckmäßig, die reagierenden Teilchen zu betrachten:

Teilchen, die Protonen abgeben, heißen Protonendonatoren (Säuren). Teilchen, die Protonen aufnehmen, heißen Protonenakzeptoren (Basen).

Der Begriff Donator geht zurück auf lat. donare, spenden; der Begriff Akzeptor auf lat. accipere, aufnehmen. Grundsätzliche Voraussetzung für die Reaktion als Protonendonator ist ein im Teilchen gebundenes *Wasserstoffatom,* für Protonenakzeptoren ein *freies Elektronenpaar* zur Bindung des Protons.

Reaktionen, bei denen Protonen zwischen den Teilchen der Reaktionspartner übertragen werden, sind Säure-Base-Reaktionen.

Diese Reaktionen hat der dänische Forscher BRÖNSTED eingehend untersucht und davon ausgehend 1923 hierfür den **Brönsted-Säure-Base-Begriff** entwickelt.

Im Versuch ▶ V 200.1a bzw. V 106.4 reagiert das Chlorwasserstoffmolekül als Protonendonator, das Wassermolekül als Protonenakzeptor. In ▶ V 200.3 reagiert das Chlorwasserstoffmolekül wiederum als Protonendonator, das Ammoniakmolekül als Protonenakzeptor.

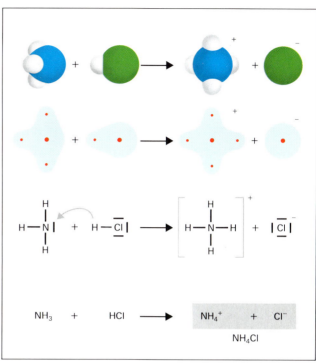

B 201.1 Bildung von Ammoniumchlorid als Säure-Base-Reaktion. Ammonium- und Chloridionen lagern sich zusammen

B 201.2 Bildung von Ammoniakwasser als Säure-Base-Reaktion

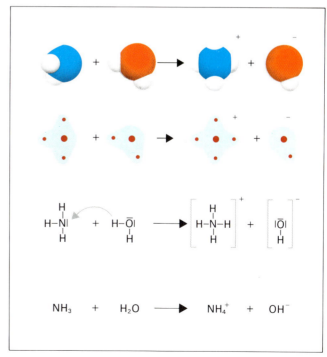

16.2 Säure-Base-Reaktionen

V 202.1 Gib in einem Reagenzglas zu einer Portion verdünnter Natronlauge, der Universalindikator zugesetzt wurde, mit einem Tropfrohr langsam verdünnte Salzsäure, bis der Indikator nach gelbgrün umschlägt (Schutzbrille!).

V 202.2 Man baut die Apparatur nach B 202.1 zusammen. Der durch Auftropfen von konz. Schwefelsäure (Vorsicht! Schutzbrille!) auf Natriumchlorid (etwa 2 Tropfen pro Sekunde) hergestellte Chlorwasserstoff wird über die Natriumhydroxidplätzchen geleitet, bis größere Mengen Chlorwasserstoff aus dem U-Rohr entweichen (Abzug!). Ein Teil der blumenkohlähnlich ausblühenden, weißen Substanz wird in wenig Wasser gelöst. Man läßt die Lösung eindampfen. Die Kristalle werden unter der Lupe betrachtet. Die Flüssigkeit im U-Rohr wird mit Cobaltchloridpapier geprüft.

V 202.3 Man verreibt wenig Ammoniumchlorid mit der gleichen Menge Natriumhydroxid (Vorsicht! Schutzbrille!) in einer Reibschale. Führe vorsichtig eine Geruchsprobe durch und halte ein feuchtes Universalindikatorpapier über die Reibschale.

V 202.4 Gib auf ein Uhrglas, das man auf der Handfläche hält, zu Calciumoxid mit dem Tropfrohr einige Tropfen Wasser (Schutzbrille!).

A 202.1 Formuliere die Gleichungen der möglichen Säure-Base-Reaktionen, die beim Einbringen von Phosphorsäure in Wasser ablaufen können.

A 202.2 Nenne Beispiele für amphotere Teilchen.

Es gibt eine sehr große Anzahl von **Säure-Base-Reaktionen**. Wir haben in den zurückliegenden Abschnitten, ohne daß es uns immer bewußt war, zahlreiche solche Reaktionen kennengelernt.

Der Versuch ▶ V 202.1 zeigt eine der wichtigsten Säure-Base-Reaktionen, die *Neutralisationsreaktion*:

$$H_3O^+ + OH^- \longrightarrow H_2O + H_2O$$

Das Oxoniumion reagiert als Protonendonator, das Hydroxidion als Protonenakzeptor.
Leitet man Chlorwasserstoff über Natriumhydroxidplätzchen (▶ V 202.2), so entstehen Wasser und eine weiße Substanz, die nach dem Lösen in Wasser und Auskristallisieren würfelförmige Kristalle zeigt: Natriumchlorid.

$$HCl + NaOH \longrightarrow NaCl + H_2O$$

Da im Natriumhydroxid ebenso *Natriumionen* vorhanden sind, wie im Natriumchlorid, muß die *Reaktion* zwischen den *Chlorwasserstoffmolekülen* und den *Hydroxidionen* des festen Natriumhydroxids ablaufen. Gleichung der reagierenden Teilchen:

$$HCl + OH^- \longrightarrow Cl^- + H_2O$$

Chlorwasserstoffmoleküle reagieren als Protonendonatoren, die Hydroxidionen als Protonenakzeptoren.

Beim Zerreiben von Natriumhydroxid mit einer Ammoniumverbindung im Mörser entsteht ein stechend riechendes Gas, das ein Universalindikatorpapier blau färbt (▶ V 202.3): Ammoniak.

$$NH_4Cl + NaOH \longrightarrow NaCl + H_2O + NH_3$$

Der *Protonenübergang* kann hierbei nur zwischen den *Ammoniumionen* des festen Ammoniumchlorids und den *Hydroxidionen* des festen Natriumhydroxids erfolgt sein. Gleichung der reagierenden Teilchen:

$$NH_4^+ + OH^- \longrightarrow NH_3 + H_2O$$

Das Ammoniumion reagiert als Protonendonator, das Hydroxidion als Protonenakzeptor.
Diese Reaktion wird z. B. zum *Nachweis von Ammoniumverbindungen* oder zur *Herstellung von Ammoniak* im Labor durch Auftropfen von Ammoniakwasser auf Natriumhydroxid genutzt (V 178.2).

Die vorhergehenden Reaktionen und die Umsetzung von Ammoniak mit Chlorwasserstoff (V 200.3) zeigen deutlich, daß *Säure-Base-Reaktionen* nicht nur *in Lösung*, sondern auch zwischen *Gasen* oder *Feststoffen* ablaufen können. Sie sind also an kein *Lösungsmittel* gebunden. Ferner sind Säure-Base-Reaktionen *nicht auf Moleküle* beschränkt; auch *Ionen* können als Protonendonatoren bzw. -akzeptoren reagieren.

B 202.1 Apparatur zur Umsetzung von Chlorwasserstoff mit Natriumhydroxid. Die Reaktion verläuft exotherm

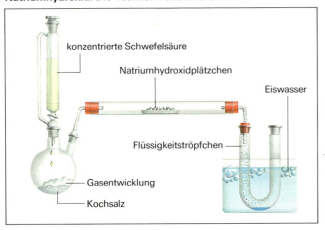

Säure-Base-Reaktionen

Bei der Reaktion von Calciumoxid mit *wenig* Wasser (▶ V 202.4) entsteht *festes* Calciumhydroxid:

$$CaO + H_2O \longrightarrow Ca(OH)_2$$

Da im *Hydroxid* ebenso *Calciumionen* vorhanden sind wie im *Oxid*, muß die *Reaktion* zwischen den *Oxidionen* und den *Wassermolekülen* unter *Bildung von Hydroxidionen* ablaufen. Eine Beschränkung der Gleichung auf die reagierenden Teilchen ergibt:

$$O^{2-} + H_2O \longrightarrow OH^- + OH^-$$

Die Oxidionen im Gitter des Calciumoxids reagieren als Protonenakzeptoren, die Wassermoleküle als Protonendonatoren.

Verdünnte Schwefelsäure enthält an Ionen Oxonium-, Hydrogensulfat- und Sulfationen. Man erhält sie durch Eingießen von konzentrierter Schwefelsäure in Wasser (V 200.1b). Auch dabei erfolgt ein Protonenübergang zwischen den Schwefelsäuremolekülen und den Wassermolekülen. Dieser Vorgang läuft stufenweise ab:

$$H_2SO_4 + H_2O \longrightarrow H_3O^+ + HSO_4^-$$
$$HSO_4^- + H_2O \longrightarrow H_3O^+ + SO_4^{2-}$$

Auch die Bildung von Kaliumhydrogensulfat (V 177.1) weist auf eine stufenweise Protonenabgabe der Schwefelsäuremoleküle hin.

Diese Reaktion ist typisch für alle Säuren, deren Teilchen *mehr als ein gebundenes Wasserstoffatom* enthalten. Man nennt daher Säuren wie die Schwefelsäure oder die Phosphorsäure auch **mehrprotonige Säuren**.

Amphotere Teilchen. In V 200.1b reagieren die Wassermoleküle als Protonenakzeptoren, in V 200.4 und ▶ V 202.4 jedoch als Protonendonatoren. Diese Beispiele zeigen, daß mit dem Brönsted-Säure-Base-Begriff *nicht die Eigenschaften eines Teilchens* selbst beschrieben werden, *sondern seine Funktion, bezogen auf einen konkreten Reaktionsablauf*. Ob ein Teilchen als Protonendonator oder -akzeptor reagiert, hängt demnach in starkem Maße vom *Reaktionspartner* ab. Mit Tetrachlormethan könnten die Chlorwasserstoffmoleküle nicht als Protonendonatoren reagieren, da die Moleküle des Tetrachlormethans nicht als Protonenakzeptoren fungieren. Neben dem Wassermolekül gibt es noch viele weitere Teilchen, die sowohl als Protonendonatoren wie auch als Protonenakzeptoren reagieren können.

Teilchen, die als Protonendonatoren oder als Protonenakzeptoren reagieren können, heißen amphotere Teilchen.

Säure-Base-Paare. Betrachten wir verschiedene Säure-Base-Reaktionen, so erkennen wir Teilchenpaare wie NH_4^+ und NH_3, HCl und Cl^-, H_3O^+ und H_2O, bei denen die beiden Teilchen sich jeweils um *ein Proton* unterscheiden. Ein solches Paar von Teilchen nennt man **Säure-Base-Paar**: Z.B. kann das Chlorwasserstoffmolekül als Protonendonator reagieren, so daß aus ihm ein Chloridion entsteht, während das Chloridion als Protonenakzeptor reagieren kann, so daß aus ihm ein Chlorwasserstoffmolekül entsteht.

Wir erkennen dabei auch, daß Protonenaufnahme und Protonenabgabe, d.h. Säure-Base-Reaktionen, *umkehrbare Reaktionen* sind. Für den Ablauf einer Säure-Base-Reaktion sind immer *zwei* Säure-Base-Paare erforderlich.

Zum Beispiel:
Rot: Säure-Base-Paar 1; Blau: Säure-Base-Paar 2.

$$HCl + H_2O \longrightarrow H_3O^+ + Cl^-$$
Oder:
$$NH_4^+ + OH^- \longrightarrow H_2O + NH_3$$

Eine Säure-Base-Reaktion kann nur dann ablaufen, wenn ein Protonendonator (z.B. der des Säure-Base-Paares 1) mit einem Protonenakzeptor des Säure-Base-Paares 2 reagiert (vergleiche Redoxreaktionen, ↗ Kap. 13.1).

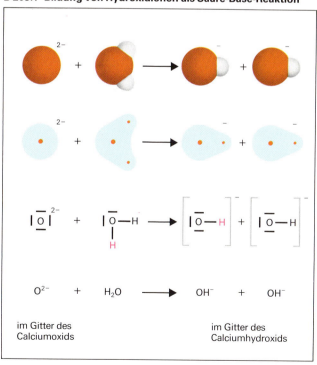

B 203.1 Bildung von Hydroxidionen als Säure-Base-Reaktion

16.3 Überprüfung und Vertiefung

B 204.1 Zu Aufgabe 2

B 204.2 (links und rechts) Zu Aufgabe 4

1 Die Herstellung von Chlorwasserstoff im Labor durch Auftropfen von konzentrierter Schwefelsäure auf Kochsalz ist eine Säure-Base-Reaktion. Formuliere die Reaktionsgleichung (es entsteht auch Natriumhydrogensulfat) sowie die Gleichung, die nur die reagierenden Teilchen angibt. Welche reagieren als Protonendonatoren, welche als Protonenakzeptoren? Welche Säure-Base-Paare sind an der Reaktion beteiligt?

2 Ammoniaklösung wird zu Natriumhydroxid getropft. Das entstehende Gas ergibt mit Chlorwasserstoff einen weißen Rauch (▶ B 204.1). Formuliere die Gleichungen der ablaufenden Säure-Base-Reaktionen und lege Protonendonatoren und -akzeptoren fest.

3 Welche Teilchen reagieren bei den folgenden Reaktionen als Protonendonatoren, welche als Protonenakzeptoren?
a) $Ba(OH)_2 + 2\ HI \rightarrow BaI_2 + 2\ H_2O$
b) $Li_2O + H_2O \rightarrow 2\ LiOH$
c) $Ca(OH)_2 \rightarrow CaO + H_2O$
d) $Na_3PO_4 + H_2O \rightarrow$
   $2\ Na^+ + HPO_4^{2-} + Na^+ + OH^-$
e) $(NH_4)_2SO_4 + 2\ NaOH \rightarrow$
   $Na_2SO_4 + 2\ NH_3 + 2\ H_2O$

4 Eine Schmelze von Citronensäure leitet den elektrischen Strom nicht (▶ B 204.2 links). Gibt man Citronensäure in Wasser (▶ B 204.2 rechts), so leitet die Flüssigkeit den elektrischen Strom. Erkläre!

5 Wenn man festes Natriumhydrogensulfat mit festem Kochsalz zusammen erhitzt, entweicht ein stechend riechendes Gas, das ein feuchtes Universalindikatorpapier rot färbt. Formuliere die gesamte Reaktionsgleichung und die Gleichung der reagierenden Teilchen. Welche reagieren als Protonendonatoren, welche als Protonenakzeptoren?

6 Vergleiche Säure-Base-Reaktionen mit Redoxreaktionen. Worin bestehen Gemeinsamkeiten, worin Unterschiede?

7 Welche der folgenden Reaktionen sind Säure-Base-Reaktionen, welche Redoxreaktionen?
a) $MgO + H_2O \rightarrow Mg(OH)_2$
b) $6\ Li + N_2 \rightarrow 2\ Li_3N$
c) $Li_3N + 3\ H_2O \rightarrow NH_3 + 3\ LiOH$
d) $2\ Fe + 3\ Cl_2 \rightarrow 2\ FeCl_3$
e) $Ag^+ + NO_3^- + K^+ + I^- \rightarrow$
   $AgI + K^+ + NO_3^-$
f) $CuO + H_2 \rightarrow H_2O + Cu$
g) $NaH_2PO_4 + 2\ Na^+ + 2\ OH^- \rightarrow$
   $3\ Na^+ + PO_4^{3-} + 2\ H_2O$

8 Beim Übergießen von Eisensulfid mit konzentrierter Salzsäure entweicht ein nach faulen Eiern riechendes Gas, das ein feuchtes Bleisalzpapier schwarz färbt. Formuliere die gesamte Reaktionsgleichung und die Gleichung der reagierenden Teilchen. Welche reagieren als Protonendonatoren, welche als -akzeptoren?

9 Gibt man zu Natriumhydroxid (im Überschuß) konzentrierte Schwefelsäure und deckt das Gefäß mit einem Uhrglas zu, so setzt eine heftige Reaktion ein, und am Uhrglas scheiden sich Tröpfchen ab. Erkläre die Vorgänge und formuliere die gesamte Reaktionsgleichung sowie die Gleichung der reagierenden Teilchen.

10 Welche Vorgänge laufen bei der Umsetzung von Kupfer(II)-oxid mit verdünnter Schwefelsäure ab? Formuliere die Gleichung der reagierenden Teilchen.

11 Beim Zutropfen von Salzsäure zu Kaliumhydrogensulfit entweicht ein stechend riechendes Gas. Erkläre die Vorgänge und formuliere die gesamte Reaktionsgleichung sowie die Gleichung der reagierenden Teilchen.

12 Welches Teilchen reagiert bei der Thermolyse von Ammoniumchlorid als Protonendonator, welches als Protonenakzeptor?

13 Welche der Teilchen können als amphotere Teilchen reagieren: NH_4^+; HSO_4^-; OH^-?

17 Struktur und Eigenschaften einiger Nichtmetalle

Etwa ein Sechstel aller Elemente sind Nichtmetalle. Die meisten davon haben wir bereits kennengelernt und eingehender behandelt: Wasserstoff, Stickstoff, Sauerstoff sowie die Halogene und Edelgase. Diese Elemente sind mit Ausnahme von Brom und Iod bei Zimmertemperatur gasförmig. Sie bestehen aus Einzelatomen oder kleineren Molekülen.

Mit den Elementen Kohlenstoff, Phosphor und Schwefel lernen wir nunmehr einige nichtmetallische Feststoffe kennen, die eine auffällige Besonderheit besitzen: von jedem dieser Elemente gibt es jeweils unterschiedliche Stoffe mit teilweise sehr verschiedenen Eigenschaften. Da ein Element aus nur einer Atomart besteht, muß der Grund für die Existenz verschiedener Erscheinungsformen eines Elements in der Anordnung der Atome zu suchen sein. Welche Zusammenhänge zwischen den Eigenschaften und der Struktur dieser Nichtmetalle bestehen, wird im folgenden gezeigt.

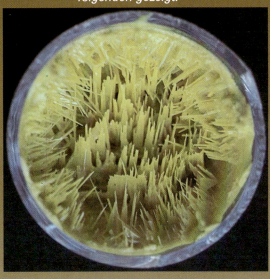

17.1 Kohlenstoff

Diamant
- farblos, durchsichtig, stark lichtbrechend
- sehr hart, härtestes Mineral
- schwer spaltbar
- keine elektrische Leitfähigkeit
- Dichte 3,5 g/cm³
- wandelt sich bei hohen Temperaturen in Graphit um
- Verwendung in Bohrkronen, Schleifscheiben, Glasschneidern. Brillanten sind klare, geschliffene Diamanten. Diamantstaub dient als Schleifpulver.

Graphit
- schwarz, glänzend
- sehr weich
- leicht in Blättchen spaltbar
- gute elektrische Leitfähigkeit
- Dichte 2,3 g/cm³
- Schmelztemperatur ca. 3700 °C
- Verwendung zur Herstellung von Elektroden, Schmelzwannen, Bleistiftminen (zusammen mit Ton). Graphitstaub dient als Schmiermittel.

B 206.1 **Diamant und Graphit**. Eigenschaften und Verwendung

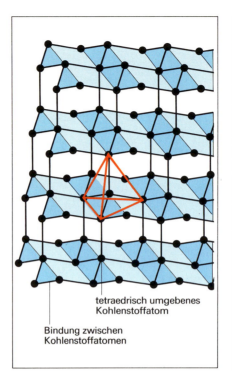

B 206.2 **Kristallgitter des Diamants**

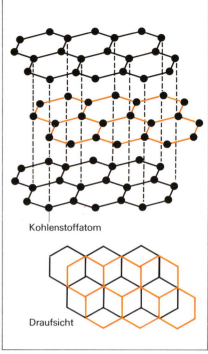

B 206.3 **Kristallgitter des Graphits**

Diamant und Graphit. Der durchsichtige Diamant und der schwarze Graphit unterscheiden sich außerordentlich stark in vielen ihrer Eigenschaften (▶ B 206.1). Beide haben jedoch eine Gemeinsamkeit: Diamant ist, ebenso wie Graphit, brennbar. In beiden Fällen entstehen als Reaktionsprodukte nur Kohlenstoffoxide. Ebenso wie Graphit ist Diamant reiner Kohlenstoff. Für das Element Kohlenstoff gibt es diese beiden Erscheinungsformen. Verschiedene Erscheinungsformen eines Elements oder einer Verbindung nennt man **Modifikationen**.
Diamanten findet man im Gestein alter Vulkanschlote und deren Verwitterungsschutt. Bei sehr hohem Druck und hoher Temperatur gelingt es, aus Graphit kleine Diamantkristalle herzustellen. Graphit kommt in größeren Mengen in verschiedenen Lagerstätten vor, er kann auch aus Koks gewonnen werden, der wie Ruß und Holzkohle zum größten Teil aus winzigen Graphitkristallen besteht.

Diamant- und Graphitgitter. Die *unterschiedlichen Eigenschaften* der beiden Kohlenstoff-Modifikationen beruhen auf der *unterschiedlichen Anordnung der Kohlenstoffatome*.
Im *Diamantgitter* (▶ B 206.2) ist jedes Kohlenstoffatom tetraedrisch von vier weiteren Kohlenstoffatomen umgeben. Von jedem Atom gehen vier gleich lange Atombindungen aus. Dadurch ergibt sich ein sehr regelmäßiges, stabiles Gitter. Die große Härte des Diamants beruht darauf, daß bei einer Spaltung des Kristalls immer Atombindungen gespalten werden müssen. Da alle Außenelektronen an Atombindungen beteiligt sind und zwischen jeweils zwei Atomrümpfen festgehalten werden, besitzt Diamant keine elektrische Leitfähigkeit.

Das *Graphitgitter* besteht aus vielen übereinanderliegenden ebenen Schichten (▶ B 206.3). Jedes Atom einer Schicht ist mit drei gleich weit entfernten Atomen verbunden. Die Bindungswinkel betragen alle 120°. Damit sitzen alle Atome einer Schicht an den Ecken regelmäßiger Sechsecke. Von jedem Atom sind drei Außenelektronen durch Bindungen zwischen den Atomen festgelegt. Jedes Atom besitzt noch ein weiteres Elektron, das über die ganze Schicht ähnlich wie bei Metallen beweglich ist. Dies erklärt die gute elektrische Leitfähigkeit des Graphits. Auch dessen metallischer Glanz ist auf diese leicht beweglichen Elektronen zurückzuführen.
Der Abstand der einzelnen Schichten des Graphitgitters beträgt 335 pm, das ist etwa das Zweieinhalbfache der Bindungslänge innerhalb der Schicht. Zwischen den Schichten wirken nur van-der-Waals-Kräfte. Deshalb lassen sich die Schichten leicht gegeneinander verschieben. Dies erklärt die geringe Härte des Graphits.

17.2 Phosphor

Phosphor kommt als Element in der Natur nicht vor, dagegen sind Phosphorverbindungen weit verbreitet und für Lebewesen von großer Bedeutung. Phosphor wurde 1669 von dem Alchemisten BRAND entdeckt, als er Harn eindampfte und den Rückstand unter Luftabschluß glühte. Man kennt verschiedene Modifikationen des Phosphors, die wichtigsten sind der weiße und der rote Phosphor. Wie die Modifikationen des Kohlenstoffs unterscheiden sich auch weißer und roter Phosphor stark voneinander (▶ B 207.1).

Weißer Phosphor. Nimmt man eine Stange von weißem Phosphor, der unter Wasser aufbewahrt werden muß, aus der Flüssigkeit, so beobachtet man im Dunkeln ein schwaches Leuchten (▶ V 207.1). Der Name Phosphor (von griech. phosphoros, Lichtträger) stammt von dieser Eigenschaft. An der Luft reagiert weißer Phosphor schon bei Zimmertemperatur mit Sauerstoff, dabei entsteht ein weißer Rauch. Bei dieser Reaktion wird Licht und Wärme abgegeben. Der Phosphor kann sich dadurch erwärmen, bis er sich bei etwa 50 °C selbst entzündet und mit leuchtend gelber Flamme brennt (▶ V 207.2). Wegen der Entzündungsgefahr und der großen Giftigkeit darf weißer Phosphor nicht angefaßt werden. Schneidet man den spröden Stoff unter Wasser, zeigt die Schnittfläche eine schwach gelbe Farbe. Unter Lichteinwirkung wandelt sich weißer Phosphor langsam in roten Phosphor um (▶ V 207.2, ▶ B 207.2).

Roter Phosphor. Diese nicht giftige Modifikation verändert sich an der Luft nicht. Erst bei etwa 400 °C kommt es zur Entzündung, es entsteht das gleiche Phosphoroxid wie bei der Verbrennung des weißen Phosphors. Erhitzt man roten Phosphor unter Luftabschluß, resublimiert weißer Phosphor (▶ V 207.3).
Roter Phosphor wird hauptsächlich zur Herstellung der Reibflächen für Zündhölzer verwendet.

Struktur des weißen und des roten Phosphors. Weißer Phosphor besteht aus P_4-Molekülen. Die vier Atome sind so angeordnet, daß die Verbindungslinien der Kerne ein Tetraeder bilden (▶ B 207.3). Jeder Atomrumpf ist von einem freien Elektronenpaar und drei bindenden Elektronenpaaren umgeben. Da die Winkel zwischen den Tetraederkanten nur 60° betragen, stoßen sich die bindenden Elektronenpaare im P_4-Molekül gegenseitig stark ab, das Molekül ist daher instabil. Dies erklärt die große Reaktionsfähigkeit von weißem Phosphor.
Im roten Phosphor sind viele Atome miteinander zu flächigen Riesenmolekülen verknüpft, zwischen denen starke van-der-Waals-Kräfte wirken. Bei Energiezufuhr werden Bindungen gespalten. Dabei entstehen die viel kleineren P_4-Moleküle.

Weißer Phosphor	Roter Phosphor
Dichte 1,8 g/cm³	Dichte 2,3 g/cm³
Smt. 44 °C	Smt. 590 °C (unter hohem Druck)
Sdt. 280 °C	bei starkem Erhitzen Umwandlung in weißen Phosphor
selbstzündlich	nicht selbstzündlich
leuchtet an der Luft	leuchtet nicht
löslich in Kohlenstoffdisulfid	in keinem Lösungsmittel löslich
sehr giftig	ungiftig

B 207.1 Weißer und roter Phosphor. Die beiden Modifikationen unterscheiden sich stark in vielen Eigenschaften

V 207.1 Man entnimmt eine Stange von weißem Phosphor aus dem Vorratsgefäß und schneidet unter Wasser ein Stück ab. Dieses hält man kurze Zeit über Wasser und beobachtet im Hellen und im Dunkeln.

V 207.2 Auf ein Blech bringt man ein linsengroßes Stückchen von weißem Phosphor und im Abstand von 10 cm eine etwa gleich große Portion von rotem Phosphor. Man erhitzt das Blech in der Mitte zwischen den beiden Proben. (Abzug!)

V 207.3 In ein Reagenzglas gibt man etwas roten Phosphor. Man verschließt mit einem Wattebausch und erhitzt. Es wird im Dunkeln beobachtet. (Abzug!)

B 207.2 Umwandlung von weißem in roten Phosphor (unter Lichteinwirkung)

B 207.3 P_4-Molekül. Strukturformel und Kugel-Stab-Modell

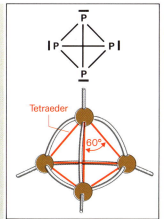

17.3 Schwefel

B 208.1 Kristalle von rhombischem (links) und monoklinem Schwefel (rechts)

V 208.1 Laß eine Schwefelschmelze in einem Tiegel abkühlen, bis sich auf der Oberfläche eine Kruste gebildet hat. Entferne diese, gieße den Rest des flüssigen Schwefels ab und betrachte die Tiegelinnenwand.

V 208.2 Erhitze wenig Schwefel zum Sieden und beobachte die kalten Stellen des Reagenzglases.

V 208.3 Schmilz in einem Reagenzglas Schwefel und erhitze die Schmelze langsam weiter. Beobachte dabei die Farbe und die Zähigkeit. Wenn der Schwefel siedet, gieße ihn in ein Becherglas mit kaltem Wasser. Vergleiche den so erhaltenen Schwefel mit kristallinem Schwefel.

B 208.2 S_8-Molekül. Strukturformel, Kugel-Stab-Modell, Kalottenmodell

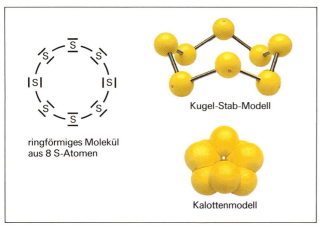

Modifikationen des Schwefels. Schwefel ist ein bei Zimmertemperatur fester, gelber, geruchloser Stoff. Er ist in Wasser nicht löslich, löst sich jedoch gut in Kohlenstoffdisulfid, einer sehr giftigen, feuergefährlichen, unangenehm riechenden Flüssigkeit.

Läßt man Schwefel aus einer Lösung unterhalb einer Temperatur von 95 °C kristallisieren, so erhält man rhombische Kristalle (▶ B 208.1 links). Beim Erstarren einer Schwefelschmelze (▶ V 208.1) bilden sich dagegen nadelförmige Kristalle (▶ B 208.1 rechts). In beiden Fällen sind verschiedene Schwefelmodifikationen entstanden, die man nach der Kristallform als **rhombischen Schwefel** und **monoklinen Schwefel** bezeichnet. Die beiden Modifikationen unterscheiden sich in ihren Eigenschaften weit weniger deutlich als die Modifikationen des Kohlenstoffs und des Phosphors.
Monokliner Schwefel ist nur bei Temperaturen über 95 °C beständig, darunter wandelt er sich sehr langsam in den rhombischen Schwefel um. Diese Umwandlung ist umkehrbar.

Die Ähnlichkeit der beiden Modifikationen läßt sich dadurch verstehen, daß sich deren Kristallgitter aus den gleichen Molekülen aufbauen. Diese bestehen aus acht ringförmig miteinander verbundenen Schwefelatomen (▶ B 208.2). Die verschiedene Anordnung der Moleküle im Kristallgitter (Molekülgitter) bedingt die unterschiedlichen Eigenschaften der Modifikationen. Im rhombischen Schwefel sind die S_8-Moleküle dichter gepackt. Daher ist seine Dichte mit 2,07 g/cm³ größer als die des monoklinen Schwefels, die 1,96 g/cm³ beträgt. Bei 119 °C schmilzt der monokline Schwefel. Auch für den rhombischen Schwefel läßt sich eine Schmelztemperatur angeben (113 °C), da die Umwandlung in die andere Modifikation nur sehr langsam erfolgt. Wird rhombischer Schwefel schnell erhitzt, schmilzt er, bevor eine nennenswerte Umwandlung stattfindet.

Erhitzen einer Schwefelschmelze. Schmilzt Schwefel, entsteht zunächst eine leichtbewegliche, hellgelbe Flüssigkeit. Erhitzt man weiter auf 160 °C, färbt sich die Schmelze braun und wird bei weiterer Temperaturerhöhung dunkler und immer zähflüssiger. Zwischen 200 °C und 250 °C ist die rotbraune Schmelze etwa so zäh wie Harz. Darüber nimmt die Zähigkeit langsam ab, bei 400 °C ist die Schmelze wieder vollkommen dünnflüssig und siedet schließlich bei 444 °C. Gasförmiger Schwefel resublimiert an kalten Gegenständen zu hellgelber *Schwefelblüte* (▶ V 208.2). Beim langsamen Abkühlen einer Schwefelschmelze treten alle genannten Vorgänge in umgekehrter Reihenfolge auf. Wird eine rotbraune, dünnflüssige Schwefelschmelze in kaltes Wasser gegos-

Schwefel

sen und dadurch schnell abgekühlt, entsteht der zähe *plastische Schwefel* (▶ V 208.3, ▶ B 209.2).

Das eigenartige Verhalten einer Schwefelschmelze beim Erhitzen ist auf mehrfache Veränderungen der Schwefelmoleküle zurückzuführen. Von den zunächst vorliegenden, leicht gegeneinander verschiebbaren S_8-Molekülen brechen mit steigender Energiezufuhr immer mehr Ringe auf (▶ B 209.1). Die entstehenden Bruchstücke besitzen an den Enden ungepaarte Elektronen und lagern sich zu immer längeren Ketten zusammen. Diese sind ineinander verflochten und dadurch unbeweglicher. Weitere Energiezufuhr führt zu stärkeren Schwingungen der Molekülketten, die dadurch schließlich wieder zerfallen. Bei der Siedetemperatur besteht der rotbraune gasförmige Schwefel aus S_8-Ketten.

Vorkommen und Gewinnung. Schwefel kommt in verschiedenartigen Lagerstätten vor. In Sizilien wird schwefelhaltiges Gestein abgebaut, aus dem man den Schwefel durch Ausschmelzen in Öfen gewinnt. Im Süden der USA findet man ausgedehnte Schwefelablagerungen unter lockeren Sandschichten in einer Tiefe von 150 bis 300 m. Hier wird der Schwefel bereits in der Tiefe durch eingeleiteten überhitzten Wasserdampf geschmolzen und durch zugeführte Preßluft an die Oberfläche gedrückt (Frasch-Verfahren, ▶ B 209.3). Große Mengen von Schwefel fallen auch bei der Entschwefelung von Erdgas, Erdöl und Kohle an.

Verwendung. Ein großer Teil des Schwefels wird zur Herstellung von Schwefelsäure und Gummi benötigt. Darüber hinaus gibt es vielfältige Anwendungsbereiche (z. B. Zündholzherstellung, Schädlingsbekämpfung).

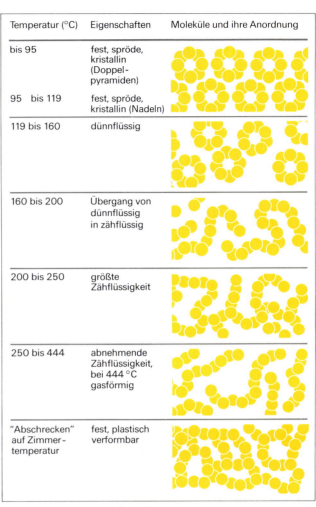

Temperatur (°C)	Eigenschaften	Moleküle und ihre Anordnung
bis 95	fest, spröde, kristallin (Doppelpyramiden)	
95 bis 119	fest, spröde, kristallin (Nadeln)	
119 bis 160	dünnflüssig	
160 bis 200	Übergang von dünnflüssig in zähflüssig	
200 bis 250	größte Zähflüssigkeit	
250 bis 444	abnehmende Zähflüssigkeit, bei 444 °C gasförmig	
"Abschrecken" auf Zimmertemperatur	fest, plastisch verformbar	

B 209.1 **Erhitzen von Schwefel**

B 209.2 **Plastischer Schwefel** durch „Abschrecken"

B 209.3 **Förderung von flüssigem Schwefel**

17.4 Überprüfung und Vertiefung

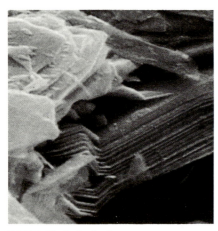

B 210.1 Zu Aufgabe 1

B 210.2 Zu Aufgabe 3

B 210.3 Zu Aufgabe 5

B 210.4 Zu Aufgabe 7

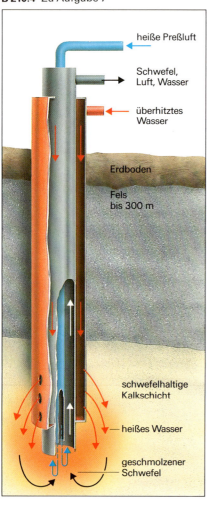

1 ▶ B 210.1 zeigt eine elektronenmikroskopische Aufnahme von Graphit (15 000fache Vergrößerung).
a) Wie läßt sich die hier erkennbare Struktur erklären?
b) Berechne die ungefähre Anzahl der Gitterschichten in den sichtbaren Streifen der Aufnahme.

2 Um einen besonders hellen und heißen Lichtbogen zu erzeugen, verwendet man Graphitstäbe als Elektroden. Warum ist Graphit dafür geeigneter als Metall?

3 Ein Brillant (▶ B 210.2) ist ein sehr reiner, mit einem besonderen Schliff versehener Diamant.
Wie kann man einen Brillanten von einem gleich geschliffenen Glasstück unterscheiden?

4 Die bei Tiefbohrungen, z.B. bei der Erdölsuche verwendeten Bohrkronen sind häufig mit Industriediamanten versehen. Diese kleinen Diamantstückchen können aus Graphit bei sehr hohem Druck (50 000 bis 400 000 bar) hergestellt werden. Versuche, dies auf Eigenschaften der beiden Modifikationen zurückzuführen.

5 ▶ B 210.3 zeigt in einem alten Gemälde den Alchemisten BRAND mit leuchtendem Phosphor. Dieses Leuchten ist schon bei sehr geringen Mengen weißen Phosphors sichtbar, wenn dieser in feiner Verteilung vorliegt. Deshalb dient diese Eigenschaft zum Nachweis von Spuren weißen Phosphors in Gemischen.
Beim Phosphornachweis durch die *Mitscherlich-Probe* wird die zu untersuchende Substanz zusammen mit Wasser erhitzt. Man verwendet dazu ein Kölbchen mit aufgesetztem Steigrohr. Enthält die Substanz Phosphor, so ist nach dem Sieden des Wassers am oberen Ende des Steigrohres im Dunkeln ein schwaches Leuchten sichtbar. Welche Vorgänge finden bei der Mitscherlich-Probe statt?

6 Die Reibflächen von Zündholzschachteln bestehen aus rotem Phosphor und Glaspulver. Der Kopf von Sicherheitszündhölzern enthält Schwefelpulver und ein Oxidationsmittel. Im 19. Jahrhundert wurden sogenannte Phosphorhölzer verwendet, die außerdem im Kopf weißen Phosphor und Glaspulver enthielten. Sie ließen sich an jeder rauhen Fläche entzünden. Warum wurden die Phosphorhölzer verboten (1908)? Wie könnte man das Zünden von Sicherheitszündhölzern erklären?

7 Beschreibe anhand ▶ B 210.4 das Frasch-Verfahren zur Schwefelgewinnung. Welche Vorteile besitzt dieses Verfahren gegenüber dem bergmännischen Schwefelabbau?

18 Anorganische Kohlenstoffverbindungen

Das Element Kohlenstoff, das wir im vorangehenden Kapitel besprochen haben, nimmt wegen der Vielfalt seiner Verbindungen eine Sonderstellung unter den chemischen Elementen ein. Die meisten Kohlenstoffverbindungen gehören in die organische Chemie. Im folgenden werden wir einige ausgewählte Verbindungen des Kohlenstoffs mit Sauerstoff behandeln, die wegen ihrer Beziehung zur Mineralbildung zu den anorganischen Verbindungen gezählt werden.

Unter ihnen befinden sich so bekannte Vertreter wie Kohlenstoffdioxid und Kohlensäure, die zusammen mit deren Salzen, den Carbonaten und Hydrogencarbonaten, in Natur, Technik und Alltag eine wichtige Rolle spielen. Um ihre Bedeutung und Anwendung zu verstehen, ist es erforderlich, sich mit ihren Eigenschaften und Reaktionen zu beschäftigen.

18.1 Kohlenstoffdioxid und Kohlenstoffmonooxid

V 212.1 a) Wiederhole V 49.2.
b) Sauge die Verbrennungsgase einer Kerze durch Kalkwasser.

V 212.2 Fülle einen großen Zylinder mit Kohlenstoffdioxid und tauche eine brennende Kerze ein. Gieße das Gas in einen gleich großen Zylinder um. Prüfe die Zylinderinhalte jeweils mit einer brennenden Kerze.

V 212.3 Blase mit einem Trinkhalm vorsichtig Atemluft durch Kalkwasser.

V 212.4 Durch eine nach B 212.1 zusammengebaute Apparatur leitet man langsam Kohlenstoffdioxid und erhitzt das Zinkpulver kräftig. Das an der Glasspitze austretende Gas wird entzündet. (Knallgasprobe! Abzug!)

V 212.5 Durch eine Quarz- oder Porzellanröhre, die mit ausgeglühter, gekörnter Aktivkohle gefüllt ist, wird langsam Kohlenstoffdioxid geleitet. In einem Diatomit- oder Röhrenofen erhitzt man das Rohr auf mindestens 900 °C. Das austretende Gas wird an einer Quarzrohrspitze entzündet. (Knallgasprobe! Abzug!)

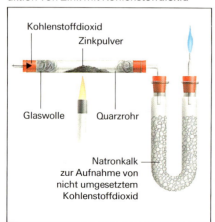

B 212.1 **Kohlenstoffmonooxid** durch Reaktion von Zink mit Kohlenstoffdioxid

Eigenschaften, Vorkommen und Verwendung von Kohlenstoffdioxid. Es ist ein farb- und geruchloses Gas, das bei der Oxidation von Kohlenstoff und Kohlenstoffverbindungen entsteht. Zum Nachweis von Kohlenstoffdioxid dient Kalkwasser (▶ V 212.1). Das Gas besitzt eine größere Dichte als Luft (▶ V 212.2), es erstickt Flammen und ist selbst nicht brennbar. Bei −78,5 °C geht gasförmiges Kohlenstoffdioxid *direkt* in den festen Zustand über (*Kohlenstoffdioxidschnee*). Eine Verflüssigung des Gases ist nur unter Druck möglich.

Das Kohlenstoffdioxidmolekül besitzt zwar polare Bindungen, ist aufgrund der *linearen* Anordnung dieser Bindungen *jedoch kein Dipolmolekül*.

Kohlenstoffdioxid entsteht unter anderem bei der Verbrennung von Holz, Kohle, Erdöl bzw. Erdölprodukten und Erdgas. Auf der bei diesen Vorgängen freigesetzten Wärme beruht ein großer Teil der Energiewirtschaft der Erde. Auch bei der Atmung (▶ V 212.3) sowie der Gärung wird Kohlenstoffdioxid gebildet. Daneben ist es ein Bestandteil vulkanischer Gase. In der Luft ist es mit einem Volumenanteil von 0,03% enthalten, in der ausgeatmeten Luft zu 4 bis 5%. Der Atmosphäre wird durch die Fotosynthese der Pflanzen Kohlenstoffdioxid entzogen. Trotzdem steigt der Kohlenstoffdioxidgehalt der Atmosphäre langsam an, da einerseits immer mehr Wälder abgeholzt und andererseits immer mehr Holz, Kohle und Erdöl verbrannt werden. Dies könnte zu einer langsamen Klimaveränderung auf der Erde führen. Ein Volumenanteil von 8 bis 10% Kohlenstoffdioxid in der Luft wirkt *tödlich*. Beim Arbeiten in Gärkellern, Grünfuttersilos, Faulgruben usw., wo diese hohen Anteile auftreten können, ist deshalb *größte Vorsicht geboten*.

Kohlenstoffdioxid wird unter Druck Getränken zugesetzt, um diesen einen angenehm sauren Geschmack zu verleihen. Als Schnee oder als Gas dient es zur Brandbekämpfung. Zu Blöcken gepreßter Kohlenstoffdioxidschnee wird als „Trockeneis" zu Kühlzwecken verwendet.

Kohlenstoffmonooxid, ein weiteres Kohlenstoffoxid. Leitet man Kohlenstoffdioxid bei hohen Temperaturen über Zinkpulver, so ensteht Zinkoxid und ein farb- und geruchloses Gas, das mit leuchtend blauer Flamme zu Kohlenstoffdioxid verbrennt (▶ V 212.4). Die Molekülmassenbestimmung ergibt 28 u, was der Formel CO entspricht. Das Gas ist **Kohlenstoffmonooxid**:

$$CO_2 + Zn \longrightarrow ZnO + CO$$

Aufgrund seiner Brennbarkeit ist Kohlenstoffmonooxid ein wichtiger Bestandteil *technischer Heizgase,* wie z. B. Stadtgas aus Kokereien. Im Hochofen wirkt Kohlenstoffmonooxid als Reduktionsmittel für oxidische Eisenerze. Kohlenstoffmonooxid ist ein *äußerst giftiges Gas*. Es ist besonders gefährlich, da es völlig *geruchlos* ist. Bereits ein Anteil von 0,002% in der Luft besitzt tödliche Wirkung. Kohlenstoffmonooxidmoleküle werden von den Molekülen des Blutfarbstoffes Hämoglobin fester gebunden als Sauerstoffmoleküle. So blockierte Hämoglobinmoleküle können deshalb keine Sauerstoffmoleküle transportieren, es kommt zum Tod durch Ersticken.

Mit Hilfe der Oktettregel erhält man folgende Strukturformel: |C≡O|. Wo große Mengen Kohlenstoff oder Kohlenstoffverbindungen verbrannt werden, bildet sich Kohlenstoffmonooxid neben Kohlenstoffdioxid, z. B. in Heizkesseln, Kohleöfen, Hochöfen oder in Verbrennungsmotoren. In Öfen wird z. B. der zur Brennstelle gelangende Sauerstoff verbraucht. Das entstehende Kohlenstoffdioxid reagiert mit *noch vorhandenem* Kohlenstoff zu Kohlenstoffmonooxid (▶ V 212.5). Auch Zigarettenrauch enthält Kohlenstoffmonooxid!

18.2 Kohlensäure

Öffnet man eine Flasche Sprudel, so entweicht Kohlenstoffdioxid (▶ V 213.1). In der Umgangssprache wird es ungenau als Kohlensäure bezeichnet. Saure Lösungen sind jedoch durch Oxoniumionen gekennzeichnet, so daß diese Bezeichnung für Kohlenstoffdioxid irreführend ist.

Leitet man Kohlenstoffdioxid in Wasser ein, so entsteht eine *saure Lösung* (▶ V 213.2) mit Oxonium- und Säurerestionen, obwohl Kohlenstoffdioxid *keine Wasserstoffverbindung* ist. Wie beim Schwefeldioxid kann man sich den Vorgang modellhaft wie folgt vorstellen: Durch die Reaktion mit Wasser entsteht zunächst **Kohlensäure**:

$$CO_2 + H_2O \longrightarrow H_2CO_3$$

Ihre Moleküle bilden mit weiteren Wassermolekülen Oxonium- und Säurerestionen. In der Lösung liegen zwei verschiedene Säurerestionen vor: die **Hydrogencarbonationen** (HCO_3^-) und die **Carbonationen** (CO_3^{2-}).

Zur Herstellung von Sprudel wird Kohlenstoffdioxid in natürliches Mineralwasser eingepreßt und gelöst. Die Löslichkeit des Gases ist vom Druck abhängig (▶ V 213.3b). Von den Molekülen des gelösten Kohlenstoffdioxids reagieren nur ca. 0,1% mit Wassermolekülen, die Bildung von Kohlensäuremolekülen ist also eine *unvollständig ablaufende* Reaktion. Kocht man Sprudel, so entweicht Kohlenstoffdioxid, und die Flüssigkeit hat nach kurzer Zeit keine sauren Eigenschaften mehr (▶ V 213.4).

Die Bildung der Kohlensäure ist also auch eine *umkehrbare Reaktion.* Reine, wasserfreie Kohlensäure ist daher als Substanz nicht faßbar. Sie stellt eine *unbeständige Säure* dar.
Die Löslichkeit des Gases ist außer vom Druck auch von der Temperatur abhängig (▶ V 213.4). Bei 20 °C und 1013 mbar nimmt 1 l Wasser 0,87 l Kohlenstoffdioxid auf. Die Kohlenstoffdioxidlösung ist gleichzeitig eine Kohlensäurelösung und umgekehrt.

Kohlensäure in unserer Umwelt. An Orten, wo Kohlenstoffdioxid vulkanischen Ursprungs vorkommt, führen Quellen kohlenstoffdioxidreiches Wasser. Sie werden als **Säuerlinge** bezeichnet. Die Säure entsteht in der Natur auch durch Aufnahme von Kohlenstoffdioxid durch Regenwasser. Durch die saure Lösung werden *Korrosionsvorgänge*, wie z.B. das Rosten von Eisen, beschleunigt. Auch an der Bildung von *Patina*, dem blaugrünen Überzug von Kupferdächern, ist Kohlensäure beteiligt. Von großer Bedeutung für Natur und Technik ist die Umbildung von kalkhaltigem Gestein durch Kohlensäure (↗ Kap. 18.4).

V 213.1 Leite das aus einer Sprudelflasche entweichende Gas in Kalkwasser.

V 213.2 a) Leite Kohlenstoffdioxid längere Zeit durch kaltes Wasser, das mit etwas Universalindikatorlösung versetzt wurde.
b) Wiederhole Versuch (a) ohne Indikatorzusatz und prüfe dabei die elektrische Leitfähigkeit.

V 213.3 a) Öffne und schließe eine Sprudelflasche und beobachte die Gasblasen.
b) Verbinde die Flaschenöffnung mit einem Kolbenprober. Erhöhe bzw. verringere den Druck in der Flasche durch Bewegung des Kolbens.
c) Prüfe frisches und abgestandenes Sprudelwasser mit Universalindikatorlösung.

V 213.4 Erhitze Sprudelwasser, dem Universalindikatorlösung zugesetzt wurde, zum Sieden. Führe ein Gasableitungsrohr in Kalkwasser.

A 213.1 Formuliere die Gleichungen der Protonenübergänge, die nach dem Einleiten von Kohlenstoffdioxid in Wasser ablaufen.

A 213.2 Stelle die unterschiedlichen Eigenschaften von Kohlenstoffdioxid und Kohlensäurelösung in einer Tabelle zusammen.

A 213.3 Warum schmeckt Sprudelwasser aus einer Flasche, die längere Zeit ohne Verschluß war, kaum noch sauer?

A 213.4 Was sind Säuerlinge?

B 213.1 Mineralische Bestandteile eines Sprudels

Adelholzquelle

Natriumhydrogencarbonat-Säuerling

HEILWASSER

Analyse

Kationen		mg/kg	Anionen		mg/kg
Kalium	K^+	31,00	Chlorid	Cl^-	117,00
Natrium	Na^+	973,20	Fluorid	F^-	0,30
Lithium	Li^+	2,35	Sulfat	SO_4^{2-}	318,50
Ammonium	NH_4^+	0,91	Nitrat	NO_3^-	0,58
Calcium	Ca^{2+}	136,30	Hydrogencarbonat	HCO_3^-	3001,00
Magnesium	Mg^{2+}	107,00	Hydrogenphosphat	HPO_4^{2-}	0,37
Strontium	Sr^{2+}	1,00	Metakieselsäure	H_2SiO_3	11,62
Eisen	Fe^{3+}	0,02	Metaborsäure	HBO_2	11,61

natürliches Mineralwasser ohne Zusatz von Kohlenstoffdioxid

Abfülldatum 12 07 85   Mehr als 3 Jahre haltbar   0,7 l

18.3 Carbonate und Hydrogencarbonate

V 214.1 In konz. Natronlauge wird ein rascher Kohlenstoffdioxidstrom eingeleitet (Schutzbrille!). Dabei prüft man die Veränderung der Temperatur. Nach spürbarer Veränderung bricht man den Versuch ab, entnimmt der Lösung eine Probe und dampft sie ein. Probe und Lösung werden verschlossen für V 214.2 und 215.2 aufbewahrt.

V 214.2 a) In eine kalte, gesättigte Natriumcarbonatlösung wird längere Zeit Kohlenstoffdioxid eingeleitet (Schutzbrille!).
b) In die Lösung von V 214.1 wird ebenfalls weiter Kohlenstoffdioxid eingeleitet.

V 214.3 a) Gib Kalkwasser zu einer Kohlensäurelösung.
b) Verdünne gesättigtes Kalkwasser im Verhältnis 1:1. Tauche zwei Elektroden in die Lösung ein. Regle die Wechselspannung an der Spannungsquelle so ein, daß der Stromstärkemesser Vollausschlag zeigt. Leite in diese Lösung längere Zeit Kohlenstoffdioxid ein, beobachte die Lösung sowie die Veränderung der Stromstärke. Die Lösung wird verschlossen für V 216.1 aufbewahrt.

B 214.1 Natronsee

Kohlensäure bildet zwei Reihen von Salzen. Kohlensäurelösungen enthalten zwei verschiedene Säurerestionen, Hydrogencarbonat- und Carbonationen. Dementsprechend existieren auch zwei unterschiedliche Reihen von Salzen. Salze mit dem Säurerestion HCO_3^- heißen **Hydrogencarbonate**, die mit CO_3^{2-}-Ionen **Carbonate**. Zur Herstellung dieser Salze ist die Reaktion der Säurelösung mit unedlen Metallen oder Metalloxiden *ungeeignet*, da Kohlensäure nur *wenig stärker* als Wasser auf Metalle einwirkt. Dies hat jedoch andererseits den Vorteil, daß von dieser Säurelösung in der Umwelt hervorgerufene Korrosionsvorgänge nur *sehr langsam* verlaufen.

Zur Herstellung der Salze geht man von *Hydroxidlösungen* aus, die mit Kohlensäure umgesetzt werden. Dazu wird Kohlenstoffdioxid in die Lösungen eingeleitet. Die starke Erwärmung z.B. beim Einleiten in Natronlauge weist auf eine chemische Reaktion hin (▶ V 214.1). Das beim Eindampfen zurückbleibende weiße Produkt ist **Natriumcarbonat**, *Soda*, das bei diesem Versuchsablauf noch durch Natriumhydroxid verunreinigt sein kann:

$$2\,Na^+ + 2\,OH^- + CO_2 \longrightarrow 2\,Na^+ + CO_3^{2-} + H_2O$$

Auch Sodalösungen reagieren mit Kohlenstoffdioxid (▶ V 214.2a). Es fällt dabei kristallines, weißes **Natriumhydrogencarbonat**, *Natron*, aus, das eine *geringere Löslichkeit* in Wasser besitzt als Soda. Dieses Salz erhält man ebenfalls, wenn in die Lösung von V 214.1 weiter Kohlenstoffdioxid eingeleitet wird (▶ V 214.2b):

$$2\,Na^+ + CO_3^{2-} + CO_2 + H_2O \longrightarrow 2\,NaHCO_3$$

Besonders wichtig ist die entsprechende Reaktion mit Kalkwasser, bei der zunächst schwerlösliches **Calciumcarbonat**, *Kalk*, ausfällt (▶ V 214.3a). Das Auftreten eines weißen Niederschlags von Calciumcarbonat ist demnach ein Nachweis für Kohlenstoffdioxid und Kohlensäurelösung.

$$Ca^{2+} + 2\,OH^- + CO_2 + H_2O \longrightarrow CaCO_3 + 2\,H_2O$$

Verfolgt man die Veränderung der Stromstärke während des Versuchsablaufs (▶ V 214.3b), so stellt man zunächst eine Abnahme der Stromstärke fest, da sich ein großer Teil der Ionen zum Ionengitter des ausfallenden Calciumcarbonats anordnet. Nach längerem Einleiten von Kohlenstoffdioxid löst sich der Niederschlag wieder auf, und die Stromstärke nimmt zu. Es muß eine Reaktion abgelaufen sein, bei der eine *leicht lösliche* Ionenverbindung entstanden ist, hier **Calciumhydrogencarbonat**:

$$CaCO_3 + CO_2 + H_2O \longrightarrow Ca^{2+} + 2\,HCO_3^-$$

Vorkommen der Carbonate und Hydrogencarbonate. Diese Verbindungen sind in der Natur in großen Mengen anzutreffen. *Kalkstein* (der im wesentlichen aus Calciumcarbonat besteht) und *Dolomit* (vor allem aus dem Doppelsalz Calcium-magnesium-carbonat, $CaMg(CO_3)_2$ zusammengesetzt) bilden ganze Gebirgsmassive, wie z.B. die Kalkalpen. Auch *Kreide-Kalk, Jura-Kalk* (Schwäbische Alb), *Muschelkalk* und *Travertin* bestehen zum größten Teil aus Calciumcarbonat. *Kalkspat* (Calcit), dessen Kristalle durch ihre *Doppelbrechung* des Lichts bekannt sind, ist ganz reines Calciumcarbonat. *Marmor* und *Tropfstein* sind ebenfalls fast reines Calciumcarbonat.

Soda und Natron kommen in den Salzseen und Salzpfannen vieler Trockengebiete vor und werden dort bei anhaltender Trockenheit ausgeschieden (▶ B 214.1), z.B. in Ägypten (Natrontal), Ost-Afrika, USA (Nevada) und Mexiko. Eisenspat (Eisen(II)-carbonat), Manganspat (Mangan(II)-carbonat) und Zinkspat (Galmei) sind wichtige Erze.

Carbonate und Hydrogencarbonate

Typische Eigenschaften und Reaktionen. Alle Carbonate mit Ausnahme der Alkalimetallcarbonate sind in Wasser *schwerlöslich* (▶ V 215.1). Durch saure Lösungen werden Carbonate und Hydrogencarbonate zersetzt, dabei entweicht Kohlenstoffdioxid (▶ V 215.2a). Wegen der leicht wahrnehmbaren Entwicklung des Gases (Aufschäumen) dient diese Reaktion als *Nachweis für Kalkstein* und andere Carbonate (▶ V 215.2b und c):

$$CaCO_3 + 2 H_3O^+ \longrightarrow Ca^{2+} + 3 H_2O + CO_2$$

Die Eigenschaft der Carbonate und Hydrogencarbonate, mit sauren Lösungen Kohlenstoffdioxid zu entwickeln, macht man sich häufig zunutze. So verwendete man früher Natron gegen Sodbrennen (Überschuß an Salzsäure im Magen). Auch beim *Entkalken* von Geräten und Töpfen wird diese Reaktion angewandt. Natriumhydrogencarbonat verwendet man zur Herstellung von *Back- und Brausepulver* (▶ V 215.3). Sie enthalten Gemische aus Natron und festen Säuren. Da sich erst mit Wasser Oxoniumionen bilden, sind die trockenen Gemische beständig. Auch in *Feuerlöschern* findet Natriumhydrogencarbonat Verwendung. Das entstehende Kohlenstoffdioxid ist beim *Schaum(Naß-)löscher* Treibgas und Löschmittel zugleich (▶ V 215.4, ↗ Kap. 4.8).

Da die Hydrogencarbonate schon bei mäßigem Erhitzen unter Freisetzung von Kohlenstoffdioxid zerfallen, verwendet man Natriumhydrogencarbonat auch in *Pulver-(Trocken-)löschern* (▶ V 215.5). Das in die Flammen geblasene Natron bildet bei den herrschenden Temperaturen Kohlenstoffdioxid, das die Flamme erstickt.

$$2 NaHCO_3 \longrightarrow Na_2CO_3 + H_2O + CO_2$$

Ammoniumhydrogencarbonat ist ein Bestandteil des *Hirschhornsalzes,* das beim Backen als *Treibmittel zur Lockerung* des Teigs verwendet wird.
Zur Spaltung von Carbonaten durch Erwärmen sind wesentlich höhere Temperaturen erforderlich (↗ Kap. 18.4).

Eine Übersicht über die Verwendung der Carbonate und Hydrogencarbonate bietet ▶ B 215.1. Neben Kalk ist Soda das von der Menge her wichtigste Carbonat. Bis vor ca. 150 Jahren wurde sie aus bestimmten Salzseen gewonnen. Heute stellt man Soda aus Kochsalz, Ammoniak, Wasser und Kohlenstoffdioxid her. Natriumcarbonat kommt wasserfrei oder als Salzhydrat, $Na_2CO_3 \cdot 10\ H_2O$, *Kristallsoda,* in den Handel. In der Bundesrepublik werden jährlich ca. 1,5 Millionen Tonnen Soda hergestellt. Kaliumcarbonat findet ähnliche Verwendung wie Soda. Es wird auch als *Pottasche* bezeichnet, da man es früher in großen Töpfen (Pötten) aus Holzasche durch Auslaugen (Herauslösen) gewonnen hat.

V 215.1 Gib verdünnte Calciumchloridlösung zu Natriumcarbonatlösung.

V 215.2 a) Tropfe in einem Gasentwickler halbkonz. Salzsäure zu Lösungen von Natriumcarbonat bzw. Natriumhydrogencarbonat (Schutzbrille!). Führe ein gewinkeltes Glasrohr vom Gasentwickler in Kalkwasser. b) Tropfe verdünnte Salzsäure auf den Feststoff von V 214.1, auf Kalkstein, ein Schneckenhaus, eine Muschelschale, Korallenskelettstückchen und Eierschalen. c) Tropfe verdünnte Salzsäure auf verschiedene Gesteins- und Bodenproben.

V 215.3 Mische ein Teil Natriumhydrogencarbonat mit zwei Teilen fester Citronensäure und gib etwas Zucker (Modellversuch für Brausepulver) oder Mehl (Modellversuch für Backpulver) zu. Gieße Wasser zu den Gemischen.

V 215.4 Gib in einen 250-ml-Erlenmeyerkolben, dem ein Stopfen mit einem Gleichdrucktropftrichter und einem rechtwinklig gebogenen Glasrohr mit ausgezogener Spitze aufgesetzt wird, ein Gemisch aus Natriumhydrogencarbonat (4 Spatellöffel), Citronensäure (3 Spatellöffel) und Saponin (1 Spatellöffel). Laß in kurzen Abständen jeweils etwas Wasser aus dem Tropftrichter zufließen und lösche mit dem entweichenden Schaum einige Tropfen brennendes Benzin.

V 215.5 Erhitze festes Natriumhydrogencarbonat in einem waagerecht eingespannten Reagenzglas, von dem ein gewinkeltes Glasrohr zunächst in Kalkwasser und danach auf den Boden eines Becherglases führt, in dem sich eine kleine brennende Kerze befindet.

B 215.1 Wichtige Carbonate und Hydrogencarbonate

Name	Formel	Verwendung
Natriumcarbonat (Soda)	Na_2CO_3 $\cdot 10\ H_2O$	bei der Herstellung von Glas, Seife und Waschmitteln, Farbstoffen
Natriumhydrogencarbonat (Natron)	$NaHCO_3$	bei der Herstellung von Brause- und Backpulver; in Feuerlöschern; als Mittel gegen Sodbrennen
Kaliumcarbonat (Pottasche)	K_2CO_3	bei der Herstellung von Kaliseifen (Schmierseifen) und Glas
Calciumcarbonat (Kalk)	$CaCO_3$	als Baustein und Schotter; bei der Herstellung von Zement, Branntkalk, Löschkalk und Düngemitteln

18.4 Kreislauf des Kalks in Natur und Technik

V 216.1 Erhitze die Lösung von V 214.3b und führe ein gewinkeltes Glasrohr in Kalkwasser.

V 216.2 Leite in eine Kalkaufschlämmung längere Zeit Kohlenstoffdioxid ein. Filtriere und erhitze das Filtrat zum Sieden.

V 216.3 a) Erhitze Leitungswasser im Reagenzglas.
b) Schüttle gleiche Portionen dest. Wasser und Leitungswasser mit der gleichen Menge verdünnter Seifenlösung. Beobachte das Ausmaß der Schaumbildung.

V 216.4 Bestimme mit Hilfe von Reagenziensätzen die Härte von Leitungswasser und Regenwasser.

V 216.5 Wiederhole V 216.3b mit Regenwasser, Mineralwasser, gekochtem Wasser und Leitungswasser, dem zuvor Soda zugesetzt wurde.

V 216.6 In einem waagerecht eingespannten Quarz-Reagenzglas werden Calciumcarbonatstückchen kräftig erhitzt. Von der Öffnung des Reagenzglases führt ein gewinkeltes Glasrohr in Kalkwasser.

B 216.1 Kreislauf des Kalks in der Natur

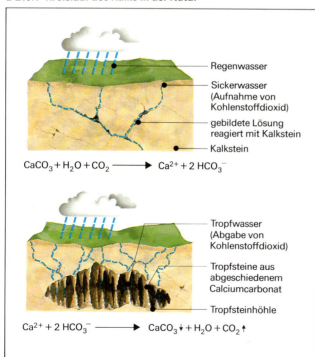

$$Ca^{2+} + 2\ HCO_3^- \longrightarrow CaCO_3 \downarrow + H_2O + CO_2 \uparrow$$

Der natürliche Kreislauf des Kalks. In Landschaften wie z. B. der Schwäbischen Alb, deren Untergrund aus Kalkstein besteht, findet man häufig Spalten und Höhlen im Gestein. Sie entstehen durch die Wirkung des Wassers. Calciumcarbonat ist zwar ein schwerlösliches Salz; leitet man jedoch *Kohlenstoffdioxid* in eine frisch gefällte *Calciumcarbonatsuspension* ein, so erhält man nach kurzer Zeit eine *klare Lösung* (↗ Kap. 18.3), die Ca^{2+}- und HCO_3^--Ionen enthält.

In der Natur vollzieht sich die Reaktion von Calciumcarbonat zum Hydrogencarbonat ständig (▶ B 216.1). Regenwasser nimmt beim Durchgang durch die Luft und den Humus des Bodens Kohlenstoffdioxid auf, so daß es auf Kalkgestein einwirken und tiefe Furchen, Spalten und Höhlen bilden kann. *Verdunstet* an anderen Stellen das Wasser der Calciumhydrogencarbonatlösung, so entweicht Kohlenstoffdioxid, und es fällt wieder Calciumcarbonat aus (▶ V 216.1 und 216.2):

$$Ca^{2+} + 2\ HCO_3^- \longrightarrow CaCO_3 + H_2O + CO_2$$

Dieser Vorgang zeigt sich in der Natur bei der Bildung von *Tropfsteinen* (▶ B 217.1) oder *Kalksinterterrassen* (▶ B 217.2), wo beim Herabstürzen des Wassers viel Kohlenstoffdioxid frei wird.

Hartes und weiches Wasser. Durch die Calciumhydrogencarbonat-Bildung sowie Auslaugungsvorgänge in Salzlagern und Gesteinen sind *Salze im Wasser gelöst* (▶ V 216.3a). Schüttelt man destilliertes Wasser einerseits und Leitungswasser andererseits mit Seifenlösung, so beobachtet man unterschiedlich starke Schaumbildungen (▶ V 216.3b). Bei starker Schaumbildung spricht man von **weichem Wasser,** bei wenig Schaum von **hartem Wasser.** Die **Wasserhärte** wird durch gelöste Calcium-, Magnesium- und teilweise auch Eisensalze bedingt. Man unterscheidet dabei die **vorübergehende Härte** (Carbonathärte oder temporäre Härte) und die **bleibende Härte** (permanente Härte), die vor allem durch Sulfate hervorgerufen wird. Ursache der Carbonathärte sind die Hydrogencarbonationen; beim Erhitzen der Lösung bildet sich schwerlösliches Calciumcarbonat, das sich als *Kesselstein* in Töpfen oder Heizkesseln festsetzt (▶ B 217.3).

Waschen mit hartem Wasser *erhöht* durch Bildung von waschinaktiver, schwerlöslicher Kalkseife den Seifenverbrauch. Erst nachdem alle Calciumionen ausgefällt sind, kann sich die Waschwirkung der Seife entfalten. Aus diesem Grund hat man früher der Waschlösung als *Enthärtungsmittel* Soda zugesetzt (▶ V 216.5). Die Carbonationen reagieren dabei mit den Calciumionen zu schwerlöslichem Calciumcarbonat. Heute benutzt man andere Enthärter, z.B. Polyphosphate, die meist schon in den Waschmitteln enthalten sind (↗ Kap. 15.15).

Kreislauf des Kalks in Natur und Technik

B 217.1 **Höhle mit Tropfsteinen** an Boden und Decke

B 217.2 **Kalksinterterrassen** in Pamukkale (Türkei)

B 217.3 **Kalkablagerungen** in einem Wasserleitungsrohr

Temporäre und permanente Härte bilden die **Gesamthärte** des Wassers. Sie wird oft noch in **Härtegraden** (**Grad deutscher Härte**, Einheitenzeichen °dH) angegeben. 1°dH entspricht einer Calciumoxidkonzentration $c(CaO) = 0,1783$ mmol/l, die z. B. durch Lösen von 10 mg Calciumoxid in 1 l Wasser erreicht wird. Die Konzentrationen der Magnesium- und Eisenverbindungen werden auf Calciumoxid umgerechnet. Die Wasserhärte ist je nach geologischem Untergrund sehr unterschiedlich. Sie kann mit Reagenziensätzen bestimmt werden (▶ V 216.4).

Der technische Kreislauf des Kalks. In der Technik wird in Steinbrüchen abgebautes Calciumcarbonat auf ca. 1000 °C erhitzt. Dabei zerfällt es in Kohlenstoffdioxid und Calciumoxid (▶ V 216.6 und 217.1):

$$CaCO_3 \xrightarrow{1000\,°C} CaO + CO_2$$

Dieser Vorgang heißt **Kalkbrennen**. Calciumoxid wird auch als **gebrannter Kalk** oder **Branntkalk** bezeichnet. Gebrannter Kalk und Wasser reagieren stark exotherm zu Calciumhydroxid (▶ V 217.1), das **gelöschter Kalk** oder **Löschkalk** heißt (**Kalklöschen**). Seine wäßrige Suspension wird auch **Kalkmilch** genannt.
Mischt man Löschkalk mit Sand und Wasser, so erhält man **Kalkmörtel**. Vor der Erfindung des Zements wurde allein Kalkmörtel als Bindemittel zwischen Mauersteinen verwendet. Zum *Abbinden* muß er Kohlenstoffdioxid aus der Luft aufnehmen (▶ V 217.2), wobei wieder Calciumcarbonat entsteht (▶ B 217.4, ↗ Kap. 18.3). Die Kalkkriställchen bilden dabei mit den Sandkörnern ein festes Gefüge. Das Abbinden kann bei dicken Mauern Jahre dauern. In dieser Zeit sind die Mauern immer etwas feucht. Heute wird Kalkmörtel vor allem für den Außenputz von Gebäuden verwendet.

V 217.1 Man erhitzt im Röhrenofen einige Marmorstückchen ca. 30 min auf 1000 °C und läßt im Exsikkator erkalten. Dann gibt man tropfenweise Wasser auf das Produkt und mißt dessen Temperatur.

V 217.2 Mische einen Teil Löschkalk mit drei Teilen Sand und Wasser. Lasse eine Probe davon einige Tage an der Luft, eine andere in einem mit Kohlenstoffdioxid gefüllten Einmachglas stehen. Ermittle jeweils die Dauer bis zum Verfestigen des Mörtels. Tropfe nach dem Erhärten verdünnte Salzsäure auf beide Proben.

A 217.1 Stelle die Reaktionsgleichungen auf für
a) Kalklöschen, b) Abbinden von Löschkalk.

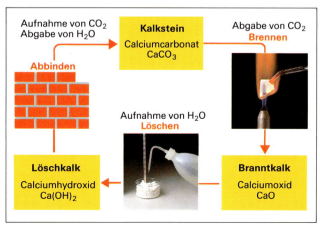

B 217.4 Der technische Kreislauf des Kalks

18.5 Überprüfung und Vertiefung

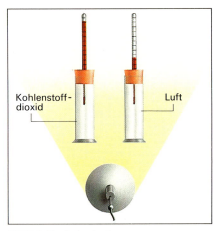

B 218.1 Zu Aufgabe 1

Im Gärfuttersilo erstickt

Mengen. Auf einem Bauernhof bei Mengen hat sich ein tragischer Unglücksfall ereignet. Ein 60jähriger Landwirt verlor beim Betreten eines Futtersilos durch dort angesammeltes Kohlenstoffdioxid das Bewußtsein. Sein Sohn, der ihn retten wollte, wurde ebenfalls bewußtlos. Für beide kam jede Hilfe zu spät.

B 218.2 Zu Aufgabe 3

Feuer und Rauchen polizeilich verboten! Vorsicht! Beim Laufenlassen der Motoren Tore öffnen, Vergiftungsgefahr!

B 218.3 Zu Aufgabe 7

1 Der Temperaturanstieg in der Apparatur nach ▶ B 218.1 ist bei einer Kohlenstoffdioxidfüllung wesentlich stärker ausgeprägt, als bei einer Füllung mit Luft, da Kohlenstoffdioxid im Gegensatz zu Stickstoff und Sauerstoff Infrarotstrahlung (Wärmestrahlung) absorbiert. Welche Veränderungen könnte demnach der steigende Kohlenstoffdioxidanteil in der Erdatmosphäre hervorrufen?

2 Beschreibe die Versuche, mit denen man die Formel von Kohlenstoffdioxid bestätigen kann. Welche Gesetzmäßigkeit wendet man bei der Auswertung an (↗ Kap. 7.5)?

B 218.4 Zu Aufgabe 9

Gestein	Ort	Wasserhärte (°dH)
Buntsandst.	Kaiserslautern	1
Grundgebirge (Granit, Gneis)	Freiburg i. B.	1,5
Quarzite, Grauwacken (Harz)	Braunschweig	2,5
Basalt (Vogelsberg)	Frankfurt a. M.	5
Ruhrschotter	Essen	9
Braunkohlensande	Kiel	16
Eiszeitl. Sande	Hamburg	20
Keuper	Tübingen	27
Muschelkalk	Würzburg	37
–	Bodenseewasser	ca. 10

3 Worauf muß beim Arbeiten in Grünfuttersilos, Faulgruben usw. besonders geachtet werden, ▶ B 218.2?

4 Wie kann man Kesselstein entfernen?

5 Kann man festes Calciumhydrogencarbonat durch Eindampfen der Lösung gewinnen? Begründe!

6 Ist das Aufschäumen beim Auftropfen von Salzsäure auf einen Gesteinsbrocken ein eindeutiger Nachweis für Calciumcarbonat? Begründe!

7 Welches Gas ist mitverantwortlich für die Giftigkeit der Autoabgase, ▶ B 218.3? Wie erklärt man seine Wirkung im Körper?

8 Warum führte früher der Kellermeister beim Hinabsteigen in tiefliegende Gärkeller immer eine brennende Kerze mit sich?

9 Welche Probleme werden im Haushalt durch eine sehr hohe Wasserhärte verursacht, ▶ B 218.4? Erkläre den Zusammenhang zwischen geologischem Untergrund und Wasserhärte.

10 Beschreibe einen Versuch, mit dem man den Carbonatanteil einer Bodenprobe bestimmen kann.

11 10 mg Calciumoxid in 1 l Wasser können durch Bildung waschinaktiver Kalkseife etwa 0,1 g Seife binden. Welche Seifenmasse wird gebunden, wenn man von 60 l Badewasser mit einer Wasserhärte von 23 °dH ausgeht?

12 Kohlenstoffmonooxid kann man nachweisen durch Schwarzfärbung einer ammoniakalischen Silbernitratlösung, hervorgerufen durch ausfallendes Silber. Welchen Schluß kann man ziehen, wenn man mit Portionen von Autoabgasen in ammoniakalischer Silbernitratlösung einen schwarzen und mit Kalkwasser einen weißen Niederschlag erhält?

13 Formuliere die Reaktionsgleichungen für den Vorgang, der bei der Bildung von Tropfsteinen abläuft.

14 Um das in 1 g Eierschalen enthaltene Calciumcarbonat vollständig zur Reaktion zu bringen, wurden bei einem Versuch 180 ml Salzsäure (c = 0,1 mol/l) benötigt. Berechne daraus den Massenanteil des Calciumcarbonats in Eierschalen.

15 In Neubauten, die mit Kalkmörtel gemauert werden, stellt man häufig Koksöfen auf. Warum ist dies besonders günstig?

16 Kann man konzentrierte Kohlensäure herstellen? Begründe!

17 Beim Kalkbrennen werden zwei Tonnen reiner Kalk eingesetzt. Welches Volumen besitzt die dabei entstehende Kohlenstoffdioxidportion unter Normbedingungen?

19 Quarz und Silicate

Im vorangegangenen Kapitel haben wir mit den Carbonaten Sauerstoffverbindungen des Kohlenstoffs kennengelernt, die Gesteine bilden. Weitaus verbreiteter sind jedoch Sauerstoffverbindungen des Elements Silicium: Quarz und Silicate. Ein großer Teil der Böden und Gesteine der Erdkruste besteht aus ihnen. Silicium selbst kommt in der Natur nicht elementar vor.

Siliciumverbindungen sind im Alltag und in der Technik von großer Bedeutung. Gläser und Tone werden seit Jahrtausenden zur Herstellung von Gebrauchsgegenständen verwendet. Auch die Bauwirtschaft macht in großem Maße von Quarz und Silicaten Gebrauch, zum Beispiel bei der Herstellung von Zement und Beton.

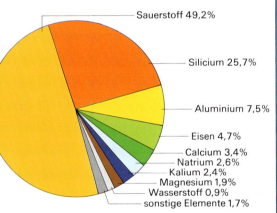

Massenanteil der Elemente in der Erdkruste
- Sauerstoff 49,2%
- Silicium 25,7%
- Aluminium 7,5%
- Eisen 4,7%
- Calcium 3,4%
- Natrium 2,6%
- Kalium 2,4%
- Magnesium 1,9%
- Wasserstoff 0,9%
- sonstige Elemente 1,7%

Wir werden im folgenden wichtige Anwendungsbereiche der Silicate im Alltag kennenlernen und einige der zugrundeliegenden chemischen Vorgänge, Eigenschaften und Strukturen näher betrachten.

19.1 Quarz

B 220.1 **Bergkristall, reiner Quarz.** Die Kristalle sind sechseckig gebaut

Sehr bekannte Gesteine sind *Granit, Gneis* und *Glimmerschiefer*. Sie alle enthalten Quarz. Reinen Quarz findet man als **Bergkristall** (▶ B 220.1). Quarz ist **Siliciumdioxid**. Bei der Verwitterung quarzhaltiger Gesteine werden die sehr harten und in Wasser unlöslichen Quarzkriställchen frei, von Wasser abtransportiert und als **Sand** abgelagert (▶ V 220.1), der wieder zu *Sandstein* verbacken kann. Auch *Feuer-* und *Kieselstein* bestehen im wesentlichen aus Quarz.

Das Element **Silicium** steht in der vierten Hauptgruppe des Periodensystems unter dem verwandten Kohlenstoff. Im Gegensatz zum gasförmigen Kohlenstoffdioxid ist Siliciumdioxid jedoch ein sehr harter Feststoff mit hoher Schmelz- und Siedetemperatur. Diese Unterschiede müssen im *verschiedenen Aufbau* beider Stoffe begründet liegen.

Kohlenstoff- und Siliciumatome besitzen je vier Außenelektronen und können demnach jeweils vier Atombindungen zu Partnern ausbilden. In dem *kleinen, linearen* Kohlenstoffdioxidmolekül sind zwei Sauerstoffatome über zwei Doppelbindungen an das Kohlenstoffatom gebunden. Siliciumdioxid kann aufgrund seiner Eigenschaften nicht aus *kleinen Molekülen* bestehen, obwohl auch die Silicium- und Sauerstoffatome über Atombindungen aneinander gebunden sind. Weil das Siliciumatom aber wesentlich *größer* ist als das Kohlenstoffatom, geht es meist nur Einfachbindungen ein. Daher bildet Quarz, ähnlich wie der Diamant, ein festes Kristallgitter mit Atombindungen aus. In diesem Gitter gehen von jedem Siliciumatom vier Bindungen zu Sauerstoffatomen aus, die das Siliciumatom *tetraedrisch* umgeben. Mit ihrer zweiten Bindung sind die Sauerstoffatome an weitere Siliciumatome gebunden, so daß sie immer die gemeinsame Ecke zweier Tetraeder bilden (▶ B 220.2). Auf diese Weise entsteht ein großer Kristall mit einem *regelmäßigen Netzwerk aus Tetraedern,* das, zusammen mit der Stärke der Silicium-Sauerstoff-Bindung, die Härte und die hohe Schmelztemperatur verursacht (▶ B 220.3 und 4). Die Formel SiO_2 ist also eine *Verhältnisformel*.

Zur besseren Sichtbarkeit ist in ▶ B 220.3 nur *eine Schicht* des Quarzgitters abgebildet. Die darüber- und darunterliegenden Sauerstoffatome, die diese Schicht mit der darüber- und darunterliegenden verbinden, fehlen.

V 220.1 Betrachte einige Sandkörner und ein Stück Sandstein unter dem Mikroskop.

A 220.1 Stelle mit Hilfe eines Mineralienführers eine Tabelle weiterer Quarzmineralien mit ihren charakteristischen Färbungen zusammen.

A 220.2 Suche im Lexikon nach Informationen über Ergußgesteine, Sedimentgesteine und metamorphe Gesteine. Stelle in einer Tabelle Beispiele zusammen.

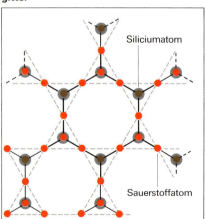

B 220.2 **Ausschnitt aus einem Quarzgitter**

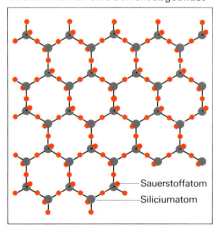

B 220.3 **Aufbau von Quarz.** Zur besseren Übersicht ist nur eine Schicht abgebildet

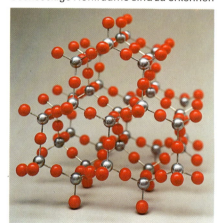

B 220.4 **Kristallgittermodell von Quarz.** Sechseckige Hohlräume sind zu erkennen

19.2 Kieselsäuren und Silicate

Kieselsäuren. Die am einfachsten gebaute Kieselsäure, die *Orthokieselsäure*, besitzt die Molekülformel H_4SiO_4 (▶ B 221.2 a) und ist nur in wäßriger Lösung bei pH = 3,2 für kurze Zeit beständig. Bei Abweichungen von diesem pH-Wert erfolgt eine *Teilchenvergrößerung durch Kondensation* (Zusammenschluß unter Abspaltung von Wassermolekülen (▶ B 221.2 c), bei der schließlich die *Metakieselsäure* mit der vereinfachten Formel $(H_2SiO_3)_x$ entsteht, wobei $x \approx 650$ ist. Da die Abspaltung von Wassermolekülen an allen vier OH-Gruppen des Orthokieselsäuremoleküls möglich ist, bilden sich nicht nur *ketten-*, sondern auch *bandförmige, flächige,* und *räumlich vernetzte Polykieselsäuren* (von griech. poly, viel) (▶ B 221.2 c, d, e). Bei vollständiger Wasserabspaltung bildet sich das Siliciumdioxidgitter (▶ B 220.4).

Silicate, Salze der Kieselsäuren. Die Strukturen der Salze leiten sich von denen der Kieselsäuren dadurch ab, daß man *formal* die Protonen der Kieselsäuren durch Metallionen ersetzt. Entsprechend vielfältig sind auch die Strukturen der Silicate (▶ B 221.2 c, d, e). Herstellen kann man die Silicate durch Zusammenschmelzen von Carbonaten mit Quarz, wobei je nach dem Verhältnis der Stoffportionen und den Reaktionsbedingungen unterschiedliche Silicate entstehen (▶ V 221.1). Vereinfachend lautet die Reaktionsgleichung:

$$Na_2CO_3 + SiO_2 \longrightarrow Na_2SiO_3 + CO_2$$

Natrium- und Kaliumsilicatlösung sind unter dem Namen **Wasserglas** im Handel. Sie werden zum Kitten von Porzellan und Glas, zum Konservieren von Eiern, zum Imprägnieren von Papier und als Flammschutzmittel verwendet. *Außer den Alkalisilicaten* sind alle Silicate *schwerlöslich*.
Fügt man Säurelösung zu einer Silicatlösung, so werden Kieselsäuren frei, die in Form von *gallertartigen Feststoffen* **(Gelen)** ausfallen (▶ V 221.2). Getrocknet entsteht ein Pulver **(Silicagel, Kieselgel)** mit sehr großer Oberfläche. Es wird als Trockenmittel, meist in Form von **Blaugel** (▶ B 221.1), angefärbt mit Cobaltsalz, eingesetzt. Durch *adsorbiertes Wasser* werden die Cobaltionen *hydratisiert*, die Farbe schlägt nach Blaßrosa um, so daß man dem Gel ansieht, ob es noch adsorptionsfähig ist. Durch Erwärmen kann feuchtes Blaugel *regeneriert* werden (▶ V 221.3). Ferner besitzt Kieselgel in der Chromatografie als Adsorptionsmittel eine sehr große Bedeutung.

B 221.1 **Blaugel** im adsorptionsfähigen Zustand

V 221.1 In einem Tiegel werden 2 g Soda geschmolzen, dann kleine Portionen Quarzpulver zugesetzt, bis die Gasentwicklung ausbleibt. Zu der erstarrten Schmelze gibt man Wasser, kocht auf und filtriert heiß.

V 221.2 Setze einer verdünnten Wasserglaslösung bzw. der Lösung von V221.1 verdünnte Salzsäure zu.

V 221.3 Erhitze rosa gefärbtes Blaugel im Reagenzglas.

B 221.2 **Strukturen von Kieselsäuren und Silicaten**; a) Kieselsäuretetraeder, b) Kieselsäuretetraeder schematisch, c) Kondensation von Kieselsäure zur Dikieselsäure (Ketten), d) Ausschnitt aus einem Bandsilicat und e) aus einem Schichtsilicat

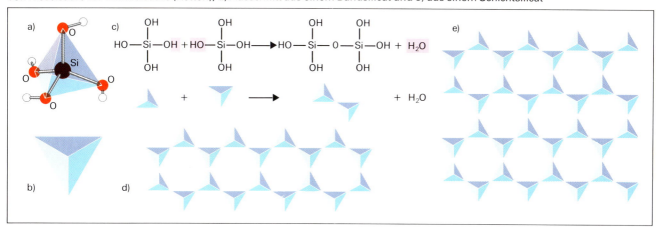

19.3 Glas

V 222.1 a) Mische 20,5 g Borsäure, 5 g Lithiumcarbonat, 3,6 g Soda, 3,4 g Calciumcarbonat und 2 g pulverisiertes Siliciumdioxid gut. Erhitze einen Tiegel auf Rotglut und gib dann einige Spatel des Gemisches hinein. Gib nach dem Schmelzen weiter portionsweise Gemisch zu. Setze einen Deckel auf und erhitze die Schmelze in einem Tiegelofen ca. eine halbe Stunde auf 800 °C. Gieße die Schmelze danach auf ein zuvor erhitztes Eisenblech.
b) Wiederhole den Versuch (a). Füge dem Gemisch eine stecknadelkopfgroße Portion Cobalt(II)-oxid und 40 mg Kupfer(II)-oxid bei.

V 222.2 Erhitze ein Glasrohr bzw. ein Quarzrohr und prüfe das Verhalten bei Rotglut. Tauche dann die heißen Gläser in kaltes Wasser (Schutzbrille!).

V 222.3 Stecke zwei passende Nägel in ein Glasrohr (Abstand der Spitzen 0,5 cm) und verbinde sie über einen Stromstärkemesser (Meßbereich 1 mA) mit einer Wechselspannungsquelle (15 V). Erhitze das Glas zwischen den Nagelspitzen, bis es schmilzt.

V 222.4 a) Erhitze ein Glasrohr unter dauerndem Drehen, bis es an einer Stelle sehr weich wird. Nimm es dann aus der Flamme und ziehe es rasch zu einer Kapillare aus. Bewege die lange Kapillare hin und her. Verkürze sie mit Hilfe einer Tiegelzange.
b) Erhitze auf dieselbe Weise den unteren Teil eines Reagenzglases. Nimm es dann aus der Flamme und blase es vorsichtig ein Stück auf (Schutzbrille!).

V 222.5 Halte einen Metallstab und einen Glasstab gleicher Größe in eine nichtleuchtende Brennerflamme.

Glas ist heute in den vielfältigsten Formen und Anwendungen von größter praktischer Bedeutung. Glas besitzt aber auch eine außerordentliche kulturelle Bedeutung, denn es ist der einzige künstlich geschaffene Werkstoff, der seit etwa sechs Jahrtausenden ununterbrochen in Gebrauch ist. Um den Aufbau und die Eigenschaften des Glases besser verstehen zu können, betrachten wir zunächst den Aufbau von Quarzglas.

Quarzglas. Quarz hat eine hohe Schmelztemperatur von etwa 1700 °C, weil beim Schmelzvorgang ein Teil der starken Silicium-Sauerstoff-Bindungen im Quarzkristall *aufgebrochen* werden muß. Beim Abkühlen wird die Schmelze zähflüssiger und erstarrt schließlich, *ohne zu kristallisieren.* Ähnlich wie bei Quarz sind die Siliciumatome auch im Quarzglas tetraedrisch von vier Sauerstoffatomen umgeben. Diese Tetraeder sind jedoch nicht mehr *regelmäßig* angeordnet (▶ B 222.1), sondern bleiben in der im flüssigen Zustand vorhandenen Unordnung. Feste Stoffe, die keine regelmäßige Struktur besitzen und nicht bei einer *bestimmten* Temperatur schmelzen, sondern einen **Erweichungsbereich** besitzen, bezeichnet man im Gegensatz zu kristallinen Stoffen als **amorphe** (von griech. morphe, Gestalt; a: Verneinungsform; also: form-, gestaltlos) Substanzen oder **Gläser**. Quarzglas ist ein teures Glas hoher Qualität. Es besitzt eine so geringe Wärmeausdehnung, daß es rotglühend in kaltes Wasser getaucht werden kann, ohne zu zerspringen (▶ V 222.2).

Andere Glassorten. Beim Zusammenschmelzen von Carbonaten mit Quarz entstehen unter Kohlenstoffdioxidentwicklung Silicate, die, ähnlich wie Quarz, einen teilweise vernetzten Aufbau besitzen. Auch sie gehen beim Erstarren in den Glaszustand über. Aus Quarzsand, Soda und Kalk entsteht **Normalglas (Natronkalkglas)** mit einem Erweichungsbereich zwischen 500 °C und 600 °C (▶ V 222.1a). Normalglas ist ein Gemisch aus Natrium- und Calciumsilicaten, das als solches also Ionen enthält, was ▶ V 222.3 auch bestätigt. Die Kationen sind in das unregelmäßige Netzwerk, das die Silicium- und Sauerstoffatome bilden, eingelagert (▶ B 222.2). Beim Zusammenschmelzen wird ein größerer Teil der starken Silicium-Sauerstoff-Bindungen ersetzt. Damit sinkt der Erweichungsbereich der Substanz.

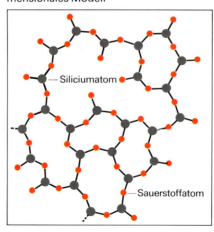

B 222.1 Struktur von Quarzglas. Zweidimensionales Modell

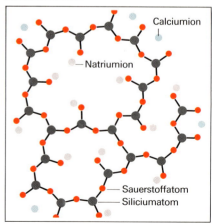

B 222.2 Struktur von Glas. Zweidimensionales Modell

Glas

Glassorte	Rohstoff	Eigenschaften, Verwendung
Normalglas	SiO_2 $CaCO_3$ Na_2CO_3	Erweichung bei 500 °C–600 °C, wird von Laugen angegriffen; für chemische Geräte
schwerschmelzbares Glas	SiO_2 $CaCO_3$ K_2CO_3	Erweichung bei 700 °C–800 °C; für chemische Geräte
Jenaer Glas	SiO_2 Al_2O_3 B_2O_3 BaO	geringe Wärmeausdehnung, beständig gegen Laugen; für chemische Geräte, feuerfeste Schüsseln
Kristallglas oder Bleiglas	SiO_2 PbO K_2CO_3	hohe Lichtbrechung; als Schmuckglas, für geschliffene Geschirre

B 223.1 Verschiedene Glassorten. Je nach Art und Menge der Rohstoffe besitzt das Glas unterschiedliche Eigenschaften

B 223.2 Gießen von Flachglas

Eigenschaften von Glas. Die große Bedeutung von Glas in Alltag und Technik erklärt sich aus seinen herausragenden Eigenschaften, die durch *Zusätze* bei der Herstellung *weitgehend verändert* werden können (▶ B 223.1). Glas ist durchsichtig und kann zu Linsen und Prismen geschliffen werden. Das *Färben* von Gläsern erfolgt durch Zusatz verschiedener Metalloxide bei der Herstellung. Cobaltoxid z. B. färbt Glas blau (▶ V 222.1 b), Eisen(II)-oxid grün und Eisen(III)-oxid braun. Wegen seines Erweichungsbereichs ist Glas günstig zu verarbeiten und zu blasen, wobei vielerlei Formen möglich sind (▶ V 222.4). Glas ist hygienisch, da es keinerlei Geschmack annimmt und leicht zu reinigen ist. Bei geringeren Belastungen verhält es sich elastisch, erst bei stärkeren Einwirkungen spröde. Glas ist ein Isolator, seine Wärmeleitfähigkeit ist gering (▶ V 222.5). Diese Eigenschaft und seine Durchsichtigkeit machen Glas zu einem wichtigen Baustoff. Glas ist gegen chemische Einflüsse weitgehend beständig, so daß nahezu alle Substanzen in Glasbehältern aufbewahrt werden können. Ausnahmen bilden Fluor, Fluorwasserstoff und dessen wäßrige Lösung. Normalglas enthält in geringem Ausmaß wasserlösliche Silicate, die eine alkalische Lösung hervorrufen (▶ V 223.1). Alkalische Lösungen greifen im Laufe der Zeit Glas an. Dies geschieht auch in Spülmaschinen, wenn bislang unsichtbare Kratzer verstärkt und sichtbar gemacht werden (▶ V 223.2).

Die technische Herstellung von Glas. Die Ausgangsstoffe werden meist mit 20 bis 60 % Glasscherben auf 1300 bis 1600 °C erhitzt. Der Zusatz von Glasscherben trägt zur Energie- und Rohstoffeinsparung bei. Deshalb wird bei dem an sich unvernünftigen Gebrauch von Einwegflaschen immer mehr Altglas gesammelt und der Wiederverwendung zugeführt (**„Altglasrecycling"**). Bei einer Temperatur von 900 °C wird die Glasmasse heute größtenteils maschinell verarbeitet. Durch *Gießen, Walzen* und *Ziehen* entstehen **Fenster- und Spiegelglas** (▶ B 223.2). Automaten *blasen* täglich bis zu 60 000 Flaschen. Nur noch Spezialgeräte und Schmuckgläser werden von Glasbläsern hergestellt (▶ B 223.3). Glasfasern werden als **Glaswolle** bei der Wärmedämmung und als **Glasgewebe** zur Verstärkung von Kunststoffen **(Glasfiber)** im Fahrzeugbau eingesetzt. Als **Lichtleiter** ersetzen Glasfasern in der Nachrichtentechnik das weltweit immer knapper werdende Kupfer.

V 223.1 Zerstampfe ein Stück Fenster- bzw. Reagenzglas (Jenaer Glas) im Stahlmörser. Erwärme jeweils einen Spatel davon in Wasser unter Zusatz von Phenolphthalein zum Sieden.

V 223.2 Reibe eine Hälfte von einem Stück Fensterglas 20mal kräftig mit einem Scheuermittel und einem Scheuerschwamm. Erhitze es danach ca. eine Stunde in 2%iger Sodalösung. Vergleiche die beiden Hälften nach dem Trocknen.

B 223.3 **Glasbläser bei der Arbeit** mit einer Glasmacher-Pfeife

19.4 Keramische Werkstoffe

B 224.1 **Formen eines Tonkrugs** auf der Töpferscheibe

Silicate kommen in der Erdrinde in großer Vielfalt vor (↗ Kap. 19.2). Zu den wichtigsten zählt als Bestandteil des Granits der *Feldspat,* ein Natrium- oder Kalium-aluminium-silicat. Bei seiner Verwitterung entsteht **Ton**, der in seiner reinsten Form aus *Aluminiumsilicat* besteht. Er ist neben Sand und Kalk Bestandteil fast aller Böden. Ton ist der Rohstoff der Keramikindustrie. Zur Produktion verwendet man Ton, der schon von Natur aus Sand, Feldspat und Eisenverbindungen enthält **(Töpferton)** oder mischt reinen Ton mit Quarzsand und Feldspat.

Tonwaren. Aus feuchtem Ton werden Gegenstände geformt (▶ B 224.1), die nach dem Trocknen gebrannt werden. Die Tonpartikel *erweichen* dabei oberflächlich und *verbacken* miteinander. Schwach gebrannter Ton ist noch wasserdurchlässig (▶ V 224.2). Viele Tonwaren werden daher in einem weiteren Arbeitsgang mit einer **Glasur** versehen, die beim zweiten Brennen zu einem glasartigen Überzug schmilzt. **Lehm**, ein stark mit Sand und Kalk (▶ V 224.1) vermischter Ton, dient zur Herstellung von Ziegelsteinen und Dachziegeln. Aus einem weißlichen Ton (ohne Eisenverbindungen!), vermischt mit Quarz und Feldspat, wird **Steingut** (Geschirr, Sanitärteile, Spülbecken) gewonnen. Zur Herstellung von **Steinzeug** für Laborgeräte, Röhren und Platten wird das Gemisch bei *höherer Temperatur* gebrannt. Das Material sintert dadurch stärker zusammen und bildet eine dichte, harte Masse.

Porzellan. Zur Herstellung werden *Kaolin* (Aluminiumsilicat), *Feldspat* und *Quarz* zu einem Brei angerührt und geformt. Nach dem Trocknen erfolgt der erste Brand bei 900 °C. Dann trägt man die Glasur auf, eventuell auch Farbverzierungen und brennt nochmals bei 1450 °C (▶ B 224.2). Die Substanzen verbacken dabei zu einer einheitlichen dichten Masse.

Glaskeramik. Der *keramische Zustand* ist gekennzeichnet durch ein *Nebeneinander* von *kristallinen Bereichen* und, beim Zusammensintern des Materials entstehenden, *glasartigen Zonen*. Ausgehend von Glas kann man diesen Aufbau ebenfalls erreichen, indem man Glas *teilweise* zum *Kristallisieren* bringt. Dieser neue Werkstoff besitzt ein sehr geringes Wärmeleitvermögen und widersteht Temperaturschocks (Kochmulden, Kochgeschirr).

▼ **V 224.1** Gib Lehm in ein Becherglas und setze verdünnte Salzsäure zu. Halte einen mit Kalkwasser benetzten Glasstab darüber.

▼ **V 224.2** Stelle einen Ziegelstein (Backstein) hochkant in eine mit wenig Wasser gefüllte Schale und beobachte ihn am nächsten Tag.

▼ **V 224.3** Ordne anhand des Schemas B 224.3 Scherben von Keramikerzeugnissen den Tonwaren zu.

A 224.1 Was ist Ton, was ist Lehm?

B 224.2 **Brennofenanlage in einer Porzellanfabrik.** Das Porzellan wird gerade in den Ofen eingefahren

B 224.3 **Übersicht Tonwaren.** Die Zuordnung erfolgt nach der Beschaffenheit des Scherbens

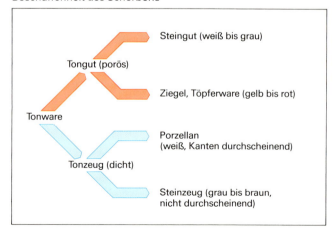

19.5 Zement und Beton

Kalkmörtel benötigt zum Abbinden ständige Luft(Kohlenstoffdioxid)zufuhr (▶ V 225.1, ↗ Kap. 18.4). Das Bauen unter *Luftabschluß,* vor allem unter Wasser, ist damit nicht möglich. Dies erklärt die große Bedeutung von Zement, der auch unter diesen Bedingungen abbindet (▶ V 225.1). Kalkmörtel bezeichnet man daher als **Luftmörtel**, Zementmörtel als **Wassermörtel**. Zement ist für die Bauwirtschaft ein unentbehrlicher Stoff.

Herstellung. Ein Gemisch aus *Ton* (Aluminiumsilicat) und *Kalk* wird fein gemahlen. Manchmal kann auch der in der Natur vorkommende *Mergel,* ein natürliches Gemisch aus beiden Stoffen, verwendet werden. Das Gemisch wird in *Drehrohröfen* von 50 bis 100 m Länge und 2 bis 3 m Durchmesser erhitzt (▶ B 225.1). Diese Öfen sind schwach geneigt und drehen sich in ca. zwei Minuten einmal um ihre Achse. Dadurch wandert der Inhalt langsam nach unten, wobei er im oberen Teil getrocknet und im unteren Teil bei 1450 °C gebrannt wird. Dabei bilden sich vor allem *Calcium-, Aluminium-* und *Eisensilicate.* Die Temperatur wird von einer Flamme am unteren Ende des Drehrohrofens erzeugt. Die zusammengebackene Masse, der „Klinker", wird fein vermahlen und als **Zement** verkauft. Durch Zusatz von ca. 5% *Gips* zu den Ausgangsverbindungen wird eine *Abbindeverzögerung* des Zements erreicht.

Verarbeitung. Wird Zement mit Wasser angerührt, so erstarrt er ohne andere Zusätze zu einer festen Masse. Da beim Zusammenbringen mit Wasser *Wärme frei wird* (▶ V 225.2), ist zu vermuten, daß Zement beim Abbinden mit Wasser *reagiert*, ähnlich wie Gips. Dabei erfolgt die Umsetzung des Wassers mit den beim Brennen entstehenden Silicaten. Die auftretenden Reaktionsprodukte bilden kleinste Kristalle, die ineinander verfilzen und dadurch das Gefüge stark verfestigen (▶ B 225.2).

Beton. Die Verfestigung tritt auch noch ein, wenn Zement mit der 6- bis 8fachen Menge *Sand* und *Kies* gemischt wird. Eine solche Mischung bezeichnet man als Beton. Zur weiteren Festigung des Betons werden häufig noch *Stahlstäbe* oder *-gitter* eingelegt. Man erhält dann **Stahlbeton** (▶ V 225.3). Der Beton schützt das Eisen vor Korrosion und haftet fest an diesen Einlagen. Da sich Beton und Eisen bei Erwärmung gleich stark ausdehnen, entstehen bei Temperaturschwankungen keine Spannungen, die Risse im Beton erzeugen könnten. Stahlbeton vereinigt in sich die *Härte* und *Druckfestigkeit* des Betons mit der *Zugfestigkeit* des Stahls. Mit dieser Kombination sind Konstruktionen möglich geworden, z.B. Brücken und Hochhäuser, die mit der herkömmlichen Steinbauweise nicht zu erreichen sind.

B 225.1 **Herstellung von Zement** aus einem Gemisch von Kalk und Ton in einem Drehrohrofen

V 225.1 Stelle aus einem Teil Zement bzw. Löschkalk und drei Teilen Sand unter Zugabe von Wasser Zement- bzw. Kalkmörtel her. Verteile jede Mischung auf drei Streichholzschachteln. Lasse die offenen Schachteln a) an der Luft, b) in einem geschlossenen Einmachglas und c) in einer Schale unter Wasser stehen. Welcher Mörtel wird hart?

V 225.2 Verrühre Zement mit Wasser zu einem Brei und stelle die Temperaturveränderung fest.

V 225.3 Stelle nach V 225.1 Zementmörtel her und gib ihn mit einem Stück engmaschigen Drahtnetzes in eine Streichholzschachtel. Überprüfe die Festigkeit. Vergleiche mit dem Produkt von V 225.1 a.

B 225.2 **Verfilzung von Silicatkristallen im Zement.** Elektronenmikroskopische Aufnahme

19.6 Überprüfung und Vertiefung

B 226.1 Zu Aufgabe 1

1 Aus dem Element Silicium werden Solarzellen zur direkten Umwandlung von Licht in elektrische Energie gefertigt. Eine noch größere Bedeutung besitzt es in der Computertechnologie als Trägermaterial und Halbleiterwerkstoff. Aus Silicium werden die Kernstücke der Computer, die Mikrochips, gefertigt. Hergestellt wird Silicium in der Technik durch die Reaktion von Kohle mit Quarzsand, im Labor durch Zünden eines Gemisches aus Quarzsand und Magnesium (▶ B 226.1). Nach der Reaktion setzt man Salzsäure zu und isoliert das Silicium durch Filtrieren.
a) Wozu dient die Zugabe der Salzsäure? Welcher Vorgang läuft ab?
b) Formuliere für beide Reaktionen die Reaktionsgleichungen.
c) Um welche Reaktionstypen handelt es sich?

2 Warum werden immer mehr Container zum Sammeln von Altglas aufgestellt (▶ B 226.2)?

3 Warum kann man für Glas keine chemische Formel angeben?

4 Viele Silicate kommen als Mineralien in der Natur vor. Das Mineral Asbest bildet stenglige, faserige Kristalle, Glimmer dagegen ausgesprochen blättrige (▶ B 226.3). Welche Silicatstrukturen kann man demnach diesen Mineralien zuordnen?

5 Unterschiedliche Stoffe dehnen sich beim Erwärmen in der Regel verschieden stark aus. Warum reißt Stahlbeton nicht bei starken Temperaturschwankungen?

6 Welche Bedeutung besitzen Tonschichten im Erdreich oberhalb von Salzlagern?

7 In den Alumosilicaten ist ein Teil der Siliciumatome durch Aluminiumatome ersetzt. Die Vielfalt der Silicatstrukturen wird dadurch weiter gesteigert. Zeolithe sind Alumosilicate mit technischer Bedeutung, die eine mit röhrenartigen Hohlräumen durchsetzte Struktur, ähnlich wie Quarz, besitzen. In den Hohlräumen können Moleküle oder Ionen anderer Stoffe eingelagert werden. Versuche zu erklären, warum diese Zeolithe als „Molekularsiebe" zur Trennung unterschiedlich großer Moleküle verwendet werden können.

8 Welche unterschiedlichen Vorgänge sind zu beobachten, wenn man einen Kochsalzkristall und einen Geräteglasstab stark erhitzt?

9 Vergleiche das Abbinden von Zementmörtel mit dem Abbinden von Kalkmörtel. Welche grundlegenden Unterschiede bestehen zwischen den beiden Prozessen?

10 Siliciumdioxid dient auch als Skelettsubstanz in Pflanzen und Tieren. So ist es bei Gräsern und Schachtelhalmen in die Zellwände eingelagert. Die Gehäuse von Kieselalgen, Sonnen- und Strahlentierchen bestehen ebenfalls meist aus Siliciumdioxid. Aus ihren vorzeitlichen Ablagerungen gewinnt man Kieselgur, das ähnliche Eigenschaften wie ein getrocknetes Kieselgel besitzt. Warum kann man Kieselgur als Verpackungsmaterial für Flaschen, die ätzende Flüssigkeiten enthalten, verwenden?

B 226.2 Zu Aufgabe 2

B 226.3 (links und rechts) Zu Aufgabe 4

Organische Chemie

Aus einem Lehrbuch der Chemie von 1826

Brief von Wöhler an Berzelius (Auszug)

Berlin, 28. Februar 1828

Lieber Herr Professor!

Obgleich ich sicher hoffe, daß mein Brief vom 12. Januar und das Postskript vom 1. Februar bey Ihnen angelangt sind und ich täglich oder vielmehr stündlich in der gespannten Hoffnung lebe, einen Brief von Ihnen zu erhalten, so will ich ihn doch nicht abwarten, sondern schon wieder schreiben, denn ich kann sozusagen mein chemisches Wasser nicht halten und muß Ihnen erzählen, daß ich Harnstoff machen kann, ohne dazu Nieren oder überhaupt ein Thier, sey es Mensch oder Hund, nöthig zu haben. Das cyansaure Ammoniak ist Harnstoff.

Friedrich Wöhler
1800–1882

Friedrich Wöhler 1800–1882
[OCN]⁻ NH₄⁺ ⟶ O=C(NH₂)(NH₂)
Harnstoffsynthese
50 DEUTSCHE BUNDESPOST

Zusammensetzung organischer Verbindungen

Noch zu Beginn des 19. Jahrhunderts glaubten die Chemiker, daß viele Verbindungen wie Zucker, Fette und Harnstoff nur in lebenden Körpern aufgebaut werden könnten, aber niemals in den Geräten eines Laboratoriums. In den Organismen sollte eine besondere *Lebenskraft,* die *vis vitalis,* wirksam sein. Vor diesem Hintergrund wurde 1806 von dem schwedischen Chemiker BERZELIUS (1779–1848) der Begriff **„organische Chemie"** für die Chemie der Stoffe eingeführt, die von *Organismen* hergestellt werden. Der organischen Chemie stand die *anorganische,* damals noch unorganische Chemie genannt, gegenüber. Die Auffassung von einem grundsätzlichen Unterschied zwischen organischer und anorganischer Chemie wurde 1828 durch die *Harnstoffsynthese* erschüttert. Dem deutschen Chemiker FRIEDRICH WÖHLER (1800–1882) gelang es, aus Cyansäure und Ammoniak Harnstoff zu erhalten. Er hatte im Laboratorium eine organische Verbindung hergestellt, damit war die Lehre von der „vis vitalis" erschüttert.

Organische Verbindungen. Die organische Chemie ist schon lange nicht mehr auf Verbindungen der belebten Natur beschränkt. Heute zählt man zur organischen Chemie die Verbindungen, die aus *Kohlenstoff* und weiteren Elementen – die wichtigsten sind neben dem Kohlenstoff: *Wasserstoff, Sauerstoff* und *Stickstoff* – aufgebaut sind. Neben diesen vier Elementen spielen noch Schwefel, Phosphor, die Halogene und einige Metalle (Eisen, Magnesium, Kupfer) in manchen organischen Verbindungen eine Rolle.
Einige Kohlenstoffverbindungen wie die Kohlensäure und ihre Salze und die Oxide des Kohlenstoffs werden aufgrund ihrer Eigenschaften zur anorganischen Chemie gezählt.

Auffallend ist, daß nur wenige Elemente mehrere Millionen organischer Verbindungen bilden. Dagegen sind von allen übrigen Elementen zusammen „nur" einige Hunderttausend Verbindungen bekannt.

Die organische Chemie ist die Chemie der Kohlenstoffverbindungen.

Nachweis von Kohlenstoff und Wasserstoff. Beim Erhitzen von manchen organischen Verbindungen bleibt Kohlenstoff zurück (▶ V 228.1a), sie *„verkohlen".* Viele organische Verbindungen schmelzen oder verdampfen beim Erhitzen. Bei ihrer Oxidation aber muß *Kohlenstoffdioxid* entstehen, das mit Kalkwasser zu einem weißen Niederschlag von Calciumcarbonat reagiert (▶ V 228.1b).

$$CO_2 + Ca^{2+} + 2\ OH^- \longrightarrow CaCO_3 + H_2O$$

Entsteht bei der Verbrennung einer organischen Verbindung *Wasser,* das sich durch die Rosafärbung von blauem Cobaltchloridpapier nachweisen läßt, kann man daraus schließen, daß am Aufbau der Verbindung Wasserstoff beteiligt ist.
Zur Oxidation organischer Verbindungen wird häufig Kupfer(II)-oxid eingesetzt.

Nachweis von Sauerstoff und Stickstoff. Zum Nachweis des Sauerstoffs kann eine organische Verbindung *reduziert* werden. Die Oxidation des Reduktionsmittels (▶ V 228.2a) ist dann ein Nachweis dafür, daß am Aufbau der Verbindung Sauerstoff beteiligt ist. Beim Erhitzen vieler organischer Stickstoffverbindungen mit Natriumhydroxid (▶ V 228.2b) entsteht das stechend riechende *Ammoniak,* das feuchtes Indikatorpapier blau färbt.

B 228.1 Nachweis von Kohlenstoffdioxid und Wasser als Verbrennungsprodukte organischer Verbindungen

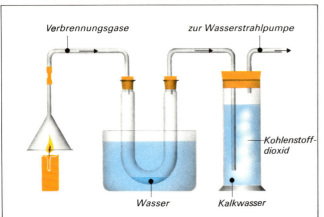

V 228.1 a) Fülle in ein Reagenzglas ca. 1 cm hoch Zucker und erhitze langsam immer kräftiger (Abzug!).
b) Verbrenne nach B 228.1 eine Kerze unter einem Trichter und sauge die Verbrennungsgase durch ein gekühltes U-Rohr und eine Waschflasche mit Kalkwasser. Führe mit der Flüssigkeit im U-Rohr den Wassernachweis durch.

V 228.2 a) Man führt V 69.2 mit Alkohol (Ethanol) anstelle von Wasser durch.
b) Man gibt in ein Reagenzglas 3 Spatel Harnstoff und 3 Plätzchen Natriumhydroxid und erwärmt vorsichtig. Man prüft vorsichtig den Geruch der entweichenden Dämpfe und hält feuchtes Indikatorpapier in die Dämpfe.

20 Kohlenwasserstoffe

Unter den organischen Verbindungen gibt es Stoffe, deren Moleküle nur aus Kohlenstoff- und Wasserstoffatomen aufgebaut sind. Sie finden im Alltag und in der Technik vielfaltige Verwendung. Einige haben ähnliche Eigenschaften, andere unterscheiden sich dagegen sehr stark voneinander.

Wie es möglich ist, daß sich allein aus Kohlenstoff- und Wasserstoffatomen bereits eine Vielzahl verschiedener Verbindungen aufbauen läßt und wovon die Eigenschaften dieser Verbindungen abhängen, wird in diesem Kapitel behandelt.

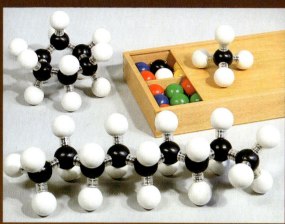

20.1 Methan – der einfachste Kohlenwasserstoff

Schweres Grubenunglück in Frankreich
PARIS. Eine Schlagwetterexplosion, die sich am Freitag in 710 m Tiefe in einer Kohlengrube der französischen Bergarbeiterstadt Lievin ereignete, hat 36 Menschenleben gefordert.
Die Kumpel waren nach fünftägiger Feierschicht erstmals wieder eingefahren. Es wird vermutet, daß sich während dieser Zeit in den Schächten Grubengas angesammelt hat und das hochexplosive Methan-Luft-Gemisch infolge eines Kurzschlusses in einer elektrischen Leitung gezündet wurde.

B 230.1 Methan-Luft-Gemische sind explosiv. Links: Demonstrationsexperiment. Rechts: Meldung über Grubengasunglück

 V 230.1 Man leitet nach B 230.1 in eine dickwandige Abklärflasche Methan (Erdgas) ein und entzündet es nach negativem Ausfall der Knallgasprobe am Ende des (nicht zu engen) Glasrohrs. Nach kurzer Zeit wird die Gaszufuhr unterbrochen und das Gaseinleitungsrohr aus der Flasche entfernt. (Schutzscheibe!) Erkläre die Beobachtungen.

V 230.2 Wiederhole V 228.1b mit Methan (Erdgas).

V 230.3 Bestimme das Volumen und die Masse einer Methanportion. Rechne das Volumen auf Normbedingungen um und berechne die Dichte. Berechne mit der Gleichung: $M = \varrho_n \cdot V_{mn}$ (Kap. 7.7) die molare Masse des Methans. Gib die Masse für ein Molekül Methan und die Molekülformel an.

 V 230.4 Zwei Kolbenprober werden nach B 231.1 über einen Dreiwegehahn und ein Quarzrohr (Durchmesser 1 cm, Länge 15 cm), das mit Aluminiumgrieß gefüllt ist, verbunden. Die Enden des Quarzrohres werden mit Glas- und Quarzwolle dicht gestopft. Nach Verdrängung der Luft aus der Apparatur wird ein Kolbenprober mit 30 cm³ Methan gefüllt. Das Gas wird so oft über das zur Rotglut erhitzte Aluminium gedrückt, bis sich das Gasvolumen nicht mehr ändert. Lies nach dem Abkühlen das Volumen des Gases ab.

A 230.1 Tauscht man in B 231.1 Aluminiumgrieß gegen Kupfer(II)-oxid aus, kann Methan zu Wasser und Kohlenstoffdioxid oxidiert werden. Welches Volumen muß das bei der Oxidation von 30 cm³ Methan gebildete Kohlenstoffdioxid haben?

Vorkommen von Methan. In immer mehr Haushalten wird zur Beheizung der Wohnungen Erdgas eingesetzt, auch in Heizkraft- und Elektrizitätswerken hat das Erdgas die Kohle und das Öl teilweise verdrängt.
Erdgas ist ein Gemisch gasförmiger Stoffe, das häufig zusammen mit Erdöl gefunden wird. Bevor das Erdgas zur Gewinnung der Wärmeenergie verbrannt werden kann, muß es meist von dem giftigen Schwefelwasserstoff (↗ Kap. 15.4) befreit werden.
Der Hauptbestandteil des gereinigten Erdgases ist *Methan,* sein Anteil beträgt je nach Herkunft 85 bis 95%.
Methan bildet auch den Hauptbestandteil des in Steinkohlelagern eingeschlossenen *Grubengases.*

Beim Faulen organischer Stoffe unter Luftabschluß in Sümpfen oder am Grunde stark verschmutzter Gewässer bildet sich *Sumpfgas,* ein Gemisch aus Methan und Kohlenstoffdioxid. Heute wird die bakterielle Zersetzung organischer Verbindungen zunehmend wirtschaftlich genutzt, indem man aus Stallmist, Klärschlamm oder organischem Müll *Biogas* gewinnt. Biogas besteht vorwiegend aus Methan (ca. 60%) und Kohlenstoffdioxid (ca. 35%), daneben enthält es noch Wasserstoff, Stickstoff und Schwefelwasserstoff.

Zukunftweisend ist die Gewinnung von Biogas auf Bauernhöfen mit Großviehhaltung. Eine einzige Kuh produziert pro Tag 10 bis 20 kg organische Biomasse. Aus diesem Dung kann pro Jahr soviel Energie wie aus 300 l Heizöl gewonnen werden. Das bei der bakteriellen Zersetzung zurückbleibende Substrat ist beinahe geruchsfrei, es ist ein aufgewerteter Naturdünger. Die Gewinnung von Methan aus Biomasse kann so dazu beitragen, daß die Güllebelastung der Felder und Gewässer vermindert und wertvolle Rohstoffe geschont werden.

Eigenschaften des Methans. Methan ist ein *farb- und geruchloses* Gas, es ist *brennbar,* unterhält die Verbrennung aber nicht. Mit Sauerstoff bildet es hochexplosive Gemische (▶ V 230.1, ▶ B 230.1 links). Durch unbemerktes Ausströmen von Erdgas kommt es immer wieder zu folgenschweren Gasexplosionen. Auch die gefürchteten Grubengasexplosionen in Kohlebergwerken („Schlagende Wetter") sind auf Methan-Luft-Gemische zurückzuführen (▶ B 230.1 rechts).
Bei der Verbrennung von Methan entstehen Kohlenstoffdioxid und Wasser (▶ V 230.2). Versuche zum Nachweis anderer Elemente als Kohlenstoff und Wasserstoff würden erfolglos bleiben, da Methan eine Verbindung ist, die nur aus Kohlenstoff und Wasserstoff aufgebaut ist. Kennt man außer den Atomen, die ein Methanmolekül aufbauen, noch seine Masse, so lassen sich Rückschlüsse auf die Molekülformel ziehen.

Methan – der einfachste Kohlenwasserstoff

Ermittlung der Molekülformel des Methans. Die mit Hilfe der Dichte des Methans und dem molaren Volumen für Gase ermittelte molare Masse des Methans beträgt 16 g/mol (▶ V 230.3), damit beträgt die *Masse eines Methanmoleküls* 16 u.
Am Aufbau eines Methanmoleküls kann nur *1 Kohlenstoffatom* beteiligt sein, bei 2 Kohlenstoffatomen müßte die Masse schon größer als 24 u sein. Aus der Differenz von 16 u und 12 u ergibt sich, daß *4 Wasserstoffatome* am Aufbau eines Methanmoleküls beteiligt sind. Damit lautet seine Molekülformel C_1H_4.

Allerdings ist die Genauigkeit der hier angewendeten Dichtebestimmung nicht so groß, daß die daraus ermittelte Molekülmasse eine sichere Bestimmung der Anzahl der Wasserstoffatome zuläßt. Die Zahl der Wasserstoffatome soll deshalb noch auf anderem Wege bestimmt werden.

Methan wird beim Überleiten über glühendes Aluminium (▶ V 230.4, ▶ B 231.1) in die Elemente Wasserstoff und Kohlenstoff zerlegt, wobei nur der Wasserstoff gasförmig vorliegt. Das Volumen des Wasserstoffs ist dabei doppelt so groß wie das Volumen des Methans, das zerlegt worden ist.

Nach dem Satz von AVOGADRO folgt daraus, daß bei der Zerlegung der Methanmoleküle doppelt so viele Wasserstoffmoleküle entstanden sind. Dies ist aber nur möglich, wenn am Aufbau eines Methanmoleküls vier Wasserstoffatome beteiligt sind.
Für die Zerlegung des Methans in die Elemente lautet die Reaktionsgleichung:

$C_1H_4 \longrightarrow C + 2\,H_2$

Der räumliche Aufbau des Methanmoleküls. Werden die vier bindenden Elektronenpaare, die sich aus den vier Außenelektronen des Kohlenstoffatoms und den vier Elektronen der vier Wasserstoffatome ergeben, so um den Atomrumpf des Kohlenstoffatoms angeordnet, daß ihre gegenseitige Abstoßung minimal ist, ergibt sich daraus eine tetraedrische Anordnung der Wasserstoffatome um das Kohlenstoffatom (▶ B 231.2 rechts).

Das *Kugel-Stab-Modell* (▶ B 231.2 links) gibt die räumliche Anordnung der Atome im Molekül zueinander wieder. Bei einer zeichnerischen Darstellung in der Ebene ist die räumliche Wiedergabe nur unzulänglich möglich oder umständlich.
Am häufigsten und einfachsten bedient man sich der *Strukturformel*.
Man kann sich die Strukturformel als *Schattenprojektion des Kugel-Stab-Modells* (▶ B 231.3) entstanden denken.

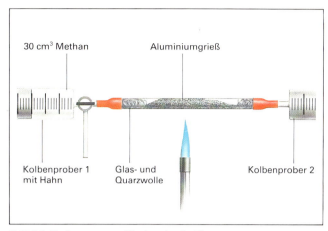

B 231.1 **Zerlegung von Methan in die Elemente**

B 231.2 **Kugel-Stab-Modell des Methanmoleküls** (links). Das Kohlenstoffatom bildet die Mitte eines Tetraeders (rechts)

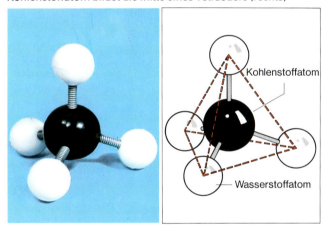

B 231.3 **Ableitung der Strukturformel des Methanmoleküls** aus der Schattenprojektion des Kugel-Stab-Modells

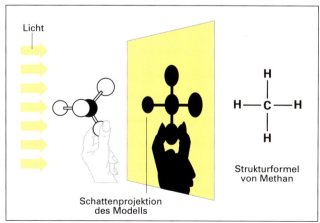

20.2 Die homologe Reihe der Alkane

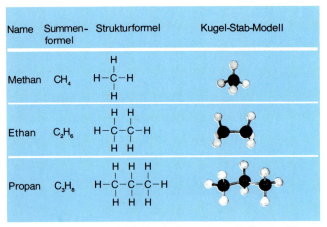

B 232.1 Die ersten drei Glieder der homologen Reihe der Alkane in Formel- und Modelldarstellung

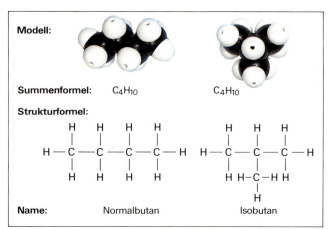

B 232.2 Isomerie. Die Moleküle des n-Butans und des Isobutans haben dieselbe Summenformel

A 232.1 Eine Alkanportion, deren Masse 0,183 g beträgt, nimmt bei 20°C und 1013 mbar ein Volumen von 100 cm³ ein. Um welches Alkan handelt es sich?

A 232.2 Baue Molekülmodelle der verschiedenen Pentanmoleküle (Summenformel: C_5H_{12}) zusammen. Stelle die Strukturformeln auf und benenne die Verbindungen.

A 232.3 Benenne Isobutan nach der systematischen Nomenklatur.

A 232.4 a) Stelle Halbstrukturformeln für die Moleküle der folgenden Verbindungen auf: 3,3-Dimethylhexan, 2-Methylhexan, 3-Ethylhexan, 3-Ethyl-2-methylpentan, 2,3,4-Trimethylhexan.
b) Welche der Moleküle und Verbindungen sind isomer zueinander?

A 232.5 Wende am folgenden Beispiel die Nomenklaturregeln an:

$CH_3-CH_2-CH-CH-CH-CH_2-CH_2-CH_3$
             | | |
           CH_3 CH_2 CH_3
                   |
                  CH_3

Erdgas enthält neben Methan noch kleine Anteile von Kohlenwasserstoffen wie Ethan, Propan und Butan.

Homologe Reihe. Ein Vergleich der Kohlenwasserstoffmoleküle (▶ B 232.1) zeigt, daß jedes Glied dieser Reihe ein C-Atom und zwei H-Atome mehr pro Molekül aufweist als das vorhergehende. Da jedes Kohlenstoffatom tetraedrisch von vier Atomen umgeben ist, ist die Kette der aneinander gebundenen Kohlenstoffatome also nicht geradlinig. Die Moleküle bestehen aus jeweils einer Kette von CH_2-Gruppen, die an beiden Enden durch CH_3-Gruppen abgeschlossen ist.

Eine solche Reihe von Verbindungen, bei denen sich die Moleküle aufeinanderfolgender Glieder jeweils um eine CH_2-Gruppe unterscheiden, nennt man eine **homologe Reihe**. Bei bekannter Anzahl „n" der Kohlenstoffatome eines Moleküls kann man die Anzahl der im Molekül gebundenen Wasserstoffatome mit „2n + 2" berechnen. Daraus ergibt sich die allgemeine **Summenformel**: C_nH_{2n+2}. Eine Summenformel gibt nur Art und Anzahl der Atome wieder.

Die Kohlenwasserstoffe, deren Moleküle sich nach dieser Summenformel aufbauen lassen, heißen **Alkane**. Man erkennt sie an der Endsilbe -an. Für die ersten Glieder der homologen Reihe der Alkane haben sich die traditionellen Namen erhalten, ab fünf Kohlenstoffatome im Molekül werden die Namen der Verbindungen aus dem griechischen oder lateinischen Wort für die Zahl der Kohlenstoffatome und der Nachsilbe „-an" gebildet.

Isomerie. Der Summenformel C_4H_{10} entsprechen *zwei* mögliche Strukturformeln (▶ B 232.2). Das eine Molekül ist aus einer Kette von vier Kohlenstoffatomen aufgebaut, das andere aus einer Kette von drei, wobei das mittlere mit einem weiteren Kohlenstoffatom verknüpft ist.

Moleküle, die bei gleicher Summenformel unterschiedliche Strukturformeln haben, bezeichnet man als Isomere.

Die homologe Reihe der Alkane

Da die Eigenschaften eines Stoffes auch vom räumlichen Aufbau seiner Moleküle abhängen, gibt es also *zwei verschiedene Butane:* n-Butan (normales Butan) und Isobutan.
Mit zunehmender Zahl der Kohlenstoffatome nimmt die Zahl der Isomeren rasch zu (▶ B 233.1). Es ist deshalb notwendig, eindeutige Regeln zur Benennung der Alkane aufzustellen.

Nomenklatur der Alkane. Zur *Benennung* der Alkane betrachtet man die Strukturformeln der Moleküle. Statt der oft sperrigen und unübersichtlichen Strukturformeln verwendet man auch **Halbstrukturformeln**. In ihnen werden nach jeweiligem Bedarf Molekülteile wie in Summenformeln zusammengefaßt. Die Art der Atomverknüpfungen muß dabei eindeutig erkennbar bleiben.

Die Benennung erfolgt nach *Nomenklaturregeln,* die in der folgenden Reihenfolge angewendet werden (▶ B 233.2):

1. Es wird die *längste, durchlaufende Kette* gesucht. Die Zahl der Kohlenstoffatome dieser Hauptkette bestimmt den *Stammnamen des Alkans.*

2. *Seitenketten* erhalten ebenfalls ihren Namen nach der Zahl der Kohlenstoffatome. Anstelle der Endung „-an" erhalten die Seitenketten die *Endung „-yl".* Es gilt allgemein, daß der aus einem Alkanmolekül durch formale Abspaltung eines Wasserstoffatoms hervorgehende „Molekülrest" als *Alkyl-Rest* oder *Alkyl-Gruppe* bezeichnet wird. Der *Name der Seitenkette* wird *dem Stammnamen vorangestellt.* Zur Angabe der Verknüpfungsstellen zwischen Hauptkette und den Seitenketten wird die Hauptkette so durchnumeriert, daß die Verknüpfungsstellen kleinstmögliche Zahlen erhalten. Die Zahlen werden den Namen der Alkylreste vorangestellt.

3. Wenn *gleiche Seitenketten mehrfach* auftreten, so werden zunächst die Verknüpfungsstellen durch die entsprechenden Zahlen angegeben, die Anzahl der gleichen Alkylgruppen wird durch das entsprechende griechische Zahlwort (di-, tri-, tetra-) als Vorsilbe gekennzeichnet.
Sind *verschiedene Seitenketten* vorhanden, werden sie nach alphabetischer Reihenfolge ihres Namens (ohne Beachtung der griechischen Zahlwörter) aufgeführt.

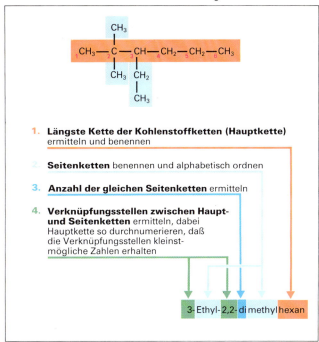

Summenformel	C_4H_{10}	C_5H_{12}	C_6H_{14}	C_7H_{16}	C_8H_{18}	C_9H_{20}	$C_{10}H_{22}$
Anzahl der Isomeren	2	3	5	9	18	35	75

B 233.1 Anzahl der Isomeren in der Reihe der Alkane

B 233.2 Benennung eines Alkans. Die Länge der Hauptkette bestimmt den Grundnamen der Verbindung

B 233.3 Die Isomeren des Hexans. Isomere Verbindungen haben unterschiedliche Siedetemperaturen

Halbstrukturformel	Name	Sdt. (°C)
$CH_3-CH_2-CH_2-CH_2-CH_2-CH_3$	n-Hexan	69
$CH_3-CH(CH_3)-CH_2-CH_2-CH_3$	2-Methylpentan	60
$CH_3-CH_2-CH(CH_3)-CH_2-CH_3$	3-Methylpentan	63
$CH_3-C(CH_3)_2-CH_2-CH_3$	2,2-Dimethylbutan	50
$CH_3-CH(CH_3)-CH(CH_3)-CH_3$	2,3-Dimethylbutan	58

20.3 Eigenschaften und Reaktionen der Alkane

B 234.1 Beispiele für niedere, mittlere und höhere Alkane aus dem Labor

A 234.1 Welche der in B 234.2 aufgeführten Alkane sind bei 20 °C gasförmig, flüssig, fest?

A 234.2 Erläutere, warum 2,2-Dimethylbutan eine niedrigere Siedetemperatur hat als n-Hexan.

B 234.2 Eigenschaften von Alkanen im Vergleich

Summen-formel	Name des Alkans	Schmelz-temperatur (°C)	Siede-temperatur (°C)	Dichte (g/cm³)
C_1H_4	Methan	−183	−162	* 0,466
C_2H_6	Ethan	−172	− 88,5	* 0,572
C_3H_8	Propan	−187	− 42	* 0,585
C_4H_{10}	n-Butan	−138	0	* 0,601
C_5H_{12}	n-Pentan	−130	36	0,626
C_6H_{14}	n-Hexan	− 95	69	0,659
C_7H_{16}	n-Heptan	− 90,5	98	0,684
C_8H_{18}	n-Octan	− 57	126	0,703
C_9H_{20}	n-Nonan	− 54	151	0,718
$C_{10}H_{22}$	n-Decan	− 30	174	0,730
$C_{11}H_{24}$	n-Undecan	− 26	196	0,740
$C_{12}H_{26}$	n-Dodecan	− 10	216	0,749
$C_{16}H_{34}$	n-Hexadecan	18	280	0,775

* im flüssigen Zustand (nahe der Siedetemperatur)

Vorkommen und Verwendung der Alkane. In der Natur findet man die Alkane im Erdgas und Erdöl.
Die gasförmigen Alkane vom Methan bis zu den Butanen faßt man zu den *niederen Alkanen* zusammen. Propan und die Butane lassen sich durch verhältnismäßig niedrige Drücke verflüssigen. Als *„Flüssiggas"* kommen sie in Kartuschen, Stahlflaschen und Tanks in den Handel. Die niederen Alkane werden vorwiegend als „Heizgase" in Haushalten und Industriebetrieben und als Ausgangsstoffe für die Produkte der chemischen Industrie verwendet.

Die Siedetemperaturen der folgenden *mittleren Alkane* (von Pentan bis etwa Nonan) liegen über der Zimmertemperatur, sie sind dünnflüssig. Gemische von Pentanen bis etwa zu den Dodecanen bilden die verschiedenen Benzine (Leicht-, Mittel-, Schwerbenzin). In Petroleum, Dieselöl und leichtem Heizöl werden hauptsächlich Kohlenwasserstoffe gefunden, deren Moleküle aus Ketten zwischen 12 und 20 Kohlenstoffatomen bestehen.

Die Alkane ab etwa den Decanen zählt man zu den *höheren Alkanen,* sie sind ölig bis zähflüssig. Ab etwa den Heptadecanen (Summenformel: $C_{17}H_{36}$), sind die Alkane fest. Gemische höherer Alkane werden als *Paraffin* bezeichnet. Paraffin wird zur Herstellung von Kerzen, zum Imprägnieren von Papier und zur konservierenden Beschichtung von Käse verwendet. Flüssige und feste Alkane können durch Destillation von Erdöl gewonnen werden.

Kettenlänge und van-der-Waals-Kräfte. Innerhalb der homologen Reihe der Alkane steigen die *Siede-* und meistens auch die *Schmelztemperaturen* an (▶ B 234.2). Dies läßt auf steigende Anziehungskräfte zwischen den Molekülen mit zunehmender Länge der Kohlenwasserstoffketten schließen. Die C-H-Bindungen der Alkanmoleküle weisen wegen des geringen Elektronegativitätsunterschieds der Bindungspartner nur eine geringe Polarität auf, aufgrund der symmetrischen Anordnung der Bindungspartner um die Kohlenstoffatome sind die Alkanmoleküle praktisch völlig unpolar. Zwischen den Alkanmolekülen können nur die van-der-Waals-Kräfte wirksam werden. Diese beruhen auf der gegenseitigen Polarisierung der Elektronenwolken der Teilchen.

Die van-der-Waals-Kräfte sind um so größer, je leichter Wechselwirkungen zwischen den Teilchen möglich sind. Mit wachsender Kettenlänge und damit wachsender Oberfläche nehmen die gegenseitigen Berührungs- und Polarisierungsmöglichkeiten und damit die Anziehungskräfte zu, deshalb steigen die Siede- und Schmelztemperaturen innerhalb der homologen Reihe der Alkane.

Eigenschaften und Reaktionen der Alkane

Abweichungen von dieser Regel bei den Schmelztemperaturen rühren daher, daß für die Schmelztemperaturen nicht allein die van-der-Waals-Kräfte, sondern auch die Anordnungen der Moleküle im Gitter verantwortlich sind.

Bei den niederen Alkanen sind die Anziehungskräfte zwischen den Molekülen klein, bei den höheren so groß, daß eine Energiezufuhr eher die Spaltung von Bindungen bewirkt als die Aufhebung der Anziehungskräfte zwischen den Molekülen. Deshalb *zersetzen* sich die Alkane ab etwa den Eicosanen (Summenformel: $C_{20}H_{42}$) bei Normdruck unterhalb der Siedetemperatur (▶ V 235.1).

Die van-der-Waals-Kräfte nehmen mit wachsender Kettenlänge der Alkanmoleküle zu.

Auch die unterschiedliche **Viskosität** (Zähflüssigkeit) der flüssigen Alkane (▶ V 235.2) ist auf die unterschiedlich großen Anziehungskräfte zwischen den Molekülen der verschiedenen Alkane zurückzuführen.
Die Viskosität bezeichnet das *Fließverhalten einer Flüssigkeit.* Eine hohe Viskosität bedeutet Dickflüssigkeit, eine niedrige Dünnflüssigkeit. Beim Fließen gleiten die Moleküle der Flüssigkeit aneinander vorbei; die Moleküle gleiten um so schwerer aneinander vorbei, je größer die zwischenmolekularen Kräfte sind. Da die van-der-Waals-Kräfte zwischen den Molekülen höherer Alkane größer sind als die zwischen Molekülen niederer Alkane, ist die Viskosität eines höheren flüssigen Alkans größer als die eines mittleren flüssigen Alkans.

Löslichkeit. Alle Alkane sind ineinander löslich (▶ V 235.3a); beim intensiven Schütteln eines flüssigen Alkans mit Wasser (▶ V 235.3b) kann eine der beiden Flüssigkeiten in so feine Tröpfchen zerteilt werden, daß ein trübes, über längere Zeit haltbares Gemisch, eine Emulsion, entsteht. In Wasser lösen sich die Alkane nur in Spuren (▶ V 235.3c). Die Löslichkeit zweier Stoffe ineinander hängt weitgehend von der Art der Teilchen ab, aus denen die Stoffe bestehen.
Die Wassermoleküle sind ausgeprägte Dipolmoleküle, die Moleküle der Alkane sind unpolar. Gibt man z.B. n-Hexan zu Wasser, so können die starken Wasserstoffbrückenbindungen zwischen den Wassermolekülen nicht durch die viel schwächeren Anziehungskräfte zwischen n-Hexan- und Wassermolekülen ersetzt werden: Hexan löst sich also nicht in Wasser.
Gibt man aber z.B. n-Hexan zu n-Octan, so werden van-der-Waals-Kräfte, die Hexan- und Octanmoleküle jeweils untereinander bilden, durch van-der-Waals-Kräfte zwischen Hexan- und Octanmolekülen ersetzt: Hexan löst sich also in Octan.
Die an diesen Beispielen gewonnenen Kenntnisse über die Löslichkeit der Stoffe lassen sich verallgemeinern:

Je ähnlicher sich die Teilchen zweier Stoffe in Bezug auf ihre Polarität sind, desto besser lösen sich die Stoffe ineinander.

Lösungsversuche können über die Polarität der Teilchen eines Stoffes etwas aussagen. Für die Charakterisierung organischer Stoffe spielt vor allem die *Löslichkeit in Wasser* eine Rolle.
Man nennt Stoffe, die in Wasser löslich sind, **hydrophil** (wasserfreundlich), die mit den gegenteiligen Eigenschaften **hydrophob** (wassermeidend). Die *Alkane* sind *hydrophob*.

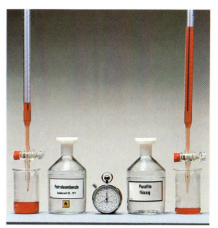

B 235.1 Vergleich der Viskosität zweier Alkangemische

V 235.1 Gib einige Paraffinspäne in ein Reagenzglas und erhitze mit der rauschenden Flamme. (Schutzbrille!)
Deute Deine Beobachtungen.

V 235.2 Miß mit einer Stoppuhr die Auslaufzeiten von Hexan (Petroleumbenzin, Siedebereich 40 bis 60 °C) und Dodecan (Paraffinöl) gleichen Volumens aus derselben Bürette oder aus Büretten gleichen Auslaufs.

V 235.3 a) Gib in einem Reagenzglas zu etwa 5 ml Benzin verschiedene Alkane (z.B. 1 ml n-Hexan, 1 ml Paraffinöl, 1 erbsengroßes Stück Paraffin) und schüttle längere Zeit.
b) Gieße gleich große Portionen Benzin und Wasser in einem Reagenzglas zusammen und schüttle kräftig.
c) Gib in einem Reagenzglas zu etwa 3 ml Wasser etwa 0,5 ml Paraffinöl und schüttle wenigstens 3 min kräftig. Schildere und deute die Beobachtungen.

A 235.1 Erläutere, warum sich die Alkane ab etwa Eicosan beim Erhitzen unter Normdruck zersetzen und nicht sieden.

Eigenschaften und Reaktionen der Alkane

V 236.1 a) Man schüttelt n-Hexan mit konz. Schwefelsäure, n-Hexan mit Kaliumpermanganatlösung, n-Hexan mit Natronlauge, anschließend erwärmt man die Lösungen vorsichtig.
b) Man schüttelt eine stark schwefelsaure Kaliumpermanganat-Lösung mit einigen Tropfen Paraffinöl.

V 236.2 Eine Methanflamme wird in einen mit Chlor gefüllten Standzylinder gesenkt. Nachdem die Farbe des Chlors nicht mehr wahrzunehmen ist, wird feuchtes Indikatorpapier in den Standzylinder gehalten; anschließend bläst man Ammoniak über die Öffnung des Zylinders. (Abzug!)
Schildere und deute die Beobachtungen.

V 236.3 In ein Gasometer (B 236.2), das mit gesättigter Natriumchloridlösung (geringe Löslichkeit von Chlor) gefüllt ist, werden in einer dunklen Ecke des Abzugs 100 ml Chlor und 100 ml Methan gefüllt. Das Gemisch wird zunächst aus einer Entfernung von etwa 1,50 m kurze Zeit mit einer UV-Lampe belichtet. Danach führt man die UV-Lampe vorsichtig näher an das Gemisch heran. (Vorsicht, Methan-Chlor-Gemische können bei Belichtung explodieren! Schutzscheibe!)

B 236.1 Flammenvergleich (von links: Methan, Butan, Benzin, Paraffinöl). Das Rußen der Flammen nimmt zu

Reaktionen. Alkane reagieren weder mit Säuren noch mit Laugen, nur mit starken Oxidationsmitteln reagieren sie langsam (▶ V 236.1). Alle Alkane wurden deshalb früher als *Paraffine* bezeichnet. Dieser Name bedeutet sinngemäß „reaktionsträge". Allerdings ist die Reaktion der Alkane mit Sauerstoff, die Verbrennung der Alkane, eine der häufigsten und bedeutendsten Reaktionen. Sie wird meist durchgeführt, um die dabei freiwerdende Wärmeenergie zu nutzen.

Brennbarkeit. Alle Alkane können bei genügender Sauerstoffzufuhr zu Kohlenstoffdioxid und Wasser verbrennen. Werden verschiedene Alkane an der Luft verbrannt (▶ B 236.1), so rußen die höheren Alkane stärker als die niederen. Dies ist darauf zurückzuführen, daß mit steigendem Kohlenstoffanteil die Alkane unvollständig verbrennen. Der Massenanteil der Kohlenstoffatome in den Alkanmolekülen beträgt z. B. bei Methan 75 % und bei den Decanen 85 %. Bei der unvollständigen Verbrennung entstehen Kohlenstoffkörnchen, die in der Flamme aufleuchten, ohne ganz zu verbrennen.

Halogenierung der Alkane. Methan brennt in *Chlor* mit stark rußender Flamme (▶ V 236.2). Hält man in das Reaktionsgefäß feuchtes Indikatorpapier, wird dieses rot. Bläst man Ammoniak über das Reaktionsgefäß, bildet sich ein weißer Rauch. Methan und Chlor reagieren zu Chlorwasserstoff und Kohlenstoff.
Wird ein Gemisch aus Chlor und Methan, das sich in einem Gasometer über einer gesättigten Natriumchloridlösung befindet (▶ V 236.3, ▶ B 236.2), bestrahlt, so steigt die Sperrflüssigkeit im Gasometer an.
An der Wand des Gasometers setzen sich ölige Tröpfchen ab. Eine Rußabscheidung ist nicht zu beobachten.

B 236.2 Versuchsapparatur zur Reaktion von Methan und Chlor unter Lichteinwirkung

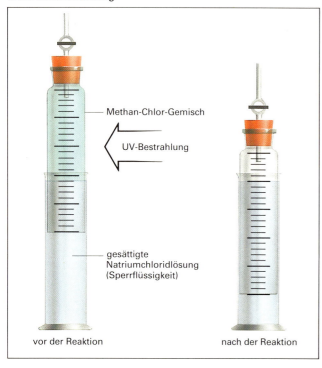

Eigenschaften und Reaktionen der Alkane

Bei der Reaktion von Chlor und Methan entsteht Chlorwasserstoff, der sich in der Natriumchloridlösung löst. Die Wasserstoffatome der Methanmoleküle werden unter diesen Reaktionsbedingungen durch Chloratome ersetzt. So können sich bei der Reaktion von Chlor und Methan neben dem Chlorwasserstoff *Chlor-, Dichlor-, Trichlor-* und *Tetrachlormethan* bilden.

Außer Methan können auch andere Alkane mit den Halogenen Chlor und Brom unter Lichteinwirkung zu **Halogenalkanen** reagieren. Mit Fluor reagieren Alkane selbst im Dunkeln explosionsartig.

Reagiert z. B. ein Alkan wie n-Hexan mit einem Halogen (▶ V 237.1, ▶ B 237.1), können sehr viele verschiedene Halogenhexane gebildet werden. Wird z. B. bei den Molekülen des n-Hexans jeweils nur ein Wasserstoffatom durch ein Bromatom ersetzt, so können schon drei Isomere gebildet werden: 1-Brom-, 2-Brom-, 3-Bromhexan (▶ B 237.2). Werden bei den Hexanmolekülen zwei oder mehr Wasserstoffatome durch Bromatome ersetzt, nimmt die Zahl der möglichen Reaktionsprodukte sehr stark zu.
Bei den Reaktionen der Alkane mit den Halogenen entstehen deshalb meist Gemische von Halogenalkanen.

Mit der nach dem Chemiker FRIEDRICH BEILSTEIN benannten **Beilsteinprobe** läßt sich leicht feststellen, ob eine organische Verbindung zu den Halogenverbindungen gehört. Bringt man einen Tropfen eines Halogenalkans (▶ V 237.2) auf einem Kupferblechstreifen in die nichtleuchtende Brennerflamme, bilden sich flüchtige Kupferhalogenide, die der Brennerflamme eine grüne bis blaue Farbe verleihen (▶ B 237.3). Die *Grün-* bis *Blaufärbung* ist ein *Nachweis für organische Halogenverbindungen.*

V 237.1 a) Man gibt zu n-Hexan in einem Erlenmeyerkolben einige Tropfen Brom. (Abzug!) Der Erlenmeyerkolben wird auf einen Tageslichtprojektor gestellt. Nach einiger Zeit hält man feuchtes Indikatorpapier über die Öffnung des Erlenmeyerkolbens.
b) Man gibt einen Teil des Inhalts des Erlenmeyerkolbens in einen Schütteltrichter mit verdünnter Natronlauge und schüttelt kräftig.
Nach Trennung der organischen Flüssigkeit von der wäßrigen Lösung gibt man einige Tropfen der organischen Flüssigkeit auf einen ausgeglühten Kupferblechstreifen und hält diesen in die Flamme.

V 237.2 Gib einen Tropfen eines Halogenalkans auf einen ausgeglühten Kupferblechstreifen und halte diesen in die nichtleuchtende Brennerflamme.

V 237.3 Tauche ein ausgeglühtes Magnesiastäbchen in etwas Natriumchlorid oder Kaliumbromid und halte das Magnesiastäbchen mit dem anhaftenden Salz in die rauschende Brennerflamme.
Wiederhole den Versuch a) mit Kupferchlorid oder Kupferbromid und b) mit Kupfersulfat anstelle von Natriumchlorid oder Kaliumbromid. Die Spitze des Magnesiastäbchens wird nach jedem Versuch abgebrochen. Deute die Versuchsbeobachtungen.

A 237.1 Formuliere für die (vollständige) Verbrennung von n-Pentan die Reaktionsgleichung. Wie lassen sich die Reaktionsprodukte nachweisen?

A 237.2 Formuliere für die Reaktion(en) von Methan mit Chlor die Reaktionsgleichung(en). Benenne die Reaktionsprodukte.

B 237.1 Reaktion von Hexan mit Brom. Die Lösung von Brom in Hexan (links) entfärbt sich bei Belichtung rasch. Die Bromwasserstoff-Nebel färben den Indikator (rechts)

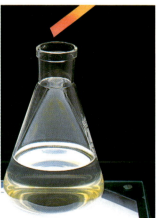

B 237.2 Einige Reaktionsprodukte aus der Bromierung von n-Hexan

1-Bromhexan

$CH_2-(CH_2)_4-CH_3$
|
Br

2-Bromhexan

$CH_3-CH-(CH_2)_3-CH_3$
|
Br

3-Bromhexan

$CH_3-CH_2-CH-(CH_2)_2-CH_3$
|
Br

B 237.3 Beilsteinprobe zum Nachweis organischer Halogenverbindungen

20.4 Radikalische Substitution

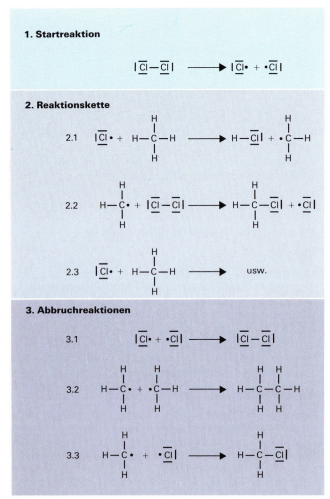

B 238.1 **Ablauf der radikalischen Substitution** bei der Reaktion von Methan mit Chlor

B 238.2 **Bindungsenergien** einiger Atombindungen

Bindung	Bindungs-energie (kJ/mol)	Bindung	Bindungs-energie (kJ/mol)
F – F	159	CH$_3$ – F	452
Cl – Cl	242	CH$_3$ – Cl	352
Br – Br	193	CH$_3$ – Br	293
I – I	151	CH$_3$ – I	234
H – F	567	CH$_3$ – H	435
H – Cl	431		
H – Br	366		
H – I	298		

Bei den Reaktionen der Alkane mit Halogenen entstehen Verbindungen, bei denen Wasserstoffatome der Alkanmoleküle durch Halogenatome ersetzt sind; diese Reaktionen werden deshalb als **Substitutionsreaktionen** (von lat. substituere, ersetzen) bezeichnet.

In den bisher formulierten Reaktionsgleichungen wurden jeweils nur die Teilchen der Ausgangsstoffe und der Reaktionsprodukte aufgeführt. Die Reaktionen der Alkane mit den Halogenen sind sehr genau untersucht worden, so daß man heute die Haupt*schritte*, in denen eine solche Reaktion abläuft, kennt (▶ B 238.1):

1. Durch die Zufuhr von Wärme- oder Lichtenergie werden in der **Startreaktion** *Chlormoleküle* in *Chloratome gespalten*.
Teilchen, die wie die Chloratome ein einzelnes Elektron aufweisen, bezeichnet man als *Radikale*. Wegen dieses einzelnen Elektrons können sie leicht eine Bindung eingehen, deshalb sind sie sehr reaktionsfreudig.

2. In der auf die Startreaktion folgenden **Reaktionskette** bilden sich abwechselnd *Methyl- und Chlorradikale*.

3. Neben den Reaktionen, die zur Bildung von Chlormethan- und Chlorwasserstoffmolekülen führen, finden auch **Abbruchreaktionen** statt, bei denen die zur Reaktionskette notwendigen *Radikale miteinander reagieren*.

Die gesamte Reaktion bezeichnet man wegen der daran beteiligten Radikale als **radikalische Substitution**. Die Substitutionsprodukte aus der Reaktion Alkane mit Halogenen sind Halogenalkane. Je nach Reaktionsbedingungen (Dauer, Konzentration der verschiedenen Stoffe, Temperatur, Katalysator) können verschieden viele Wasserstoffatome eines Alkanmoleküls ersetzt werden.

A 238.1 Bei der Bildung einer Bindung wird Energie frei, zur Spaltung dieser Bindung muß dementsprechend ein gleich großer Energiebetrag aufgewendet werden.
Welche Schritte der Reaktion von Methan mit Chlor sind exotherm und welche endotherm?

A 238.2 Die Reaktionsgleichung für die Reaktion von Chlor und Methan zu Chlormethan und Chlorwasserstoff lautet:
$Cl_2 + CH_4 \longrightarrow CH_3Cl + HCl$.
Welcher Energiebetrag wird frei, wenn 1 mol Chlor und 1 mol Methan miteinander reagieren? Mit welchem Halogen reagiert Methan am stärksten exotherm?

20.5 Halogenalkane

Jedes Wasserstoffatom eines Alkanmoleküls kann durch ein Halogenatom ersetzt werden, es gibt deshalb eine *Vielzahl von Halogenalkanen*.

Eigenschaften. Halogenalkane sind *ineinander* und *in Alkanen löslich*, sie sind gute Lösungsmittel für Fette. Je mehr Wasserstoffatome in Alkanmolekülen durch Halogenatome ersetzt sind, um so schlechter ist die *Brennbarkeit* des Halogenalkans. Auch die *Dichte* der Halogenalkane ist meist um so größer, je mehr Wasserstoffatome durch Halogenatome ersetzt sind. Die *Siedetemperaturen* der Halogenalkane sind höher als die vergleichbarer Alkane, da die van-der-Waals-Kräfte zwischen den Halogenalkanmolekülen größer sind als die zwischen Alkanmolekülen vergleichbarer Kettenlänge oder Oberfläche.

Verwendung. Von Methan und Ethan leiten sich eine Reihe von Halogenalkanen ab, die in Technik und Alltag vielfältige Verwendung finden (▶ B 239.1). *Chloralkane* sind gebräuchliche Lösungsmittel für Fette und Harze: *Dichlormethan* und *Trichlormethan* (Chloroform) werden beispielsweise zum Extrahieren pflanzlicher Öle und zum Entfetten von Metallteilen verwendet. Trichlorethan wird beim „chemischen" Reinigen (Kleiderbad) eingesetzt.

Halogenalkane, deren Moleküle Fluoratome meist neben anderen Halogenatomen enthalten, sind größtenteils hitzebeständige, unbrennbare Gase, die sich durch geringen Druck verflüssigen lassen. Einige dieser Halogenalkane, unter ihnen das *Dichlordifluormethan (Frigen)* werden daher als Kältemittel in Kühlschränken und als Treibgase in Sprays verwendet. Andere wie das *Bromtrifluormethan (Halon)* sind wichtige Feuerlöschmittel. *2-Brom-2-chlor-1,1,1-trifluorethan (Halothan)* wird zur Narkose eingesetzt.

Gefährdung durch Halogenkohlenwasserstoffe. Die meisten Halogenalkane wirken *betäubend;* viele sind *giftig*, einige wie Tetrachlormethan *krebserregend*, andere wie Frigene stehen im Verdacht, die vor UV-Strahlen schützende Ozonschicht der Erde zu gefährden.
Die in großen Mengen als Lösungsmittel verwendeten Chlorkohlenwasserstoffe schaffen besondere *Umweltprobleme,* da sie nur schwer abbaubar sind. Werden Lösungsmittelreste nicht gesammelt (▶ B 239.2) und ordnungsgemäß beseitigt oder wieder aufbereitet, so kann es zur Vergiftung des Grundwassers oder Trinkwassers kommen (▶ B 239.3). Auch zahlreiche Insektenbekämpfungsmittel (Insektizide) gehören zu den Chlorkohlenwasserstoffen. Sie zählen zu den Umweltgiften, die über Jahre ihre Wirksamkeit behalten und sich wegen ihrer guten Fettlöslichkeit in der Nahrungskette anreichern.

Name, Formel	Modell	Eigenschaften, *Verwendung*
Trichlormethan (Chloroform) CHCl$_3$		flüssig, süßlicher Geruch, betäubend, unbrennbar, vermutlich krebserregend, Dichte 1,49 g/cm³, Sdt. 61 °C *Lösungsmittel für Fette und Öle, früher Narkosemittel*
Dichlordifluormethan (Frigen) CCl$_2$F$_2$		gasförmig, geruchlos, ungiftig, unbrennbar, Dichte 1,31 g/cm³, Sdt. −30 °C *Kältemittel, Treibgas in Sprays*
Bromtrifluormethan (Halon) CBrF$_3$		gasförmig, ungiftig, unbrennbar, Dichte 1,54 g/cm³, Sdt. −58 °C *Feuerlöschmittel*
Chlorethan (Ethylchlorid) C$_2$H$_5$Cl		flüssig, leicht flüchtig, süßlicher Geruch, brennbar, Dichte 0,92 g/cm³, Sdt. 12 °C *zur örtlichen Betäubung (›Vereisung‹)*

B 239.1 Einige wichtige Halogenalkane

A 239.1 Stelle die Strukturformeln der im Informationstext angesprochenen Halogenalkane auf.

A 239.2 Zur örtlichen Betäubung wird Chlorethan in feinem Strahl auf die Haut gesprüht, wo es sofort verdunstet. Die besprühte Hautpartie wird „vereist" und dadurch empfindungslos.
Worauf beruht die „Vereisung" der besprühten Hautpartien?

A 239.3 Wegen seiner guten Lösungsfähigkeit für Fette und seiner Nichtbrennbarkeit wurde Tetrachlormethan bis vor kurzem in der „chemischen" Reinigung verwendet. Warum dürfen Fleckenentfernungsmittel heute kein Tetrachlormethan enthalten?

B 239.2 Sammelbehälter für Halogenkohlenwasserstoffe

B 239.3 Meldung aus einer Tageszeitung

Trinkwasserbrunnen stillgelegt

Krs. Esslingen. Ein Trinkwasserbrunnen in Köngen darf nicht mehr weitersprudeln. Er ist mit chlorierten Kohlenwasserstoffen verseucht. Die Behörden sind mittlerweile auf der Suche nach den Verursachern der Verschmutzung. Die Schadstoffquelle muß im Industriegebiet liegen. Chlorkohlenwasserstoffe werden in großen Mengen als Lösungsmittel zum Entfetten von Metallteilen und Schafwolle verwendet. Sie rufen beim Einatmen Übelkeit hervor. Einige stehen auch im Verdacht, krebserregend zu wirken. Vorsicht ist also angebracht.

20.6 Ethen und die C–C-Doppelbindung

B 240.1 **Struktur des Ethenmoleküls**

B 240.2 **Ethan- und Ethenmolekül** im Vergleich

	Ethanmolekül	Ethenmolekül
Bindungslänge der C–C-Bindung in pm	154	134
Bindungsenergie der C–C-Bindung in kJ/mol	348	615
Größe des HCH-Winkels	109,5°	118°
Größe des HCC-Bindungswinkels	109,5°	121°

Neben den Alkanen gibt es noch sehr viele organische Verbindungen, die nur aus Kohlenstoff und Wasserstoff aufgebaut sind.
Auch das farblose, süßlich riechende *Ethen* ist eine Kohlenwasserstoffverbindung. Da Ethen bei Zimmertemperatur gasförmig ist, kann man annehmen, daß die Ethenmoleküle klein sind.

Molekülformel des Ethens. Die molare Masse des Ethens (▶ V 241.1) beträgt 28 g/mol, die Masse eines Ethenmoleküls damit 28 u. Da ein Kohlenstoffatom höchstens vier Wasserstoffatome binden kann, ergibt sich aus der Molekülmasse die Summenformel C_2H_4.
Am Aufbau eines Ethenmoleküls sind zwei Wasserstoffatome weniger beteiligt als am Aufbau eines Ethanmoleküls. Bestätigt wird dies durch die Zerlegung einer Ethenportion von 20 ml in Kohlenstoff und Wasserstoff über glühendem Aluminiumgrieß. Dabei entstehen 40 ml Wasserstoff (▶ V 241.2). Bei der Zerlegung einer Ethanportion gleichen Volumens müßten 60 ml Wasserstoff gebildet werden.
Die Reaktionsgleichung für die Zerlegung des Ethens lautet:

$$C_2H_4 \longrightarrow 2\,C + 2\,H_2$$

Die Molekülformel des Ethens lautet: C_2H_4.

Der räumliche Bau des Ethenmoleküls. In einem Ethenmolekül sind zwei Wasserstoffatome weniger gebunden als in einem Ethanmolekül, so daß zwei weitere Elektronen für eine zweite Bindung zwischen den Kohlenstoffatomen zur Verfügung stehen. Im Ethenmolekül sind die beiden Kohlenstoffatome durch eine **Doppelbindung** miteinander verbunden.

Das Modell der Elektronenpaar-Abstoßung läßt sich auch auf den *räumlichen Bau des Ethenmoleküls* anwenden. Die Doppelbindung zwischen den beiden Kohlenstoffatomen wird durch *zwei Elektronenwolken* gebildet (▶ B 240.1 oben). Diese stoßen sich gegenseitig ab und liegen deshalb oberhalb und unterhalb der C–C-Bindungsachse. Im Kugel-Stab-Modell wird dies durch gebogene Bindungen („Bananenbindungen") veranschaulicht. Wegen der größeren Anziehung, die zwei Elektronenpaare auf die Kerne der Kohlenstoffatome ausüben, ist der Abstand zwischen den Mittelpunkten der beiden Kohlenstoffatome, die Bindungslänge, kürzer als im Ethanmolekül (▶ B 240.2). Die Bindungsenergie der Doppelbindung ist aus den gleichen Gründen größer als die der Einfachbindung. Allerdings ist die Bindungsenergie einer Doppelbindung nicht doppelt so groß wie die einer Einfachbindung.

Da die beiden Elektronenpaare der Doppelbindung zwischen denselben Kohlenstoffatomen liegen, können sich die Elektronenpaarwolken nicht weit voneinander entfernen. Sie wirken deshalb auf andere Elektronenpaare fast wie *eine* Elektronenwolke. Zur Strukturbestimmung des Ethenmoleküls behandelt man deshalb die Doppelbindung näherungsweise wie eine Einfachbindung. Da in diesem Sinne von jedem Kohlenstoffatom nur drei Bindungen (zwei Einfachbindungen und eine Doppelbindung) ausgehen, führt die gegenseitige Abstoßung der Elektronenpaare zu Bindungswinkeln von 120°. Damit haben alle Bindungen den größtmöglichen Abstand voneinander.
Abweichungen von dem Bindungswinkel von 120° im Ethenmolekül werden durch die unterschiedliche Raumbeanspruchung der Elektronenwolken der Doppel- und Einfachbindungen hervorgerufen.
Alle Atome des Ethenmoleküls liegen *in einer Ebene*.

Ethen und die C-C-Doppelbindung

Konformation und cis-trans-Isomerie. Bei einem *Ethanmolekül* sind zwei besondere Stellungen der Wasserstoffatome zueinander möglich (▶ B 241.1). Bei der einen stehen sich die Wasserstoffatome der beiden Molekülhälften genau gegenüber, bei der anderen stehen sie auf Lücke. Die Energiedifferenz zwischen beiden Anordnungen ist so klein, daß die Molekülhälften sich ungehindert gegeneinander drehen.

Solche verschiedenen Stellungen der Atome gehen also durch Drehung um die Achse einer Einfachbindung ineinander über und werden als Konformationen bezeichnet. Liegen die mit den beiden Kohlenstoffatomen verbundenen Atome oder Atomgruppen bei Aufsicht genau *hintereinander*, so handelt es sich um eine *verdeckte* Konformation. Stehen die Atome der Atomgruppen *auf Lücke*, spricht man von *gestaffelter* Konformation. Diese hat die etwas niedrigere Energie.

In einem *Ethenmolekül* können sich die beiden Molekülhälften nicht um die Bindungsachse zwischen den beiden Kohlenstoffatomen gegeneinander drehen.

Um die C-C-Bindungsachse einer Doppelbindung besteht keine freie Drehbarkeit. Um die C-C-Bindungsachse einer Einfachbindung herrscht freie Drehbarkeit.

Aus dieser Tatsache folgt, daß es nur *ein 1,2-Dichlorethan*, aber *zwei* verschiedene *1,2-Dichlorethene* gibt: ein cis- und ein trans-1,2-Dichlorethen. Beim *cis-1,2-Dichlorethen* liegen die beiden Chloratome auf der gleichen Seite des Moleküls, beim *trans-1,2-Dichlorethen* stehen sich die beiden Chloratome gegenüber (▶ B 241.2). Wären die beiden Molekülhälften um die C-C-Bindungsachse drehbar, so könnte es nur ein 1,2-Dichlorethen geben, weil jedes Molekül vom cis-Zustand in den trans-Zustand übergehen könnte und umgekehrt.

Das Fehlen der freien Drehbarkeit legt die Atome in ihrer Stellung fest. Es ist daher erforderlich, für die beiden räumlichen Anordnungen auch verschiedene Strukturformeln anzugeben (▶ B 241.2 unten). Hier liegt also ein weiterer Fall dafür vor, daß zwei Moleküle zwar dieselbe Summenformel ($C_2H_2Cl_2$), aber verschiedene Strukturformeln haben: eine Isomerie. Man nennt sie **cis-trans-Isomerie**. Wie andere Isomere unterscheiden sich auch cis-trans-Isomere in ihren Eigenschaften. So siedet das cis-1,2-Dichlorethen bei 60 °C und das trans-1,2-Dichlorethen bei 47 °C. Auch ihre Dichten (1,284 g/cm^3 bzw. 1,257 g/cm^3) und Schmelztemperaturen (−81 °C bzw. −50 °C) weichen merklich voneinander ab.

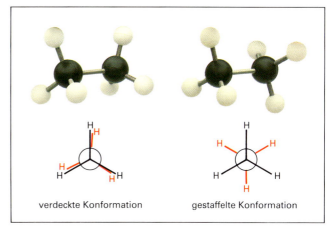

B 241.1 **Konformation.** Durch Drehung um die C-C-Einfachbindung kann ein Ethanmolekül aus der verdeckten in die gestaffelte Form übergehen

V 241.1 Wiederhole V 230.3 mit Ethen.

V 241.2 Man wiederholt V 230.4 mit Ethen.

A 241.1 Bei der Zerlegung von 20 ml eines bei 20 °C und 1013 mbar gasförmigen Kohlenwasserstoffs entstehen neben Kohlenstoff 60 ml Wasserstoff. Bei der Oxidation von 20 ml des Kohlenwasserstoffs mit Kupfer(II)-oxid entstehen außer Wasser 60 ml Kohlenstoffdioxid. Welche Summen- und Strukturformel hat ein Molekül dieses Kohlenwasserstoffs? Begründe!

A 241.2 Stelle die möglichen Strukturformeln zu folgenden Summenformeln auf: a) $C_2H_4Cl_2$, b) $C_2H_2Cl_2$. Benenne die Verbindungen.

B 241.2 **Cis-trans-Isomerie.** Molekülmodelle und Strukturformeln der beiden 1,2-Dichlorethene

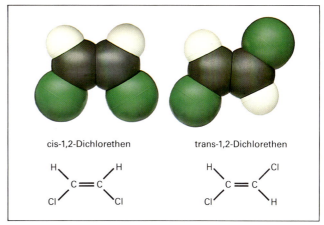

20.7 Eigenschaften und Reaktionen der Alkene

Name des Stoffes	Schmelz-temperatur (°C)	Siede-temperatur (°C)
Ethen	−169	−104
Propen	−185	−47
1-Buten	−185	−6
1-Penten	−138	30
1-Hexen	−140	63
1-Hepten	−119	94
1-Octen	−102	121

B 242.1 Schmelz- und Siedetemperaturen einiger Alkene

Strukturformel	[H₂C=CH-CH₂CH₃]	[CH₃-C(CH₃)=CH₂]	[cis CH₃-CH=CH-CH₃]	[trans CH₃-CH=CH-CH₃]
Name des Stoffes	1-Buten	2-Metylpropen	cis-2-Buten	trans-2-Buten
Schmelz-temperatur (°C)	−185	−140	−139	−106
Siede-temperatur (°C)	−6	−7	−4	1
Dichte (g/cm³) im flüssigen Zustand bei 20 °C	0,595	0,594	0,621	0,604

B 242.2 Isomere Butene. Die unterschiedlichen Eigenschaften sind auf den unterschiedlichen Aufbau ihrer Moleküle zurückzuführen

Die homologe Reihe der Alkene. Kohlenwasserstoffmoleküle, die eine Doppelbindung haben, sind um zwei Wasserstoffatome ärmer als die entsprechenden Alkanmoleküle. Ihre Summenformeln lassen sich dementsprechend nach der *allgemeinen Summenformel* C_nH_{2n} aufstellen. Diese Kohlenwasserstoffe bilden die homologe Reihe der **Alkene**, ihre Namen enden mit der *Nachsilbe „-en"*, z. B. Ethen, Propen, Buten. Gebräuchliche Namen für Ethen, Propen und Buten sind Ethylen, Propylen und Butylen. Diese Namen entsprechen aber nicht der systematischen Nomenklatur.

Es gibt nur zwei verschiedene Butane, aber bereits vier verschiedene Butene (▶ B 242.2). Durch das Auftreten einer Doppelbindung wird die Zahl der möglichen Isomere erweitert. Deshalb muß ab Buten auch die *Lage der Doppelbindung* im Molekül angegeben werden. Dazu numeriert man die längste Kohlenwasserstoffkette, in der sich die Doppelbindung befindet, so durch, daß die Lage der Doppelbindung durch die kleinstmögliche Zahl gekennzeichnet wird.

Eigenschaften der Alkene. Die ersten Glieder der homologen Reihe der Alkene, das sind Ethen, Propen und die vier Butene, sind farblos, fast geruchlos und bei Zimmertemperatur und 1013 mbar gasförmig (▶ B 242.1). Die Schmelz- und Siedetemperaturen der Alkene liegen im gleichen Bereich wie die der entsprechenden Alkane. Auch zwischen den Alkenmolekülen herrschen im festen und flüssigen Aggregatzustand van-der-Waals-Kräfte. Alkene sind untereinander und in (flüssigen) Alkanen löslich, in Wasser sind sie nur in Spuren löslich (▶ V 243.1). Alkene verbrennen an der Luft mit leuchtender und stärker rußender Flamme als die entsprechenden Alkane.

Reaktion von Brom und Ethen. Alkane reagieren mit Brom im zerstreuten Sonnenlicht nur langsam, wobei Bromalkane und Bromwasserstoff gebildet werden (↗ S. 237). Vermischt man Ethen und Brom (▶ V 243.2), verschwindet die Farbe des Bromdampfes viel schneller als bei einem Gemisch aus Ethan und Brom. Selbst im verdunkelten Standzylinder ist nach kurzer Zeit die Farbe des Broms verschwunden. An der Wand des Standzylinders sammeln sich ölige Tröpfchen. Der Nachweis auf Bromwasserstoff verläuft negativ, die Beilsteinprobe mit einigen der öligen Tröpfchen positiv.
Diese Beobachtungen lassen sich gut erklären, wenn man annimmt, daß Brom und Ethen zu einer Bromethanverbindung reagieren. Für eine solche Reaktion könnte die Reaktionsgleichung lauten:

$$H_2C=CH_2 + |\overline{Br}-\overline{Br}| \longrightarrow |\overline{Br}-CH_2-CH_2-\overline{Br}|$$

Brom und Ethen könnten zu dem bei Zimmertemperatur flüssigen 1,2-Dibromethan reagieren. Es könnten aber auch durchaus Wasserstoffatome in den Ethenmolekülen durch Bromatome ersetzt werden, so daß eine Bromethenverbindung und Wasserstoff gebildet würden. Verfolgt man die Reaktion von Ethen und Brom messend (▶ V 243.3, ▶ B 243.1), beobachtet man eine Volumenabnahme des Ethens. Die aus dieser Volumenabnahme errechnete Stoffmenge der verbrauchten Ethenportion entspricht genau der eingesetzten Bromportion. Dieses Ergebnis stimmt mit den Aussagen der obigen Reaktionsgleichung überein und spricht ebenfalls dafür, daß Brom und Ethen zu *1,2-Dibromethan* reagieren.

Brom und Ethen reagieren zu 1,2-Dibromethan.

Eigenschaften und Reaktionen der Alkene

Additionsreaktionen. Weil bei der Reaktion von Ethen (oder anderen Alkenen) und Brom (oder anderen Halogenen) keine Wasserstoffatome durch Halogenatome ersetzt werden, sondern Halogenatome zusätzlich gebunden werden, spricht man von **Additionsreaktionen**. Früher wurden die Alkene als Olefine (Ölbildner) bezeichnet, weil Ethen und Brom zu dem öligen Reaktionsprodukt 1,2-Dibromethan reagieren. Die *Alkene* zählt man zu den *ungesättigten* Kohlenwasserstoffen, weil Alkenmoleküle aufgrund der Doppelbindung zusätzlich andere Atome oder Atomgruppen addieren können. Bei der Reaktion der Alkene mit Wasserstoff entstehen Alkane. Die *Alkane* zählt man zu den *gesättigten* Kohlenwasserstoffen.

Alkene können nicht nur mit Halogenen oder Wasserstoff, sondern mit sehr vielen Stoffen wie z. B. Chlorwasserstoff, Ammoniak und Wasser Additionsreaktionen eingehen. Da die Alkene sehr leicht in verschiedene organische Verbindungen überführt werden können, gehört insbesondere das Ethen zu den wichtigsten Ausgangsstoffen für viele organische Zwischenprodukte der chemischen Industrie. In Westeuropa gibt es ein ausgedehntes Ethen-Fernleitungsnetz, das die Produzenten und Verbraucher von Ethen miteinander verbindet.

Diene. Es gibt ungesättigte Kohlenwasserstoffe, die pro Molekül *mehr als eine Doppelbindung* aufweisen. Von besonderer Bedeutung sind das 1,3-Butadien und das in der Natur vorkommende 2-Methyl-1,3-butadien. Aus 1,3-Butadien wird Synthesekautschuk hergestellt. 2-Methyl-1,3-butadienmoleküle sind die Grundbausteine des natürlichen Kautschuks, der aus dem Milchsaft (Latex) des Kautschukbaumes gewonnen wird.

Die Halbstrukturformeln für die Moleküle von 1,3-Butadien (a) und 2-Methyl-1,3-butadien (b) lauten:

a) $CH_2 = CH - CH = CH_2$

b) $CH_2 = C - CH = CH_2$
$|$
CH_3

Nachweisreaktion für Doppelbindungen. Bromwasser, das durch Zugabe von Brom zu Wasser hergestellt wird, ist leichter handhabbar als Bromdampf. Deshalb leitet man Stoffe, von denen man vermutet, daß sie zu den ungesättigten Kohlenwasserstoffen gehören, durch Bromwasser (▶ V 243.4) oder schüttelt sie mit Bromwasser. Dieses wird bei Anwesenheit von *ungesättigten* Kohlenwasserstoffen meist schnell *entfärbt*.

Die Entfärbung von Bromwasser ist eine Nachweisreaktion für ungesättigte Kohlenwasserstoffe.

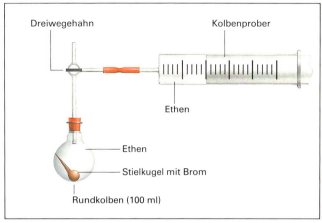

B 243.1 **Bromierung von Ethen** zur Bestimmung des Stoffmengenverhältnisses

V 243.1 Gib eine kleine Portion eines flüssigen Alkens (a) zu Petroleumbenzin, (b) zu Wasser. Schüttle.

V 243.2 Ein mit Ethen gefüllter Standzylinder wird mit der Mündung auf einen mit Bromdampf gefüllten Standzylinder gestellt. Nach Entfernen der Deckplatten stellt man durch Hin- und Herschwenken der beiden übereinanderstehenden Zylinder ein Ethen-Brom-Gemisch her. Anschließend werden die Standzylinder wieder mit Deckplatten verschlossen. Ein Standzylinder wird verdunkelt. Wenn die Farbe des Broms verschwunden ist, hält man ein feuchtes Indikatorpapier in den Gasraum des Standzylinders. Mit einigen der öligen Tröpfchen führt man die Beilsteinprobe durch.

V 243.3 In den Kolben der Apparatur in B 243.1 läßt man vorsichtig eine Stielkugel mit etwa 0,5 g (genau gewogen) Brom gleiten. Anschließend wird die Luft im Kolben durch Ethen verdrängt und der Kolbenprober mit dem Kolben verbunden. Der Kolbenprober wird mit 100 ml Ethen gefüllt. Nach dem Öffnen des Weges zwischen Kolbenprober und Kolben wird der Kolben geschüttelt, so daß die Stielkugel zerbricht. Ändert sich der Kolbenstand nicht mehr, wird das Volumen des „verbrauchten" Ethens bestimmt. Berechne für die Stoffe, die miteinander reagiert haben, das Stoffmengenverhältnis.

V 243.4 Durch eine Waschflasche mit Bromwasser läßt man (a) ein Alken und (b) ein Alkan strömen.

A 243.1 Welcher Stoff entsteht bei der Reaktion von Ethen und Chlorwasserstoff?

20.8 Polymerisation von Ethen

B 244.1 Gegenstände aus Polyethen

V 244.1 Darstellung von Polyethen. Die Apparatur wird entsprechend B 245.1 aufgebaut. In den Dreihalskolben füllt man 125 ml trockenen Petrolether. Auch die beiden Blasenzähler enthalten Petrolether. Die Apparatur wird mit Ethen gespült, anschließend gibt man zum Petrolether im Dreihalskolben mit einer Dreifingerspritze oder einer Einwegspritze 4 ml einer 25%igen Lösung von Triisobutylaluminium in Hexan (TIBA 25) und mit einer Pipette 0,2 ml Titantetrachlorid, die Lösung wird gerührt. Spritze und Pipette werden sofort nach Gebrauch mit Petrolether und 1-Propanol gespült.
Nach kurzer Zeit wird Ethen durch die Lösung geleitet. Sobald die Polymerisation beginnt, erwärmt sich der Kolben. Die Etheneinströmungsgeschwindigkeit wird so einreguliert, daß kaum Gas austritt. Nach 10 bis 15 min kann die Polymerisation abgebrochen werden. In den Dreihalskolben werden etwa 12 ml 1-Propanol getropft. Das Polyethen kann dann abfiltriert werden, mit 1-Propanol gewaschen und bei 80 bis 100 °C im Trockenschrank getrocknet werden. Ausbeute bei diesem Ansatz 5 bis 10 g.
(Achtung! Triisobutylaluminium reagiert wie alle aluminiumorganischen Verbindungen mit dem Sauerstoff der Luft und mit Luftfeuchtigkeit sehr heftig. Die 25%ige Lösung von Triisobutylaluminium läßt sich aber ohne weiteres an der Luft umfüllen. Alle Gefäße müssen aber trocken sein oder mit Petrolether gespült werden. Titantetrachlorid raucht sehr stark an der Luft. Schutzbrille! Abzug!) Schildere die Versuchsbeobachtungen.

V 244.2 Man gibt getrocknetes Polyethenpulver kurz zwischen zwei heiße Metallplatten.

Täglich kommen wir mit Gegenständen aus *Polyethen (Polyethylen)* in Berührung. Joghurtbecher, Schüsseln, Waschkörbe und Plastik-Tragetaschen sind beispielsweise aus Polyethen gefertigt.
Polyethen ist einer der bedeutendsten *Kunststoffe*. Waren Kunststoffe ursprünglich nur Ersatzstoffe für Naturstoffe, so gibt es heute für beinahe jeden Zweck einen besonders geeigneten Kunststoff.
In den folgenden Abschnitten sollen am Beispiel des Polyethens Zusammenhänge zwischen Aufbau, Eigenschaften und Verwendungszweck eines Kunststoffes dargelegt werden.

Polymerisation. Die Bildung von Polyethen ist ein Beispiel für eine *Polymerisation*, d.h. ein Beispiel für die Vereinigung vieler kleiner Moleküle, die mindestens eine Doppelbindung aufweisen, zu **Makromolekülen** (von griech. makros, groß). Die kleinen Moleküle, aus denen die Riesenmoleküle aufgebaut werden, heißen **Monomere** (von griech. monos, eins; meros, Teil), die Makromoleküle dementsprechend **Polymere** (von griech. polys, viel).
Zwar laufen die verschiedenen Polymerisationsreaktionen, für die meist ein Katalysator erforderlich ist, im einzelnen unterschiedlich ab, doch tritt bei allen die Bildung einer *langen Kohlenstoffkette* auf. Für die Bildung einer Kohlenstoffkette aus Ethenmolekülen läßt sich die folgende Reaktionsgleichung formulieren.

$$a\ \begin{matrix} H \\ | \\ C \\ | \\ H \end{matrix} = \begin{matrix} H \\ | \\ C \\ | \\ H \end{matrix} \ + \ \longrightarrow \ (\begin{matrix} H \\ | \\ C \\ | \\ H \end{matrix} - \begin{matrix} H \\ | \\ C \\ | \\ H \end{matrix})_a$$

Die Kohlenstoffatome an den beiden Enden der Kette sind meistens mit Atomgruppen, die aus dem Katalysator stammen, oder mit Wasserstoffatomen verbunden. Es kann sich auch zwischen den beiden letzten Kohlenstoffatomen an einem Ende der Kette eine Doppelbindung bilden.
Polyethen ist kein Ethen, sondern ein Alkangemisch. Polyethen wird nach verschiedenen Polymerisationsverfahren hergestellt.
Die Herstellung des *Hochdruckpolyethens* erfolgt bei Drücken zwischen 1000 bar und 3000 bar und Reaktionstemperaturen von 150 bis 350 °C in Gegenwart von kleinen Portionen Sauerstoff oder organischer Sauerstoffverbindungen, die als Katalysatoren wirken. Die Grundlagen für diese Verfahren wurden 1936 in Großbritannien gelegt.
Seit 1953 sind Verfahren entwickelt worden, die auf Forschungsarbeiten des deutschen Chemikers KARL ZIEGLER beruhen, bei denen Ethenmoleküle bei *niedrigen Drükken* (unter 100 bar) in Gegenwart eines Katalysators (Ziegler-Katalysator) zu Polyethen polymerisieren (Niederdruckpolyethen). Nach diesen Verfahren kann Polyethen auch in der Schule hergestellt werden (▶ V 244.1).

Polymerisation von Ethen

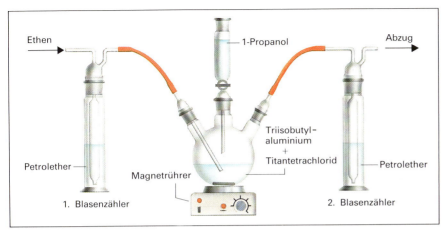

B 245.1 **Apparatur zur Darstellung von Polyethen**. Ethen reagiert in Anwesenheit eines Katalysators zu Polyethen

B 245.2 **Suspension von Polyethen** in Petrolether

Aufbau und Eigenschaften von Hochdruck- und Niederdruckpolyethen. Die *Länge* der Makromoleküle schwankt in weiten Grenzen. Beim Niederdruckpolyethen reihen sich z.B. zwischen 3000 und 200000 Kohlenstoffatome aneinander. Die sehr langen Moleküle können *wirr verknäuelt* sein wie ein Filz oder Wattebausch (▶ B 245.3). Diesen Zustand nennt man **amorph** (gestaltlos). Amorphe Kunststoffe sind durchsichtig.

Die Molekülketten können jedoch auch auf weite Strecken wie Streichhölzer in einer Schachtel *parallel ausgerichtet* sein (▶ B 245.4). Diese Bereiche mit parallel angeordneten Molekülteilen bezeichnet man als *kristalline Bereiche*. In ihnen sind die van-der-Waals-Kräfte besonders groß. Teilkristalline Kunststoffe sind trüb.

Die Moleküle des Hochdruckpolyethens sind im Gegensatz zu denen des Niederdruckpolyethens *stark verzweigt*, auf 1000 Kohlenstoffatome in der Kette kommen 30 bis 40 Verzweigungsstellen. Wegen dieser verzweigten sperrigen Molekülketten treten im Hochdruckpolyethen kaum kristalline Bereiche auf. Hochdruckpolyethen ist im Gegensatz zu Niederdruckpolyethen transparent.

Da sich die weitgehend unverzweigten Molekülketten des Niederdruckpolyethens enger aneinanderlagern können, ist die Dichte des Niederdruckpolyethens (0,94 bis 0,96 g/cm^3) höher als die des Hochdruckpolyethens (0,92 bis 0,94 g/cm^3).

Niederdruckpolyethen ist aufgrund der großen Anziehungskräfte in den kristallinen Bereichen zäh bis hart, während Hochdruckpolyethen eher weich bis zäh ist.

Niederdruckpolyethen wird deshalb zur Herstellung von Flaschentransportkästen, Benzintanks und druckfesten Rohren eingesetzt, während Hochdruckpolyethen für die Herstellung von Folien, Kabelummantelungen und kleinen flexiblen Flaschen verwendet wird.

Die van-der-Waals-Kräfte zwischen den Polyethenketten sind nicht so groß, daß diese bei höheren Temperaturen nicht gegeneinander beweglich würden. Kunststoffe aus fadenförmigen oder verzweigten Makromolekülen sind *plastisch formbar*. Durch *Erwärmen* lassen sie sich in den plastischen Zustand bringen und formen. Niederdruckpolyethen erweicht aufgrund der kristallinen Bereiche bei höheren Temperaturen als Hochdruckpolyethen.

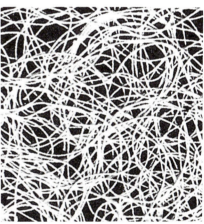

B 245.3 **Amorph.** Die langen Moleküle sind wirr verknäuelt

B 245.4 **Teilkristallin.** Die langen Moleküle sind in Teilen parallel angeordnet

20.9 Ethin – ein Alkin

B 246.1 **Schweißen** mit einem Acetylen-Sauerstoff-Gemisch

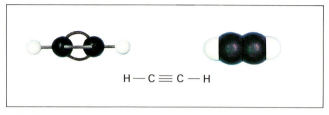

Farbe	farblos	Explosionsgrenzen 2,3 bis 82% in Luft (Volumenanteil)
Geruch	schwach süß	
Siedetemperatur	−84°C	
Dichte (bei 15°C, 1 bar)	1,096 g/l	Aufbewahrung: Zerfall ab 160°C bei Normdruck, deshalb Aufbewahrung gelöst in Aceton unter Druck (gelbe Stahlflaschen)
Flammentemperatur (Ethin/Sauerstoff)	max. 3160°C	

B 246.2 (oben) **Bau des Ethinmoleküls**
B 246.3 (unten) **Eigenschaften des Ethins**

Homologe Reihe der Alkine. Es gibt eine weitere homologe Reihe von Kohlenwasserstoffen, ihre Moleküle weisen eine **Dreifachbindung** zwischen zwei Kohlenstoffatomen auf. Sie werden **Alkine** genannt, ihre Namen enden mit der *Nachsilbe „-in"*, z.B. Ethin, Propin, 1-Butin. Die allgemeine Summenformel für Alkine ist C_nH_{2n-2}.

Das erste und wichtigste Glied der Alkine ist das *Ethin*. Für Ethin wird auch heute noch vielfach, besonders in der Technik, der Name *Acetylen* verwendet. Es kommt in gelben Stahlflaschen in den Handel. Im Labor und teilweise auch noch in der Großtechnik wird es aus Calciumcarbid und Wasser (▶ V 247.1) hergestellt. Die Reaktionsgleichung für die Reaktion von Calciumcarbid und Wasser zu Ethin und Calciumhydroxid lautet:

$$CaC_2 + 2 H_2O \longrightarrow C_2H_2 + Ca(OH)_2$$

Eigenschaften des Ethins. Reines Ethin riecht schwach süßlich; der bekannte Carbidgeruch rührt hauptsächlich von Verunreinigungen durch Phosphor- und Schwefelwasserstoff her. Reines Ethin kann unter Normdruck schon ab etwa 160°C *zerfallen* und explodieren. Ethin-Luft-Gemische mit einem Volumenanteil von 2,3 bis 82% Ethin sind explosiv. Beim Umgang mit Ethin ist deshalb äußerste Sorgfalt zu bewahren.
Ethin verbrennt an der Luft mit hell leuchtender und stark rußender Flamme. Verbrennt man Ethin in Schweiß- und Schneidbrennern zusammen mit Sauerstoff, so erhält man eine nur wenig rußende, sehr helle und heiße Flamme. Die *Flammentemperatur* kann bis zu etwa 3000°C betragen, so daß hochschmelzende Stoffe wie Stahl leicht geschmolzen werden können.

Schweißen und Schneiden. Beim Zerschneiden eines Metalles wie z.B. eines Stahlträgers wird eine kleine Stelle des Metalles bis zur Weißglut erhitzt. Anschließend drosselt man die Ethinzufuhr und läßt Sauerstoff auf die glühende Metalloberfläche strömen. Es bildet sich ein heftiger Funkenregen von verglühendem Metall. Das Metall wird oxidiert, die dabei freiwerdende Wärmeenergie liefert die Wärme zum weiteren Schmelzen des Metalls und seiner Reaktion mit Sauerstoff.
Beim Verschweißen (▶ B 246.1) zweier Metallteile richtet man die Stichflamme des Schweißbrenners auf die Fuge zwischen den Metallen, diese schmelzen und fließen an ihren Grenzen ineinander, so daß bei der Abkühlung die Metallteile fest verbunden sind. Schweißen lassen sich nicht nur Eisen und Stahl, sondern auch Kupfer, Nickel, Aluminium, Messing und Bronze.

Struktur des Ethinmoleküls. Wenn jedes Kohlenstoffatom mit einem Wasserstoffatom verbunden ist, verbleiben für die Bindung zwischen den beiden Kohlenstoffatomen drei Elektronenpare. Für die drei Elektronenpaare ergeben sich ähnlich wie bei der Doppelbindung des Ethenmoleküls gebogene Bindungen (▶ B 246.2 oben).

Wegen der großen Anziehungskräfte, die drei Elektronenpaare auf zwei Kohlenstoffatomkerne ausüben, ist der Abstand zwischen den Kernen der beiden Kohlenstoffatome (121 pm) noch kürzer und die Bindungsenergie (811 kJ/mol) noch größer als bei der Doppelbindung des Ethenmoleküls (B 240.2). Auch bei der Dreifachbindung gibt es keine freie Drehbarkeit um die C-C-Bindungsachse, jedoch ist das hier belanglos. Die beiden Kohlenstoffatome und die mit ihnen verbundenen beiden Wasserstoffatome liegen auf einer Geraden.

Ethin – ein Alkin

Eigenschaften. Alkine lösen sich in Wasser nur sehr geringfügig, in Benzin dagegen gut. Ethin ist gut löslich in Propanon (Aceton) (▶ V 247.2), diese Eigenschaft wird zur gefahrlosen Speicherung des Ethins genutzt. Ethin wird in Stahlflaschen gepreßt, die einen porösen Füllstoff (Kieselgur) enthalten. Dieser bindet einerseits das Propanon oder ein anderes Lösungsmittel, in dem sich das Ethin löst, andererseits verhindert es den Zerfall des Ethins.
Alkine haben nahezu die gleichen Schmelz- und Siedetemperaturen wie die entsprechenden Alkane und Alkene.

Additionsreaktionen. Aufgrund der Mehrfachbindung zählen auch die Alkine zu den ungesättigten Kohlenwasserstoffen. Leitet man Ethin durch Bromwasser (▶ V 247.3), wird dieses langsam entfärbt.
Die dabei stattfindenden Additionsreaktionen können in zwei Stufen ablaufen, so daß in der ersten Stufe bei der Reaktion von Ethin und Brom cis-1,2-Dibromethen und trans-1,2-Dibromethen und in der zweiten Stufe 1,1,2,2-Tetrabromethan gebildet werden.

$$H-C\equiv C-H + |\overline{Br}-\overline{Br}| \longrightarrow \underset{|\overline{Br}|}{\overset{H}{C}}=\underset{H}{\overset{|\overline{Br}|}{C}}$$

$$\underset{|\overline{Br}|}{\overset{H}{C}}=\underset{H}{\overset{|\overline{Br}|}{C}} + |\overline{Br}-\overline{Br}| \longrightarrow H-\underset{|\overline{Br}|}{\overset{|\overline{Br}|}{C}}-\underset{|\overline{Br}|}{\overset{|\overline{Br}|}{C}}-H$$

Außer Brom können natürlich auch andere Stoffe mit Ethin reagieren, so daß Ethin als Ausgangsstoff für viele Verbindungen dienen kann.

Ethin, eine Grundchemikalie. Ethin ist seit etwa 50 Jahren in Deutschland eine der wichtigsten Ausgangsverbindungen für organische Stoffe. Auch heute wird es zum Teil noch aus Calciumcarbid und Wasser hergestellt, wobei Calciumcarbid im Lichtbogen aus gebranntem Kalk und Koks gewonnen wird. Die Basis für die organische Chemie in Deutschland waren damit die Kohlevorkommen. Mit der wachsenden Bedeutung von Erdgas und Erdöl als Rohstoffbasis hat einerseits die Bedeutung des Ethins zugunsten anderer Ausgangsstoffe wie Ethen und Propen nachgelassen, zum anderen ist auch das Carbidverfahren der Gewinnung des Ethins aus Methan weitgehend gewichen.

Acetylide. Bemerkenswert ist es, daß sich beim Einleiten von Ethin in ammoniakalische Silber- und Kupfer(I)-Salz-Lösungen (▶ V 247.4, ▶ B 247.2) schwerlösliche, im trockenen Zustand höchst explosive Verbindungen bilden. Sie werden als Acetylide bezeichnet.

B 247.1 **Carbidlampe.** Aus Wasser und Calciumcarbid entsteht Ethin

B 247.2 **Herstellung von Kupferacetylid**

V 247.1 Man gibt in ein Reagenzglas einige erbsengroße Stücke Calciumcarbid, fügt etwas Wasser zu und verschließt das Reagenzglas mit einem Stopfen, durch den ein Gasableitungsrohr mit Stahlwollesicherung führt. Nach Verdrängen der Luft wird das entstehende Gas entzündet. (Abzug! Schutzbrille!) Vergleiche die Flamme mit den Flammen anderer gasförmiger Kohlenwasserstoffe.

V 247.2 Mit Ethin gefüllte Reagenzgläser werden umgekehrt in Bechergläser mit angefärbtem Wasser bzw. Propanon (Aceton) gestellt.

V 247.3 Ethin wird durch eine Waschflasche mit Bromwasser geleitet.

V 247.4 Durch eine ammoniakalische Kupfer(I)-chlorid-Lösung (1 g Kupfer(I)-chlorid, 10 ml dest. Wasser, 10 ml Ammoniaklösung (10%ig)) und eine ammoniakalische Silbernitratlösung (15 ml Silbernitratlösung (c = 1 mol/l), 10 ml Ammoniaklösung (10%ig)) wird Ethin geleitet. Der rotbraune Kupferacetylid- und der graue Silberacetylidniederschlag werden abfiltriert, mit Propanon (Aceton) gewaschen und an der Luft getrocknet. Dann wird jeweils ein Filterpapier mit dem getrockneten Niederschlag auf ein Mineralfaserdrahtnetz gelegt und darunter ein Brenner mit rauschender Flamme gestellt. (Schutzbrille! Schutzscheibe! Mund öffnen! Verstreutes Kupfer- und Silberacetylid müssen durch Befächeln mit der Flamme zersetzt werden! Alle Gegenstände, die mit Kupfer- oder Silberacetylid in Berührung gekommen sind, müssen sofort mit konz. Salzsäure gereinigt werden.)

20.10 Ringförmige Kohlenwasserstoffmoleküle

 V 248.1 Man wiederholt V 237.1a mit Cyclohexan anstelle von Hexan.

 V 248.2 In ein großes Reagenzglas, das etwa 2 cm hoch mit Cyclohexen gefüllt ist, läßt man vorsichtig zwei bis drei Tropfen Brom fallen. (Vorsicht! Keine größere Portion Brom! Kann sehr heftig reagieren! Schutzbrille! Schutzhandschuhe!)

V 248.3 In ein Reagenzglas, das zu etwa einem Drittel mit Benzol (Toluol) gefüllt ist, gibt man drei bis vier Tropfen Brom und schüttelt. Anschließend gibt man einige Körnchen wasserfreies Aluminiumchlorid hinzu. In die Reagenzglasöffnung hält man nach einiger Zeit feuchtes Indikatorpapier. Über den Reagenzglasrand bläst man Ammoniak. Nachdem die Reaktion abgeklungen ist, schüttelt man den Reagenzglasinhalt mit verdünnter Natronlauge. Mit einigen Tropfen der organischen Phase führt man die Beilsteinprobe durch.
(Vorsicht! Benzol wirkt krebserzeugend! Schutzhandschuhe! Schutzbrille! Abzug!)

A 248.1 Stelle für einige Reaktionen von Cyclohexan und Brom, Cyclohexen und Brom, Benzol und Brom die Reaktionsgleichungen auf. Benenne die Reaktionsprodukte.

A 248.2 Gib die Summen- und Strukturformeln für die folgenden Moleküle an: Cyclopropan-, Cyclobutan-, Cyclopentan-, Cyclopentenmolekül.
Welche allgemeinen Summenformeln gelten für die Cycloalkene und Cycloalkane?

Es gibt nicht nur Kohlenwasserstoffmoleküle mit kettenförmigen, sondern auch solche mit ringförmigen (cyclischen) Molekülgerüsten.

Cyclohexan. Eines der wichtigsten *Cycloalkane* ist *Cyclohexan* (Summenformel: C_6H_{12}). Cyclohexan ist eine farblose Flüssigkeit, die in ihren Eigenschaften und ihrem Reaktionsverhalten sehr stark den offenkettigen Alkanen ähnelt. So ist Cyclohexan hydrophob, seine Siedetemperatur (81 °C) entspricht der eines Alkans, dessen Moleküle eine ähnliche Größe und Oberfläche haben wie die Cyclohexanmoleküle. Cyclohexan und Brom reagieren zu Bromwasserstoff (▶ V 248.1) und Bromcyclohexan. Daneben bilden sich auch verschiedene Dibrom- und Tribromcyclohexane usw. Im Cyclohexanmolekül werden wie auch in kettenförmigen Alkanmolekülen Wasserstoffatome durch Bromatome ersetzt.

Da der Sechsring des Cyclohexanmoleküls als Baustein zahlreicher Moleküle von Naturstoffen eine bedeutende Rolle spielt, wird sein Aufbau hier ausführlich besprochen.

Der Cyclohexanring. Der Cyclohexanring ist nicht eben gebaut, bei allen Bindungen liegt auch hier der Tetraederwinkel vor. Da um eine C-C-Bindungsachse freie Drehbarkeit herrscht, gibt es verschiedene Konformationen. Bei Zimmertemperatur liegt der weitaus überwiegende Teil der Cyclohexanmoleküle in der *Sesselform* (▶ B 248.1 rechts, [a]), der energetisch günstigsten und damit *stabilsten Konformation*, vor.
Blickt man bei einem Molekülmodell dieser Konformation entlang der einzelnen C-C-Bindungen, sieht man in jedem Fall vollkommen gestaffelte Anordnungen, die Atome und Atomgruppen stehen auf Lücke.
Schon im Ethanmolekül hat die gestaffelte Konformation die niedrigste Energie.

Klappt das eine Molekülende hoch, liegt die *Wannenform* (▶ B 248.1 rechts, [b]) vor. In dieser Konformation hat das Cyclohexanmolekül die ungünstigste und damit *instabilste* Anordnung der Atome. Schaut man bei einem Molekülmodell dieser Konformation entlang der C-C-Bindungen, erkennt man bei zwei Bindungen, daß die ungünstigste, nämlich die verdeckte Anordnung von Atomen und Atomgruppen vorliegt. Bei den übrigen vier C-C-Bindungen weist jedoch auch die Wannenform eine gestaffelte Konformation auf.
Es gibt auch Konformationen, bei denen die Anordnungen der Atome im Cyclohexanmolekül *zwischen* diesen beiden Anordnungen liegen.

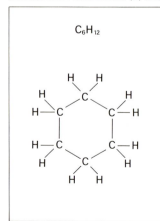
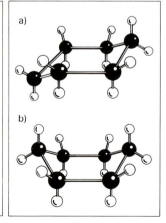

B 248.1 Cyclohexanmolekül. Links: Summen- und Strukturformel. Rechts: Sesselform (a) und Wannenform (b)

Ringförmige Kohlenwasserstoffmoleküle

Cyclohexen. In ihren Eigenschaften und ihrem Reaktionsverhalten ähneln die *Cycloalkene* weitgehend den offenkettigen Alkenen. Läßt man Brom zu Cyclohexen tropfen, so findet eine heftige Reaktion statt (▶ V 248.2). Brom und Cyclohexen reagieren in einer Additionsreaktion zu 1,2-Dibromcyclohexan.

Benzol. Ein ganz anderes Reaktionsverhalten als Cyclohexen zeigt *Benzol*. Ein Benzolmolekül weist noch vier Wasserstoffatome weniger auf als ein Cyclohexenmolekül. Da Benzol und Wasserstoff zu Cyclohexan reagieren können, kann für das Benzolmolekül ein Sechsring mit Mehrfachbindungen angenommen werden.
Aufgrund des Aufbaus des Benzolmoleküls könnte man weiter vermuten, daß Benzol auch wie eine ungesättigte Verbindung reagiert.

Reaktion von Benzol mit Brom. Gibt man einige Tropfen Brom zu Benzol (▶ V 248.3), so löst sich das Brom im Benzol, eine Reaktion findet aber nicht statt. Nach Zugabe von einigen Körnchen Aluminiumchlorid setzt eine exotherme Reaktion ein, bei der Bromwasserstoff aus dem Reaktionsgemisch entweicht (▶ B 249.3). Der positive Ausfall der Beilsteinprobe weist darauf hin, daß auch eine oder mehrere Brombenzolverbindungen entstanden sind.
Bei der Reaktion von Benzol und Brom in Anwesenheit eines Katalysators (Aluminiumchlorid) werden im Benzolmolekül ein oder mehrere Wasserstoffatome durch Bromatome *ersetzt*.
Benzol reagiert also nicht wie ein Alken.
Nach der Entdeckung (1825) und Untersuchung des Benzols bereitete die Erklärung des Reaktionsverhaltens des Benzols große Schwierigkeiten.

Die Strukturformel des Benzolmoleküls. AUGUST KEKULÉ, ein deutscher Chemiker, der zum Teil die heute noch gebräuchliche Strukturformel des Benzolmoleküls (▶ B 249.2 links) aufstellte, nahm an, daß die Doppelbindungen im Benzolmolekül hin- und herwandern, so daß gar keine echten Doppelbindungen vorliegen würden. Heute weiß man, daß die *Kohlenstoffatome* im Benzolmolekül ein *ebenes Sechseck* bilden. Die Bindungslänge beträgt überall 139 pm. Sie liegt damit zwischen der einer Einfach- und einer Doppelbindung. Beim Benzolmolekül kann nicht zwischen Einfach- und Doppelbindungen unterschieden werden. Im Benzolmolekül ist jedes Kohlenstoffatom jeweils über ein Elektronenpaar mit zwei anderen Kohlenstoffatomen und einem Wasserstoffatom verbunden. Die verbleibenden sechs Elektronen, von jedem Kohlenstoffatom eines, lassen sich nicht zuordnen. Sie sind über den ganzen Ring verteilt (delokalisiert). Für das Benzolmolekül wird deshalb häufig eine *besondere Strukturformel* gebraucht, die die Delokalisierung der sechs Elektronen andeuten soll (▶ B 249.2 rechts).

Eigenschaften des Benzols. Benzol ist eine hydrophobe, farblose Flüssigkeit, die an der Luft mit stark rußender Flamme verbrennt. Beim Umgang mit Benzol ist äußerste Sorgfalt erforderlich, da es *giftig* ist und krebserzeugend wirkt. Wegen seiner Klopffestigkeit (↗ Kap. 21.3) ist es trotz seiner Giftigkeit auch heute noch Bestandteil des Super- und Normalbenzins.
Viele Verbindungen, die sich vom Benzol ableiten lassen sind wohlriechende Stoffe. Sowohl Benzol als auch die Benzolabkömmlinge gehören zu den **Aromaten** (von lat. aroma, Wohlgeruch), sie sind wichtige Ausgangsstoffe und Zwischenprodukte für die Herstellung von Farbstoffen, Kunststoffen und Medikamenten.

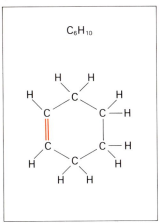

B 249.1 Cyclohexenmolekül. Summen- und Strukturformel

B 249.2 Benzolmolekül. Links: Strukturformel von KEKULÉ (1865). Rechts: Heutige Darstellungen

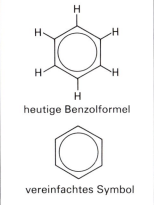

B 249.3 Reaktion von Benzol mit Brom

20.11 Trennverfahren Gaschromatografie

B 250.1 Einfacher Gaschromatograf

B 250.2 Schematische Darstellung der Gaschromatografie

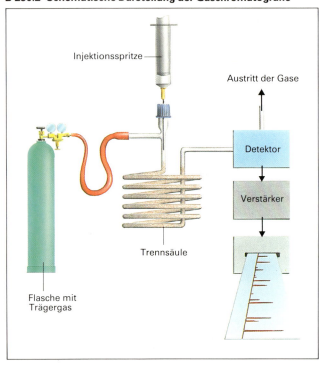

Die meisten Rohstoffe, die als Ausgangsstoffe zur Gewinnung organischer Produkte dienen, sind *Stoffgemische.* Stoffgemische entstehen auch bei vielen chemischen Reaktionen. Eine wichtige Aufgabe des Chemikers ist die möglichst schnelle Identifizierung von Stoffen. Mit der **Gaschromatografie** lassen sich Stoffgemische von Gasen, leicht verdampfbaren Flüssigkeiten und Feststoffen in die Reinstoffe trennen und die Reinstoffe identifizieren.

Aufbau eines Gaschromatografen. Ein Gaschromatograf enthält ein Glas-, Kunststoff- oder Metallrohr, das aus Gründen der Platzersparnis meist gebogen ist. In diesem Rohr befindet sich ein poröses Material, dessen gesamte Oberfläche mit einem dünnen Film, einer schwerflüchtigen Flüssigkeit, bedeckt ist. Da in diesem gefüllten Rohr die Trennung der Bestandteile eines Stoffgemisches erfolgt, wird es als **Trennsäule** bezeichnet. Durch die Trennsäule transportiert oder „trägt" ein Gas, das **Trägergas**, das gasförmige Stoffgemisch.

Da die einzelnen Bestandteile unterschiedlich lange in der Trennsäule verweilen, treten sie nacheinander aus ihren Enden heraus. Wird Wasserstoff als Trägergas verwendet, kann dieses entzündet werden. Beim Austritt der einzelnen Bestandteile des Stoffgemisches aus der Säule verändern sich Farbe und Größe der Flamme. In diesem Fall wird die Veränderung der Flamme als Anzeiger für die verschiedenen Bestandteile des Stoffgemisches genutzt. Häufig verwendete *Detektoren* (Meßzellen), bei denen sich auch andere Gase als Trägergas einsetzen lassen, sprechen auf die unterschiedliche Wärmeleitfähigkeit des reinen Trägergases und des mit einem anderen Stoff vermischten Trägergases an.

Von dem Detektor werden Signale, die noch verstärkt werden, an einen *Schreiber* weitergegeben. Beim Austritt eines Bestandteiles des Gemisches aus der Säule zeichnet dann der Schreiber aufgrund der vom Detektor abgegebenen Signale eine *Spitze,* engl. **„peak",** auf. Die gesamte vom Schreiber für die Trennung eines Gemisches aufgetragene Kurve bezeichnet man als **Chromatogramm**. Die einzelnen Peaks entsprechen den Reinstoffen des Stoffgemisches, aus den Peakflächen lassen sich die Anteile der einzelnen Reinstoffe im Stoffgemisch ermitteln.

Da viele Stoffe und Stoffgemische bei Zimmertemperatur nicht gasförmig vorliegen, kann die Trennsäule eines Gaschromatografen auf Temperaturen aufgeheizt werden, bei denen alle Bestandteile eines Stoffgemisches in den gasförmigen Zustand übergehen.

Trennverfahren Gaschromatografie

Bestandteile von Feuerzeuggas. Drückt man fünf Milliliter Gas, das der Patrone eines Feuerzeugs entnommen worden ist (▶ V 251.1), in die Trennsäule des Gaschromatografen (▶ B 250.1), beobachtet man nach etwa 40 Sekunden das Aufleuchten der Flamme. Die Flamme wird nach 50 Sekunden deutlich kleiner, anschließend leuchtet sie allerdings ein zweites Mal hell auf, dieses Aufleuchten ist nach etwa 65 Sekunden beendet. Unmittelbar danach erfolgt ein drittes sehr helles und etwa 20 Sekunden anhaltendes Aufleuchten der Flamme. Der Inhalt der Feuerzeugpatrone ist also ein Gemisch aus mindestens drei Stoffen.

Auch das vom Schreiber aufgezeichnete Chromatogramm (▶ B 251.1) weist drei Peaks auf. In der Trennsäule ist das Feuerzeuggas in Propan, 2-Methylpropan und n-Butan getrennt worden. Es gibt auch Feuerzeuggase, die nur zwei Stoffe, meist Propan und n-Butan oder 2-Methylpropan und n-Butan, enthalten. Oft enthalten die Feuerzeuggase noch sehr kleine Anteile anderer Stoffe wie Ethan und Pentane, die sich mit den meisten der in den Schulen vorhandenen Gaschromatografen nicht nachweisen lassen.

Reaktionsprodukte der Methanchlorierung. Auch zur Untersuchung chemischer Reaktionen läßt sich die Gaschromatografie erfolgreich einsetzen.
Entnimmt man nach der Reaktion von Methan und Chlor dem zurückgebliebenen Gasgemisch (▶ V 251.2) eine Probe und untersucht diese gaschromatografisch, erhält man ein Chromatogramm, das vier Peaks aufweist (▶ B 251.2). Diese vier Peaks gehören zu Monochlormethan, Dichlormethan, Trichlormethan und Tetrachlormethan.
Meist gleichzeitig mit dem Monochlormethan tritt auch Methan aus der Trennsäule aus, das bei der Reaktion nicht vollständig verbraucht worden ist. Das Gaschromatogramm kann deshalb bei einer sehr guten Trennleistung eines Gaschromatographen auch fünf Peaks aufweisen.

Zuordnung der Peaks. Um zu erkennen, welcher Peak einem Stoff zuzuordnen ist, kann man zu dem zu trennenden Stoffgemisch noch einen Reinstoff geben, von dem man vermutet, daß er Bestandteil des Gemisches ist. Im Chromatogramm erscheint dann eine Peakfläche vergrößert.

Eine andere Möglichkeit zur Identifizierung der einzelnen Bestandteile eines Stoffgemisches besteht darin, daß man Chromatogramme von Reinstoffen unter gleichen Bedingungen aufnimmt. Die von gleichen Stoffen hervorgerufenen Peaks erscheinen dann in gleicher Entfernung vom Startpunkt.

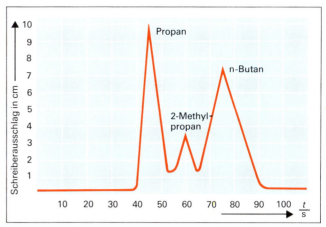

B 251.1 Gaschromatogramm eines Feuerzeuggases. Es handelt sich um ein Gemisch aus drei Stoffen

V 251.1 Man entnimmt einer Feuerzeuggaspatrone etwa 5 ml Gas und drückt es in die Trennsäule des Gaschromatografen. Beobachte die Flamme.

V 251.2 Man leitet das Gasgemisch von V 236.3, das nach der Reaktion über der Sperrflüssigkeit steht, in einen zweiten Gasometer, der mit verdünnter Natronlauge gefüllt ist. Das bei der Reaktion von Chlor und Methan übriggebliebene Chlor reagiert mit der Natronlauge und wird aus dem Gasgemisch entfernt. Etwa 2 ml des Gasgemisches werden in die Trennsäule des Gaschromatografen, die vorher auf etwa 50 °C aufgeheizt wird, gespritzt. An der Spitze der Austrittsöffnung sollte eine Kupferdrahtspirale in die Flamme des Trägergases reichen.

B 251.2 Gaschromatogramm der Chlorierungsprodukte von Methan

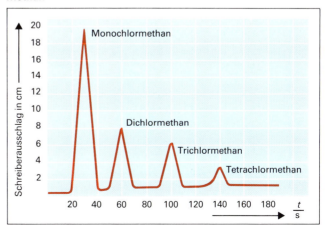

20.12 Überprüfung und Vertiefung

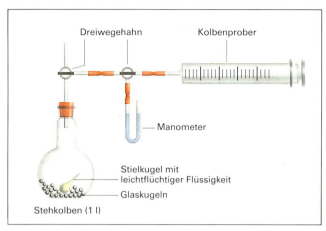

B 252.1 Zu Aufgabe 3

B 252.2 Zu Aufgabe 5

1 Bei der Zerlegung von 20 ml einer unbekannten Kohlenwasserstoffverbindung über glühendem Aluminiumgrieß entstehen fester Kohlenstoff und 60 ml Wasserstoff.
Welche Kohlenwasserstoffe kommen nach diesem Versuchsergebnis in Frage? Welche Experimente könnte man zur endgültigen Bestimmung des Kohlenwasserstoffs einsetzen?

2 Ordne die folgenden Stoffe nach steigenden Siedetemperaturen: Wasser, Propen, Ethan, n-Pentan,

B 252.3 Zu Aufgabe 6

Trichlormethan. Begründe deine Reihenfolge.

3 Mit der Apparatur nach ▶ B 252.1 läßt sich die molare Masse einer leichtflüchtigen Flüssigkeit bestimmen.
In einem Experiment wurde der Stehkolben geschüttelt, so daß die Stielkugel, die 118 mg eines flüssigen Alkans enthielt, zerbrach und die Flüssigkeit verdunstete. Das Manometer wurde zugeschaltet und der Kolben des Kolbenprobers vorsichtig bewegt, bis die Manometerflüssigkeit in beiden Schenkeln gleich hoch stand. Dann wurde das Volumen abgelesen, es betrug 40 ml. Während der Versuchsdurchführung betrug der Druck 1005 mbar und die Temperatur 22 °C. Berechne die molare Masse des Alkans und die Molekülmasse.
Um welche(s) Alkan(e) handelt es sich? Gib Name(n) und Halbstrukturformel(n) an.

4 Stelle die Strukturformeln der vier möglichen Isomeren des Dibrompropans auf und benenne die Verbindungen.

5 Die Flammtemperatur ist wichtig für die Einteilung von brennbaren Flüssigkeiten in Gefahrenklassen bei Transport und Lagerung.

Als Flammtemperatur bezeichnet man die niedrigste Temperatur bei einem Luftdruck von 1013 mbar, bei der sich aus einer Flüssigkeit genügend Dämpfe entwickeln, so daß sie mit der über der Flüssigkeit stehenden Luft ein durch Fremdzündung entflammbares Gemisch ergeben (▶ B 252.2).
Allgemein gilt: Je niedriger die Siedetemperatur, um so tiefer die Flammtemperatur, um so stärker die Verdunstung bei Zimmertemperatur, um so höher die Feuergefährlichkeit.
Wirft man ein brennendes Streichholz in eine Porzellanschale mit Heizöl, erstickt die Flamme. Leichtbenzin aber würde sofort entflammen. Gib eine Erklärung für diesen Sachverhalt.

6 Viele Insektizide sind chlorierte Ringkohlenwasserstoffe. Eine dieser Verbindungen ist das 1,2,3,4,5,6-Hexachlorcyclohexan. Es ist ein Abkömmling des Cyclohexans.
a) Stelle die Strukturformel von 1,2,3,4,5,6-Hexachlorcyclohexan auf.
b) Sammle Informationen über den Einsatz (▶ B 252.3), die Wirkungsweise, die Gefahren und den Nutzen von Insektiziden. Welche Alternativen gibt es zu den Insektiziden?

21 Kohle, Erdöl, Erdgas – Energieträger und Rohstoffe

Unser Energiebedarf wird heute weitgehend durch energieliefernde Verbrennungsvorgänge gedeckt. Als Brennstoffe dienen Kohle, Erdgas und Erdölprodukte (z. B. Heizöl, Benzin). Man gewinnt Wärme, elektrische und mechanische Energie.

Bereits vor etwa 150 Jahren hat man jedoch in der Kohle auch wichtige Rohstoffe entdeckt. Dies war der Anfang einer stürmischen Entwicklung der organischen Chemie. Zuerst wurden auf der Grundlage dieser Rohstoffe Farbstoffe hergestellt, dann kam ein chemischer Industriezweig nach dem anderen hinzu. Heute haben Erdöl und Erdgas die Kohle weitgehend verdrängt. Aus ihnen werden wertvolle Grundstoffe für nahezu alle synthetischen Produkte der organischen Chemie gewonnen.

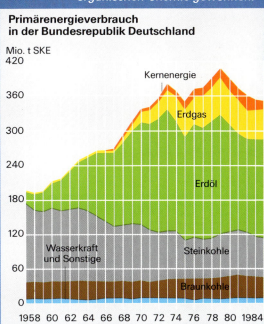

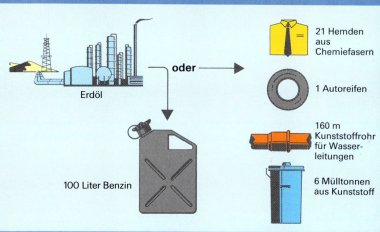

Die Vorkommen an Kohle, Erdgas und Erdöl sind jedoch begrenzt. Was wir verbrennen, steht als Rohstoff nicht mehr zur Verfügung. Auch belasten die Verbrennungsprodukte unsere Umwelt in hohem Maße.

21.1 Erdöl und Erdgas

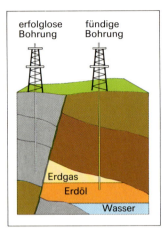

B 254.1 **Erdöllagerstätte** im Schnitt

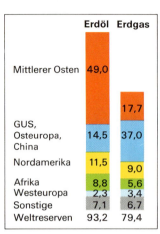

B 254.2 **Erdöl- und Erdgasvorräte** in der Welt (in Mrd. t)

B 254.3 **Ölbohrinsel** in der Nordsee

Alle der Erde entstammenden, organischen, brennbaren, flüssigen oder gasförmigen Stoffe zählt man zum *Erdöl* oder *Erdgas*. Kommen beide in einem Gebiet gemeinsam vor, so kann für beide von einem gleichen Entstehungsprozeß ausgegangen werden.

Entstehung. Nach dem heutigen Kenntnisstand sind Erdöl und Erdgas aus den Kohlenhydraten, Eiweißstoffen und Fetten von winzigen Wassertieren und Wasserpflanzen entstanden, die vor Jahrmillionen in riesiger Anzahl flache, küstennahe Gewässer besiedelten. Aus absterbenden Mikroorganismen und Sanden, Tonen und Kalken, die meist von Flüssen in die Gewässer verfrachtet wurden, bildete sich eine mächtige, sauerstoffarme Faulschlammschicht. Nach Überdeckung mit weiteren Sedimenten wandelten sich die organischen Bestandteile der Faulschlammschicht unter dem Einfluß von Druck, Wärme, Bakterien sowie mineralischen und organischen Katalysatoren in die Verbindungen des Erdgases und Erdöls um. Erdgas kann auch im Zusammenhang mit der Bildung von Kohle entstehen.

Lagerstätten und Förderung. Erdöl und Erdgas findet man in porösen Sedimentgesteinen, die von undurchlässigen Schichten abgeschlossen sind. In die *Speichergesteine* sind sie häufig erst aus ihren weit entfernten Entstehungsorten hineingewandert.

Auf der Suche nach dem Erdöl und Erdgas müssen die Bohrungen bis zu den Lagerstätten vorgetrieben werden. Wird das Erdölspeichergestein angebohrt, kann das Erdöl durch den Druck des begleitenden Erdgases und Wassers (▶ B 254.1) von selbst aus der Bohrmündung fließen. Genügt der Lagerstättendruck nicht oder läßt er im Laufe der Förderung nach, wird das Erdöl an die Erdoberfläche gepumpt.

Auf der Suche nach neuen Erdgas- und Ölquellen dringt man in immer unwegsamere Gebiete und immer größere Tiefen vor. Besonders aufwendig ist die Erschließung und Förderung von Erdöl- und Erdgasvorkommen unter dem Meeresspiegel (▶ B 254.3).

Die größten *Erdöl- und Erdgasreserven* lagern nach dem heutigen Kenntnisstand im Mittleren Osten, in der Sowjetunion und in China (▶ B 254.2). Bei gleichbleibender Förderung reichen diese Weltvorräte voraussichtlich nur noch wenige Jahrzehnte.

Transport. Die meisten Erdölquellen liegen weit entfernt von den Verbraucherzentren. Das frisch geförderte *Rohöl* wird an Ort und Stelle in großen Tanks gespeichert und durch Rohrleitungen (Pipelines) zur nächsten Erdölraffinerie zur Weiterverarbeitung oder zum nächsten Hafen transportiert. Vor dem Transport muß das Rohöl *entgast* (von gelöstem Erdgas befreit), *entwässert* und wegen der Korrosionsgefahr auch *entsalzt* werden. Rohöl kann bis zu 0,2% Wasser und 0,02% Salze gelöst enthalten. Hochseetanker, die heute eine Transportkapazität von bis zu 500 000 Tonnen erreichen, transportieren das Rohöl zu den Häfen der Verbraucherländer (▶ B 255.2).

Das manchmal mit dem Erdöl geförderte *Erdgas* wird häufig einfach *abgefackelt*. Rohstoff- und Energieknappheit und damit steigende Preise führen jedoch dazu, das Erdgas zu Verbraucherzentren zu befördern oder es in die Lagerstätten zurückzudrücken und damit zu speichern. Die umfangreichen Erdgasreserven des Mittleren

Erdöl und Erdgas

Größte Ölpest der Geschichte droht

BREST/PARIS. An der französischen Nordwestküste droht die größte Ölkatastrophe der Geschichte, nachdem in der rauhen See jetzt alle 15 Tanks des gestrandeten Tankers „Amoco Cadiz" leckgeschlagen sind. Über 150 000 von 230 000 t Rohöl sind bereits ins Meer geströmt und bedecken inzwischen mehr als 2000 Quadratkilometer Meeresoberfläche.

Die Tierschützer befürchten, daß sich die Katastrophe des Jahres 1967 wiederholt, als nach dem Schiffbruch des Tankers „Torrey Canyon" der Vogelbestand um 80 Prozent dezimiert wurde. Die Ölpest vernichtet auch die Existenz der Fischer und der in der Touristik beschäftigten Menschen an der Küste.

B 255.1 **Meldung aus einer Tageszeitung** über eine Tankerkatastrophe auf dem Meer

B 255.2 **Erdöltanker** beim Löschen der Ladung in die Vorratstanks einer Raffinerie

Ostens und Nordafrikas konnten bisher kaum in die Verbraucherzentren Nordamerikas und Europas exportiert werden, weil Erdgas schwieriger als Erdöl zu transportieren ist. Gasförmig ist Erdgas nur in Rohrleitungen wirtschaftlich transportfähig. Um über weite Entfernungen in Schiffen transportiert zu werden, muß Erdgas vom gasförmigen in den flüssigen Zustand versetzt und dadurch auf ein Sechshundertstel seines ursprünglichen Volumens verdichtet werden. Dieses geschieht, indem man Erdgas auf unter −160 °C abkühlt. In Spezialschiffen, deren Tanks besonders gut isoliert sind, wird das flüssige Erdgas zum Bestimmungshafen transportiert und dort in das Versorgungsnetz eingespeist. Enthält Erdgas *Schwefelwasserstoff*, muß es von diesem befreit werden, um genutzt werden zu können.

Gefährdung der Weltmeere. Mit der Größe der Tanker, der wachsenden Anzahl der Bohrinseln und durch Tankerspülungen gelangen nach Schätzungen insgesamt jährlich 5 bis 10 Millionen Tonnen Erdöl in die Weltmeere. Durch eine *Ölpest* (▶ B 255.1) werden Fischbestände und Muschelbänke zerstört, Seevögel gehen zugrunde. Badestrände werden oft kilometerweit verschmutzt.

B 255.3 **Luftaufnahme einer Erdölraffinerie.** Das Rohöl wird auf dem Wasserwege angeliefert, die Erdölprodukte über Bahnlinien und Straßen abtransportiert

21.2 Verarbeitung des Rohöls

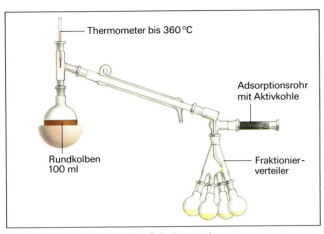

B 256.1 **Röhöldestillation im Schulversuch**

V 256.1 a) In den Destillationskolben der Apparatur B 256.1 werden etwa 40 ml Erdöl, einige Siedesteinchen und etwas Entschäumer gegeben. Die Pilzheizhaube und die Kühlwasserzufuhr werden angestellt. Während der gesamten Destillation wird der Temperaturverlauf beobachtet. Sobald die Temperatur über 70 °C ansteigt, wird durch Drehen der Schliffhülse des Fraktionsverteilers der zweite Spitzkolben zum Eintropfen des Destillats bereitgestellt. Bei 150 und 180 °C verfährt man in gleicher Weise. Bei 180 °C wird die Kühlwasserzufuhr abgestellt, bei 250 °C wird die Pilzheizhaube ausgeschaltet. (Schutzscheibe! Schutzbrille! Keine offenen Flammen!)
b) Die Fraktionen werden auf Aussehen, Geruch, Viskosität und Entflammbarkeit untersucht.

B 256.2 **Eigenschaften einiger Rohölfraktionen** im Vergleich

Fraktionen	Siedebereich (°C)	Flammtempbereich (°C)	Dichtebereich (g/cm³)	Viskosität
Benzine:				
Leichtbenzin	40 bis 80	−55 bis −35	0,63 bis 0,68	
Mittelbenzin	80 bis 110	−35 bis −15	0,68 bis 0,73	
Schwerbenzin	110 bis 140	−15 bis 21	0,73 bis 0,78	
Mitteldestillate:				
Petroleum/Kerosin	150 bis 250	21 bis 55	0,77 bis 0,83	nimmt zu
Dieselöl/ Leichtes Heizöl	250 bis 360	55 bis 100	0,81 bis 0,86	
Schweres Heizöl	nur im Vakuum unzersetzt	100 bis 270	0,90 bis 0,98	
Schmieröle	destillierbar	>200	0,80 bis 0,95	

Das je nach seiner Herkunft hellbraune bis pechschwarze, dünn- bis dickflüssige Rohöl ist ein *Gemisch aus weit mehr als tausend verschiedenen Kohlenwasserstoffen*. Neben diesen enthält es noch geringe Anteile an organischen Sauerstoff-, Stickstoff- und Schwefelverbindungen und einige anorganische Verbindungen. Erst durch die Aufarbeitung des Rohöls erhält man die gewünschten *Produkte* wie z.B. Benzin, Heizöl und Schmieröl. Diese Stoffe können durch Destillation von Rohöl gewonnen werden.

Destillation von Rohöl. Wird Rohöl in einer Destillationsapparatur (▶ B 256.1, ▶ V 256.1a) erhitzt, steigt die Temperatur ständig an, gleichzeitig verdampft ständig etwas Rohöl, und Dampf kondensiert. Das kontinuierliche Ansteigen der Temperatur während der Destillation weist darauf hin, daß Rohöl durch diese Destillation nicht in einzelne Reinstoffe, sondern nur in *Gemische* von Stoffen *mit ähnlichen Siedetemperaturen*, in **Fraktionen**, getrennt werden kann. Die bei der Destillation erhaltenen Fraktionen unterscheiden sich in ihren Eigenschaften (▶ V 256.1b). Würden die einzelnen Fraktionen erneut destilliert, könnten sie weiter aufgetrennt werden. Eine *stufenweise Destillation* des Rohöls in Fraktionen, die **fraktionierte Destillation**, wird in großem Umfang in der *Erdölraffinerie* durchgeführt.

Fraktionierte Destillation. In den Raffinerien wird das Rohöl in einem *Röhrenofen* sofort auf 360 °C bis 400 °C erhitzt, wobei es zum größten Teil verdampft. Das Dampf-Flüssigkeits-Gemisch wird seitlich in den unteren Teil des **Destillationsturmes** (▶ B 257.1) geleitet. Dieser ist in seinem Innern durch zahlreiche *Zwischenböden* („*Glockenböden*") stockwerkartig unterteilt. Entsprechend der von unten nach oben abnehmenden Temperatur sammeln sich die Bestandteile des Rohöls mit den höheren Siedetemperaturen auf den unteren, die niedriger siedenden auf den oberen Böden. Zur besseren Trennung werden die aufsteigenden Dämpfe durch die über die Durchlässe gestülpten Glocken so umgeleitet, daß sie durch die Flüssigkeitsschichten auf den Böden strömen. In der Flüssigkeit gelöste noch niedriger siedende Bestandteile verdampfen, im Dampf enthaltene höher siedende Verbindungen kondensieren. Steigt das Niveau der Flüssigkeit über die Oberkante des Durchlaßrohres, so läuft sie in den nächst tieferen Boden zurück. So findet zwischen zwei Böden ständig eine Destillation statt. Die Kondensate werden auf bestimmten Böden gesammelt und in Vorratstanks abgeleitet.

Je nach Aufbau des Destillationsturmes und je nach Betriebsbedingungen fallen verschiedene Rohölfraktionen an.

Verarbeitung des Rohöls

Rohölfraktionen. Am Kopf des Destillationsturmes werden die *gasförmigen Kohlenwasserstoffe* abgezogen. Sie werden zu Heizzwecken in der Raffinerie verbrannt, Propan und die Butane kommen auch als „Flüssiggase" in den Handel. Ein Teil der Gase wird *abgefackelt.* Die Fackel ist eine Sicherheitseinrichtung, um bei möglichem Überdruck austretende Gase kontrolliert zu verbrennen.

Benzine und *Mitteldestillate* müssen vor ihrer Weiterverwendung noch aufbereitet werden. Wichtig ist die *Entfernung der Schwefelverbindungen,* da bei deren Verbrennung Schwefeldioxid entsteht. Am Boden des Destillationsturmes verbleibt der bei etwa 400°C und 1013 mbar nicht mehr verdampfbare *Rückstand.* Ein Teil davon wird als schweres Heizöl eingesetzt.

Vakuumdestillation. Die Verbindungen des Rückstandes würden sich beim Erhitzen über 400°C zersetzen, den Rückstand leitet man deshalb nach erneutem Aufheizen in einen zweiten Destillationsturm, in dem eine Destillation unter *vermindertem Druck* (etwa 50 mbar) stattfindet. Durch die Verminderung des Drucks werden die Siedetemperaturen der Verbindungen des Rückstandes um bis zu 150°C gesenkt, so daß der Rückstand schon bei niedrigeren Temperaturen in weitere Fraktionen aufgetrennt werden kann. Bei dieser **Vakuumdestillation** gewinnt man *Schmieröle* und *feste Kohlenwasserstoffe,* die z. B. zu Bohnerwachs und Kerzen (Paraffinkerzen) weiterverarbeitet werden können. Der Rückstand der Vakuumdestillation, das *Bitumen,* wird für Isolieranstriche, Straßenbeläge und Dachpappe verwendet.

B 257.1 Fraktionierte Destillation von Rohöl. Bei der Destillation unter Atmosphärendruck (links) und der Vakuumdestillation (rechts) werden Fraktionen für sehr verschiedene Verwendungszwecke gewonnen

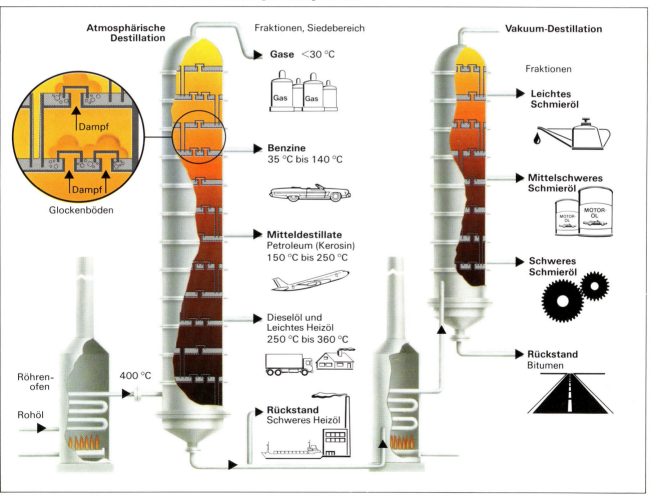

21.3 Kraftfahrzeugbenzin – Verbrennung und Veredlung

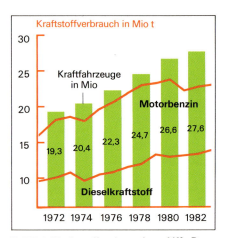

B 258.1 **Kraftstoffverbrauch und Kfz-Bestand** in der Bundesrepublik

⚠️ **V 258.1** Man gibt in einen hohen Standzylinder einige Tropfen Benzin, verschließt und schüttelt einige Zeit kräftig. Nach Abstellen des Glaszylinders wird das Benzin-Luft-Gemisch mit einem brennenden Holzspan gezündet. Danach wird der Versuch mit steigender Tropfenzahl mehrfach wiederholt.
Nach jedem Versuch kräftig mit Luft ausblasen. (Schutzscheibe und Schutzbrille!)
Deute die Beobachtungen.

Benzin wird hauptsächlich als *Treibstoff für Motoren* verwendet (▶ B 258.1). In diesen wird es verbrannt, und die dabei freiwerdende Energie wird zu einem Teil in Bewegungsenergie überführt.

Chemische Reaktion im Verbrennungsmotor. Beim einfachen Otto-Motor wird in die Zylinder des Motors ein Gemisch aus Benzin und Luft gesaugt (▶ V 258.1). Dieses wird durch den Kolben verdichtet (komprimiert). Dabei erwärmt es sich stark und wird schließlich durch einen Funken der Zündkerze entzündet. Die entstehenden Verbrennungsgase beanspruchen wegen der Verbrennungswärme einen viel größeren Raum als das Ausgangsgemisch. Der Druck im Zylinder wächst deshalb an und drückt den Kolben weg. Durch eine gleichmäßig fortschreitende Verbrennung steigt der Druck zwar rasch, aber nicht schlagartig an; dadurch bewegt sich der Kolben relativ „weich" nach unten.

Beim Verbrennen des Benzins entstehen nicht nur *Kohlenstoffdioxid* und *Wasser*. So bildet sich durch unvollständige Verbrennung auch *Kohlenstoffmonooxid*. Ein geringer Teil des Benzins verbrennt überhaupt nicht, sondern wird zu neuen *Kohlenwasserstoffen* umgewandelt. Außerdem reagiert bei den hohen Temperaturen im Zylinder ein Teil des Stickstoffs der eingesaugten Luft zu *Stickstoffoxiden*. Diese Nebenprodukte sind giftig, und die Stickstoffoxide werden auch für das Waldsterben mitverantwortlich gemacht (↗ S. 190). Es ist deshalb dringend erforderlich, den Anteil dieser Schadstoffe in den Autoabgasen so gering wie möglich zu halten.

Abgasreinigung. Durch den Einsatz von *Katalysatoren* ist es möglich, den Schadstoffanteil der Abgase eines Benzinmotors zu verringern. Ein Abgaskatalysator besteht aus einem Keramikwabenkörper (▶ B 258.3). Auf der rauhen Oberfläche der dünnen Kanäle ist Platin oder ein anderes Edelmetall (Iridium, Rhodium, Palladium) in feinverteilter Form aufgetragen. Für einen Katalysator werden etwa zwei Gramm des Edelmetalls benötigt. Die vom Motor kommenden Abgase strömen durch die Kanäle des Keramikwabenkörpers und kommen mit dem Edelmetall, dem eigentlichen Katalysator, in Berührung. An der Oberfläche laufen die Reaktionen der Schadstoffe zu den ungefährlichen Verbindungen Kohlenstoffdioxid, Wasser und Stickstoff ab.

B 258.2 **Messung von Schadstoffanteilen** im Autoabgas

B 258.3 **Schemabild eines Abgaskatalysators** mit elektronenmikroskopischer Aufnahme des platinbeschichteten Trägers

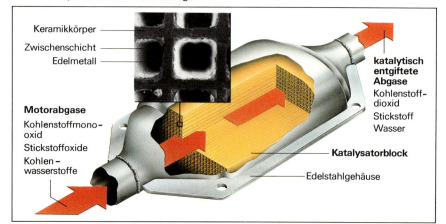

Kraftfahrzeugbenzin – Verbrennung und Veredlung

In den folgenden Abschnitten wird der Unterschied zwischen *Super- und Normalbenzin* erklärt.

Die klopfende Verbrennung. Die beim Verdichten des Benzin-Luft-Gemisches im Zylinder des Motors entstehende Wärme kann das Gemisch schon vorzeitig, d. h. vor dem Auslösen des Zündfunkens, durch Selbstentzündung zur Explosion bringen. Dadurch kommt es zu einem abrupten Druckanstieg im Zylinder. Solche Drucksteigerungen sind als **Klopfen** hörbar (▶ B 259.2); Klopfen verringert die Leistung des Motors und erhöht den Verschleiß.

Klopffestigkeit und Octanzahl. Die Klopffestigkeit von Benzin ist von seiner Zusammensetzung abhängig. In Motorbenzinen können mehr als 150 verschiedene Kohlenwasserstoffe nachgewiesen werden. Alkane aus kettenförmigen, unverzweigten Molekülen sind klopffreudig, da sie sich schon bei niedrigen Temperaturen entzünden. Alkane sind um so klopffester, je mehr Verzweigungen ihre Moleküle aufweisen.

Um die Klopffestigkeit von Benzinen vergleichen zu können, benutzt man das besonders klopffeste 2,2,4-Trimethylpentan (Isooctan) als *Maß für die Klopffestigkeit.* Es erhielt die **Octanzahl** 100, das klopffreudige n-Heptan die Octanzahl 0 (▶ B 259.3). Verhält sich ein Kraftstoff in einem Prüfmotor wie ein Gemisch aus 20% n-Heptan und 80% Isooctan, so hat er die Octanzahl 80. In der Bundesrepublik weist *Normalbenzin* etwa Octanzahlen von 90 bis 93 und *Superbenzin* von 96 bis 98 auf.

Erhöhung der Klopffestigkeit. Die bei der Erdöldestillation gewonnenen Benzinfraktionen haben meist zu niedrige Octanzahlen. Um die Klopffestigkeit zu erhöhen, leitet man das Benzin bei etwa 500°C und unter Druck über Platinkatalysatoren. Dabei werden kettenförmige, unverzweigte Alkanmoleküle in verzweigte oder ringförmige Kohlenwasserstoffmoleküle umgewandelt.

Auf diesen Prozeß, das **Reformieren**, ist es zurückzuführen, daß Superbenzin einen hohen Anteil an Benzol und Benzolabkömmlingen enthält. Benzol aber sollte man wegen seiner krebserzeugenden Wirkung meiden. Da hochverdichtende Motoren besonders klopffeste Kraftstoffe benötigen, fügt man dem reformierten Benzin heute noch *organische Bleiverbindungen* zu, die die Octanzahl weiter erhöhen. Wegen ihrer Giftigkeit dürfen sie derzeit nur noch bis zu einer Konzentration von 0,15 g/l zugesetzt werden. Kraftfahrzeuge mit Abgaskatalysatoren müssen mit bleifreiem Benzin betrieben werden, da Bleiverbindungen den Katalysator schädigen. Benzin kann durch verbesserte Reformierverfahren und durch andere Zusätze klopffest gemacht werden.

B 259.1 Zapfsäule für bleifreies Normal- und Superbenzin

B 259.2 Verbrennung im Motor. Links: Auslösung durch Zündfunken. Rechts: Vorzeitige Selbstentzündung (Klopfen)

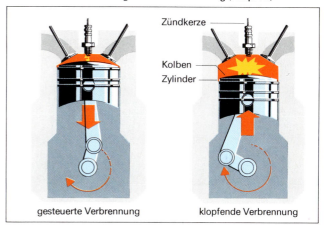

B 259.3 Octanzahl und Verzweigung. Je mehr Verzweigungen ein Alkanmolekül hat, desto höher ist seine Octanzahl

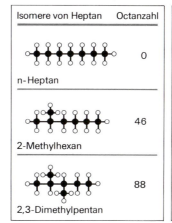
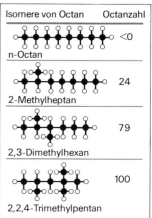

21.4 Cracken

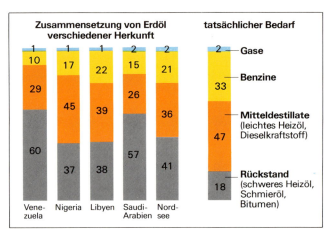

B 260.1 **Bedarf an Erdölbestandteilen** und deren Vorkommen (in Prozent)

Der Anteil an Benzin, Dieselkraftstoff und leichtem Heizöl ist im Erdöl wesentlich niedriger als der Anteil am tatsächlichen Bedarf (▶ B 260.1). In den Raffinerien werden daher die hochsiedenden Fraktionen zu Benzin und Dieselkraftstoff bzw. leichtem Heizöl weiterverarbeitet.

Da die Verbindungen des Benzins, Dieselkraftstoffs bzw. leichten Heizöls aus kleineren Kohlenwasserstoffmolekülen als die des schweren Heizöls und des Rückstands der fraktionierten Destillation bestehen, müssen die großen Kohlenwasserstoffmoleküle in kleinere zerlegt werden. Diese Zerlegung nennt man *Cracken* (von engl. to crack, aufbrechen).

Crackverfahren. In der Technik werden verschiedene Crackverfahren angewandt.
Beim *thermischen Cracken* werden die hochsiedenden Fraktionen (z. B. schweres Heizöl aus der atmosphärischen Destillation) unter Druck auf etwa 450 bis 500 °C erhitzt. Hohe Temperaturen führen dazu, daß die großen Moleküle in so starke Schwingungen geraten, daß die C-C-Bindungen aufbrechen.
Beim *katalytischen Cracken,* das bei etwa 500 °C in Gegenwart eines Katalysators erfolgt, wird ein wesentlich höheres Umwandlungsergebnis und eine bessere Qualität erreicht.
Neben dem Benzin werden beim Cracken, besonders beim katalytischen Cracken, gasförmige gesättigte und ungesättigte Kohlenwasserstoffe (▶ V 260.1, ▶ B 260.2) und auch Kohlenstoff gewonnen, der sich auf dem Katalysator niederschlägt. Zur Trennung des Kohlenwasserstoffgemisches schließt sich eine Destillation an. Damit der Katalysator erneut verwendet werden kann, wird der Kohlenstoff abgebrannt.

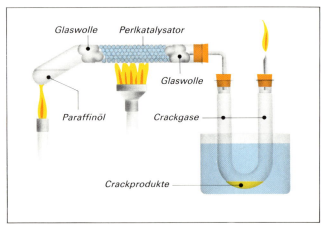

B 260.2 **Cracken von Paraffinöl** mit einem Katalysator

B 260.3 **Cracken schematisch.** Lange Moleküle werden unter dem Einfluß von Druck und Temperatur in kleinere gespalten

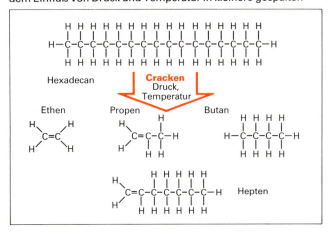

V 260.1 Man erhitzt in einer Apparatur nach B 260.2 zunächst den Perlkatalysator und bringt dann das Paraffinöl zum Sieden (Abzug!).
a) Die entweichenden Dämpfe werden durch eine Kühlfalle geleitet und nach Durchführung der Knallgasprobe über einer Glasrohrspitze entzündet.
b) In der gekühlten Vorlage sammelt sich eine Flüssigkeit. Prüfe Entflammbarkeit, Viskosität und Geruch. Vergleiche mit Benzin und Paraffinöl.
c) Man gibt zu einem Teil der entstandenen Flüssigkeit etwas Bromwasser und vergleicht mit Hexan und Paraffinöl.

A 260.1 Worauf ist die Schwarzfärbung des Katalysators in V 260.1 zurückzuführen?

21.5 Petrochemie

Erdöl und chemische Industrie sind eng miteinander verbunden. Über 90% der Chemieproduktion haben ihren Ursprung in Erdölerzeugnissen. Mehr als 50% des Energieverbrauchs der chemischen Industrie werden durch Erdöl und Erdgas gedeckt. Die chemische Industrie verbraucht etwa ein Siebtel der Erdölerzeugnisse, davon dienen etwa 70% als Rohstoff und 30% der Energiegewinnung. Dies war nicht immer so. Bis Anfang der 50er Jahre dieses Jahrhunderts war der *Steinkohlenteer* die *Rohstoffquelle* der organischen Chemie in Deutschland. Da der Steinkohlenteer nur als Nebenprodukt bei der Koksherstellung anfällt, stand er jedoch nicht in gewünschter Menge zur Verfügung. Als die Nachfrage wuchs, begann die Suche nach *neuen Rohstoffen* und der *Wechsel* von der **Kohle-** zur **Petrochemie**.

Chemikalien aus Naphtha. Das in der Erdölraffinerie gewonnene *Rohbenzin* (techn. Name: *Naphtha*) ist das wichtigste Einsatzprodukt der *Petro-Chemie*. Es wird in erster Linie zu Alkenen (früherer Name: Olefine), aber auch zu Aromaten (Benzol und Benzolabkömmlingen) verarbeitet.
Die Verarbeitung des Rohbenzins erfolgt in den *Olefinanlagen* in Gegenwart von Wasserdampf bei Temperaturen von 750 °C bis 850 °C (*Steamcracking*).

Hierbei werden die Kohlenwasserstoffmoleküle des Rohbenzins in kleine Moleküle gespalten. So entsteht ein Gas, das aus Wasserstoff und Methan besteht, hauptsächlich aber aus Ethen, Propen und einem Gemisch von gesättigten und ungesättigten Kohlenwasserstoffen, an deren Molekülaufbau 4 Kohlenstoffatome (C_4-Gemisch) beteiligt sind. Neben diesen Gasen fallen auch flüssige, aromatische Reaktionsprodukte an.
Die aromatischen Kohlenwasserstoffe (Pyrolysebenzin) sind die Einsatzstoffe für die *Aromatenanlage*. Aus ihnen erhält man Benzol und Toluol (Methylbenzol).
Aus *Reformatbenzin,* also aus Benzin, das beim Reformieren von Rohbenzin anfällt, werden Xylole (Dimethylbenzole) gewonnen.

Sowohl in der *Olefinanlage* als auch der *Aromatenanlage* fallen wiederum Benzine an, die als Vergaserkraftstoff-Komponenten in die Erdölraffinerie zurückgeführt und dort weiterverarbeitet werden.

Die überwiegend aus Roh- und Reformatbenzin gewonnenen Verbindungen sind die **Primärchemikalien,** aus denen über **Zwischenprodukte** Stoffe und Gegenstände hergestellt werden, die in beinahe alle Lebensbereiche hineinreichen.

B 261.1 Wichtigste Produktlinien der Petrochemie

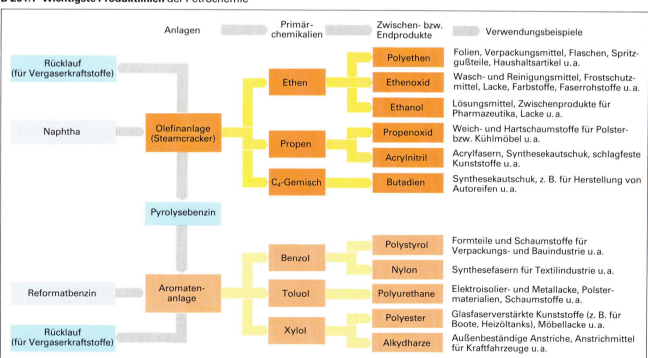

21.6 Kohle

B 262.1 **Pflanzenabdruck** in einer Braunkohleschicht

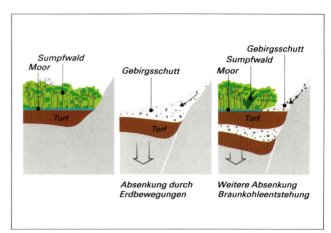

B 262.2 **Entstehung von Kohle.** Versunkene Sumpfwälder wandelten sich durch Druck und Erdwärme in Kohle um

Entstehung der Kohle. In allen Kohlevorkommen findet man Pflanzenabdrücke (▶ B 262.1). Aus Pflanzen ausgedehnter *Moor- und Sumpfwälder* haben sich vor etwa 270 Millionen bis 350 Millionen Jahren hauptsächlich Stein- und Braunkohle gebildet. Die Geologen nennen dieses Erdzeitalter deshalb Karbon (von lat. carbo, Kohle).

Zunächst entstand aus den abgestorbenen Pflanzen unter Einwirkung anaerober Bakterien *Torf*. In den wechselnden Perioden der Hebung und Absenkung der Landmassen (▶ B 262.2) bildeten sich immer neue Torfschichten. Diese wurden von Gebirgsschutt, Sand- und Tonsedimenten überdeckt, der von ihnen ausgeübte Druck und die dabei entstehende Wärme führten zu einer Verfestigung und Umwandlung der lockeren Torfschichten zu *Braunkohle*. Erst bei Einwirkung von starkem tektonischen Druck und erhöhter Temperatur im Zusammenhang mit gebirgsbildenden Vorgängen bildete sich *Steinkohle*. Aus den organischen Verbindungen entstand in dem Prozeß der Kohlebildung, der **Inkohlung**, ein Gemisch von überwiegend makromolekularen Verbindungen. Diese bestehen hauptsächlich aus ringförmigen Kohlenwasserstoffbausteinen.

Je weiter die Inkohlung fortgeschritten ist, desto höher ist der Kohlenstoffanteil in den Verbindungen der Kohle (▶ B 263.2). Allerdings besteht nicht unbedingt eine Parallele zwischen dem geologischen Alter einer Kohle und ihrem Inkohlungsgrad. Während der Inkohlung wurde ständig Methan frei, das sich in Erdgaslagerstätten sammelte, wenn es nicht in die Atmosphäre entweichen konnte. Die Zusammensetzung der verschiedenen Kohlearten wird durch Bestimmung des Anteils der Elemente erfaßt, die am Aufbau der Verbindungen der Kohle beteiligt sind.

Kohle als Energieträger. Kohle, Erdöl und Erdgas gehören zu den **Primärenergieträgern**. Primärenergie ist die aus natürlichen Energieträgern zu gewinnende Energie. Weil das Erdöl viel leichter weiterverarbeitet und meist auch billiger gefördert und transportiert werden kann als die Kohle, hat das Erdöl gegen Ende der 50er Jahre die Kohle in der Bundesrepublik Deutschland und vielen anderen Staaten bei der Beheizung der Wohnungen, in der Industrie zur Beheizung und Dampferzeugung und in der Elektrizitätserzeugung verdrängt. Allerdings werden die Erdöl- und auch die Erdgasreserven sehr viel schneller verbraucht sein als die Kohlevorkommen.

Stein- und Braunkohle sind die einzigen Primärenergieträger, von denen die Bundesrepublik Deutschland große Lagerstätten besitzt. Die Erhaltung und Verwendung heimischer Kohle darf deshalb nicht allein unter technisch-wirtschaftlichen Gesichtspunkten, sondern muß auch unter dem Aspekt der Zukunftssicherung gesehen werden. Nordrhein-Westfalen besitzt die größten Vorräte an Braun- und Steinkohle in der Bundesrepublik Deutschland. Im rheinischen Braunkohlengebiet bei Köln liegt die Kohle nur einige bis einige hundert Meter unter der Erdoberfläche und kann im Tagebau abgebaut werden. Braunkohle wird häufig am Förderort gleich zum Betrieb von Elektrizitätskraftwerken verbrannt. Nur ein kleiner Teil wird entwässert und zu Briketts gepreßt. Steinkohle wird im Ruhrgebiet inzwischen zum Teil unter 1200 m Tiefe abgebaut.

Wegen des hohen Kohlenstoffanteils besitzen die Steinkohlen einen hohen Heizwert (▶ B 263.2). Die Kohle ist in der Bundesrepublik immer noch der wichtigste Energieträger, insbesondere zur Erzeugung elektrischen Stroms.

Kohle

Umweltbelastung durch Kohle. Bei der Verbrennung von Kohle entstehen neben Kohlenstoffdioxid und Wasser viele Schadstoffe wie Staub, Schwefeldioxid und Stickstoffoxide. Die im *Rauchgas* enthaltenen staubförmigen Bestandteile, die zum Teil giftige Schwermetalle und Schwermetallverbindungen enthalten, werden in modernen Kraftwerken mit *Elektrofiltern* ausgeschieden. Je nach Beschaffenheit der Rauchgase erreichen diese Filter Abscheidegrade von mehr als 90%. Damit kann die Emission auf 50 mg Staub je Kubikmeter Rauchgas herabgesetzt werden.

Schwefeldioxid entsteht durch Oxidation der im Brennstoff enthaltenen Schwefelverbindungen. Seit 1974 werden durch die *Großfeuerungsanlagen-Verordnung* Grenzwerte für den Schwefeldioxidausstoß festgelegt. Seitdem werden große Kraftwerke mit Rauchgasentschwefelungsanlagen ausgerüstet. Bei der Rauchgasentschwefelung wird Schwefeldioxid mit Kalkwasser bzw. einer Kalksuspension ausgewaschen. Das dabei entstehende Calciumsulfit bzw. Calciumhydrogensulfit wird durch den Sauerstoff der Luft zu Calciumsulfat (Gips) oxidiert.

Seit Anfang 1983 gilt ein Emissionsgrenzwert von 400 mg Schwefeldioxid je Kubikmeter Rauchgas. Je nach eingesetzter Kohle entspricht dies etwa einem Sechstel der Emissionen ohne Rauchgasentschwefelung. Allerdings waren 1983 von 250 Kohlekraftwerken in der Bundesrepublik nur acht mit einer solchen Entschwefelungsanlage ausgerüstet. Andere Luftverunreinigungen, wie z.B. Fluor- und Chlorverbindungen, werden bei der Rauchgaswäsche ebenfalls weitgehend ausgewaschen. Zur Minderung der Stickstoffoxidemissionen hat sich die mehrstufige Verbrennung bewährt. Sie soll in Zukunft bei neuen Steinkohlekraftwerken angewandt werden.

Wirbelschichtfeuerung. Die Wirbelschichtfeuerung besitzt eine gewisse Umweltfreundlichkeit bei vergleichsweise geringen Kosten. Bei der Wirbelschichtfeuerung wird die aufbereitete Kohle in einer Wirbelschicht (▶ B 263.3), der Kalk zugesetzt wird, bei Temperaturen zwischen 800 und 900 °C verbrannt. Das entstehende *Schwefeldioxid* reagiert sofort mit dem Kalk und dem Sauerstoff zu *Gips*. Wegen der vergleichsweise niedrigen Verbrennungstemperatur gehen auch die Stickstoffoxidemissionen zurück. In die Wirbelschicht tauchen Heizflächen ein, die wegen der sehr guten Wärmeübertragungsverhältnisse kompakt gehalten werden können. Neben den Vorteilen der Umweltfreundlichkeit und der kompakten Bauweise zeichnet sich die Wirbelschichtfeuerung dadurch aus, daß auch Kohlen mit einem hohen Gesteinsanteil eingesetzt werden können. Die Wirbelschichtfeuerung eignet sich besonders gut für die Wärmeerzeugung, z.B. in Blockheizwerken und Industriebetrieben.

B 263.1 Kohlesorten. a) Braunkohle, b) Steinkohle, c) Anthrazit

B 263.2 Kohlenstoffgehalt und Heizwert von Brennstoffen

Brennstoff	Kohlenstoffanteil (%)	Heizwert in kJ/kg
Holz	50	13600
Torf	56	15700
Braunkohle	70	18800
Steinkohle	85	31400
Holzkohle	90	31600
Anthrazit	92	34300

A 263.1 Steinkohle entstand hauptsächlich vor 270 bis 350 Millionen Jahren. Aus einem 100jährigen Sumpfwald wurde eine etwa 2 cm dicke Schicht Steinkohle. Berechne das Alter der Sumpfwälder im Raum des heutigen Ruhrgebiets, wo Flöze eine durchschnittliche Dicke von etwa 1 m haben.

A 263.2 Begründe, warum Briketts billiger sind als Anthrazitkohle.

A 263.3 Formuliere die Reaktionsgleichungen für die Bildung von Gips in einer Entschwefelungsanlage.

A 263.4 Nenne die Vorzüge der Wirbelschichtfeuerung.

B 263.3 Wirbelschichtfeuerung schematisch

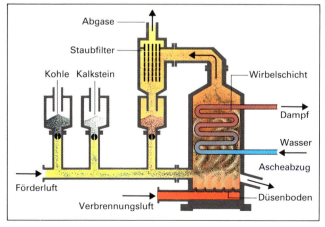

21.7 Kohleveredlung

B 264.1 Kokereianlage. Der aus den Verkokungskammern ausgestoßene Koks glüht noch

---

V 264.1 In einem schwerschmelzbaren Reagenzglas werden kleine Stücke Steinkohle (z. B. Eierkohle) erhitzt. Die entstehenden Gase werden durch eine Kühlfalle geleitet und entzündet (Knallgasprobe!). Beschreibe die Beobachtungen.

A 264.1 Warum war das frühere Stadtgas giftig?

A 264.2 Erläutere mit eigenen Worten die Unterschiede zwischen der Gewinnung von Benzin durch Kohlehydrierung und aus Synthesegas aus Kohle.

A 264.3 Begründe, warum in der Bundesrepublik Deutschland sehr stark in die Erforschung und Erprobung neuer Kohletechnologien investiert wird.

B 264.2 Verkokung im Experiment. Teer und Ammoniakwasser kondensieren, Kokereigas entweicht und verbrennt

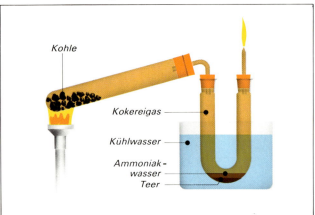

Kohle ist viel zu wertvoll, um verbrannt zu werden. Aus ihr können auch die aus Erdöl erzeugten wertvollen Primärchemikalien nach Verfahren, die im Prinzip bekannt sind, gewonnen werden. Dies ist von besonderer Bedeutung, da die Kohlevorräte viel größer sind als die Erdölvorräte. Auch die Eisengewinnung hätte ohne Koks aus Steinkohle niemals die heutigen Ausmaße erreichen können.

Die Verkokung der Steinkohle. Bei der seit 1729 bekannten *Verkokung* wird Steinkohle unter Luftabschluß bei Temperaturen zwischen 1100 und 1400 °C (*Hochtemperaturverkokung*) in sehr schmalen, aber langen und hohen Kammern 16 bis 18 Stunden erhitzt. Hierbei entweichen bei einem Einsatz von 1 t Trockenkohle 350 bis 400 m³ Gas, zurück bleibt als fester Rückstand *Koks*, der außer Kohlenstoff (95 bis 98%) nur wenige mineralische Bestandteile enthält. Aus dem Gas kondensieren bei Abkühlung *Ammoniak* und eine braune Flüssigkeit, der *Steinkohlenteer* (▶ V 264.1, ▶ B 264.2).

Das nach der Kondensation übrigbleibende Gas, das überwiegend aus Wasserstoff (55%) und Methan (20%) besteht, wurde nach Zugeben eines Gemisches aus Kohlenstoffmonooxid und Wasserstoff früher als *Stadtgas* den Haushalten zugeführt. Nach Verdrängung des Stadtgases durch das Erdgas wird das bei der Verkokung entstehende Gas meist zur Aufheizung der Kokskammern oder im Hochofenbetrieb zur Aufheizung der Heißwinde eingesetzt.

Die im *Kondensat* enthaltenen Stoffe lassen sich ebenfalls verwerten. *Ammoniak* ist ein Grundstoff zur Herstellung von Mineraldüngern.

Besonders interessant ist aber der schwarzbraune, zähe *Steinkohlenteer,* der allein *über 300 wichtige Verbindungen,* überwiegend Benzol und Benzolabkömmlinge, enthält. Auf deren Entdeckung beruht die Entwicklung synthetischer organischer Farbstoffe. Mit ihrer Produktion wurde Steinkohlenteer in der zweiten Hälfte des vorigen Jahrhunderts zur Hauptrohstoffquelle der in Mitteleuropa aufblühenden organisch-chemischen Großindustrie.

Da bei Verkokung nur wenig Steinkohlenteer anfällt (auf 1 t Steinkohle etwa 50 kg), reicht dies als Quelle für die Petrochemie heute nicht aus, auf keinen Fall können auch noch Benzin und Erdgas ersetzt werden.
Die Chemiker haben deshalb schon in der ersten Hälfte dieses Jahrhunderts nach Verfahren gesucht, Kohle möglichst vollständig in flüssige und gasförmige Kohlenwasserstoffe zu überführen.

Kohleveredlung

Benzin durch Kohlehydrierung. F. BERGIUS fand 1913 durch Versuche heraus, daß sich die *großen Moleküle* der Verbindungen der Kohle in Bruchstücke von der Größe der Moleküle, wie sie im Benzin vorkommen, *aufspalten* lassen. Dabei entstehen allerdings Bruchstücke, die an den Enden freie Bindungen und Doppelbindungen aufweisen. Im folgenden ist eine Reaktionsgleichung für die Spaltung eines großen Moleküls in zwei Bruchstücke formuliert.

Durch Anlagerung von Wasserstoffatomen an Doppelbindungen und freie Bindungen (*Hydrieren*) können aus Molekülbruchstücken z. B. Alkanmoleküle gebildet werden.

Bei der Gewinnung von Benzin aus Kohle, der *„Kohleverflüssigung"*, werden Kohlestaub, ein Katalysator und Schweröl zu einem Brei vermischt (▶ B 265.1). Dieser wird nach Zusatz von *Wasserstoff* aufgeheizt. Das Gemisch durchströmt *Reaktoren,* in denen bei Temperaturen zwischen 450 und 500 °C und Drücken von 300 bis 400 bar die großen Moleküle der Verbindungen der Kohle *gespalten* und *hydriert* werden. Im nachgeschalteten *Warmabscheider* werden die hochsiedenden Schweröle und nicht umgesetzte Kohle und andere Feststoffe abgeschieden. Die niedriger siedenden Benzine und Mitteldestillate sowie die bei Zimmertemperatur gasförmigen Kohlenwasserstoffe werden über einen *Kühler* in den *Kaltabscheider* geleitet, wo eine Trennung von flüssigen und gasförmigen Kohlenwasserstoffen erfolgt. Die gewonnenen Benzine und Mitteldestillate sind Vorprodukte für die Erzeugung von Treibstoffen, Heizöl oder Rohstoffen für die chemische Industrie.

Synthesegas aus Kohle. Etwa im Jahr 1925 erkannten F. FISCHER und H. TROPSCH, daß sich aus Gemischen von Kohlenstoffmonooxid und Wasserstoff Kohlenwasserstoffe gewinnen lassen.

In der Technik leitet man dazu ein Gemisch aus Wasserdampf und Luft über erhitzten *Koks.*

$$3\,C + H_2O + O_2 \longrightarrow 3\,CO + H_2$$

Das dabei entstehende Gemisch aus Kohlenstoffmonooxid und Wasserstoff (das noch mit Wasserstoff angereichert wird), *Synthesegas* genannt, ist vielfältigen Umsetzungen zugänglich. Je nach Mischungsverhältnissen, Reaktionsbedingungen (Druck, Temperatur, Zeit) und Katalysatoren können *gasförmige Kohlenwasserstoffe* (vorwiegend Methan), *flüssige Kohlenwasserstoffe* (Fischer-Tropsch-Synthese), *Alkene* oder *organische Sauerstoffverbindungen* wie Alkohole und Carbonsäuren gewonnen werden.

Das aus Kohle, aber auch aus Heizöl herstellbare Synthesegas stellt das geeignetste *Bindeglied zwischen Kohlechemie und Petrochemie* dar. In vielen Werken der chemischen Industrie bestehen Synthesegasanlagen, die sowohl über Erdöl als auch Kohle betrieben werden können.

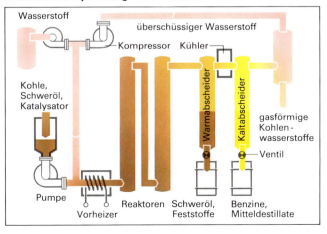

B 265.1 **Kohlehydrierung** schematisch

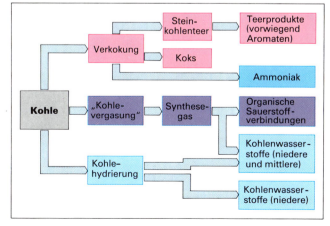

B 265.2 **Grundverfahren der Kohlechemie**

21.8 Überprüfung und Vertiefung

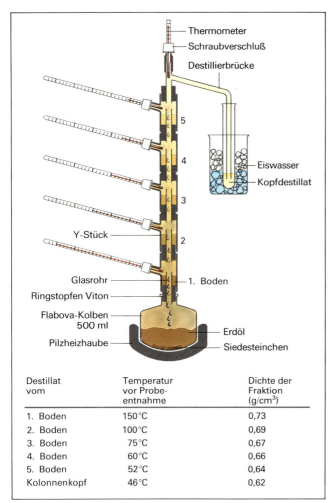

B 266.1 Zu Aufgabe 2

Destillat vom	Temperatur vor Probe- entnahme	Dichte der Fraktion (g/cm³)
1. Boden	150 °C	0,73
2. Boden	100 °C	0,69
3. Boden	75 °C	0,67
4. Boden	60 °C	0,66
5. Boden	52 °C	0,64
Kolonnenkopf	46 °C	0,62

B 266.2 Zu Aufgabe 9

Energie- träger	Weltreserven in Mrd. t Öleinheiten	in %	Weltförderung in Mrd. t Öleinheiten	in %
Erdöl	93,2	13,5	2,7	46,5
Erdgas	79,4	11,5	1,3	22,5
Kohle	452,1	65	1,8	31
Ölsande	41,1	6	–	–
Schieferöl	27,4	4	–	–
insgesamt	693,2	100	5,8	100

1 Erläutere und vergleiche die wesentlichen Unterschiede in der Zusammensetzung von Erdgas, Erdöl und Steinkohle.

2 Durch Destillation kann Rohöl in verschiedene Kohlenwasserstoff-Fraktionen getrennt werden. Die Trennung wird verbessert, wenn einer ersten Destillation (Verdampfen – Kondensieren) weitere Destillationen nachfolgen.
Eine solche stufenweise (fraktionierte) Destillation kann mit der in ▶ B 266.1 abgebildeten Apparatur im Schullabor durchgeführt werden.
In einem Versuch sind etwa 150 ml Rohöl mit der Pilzheizhaube langsam erwärmt worden. Nach etwa einer Stunde sind mit verschiedenen Spritzen, auf deren Kanülen dünne Schläuche steckten, Proben von den verschiedenen Böden entnommen und untersucht worden.
a) Welche Fraktionen sind überwiegend aus dem Rohöl durch diese Destillation gewonnen worden? Ziehe zur Beantwortung auch B 256.2 heran.
b) Welche ungefähren Flammtemperaturen werden die Fraktionen der einzelnen Böden haben?
c) Stelle die Vorzüge heraus, die diese Apparatur (▶ B 266.1) gegenüber der einfachen Destillationsapparatur von B 256.1 hat.
d) Warum ist die Trennleistung einer Glockenbodenkolonne, wie sie in B 257.1 dargestellt ist, natürlich sehr viel größer als die der in ▶ B 266.1 dargestellten Apparatur?

3 Nenne einige Eigenschaften, durch die sich die verschiedenen Rohölfraktionen voneinander unterscheiden. Gib eine Begründung für diese Unterschiede.

4 Welche Zwecke verfolgt man mit dem Cracken und Reformieren von Kohlenwasserstoffen?

5 Worüber sagt die Octanzahl etwas aus?

6 Erläutere den Aufbau und die Wirkungsweise eines Abgaskatalysators.

7 Warum sollte man sich zum Beispiel zur Entfernung von Anstrichfarbe die Hände auf keinen Fall mit Autobenzin waschen?

8 a) Welche Umweltgefährdungen drohen Wasser, Boden und Luft durch Rohöl und Rohölprodukte?
b) Welche Umweltschutzmaßnahmen sind bei Förderung und Transport von Rohöl sowie bei Lagerung, Transport und Verbrauch von Benzin und Heizöl erforderlich, um die Belastung der Umwelt durch Schadstoffe zu verringern?

9 Begründe anhand von ▶ B 266.2, wie lange die heute bekannten Weltvorräte der Energieträger bei gleichbleibender Förderung noch reichen. Erläutere zwei grundlegende Möglichkeiten zur Gewinnung von Benzin aus Kohle.

22 Alkohole – Aldehyde – Carbonsäuren

Die Moleküle der Kohlenwasserstoffe enthalten nur Kohlenstoff- und Wasserstoffatome. Mit Alkoholen, Aldehyden und Carbonsäuren lernen wir nun Gruppen von Stoffen kennen, in deren Molekülen eine weitere Atomsorte vertreten ist. Art des Einbaus und Anzahl dieser Atome bestimmen die Zugehörigkeit zur jeweiligen Gruppe und die charakteristischen Eigenschaften von deren Vertretern. Hierdurch wird der Zusammenhang zwischen Struktur und Stoffeigenschaft besonders deutlich.

Ein bekannter Vertreter der Alkohole ist Bestandteil alkoholischer Getränke und findet in großem Maße auch für technische Zwecke Verwendung. Viele biologische Präparate werden in Formalin, einer Lösung eines Aldehyds, aufbewahrt. Carbonsäuren sind organische Säuren. Zu ihnen gehört beispielsweise die Essigsäure, die in stark verdünnter Form im Speiseessig zu finden ist. Andere Carbonsäuren sind für den sauren Geschmack vieler Früchte verantwortlich.

Wir werden auch sehen, daß viele biologisch bedeutsame Verbindungen in Beziehung zu den hier behandelten Stoffgruppen stehen.

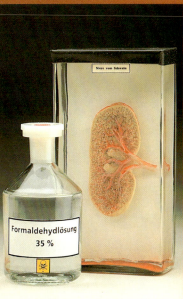

22.1 Ethanol – Beispiel eines Alkohols

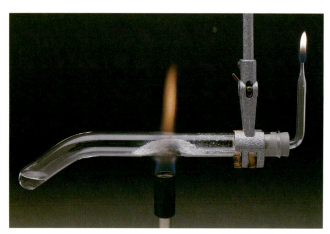

B 268.1 Ethanoldampf oxidiert Magnesium

V 268.1 Man gibt in eine Apparatur nach B 268.1 ca. 1 ml Ethanol (wasserfrei) und blanke Magnesiumspäne. Das Magnesium wird bis zur beginnenden Rotglut erhitzt, zugleich wird durch schwaches Erwärmen Ethanoldampf erzeugt. Wenn das Metall aufglüht, wird nur noch die Dampfentwicklung fortgesetzt. Das austretende Gas wird entzündet. Nach Abschluß des Experiments wird der feste Rückstand mit feuchtem Indikatorpapier geprüft. Welche Rückschlüsse lassen sich ziehen?

 V 268.2 Man gibt eine kleine Portion Natrium in ein Reagenzglas mit Ethanol (wasserfrei), fängt das entstehende Gas pneumatisch auf und führt die Knallgasprobe durch.

Aus dem Alltag ist „Alkohol" als eine Flüssigkeit bekannt, die in manchen Getränken enthalten ist. Außerdem dient sie als Lösungsmittel (Medikamente, Parfüms) und Brennstoff. Der *systematische Name* für diesen Stoff lautet **Ethanol**. Häufig wird auch noch die ältere Bezeichnung Äthylalkohol verwendet.

Elementare Zusammensetzung. Bei der *Verbrennung von Ethanol* entstehen Kohlenstoffdioxid und Wasser. Am Aufbau der Verbindung Ethanol müssen also die Elemente *Kohlenstoff* und *Wasserstoff* beteiligt sein. ▶ V 268.1 weist auf *Sauerstoff* als weiteres Element hin. Ethanol gehört also nicht zu den Kohlenwasserstoffen. Darauf deutet auch seine Flammenfarbe hin. Im Unterschied zu den mit leuchtender Flamme brennenden Kohlenwasserstoffen ist die Flamme des brennenden Ethanols schwach blau.

Eine Bestimmung des Anzahlverhältnisses der Atome und der Molekülmasse führt zur *Summenformel* C_2H_6O.

Struktur des Ethanolmoleküls. Zu der Summenformel C_2H_6O lassen sich *zwei Strukturformeln* aufstellen (▶ B 268.2). In der einen sind alle Wasserstoffatome wie bei den Molekülen der Kohlenwasserstoffe an Kohlenstoffatome gebunden. In der anderen nimmt ein Wasserstoffatom eine Sonderstellung ein. Es ist an ein Sauerstoffatom gebunden. Um entscheiden zu können, welche Struktur das Ethanolmolekül tatsächlich hat, müssen weitere Untersuchungen durchgeführt werden.

Natrium reagiert mit Ethanol unter *Wasserstoffentwicklung* (▶ V 268.2), was an die Reaktion des Natriums mit Wasser erinnert (↗ Kap. 8.1). Der Verlauf ist beim Ethanol allerdings weniger heftig. Da Natrium aus Kohlenwasserstoffen keinen Wasserstoff freisetzen kann (es wird ja sogar unter flüssigen Kohlenwasserstoffen aufbewahrt), ist anzunehmen, daß die Wasserstoffatome eine C-H-Bindung nicht mit Natriumatomen reagieren. Dann scheidet die in ▶ B 268.2 oben dargestellte Verknüpfung der Atome als Struktur des Ethanolmoleküls aus.

Dagegen ist in ▶ B 268.2 unten ein Wasserstoffatom wie bei einem Wassermolekül an ein Sauerstoffatom gebunden. Der Vergleich der Reaktionen von Ethanol bzw. Wasser mit Natrium legt den Schluß nahe, daß diese Darstellung zutreffend ist.

Dies kann durch ein weiteres Experiment bestätigt werden, in dem eine Portion Ethanol bekannter Masse mit Natrium reagiert (▶ B 269.1). Aus dem Volumen des entwickelten Wasserstoffs läßt sich errechnen, daß aus *einem* Ethanolmolekül *ein* Wasserstoffatom freigesetzt wird. Außerdem entsteht Natriumethanolat C_2H_5ONa. Wegen der Sonderstellung des einen Wasserstoffatoms schreibt man als *Molekülformel* C_2H_5OH.

B 268.2 Molekülstrukturen zur Summenformel C_2H_6O

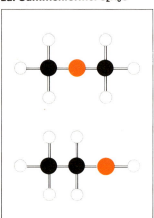

B 268.3 Ethanolmolekül – Modell und Formel

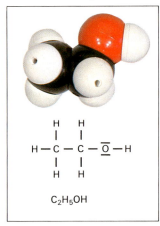

C_2H_5OH

Ethanol – Beispiel eines Alkohols

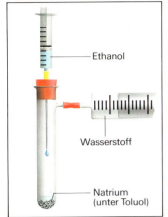

B 269.1 Reaktion von Ethanol mit Natrium

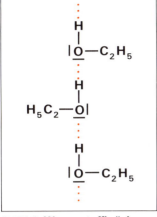

B 269.2 Wasserstoffbrücken zwischen Ethanolmolekülen

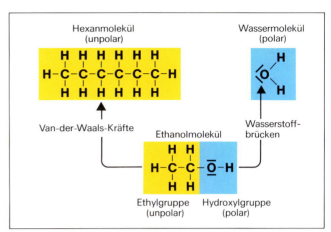

B 269.3 **Struktur und Löslichkeit.** Ethanol löst sich aufgrund seines Molekülbaus in Wasser und in Benzin

Eigenschaften von Ethanol. Ethanol ist eine farblose Flüssigkeit mit einer Dichte von 0,79 g/cm³. Es ist sowohl in Wasser als auch in Benzin gut löslich. Es ist auffällig, daß die *Siedetemperatur* des Ethanols (78,4 °C) wesentlich höher liegt als die des Propans (–42 °C), dessen Moleküle eine vergleichbare Kettenlänge haben. Diese Unterschiede lassen sich auf die stark polaren OH-Gruppen, die **Hydroxylgruppen** der Ethanolmoleküle, zurückführen. Von ihnen gehen *Wasserstoffbrücken* aus, durch die sich größere Molekülverbände ausbilden können. Im Unterschied zu Wassermolekülen (↗ Kap. 12.4) kommt es dabei nicht zu einer räumlichen Vernetzung, sondern nur zu einer kettenförmigen Anordnung (▶ B 269.2). Ethanolmoleküle sind wie Wassermoleküle Dipole.
Nicht nur zwischen Ethanolmolekülen untereinander, auch zwischen Ethanol- und Wassermolekülen können Wasserstoffbrücken ausgebildet werden. So läßt sich erklären, daß Ethanol und Wasser in jedem Verhältnis ineinander löslich sind.

Die Eigenschaften und Reaktionen des Ethanols werden entscheidend durch die Hydroxylgruppe des Moleküls mitbestimmt. Eine solche Gruppe nennt man **funktionelle Gruppe.** Die Hydroxylgruppe ist die funktionelle Gruppe des Ethanolmoleküls.
Die Löslichkeit des Ethanols in Benzin ist auf den Einfluß der unpolaren Ethylgruppe zurückzuführen (▶ B 269.3). Zwischen den Ethylgruppen und den Molekülen des Benzins wirken *van-der-Waals-Kräfte* (↗ Kap. 20.3).

Das Ethanolmolekül enthält die Hydroxylgruppe als funktionelle Gruppe. Sie beeinflußt entscheidend die Eigenschaften des Ethanols.

V 269.1 Prüfe im Reagenzglas, ob sich Ethanol in Wasser bzw. in Benzin löst. Wie sind die Beobachtungen zu erklären?

A 269.1 Gib an, welche der in B 268.2 gezeigten Abbildungen die zutreffende Darstellung des Ethanolmoleküls ist. Begründe die Entscheidung!

A 269.2 Überlege, auf welche Weise die molare Masse von Ethanol bestimmt werden kann. Erläutere die Art des geplanten Vorgehens.

A 269.3 Erläutere die Schreibweise C_2H_5OH für ein Ethanolmolekül.

A 269.4 Begründe, warum Ethanol im Vergleich mit Propan eine recht hohe Siedetemperatur besitzt.

A 269.5 Gib an, was unter einer funktionellen Gruppe zu verstehen ist.

A 269.6 Benenne die funktionelle Gruppe des Ethanolmoleküls und gib an, welche Eigenschaften des Ethanols auf ihren Einfluß zurückzuführen sind.

A 269.7 Prüfe, welche Eigenschaften der Ethanol- bzw. Wassermoleküle durch die unterschiedlichen Elektronegativitäten der beteiligten Atome (O: 3,5; C: 2,5; H: 2,1) erklärt werden können.

A 269.8 Nenne eine Eigenschaft des Ethanols, die auf den Einfluß der Ethylgruppe zurückzuführen ist, und gib eine Begründung.

22.2 Herstellung und Wirkung von Ethanol

V 270.1 a) Gib in einen Erlenmeyerkolben 20 g Zucker, 200 ml Wasser und etwas Hefe. Wenn die Gärung in Gang gekommen ist, leite das entstehende Gas in Kalkwasser.
b) Stelle den Gäransatz für einige Tage an einen warmen Ort und destilliere nach Beendigung des Gärvorganges das entstandene Ethanol ab.

V 270.2 Fülle in ein Reagenzglas mit seitlichem Ansatz 5 ml Ethanollösung oder einen Teil der vergorenen Flüssigkeit aus V 270.1b. Befestige seitlich am Reagenzglas mit einem Gummischlauch ein Alcoteströhrchen. Verschließe das Reagenzglas mit einem durchbohrten Gummistopfen, in dem ein Glasrohr steckt, das bis in die Flüssigkeit hineinreicht, und blase Luft hindurch. Betrachte anschließend das Teströhrchen.

A 270.1 Gib an, welche Auswirkungen der Genuß von Alkohol auf den menschlichen Körper haben kann.

A 270.2 Was versteht man unter absolutem Ethanol? Wie kann es hergestellt werden?

Herstellung von Ethanol durch Gärung. Durch Vergären zuckerhaltiger Lösungen (alkoholische Gärung) entsteht Ethanol. Unter Einwirkung von Hefe bildet sich dabei aus Traubenzucker neben Ethanol auch Kohlenstoffdioxid.

$$C_6H_{12}O_6 \xrightarrow{\text{Hefe}} 2\ C_2H_5OH + 2\ CO_2$$

Erreicht der *Ethanolgehalt* der Lösung einen *Volumenanteil von ca. 15%*, so kommen die Gärungsvorgänge zum Erliegen. Zur Erreichung höherer Konzentrationen wird das gebildete Ethanol abdestilliert ("gebrannt"). So entsteht *Branntwein*. Eine Lösung von Ethanol mit einem Volumenanteil von 96% wird *Spiritus* genannt. Durch Zusatz von Stoffen, die ihn ungenießbar machen, entsteht daraus *Brennspiritus*. Er wird im Gegensatz zu Ethanol, das zu Trinkzwecken verwendet werden kann, nicht versteuert.
Der durch Destillation erreichbare Volumenanteil an Ethanol kann 96% nicht übersteigen. Zur Gewinnung von *wasserfreiem ("absolutem") Ethanol* wird Calciumoxid zugesetzt; es entzieht das restliche Wasser unter Bildung von Calciumhydroxid.

Auswirkungen des Alkoholgenusses. Die berauschende Wirkung des Alkohols ist schon seit Jahrtausenden bekannt. Im Übermaß genossener Alkohol kann tödlich wirken (Alkoholvergiftung) bzw. zu dauerhaften schweren Schäden an Leber, Nieren und Nervensystem führen. *Alkoholismus* ist eine gefährliche Suchtkrankheit, die Körper und Persönlichkeit des Menschen zerstört.
Auch wenn nur kleine Mengen Alkohol getrunken werden, kommt es vorübergehend zu einer deutlichen Beeinträchtigung der Leistung des Nervensystems. Dies äußert sich z. B. in einer Verringerung der Reaktionsfähigkeit. Deshalb wirkt sich *Alkoholgenuß im Straßenverkehr* besonders gefährlich aus. Autofahrer, bei denen Verdacht auf Alkoholgenuß besteht, müssen durch ein *Alcoteströhrchen* blasen. Es ist mit einer gelben Substanz (Kaliumdichromat/Schwefelsäure und Kieselgel) gefüllt, die sich unter dem Einfluß der im Atem enthaltenen Ethanoldämpfe grün färbt (▶ B 270.3). Die Länge der sich bildenden Grünzone läßt Rückschlüsse auf den *Ethanolgehalt des Blutes* der Testperson zu. Seit einiger Zeit werden auch elektronische Meßgeräte benutzt.

B 270.1 Gärversuch mit Nachweis von Kohlenstoffdioxid

B 270.2 Wirkung des Alkohols auf den menschlichen Körper

Alkoholanteil im Blut (‰)	Wirkung auf den menschlichen Organismus
0,3	Redseligkeit, Selbstzufriedenheit
0,4	Meßbare Störungen der Gehirnströme
0,5	Fahruntüchtigkeit bei manchen Personen
0,8	Versagen bei Koordinationstests
1,0	Rausch; Enthemmung, deutliche motorische Störungen
1,5	Verlust der Selbstkontrolle; Versagen der Hell-Dunkel-Anpassung des Auges
2,0	Trunkenheit; Orientierungsschwierigkeiten, Angstzustände
3,0	Erinnerungslücken; Störung der Atem- und Herztätigkeit
4,0–5,0	Narkose, Atemstillstand

B 270.3 Alcotest. Grünfärbung des Röhrchens zeigt Alkohol an

22.3 Die homologe Reihe der Alkanole

Die homologe Reihe der Alkanole. Es gibt zahlreiche Stoffe, deren Moleküle aus einer Kohlenwasserstoffgruppe und einer oder mehreren Hydroxylgruppen bestehen. Diese Stoffe werden *Alkohole* genannt. Diejenigen, deren Molekülformel sich aus der allgemeinen Molekülformel $C_nH_{2n+1}OH$ ableiten läßt, nennt man **Alkanole**. Ihre Moleküle unterscheiden sich voneinander durch die Anzahl von CH_2-Gruppen. Ihre *Namen* werden gebildet, indem man dem Namen des Alkans mit gleicher Anzahl von Kohlenstoffatomen die *Endung „-ol"* als Zeichen für die OH-Gruppe anfügt.

Innerhalb der homologen Reihe steigen die *Siedetemperaturen.* Sie liegen bei den ersten Gliedern wesentlich höher als die vergleichbarer Alkane. Darin zeigt sich der Einfluß der polaren OH-Gruppe. Mit zunehmender Kettenlänge werden die Unterschiede in den Siedetemperaturen zwischen Alkanen und Alkanolen geringer. Mit zunehmender Zahl der CH_2-Gruppen verringert sich nämlich der Einfluß der Hydroxylgruppe.

Das wirkt sich auch auf die *Löslichkeit* der Alkanole *in Wasser* aus (▶ V 271.1). Nur die ersten drei Glieder der homologen Reihe besitzen eine unbegrenzte Löslichkeit in Wasser. Mit zunehmender Länge der Alkylgruppe nimmt die Löslichkeit in Wasser ab (▶ B 271.1). In Benzin und anderen hydrophoben Lösungsmitteln sind dagegen Alkanole in allen Verhältnissen löslich.

Isomere Alkanole. Wie bei den Alkanen gibt es auch bei den Alkanolen isomere Verbindungen. So existiert neben dem 1-Propanol, dessen Moleküle die OH-Gruppe an einem endständigen Kohlenstoffatom tragen, ein 2-Propanol (Isopropanol) mit der OH-Gruppe am mittleren Kohlenstoffatom seiner Moleküle.

Innerhalb der homologen Reihe nimmt die Zahl der isomeren Verbindungen zu. So gibt es vier verschiedene Butanole (▶ B 271.2). Die systematischen Namen der isomeren Alkanole werden ähnlich wie die der isomeren Alkane gebildet. Durch eine an den Anfang gesetzte Zahl, die so klein wie möglich sein soll, wird zusätzlich das Kohlenstoffatom bezeichnet, an das die Hydroxylgruppe gebunden ist.

Trägt das die Hydroxylgruppe bindende Kohlenstoffatom nicht mehr als eine Alkylgruppe, spricht man von einem *primären Alkanol*. Sind zwei oder drei Alkylgruppen gebunden, liegt ein *sekundäres* bzw. *tertiäres Alkanol* vor.

V 271.1 Gib zu kleinen Portionen verschiedener Alkanole tropfenweise Wasser und prüfe, ob sich eine Lösung bildet. Erkläre die zu beobachtenden Unterschiede.

A 271.1 Erkläre die Zunahme der Siedetemperaturen innerhalb der homologen Reihe der Alkanole.

A 271.2 Vergleiche die Siedetemperaturen der Alkanole mit denen der Alkane. Wie sind die Unterschiede zu deuten?

A 271.3 Was versteht man unter primären, sekundären und tertiären Alkanolen?

A 271.4 Bilde die systematischen Namen der Alkanole, deren Moleküle in B 271.2 dargestellt sind.

A 271.5 Gib die Strukturformeln der beiden Propanole an.

A 271.6 Begründe, warum innerhalb der homologen Reihe mit steigender Molekülgröße die Löslichkeit der Alkanole in Wasser abnimmt.

B 271.1 Homologe Reihe der Alkanole. Mit zunehmender Länge der Alkylgruppe nimmt der Einfluß der OH-Gruppe ab

Name	Halbstrukturformel	Siedetemp. (°C)	Löslichkeit in Wasser
Methanol	CH_3OH	64,5	unbegrenzt löslich
Ethanol	CH_3CH_2OH	78,4	
1-Propanol	$CH_3CH_2CH_2OH$	97	
1-Butanol	$CH_3CH_2CH_2CH_2OH$	118	nimmt ab
1-Pentanol	$CH_3CH_2CH_2CH_2CH_2OH$	138	
1-Hexanol	$CH_3CH_2CH_2CH_2CH_2CH_2OH$	156	
1-Heptanol	$CH_3CH_2CH_2CH_2CH_2CH_2CH_2OH$	176	
1-Octanol	$CH_3CH_2CH_2CH_2CH_2CH_2CH_2CH_2OH$	195	

B 271.2 Isomere Alkanolmoleküle der Summenformel C_4H_9OH

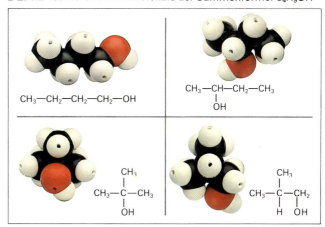

22.4 Einige wichtige Alkohole

B 272.1 Boraxprobe. Unterscheidung von Methanol (links) und Ethanol (rechts) durch Reaktion mit Borsäure

V 272.1 Mische in einer Porzellanschale etwas Natriumtetraborat (Borax) mit Ethanol bzw. Methanol. Entzünde die Gemische und vergleiche die Flammen.

A 272.1 Wie kann man nachweisen, ob eine alkoholisch riechende Flüssigkeit Methanol enthält? Gib zwei Möglichkeiten an.

A 272.2 Ethandiol weist eine wesentlich höhere Siedetemperatur auf als Ethanol. Erkläre den Unterschied.

A 272.3 Propantriol ist zähflüssig. Wie kann diese Eigenschaft erklärt werden?

Methanol (Methylalkohol) ist eine Flüssigkeit mit einem Geruch, der dem des Ethanols ähnelt. Beide Stoffe lassen sich aber durch die *Boraxprobe* (▶ V 272.1, ▶ B 272.1) voneinander unterscheiden. Schon kleinste Portionen von Methanol sind sehr *giftig* und können zur Erblindung führen, der Genuß von etwa 20 g ist tödlich.
Methanol wird als Lösungsmittel verwendet und als Treibstoff für Kraftfahrzeuge (▶ B 272.3) erprobt. Es verbrennt unter Bildung von Kohlenstoffdioxid und Wasser. Im Gegensatz zu anderen Treibstoffen entstehen keine weiteren schädlichen Stoffe.

Ethandiol. Die ölige und giftige, auch als *Glykol* bekannte Flüssigkeit hat eine Siedetemperatur von 197 °C und eine Erstarrungstemperatur von −11,5 °C. Seine Moleküle sind ähnlich gebaut wie die des Ethanols, jedoch ist jedes Kohlenstoffatom mit einer Hydroxylgruppe verbunden (griech. di, zweimal). Glykol bildet mit Wasser in jedem Verhältnis eine Lösung.
Ethandiol dient als Frostschutzmittel (▶ B 272.4) und als Grundstoff für die Herstellung von Kunststoffen.

Propantriol. Der zähflüssige Stoff ist auch unter dem Namen *Glycerin* bekannt. Seine Siedetemperatur beträgt 290 °C, seine Erstarrungstemperatur 18 °C. Jedes der drei Kohlenstoffatome im Molekül trägt eine Hydroxylgruppe (griech. tri, dreimal). Propantriol bildet mit Wasser in jedem Verhältnis eine Lösung, ist ungiftig und hat einen süßen Geschmack, daher der Name Glycerin (von griech. glykys, süß). Als Zusatz in Cremes, Zahnpasten und Druckfarben sorgt es wegen seiner hygroskopischen Wirkung für genügend Feuchtigkeit. Wie Ethandiol dient es ebenfalls als Frostschutzmittel. Es ist Grundstoff für die Kunststoff- und Sprengstoffindustrie.

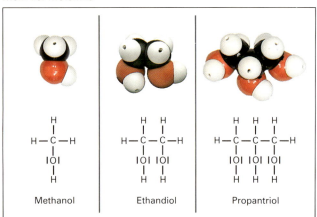

B 272.2 Technisch wichtige Alkanole. Modelle und Strukturformeln der Moleküle

B 272.3 Methanol als Treibstoff (Erprobung)

B 272.4 Ethandiol (Glykol) dient als Frostschutzmittel

22.5 Diethylether

Herstellung von Diethylether. Gibt man Ethanol und konzentrierte Schwefelsäure zusammen und destilliert anschließend (▶ V 273.1), so erhält man eine leichtflüchtige Flüssigkeit mit charakteristischem Geruch. Sie wird *Diethylether,* oft einfach *Ether,* genannt. Bei dieser Reaktion vereinigen sich zwei Ethanolmoleküle unter Austritt eines Wassermoleküls (▶ B 273.2).

Eigenschaften des Diethylethers. Obwohl dem Diethylether dieselbe Summenformel $C_4H_{10}O$ wie dem Butanol zuzuordnen ist, zeigt er völlig andere Eigenschaften. So besitzt er z.B. eine auffällig niedrige Siedetemperatur (34,6 °C). Dies ist darauf zurückzuführen, daß zwischen seinen Molekülen keine Wasserstoffbrücken ausgebildet werden können, denn es sind keine polaren OH-Gruppen vorhanden.
Die Löslichkeit von Diethylether in Wasser ist gering (6,4 g/100 g).
Etherdämpfe sind *feuergefährlich,* sie bilden mit Luft *explosive Gemische.* Beim Arbeiten mit Ether dürfen daher keine offenen Flammen oder heißen Gegenstände in der Nähe sein. Da Etherdämpfe eine größere Dichte als Luft haben, können sie sich auf dem Arbeitstisch ausbreiten und auch an relativ weit entfernten Stellen in Brand geraten (▶ B 273.3).
Das Einatmen von Etherdämpfen führt zu Rauschzuständen und zur Bewußtlosigkeit. In der Medizin wurde Diethylether früher zur Betäubung verwendet.

Dimethylether. Wird Methanol durch Schwefelsäure zur Reaktion gebracht, entsteht ein gasförmiger Stoff (Siedetemperatur -24 °C). Seine Moleküle haben die Strukturformel CH_3-O-CH_3. Er heißt *Dimethylether* und ist eine isomere Verbindung des Ethanols.

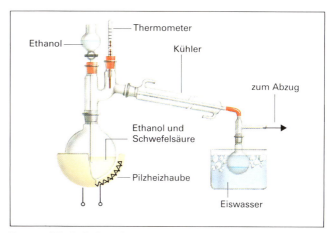

B 273.1 **Diethylether.** Apparatur zur Herstellung aus Ethanol und Schwefelsäure

V 273.1 Man mischt 25 ml konz. Schwefelsäure und 35 ml Ethanol (95%) und destilliert in einer Apparatur nach B 273.1. Durch Zulauf von Ethanol hält man das Volumen konstant und damit die Temperatur unter 140 °C. Prüfe den Geruch des Destillates. (Vorsicht! Schutzbrille! Keine Flammen im Raum, keinen Gasbrenner verwenden.)

V 273.2 Auf das obere Ende einer schräg befestigten Rinne legt man einen mit Diethylether getränkten Wattebausch und stellt eine brennende Kerze an das untere Ende. (Vorsicht! Schutzbrille!)

A 273.1 Erkläre, warum Diethylether eine im Vergleich mit Ethanol niedrige Siedetemperatur hat.

B 273.2 **Bildung eines Diethylethermoleküls** aus zwei Ethanolmolekülen

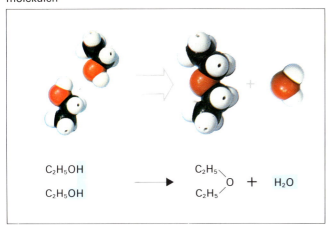

B 273.3 **Dämpfe des Diethylethers** haben eine größere Dichte als Luft und sind brennbar

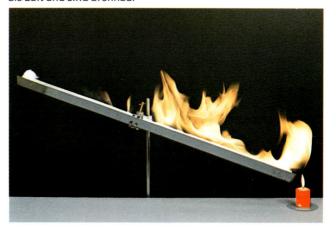

22.6 Aldehyde und Ketone

Oxidation von Alkoholen. Taucht man eine heiße, durch Kupfer(II)-oxid an der Oberfläche geschwärzte Kupferdrahtnetzrolle in Ethanol (▶ V 275.1a), so zeigt die Farbänderung, daß das Kupfer(II)-oxid zu Kupfer reduziert worden ist (▶ B 274.1). Ethanol muß also oxidiert worden sein. Das Reaktionsschema und die Reaktionsgleichung für diese Redoxreaktion lauten:

Ethanol + Kupfer(II)-oxid → Ethanal + Kupfer + Wasser

$$\begin{array}{c}H\ H\\|\ |\\H-C-C-\overline{O}-H\\|\ |\\H\ H\end{array} + CuO \longrightarrow \begin{array}{c}H\\|\\H-C-C\\|\\H\end{array}\!\!\begin{array}{c}\overline{O}|\\\\\\H\end{array} + Cu + H_2O$$

Ethanal ist auch unter dem Namen *Acetaldehyd* bekannt und gehört zur Stoffgruppe der **Aldehyde**. Die Bezeichnung Aldehyd ist ein aus „alcoholus dehydrogenatus" gebildetes Kunstwort und bedeutet: Alkohol, dem Wasserstoff entzogen worden ist.

Ein Vergleich der Strukturformeln des Ethanols und Ethanals zeigt, daß ein Ethanalmolekül zwei Wasserstoffatome weniger aufweist als ein Ethanolmolekül.

Nicht nur Ethanol läßt sich zu einem Aldehyd oxidieren, sondern alle *primären Alkohole* können durch *Oxidation* bzw. *Dehydrierung* in *Aldehyde* überführt werden. Diejenigen Aldehyde, die aus *primären Alkanolen* gebildet werden können, heißen mit dem systematischen Namen **Alkanale**. Ihre Benennung erfolgt durch Anhängen der *Silbe -al* an den Namen des entsprechenden Alkans. Wird der sekundäre Alkohol *2-Propanol* oxidiert bzw. dehydriert, so entsteht *Propanon (Aceton)*.

$$\begin{array}{c}H\\|\\H-C-C-C-H\\|\ |\ |\\H\ H\ H\end{array}\!\!\begin{array}{c}H\ |\overline{O}|\ H\\\\\\\\\end{array} + CuO \longrightarrow \begin{array}{c}H\\|\\H-C-C-C-H\\|\ |\ |\\H\ H\end{array}\!\!\begin{array}{c}H\ \overline{O}\ H\\\\\\\\\end{array} + Cu + H_2O$$

Propanon gehört zur Stoffgruppe der **Ketone**. Die Ketone, die sich von sekundären Alkanolen ableiten lassen, werden **Alkanone** genannt. Sie werden durch die *Endsilbe -on* gekennzeichnet, die dem Namen des entsprechenden Alkans angehängt wird.

Aldehyd- und Ketonmoleküle weisen die **Carbonylgruppe** $\rangle C=O\rangle$ als *funktionelle Gruppe* auf.

Da sich bei den tertiären Alkoholen eine solche Gruppe mit einer Kohlenstoff-Sauerstoff-Bindung nicht ohne Spaltung einer C-C-Bindung bilden kann, können tertiäre Alkohole nicht auf diese Weise oxidiert bzw. dehydriert werden.

Primäre Alkohole lassen sich zu Aldehyden, sekundäre Alkohole zu Ketonen oxidieren.

Eigenschaften der Alkanale und Alkanone. Die *Carbonylgruppe* ist *stark polar*, da zwischen dem Kohlenstoff- und dem Sauerstoffatom der Doppelbindung eine deutliche Elektronegativitätsdifferenz besteht. Die Siedetemperaturen der niederen Alkanale (▶ B 274.3) und Alkanone liegen deshalb deutlich über denen der Alkane, deren Moleküle eine vergleichbare Kettenlänge und Oberfläche aufweisen. Allerdings sind die Siedetemperaturen der niederen Alkanale und Alkanone wesentlich niedriger als die der entsprechenden Alkanole.

B 274.1 Oxidation von Ethanol durch Kupferoxid

B 274.2 Moleküle von Ethanal und Propanon in Modell und Formeldarstellung

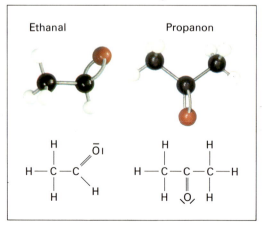

B 274.3 Alkanale. Vergleich der Siedetemperaturen

Name	Molekülformel	Siedetemperatur (°C)
Methanal	H-CHO	−21
Ethanal	CH_3-CHO	21
Propanal	C_2H_5-CHO	49
Butanal	C_3H_7-CHO	73
Pentanal	C_4H_9-CHO	102
Hexanal	C_5H_{11}-CHO	128
Heptanal	C_6H_{13}-CHO	155

Aldehyde und Ketone

Weder die Alkanal- noch die Alkanonmoleküle können untereinander Wasserstoffbrückenbindungen bilden. Mit Wassermolekülen können dagegen sowohl die Alkanal- als auch Alkanonmoleküle Wasserstoffbrückenbindungen eingehen, deshalb sind die ersten Glieder der beiden homologen Reihen in Wasser gut löslich.

Einige wichtige Alkanale und Alkanone. *Methanal (Formaldehyd)* H–CHO ist ein stechend riechendes Gas, das gut wasserlöslich ist. Eine 35–40%ige wäßrige Lösung wird *Formalin* genannt. Methanal dient als Desinfektionsmittel, zur Herstellung von Kunststoffen und zur Konservierung biologischer Objekte. Die desinfizierende Wirkung des Räucherns wird auf geringe Anteile von Methanal im Holzrauch zurückgeführt. Methanal steht im Verdacht, krebserregend oder -fördernd zu sein. *Ethanal (Acetaldehyd)* CH_3–CHO ist eine leicht verdunstende Flüssigkeit mit stechendem, betäubendem Geruch. In der Leber des Menschen läuft die Oxidation von Ethanol über das giftige Ethanal ab. In der chemischen Industrie ist Ethanal ein wichtiges Zwischenprodukt und wird zu Essigsäure, Farbstoffen, Arzneimitteln sowie zu synthetischem Kautschuk verarbeitet.

Das erste und wichtigste Glied der Alkanone ist *Propanon (Aceton)*. Da Propanon sowohl mit Wasser als auch mit hydrophoben Stoffen in allen Verhältnissen Lösungen (▶ V 275.2) ergibt, ist es in Industrie und Technik ein viel verwendetes Lösungsmittel. Früher wurde Propanon als Nagellackentferner eingesetzt. Als Propanon-Ersatz ist in vielen Fällen *Butanon* verwendbar.

Aldehydnachweise. Die Aldehyde wirken aufgrund der

Aldehydgruppe $-C\underset{H}{\overset{\overset{\displaystyle\|}{\bar{O}|}}{}}$ (vereinfacht: –CHO),

bei der die Carbonylgruppe noch mit mindestens einem Wasserstoffatom verknüpft ist, reduzierend. Darauf beruht der Nachweis von Aldehyden durch die *Silberspiegelprobe* (▶ B 275.1). Aus einer ammoniakalischen Silbernitratlösung (▶ V 275.3) entsteht hier elementares Silber, das zum Teil in sehr feiner Verteilung vorliegt und der Flüssigkeit eine schwarze Färbung verleiht und zum Teil als Silberspiegel der Gefäßwand anliegt.

Manchmal wird auch die *Trommersche Probe* zum Nachweis herangezogen. Aus einer mit Natronlauge versetzten Kupfer(II)-sulfatlösung (▶ V 275.4) entsteht nach Zugabe eines Aldehyds und nach Erwärmen rotes Kupfer(I)-oxid. Nach Zugabe eines Aldehyds zu *Fuchsinschwefliger Säure* (▶ V 275.5) tritt eine rotviolette (▶ B 275.2) bis blauviolette Farbe auf. Dieser Aldehydnachweis beruht jedoch nicht auf der reduzierenden Wirkung der Aldehyde, er ist auch wenig spezifisch.

V 275.1 a) Man erhitzt eine Rolle aus Kupferdrahtnetz in der Brennerflamme, bis es an der Oberfläche oxidiert ist, und taucht es heiß in ein Becherglas mit Ethanol. (Vorsicht, brennbare Dämpfe! Abzug!) Deute die Versuchsbeobachtungen.
b) Man wiederholt den Versuch mit Methanol bzw. 1-Propanol.
c) Man wiederholt den Versuch mit 2-Propanol.

V 275.2 Versuche, Wasser, Benzin, Ethanol und Fett in Propanon (Aceton) zu lösen.

V 275.3 Gib in einem Reagenzglas zu etwa 5 ml einer 5%igen Silbernitratlösung einige Tropfen verdünnte Natronlauge und dann tropfenweise soviel Ammoniaklösung, bis der anfangs entstandene Niederschlag sich gerade auflöst. Füge einige Tropfen Ethanallösung (Abzug!) zu, schüttle um und stelle das Reagenzglas für einige Minuten in ein Becherglas mit warmem Wasser.

V 275.4 Versetze ein Gemisch aus 1 ml Kupfersulfatlösung und 10 ml verdünnte Natronlauge mit einigen Tropfen Ethanallösung (Abzug!) und erwärme im Wasserbad.

V 275.5 Gib zu Fuchsinschwefliger Säure (Schiffsches Reagenz) einige Tropfen Ethanallösung und beobachte die allmählich auftretende Farbänderung. (Abzug!)

A 275.1 Wie verhalten sich primäre, sekundäre und tertiäre Alkanole gegenüber (milden) Oxidationsmitteln?

B 275.1 **Silberspiegelprobe.** Aldehyde wirken reduzierend

B 275.2 **Aldehydnachweis** mit Fuchsinschwefliger Säure

22.7 Kohlenhydrate

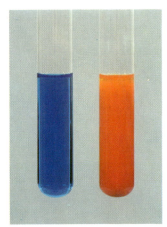

B 276.1 Fehlingsche Probe
(ziegelroter Niederschlag)

B 276.2 Glucosenachweis
mit Glucoteststreifen

Kohlenhydrate sind Stoffe, deren Moleküle neben Kohlenstoffatomen die Atome der Elemente Wasserstoff und Sauerstoff im Zahlenverhältnis 2:1 enthalten. Zu ihnen gehören *Zucker*, *Stärke* und *Cellulose*. Kohlenhydrate werden von Fotosynthese treibenden Pflanzen aufgebaut. Den Menschen und Tieren dienen Kohlenhydrate als wichtige *Nährstoffe* und *Energielieferanten*.

Glucose (Traubenzucker). Glucose kommt in vielen süßen Früchten und im Honig vor. Im menschlichen Körper wird Glucose sehr schnell ins Blut aufgenommen. Deshalb ist Traubenzucker bei körperlicher Anstrengung ein schnell wirkendes Stärkungsmittel. Das menschliche Blut enthält 0,1 % Glucose.

Glucose ist ein kristalliner, farbloser Stoff, gut wasserlöslich, aber unlöslich in Benzin und anderen Kohlenwasserstoffen. Ihre *Summenformel* lautet $C_6H_{12}O_6$. Das *offenkettige* Molekül weist fünf Hydroxylgruppen und eine Aldehydgruppe auf (▶ B 276.3 links). Glucose wird deshalb auch als *Aldehydzucker (Aldose)* bezeichnet.

Der *Nachweis* der Glucose beruht in der Regel auf der reduzierenden Wirkung der Aldehydgruppe und kann mit Hilfe der *Silberspiegelprobe* (▶ V 276.1) erfolgen.
Oft wird auch die **Fehlingsche Probe** (▶ V 276.2) ausgeführt. Aus gleichen Teilen Fehlingscher Lösung I und II entsteht ein tiefblaues Reagenz. Mit Glucose bildet sich in der Hitze unter dem Einfluß der Aldehydgruppe ein *ziegelroter Niederschlag*, der Kupfer(I)-oxid enthält (▶ B 276.1).

Das in der Medizin übliche *Glucose*testverfahren zum Nachweis der Glucose (▶ B 276.2) beruht nicht auf der reduzierenden Wirkung der Aldehydgruppe.

V 276.1 Wiederhole V 275.3 (Silberspiegelprobe) mit einer kleinen Portion Glucose.

V 276.2 Gib je 2 ml der Lösungen Fehling I und II in ein Reagenzglas und schüttle um. Füge zu der tiefblauen Lösung eine kleine Portion Glucose und erwärme im Wasserbad. (Schutzbrille! Vorsicht, das Fehling-Reagenz ist stark alkalisch!)

V 276.3 Gib zu einer Lösung von Fuchsinschwefliger Säure eine Spatelspitze Glucose und prüfe, ob sich eine Farbänderung zeigt.

A 276.1 Welche Besonderheiten weisen die Moleküle der Kohlenhydrate auf?

B 276.3 Isomere Glucosemoleküle. Nur das Molekül in offener Form (links) weist eine Aldehydgruppe auf. Die beiden ringförmigen Moleküle (rechts) unterscheiden sich voneinander durch die Stellung der OH-Gruppe am Kohlenstoffatom 1

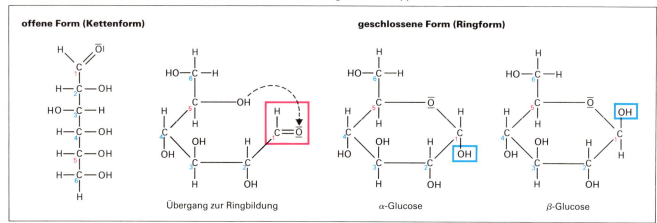

Kohlenhydrate

Glucose zeigt aber nicht alle für Aldehyde typischen Reaktionen. So ergibt sich mit Fuchsinschwefliger Säure keine Rotfärbung. Neben offenkettigen Molekülen gibt es noch *isomere Ringformen* ohne Aldehydgruppe. Sie kommen dadurch zustande, daß die Hydroxylgruppe am fünften Kohlenstoffatom mit der Aldehydgruppe reagiert. Unter Ausbildung einer Sauerstoffbrücke bildet sich ein Ring mit einer neuen Hydroxylgruppe. Nach der Position dieser Hydroxylgruppe am C-Atom 1 unterscheidet man zwischen α-Glucose und β-Glucose (▶ B 276.3 rechts). In wäßrigen Lösungen liegen Moleküle aller drei Formen nebeneinander vor. Dabei beträgt der Anteil der Moleküle in den Ringformen 99%. Aufgrund der Bindungswinkel liegen die ringförmigen Moleküle in Konformationen vor, die denen des Cyclohexanmoleküls entsprechen. Aus Gründen der Übersichtlichkeit wird der Ring meistens in einer *vereinfachten ebenen Form* dargestellt.

Glucosemoleküle kommen in isomeren Formen vor. Das offenkettige Molekül trägt eine Aldehydgruppe.

Fructose (Fruchtzucker). Zusammen mit Glucose kommt Fructose in vielen süßen Früchten und im Honig vor. Aus wäßrigen Lösungen kristallisiert sie sehr schlecht aus und bildet sirupartige Flüssigkeiten.
Fructose schmeckt wesentlich stärker süß als Glucose. Sie wird vom menschlichen Organismus schneller als Glucose abgebaut und beeinflußt den Blutzuckerspiegel kaum. Deshalb findet sie als Süßungsmittel für Zuckerkranke Verwendung.
Fructose hat wie Glucose die Summenformel $C_6H_{12}O_6$ und kommt ebenfalls in *isomeren Formen* vor: als offenkettiges Molekül und als Ringmolekül (▶ B 277.1). In der *offenkettigen Form* trägt das Molekül keine Aldehydgruppe, sondern eine *Ketogruppe am benachbarten zweiten Kohlenstoffatom*. Fructose wird deshalb als *Ketozucker (Ketose)* bezeichnet. Bei der *Ringform* wird der Ring anders als bei den Glucosemolekülen aus nur vier Kohlenstoffatomen und einem Sauerstoffatom gebildet.

Das offenkettige Molekül der Fructose trägt eine Ketogruppe.

Es ist überraschend, daß Fructose gegenüber Fehling-Reagenz reduzierend wirkt (▶ V 277.1). Die Probe fällt positiv aus, obwohl keine Aldehydgruppe im Fructosemolekül vorliegt. Unter dem katalytischen Einfluß der im Reagenz enthaltenen Hydroxidionen können aus Fructosemolekülen Glucosemoleküle mit einer Aldehydgruppe entstehen.

Ein typischer *Nachweis* für Fructose ist die Bildung eines roten Niederschlags mit Resorcin in salzsaurer Lösung (▶ V 277.3, ▶ B 277.2).

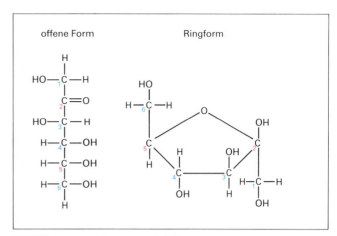

B 277.1 Isomere Fructosemoleküle

V 277.1 Wiederhole V 276.2 mit Fructose. Deute das Versuchsergebnis.

V 277.2 Prüfe Proben von Äpfeln, Weintrauben, Rosinen, Pflaumen und Honig, ob sie Glucose und/oder Fructose enthalten.

V 277.3 In 3 bis 4 ml konz. Salzsäure gibt man je eine Spatelspitze Fructose und Resorcin. Man erwärmt unter Umschütteln bis zum Sieden.

A 277.1 Glucose und Fructose weisen jeweils die Summenformel $C_6H_{12}O_6$ auf. Wodurch unterscheiden sich die offenkettigen Moleküle beider Stoffe?

B 277.2 **Fructosenachweis** mit Resorcin in salzsaurer Lösung. Die Rotfärbung zeigt Fructose an

Kohlenhydrate

B 278.1 **Zuckerrohrernte** auf Jamaika

B 278.2 **Zuckerrübe**, Rohstoff unserer Zuckerindustrie

Saccharose. Der im Haushalt am häufigsten verwendete Zucker heißt *Saccharose*. Nach seiner Herkunft wird er auch *Rohrzucker* oder *Rübenzucker* genannt.

Saccharose hat die Summenformel $C_{12}H_{22}O_{11}$. Ihre Moleküle sind jeweils aus einem Glucose- und einem Fructoseanteil aufgebaut (▶ B 278.3). Beide haben sich unter Austritt eines Wassermoleküls miteinander verbunden. Saccharose wird deshalb als **Disaccharid** bezeichnet. Glucose und Fructose sind **Monosaccharide**.
Gegenüber Fehlingscher Lösung reagiert Saccharose nicht reduzierend. Nach der Verknüpfung der beiden Monosaccharide miteinander kann sich keine Aldehydgruppe mehr durch Ringöffnung ausbilden.
Durch Einwirkung von Säuren läßt sich Saccharose in Glucose und Fructose aufspalten. Auf diese Weise wird in der Lebensmittelindustrie Kunsthonig hergestellt.

Saccharose ist ein Disaccharid und reduziert Fehlingsche Lösung nicht.

Gewinnung von Rübenzucker. Während die Gewinnung von Zucker aus Zuckerrohr (▶ B 278.1) schon seit Jahrtausenden betrieben wird, spielt die Runkelrübe als Zuckerlieferant erst seit etwa 200 Jahren eine Rolle.
Im Jahre 1747 entdeckte der Berliner Chemiker MARGGRAF, daß in der Runkelrübe Zucker vorkommt, der dem bis daher bekannten Rohrzucker völlig gleicht. Durch Züchtung gelang es im Laufe der Zeit, den Zuckergehalt der Rüben, der ursprünglich einem Massenanteil von ca. 5% entsprach, wesentlich zu steigern. Heutige *Zuckerrüben* (▶ B 278.2) enthalten bis zu 20% Zucker.

Nach einer äußerlichen *Reinigung* werden die Rüben geschnitzelt und mit warmem Wasser behandelt.
Die so gewonnene Zuckerlösung, der *Rohsaft*, enthält neben Zucker auch noch andere Stoffe wie Eiweiße, Salze, Säuren und pflanzliche Farbstoffe.
Durch Zusatz einer wäßrigen Calciumhydroxidsuspension wird ein großer Teil der Nichtzuckerstoffe ausgefällt und anschließend abfiltriert. Das Filtrat wird zu einem dicken Sirup eingedampft, aus dem sich beim Abkühlen Zuckerkristalle ausscheiden. Sie werden durch Zentrifugieren von der dunkelbraunen *Melasse* abgetrennt.
Der so gewonnene *Rohzucker* ist durch anhaftende Melasse braun gefärbt, klebrig und hat einen Beigeschmack. Bei der nachfolgenden Reinigung (Raffination) wird der Rohzucker erneut aufgelöst. Nach der Behandlung mit Aktivkohle (Entfärberkohle) kristallisiert weißer *Raffinadezucker* aus.
Die bei der Zuckergewinnung anfallende Melasse ist für den menschlichen Genuß nicht geeignet und wird zur Gewinnung von Futtermittel weiter verarbeitet.

[V] **278.1** Führe entsprechend V 276.2 mit Saccharose die Probe nach Fehling durch.

[A] **278.1** Wie läßt sich experimentell unterscheiden, ob eine Glucose- oder Saccharoselösung vorliegt?

[A] **278.2** Saccharose ist ein Disaccharid. Nenne die Monosaccharide, aus denen sie gebildet wird.

[A] **278.3** Welche Stoffe entstehen, wenn Saccharoselösung mit einigen Tropfen Säure behandelt wird? Wie reagieren diese Stoffe mit Fehlingscher Lösung?

[A] **278.4** Gib die Schritte an, in denen aus Zuckerrüben Raffinadezucker hergestellt wird.

B 278.3 **Saccharosemolekül**. Es ist aus einem Glucoseteil (links) und einem Fructoseteil (rechts) aufgebaut

Kohlenhydrate

Stärke. Als Reservestoff wird von vielen Pflanzen Stärke gebildet. Sie ist ein wichtiger Nährstoff für den Menschen und in vielen Nahrungsmitteln pflanzlicher Herkunft enthalten.

Stärkemoleküle bestehen aus zahlreichen *miteinander verknüpften α-Glucose-Molekülen,* die sich unter Abspaltung von Wassermolekülen miteinander verbunden haben. Sie bilden eine *schraubenförmig gewundene Kette* (▶ B 279.3). Stärke ist ein **Polysaccharid** (von griech. polys, viel). Durch Behandlung mit heißem Wasser lassen sich zwei Fraktionen gewinnen, die lösliche *Amylose* und das lediglich quellende *Amylopektin.*

Ein empfindliches *Reagenz auf Stärke* ist Iodlösung. Sie bildet mit Stärke eine blaue Verbindung (Iod-Stärke-Reaktion), indem Iodmoleküle in die Hohlräume der „Stärkeschraube" eingelagert werden. In der Hitze ist diese Verbindung nicht beständig.
Mit Fehlingscher Lösung reagiert Stärke nicht.

Cellulose. Die wichtigste Gerüstsubstanz der Pflanzen ist Cellulose. Sie ist ein Polysaccharid, dessen Moleküle aus *β-Glucose-Einheiten* aufgebaut sind. Dadurch ist eine *gestreckte Form* des Moleküls möglich. Jedes zweite Glucosemolekül liegt „umgekehrt" vor. Parallel ausgerichtete Moleküle können untereinander durch Wasserstoffbrückenbindungen verbunden sein (▶ B 279.4). Solche Bereiche mit kristalliner Ordnung wechseln sich ab mit Bezirken, in denen Cellulosemoleküle miteinander verknäuelt sind. Der Molekülverband zeichnet sich durch Festigkeit und Elastizität aus.
Mit Fehlingscher Lösung und Iodlösung reagiert Cellulose nicht.

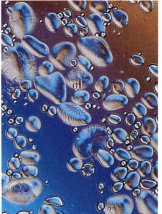

B 279.1 **Kartoffelstärke** im Lichtmikroskop

B 279.2 **Cellulosefasern** im Rasterelektronenmikroskop

V 279.1 Gib zu Stärkelösung einige Tropfen Iodlösung. Beobachte die Farbänderung und erwärme vorsichtig.

V 279.2 Prüfe verschiedene Nahrungsmittel (Kartoffeln, Mehl, Bohnen usw.) darauf, ob sie Stärke enthalten.

V 279.3 Prüfe Stärke und Cellulose mit dem Reagenz nach Fehling.

A 279.1 Wodurch unterscheiden sich Stärke und Cellulose im molekularen Bau?

A 279.2 Wie ist zu erklären, daß Cellulose, nicht aber Stärke, als Gerüstsubstanz auftritt?

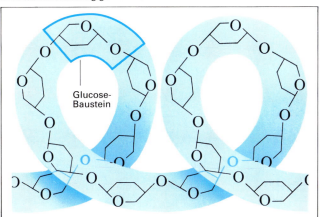

B 279.3 **Ausschnitt aus einem Stärkemolekül.** Die Molekülketten sind schraubenartig gewunden

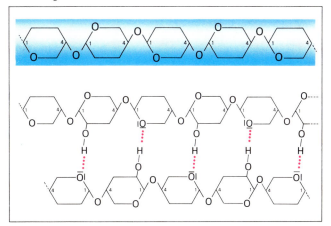

B 279.4 **Kettenmolekül der Cellulose** (Ausschnitt). Die einzelnen Molekülstränge (oben) werden durch Wasserstoffbrücken zusammengehalten (unten)

22.8 Essigsäure

Oxidation von Ethanol und Ethanal. Wein, der einige Zeit in einem offenen Gefäß an der Luft gestanden hat, schmeckt *sauer* und riecht nach Essig (▶ V 281.1). An der Oberfläche der Flüssigkeit hat sich eine dünne, graue Haut von Essigsäurebakterien gebildet. Enzyme dieser Bakterien katalysieren die *Oxidation* des im Wein enthaltenen *Ethanols* mit dem Sauerstoff der Luft zu *Essigsäure*.

$$\underset{\substack{H\ H\\|\ |\\H-C-C-\overline{\underline{O}}-H\\|\ |\\H\ H}}{} + O_2 \xrightarrow{\text{Enzyme}} \underset{\substack{H\ \ \ \ \ \overline{\underline{O}}|\\|\ \ \ \ \ ||\\H-C-C\\|\ \ \ \ \ \overline{\underline{O}}-H\\H}}{} + H_2O$$

Essigsäure entsteht auch bei der *Oxidation von Ethanal* mit Kupferoxid (▶ V 281.2).

$$\underset{\substack{H\ \ \ \ \overline{\underline{O}}|\\|\ \ \ \ ||\\H-C-C\\|\ \ \ \ \ \\H\ \ \ \ H}}{} + CuO \longrightarrow \underset{\substack{H\ \ \ \ \overline{\underline{O}}|\\|\ \ \ \ ||\\H-C-C\\|\ \ \ \ \overline{\underline{O}}-H\\H}}{} + Cu$$

Die *funktionelle Gruppe* des Essigsäuremoleküls (▶ B 280.1) ist die **Carboxylgruppe COOH**, sie bestimmt im wesentlichen die Eigenschaften und das Reaktionsverhalten der Essigsäure. Verbindungen, deren Moleküle die Carboxylgruppe aufweisen, heißen **Carbonsäuren**.

Der *systematische Name* für die Essigsäure lautet **Ethansäure**. Wenn Ethanol oxidiert wird, hängt es von der Menge des Oxidationsmittels und den Reaktionsbedingungen ab, ob es nur bis zum Ethanal oxidiert wird, oder ob das Ethanal sofort weiteroxidiert wird zur Ethansäure. Meist entstehen beide Oxidationsprodukte nebeneinander.

Verwendung von Essig. Haushaltsessig ist eine verdünnte wäßrige Lösung von Essigsäure, er wird zum Würzen von Speisen, aber auch zum Konservieren von Nahrungsmitteln, z. B. von Gewürzgurken und Bratheringen, verwendet. In 2–3%iger Essigsäure sind krankheitserregende Bakterien nicht mehr lebensfähig.

Die industrielle Essig- und Essigsäureherstellung. Ein Teil des *Essigs* wird auch heute noch durch *enzymatische Oxidation von Ethanol* gewonnen. Dazu läßt man aus einem Spritzrad Wein, Most (Obstwein) oder andere Flüssigkeiten, die Ethanol enthalten, über Buchenholzspäne, die mit Essigsäurebakterien geimpft sind, rieseln. Von unten strömt im Gegenstrom die zur Oxidation benötigte Luft entgegen (▶ B 280.2). Die Flüssigkeit wird mehrmals umgepumpt, bis das gesamte Ethanol zu Essigsäure oxidiert worden ist. Vor dem Abfüllen wird der Essig so verdünnt, daß der Massenanteil der Essigsäure 3,5% bis 7% beträgt.

Im modernen Verfahren sind die Buchenholzspäne durch Schaum ersetzt, der durch Einblasen von Luft am Grund des Bottichs erzeugt wird. Da der Schaum eine größere Oberfläche besitzt, können darauf mehr Essigsäurebakterien angesiedelt werden. Dadurch verläuft die Oxidation des Ethanols schneller.

Der überwiegende Teil der *Essigsäure* wird durch *Oxidation von Ethanal* mit dem Sauerstoff der Luft in Gegenwart von Mangan(II)-acetat als Katalysator erzeugt. Ethanal wiederum läßt sich leicht durch Oxidation von Ethen herstellen.

Der größte Teil der Essigsäure dient der chemischen Industrie zur Herstellung von Lösungsmitteln, Kunstseide (Acetatseide), Kunststoffen und Medikamenten.

B 280.1 **Essigsäuremolekül**. Die Carboxylgruppe ist rot hervorgehoben

B 280.2 **Industrielle Herstellung von Speiseessig**. Ethanol wird durch Essigsäurebakterien mit Hilfe von Luftsauerstoff zu Essigsäure oxidiert

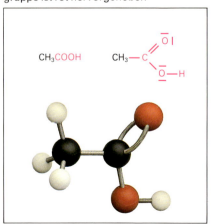

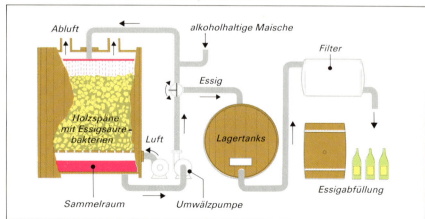

Essigsäure

Eigenschaften der Essigsäure. Reine 100%ige Essigsäure ist ein farbloser, ätzend wirkender und stechend riechender Stoff, der bei 118 °C siedet und bei 17 °C zu eisähnlichen Kristallen (▶ B 281.1) erstarrt und *Eisessig* genannt wird.

Essigsäure weist im Vergleich zu 1-Propanol (Sdt. 97 °C) und Propanal (Sdt. 48 °C) eine hohe Siede- und Schmelztemperatur auf, obwohl die Moleküle aller drei Stoffe ähnliche Kettenlängen und Moleküloberflächen aufweisen. Diese hohe Siede- und Schmelztemperatur sind auf die stark *polare Carboxylgruppe* zurückzuführen. Die Carboxylgruppe enthält die polare C-O-Doppelbindung und die polare O-H-Bindung. Zwei Essigsäuremoleküle können deshalb durch zwei Wasserstoffbrückenbindungen untereinander verknüpft sein.

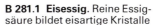

Verdünnte Essigsäure leitet im Gegensatz zu Eisessig den elektrischen Strom (▶ V 281.3). In verdünnter Essigsäure liegen Ionen vor, deren Bildung durch die folgende Reaktionsgleichung beschrieben wird:

Ein Essigsäuremolekül kann ein Proton, das von der stark polaren O-H-Gruppe der Carboxylgruppe abgespalten wird, an ein Wassermolekül abgeben. Das dabei gebildete Anion heißt **Acetat-Ion** (von lat. acetum, Essig) oder mit dem systematischen Namen *Ethanoat-Ion*.

Allerdings weist die im Vergleich zu Salzsäure geringe elektrische Leitfähigkeit darauf hin, daß in verdünnter Essigsäure überwiegend Essigsäuremoleküle, aber nur wenige Oxonium- und Acetat-Ionen vorliegen. Auch der Geruch von verdünnter Essigsäure beruht auf dem Vorhandensein der Essigsäuremoleküle, die die Lösung verlassen und in die Luft übertreten.

Salze der Essigsäure. Verdünnte Essigsäure reagiert wie verdünnte Salzsäure oder Schwefelsäure mit unedlen Metallen und Metalloxiden (▶ V 281.4a) und Laugen (▶ V 281.5a), dabei entstehen *Acetate (Ethanoate)*. Aluminiumacetat ist „essigsaure Tonerde", mit ihr getränkte Umschläge wirken entzündungshemmend und beschleunigen damit die Wundheilung. *Kupferacetat* ist Bestandteil des giftigen „Grünspans" (▶ B 281.2), der sich bildet, wenn Kupfer oder Messing mit verdünnter Essigsäure und Luft in Berührung kommt (▶ V 281.4b).

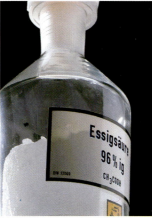

B 281.1 Eisessig. Reine Essigsäure bildet eisartige Kristalle

B 281.2 Grünspan, ein giftiges Salz der Essigsäure

V 281.1 Laß ein Glas Weißwein einige Tage offen an einem warmen Ort stehen. Beobachte mehrere Tage.

V 281.2 Man erhitzt eine Kupferdrahtnetzrolle, bis sie an der Oberfläche oxidiert worden ist und taucht sie sofort in Ethanal. In die Dämpfe hält man feuchtes Universalindikatorpapier. (Abzug!) Beschreibe und deute die Beobachtungen.

V 281.3 Man untersucht die elektrische Leitfähigkeit von Eisessig und die von verdünnter Essigsäure und Salzsäure gleicher Konzentration.

V 281.4 a) Gib in ein Reagenzglas eine Spatelspitze Eisenpulver, in ein weiteres Kupferpulver und in ein drittes Kupfer(II)-oxid. Fülle die Reagenzgläser bis zu einem Drittel mit verdünnter Essigsäure auf. Erhitze das zweite und dritte Reagenzglas vorsichtig. (Siedesteinchen! Schutzbrille!) Schildere und deute die Beobachtungen.
b) Stelle ein blankgeschmirgeltes Kupferblech so für einige Tage in verdünnte Essigsäure, daß das Blech etwa zur Hälfte in die Flüssigkeit eintaucht. Beobachtung nach einigen Tagen?

V 281.5 a) Versetze 10 ml verdünnte Essigsäure mit zwei Tropfen Phenolphthaleinlösung und titriere mit verdünnter Natronlauge bis zur ersten bleibenden Rotfärbung. Gib zu einer weiteren Probe der Essigsäure soviel Natronlauge, daß die Essigsäure noch im Überschuß vorhanden ist. Dampfe ein.
b) Bestimme die Essigsäurekonzentration verschiedener Essigsorten.

22.9 Die homologe Reihe der Alkansäuren

B 282.1 Ameisen produzieren Ameisensäure

B 282.2 Kohlenstoffmonooxid (brennend) aus Methansäure und konz. Schwefelsäure

B 282.3 Entfernen von Kalkablagerungen mit Ameisensäure

Ethansäure kann man durch Oxidation von Ethanol und Ethanal erhalten, auch die anderen *primären Alkanole* lassen sich zu den *Alkanalen* und schließlich weiter zu den **Alkansäuren** oxidieren. Den homologen Reihen der Alkanole und Alkanale entspricht eine *homologe Reihe der Alkansäuren,* die zu den Carbonsäuren gehören.
Die Molekülformeln für die einzelnen Alkansäuren lassen sich aus der allgemeinen Molekülformel $C_nH_{2n+1}COOH$ herleiten. Zur systematischen Benennung wird die Endung „säure" an den Stammnamen angehängt. Der Stammname ergibt sich aus der längsten durchlaufenden Kohlenstoffkette, wobei das Kohlenstoffatom der Carboxylgruppe mitgezählt wird. Zur Bezifferung von Verzweigungsstellen wird von dem C-Atom der Carboxylgruppe durchnumeriert.
Viele Alkansäuren sind schon sehr lange bekannt, und ihre Trivialnamen weisen auf ihre Herkunft und ihr Vorkommen hin.

Methansäure (Ameisensäure). Der Name *Ameisensäure* deutet bereits darauf hin, daß das Gift der Ameisen diese Säure enthält (▶ B 282.1). Manche Ameisenarten besitzen bis zu 20% ihrer Körpermasse an Ameisensäure.
Auch das Gift vieler Insekten wie der Bienen und das Gift in den Nesselkapseln mancher Hohltiere (Quallen) sowie die Brennhaare der Brennesseln enthalten diese Säure (▶ V 283.1). Ameisensäure riecht stechend und wirkt ätzend.
Die Carbonsäuren lassen sich nicht zu anderen organischen Verbindungen weiteroxidieren. Die Methansäure läßt sich allerdings ähnlich wie ein Alkanal oxidieren, da ihre Moleküle eine Aldehydgruppe aufweisen. Die Methansäure wird dabei zu Kohlenstoffdioxid und Wasser oxidiert (▶ V 283.2).

Im Labor stellt man Kohlenstoffmonooxid meist aus Methansäure her (▶ V 283.3, ▶ B 282.2). Konzentrierte Schwefelsäure spaltet aus Methansäuremolekülen Wassermoleküle ab, übrig bleiben Kohlenstoffmonooxidmoleküle.

$$HCOOH \xrightarrow{Schwefelsäure} CO + H_2O$$

Verdünnte Methansäure reagiert wie verdünnte Ethansäure mit unedlen Metallen, Metalloxiden und Natronlauge, die dabei entstehenden Salze heißen *Methanoate* oder *Formiate* (von lat. formica, Ameise).
Als preiswerte organische Säure wird Methansäure zum Entkalken (▶ V 283.4, ▶ B 282.3) von Warmwasserboilern und Wasserkesseln verwendet. Sie wird auch als Konservierungsmittel für Fruchtsäfte und Silofutter eingesetzt.

Butansäure (Buttersäure) wird beim Ranzigwerden der Butter frei und verursacht den typischen unangenehmen Geruch. Auch der Schweiß von Säugetieren und vom Menschen enthält Butansäure. Ihr Geruch wird noch in geringen Konzentrationen von blutsaugenden Insekten und manchen Wildtieren wahrgenommen. Ein Hund riecht noch ein Billionstel Gramm (10^{-12}g) Buttersäure in einem Kubikmeter Luft.

Die höheren Alkansäuren sind fest und können aus Fetten gewonnen werden, sie werden deshalb auch als **Fettsäuren** bezeichnet. Es sind dies vor allem die *Dodecansäure (Laurinsäure),* die *Hexadecansäure (Palmitinsäure)* und die *Octadecansäure (Stearinsäure).* Technisches Stearin ist im wesentlichen ein Gemisch aus Palmitin- und Stearinsäure.

Die homologe Reihe der Alkansäuren

Eigenschaftsänderungen innerhalb der homologen Reihe. Am stärksten werden die Eigenschaften der ersten vier Alkansäuren von der polaren *Carboxylgruppe* bestimmt, über die ihre Moleküle mit anderen geeigneten Molekülen wie denen des Wassers *Wasserstoffbrückenbindungen* eingehen können. Diese Säuren bilden mit Wasser in jedem Verhältnis eine Lösung (▶ V 283.5), ab der Pentansäure lösen sich die Alkansäuren nur wenig in Wasser. Bei Zugabe einer niederen Alkansäure zu Wasser findet neben dem Lösungsvorgang auch eine Protonenübertragung statt, so daß neben den Alkansäuremolekülen auch in geringer Konzentration Säureanionen und Oxoniumionen in der Lösung vorliegen.

Mit zunehmender Länge der Kohlenstoffkette tritt die hydrophile Wirkung der Carboxylgruppe gegenüber der hydrophoben Wirkung der *Alkylgruppe* zurück. Ab der Ethansäure bilden die Alkansäuren mit Benzin in jedem Verhältnis eine Lösung. Die bei Zimmertemperatur festen Alkansäuren lösen sich beim Erwärmen in Benzin.

Die *Siedetemperaturen* der Alkansäuren liegen wegen der polaren Carboxylgruppe deutlich über denen der Alkanole mit Molekülen vergleichbarer Kettenlänge und Moleküloberfläche. Auch bei den Alkansäuren steigen mit wachsender Kettenlänge der Moleküle die Siedetemperaturen. Bei den höheren Alkansäuren sind die zwischenmolekularen Kräfte so groß, daß die Säuren beim Erwärmen unter Normdruck nicht sieden, sondern sich zersetzen. Unter vermindertem Druck können sie zum Sieden gebracht werden.

Der *Geruch* verstärkt sich vom stechenden Geruch der Methan- und Ethansäure bis zum widerwärtigen Geruch der Butansäure und der folgenden Säuren. Höhere Alkansäuren riechen wegen ihrer geringen Flüchtigkeit kaum.

B 283.1 Tabelle ausgewählter Alkansäuren. Alkyl- und Carboxylgruppe beeinflussen die Eigenschaften einer Alkansäure

Name (Trivialname)	Molekülformel	Schmelz- temperatur (°C)	Siede- temperatur (°C)	Einfluß der Carboxyl- gruppe	Einfluß der Alkyl- gruppe	Namen der Salze
Methansäure (Ameisensäure)	HCOOH	8	101			Methanoate (Formiate)
Ethansäure (Essigsäure)	CH_3COOH	17	118			Ethanoate (Acetate)
Propansäure (Propionsäure)	C_2H_5COOH	−21	141	nimmt ab	nimmt zu	Propanoate (Propionate)
Butansäure (Buttersäure)	C_3H_7COOH	−5	166			Butanoate (Butyrate)
Dodecansäure (Laurinsäure)	$C_{11}H_{23}COOH$	44	225*			Dodecanoate (Laurate)
Hexadecansäure (Palmitinsäure)	$C_{15}H_{31}COOH$	63	269*			Hexadecanoate (Palmitate)
Octadecansäure (Stearinsäure)	$C_{17}H_{35}COOH$	71	287*			Octadecanoate (Stearate)

* bei 133 mbar

V 283.1 Zerreibe Brennesseln in Wasser. Destilliere und prüfe das Destillat mit Universalindikator.

V 283.2 Man gibt zu einer Mischung aus gleichen Teilen Methansäure und 25%iger Schwefelsäure tropfenweise Kaliumpermanganatlösung. Vor Zugabe des nächsten Tropfens wartet man jeweils, bis sich die Lösung entfärbt hat.

V 283.3 Man gibt zu 2 ml Methansäure 2 ml konz. Schwefelsäure und erwärmt. (Reagenzglas senkrecht einspannen! Abzug! Schutzbrille!) Das entstehende Kohlenstoffmonooxid wird angezündet.

V 283.4 Gib zu einer Spatelspitze Magnesium- oder Calciumcarbonat verdünnte Methansäure. Schildere und deute die Beobachtungen.

V 283.5 Man prüft die Löslichkeit verschiedener Glieder der homologen Reihe der Alkansäuren:
a) in Wasser,
b) in Benzin.
Deute die Beobachtungen.

A 283.1 Formuliere für die Reaktionen von Methanol und Methanal mit Kupfer(II)-oxid zu Methansäure die Reaktionsgleichungen.

A 283.2 Warum läßt sich 2-Methyl-2-propanol nicht zu einer Alkansäure oxidieren? Begründe!

A 283.3 a) Können die Moleküle des Ethanols, des Ethanals und der Ethansäure untereinander Wasserstoffbrückenbindungen bilden?
Begründe deine Entscheidung.
b) Wenn Ethansäure siedet, verlassen nicht einzelne Moleküle, sondern Doppelmoleküle die Flüssigkeit. Deute den Sachverhalt.

22.10 Ungesättigte Fettsäuren

Stearinsäure und Brom | Ölsäure und Brom

B 284.1 Ungesättigte Fettsäuren addieren Brom

V 284.1 Man gibt zu Lösungen von Ölsäure in 1-Propanol und Stearinsäure in 1-Propanol tropfenweise eine Lösung von Brom in 1-Propanol und schüttelt.

A 284.1 Welche Masse hat die Wasserstoffportion, die zum vollständigen Hydrieren von einem Mol Linolsäure benötigt wird? Welche Säure entsteht dabei?

Es gibt Carbonsäuren, deren Moleküle in ihrem Kohlenwasserstoffrest eine oder mehrere Doppelbindungen aufweisen. Drei wichtige Säuren, die aus Fetten, auch flüssigen Fetten, den fetten Ölen, gewonnen werden können, sind die *Öl-*, die *Linol-* und die *Linolensäure*.
Diese Säuren entfärben wie die Alkene eine Bromlösung (▶ V 284.1, ▶ B 284.1), sie gehören zu den **ungesättigten Fettsäuren**. Durch die Reaktion mit Wasserstoff in Anwesenheit eines Katalysators können ungesättigte Fettsäuren *hydriert* und so in gesättigte Fettsäuren überführt werden (▶ B 284.2).

Schmelztemperatur und Molekülaufbau. Obwohl ein Ölsäuremolekül (Molekülformel: $C_{17}H_{33}COOH$) nur zwei Wasserstoffatome weniger aufweist als ein Stearinsäuremolekül (Summenformel: $C_{17}H_{35}COOH$), liegt die *Schmelztemperatur* der Stearinsäure wesentlich höher als die der Ölsäure. Ölsäure ist bei Zimmertemperatur flüssig, Stearinsäure fest. Der Unterschied der Schmelztemperaturen, der scheinbar auf einem so kleinen Unterschied beruht, gilt aber nicht nur für die Säuren selbst, sondern auch für die Fette.

Im festen Zustand liegen die Moleküle eines Stoffes dicht aneinander; je besser sie zusammenpassen, desto stärker wirken sich die zwischenmolekularen Kräfte aus und desto höher liegt die Schmelztemperatur.
Die Molekülketten der *gesättigten* Fettsäuren können eine *linear gestreckte* Form annehmen und sich so gut zusammenlagern. Bei den Molekülen der drei *ungesättigten* Fettsäuren liegt an den Doppelbindungen cis-Anordnung vor (▶ B 284.2), so daß die Molekülketten *Knicke* aufweisen und sich deshalb nicht so gut aneinanderlagern können. Die zwischenmolekularen Kräfte wirken sich schwächer aus, die Schmelztemperatur ist niedriger.
Allgemein gilt, daß die ungesättigten Fettsäuren, deren Moleküle an den Doppelbindungen cis-Anordnungen aufweisen (▶ B 284.3), niedrigere Schmelztemperaturen haben als die gesättigten Fettsäuren mit Molekülen vergleichbarer Kettenlänge.

B 284.2 (oben) **Hydrieren ungesättigter Fettsäuren** führt zu gesättigten Fettsäuren
B 284.3 (unten) **Wichtige ungesättigte Fettsäuren.** Die Doppelbindungen sind in den Formeln rot unterlegt

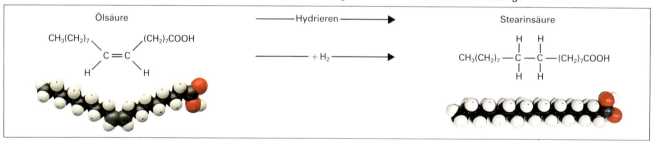

Name	Molekül-formel	vereinfachte Strukturformel	Schmelz-temp.(°C)	Namen der Salze
Ölsäure (cis-9-Octadecensäure)	$C_{17}H_{33}COOH$	$CH_3(CH_2)_7$ CH=CH $(CH_2)_7COOH$	16	Oleate
Linolsäure (cis,cis-9,12-Octadecadiensäure)	$C_{17}H_{31}COOH$	$CH_3(CH_2)_4$ CH=CH CH_2 CH=CH $(CH_2)_7$ COOH	−5	Linolate
Linolensäure (cis,cis,cis-9,12,15-Octadecatriensäure)	$C_{17}H_{29}COOH$	CH_3CH_2 CH=CH CH_2 CH=CH CH_2 CH=CH $(CH_2)_7COOH$	−11	Linolenate

22.11 Carbonsäuren mit mehreren funktionellen Gruppen

Carbonsäuren als Konservierungsstoffe. Leicht verderbliche Lebensmittel lassen sich durch *Konservieren* vor Fäulnisbakterien und Schimmelpilzen schützen. Hierbei werden die Lebensbedingungen für die Mikroorganismen so verändert, daß diese in ihrem Wachstum gehemmt oder abgetötet werden. Dies läßt sich durch Methoden wie Trocknen, Tiefkühlen, Erhitzen, Einsalzen oder aber durch *Zusatz von Konservierungsstoffen* (▶ B 285.1) erreichen.

Sorbinsäure (Molekülformel: C_5H_7COOH), eine ungesättigte Carbonsäure, die im Körper des Menschen vollständig abgebaut wird, verhindert das Wachstum von Schimmelpilzen (▶ V 285.1, ▶ B 285.2).
Benzoesäure, eine aromatische Carbonsäure (Molekülformel: C_6H_5COOH) ist für saure Lebensmittel zugelassen.

Oxalsäure (Ethandisäure), eine **Dicarbonsäure** (Zusammensetzung: HOOC-COOH · 2 H_2O), bildet farblose Kristalle, die sich gut in Wasser lösen. Da jedes Oxalsäuremolekül zwei Protonen abspalten kann, bildet die Oxalsäure zwei Reihen von Salzen. Der saure Geschmack von Sauerklee, Sauerampfer, Rhabarber und Stachelbeeren wird überwiegend durch *Kaliumhydrogenoxalat* hervorgerufen. Oxalsäure ist giftig. 5 g davon können tödlich wirken, da sich mit lebensnotwendigen Calciumionen schwerlösliches *Calciumoxalat* (▶ V 285.2) bildet, das die feinen Nierenkanälchen verstopft.

Hydroxycarbonsäuren enthalten in ihren Molekülen außer Carboxyl- noch *Hydroxylgruppen* und zeigen deshalb die Eigenschaften und Reaktionen sowohl der Carbonsäuren als auch der Alkohole. Häufig gibt man die Stellung der Hydroxylgruppe mit griechischen Buchstaben an. So befindet sich bei α-Hydroxycarbonsäuren die OH-Gruppe an dem C-Atom, das der Carboxylgruppe benachbart ist, bei β-Hydroxycarbonsäuren erst am nächsten C-Atom usw. Wichtige Hydroxycarbonsäuren sind weitverbreitete Naturstoffe:
Milchsäure (▶ B 285.4) entsteht bei der Vergärung von Zuckern (nicht nur Milchzucker) durch bestimmte Bakterien, z. B. beim Sauerwerden der Milch, ferner bei der Herstellung von Sauerkraut und Silofutter. Auch beim Abbau des Kohlenhydrats Glykogen im arbeitenden Muskel tritt Milchsäure auf.
Weinsäure kommt in vielen Früchten vor. Zwei ihrer Salze, Kaliumhydrogen- und Calciumtartrat, bilden zusammen den Weinstein, der sich beim Gären und Lagern von Wein absetzt.
Citronensäure findet man nicht nur in Zitronen, sondern z. B. auch in Orangen, Ananas und Preiselbeeren. Wein- und Citronensäure werden zur Herstellung von Limonade und Brausepulver verwendet.

B 285.1 Konservierungsstoffe. Einige sind Carbonsäuren

B 285.2 Sorbinsäure hemmt das Wachstum von Schimmelpilzen

V 285.1 Gib etwas Sorbinsäure oder Benzoesäure in Wasser und erwärme, bis eine klare Lösung entsteht. Tränke damit die Hälfte einer Weißbrotscheibe und lege sie dann in eine feuchte Kammer (Petrischale). Beobachte einige Tage.

V 285.2 Löse etwas Oxalsäure in Wasser und füge Calciumchloridlösung zu. Deute die Beobachtungen.

V 285.3 Gib zu ein wenig Frischmilch etwas Milchsäure. Erläutere deine Beobachtungen.

V 285.4 Mische ein Teil Natriumhydrogencarbonat mit zwei Teilen fester Citronen- oder Weinsäure und etwas Zucker. Gieße Wasser zu dem Gemisch. Deute und vergleiche dazu V 215.3.

B 285.3 Oxalsäure, eine Dicarbonsäure

B 285.4 Hydroxysäuren enthalten auch OH-Gruppen

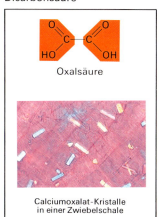
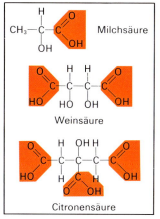

Calciumoxalat-Kristalle in einer Zwiebelschale

22.12 Aminosäuren

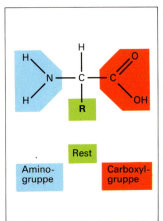

B 286.1 Allgemeines Bauprinzip der α-Aminocarbonsäuren

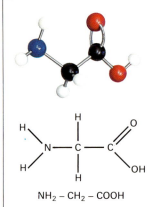

B 286.2 **Glycin**, die einfachste Aminosäure

Bauprinzip. Aminocarbonsäuremoleküle sind *Bausteine der Eiweißmoleküle* und deshalb von großer biologischer Bedeutung. Der Name *Aminocarbonsäure* drückt aus, daß neben der *Carboxylgruppe* COOH eine weitere funktionelle Gruppe, die **Aminogruppe NH$_2$**, am Bau der Moleküle beteiligt ist. Aminocarbonsäuren, kurz Aminosäuren genannt, werden meistens mit Trivialnamen bezeichnet.
Es gibt etwa 20 verschiedene Aminosäuren von *biologischer Bedeutung*. In ihren Molekülen ist die NH$_2$-Gruppe an das der COOH-Gruppe benachbarte Kohlenstoffatom gebunden. Sie werden α-*Aminosäuren* genannt und unterscheiden sich voneinander durch unterschiedliche Molekülreste (▶ B 286.3).
Die β- und γ-Aminosäuren, in deren Molekülen die NH$_2$-Gruppe an weiter entfernte Kohlenstoffatome gebunden ist, sind von geringer Bedeutung, z. B. β-Aminopropionsäure NH$_2$–CH$_2$–CH$_2$–COOH.
Aminosäuren, die der menschliche Körper selbst nicht aufbauen kann, die also mit der Nahrung zugeführt werden müssen, heißen *essentielle Aminosäuren*.

Glycin – die einfachste Aminosäure. Glycin (*Aminoethansäure*, ▶ B 286.2) ist ein kristalliner Stoff mit süßlichem Geschmack (von griech. glykys, süß), gut löslich in Wasser, aber kaum löslich in Benzin und anderen hydrophoben Lösungsmitteln. Beim Erhitzen auf ca. 230 °C zersetzt sich Glycin. Dabei entsteht unter anderem Ammoniak (▶ V 287.1).
Diese Eigenschaften lassen sich mit dem Bau der Moleküle, wie es ▶ B 286.1 beschreibt, nicht in Übereinstimmung bringen.
Glycin und auch die anderen Aminosäuren sind aus **Zwitterionen** aufgebaut. Sie bestehen aus einer *positiv geladenen* –NH$_3^+$-Gruppe *(Ammoniumgruppe)* und einer *negativ geladenen* –COO$^-$-Gruppe (Carboxylatgruppe).

Ihre Entstehung aus Molekülen läßt sich durch Protonenübergänge erklären, indem die Aminogruppen mit ihren freien Elektronenpaaren Protonen aus den Carboxylgruppen binden.
Diese Zwitterionen bilden ein Ionengitter und verleihen dem Stoff einen salzartigen Charakter. Während Salzlösungen den elektrischen Strom leiten, hat eine Glycinlösung keine merkliche Leitfähigkeit, da Kationen und Anionen nicht getrennt vorliegen. Glycinlösungen sind schwach sauer. Das rührt daher, daß ein kleiner Teil der Ammoniumgruppen mit Wassermolekülen reagiert.

$$NH_3^+–CH_2–COO^- + H_2O \longrightarrow NH_2–CH_2–COO^- + H_3O^+$$

B 286.3 **Wichtige Aminosäuren**

Name	Kurzzeichen	Rest R in der allg. Formel R–CH(NH$_2$)–COOH
Glycin	Gly	–H
Alanin	Ala	–CH$_3$
*Valin	Val	–CH(CH$_3$)$_2$
*Leucin	Leu	–CH$_2$–CH(CH$_3$)$_2$
*Isoleucin	Ileu	–CH(CH$_3$)–CH$_2$–CH$_3$
Serin	Ser	–CH$_2$OH
*Threonin	Thr	–CH(OH)–CH$_3$
Cystein	Cys	–CH$_2$–SH
Asparaginsäure	Asp	–CH$_2$–COOH
Glutaminsäure	Glu	–CH$_2$–CH$_2$–COOH
*Phenylalanin	Phe	–CH$_2$–C$_6$H$_5$
Tyrosin	Tyr	–CH$_2$–C$_6$H$_4$–OH
*Lysin	Lys	–CH$_2$–CH$_2$–CH$_2$–CH$_2$–NH$_2$
*Arginin	Arg	–CH$_2$–CH$_2$–CH$_2$–NH–C(=NH)–NH$_2$
*Histidin	His	–CH$_2$–C$_3$H$_2$N$_2$H (Imidazolring)

* essentiell für den Menschen

Aminosäuren

Reaktionen von Zwitterionen. Da die Aminosäuren aus Zwitterionen aufgebaut sind, können sie mit geeigneten Reaktionspartnern sowohl als Protonendonatoren wie auch als Protonenakzeptoren reagieren. Zwitterionen sind deshalb *amphotere Teilchen.* Wird die Lösung von Glycin oder einer anderen Aminosäure z. B. mit Salzsäure versetzt, so reagieren die Oxoniumionen mit den Carboxylatgruppen unter Bildung von Aminosäurekationen:

$$H-\overset{H}{\underset{H}{N^+}}-\overset{H}{\underset{H}{C}}-C\overset{\bar{O}|}{\underset{\bar{O}|^-}{}} + H_3O^+ \longrightarrow H-\overset{H}{\underset{H}{N^+}}-\overset{H}{\underset{H}{C}}-C\overset{\bar{O}|}{\underset{\bar{O}-H}{}} + H_2O$$

Bei Zusatz von z. B. Natronlauge reagieren die Hydroxidionen mit den Ammoniumgruppen unter Bildung von Aminosäureanionen:

$$H-\overset{H}{\underset{H}{N^+}}-\overset{H}{\underset{H}{C}}-C\overset{\bar{O}|}{\underset{\bar{O}|^-}{}} + OH^- \longrightarrow |N-\overset{H}{\underset{H}{C}}-C\overset{\bar{O}|}{\underset{\bar{O}|^-}{}} + H_2O$$

Beide Reaktionen sind umkehrbar.
In stark saurer Lösung liegen fast nur die Aminosäurekationen, in stark alkalischer Lösung fast nur die Aminosäureanionen vor. In neutraler Lösung liegen überwiegend Zwitterionen vor.

Trennung und Nachweis von Aminosäuren. Ein *Gemisch aus verschiedenen Aminosäuren* läßt sich mit Hilfe der **Dünnschichtchromatografie** auftrennen.
Eine kleine Portion einer Lösung, die die Aminosäuren enthält, wird auf eine Platte gegeben, die mit einem feingepulverten Material beschichtet ist (z. B. Cellulose, Kieselgel).
Die Unterkante der Platte wird in eine Flüssigkeit getaucht (Fließmittel), die in der porösen Beschichtung aufsteigt. Dabei werden die verschiedenen, im Gemisch enthaltenen Aminosäuren unterschiedlich schnell mitgeführt. Diese Unterschiede sind darauf zurückzuführen, daß die Aminosäuren vom Beschichtungsmaterial unterschiedlich stark zurückgehalten werden. Nach Besprühen mit einem geeigneten Reagenz (Ninhydrin) treten die vorher farblosen Aminosäureportionen als violette Farbflecke hervor.
Durch Vergleich mit Reinsubstanzen, deren Lösungen neben dem aufzutrennenden Gemisch aufgetragen werden und mitwandern, können die Aminosäuren an ihren charakteristischen Steighöhen identifiziert werden.

Ähnlich verfährt man bei der **Papierchromatografie**, bei der anstelle der porösen Beschichtung saugfähiges Papier zur Trennung der Aminosäuren verwendet wird.

B 287.1 Dünnschichtchromatografie. Versuchsanordnung zur Trennung von Aminosäuregemischen

V 287.1 Erhitze im Reagenzglas eine kleine Portion Glycin und halte ein feuchtes Universalindikatorpapier über die Öffnung.

V 287.2 Dünnschichtchromatografie: Gib auf eine Dünnschichtfolie (Beschichtung Cellulose oder Kieselgel G) mit Hilfe einer Pasteurpipette kleine Portionen folgender wäßriger Lösungen:
a) Glycinlösung, Massenanteil 0,1 %;
b) Leucinlösung, Massenanteil 0,1 %;
c) Ein Gemisch aus gleichen Volumenanteilen der Lösungen (a) und (b).
Wähle die Stellen, auf die die Lösungen aufgebracht werden, so, daß sie nebeneinander ca. 1,5 cm über der Unterkante der Folie liegen und sich seitlich nicht berühren. Stelle die getrocknete Folie (Fön) in ein verschließbares Chromatografiegefäß, das einige Millimeter hoch mit einem Gemisch aus 1-Butanol/Eisessig/Wasser (Volumenverhältnis 4:1:1) gefüllt ist. Entnimm die Folie nach ca. 30 min und lege sie waagerecht aus, um das Fließmittel verdunsten zu lassen. Besprühe die trockene Folie mit Ninhydrin-Reagenz und lege sie für etwa 3 Minuten in einen Trockenschrank (100 °C).

A 287.1 Formuliere das Bauprinzip einer α-Aminosäure und gib in Formelschreibweise an, aus welchen Teilchen ein Aminosäurekristall aufgebaut ist.

A 287.2 Alanin (α-Aminopropansäure) und Milchsäure (α-Hydroxypropansäure) verhalten sich ganz unterschiedlich, wenn sie erhitzt werden. Milchsäure schmilzt bei 17 °C, Alanin zersetzt sich bei ca. 230 °C. Erkläre das unterschiedliche Verhalten.

22.13 Eiweiße

V 288.1 Erhitze eine kleine Portion getrocknetes Eiweiß (z. B. Albumin) im Reagenzglas und halte feuchtes Universalindikatorpapier über die Öffnung des Glases.

V 288.2 Gib das Eiklar eines Hühnereis in 100 ml Wasser, dekantiere vom ungelösten Anteil ab und bewahre die Lösung für weitere Experimente auf. (Eiklar ist kein Reinstoff und enthält zum Teil in Wasser unlösliche Eiweiße.)

V 288.3 Erhitze eine kleine Probe der Lösung aus V 288.2 und beobachte die auftretende Veränderung.

V 288.4 Versetze kleine Proben der Lösung aus V 288.2 mit einigen Tropfen Salzsäure, Ethanol bzw. Bleinitratlösung. (Die Reaktion kann mit Verzögerung eintreten.)

V 288.5 Gib zu 5 ml einer Eiweißlösung 5 ml verdünnte Natronlauge und füge einige Tropfen einer verdünnten Kupfersulfatlösung hinzu.

V 288.6 Man gibt auf Eiklar oder ein Stückchen eines hartgekochten Eis einen Tropfen konz. Salpetersäure.

V 288.7 Zerkleinere Proben verschiedener Nahrungsmittel (Brot, Erbsen, Kartoffeln, Äpfel, Nüsse), stelle wäßrige Suspensionen her und prüfe mit einer geeigneten Methode auf Eiweiß.

A 288.1 Nenne Stoffe, die bei der thermischen Zersetzung von Eiweiß entstehen. Welche Rückschlüsse lassen sich daraus ziehen?

Biologische Bedeutung der Eiweiße. Die Bezeichnung *Eiweiß* leitet sich vom Eiklar (Eiweiß) des Hühnereis ab. Eiweiße sind lebenswichtige Bestandteile der Zellen aller Lebewesen. Sie sind biologische *Gerüst- oder Baustoffe* und kommen beispielsweise in Muskeln, Haut und Nerven vor. Auch *Enzyme* (Biokatalysatoren) und manche *Hormone*, z. B. Insulin, gehören zu den Eiweißen.

Ein Erwachsener benötigt pro Tag etwa 70 g Eiweiß. Es kann durch keinen anderen Nährstoff ersetzt werden. Die ausreichende Versorgung mit Eiweiß stellt für die Ernährung der Weltbevölkerung ein besonderes Problem dar. Während in weiten Teilen der Welt nicht genügend Eiweiß zur Verfügung steht, wird in den Industrieländern mehr Eiweiß als nötig verbraucht.

Chemisches Verhalten und Nachweis. Erhitzt man eine Portion von trockenem Eiweiß, so *verkohlt* es. Außerdem lassen sich *Wasserdampf* und *Ammoniak* als Zersetzungsprodukte nachweisen (▶ V 288.1). Es sind also die Elemente Kohlenstoff, Wasserstoff, Sauerstoff und Stickstoff am Aufbau von Eiweiß beteiligt. Durch andere Experimente läßt sich auch Schwefel nachweisen. Viele Eiweiße sind *wasserlöslich*. Erhitzt man eine Eiweißlösung, so flockt das Eiweiß aus, es *gerinnt*. Auch Ethanol, Salzlösungen oder Säuren können ein Ausflocken bewirken.

Eiweiße können an bestimmten *Farbreaktionen* sicher erkannt werden. So wird eine alkalische Eiweißlösung nach Zusatz von Kupfersulfat *violett* (**Biuretreaktion**; ▶ V 288.5, ▶ B 288.1 links). Mit konzentrierter Salpetersäure entsteht eine *Gelbfärbung* (**Xanthoproteinreaktion**). Dieser Nachweis kann auch mit festem Eiweiß durchgeführt werden (▶ V 288.6, ▶ B 288.1 rechts).

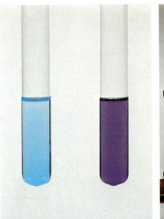

B 288.1 Nachweis von Eiweiß. Links: Biuretreaktion (Violettfärbung bei Kupfersulfatzugabe). Rechts: Xanthoproteinreaktion (Gelbfärbung mit konzentrierter Salpetersäure)

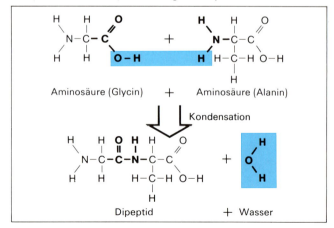

B 288.2 Bildung eines Dipeptids. Zwei Aminosäureeinheiten werden durch eine Peptidbindung verknüpft

Eiweiße

Molekülbau. Die meisten Eiweiße sind *hochmolekulare Stoffe* mit Molekülmassen bis zu 500 000 u und lassen sich in stark sauren bzw. stark alkalischen Lösungen chemisch in Bausteine zerlegen, die als Aminosäuren identifiziert werden können (↗ Kap. 22.12). Die Makromoleküle der Eiweiße bestehen aus zahlreichen Aminosäureeinheiten, die durch **Peptidgruppen** –CO–NH– miteinander verknüpft sind:

$$-\overset{|}{\underset{H}{N}}-\overset{H}{\underset{R_1}{C}}-\overset{\hat{O}}{\underset{\|}{C}}-\overset{|}{\underset{H}{N}}-\overset{R_2}{\underset{H}{C}}-\overset{\hat{O}}{\underset{\|}{C}}-\overset{|}{\underset{H}{N}}-\overset{H}{\underset{R_3}{C}}-\overset{\hat{O}}{\underset{\|}{C}}-$$

Peptidgruppen kann man sich aus einer Carboxylgruppe und einer Aminogruppe unter Abspaltung eines Wassermoleküls entstanden denken.
Aus *zwei* Aminosäuremolekülen entsteht so ein *Dipeptid* (▶ B 288.2). Durch Verknüpfung mehrerer Aminosäuremoleküle entstehen *Oligo-* und *Polypeptide* (von griech. oligos, wenig; polys, viel).
Polypeptide, die aus *mehr als 100 Aminosäureeinheiten* aufgebaut sind und eine *biologische Funktion* besitzen, werden **Proteine** genannt.
Proteinmoleküle sind durch die Reihenfolge, in der die einzelnen Aminosäuremoleküle miteinander verknüpft sind (**Aminosäuresequenz**), gekennzeichnet. Sie ist außerordentlich wichtig für die biologische Funktion. Daneben kommt auch der *räumlichen Gestalt der Polypeptidkette* eine große Bedeutung zu. Hierfür sind u. a. Wasserstoffbrücken zwischen NH- und CO-Gruppen und Bindungen zwischen den Schwefelatomen zweier Cysteinmoleküle verantwortlich (▶ B 289.1). Auch mehrere Polypeptidketten können so miteinander verbunden werden. Manche Moleküle liegen in einer *gewundenen Spirale* (Helix) vor, andere sind regelmäßig gefaltet und bilden mit Nachbarmolekülen eine sog. *Faltblattstruktur*.

Am Beispiel des *Hämoglobins* (einem Protein, das in den roten Blutkörperchen vorkommt und dessen Aufgabe der Sauerstofftransport im menschlichen Blut ist) läßt sich zeigen, wie groß die Bedeutung ist, die der Aminosäuresequenz zukommen kann. Die Moleküle werden aus vier miteinander verknäuelten, paarweise gleichen Polypeptidketten mit insgesamt 574 Aminosäureeinheiten gebildet. Eine kleine erbliche Veränderung der Sequenz, der Einbau nur eines „falschen" Aminosäuremoleküls in die Ketten der einen Art (▶ B 289.2 links), führt zu einer erheblichen Störung der Versorgung mit Sauerstoff. Die normalerweise scheibenförmigen roten Blutkörperchen werden vor allem im sauerstoffarmen, venösen Blut sichelförmig (Sichelzellenanämie; ▶ B 289.2 rechts). Sichelzellen sind zum Sauerstofftransport nicht mehr befähigt und werden abgebaut.

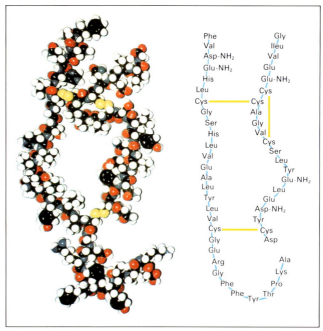

B 289.1 Molekül eines Insulins. Kalottenmodell (links) und Aminosäuresequenz (rechts)

A 289.1 Zeichne ein Dipeptid aus zwei Alaninmolekülen. Markiere die Peptidgruppe.

A 289.2 Was versteht man unter der Aminosäuresequenz?

A 289.3 Wodurch werden die Polypeptidketten des Insulinmoleküls (B 289.1) zusammengehalten?

B 289.2 Bedeutung der Aminosäuresequenz. Der Einbau nur einer falschen Aminosäure in Ketten des Hämoglobinmoleküls (links) führt zu verformten roten Blutkörperchen (rechts)

Val	1	Val
His	2	His
Leu	3	Leu
Thr	4	Thr
Pro	5	Pro
Glu	6	Val
Gly	7	Gly
Lys	8	Lys
Ser	9	Ser
His	146	His

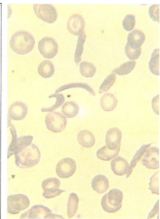

22.14 Überprüfung und Vertiefung

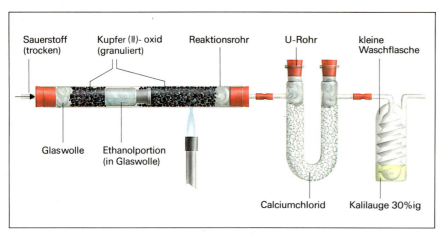

B 290.1 Zu Aufgabe 1

Name (Trivialname)	Halbstrukturformel
Methanal (Formaldehyd)	HCHO
Ethandiol (Glykol)	$HOCH_2-CH_2OH$
Propansäure (Propionsäure)	CH_3-CH_2-COOH
Propensäure (Acrylsäure)	$CH_2=CH-COOH$
Ethanal (Acetaldehyd)	CH_3-CHO

B 290.2 Zu Aufgabe 11

1 Zur Bestimmung der Verhältnisformel vieler organischer Stoffe kann eine Stoffportion bekannter Masse in einer Apparatur nach ▶ B 290.1 vollständig oxidiert werden.
Das bei der Verbrennung entstehende Wasser wird im U-Rohr durch Calciumchlorid zurückgehalten. Das Kohlenstoffdioxid reagiert mit der Kalilauge in der Waschflasche. Die Massen der Oxidationsprodukte werden durch Wägung bestimmt.
Bei Einsatz einer Ethanolportion mit der Masse $m(Ethanol) = 0,5$ g ergab sich als Mittelwert aus mehreren Experimenten: $m(Wasser) = 0,59$ g, $m(Kohlenstoffdioxid) = 0,96$ g.

a) Bestimme die Massen der in dieser Ethanolportion gebundenen Elemente Kohlenstoff und Wasserstoff mit Hilfe der Meßdaten und der Atommassen (s. Periodensystem im Anhang), berechne anschließend aus der Differenz zur Masse der Ethanolportion die Masse des gebundenen Sauerstoffs.

b) Bestimme unter Berücksichtigung der molaren Massen die Stoffmengen der drei Elemente und gib das Atomanzahlverhältnis an.

2 Welches Volumen hat die Wasserstoffportion (20 °C, 1013 mbar), die bei der Reaktion von 2,3 g Ethanol mit einer genügend großen Natriumportion gebildet wird?

3 Benzin und Wasser sind zwei ineinander nicht lösliche Flüssigkeiten. Fügt man jedoch zu einem Gemisch aus beiden eine größere Portion Ethanol, so entsteht eine homogene Lösung. Erkläre dies unter Heranziehung von B 269.3.

4 Es gibt Ether, deren Moleküle aus zwei ungleichen Teilen aufgebaut sind, z. B. Methylethylether. Gib die Strukturformel an und überlege, wie dieser Ether hergestellt werden kann.

5 Welche Oxidationsprodukte können entstehen, wenn 1-Butanol bzw. 2-Butanol mit Kupfer(II)-oxid reagieren?

6 Gib die Strukturformeln der funktionellen Gruppen der Alkohole, Aldehyde und Carbonsäuren an.

7 a) Stelle durch Auswertung der Tabellen B 234.2 und B 271.1 die Unterschiede in den Siedetemperaturen der Alkane und Alkanole fest, deren Moleküle jeweils die gleiche Anzahl von Kohlenstoffatomen aufweisen. Prüfe, welche Regelmäßigkeit sich erkennen läßt, und erkläre sie.

b) Prüfe, ob ein Vergleich der Siedetemperaturen der Alkane und Alkansäuren (↗ Kap. 22.9) zu einem entsprechenden Ergebnis führt.

8 Wie kann nachgewiesen werden, ob Nahrungsmittel Traubenzucker, Stärke oder Eiweiß enthalten?

9 Gib an, auf welche Weise Essigsäure hergestellt werden kann.

10 Zink reagiert mit verdünnter Essigsäure unter Bildung von Wasserstoff. Welches Reaktionsprodukt entsteht außerdem? Formuliere die Reaktionsgleichung.

11 Betrachte die in ▶ B 290.2 dargestellten Halbstrukturformeln verschiedener Moleküle und ordne sie den Namen der Stoffgruppen Alkohole, Alkanole, Aldehyde, Alkanale, Carbonsäuren und Alkansäuren zu.

12 Propensäure entfärbt im Gegensatz zu Propansäure Bromlösung. Welches Reaktionsprodukt entsteht?

13 Welche funktionellen Gruppen besitzen die Moleküle der Milchsäure?

14 Gib je ein Beispiel für eine Hydroxycarbon-, Dicarbon- und Aminocarbonsäure an.

15 Informiere dich in B 286.3 über die Strukturformel der Aminosäure Valin. Aus welchen kleinsten Teilchen sind Valinkristalle aufgebaut?

23 Ester – Fette – Seifen

Aus der übelriechenden Buttersäure und Ethanol kann man einen nach Ananas duftenden Stoff herstellen. Auch viele angenehme Düfte und Aromen von Früchten, Blumen, Süßigkeiten und Parfüms stammen von Stoffen, die sich aus Carbonsäuren und Alkoholen gewinnen lassen. Man bezeichnet sie als Ester.

Zu den Estern zählen auch tierische und pflanzliche Fette. Sie stellen neben Kohlenhydraten und Eiweißen die dritte wichtige Gruppe von Nährstoffen dar.

Schon die Sumerer und Ägypter kannten Verfahren, um aus Fetten Seife herzustellen. Sie war bis vor etwa hundert Jahren das alleinige Waschmittel. Die Kenntnisse über das Zusammenwirken von Seife und Wasser beim Waschvorgang bilden die Grundlagen für das Verständnis von der Zusammensetzung und Wirkungsweise moderner Waschmittel.

23.1 Bildung und Eigenschaften von Estern

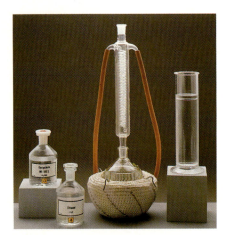

B 292.1 Herstellung von Ethansäureethylester. Reaktionsprodukt und Wasser bilden zwei Schichten

V 292.1 Ein Gemisch aus 20 ml Eisessig, 20 ml Ethanol und 5 ml konz. Schwefelsäure wird etwa 15 min bei schwachem Sieden am Rückflußkühler erhitzt. Nach dem Abkühlen wird die Flüssigkeit in einen schmalen, hohen Standzylinder mit Wasser gegossen, das mit Methylenblau angefärbt ist. Man prüft auf Geruch.

A 292.1 Formuliere für die Reaktion von Methansäure und Ethanol die Reaktionsgleichung und benenne die Reaktionsprodukte.

B 292.2 Das Verhalten von Ethansäureethylester gegenüber Wasser (links) und Benzin (rechts).

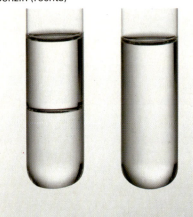

Die funktionellen Gruppen sind reaktionsfähige Stellen organischer Moleküle. Die Carboxylgruppe beeinflußt entscheidend die Eigenschaften und das Reaktionsverhalten der Carbonsäuren, die Hydroxylgruppe die Eigenschaften und das Reaktionsverhalten der Alkohole.
Was geschieht, wenn ein Alkohol und eine Carbonsäure zusammengegeben werden? Wir werden dies am Beispiel von Ethanol und Ethansäure kennenlernen.

Bildung von Ethansäureethylester. Erhitzt man ein Gemisch von Ethansäure, Ethanol und konzentrierter Schwefelsäure (▶ V 292.1) kurze Zeit und gießt die abgekühlte Flüssigkeit in einen Standzylinder mit Wasser (▶ B 292.1), bilden sich sofort zwei Flüssigkeitsschichten und ein eigenartiger Geruch, der an Alleskleber erinnert, ist deutlich wahrnehmbar.
Da Ethansäure, Ethanol und Schwefelsäure mit Wasser eine Lösung bilden, die auch nur nach Essigsäure riecht, muß eine chemische Reaktion stattgefunden haben, bei der wenigstens ein neuer Stoff entstanden ist.
Ethansäure und Ethanol reagieren unter dem katalysierenden Einfluß von konzentrierter Schwefelsäure zu *Ethansäureethylester* und Wasser. Das Reaktionsschema hierfür lautet:

Ethansäure + Ethanol ⟶ Ethansäureethylester + Wasser

Die Reaktionsgleichung ist mit Strukturformeln und mit Halbstrukturformeln in ▶ B 292.3 dargestellt.

Ohne Katalysator verläuft die Reaktion von Ethansäure und Ethanol selbst bei Temperaturen zwischen 70 und 90 °C sehr langsam.
Auch andere Alkohole und Carbonsäuren reagieren zu **Estern** und Wasser. Die Esterbildung gehört – wie auch die Bildung von Peptiden – zu den Kondensationsreaktionen.
Alle Estermoleküle enthalten die *charakteristische Gruppe*:

$$-C\overset{\overset{O}{\|}}{\underset{O-R}{}}\quad\text{vereinfacht: } -COOR\ (R: \text{Alkylrest des Alkohols})$$

Den *Namen* eines Esters kann man bilden aus dem Namen der Carbonsäure, dem Namen für den Alkylrest des Alkohols und der Bezeichnung „-ester".

B 292.3 Esterbildung. Oben: Darstellung der Bildung von Ethansäureethylester. Unten: Allgemeine Esterbildung

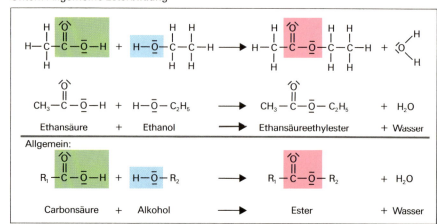

Bildung und Eigenschaften von Estern

Löslichkeit und Siedetemperatur. Essigsäureethylester ist in Wasser begrenzt löslich (8,5 g in 100 g Wasser), mit Benzin bildet er in jedem Verhältnis eine Lösung (▶ V 293.1 ▶ B 292.2). Dies ist darauf zurückzuführen, daß die unpolare Methyl- und Ethylgruppe den Einfluß der polaren Carbonylgruppe in den Estermolekülen übertreffen. Da die Estermoleküle keine Hydroxylgruppen aufweisen, können sie untereinander keine Wasserstoffbrückenbindungen bilden. Die Siedetemperaturen der Ester liegen deshalb weit niedriger als die der Alkohole und Carbonsäuren, die aus Molekülen ähnlicher Kettenlänge oder Moleküloberfläche bestehen.

Ester niederer Carbonsäuren. Ester, die aus niederen Carbonsäuren und niederen Alkoholen gewonnen werden können (▶ V 293.3), sind leichtflüchtig und haben einen angenehm fruchtartigen oder blumigen Geruch (Fruchtester), ganz im Gegensatz zum stechenden oder penetranten Geruch der Carbonsäuren, die an ihrer Bildung beteiligt sind. Diese Ester werden als künstliche Duft- und Aromastoffe verwendet (▶ B 292.1). Die Ester werden vielfach als *Lösungsmittel* für organische Stoffe und zum Verdünnen von Lacken und Anstrichfarben eingesetzt. Ethansäureethylester ist der Hauptbestandteil der Nagellackentferner, Ethansäurebutylester ein Lösungsmittel vieler Klebstoffe für den Modellbau.

Ester höherer Carbonsäuren. Ester höherer Carbonsäuren und höherer Alkohole sind die *Wachse*, die in Natur (Schutzschicht auf Blättern, Nadeln, Blüten, Früchten) und Technik eine große Rolle spielen. Der Hauptbestandteil des *Bienenwachses* ist ein Ester der Palmitinsäure (Hexadecansäure) mit einem höheren Alkohol. Die wichtigsten Ester sind die Ester des Propantriols (Glycerin) mit den Fettsäuren, die *Fette*.

Ester anorganischer Säuren. Außer mit organischen Säuren bilden die Alkohole auch mit anorganischen Säuren Ester. Von besonderer Bedeutung sind die Salpetersäureester, z. B. Propantriol-trisalpetersäureester, der unter dem Namen *Nitroglycerin* bekannt ist.

```
   H                            H
   |                            |
H—C—O—H     H—O—NO₂         H—C—O—NO₂
   |                            |
H—C—O—H  +  H—O—NO₂    →    H—C—O—NO₂  + 3 H₂O
   |                            |
H—C—O—H     H—O—NO₂         H—C—O—NO₂
   |                            |
   H                            H
```

Er dient hauptsächlich als Sprengstoff. Nitroglycerin explodiert in reinem Zustand schon durch leichten Stoß. Läßt man es von Kieselgur aufsaugen, so erhält man einen handhabungssicheren Sprengstoff (Dynamit).

Name	Halbstrukturformel	Verwendung
Ethansäure-methylester	$CH_3-\overset{\overset{O}{\|\|}}{C}-\underline{O}-CH_3$	Lösungsmittel
Ethansäure-butylester	$CH_3-\overset{\overset{O}{\|\|}}{C}-\underline{O}-(CH_2)_3-CH_3$	Lösungsmittel
Propansäure-butylester	$CH_3-CH_2-\overset{\overset{O}{\|\|}}{C}-\underline{O}-(CH_2)_3-CH_3$	Aromastoff (Rum)
Butansäure-methylester	$CH_3(CH_2)_2-\overset{\overset{O}{\|\|}}{C}-\underline{O}-CH_3$	Aromastoff (Ananas)
Butansäure-ethylester	$CH_3(CH_2)_2-\overset{\overset{O}{\|\|}}{C}-\underline{O}-C_2H_5$	Aromastoff (Pfirsich)
Pentansäure-pentylester	$CH_3(CH_2)_3-\overset{\overset{O}{\|\|}}{C}-\underline{O}-(CH_2)_4-CH_3$	Aromastoff (Apfel)

B 293.1 Einige Ester aus niederen Alkansäuren und Alkanolen

V 293.1 Untersuche die Löslichkeit von Ethansäureethylester in Benzin und Wasser.

V 293.2 Untersuche, ob sich Pflanzenöl, Kokosfett und Kerzenwachs in Ethansäureethylester lösen.

V 293.3 Man stellt sich in Reagenzgläsern die folgenden Gemische her:
a) 2 ml 1-Pentanol und 2,5 ml Ethansäure;
b) 2,5 ml Ethanol und 2 ml Butansäure (Abzug! nach der Versuchsdurchführung Reinigung mit Natronlauge!);
c) 2,5 ml 1-Pentanol und 2,5 ml Pentansäure. Zu jedem der Gemische gibt man einige Tropfen konz. Schwefelsäure, schüttelt und erwärmt kurz. Man läßt jedes Reagenzglas einige Minuten verschlossen stehen und schüttet anschließend in ein Becherglas mit stark verdünnter Natronlauge und identifiziert den Geruch.

A 293.1 Methansäuremethylester ist in Wasser besser löslich als Ethansäureethylester. Gib eine Erklärung für diesen Sachverhalt.

A 293.2 Warum lassen sich Alleskleberflecken mit Ethansäureethylester entfernen?

23.2 Aufbau und Zusammensetzung von Fetten

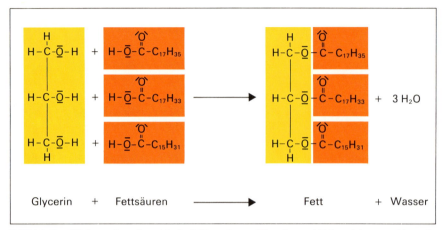

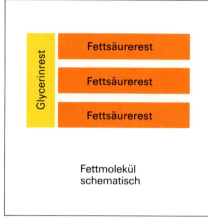

B 294.1 Fettbildung. Aus dem Alkohol Glycerin und Fettsäuren bilden sich unter Abspaltung von Wasser Fettsäureglycerinester (Fette)

B 294.2 Aufbau eines Fettmoleküls in vereinfachter Darstellung

A 294.1 Wie viele verschiedene Fettsäureglycerinester können bei der Reaktion von Glycerin mit einem Gemisch aus Palmitin- und Stearinsäure gebildet werden? Stelle die verschiedenen Fettmoleküle wie in B 294.3 schematisch dar. Benenne die Fettsäureglycerinester.

A 294.2 Welche Aussagen lassen sich aus B 295.2 über die Zusammensetzung einiger tierischer und pflanzlicher Fette ableiten?

A 294.3 Die Schmelztemperatur von Tristearinsäureglycerinester beträgt 72 °C, die von Triölsäureglycerinester −5 °C. Erkläre, worauf der große Unterschied zwischen den Schmelztemperaturen zurückzuführen ist.

B 294.3 Einige Veresterungsmöglichkeiten des Glycerinmoleküls und Benennung der Ester

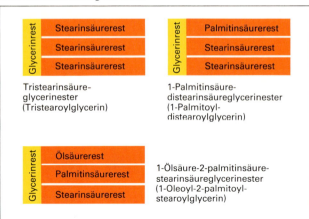

Von besonderer Bedeutung sind die Ester der höheren Carbonsäuren und des Alkohols Glycerin (Propantriol), die **Fettsäureglycerinester** oder **Fette** (▶ B 294.1). Sie sind neben den Kohlenhydraten und Eiweißen die dritte große Gruppe der Nahrungs- und Reservestoffe.

Aufbau der Fette. Die Fettsäureglycerinester werden nach dem systematischen Namen als **Acylglycerine** bezeichnet. Wenn alle drei Hydroxylgruppen der Glycerinmoleküle mit Fettsäuremolekülen verestert sind, heißen die Ester **Triacylglycerine**. Die Triacylglycerine stellen von der Menge her die größte und bedeutendste Gruppe dar, **Di-** und **Monoacylglycerine** kommen in der Natur selten vor. In der Nahrungsmittelindustrie werden sie hergestellt, weil sie gut verdauliche und biologisch verwertbare Produkte sind.

Da die Fettsäuren im Organismus aus Ethansäure (Essigsäure) aufgebaut werden, sind die allermeisten natürlichen Fette Ester des Glycerins und der Carbonsäuren, deren Moleküle eine gerade Anzahl von Kohlenstoffatomen aufweisen. Am häufigsten treten *Stearin-, Palmitin-, Laurin-, Myristin-, Öl-* und *Linolsäure* auf.

Es gibt Fettsäureglycerinestermoleküle, in denen ein Glycerinmolekül mit *drei* Molekülen der *gleichen* Säure verestert ist (▶ B 294.3), weit häufiger jedoch sind Fettsäureglycerinestermoleküle, in denen ein Glycerinmolekül mit drei Molekülen von *zwei oder drei verschiedenen Fettsäuren* verestert ist.

Die große Zahl der in Frage kommenden Fettsäuren und die Kombinationsmöglichkeiten ergeben eine Vielzahl verschiedener Fette.

Aufbau und Zusammensetzung von Fetten

Die *in der Natur vorkommenden Fette* sind keine Reinstoffe, sondern *Gemische* von Fettsäureglycerinestern. Es ist daher verständlich, daß jede Organismenart *arteigene Fette* besitzt. Selbst die verschiedenen Organe eines Lebewesens enthalten verschiedene Fette.

Fette sind Ester der höheren Carbonsäuren und des Alkohols Glycerin. Die natürlichen Fette sind Gemische verschiedener Fettsäureglycerinester.

Zusammensetzung der Fette. Es ist schwierig, aus einem natürlichen Fett die einzelnen Fettsäureglycerinester in reiner Form zu isolieren. Zur *Charakterisierung* eines Fettes gibt man deshalb den *Massenanteil* der einzelnen ungesättigten und gesättigten Fettsäuren an, die bei einer Spaltung der Fettsäureglycerinester in Glycerin und Fettsäuren entstehen (▶ B 295.2).
Die Eigenschaften eines Fettes werden davon deutlich beeinflußt, ob es überwiegend aus Fettsäureglycerinestern ungesättigter oder gesättigter Säuren besteht.

Fette haben keine Schmelztemperatur, sondern einen *Schmelztemperaturbereich,* der für ein bestimmtes Fett jedoch durchaus charakteristisch ist.

Nach ihrem Aggregatzustand bei Zimmertemperatur teilt man die Fette in *feste, halbfeste* und *flüssige Fette* ein. Die flüssigen Fette bezeichnet man im Unterschied zu den Mineralölen, bei denen es sich um Kohlenwasserstoffgemische handelt, als *fette Öle*. Die unterschiedlichen Aggregatzustände der Fette bei Zimmertemperatur sind auf die unterschiedlichen Fettsäurereste, die am Aufbau der Fettsäureglycerinester beteiligt sind, zurückzuführen.

Bereits die Fettsäuren selbst haben unterschiedliche Schmelztemperaturen, wobei die ungesättigten Fettsäuren niedrigere Schmelztemperaturen aufweisen als die gesättigten mit gleicher Anzahl von C-Atomen.
Je mehr Fettsäureglycerinester *gesättigter* Fettsäuren ein Fett enthält, desto *härter* ist es. Öle bestehen vorwiegend aus Estern des Glycerins und der ungesättigten Fettsäuren Öl-, Linol- und Linolensäure.

Iodzahl. Ein Ölsäuremolekül enthält eine C-C-Doppelbindung, ein Linolsäuremolekül zwei und ein Linolensäuremolekül sogar drei Doppelbindungen. Ungesättigte Fettsäuren und ihre Ester reagieren in einer *Additionsreaktion* mit Brom (▶ V 295.1) und auch mit *Iod*. Der Anteil an Fettsäureglycerinestern ungesättigter Fettsäuren wird in der Lebensmittelchemie bei den einzelnen Fetten durch die *Iodzahl* (▶ B 295.2) gekennzeichnet. Sie gibt an, wieviel Gramm Iod von 100 Gramm Fett gebunden werden.

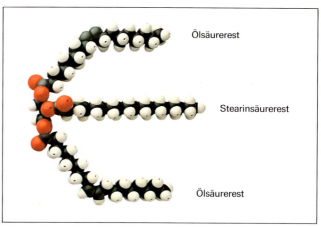

B 295.1 Kalottenmodell eines Fettmoleküls: 1,3-Diölsäurestearinsäureglycerinester

V 295.1 Man löst unter Erwärmen je 0,5 g Kokosfett, Butter, Olivenöl und Margarine in je 10 ml 1-Propanol. Aus einer Bürette läßt man so lange Bromlösung (ca. 1 ml bis 2 ml Brom in 50 ml 1-Propanol) zufließen, bis die Bromfarbe etwa 2 min bestehen bleibt. (Abzug!) Man vergleicht den Bromverbrauch.

B 295.2 Kennzeichnung von Fetten. Die Angaben zu den Fettsäuren beziehen sich auf den durchschnittl. Massenanteil in %

Name Molekülformel	tierische Fette		pflanzliche Fette			
	Butterfett	Schweinefett	Kokosfett	Olivenöl	Sonnenblumenöl	Leinöl
gesättigte Fettsäuren:						
Buttersäure C_3H_7COOH	3	–	–	–	–	–
Laurinsäure $C_{11}H_{23}COOH$	3	–	48	–	–	–
Myristinsäure $C_{13}H_{27}COOH$	9	2	15	2	–	–
Palmitinsäure $C_{15}H_{31}COOH$	24	27	9	15	5	7
Stearinsäure $C_{17}H_{35}COOH$	13	14	3	2	2	3
ungesättigte Fettsäuren:						
Ölsäure $C_{17}H_{33}COOH$	30	45	6	71	27	18
Linolsäure $C_{17}H_{31}COOH$	2	8	2	8	65	14
Linolensäure $C_{17}H_{29}COOH$	1	–	–	–	–	58
Iodzahl	35	65	7	80	130	180
Schmelzbereich (°C)	31 bis 36	36 bis 42	23 bis 28	–3 bis 0	–18 bis –11	–20 bis –16

23.3 Eigenschaften und Bedeutung der Fette

B 296.1 Ranzige Butter riecht nach Buttersäure

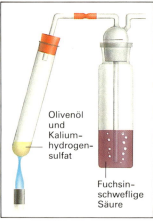

B 296.2 Nachweis von Propenal beim Zersetzen von Fetten

V 296.1 Gib etwas ranzige Butter in heißes Wasser und schüttle. Prüfe mit Universalindikator.

V 296.2 Man erhitzt einige Tropfen Olivenöl und zum Vergleich Propantriol (Glycerin) in schräg eingespannten Reagenzgläsern mit etwas Kaliumhydrogensulfat. Die entstehenden Gase werden jeweils durch Waschflaschen mit Fuchsinschwefliger Säure geleitet. (Abzug!)

V 296.3 Untersuche die Löslichkeit von Speiseöl und Kokosfett in Benzin, Ethansäureethylester, Propanon, Wasser, Ethanol. Erwärme im Wasserbad.

V 296.4 Versuche, einen Fettfleck auf einem Stück Stoff durch Auswaschen mit Benzin, Ethansäureethylester, Propanon und Wasser zu entfernen.

V 296.5 Schüttle ein Gemisch aus Speiseöl und Wasser kräftig. Beobachte die Entmischung der Emulsion. Wiederhole den Versuch, setze jedoch etwas Ammoniaklösung zu. Vergleiche.

V 296.6 Presse Fett, Nußkerne oder Sonnenblumenkerne zwischen zwei Filterpapieren.

A 296.1 Stelle die Strukturformel für ein Propenalmolekül auf. Durch welche Reaktion läßt sich Propenal von Propanal unterscheiden?

A 296.2 Hält man ein brennendes Streichholz an die Oberfläche von (fettem) Öl (bei Zimmertemperatur), gelingt es nicht, das Öl zu entzünden. Hängt man einen Docht mit einem Ende in das Öl, wartet eine Weile und entzündet die Spitze des Dochtes, verbrennt das Öl an der Dochtspitze mit gelber rußender Flamme. Deute diesen Sachverhalt.

Spaltung von Fetten. Reine Fette sind geruch- und geschmacklos. Der unangenehme Geruch eines verderbenden Fettes wird durch flüchtige, übelriechende niedere Carbonsäuren und Aldehyde hervorgerufen. Diese entstehen bei einem Angriff des Sauerstoffs der Luft auf die Doppelbindungen der ungesättigten Fettsäureglycerinester-Moleküle teils unter Mitwirkung von Licht und Wärme und teils unter Einwirken von Mikroorganismen. Auch gesättigte Fettsäureglycerinester können verderben. In einem natürlichen Fett sind immer etwas Wasser und Säure enthalten. *Fettsäureglycerinester* und Wasser können unter der katalysierenden Wirkung einer Säure zu *Glycerin* und *Fettsäuren* reagieren. Diese Reaktion eines Esters und Wasser zu einer oder mehreren Säuren und Alkohol ist die *Umkehrung der Esterbildung* und ein Beispiel für eine **Hydrolyse**. Das allgemeine Reaktionsschema für die Reaktion lautet:

Ester + Wasser ⟶ Säure + Alkohol

Fettsäureglycerinester, bei denen Glycerin mit niederen Carbonsäuren verestert ist, werden besonders leicht gespalten. So ist beispielsweise der Geruch von *ranziger Butter* (▶ B 296.1) auf das Vorliegen von *Buttersäure* zurückzuführen (▶ V 296.1). Bei längerem *Erhitzen von fetten Ölen* entsteht ein scharfer Geruch (Geruch beim „Anbrennen" von Fett), der auf der Bildung von *Propenal (Acrolein)* beruht. Propenal ist giftig. Es entsteht auch beim Erhitzen von Propantriol (Glycerin) oder Olivenöl mit einem wasserentziehenden Stoff wie Kaliumhydrogensulfat (▶ V 296.2). Dies wird durch das Auftreten der violetten Farbe der Fuchsinschwefligen Säure angezeigt.

Löslichkeit. Wegen der langen Alkylreste ihrer Moleküle sind Fettsäureglycerinester nur in *hydrophoben Lösungsmitteln* wie Benzin und Ethansäureethylester (▶ V 296.3) *gut löslich*. In Ethanol lösen sie sich nur beim Erwärmen. Zum Entfernen eines Fettflecks benutzt man deshalb hydrophobe Lösungsmittel (▶ V 296.4). Fleckenwasser sind Gemische solcher Lösungsmittel (z. B. Benzin und Trichlorethen), Fleckenpasten enthalten neben dem Lösungsmittel noch ein Bindemittel, z. B. Magnesiumoxid. In *Wasser* sind Fette *nicht löslich*. Da ihre Dichten kleiner als 1 g/cm^3 sind, schwimmen Fette auf dem Wasser.
Mischt man ein flüssiges Fett und Wasser (▶ V 296.5) durch kräftiges Schütteln, bildet sich eine Emulsion, die sich bald wieder entmischt. Fügt man der Mischung Ammoniak zu, dauert die Entmischung wesentlich länger.

Stoffe, die die Entstehung einer Emulsion fördern und die Entmischung verzögern oder verhindern, nennt man Emulgatoren.

Eigenschaften und Bedeutung der Fette

In der Natur gibt es viele Emulgatoren und Emulsionen. So wird z. B. die Entmischung der *Wasser-Fett-Emulsion Milch* (▶ B 297.1) durch Eiweiße verzögert, welche die kleinen Fetttröpfchen von etwa 1/1000 mm bis 1/100 mm Durchmesser umhüllen. Zur Buttergewinnung muß man diese Eiweißumhüllung durch Schlagen zerstören, so daß die Fetttröpfchen zusammenfließen können. Bei der Mayonnaiseherstellung werden Speiseöl und Wasser emulgiert, wobei Eigelb als Emulgator dient. Wird Mayonnaise tiefgekühlt, gefriert das Wasser aus, die Emulsion entmischt sich.

Fettbrände. Brennendes Fett darf *nicht mit Wasser gelöscht* werden. Gibt man Wasser zu heißem oder brennendem Fett, so sinkt ein Teil des Wassers unter das Fett. Aufgrund der hohen Temperatur des Fettes verdampft das Wasser schlagartig (1 l Wasser verdampft zu etwa 1700 l Wasserdampf), mit dem Wasserdampf wird heißes oder brennendes Fett emporgeschleudert. Brennendes Fett wird durch Abdecken (z. B. mit Sand) gelöscht, dadurch wird der zur Verbrennung notwendige Zutritt des Sauerstoffs verhindert.

Flüssiges Fett läßt sich bei Zimmertemperatur nicht mit einem Streichholz entzünden und zum Brennen bringen. In einem Docht steigt es dagegen leicht auf (Kapillarröhrchenwirkung). Beim Entzünden des Dochtes entsteht durch die Wärme gasförmiges Fett, das mit gelber rußender Flamme verbrennt (▶ B 297.2).

Fettnachweis. Fette verdunsten nur langsam, sie bilden daher auf saugfähigem Papier bleibende Flecke. Durch eine einfache *Fettfleckprobe* können z. B. Fette in Pflanzensamen nachgewiesen werden (▶ V 296.6).

Biologische Bedeutung. Fette sind für den Körper eine wichtige *Energiequelle*, da bei ihrem Abbau etwa doppelt soviel Energie frei wird wie bei einer Zucker- oder Eiweißportion gleicher Masse. Der tägliche *Fettbedarf* eines 70 kg schweren Menschen beträgt etwa 60 bis 80 g, allerdings ist dieser Bedarf von der körperlichen Belastung des Menschen abhängig. In der Bundesrepublik Deutschland werden täglich pro Einwohner 135 g Fett verzehrt. Der überhöhte Fettverzehr ist eine Ursache für das Übergewicht vieler Menschen in den Industrieländern. Zur unbewußten Fettaufnahme trägt auch das in vielen Lebensmitteln versteckte Fett bei. Aber auch der übermäßige Genuß von Mehlspeisen und Zuckerwaren führt zu einem erhöhten Fettansatz, weil im Körper des Menschen wie auch in den Körpern von Tieren und Pflanzen Kohlenhydrate in Fette umgebildet werden.

Bei einer völlig fettfreien Ernährung erkranken Menschen und Tiere und gehen zugrunde, da nicht alle *lebensnotwendigen Fettsäuren* vom Körper aus Kohlenhydraten (oder Eiweißen) aufgebaut werden können.

Diese **essentiellen Fettsäuren**, *Linol-* und *Linolensäure* sowie *Arachidonsäure* (all-cis-5,8,11,14-Eicosatetraensäure), können aber aus Fetten gewonnen werden. Es ist deshalb notwendig, daß mit der Nahrung Fette aufgenommen werden, in denen Glycerin mit den essentiellen Fettsäuren verestert ist. Reich an solchen Fetten sind die fetten Öle. Flüssige und halbfeste Fette, die reich an ungesättigten Fettsäureglycerinestern sind, werden auch leichter verdaut als feste Fette.

Fettpolster schützen den Körper vor Wärmeverlust und empfindliche Organe vor Stößen.

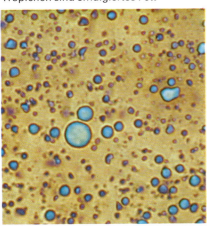

B 297.1 Milch unter dem Mikroskop. Die Tröpfchen sind emulgiertes Fett

B 297.2 Flüssiges Fett brennt am Docht mit stark rußender Flamme

B 297.3 Öllampe, wie sie früher für Beleuchtungszwecke verwendet wurde

23.4 Fettgewinnung und Margarineherstellung

B 298.1 Ölgewinnung im 16. Jahrhundert

V 298.1 Ölhaltige Samen werden zerkleinert und in einem Rundkolben mit Hexan am Rückflußkühler gekocht. Nach 5 bis 10 Minuten wird das Gemisch filtriert und aus dem Filtrat das Hexan abdestilliert. Mit dem zurückbleibenden Öl macht man die Fettfleckprobe.

V 298.2 Gib in ein Becherglas 15 g Kokosfett und bringe das Fett über kleiner Flamme zum Schmelzen. Nimm das Becherglas von der Flamme und füge unter kräftigem Rühren mit einem Glasstab einen Eßlöffel Olivenöl zu. Stelle das Becherglas in eine Schüssel mit Eiswasser und füge unter ständigem Rühren einen Teelöffel gut gekühlte fettarme Milch und einen Teelöffel Eigelb zu und je nach Geschmack eine Prise Salz. Rühre kräftig, bis die Masse steif ist. Prüfe Geschmack und Streichfähigkeit auf einer Brötchenhälfte.

V 298.3 Erhitze in je einem Reagenzglas etwas Butter und Margarine mit je 5 ml Wasser bis zum Sieden. Tropfe nach dem Abkühlen Iodlösung in die Reagenzgläser.

A 298.1 Formuliere für die Hydrierung von Triölsäureglycerinester die Reaktionsgleichung. Welches Reaktionsprodukt entsteht?

A 298.2 Spielt es für die Margarineherstellung eine Rolle, ob die festen Fette von Natur aus hart sind, wie z. B. das Kokosfett, oder durch „künstliches" Härten (Hydrieren) von fetten Ölen gewonnen werden? Begründe!

A 298.3 Auf manchen Margarinepackungen ist zu lesen, daß die Margarine essentielle Fettsäuren enthalte. Ist diese Aussage völlig korrekt?

Zur Geschichte der Margarine. In den Jahrhunderten vor der Industrialisierung wurden in Europa zur Fettversorgung vor allem *Schlachtfette* wie Speck, Schmalz, Rindertalg und Hammelfett und die durch Schlagen des Milchrahms gewonnene *Butter* verwendet. Durch den Anstieg der Bevölkerung wurde die Fettversorgung zunehmend schwieriger. Vor allem nahm die Nachfrage nach Streichfetten zu, da die in den Fabriken arbeitenden Menschen keine warmen Mahlzeiten einnehmen konnten und auf bestrichene Brote angewiesen waren. Fett wurde Mangelware und für breite Bevölkerungsschichten unerschwinglich. Der Ruf nach einem *preiswerten Streichfett* wurde immer lauter, die Lösung wurde in Frankreich gefunden.

Den Anstoß gab eine politische Überlegung. Kaiser NAPOLEON III. wollte die Vormachtstellung Frankreichs auf dem europäischen Kontinent zurückgewinnen. Dazu gehörte aber eine ausreichende Versorgung der breiten Bevölkerung, des Heeres und der Seestreitkräfte mit Nahrungsfett. Er beauftragte deshalb 1869 den Wissenschaftler H. MÈGE-MOURIÈS, nach einem preiswerten, streichfähigen und haltbaren Nahrungsfett als Ersatz für die teure Butter zu suchen.

MÈGE-MOURIÈS ging dem Geheimnis der Fetterzeugung im Körper der Kuh nach und beobachtete, daß Kühe selbst dann noch Milch und Milchfett erzeugen, wenn sie tagelang kein Futter erhalten. Er folgerte, daß das Milchfett aus dem *Reservefett* der Tiere, dem Rindertalg, stamme; er schmolz aus diesem das reine Fett heraus, preßte daraus die weichen, öligen Bestandteile aus und „verbutterte" sie mit Magermilch. Das Produkt war ein streichbares und haltbares Speisefett von gutem Geschmack. Wegen seines perligen Schimmers wurde das neue Streichfett „Margarine" (von griech. margaron, Perle) genannt.

In Nordamerika und Europa entstanden in der Folgezeit viele Margarinefabriken, um die Nachfrage nach dem preiswerten Streichfett zu befriedigen. Bald aber waren die Rohstoffe knapp. Bekannt waren die Ölpflanzen der Tropen und Subtropen, die in ihren Früchten und Samen Öl und Fett speichern. Diese *Pflanzenfette* waren zunächst für die Margarineherstellung nur bedingt geeignet, da die meisten von ihnen flüssig sind und mit festen tierischen Fetten gemischt werden mußten, um ein streichfähiges Produkt zu erhalten.

Im Jahre 1902 fand der deutsche Chemiker W. NORMANN, daß feste Fette durch *Hydrieren* aus flüssigen Fetten hergestellt werden können. Mit Hilfe der *„Fetthärtung"* konnten in der Folgezeit aus den preiswerten Pflanzenölen feste Fette gewonnen werden.

Fettgewinnung und Margarineherstellung

B 299.1 Fetthaltige Samen und Früchte verschiedener Pflanzen dienen als Rohprodukte für die Gewinnung fetter Öle und als Rohstoffe für die Margarineherstellung

Fett- und Ölgewinnung. Zur Gewinnung von *pflanzlichen Fetten* und *Ölen* gibt es zwei Verfahren (▶ B 299.2).
1. *Auspressen der Samenkerne:* Wird die gemahlene Ölsaat kalt gepreßt, erhält man die sog. kaltgeschlagenen Öle, die besonders vitaminreich sind. Die Ausbeute ist jedoch geringer, als wenn die gemahlenen Samenkerne vor dem Pressen erhitzt werden.
2. *Herauslösen des Fettes.* Das Fett wird mit einem hydrophoben Lösungsmittel aus der gemahlenen Ölsaat *extrahiert* (▶ V 298.1). Nach dem Filtrieren wird das Lösungsmittel abdestilliert, das Öl bleibt zurück.
In den meisten Fällen wird das gewonnene Öl noch von Fettsäuren, färbenden Bestandteilen sowie von Geruchs- und Geschmacksstoffen befreit. Diesen Reinigungsvorgang nennt man *Raffinieren* des Speiseöls.

Margarineherstellung. Im Margarinewerk stellt man eine Emulsion aus mindestens 78% Fett und maximal 20% Wasser her. Die Emulgatoren sind entrahmte Milch (▶ V 298.2) und Lecithin. Die Mischung zwischen den festen Fetten und Ölen wird so gewählt, daß die entstehende Margarine gut streichfähig ist.
Wegen des hohen Anteils an Fettsäureglycerinestern *essentieller Fettsäuren* und der *Vitaminzusätze* ist Margarine ein *vollwertiges Speisefett*. Manche Margarinesorten sind nach Aussehen und Geschmack kaum von Butter zu unterscheiden. Um Verwechslungen zu vermeiden, ist für Margarine ein Zusatz von Stärke (▶ V 298.3) vorgeschrieben. Die gelbe Farbe der Margarine rührt von dem Farbstoff *Carotin* her, der z.B. im Palmöl bereits enthalten ist.

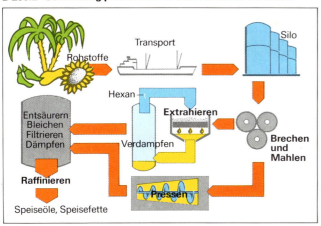

B 299.2 Gewinnung pflanzlicher Fette und Öle schematisch

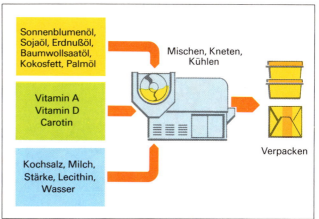

B 299.3 Schemabild der technischen Herstellung von Margarine

23.5 Herstellung und Eigenschaften von Seifen

Sich mit *Seife* zu waschen, gehört heute zu den selbstverständlichen und alltäglichen Verrichtungen. Es darf aber nicht vergessen werden, daß die in den Industrieländern weitverbreitete Hygiene, die zum Verschwinden der früher sehr verbreiteten Seuchen beigetragen hat, nur möglich ist, weil allen Bevölkerungsschichten Seife und Waschmittel preiswert zur Verfügung stehen. Seifen sind die *ältesten Waschmittel*. Die Gewinnung von Seife aus Fett und Natriumcarbonat (Soda) oder Kaliumcarbonat (Pottasche) wurde schon vor 4000 Jahren von den Sumerern betrieben. Seit dem 19. Jahrhundert „siedet" man Fette auch mit Laugen. Im Prinzip verläuft die Seifenherstellung heute noch so.

Verfahren zur Seifenherstellung. Ausgangsstoffe für die Seifenherstellung sind vor allem verschiedene pflanzliche Öle und Fette (▶ V 301.3), in geringem Maße auch tierische Fette. Die Fette werden unter Zugabe von Natron- oder Kalilauge stundenlang in Kesseln (▶ B 300.1) gekocht („*Seifensieden*"), dabei reagieren die Fette mit der Natron- oder Kalilauge zu Glycerin (Propantriol) und den *Natrium- oder Kaliumsalzen der Fettsäuren*, den **Seifen**. Von diesem Verfahren stammt auch der für die Reaktion eines Esters mit einer Lauge gebräuchliche Ausdruck **Verseifung**. Für die Reaktion von Tristearinsäureglycerinester und Natronlauge zu Glycerin und Natriumstearat lautet die Reaktionsgleichung:

$$\begin{array}{l} H_2C\text{-}OOC\text{-}C_{17}H_{35} \\ | \\ HC\text{-}OOC\text{-}C_{17}H_{35} \quad + \quad Na^+\,OH^- \\ | \\ H_2C\text{-}OOC\text{-}C_{17}H_{35} \end{array} \quad \begin{array}{l} Na^+\,OH^- \\ \\ Na^+\,OH^- \\ \\ Na^+\,OH^- \end{array} \longrightarrow \begin{array}{l} H_2C\text{-}OH \\ | \\ HC\text{-}OH \\ | \\ H_2C\text{-}OH \end{array} + \begin{array}{l} Na^{+-}OOC\text{-}C_{17}H_{35} \\ \\ Na^{+-}OOC\text{-}C_{17}H_{35} \\ \\ Na^{+-}OOC\text{-}C_{17}H_{35} \end{array}$$

Seifen sind Salze, die aus Natrium- oder Kaliumkationen und Fettsäureanionen aufgebaut sind. Seifen sind die Natrium- oder Kaliumsalze der Fettsäuren.

Die *Benennung der Seifen* erfolgt wie bei anderen Salzen: Kaliumpalmitat (Verhältnisformel: $C_{15}H_{33}$ COOK), Natriumoleat (Verhältnisformel: $C_{17}H_{33}$ COONa) usw.

Bei der geschilderten Art der Seifenherstellung erhält man einen dickflüssigen bis steifen *Seifenleim*, der aus Wasser, Glycerin und Seife besteht. Um die festen Seifen zu erhalten, gibt man Natriumchlorid zu dem Seifenleim, die Löslichkeit der Seife wird dadurch herabgesetzt, so daß sich ein fester *Seifenkern* und eine wäßrige *Unterlauge* bildet, in der Glycerin gelöst ist. Der Seifenkern wird anschließend getrocknet und nach Zusatz von Farb- und Duftstoffen zu Stücken gepreßt.

In modernen Verfahren (▶ B 300.2) wird die schwierige Trennung des Seifenleims umgangen, indem die Fette mit 180 °C heißem *Wasserdampf* in Druckkesseln in Glycerin und Fettsäuren getrennt werden. Bei dieser *Hydrolyse* entstehen die wasserunlöslichen Fettsäuren, die sich nach dem Abkühlen leicht vom Glycerin abtrennen lassen.

Bei dem zunehmenden Bedarf an Seife gewinnt die *katalytische Oxidation von Paraffinen* zu Fettsäuren an Bedeutung. Die Fettsäuren rührt man in eine siedende Lösung von Natriumcarbonat ein (▶ V 301.2), dabei reagieren die Fettsäuren und Natriumcarbonat zu den Natriumsalzen der Fettsäuren und zu Kohlenstoffdioxid und Wasser.

B 300.1 Seifensieden in einer Seifenfabrik

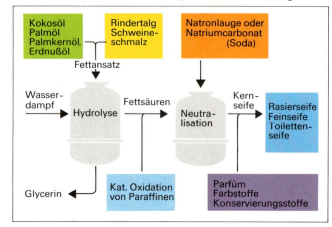

B 300.2 Schematische Darstellung der Seifenherstellung

Herstellung und Eigenschaften von Seifen

Eigenschaften von Seifen. Alkaliseifen sind als Salze *in Wasser und Ethanol löslich.* In wäßriger Lösung liegen allerdings nicht einzelne von Wassermolekülen umhüllte Seifenanionen vor, sondern die Anionen schließen sich zu Teilchenhaufen, den *Micellen,* zusammen. Gibt man zu einer alkoholischen Seifenlösung Wasser (▶ V 301.4), entsteht eine *alkalische* Lösung (▶ B 301.1). Dies ist auf die Hydroxidionen zurückzuführen, die neben den Fettsäuremolekülen bei der Reaktion einiger Fettsäureanionen mit den Wassermolekülen entstehen.

$$C_{17}H_{35}COO^- + H_2O \longrightarrow C_{17}H_{35}COOH + OH^-$$

Da eine wäßrige Seifenlösung alkalisch ist, spricht man auch von *Seifenlauge.* Seifenlauge macht die Haut glitschig und brennt in den Augen. Bei häufigem Waschen kann empfindliche Haut gereizt und sogar geschädigt werden.

Bei *Zugabe von Säure* zu einer wäßrigen Seifenlösung (▶ V 301.5) reagieren die Fettsäureanionen mit den Oxoniumionen der Säure zu Wasser- und Fettsäuremolekülen; die wasserunlöslichen Fettsäuren scheiden sich in Form weißer *Flocken* ab.

$$C_{17}H_{35}COO^- + H_3O^+ \longrightarrow C_{17}H_{35}COOH + H_2O$$

Mit allen Metallionen außer den Alkalimetallionen bilden die Fettsäureanionen *schwerlösliche Salze.* In *hartem Wasser* (↗ Kap. 18.4), in dem sehr viele Calcium- und Magnesiumionen vorliegen, bildet sich deshalb ein weißer Niederschlag von „**Kalkseife**" (▶ V 301.6, ▶ B 301.2), der zu Verkrustungen des Gewebes führt und sich als „Grauschleier" ablagert. In hartem oder saurem Wasser wird deshalb ein Teil der Seifen ohne Nutzen verbraucht.

V 301.1 a) Man gibt im Reagenzglas zu etwa 1 ml Ölsäure ca. 2 ml Brennspiritus, etwas konz. Kalilauge und erwärmt kurz. Nach Zugabe von etwas dest. Wasser schüttelt man kräftig.
b) Man gibt im Reagenzglas zu 1 g Stearinsäure etwa 3 ml Spiritus und 5 ml dest. Wasser, erwärmt kurz und fügt etwas konz. Natronlauge zu. Unter Umschütteln wird nochmals einige Zeit erwärmt. (Schutzbrille!)

V 301.2 a) Man gibt im Reagenzglas zu 1 ml Ölsäure 2 ml Brennspiritus und unter Umschütteln so lange Natriumcarbonatlösung, bis keine Kohlenstoffdioxidentwicklung mehr erfolgt.
b) Man tropft unter Umrühren geschmolzene Stearinsäure in ein Becherglas mit heißer konz. Natriumcarbonatlösung und läßt einige Minuten kochen. (Vorsicht, Siedeverzug! Alkalische Lösung! Schutzbrille!) Von beiden Reaktionsprodukten wird eine Probe in dest. Wasser geschüttelt, bis Schaumbildung erfolgt.

V 301.3 Im Becherglas werden 10 g Fett (z. B. Margarine) bei möglichst niedriger Temperatur geschmolzen. Anschließend gibt man 10 ml Brennspiritus und 5 ml dest. Wasser zu. In das geschmolzene Fett gießt man unter ständigem Umrühren mit einem Holzspan langsam eine Lösung von 3 g (ca. 15 Plätzchen) Natriumhydroxid in 10 ml Wasser. Man erhitzt unter Umrühren nochmals 10 min, wobei das verdampfte Wasser ersetzt wird („im Leim kochen").

V 301.4 Gib zu einer alkoholischen Seifenlösung (etwas Seife in Spiritus lösen) 1 Tropfen Phenolphthaleinlösung. Beobachte! Gib langsam dest. Wasser zu.

V 301.5 Gib zu einer alkoholischen Seifenlösung dest. Wasser, schüttle um. Setze einige Tropfen verdünnte Säure zu.

V 301.6 a) Gib in je ein Reagenzglas 5 bis 10 ml dest. Wasser und hartes Wasser (Lösung von Calciumchlorid). Füge tropfenweise alkoholische Seifenlösung zu. Schüttle nach jeder Zugabe und vergleiche Trübung und Schaumbildung.
b) Gib zu einer Seifenlösung Kupfersulfatlösung.

A 301.1 Beschreibe mit eigenen Worten die Verfahren zur Seifenherstellung.
Formuliere die Reaktionsschemata und die Reaktionsgleichungen für die Reaktion von a) Tripalmitinsäureglycerinester und Natronlauge, b) Ölsäure und Kalilauge, c) Stearinsäure und Natriumcarbonat.

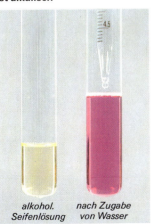

B 301.1 Wäßrige Seifenlösung ist alkalisch

alkohol. Seifenlösung — nach Zugabe von Wasser

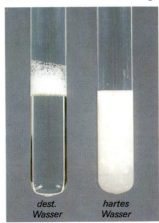

B 301.2 Wasserhärte und Seife. Rechts: Kalkseife-Niederschlag

dest. Wasser — hartes Wasser

23.6 Seife und Waschwirkung

Wasser allein reicht meist nicht aus, um den an der Kleidung oder der Haut haftenden Schmutz abzulösen. Erst Wasser und Seife oder ein Waschmittel erleichtern die Schmutzablösung. In den folgenden Abschnitten wird das *Zusammenwirken von Wasser und Seife* erklärt.

Die Grenzflächenspannung des Wassers. Der Zusammenhalt einer Flüssigkeit beruht auf den zwischen den Molekülen wirkenden Anziehungskräften (*Kohäsionskräfte*). Ein Molekül im Innern einer Flüssigkeit ist überall von Nachbarmolekülen umgeben. Die zwischen den Molekülen wirkenden Anziehungskräfte heben sich deshalb insgesamt auf (▶ B 302.2). Ein Molekül an der *Oberfläche*, der *Grenzfläche zur Luft* oder einem andern Gas, ist dagegen nur an den Seiten und dem Innern der Flüssigkeit von Nachbarmolekülen umgeben. Die anziehenden Kräfte heben sich deshalb nicht auf, sondern setzen sich zu einer resultierenden Kraft zusammen, die senkrecht zur Oberfläche in das Flüssigkeitsinnere gerichtet ist.

Da alle Moleküle an der Oberfläche nach dem Innern der Flüssigkeit gezogen werden, sie diesem Zug wegen der dort schon vorhandenen Moleküle nicht folgen können, erscheint die Oberfläche wie eine gespannte, elastische Haut. Man nennt diese Erscheinung die *Oberflächenspannung*. Eine Flüssigkeit bildet aber nicht nur eine gespannte, elastische Haut an der Oberfläche, sondern an jeder Grenzfläche zu einer anderen Flüssigkeit oder einem festen Stoff, man spricht deshalb allgemein von der **Grenzflächenspannung**.

Aufgrund der Grenzflächenspannung kann sich beispielsweise ein Wasserläufer auf der Wasseroberfläche bewegen (▶ B 302.3).

Auf die Grenzflächenspannung ist es zurückzuführen, daß ein Trinkglas ein wenig über den Rand gefüllt und eine enghalsige, mit Öl gefüllte Flasche (▶ V 303.1) in ein mit Wasser gefülltes Glas gestellt werden kann, ohne daß das Öl ausfließt, obwohl es eine kleinere Dichte als das Wasser hat. Setzt man dem Wasser dagegen Seife zu, fließt das überstehende Wasser aus dem Trinkglas ab, und das Öl aus der enghalsigen Flasche steigt an die Wasseroberfläche (▶ B 303.1, rechts). Seife setzt die Grenzflächenspannung des Wassers herab.

Stoffe, die die Grenzflächenspannung vermindern, nennt man Tenside. Seife ist ein Tensid.

Da manche Fasern von Natur aus (▶ B 302.1) oder durch den anhaftenden Schmutz hydrophob sind, ist zwar Wasser wegen der Grenzflächenspannung nicht in der Lage, die Fasern zu benetzen, wohl aber Seifenlauge. Zum Verständnis der Tensidwirkung der Seife muß man den Aufbau der Seifenanionen näher betrachten, die Kationen tragen zur Tensidwirkung nicht bei.

Bau des Seifenanions und Tensidwirkung. Ein Fettsäureanion, das *Seifenanion*, besteht aus dem *hydrophoben Kohlenwasserstoffrest* und der *hydrophilen* $-COO^-$-Gruppe (▶ B 303.3). Wird Seife zu Wasser gegeben, ordnen sich die Seifenanionen an der Wasseroberfläche so an, daß jedes Anion mit seinem hydrophilen Ende in das Wasser eintaucht und mit seinem hydrophoben Rest in die Luft ragt. Die Seifenanionen reichern sich an der Grenzfläche an.

Seifenanionen reichern sich an Grenzflächen zwischen hydrophilen und hydrophoben Stoffen an.

B 302.1 Wassertropfen auf hydrophobem Gewebe

B 302.2 Kohäsionskräfte zwischen den Teilchen einer Flüssigkeit

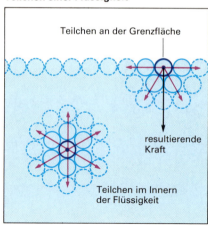

B 302.3 Wasserläufer. Er nutzt die hohe Grenzflächenspannung des Wassers

Seife und Waschwirkung

B 303.1 Seifenanionen verringern die Grenzflächenspannung zwischen Öl und Wasser

B 303.2 Grenzflächenanreicherung von Seifenanionen

V 303.1 Färbe etwas Öl mit Sudanrot an und fülle damit eine enghalsige Flasche. Stelle die Flasche in einen mit Wasser gefüllten Glaszylinder. Lasse Spülmittel über dem Öl ins Wasser fließen.

V 303.2 Fülle ein Becherglas halb mit Wasser und bestreue die Wasseroberfläche mit Schwefelblüte. Tauche in die Mitte der Oberfläche die Kante eines Seifenstückes ein.

A 303.1 Gießt man geschmolzene Stearinsäure auf warmes Wasser und läßt erkalten, so entsteht eine Stearinsäureplatte, die auf der Unterseite benetzbar ist, auf deren Oberseite aber das Wasser abperlt.
Deute diese Beobachtungen.

A 303.2 Weshalb hat Wasser eine größere Oberflächenspannung als z. B. n-Hexan?

A 303.3 Auch in Öl können sich bei Zugabe von Seife Micellen bilden. Zeichne den schematischen Aufbau einer solchen Micelle. Welcher entscheidende Unterschied besteht im Aufbau einer Micelle in Öl und in Wasser?

Ausbreitung und Anreicherung der Seifenanionen lassen sich sehr schön daran zeigen, daß Schwefelpulver auf einer Wasseroberfläche beim Eintauchen eines Seifenstücks weggeschoben wird (▶ V 303.2, ▶ B 303.2).
Ist die Wasseroberfläche besetzt, werden weitere Seifenanionen in das Innere gedrängt, wo sie sich zu Teilchenverbänden, den *Micellen,* zusammenschließen (▶ B 303.4). In den Micellen weisen die hydrophilen $-COO^-$-Gruppen nach außen, so daß die Micelle insgesamt hydrophil erscheint. Micellen sind gleichgeladen und bleiben infolge der gegenseitigen Abstoßung in der Schwebe.

Ein Teil der bei V 303.1 zugegebenen Seifenanionen sammeln sich an der Grenzfläche zwischen dem Öl in der Flasche und dem umgebenden Wasser. Die hydrophoben Kohlenwasserstoffreste der Anionen dringen in das hydrophobe Fett ein. Dadurch verringert sich die Grenzflächenspannung zwischen Fett und Wasser so sehr, daß das Öl mit seiner geringeren Dichte ungehindert nach oben steigen kann.

B 303.3 Bau von Seifenanionen. Sie bestehen aus einem hydrophilen und einem hydrophoben Teil

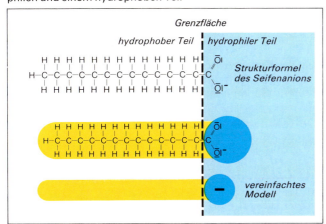

B 303.4 Schemabild der Grenzflächenanreicherung von Seifenanionen und der Bildung einer Micelle

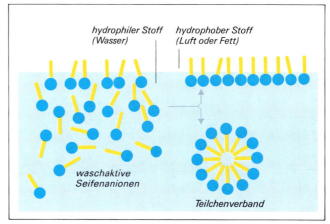

Seife und Waschwirkung

B 304.1 **Ölige Faser in Seifenlösung**. Der fette Schmutz wird abgelöst und emulgiert

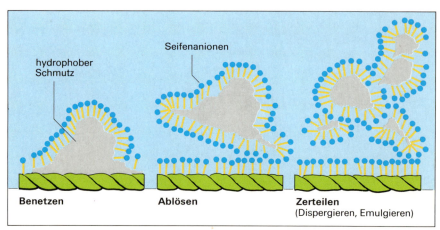

B 304.2 **Schematische Darstellung der Wirkung von Seifenanionen** beim Waschprozeß

V 304.1 Gib im Reagenzglas zu Wasser bzw. Seifenlösung jeweils etwas Öl und schüttle kräftig. Vergleiche die Emulsionen.

V 304.2 Schüttle Holzkohlepulver mit Leitungswasser bzw. Seifenlösung. Vergleiche die Suspensionen nach einigen Minuten. Filtriere die Suspensionen und vergleiche die Filtrate.

A 304.1 Erläutere mit eigenen Worten die emulgierende und dispergierende Wirkung einer Seifenlösung.

B 304.3 **Ablagerung von Kalkseife** (rechts) durch Waschen in hartem Wasser

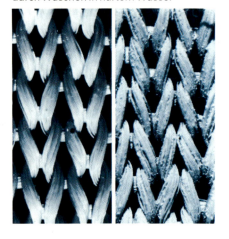

Waschwirkung einer Seifenlösung. Die Seifenanionen verteilen sich sowohl auf einer hydrophoben Faser als auch auf fettigem Schmutz so, daß das hydrophile Ende jedes Anions im Wasser bleibt, während der hydrophobe Akylrest in das Fett eindringt oder sich an der Faser anlagert. Die Anionen bilden eine Art von Klammer zwischen dem Wasser und dem hydrophoben Schmutz oder der hydrophoben Faser. Die Grenzflächenspannung wird dadurch herabgesetzt, Faser und Schmutz können *benetzt* werden.
Da sowohl die fettige Schmutz- wie auch die Faseroberfläche durch die Seifenanionen negativ geladen sind, ermöglicht die *gegeneitige Abstoßung* die *Ablösung des Schmutzes*. Die Seifenanionen umgeben außen die Schmutzteilchen von allen Seiten und *zerteilen (dispergieren)* sie. Die feinen Tröpfchen (▶ V 304.1), in die fettiger Schmutz zerlegt wird, können sich wegen ihrer gleichgeladenen Anionenhüllen nicht mehr zusammenballen, dadurch schweben sie in der Seifenlösung, es liegt eine Emulsion vor. Seifenlösung kann auch im Gegensatz zu Wasser Feststoffe wie Ruß- oder Holzkohlepulver benetzen und in feinverteiltem (dispergierten) Zustand *in der Lösung halten* (▶ V 304.2). Das Filtrat einer solchen Lösung ist deshalb dunkel gefärbt. Die Schmutzteilchen werden mit der Waschlösung fortgespült.

Seifenanionen bewirken, daß Stoffe benetzt, Schmutz abgelöst und zerteilt (dispergiert) und Fette emulgiert werden.

Die Waschwirkung einer Seifenlösung wird durch Temperaturerhöhung oder mechanische Bearbeitung, z. B. Reiben oder Bewegen der Wäsche, unterstützt. Die in der alkalischen Seifenlauge vorliegenden Hydroxidionen verstärken die Reinigungswirkung, da die Fasern auch Hydroxidionen anlagern können, die eine Schmutzablösung wie die Seifenanionen ermöglichen und die Wiederablagerung von Schmutz verhindern.

Beim Waschen von *Wolle* wirkt sich das Vorliegen einer alkalischen Lösung nachteilig aus, die Wolle *verfilzt*. Auch die Bildung von *Kalkseife* ist ein Nachteil, da die Kalkseife zu *Verkrustungen* auf dem Gewebe führt (▶ B 304.3) und die Wäsche grau und hart macht. Die Verwendung von hartem Wasser führt auch zu einem hohen Seifenverbrauch (↗ Kap. 18.4).

23.7 Zusammensetzung moderner Waschmittel

Nachdem die Wirkungsweise der Seife beim Waschvorgang erkannt worden war, begann die Suche nach Tensiden, die zwar die waschaktiven Eigenschaften, nicht aber die Nachteile der Seifen aufweisen.
Alle Waschmittel enthalten heute *seifenfreie waschaktive Substanzen,* die Produktion dieser Tenside übertrifft die Seifenproduktion.

Tenside. Die Fettsäureanionen sind durch *Alkylsulfate* und *Alkylbenzolsulfonate* (▶ B 305.1) ersetzt worden, deren Anionen enthalten eine hydrophobe Kohlenwasserstoffgruppe und eine Sulfatgruppe $-O-SO_3^-$ oder Sulfonatgruppen $-SO_3^-$ anstelle der Carboxylatgruppe. Wäßrige Lösungen dieser Tenside sind neutral, sie schädigen deshalb nicht das Gewebe wie die alkalischen Seifenlösungen, außerdem bilden diese Tenside keine schwerlöslichen Calciumsalze. Allerdings hatten die zunächst verwendeten Anionentenside den Nachteil, daß sie durch die Kleinstlebewesen der Gewässer kaum abgebaut werden. Schaumberge bedeckten daher weite Flächen unserer Gewässer, bis das *Detergentiengesetz* (Detergentien sind Tenside) ab 1964 nur noch Tenside zuließ, die zu wenigstens 80% biologisch abbaubar sind. Erreicht wurde dies dadurch, daß die verzweigten Kohlenwasserstoffketten der Tenside durch unverzweigte ersetzt wurden. **Nichtionogene Tenside** haben in alkalischer, saurer oder salziger (Meerwasser) Lösung eine ausgezeichnete Reinigungswirkung, diese Tenside bestehen aus langkettigen Molekülen, die mehrere C-O-C-Gruppen enthalten, zwischen den Sauerstoffatomen und den Wassermolekülen können sich Wasserstoffbrücken bilden.

Waschmittel. Der Anteil der Tenside beträgt bei Waschmitteln nur 10 bis 15%, bis zu 40% beträgt der Anteil an *Wasserenthärtern.* Beim Erhitzen von hartem Wasser bildet sich ein feiner kristalliner Niederschlag von Calcium- oder Magnesiumcarbonat, der durch seine Scheuerwirkung Gewebe schädigt. Diese Wasserenthärter, das sind *Pentanatriumtriphosphat* und *Natriumpolyphosphate,* bilden mit den Metallionen wasserlösliche Verbindungen. Trotz ihrer hervorragenden Eigenschaften als Enthärter haben die *Phosphate* einen gewichtigen Nachteil, sie tragen zur *Eutrophierung der Gewässer* bei. Phosphate werden heute zum Teil durch *Natrium-aluminium-silicate* ersetzt. Ganz ohne Phosphate kommen Waschmittel nicht aus, die bisher gefundenen Ersatzstoffe haben teils waschtechnisch, teils toxikologisch und ökologisch unbefriedigende Eigenschaften. Durch Ausfällen der Phosphate in Kläranlagen kann dieses Problem angegangen werden. Bisher verfügen aber nur wenige Kläranlagen über eine chemische Reinigungsstufe.
Farbstoffflecke von Obst und Gemüse werden durch Tenside kaum entfernt. Waschmittel enthalten deshalb Bleichmittel, das sind Oxidationsmittel, die mit den chemischen Verbindungen der Farbflecke reagieren.
Blut- und Eiweißflecke werden durch *Enzymzusätze* entfernt, die die Spaltung der Verbindungen dieser Flecke katalysieren.
Optische Aufheller oder *Weißmacher* sind Farbstoffe, die auf Fasern haften und die Fähigkeit haben, das unsichtbare ultraviolette Licht in sichtbares Licht umzuwandeln und so einen zusätzlichen Weißeffekt (▶ B 305.2) zu liefern. Zum Schutz der Metallteile der Waschmaschinen fügt man den Waschmitteln noch *Korrosionsschutzmittel* zu, außerdem enthalten Waschmittel noch geringe Anteile an *Schaumregulatoren, Farb- und Duftstoffen.*
Die verschiedenen Bestandteile des Waschmittels haften auf kleinen Körnchen von Natriumchlorid oder Natriumsulfat, den *Rieselsalzen* oder *Stellmitteln,* diese verhindern ein Verklumpen des Waschpulvers und verbessern damit die Dosierbarkeit und rasche Löslichkeit des Waschmittels.

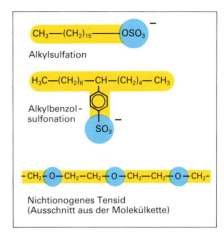

B 305.1 Anionische und Nichtionische Tenside
B 305.2 Gewebe mit optischem Aufheller im ultravioletten Licht

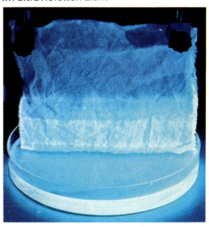

B 305.3 Zusammensetzung von Vollwaschmitteln

Bestandteile	Anteil (%)
Tenside	10–15
Enthärtungsmittel	30–40
Bleichmittel	20–30
optische Aufheller	0,1–0,3
Enzyme	0,5–0,8
Korrosionsschutzmittel	3–6
Schaumregulatoren	0,2–3,0
Farb- und Duftstoffe	0,1–0,2
Rieselsalz (Stellmittel)	5–15

23.8 Überprüfung und Vertiefung

B 306.1 Zu Aufgabe 2

B 306.2 Zu Aufgabe 7

B 306.3 Zu Aufgabe 8

1 Erläutere am Beispiel von Ethanol, Ethanal, Ethansäure und Ethansäureethylester den Einfluß der funktionellen Gruppen auf die Siedetemperaturen und die Löslichkeit.

2 Erläutere, was bei der Zugabe von Wasser zu brennendem Fett (▶ B 306.1) passieren kann. Wie löscht man im Haushalt brennendes Fett?

3 Welche wichtigen biologischen Funktionen haben Fette?
Warum führt auch der übermäßige Genuß von Teigwaren zu einem überhöhten Fettansatz, obwohl Teigwaren selbst nur einen geringen Fettanteil (▶ B 306.4) aufweisen?

4 Warum verdirbt fettes Öl an der Luft schneller als hartes Fett?

5 Stelle mit Hilfe von ▶ B 306.4 Tagesrationen zusammen, deren Energiegehalt etwa 12000 kJ (dies entspricht dem täglichen Bedarf eines Menschen von 70 kg Körpermasse bei mittelschwerer Arbeit) beträgt.

6 In destilliertem Wasser bildet auslaufendes Öl kugelförmige Tropfen. In einer Seifenlösung fließt das Öl kontinuierlich aus. Worauf beruht dieser Unterschied?

7 Schüttelt man ein Gemisch aus Wasser und angefärbtem Öl und läßt stehen, trennt sich das Gemisch sehr schnell, und es bilden sich zwei Schichten. Dagegen bildet eine Seifenlösung mit Öl eine über längere Zeit haltbare Emulsion (▶ B 306.2). Deute den Sachverhalt.

8 Filtriert man eine Suspension von Ruß in Wasser, so erhält man ein klares Filtrat. Gibt man jedoch Seifenlösung zu, so ist das Filtrat stark getrübt (▶ B 306.3). Auf welchen Eigenschaften der Seifenlösung beruht dieser Unterschied?

9 Auf Helgoland ist Trinkwasser knapp, Meerwasser aber steht unbegrenzt zur Verfügung. Die Häuser dort haben deshalb eine Brauchwasser- und eine Trinkwasserleitung. Warum ist Meerwasser zum Waschen mit Seife ungeeignet?

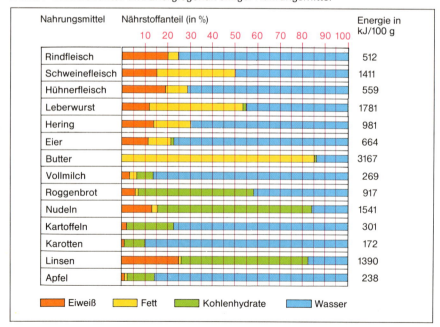

B 306.4 Nährstoffanteil und Energiegehalt einiger Nahrungsmittel

Nahrungsmittel	Nährstoffanteil (in %)	Energie in kJ/100 g
Rindfleisch		512
Schweinefleisch		1411
Hühnerfleisch		559
Leberwurst		1781
Hering		981
Eier		664
Butter		3167
Vollmilch		269
Roggenbrot		917
Nudeln		1541
Kartoffeln		301
Karotten		172
Linsen		1390
Apfel		238

■ Eiweiß   ■ Fett   ■ Kohlenhydrate   ■ Wasser

Anhang

Hinweise zur Vermeidung von Unfällen beim Experimentieren

Experimentieren macht Freude. Schwere Verletzungen und Unfälle können diese Freude trüben und sogar zu dauerhaften Gesundheitsschäden führen.
Ein Unfall ist kein schicksalhaftes Geschehen, er läßt sich durch Beachtung von Regeln beim Experimentieren vermeiden. Sorgfältiges Experimentieren führt auch zu besseren Ergebnissen.

Vor der Versuchsdurchführung. Versuchsanleitung sorgfältig lesen oder Durchführung genau besprechen. Schutzbrille bei allen Versuchen von Anfang bis Ende tragen.
Notwendige Geräte und Chemikalien vor der Durchführung auf dem Arbeitsplatz bereitstellen. Geräte auf Sauberkeit und einwandfreie Beschaffenheit überprüfen. Brenner, Geräte, Chemikalien in die Mitte des Labortisches stellen. Glasgeräte vor dem Herunterrollen sichern.
Längere Haare mit einem Band zusammenfassen.
Versuchsvorschrift einhalten, damit das Experiment gelingt und gefahrlos abläuft.

Vermeiden von Fehlern beim Aufbau der Apparatur und der Versuchsdurchführung. Glasrohre (ohne scharfe Kanten) und Thermometer werden unter vorsichtigem Drehen in die Bohrung des Stopfens eingeführt. Die Gleitfähigkeit zwischen Gummi und Glas kann durch etwas Glycerin verbessert werden.
Beim Erhitzen von Flüssigkeiten kann es leicht zum plötzlichen Herausspritzen kommen (Siedeverzug). Das Reagenzglas wird deshalb höchstens bis zur Hälfte gefüllt und beim Erwärmen vorsichtig geschüttelt. Öffnung des Reagenzglases niemals auf eine Person richten! Größere Flüssigkeitsportionen werden unter Verwendung von Siedesteinchen erhitzt.

Umgang mit Chemikalien. Sparsamster Gebrauch von Chemikalien vermindert Kosten, Gefahren und Umweltbelastungen.
Zur Entnahme von Chemikalien werden die Flaschen mit dem Schild zur Hand genommen und geöffnet, die Flaschenöffnung wird vom Gesicht weggehalten, der Stopfen umgekehrt auf den Tisch gelegt. Nach der Entnahme wird die Flasche sofort verschlossen.
Einmal entnommene Chemikalien werden nie in die Vorratsflasche zurückgegeben.
Geschmacksproben werden mit Chemikalien grundsätzlich nicht vorgenommen. Geruchsproben führt man unter sorgfältigem Zufächeln durch.

Nach der Versuchsdurchführung. Feste Gegenstände wie Filterpapier und Glassplitter werden in den Abfalleimer gegeben und nicht in den Ausguß.
Alle Chemikalienreste werden in Abfallgefäße gegeben, die vom Lehrer dafür bereitgestellt werden.
Gebrauchte Gefäße werden sorgfältig gespült, getrocknet und weggeräumt. Enge Gefäße, die sich nicht abtrocknen lassen, werden mit destilliertem Wasser gegen Kalkflecken nachgespült.
Nach Abräumen der Geräte und Chemikalien wird der Labortisch abgewischt und geprüft, ob Gas- und Wasserhähne geschlossen sind.

Kennzeichnung von Chemikalien. Chemikalien dürfen niemals in Behältern für Lebensmittel aufbewahrt werden. Um Verwechslungen zu vermeiden, müssen alle Chemikalienbehälter eindeutig und dauerhaft beschriftet sein. Chemikalienbehälter mit gefährlichem Inhalt sind durch leicht verständliche und international gebräuchliche Warnsymbole gekennzeichnet.

Richtiges Experimentieren verhindert Verletzungen!

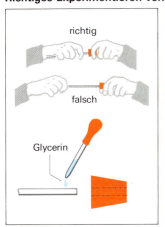

Internationale Warnsymbole kennzeichnen gefährliche Stoffe!

Anhang

Zeichnerische Darstellung von Versuchsaufbauten

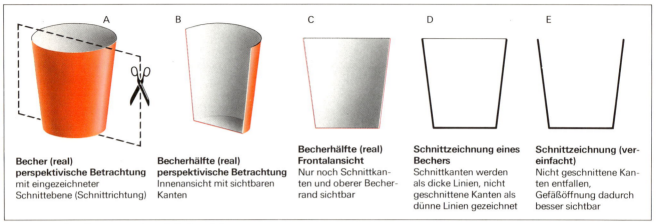

B 1 Vom realen Gegenstand zur Schnittzeichnung

A — Becher (real) perspektivische Betrachtung mit eingezeichneter Schnittebene (Schnittrichtung)

B — Becherhälfte (real) perspektivische Betrachtung Innenansicht mit sichtbaren Kanten

C — Becherhälfte (real) Frontalansicht Nur noch Schnittkanten und oberer Becherrand sichtbar

D — Schnittzeichnung eines Bechers Schnittkanten werden als dicke Linien, nicht geschnittene Kanten als dünne Linien gezeichnet

E — Schnittzeichnung (vereinfacht) Nicht geschnittene Kanten entfallen, Gefäßöffnung dadurch besser sichtbar

Chemische Experimente werden mit speziellen **Laborgeräten** durchgeführt. Werden *mehrere* solcher Geräte zu einer **Versuchsapparatur** zusammengebaut, kann eine *Skizze* den Aufbau und die Funktion der Apparatur verdeutlichen und eine Hilfe bei der Beschreibung und Auswertung des Experiments sein. Im folgenden wird gezeigt, wie man Geräte und Apparaturen *zweckmäßig zeichnerisch darstellen* kann.

Die Schnittdarstellung (▶ B 1). Schneidet man einen Becher aus Pappe der Länge nach in der Mitte durch (A) und betrachtet die Innenseite einer Hälfte, erkennt man die Schnittkanten und Halbbögen der Becheröffnung und des Bodens (B). Bei *frontaler* Betrachtung (C) sieht man nur noch Schnittkanten und Becherrand (als gerade Linie). Diese Ansicht eignet sich gut für zeichnerische Zwecke: das Bild ist einfach und enthält alles Wesentliche. Schnittlinien werden dick, die übrigen sichtbaren Kanten dünn gezeichnet (D). Oft läßt man auch noch die dünnen Linien weg (E). Man erhält eine **einfache Schnittdarstellung**.

Zeichnung von Apparaturen. ▶ B 2 zeigt eine Destillationsapparatur als *Foto*, ▶ B 3 als *einfache Schnittdarstellung*. In der *Zeichnung* ist die Apparatur *nicht mit allen Einzelteilen* wiedergegeben. Das Stativmaterial fehlt ganz, da es nur zur Befestigung dient; die Zeichnung gewinnt dadurch an Übersichtlichkeit. Dagegen müssen die *entscheidenden Geräte* deutlich gezeichnet und benannt sowie ihre Verbindung untereinander dargestellt sein.

Bei manchen Geräten ist jedoch eine *exakte* Schnittdarstellung unnötig (z.B. Brenner) oder unzweckmäßig (z.B. Mineralfasernetz, Thermometer, Dreifuß). Man stellt sie ebenfalls frontal betrachtet, aber in einer vereinfachten oder symbolhaften Form dar.

B 2 Foto einer Destillationsapparatur

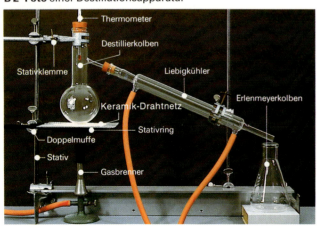

B 3 Schnittzeichnung einer Destillationsapparatur

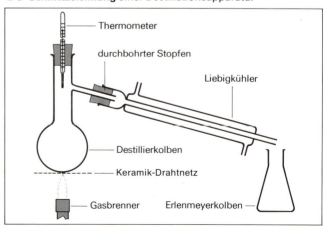

Laborgeräte

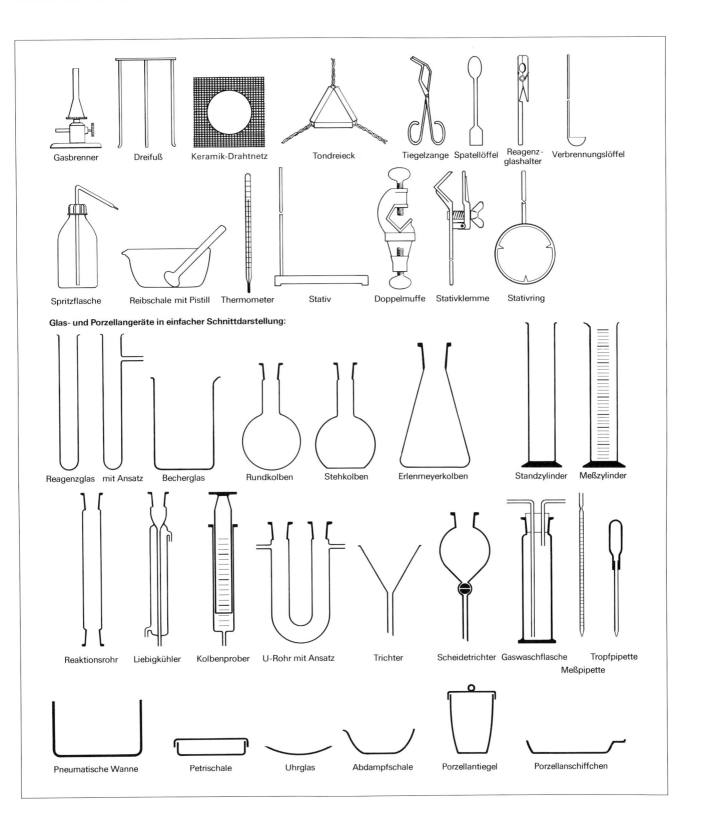

Anhang

Tabellen

Vorsätze zur Bezeichnung von dezimalen Vielfachen und Teilen von Einheiten

Zeichen	Name	Faktor, mit dem die Einheit multipliziert wird
p	Piko	10^{-12}
n	Nano	10^{-9}
µ	Mikro	10^{-6}
m	Milli	10^{-3}
c	Zenti	10^{-2}
d	Dezi	10^{-1}
da	Deka	10
h	Hekto	10^{2}
k	Kilo	10^{3}
M	Mega	10^{6}

Griechische Zahlwörter* und Buchstaben

½ hemi	10 deca	A	a	Alpha
1 mono	11 undeca	B	β	Beta
2 di	12 dodeca	Γ	γ	Gamma
3 tri	13 trideca	Δ	δ	Delta
4 tetra	14 tetradeca	Θ	ϑ	Theta
5 penta	15 pentadeca	M	μ	My
6 hexa	16 hexadeca	P	ρ	Rho
7 hepta	17 heptadeca	Σ	σ	Sigma
8 octa	18 octadeca	Φ	φ	Phi
9 nona	19 enneadeca			
10 deca	20 eicosa			

*Schreibweise entsprechend chemischer Nomenklatur

Größen und Einheiten

Größe				Einheit(en)	
Name	Zeichen	Beziehung	Erläuterungen	Name	Zeichen
Masse	m			Gramm Kilogramm	g kg
Volumen	V		Produkt aus drei Längen	Kubik[zenti]meter Liter Milliliter	$[c]m^3$ $1\,l = 1\,dm^3$ $1\,ml = 1\,cm^3$
Anzahl	N			Eins	1
Stoffmenge	n	$n = \dfrac{N}{N_A}$	$N_A = 6{,}022 \cdot 10^{23}/mol$ (Avogadro-Konstante)	Mol	mol
Dichte	ρ	$\rho = \dfrac{m}{V}$	m: Masse der Stoffportion V: Volumen der Stoffportion		g/cm^3 $1\,g/l = 0{,}001\,g/cm^3$
molare Masse	M	$M = \dfrac{m}{n}$	m: Masse der Reinstoffportion n: Stoffmenge der Reinstoffportion		g/mol
molares Volumen	V_m	$V_m = \dfrac{V}{n}$	V: Volumen der Reinstoffportion n: Stoffmenge der Reinstoffportion		l/mol
Stoffmengenkonzentration	c	$c = \dfrac{n}{V}$	n: Stoffmenge einer Teilchenart V: Volumen der Mischung		mol/l
Massenanteil	w	$w_1 = \dfrac{m_1}{m_s}$	m_1: Masse des Bestandteils 1 m_s: Summe aller Massen	Prozent	1 $1\,\% = \dfrac{1}{100}$
Volumenanteil	φ	$\varphi_1 = \dfrac{V_1}{V_s}$	V_1: Volumen des Bestandteils 1 V_s: Summe aller Volumina vor dem Mischen	Prozent	1 $1\,\% = \dfrac{1}{100}$
Kraft	F	$F = m \cdot a$	a: Beschleunigung	Newton	$1\,N = 1\,\dfrac{kg \cdot m}{s^2}$
Druck	p	$p = \dfrac{F}{A}$	A: Flächeninhalt	Pascal Bar Millibar	$1\,Pa = 1\,\dfrac{N}{m^2}$ $1\,bar = 10^5\,Pa$ mbar
Energie	E	$W = F \cdot s$	Energie ist Fähigkeit zur Arbeit W s: Weglänge	Joule Kilojoule	$1\,J = 1\,N \cdot m$ kJ
Celsiustemperatur	t, ϑ			Grad Celsius	°C
thermodynamische Temperatur	T	$T = t + 273{,}15\,K$		Kelvin	K
elektrische Ladung	Q			Coulomb	C
elektrische Stromstärke	I	$I = \dfrac{Q}{t}$	Q: Ladung t: Zeit	Ampere	$1\,A = 1\,\dfrac{C}{s}$

Chemische Elemente

Die Elemente mit den Ordnungszahlen 60 bis 71 und 93 bis 105 sind nicht aufgeführt.
Eine Zusammenstellung aller Elemente befindet sich im Periodensystem am Ende des Buches.

Elementname	Zeichen	Ordnungszahl	Atommasse in u	Dichte[1]) in g/cm^3 (Gase: g/l)	Schmelztemperatur in °C	Siedetemperatur in °C	Elementname	Zeichen	Ordnungszahl	Atommasse in u	Dichte[1]) in g/cm^3 (Gase: g/l)	Schmelztemperatur in °C	Siedetemperatur in °C
Actinium	Ac	89	227,0278	10,1	1050	3200	Neon	Ne	10	20,179	0,84	−249	−246
Aluminium	Al	13	26,9815	2,70	660	2467	Nickel	Ni	28	58,6934	8,90	1455	2730
Antimon	Sb	51	121,757	6,68	630	1750	Niob	Nb	41	92,9064	8,57	2468	4742
Argon	Ar	18	39,948	1,66	−189	−186	Osmium	Os	76	190,23	22,5	2700	5300
Arsen	As	33	74,9216	5,72	613 s	817 p	Palladium	Pd	46	106,4	12,0	1554	2970
Astat	At	85	210	−	302	337	Phosphor	P	15	30,9738	1,82[3])	44[3])	280
Barium	Ba	56	137,33	3,51	725	1640	Platin	Pt	78	195,09	21,4	1772	3827
Beryllium	Be	4	9,0122	1,85	1278	2970	Polonium	Po	84	209	9,4	254	962
Bismut	Bi	83	208,9804	9,8	271	1560	Praseodym	Pr	59	140,9077	6,77	931	3512
Blei	Pb	82	207,2	11,4	327	1740	Protactinium	Pa	91	231,03588	15,4	−	−
Bor	B	5	10,811	2,34	2300	2550 s	Quecksilber	Hg	80	200,59	13,546	−39	356,6
Brom	Br	35	79,904	3,12	−7	59	Radium	Ra	88	226,0254	5	700	1140
Cadmium	Cd	48	112,41	8,65	321	765	Radon	Rn	86	222	9,23	−71	−62
Caesium	Cs	55	132,9054	1,88	28	669	Rhenium	Re	75	186,207	20,5	3180	5627
Calcium	Ca	20	40,078	1,54	839	1484	Rhodium	Rh	45	102,9055	12,4	1966	3727
Cer	Ce	58	140,12	6,65	799	3426	Rubidium	Rb	37	85,4678	1,53	39	686
Chlor	Cl	17	35,453	2,95	−101	−35	Ruthenium	Ru	44	101,07	12,3	2310	3900
Chrom	Cr	24	51,9961	7,20	1857	2672	Sauerstoff	O	8	15,9994	1,33	−219	−183
Cobalt	Co	27	58,9332	8,9	1495	2870	Scandium	Sc	21	44,9559	3,0	1541	2831
Eisen	Fe	26	55,847	7,87	1535	2750	Schwefel	S	16	32,066	2,07	119	444
Fluor	F	9	18,9984	1,58	−219	−188	Selen	Se	34	78,96	4,81	217	685
Francium	Fr	87	223	−	27	677	Silber	Ag	47	107,868	10,5	962	2212
Gallium	Ga	31	69,723	5,90	30	2403	Silicium	Si	14	28,0855	2,32	1410	2355
Germanium	Ge	32	72,59	5,32	937	2830	Stickstoff	N	7	14,0067	1,16	−210	−196
Gold	Au	79	196,9665	19,32	1064	3080	Strontium	Sr	38	87,62	2,60	769	1384
Hafnium	Hf	72	178,49	13,3	2227	4602	Tantal	Ta	73	180,9479	16,6	2996	5425
Helium	He	2	4,0026	0,17	−272 p	−269	Technetium	Tc	43	98,9062	11,5	2172	4877
Indium	In	49	114,818	7,30	156	2080	Tellur	Te	52	127,60	6,00	449	990
Iod	I	53	126,9045	4,93	113	184	Thallium	Tl	81	204,37	11,8	303	1457
Iridium	Ir	77	192,22	22,41	2410	4130	Thorium	Th	90	232,0381	11,7	1750	4790
Kalium	K	19	39,0983	0,86	63	760	Titan	Ti	22	47,90	4,51	1660	3287
Kohlenstoff	C	6	12,011	2,25 s[2])	3650 s[2])	4827	Uran	U	92	238,029	19,0	1132	3818
Krypton	Kr	36	83,80	3,48	−157	−152	Vanadium	V	23	50,9415	5,96	1890	3380
Kupfer	Cu	29	63,546	8,96	1083	2567	Wasserstoff	H	1	1,0079	0,083	−259	−253
Lanthan	La	57	138,9055	6,17	921	3457	Wolfram	W	74	183,84	19,3	3410	5660
Lithium	Li	3	6,941	0,53	180	1342	Xenon	Xe	54	131,30	5,49	−112	−107
Magnesium	Mg	12	24,305	1,74	649	1107	Yttrium	Y	39	88,9059	4,47	1522	3338
Mangan	Mn	25	54,938	7,20	1244	1962	Zink	Zn	30	65,39	7,14	419	907
Molybdän	Mo	42	95,94	10,2	2610	5560	Zinn	Sn	50	118,71	7,30	232	2270
Natrium	Na	11	22,9898	0,97	98	883	Zirconium	Zr	40	91,224	6,49	1852	4377

[1]) Dichteangaben für 20 °C und 1013 mbar

[2]) Angaben gelten für Graphit; Diamant: Schmelzt. 3550, Dichte 3,51

[3]) Angaben gelten für weißen Phosphor; Roter Phosphor: Schmelzt. 590 p, Dichte 2,34

s = sublimiert
p = unter Druck
− = Werte nicht bekannt

Anhang

Tabellen

Eigenschaften einiger Gase

Name, Formel	Dichte in g/l [1]	Siedetemp. in °C	Löslichkeit in Wasser [1] [2]	Name, Formel	Dichte in g/l [1]	Siedetemp. in °C	Löslichkeit in Wasser [1] [2]
Wasserstoff (H_2)	0,090	−253	0,022	Kohlenstoffdioxid (CO_2)	1,977	−78,5	1,71
Helium (He)	0,179	−269	0,01	Schwefeldioxid (SO_2)	2,926	−10	79,8
Stickstoff (N_2)	1,250	−196	0,024	Methan (CH_4)	0,717	−161,5	0,056
Sauerstoff (O_2)	1,429	−183	0,05	Ethan (C_2H_6)	1,356	−88,6	0,099
Chlor (Cl_2)	3,214	−34	4,61	Propan (C_3H_8)	2,020	−42,1	0,11
Ammoniak (NH_3)	0,771	−33,4	1175	n-Butan (C_4H_{10})	2,703	−0,5	0,25
Schwefelwasserstoff (H_2S)	1,539	−60	4,7	Ethen (C_2H_4)	1,260	−103,7	0,226
Chlorwasserstoff (HCl)	1,639	−85	525	Ethin (C_2H_2)	1,16	−83,6	1,73

[1] bei 0 °C und 1013 mbar
[2] Quotient aus dem Volumen der (lösbaren) Gasportion und dem Volumen des Wassers (bei 0 °C und 1013 mbar)

Faktoren zur Umrechnung von Gasvolumina auf Normbedingungen

Wasserdampfdruck (temperaturabhängig)

Temp. (°C)	950	955	960	965	970	975	980	985	990	995	1000	1005	1010	1013	1015	1020	1025	1030	Temp. (°C)	Dampfdruck (mbar)
0	0,938	0,942	0,947	0,952	0,957	0,962	0,967	0,972	0,977	0,982	0,987	0,992	0,997	1,000	1,002	1,007	1,012	1,017	0	6
10	0,904	0,909	0,914	0,919	0,923	0,928	0,933	0,938	0,942	0,947	0,952	0,957	0,962	0,964	0,966	0,971	0,976	0,981	10	12
15	0,889	0,893	0,898	0,903	0,907	0,912	0,917	0,922	0,926	0,931	0,936	0,940	0,945	0,948	0,950	0,954	0,959	0,964	15	17
16	0,886	0,890	0,895	0,900	0,904	0,909	0,914	0,918	0,923	0,928	0,932	0,937	0,942	0,944	0,946	0,951	0,956	0,960	16	18
17	0,883	0,887	0,892	0,897	0,901	0,906	0,911	0,915	0,920	0,924	0,929	0,934	0,938	0,941	0,943	0,948	0,952	0,957	17	19
18	0,880	0,884	0,889	0,894	0,898	0,903	0,907	0,912	0,917	0,921	0,926	0,931	0,935	0,938	0,940	0,944	0,949	0,954	18	21
19	0,877	0,881	0,886	0,890	0,895	0,900	0,904	0,909	0,914	0,918	0,923	0,927	0,932	0,935	0,937	0,941	0,946	0,959	19	22
20	0,874	0,878	0,883	0,887	0,892	0,897	0,901	0,906	0,910	0,915	0,920	0,924	0,929	0,932	0,933	0,938	0,943	0,947	20	23
21	0,871	0,875	0,880	0,884	0,889	0,894	0,898	0,903	0,907	0,912	0,916	0,921	0,926	0,928	0,930	0,935	0,939	0,944	21	25
22	0,868	0,872	0,877	0,881	0,886	0,891	0,895	0,900	0,904	0,909	0,913	0,918	0,923	0,925	0,927	0,932	0,936	0,941	22	26
23	0,865	0,869	0,874	0,878	0,883	0,888	0,892	0,897	0,901	0,906	0,910	0,915	0,919	0,922	0,924	0,928	0,933	0,938	23	28
24	0,862	0,866	0,871	0,875	0,880	0,885	0,889	0,894	0,898	0,903	0,907	0,912	0,916	0,919	0,921	0,925	0,930	0,934	24	30
25	0,859	0,863	0,868	0,872	0,877	0,882	0,886	0,891	0,895	0,900	0,904	0,909	0,913	0,916	0,918	0,922	0,927	0,931	25	32
26	0,856	0,861	0,865	0,870	0,874	0,879	0,883	0,888	0,892	0,897	0,901	0,906	0,910	0,913	0,915	0,919	0,924	0,928	26	34
28	0,850	0,855	0,859	0,864	0,868	0,873	0,877	0,882	0,886	0,891	0,895	0,900	0,904	0,907	0,909	0,913	0,918	0,922	28	38
30	0,845	0,849	0,854	0,858	0,862	0,867	0,871	0,876	0,880	0,885	0,889	0,894	0,898	0,901	0,903	0,907	0,911	0,916	30	42
40	0,818	0,822	0,826	0,831	0,835	0,839	0,844	0,848	0,852	0,857	0,861	0,865	0,869	0,872	0,874	0,878	0,882	0,887	40	74
50	0,793	0,797	0,801	0,805	0,809	0,813	0,818	0,822	0,826	0,830	0,834	0,838	0,843	0,845	0,847	0,851	0,855	0,859	50	123
60	0,769	0,773	0,777	0,781	0,785	0,789	0,793	0,797	0,801	0,805	0,809	0,813	0,817	0,820	0,821	0,825	0,829	0,833	60	199
70	0,746	0,750	0,754	0,758	0,762	0,766	0,770	0,774	0,778	0,782	0,786	0,790	0,793	0,796	0,797	0,801	0,806	0,809	70	312
80	0,725	0,729	0,733	0,737	0,740	0,744	0,748	0,752	0,756	0,760	0,763	0,767	0,771	0,773	0,775	0,779	0,782	0,786	80	474
90	0,705	0,709	0,713	0,716	0,720	0,724	0,727	0,731	0,735	0,739	0,742	0,746	0,750	0,752	0,753	0,757	0,761	0,765	90	701
100	0,686	0,690	0,694	0,697	0,701	0,704	0,708	0,712	0,715	0,719	0,722	0,726	0,730	0,732	0,733	0,737	0,740	0,744	100	1013

Beispiel: Bei einer Temperatur von 20 °C und einem Luftdruck von 995 mbar wurde als Volumen V einer Gasportion 96 ml abgelesen. Welches Volumen V_n hätte diese Gasportion bei Normbedingungen (0 °C, 1013 mbar)?
Lösung: $V_n = V \cdot$ Faktor (Tabelle) $= V \cdot 0{,}915 = 87{,}84$ ml (≈ 88 ml)

Hat man das Gas über Wasser aufgefangen, ist vom gemessenen Luftdruck vor Aufsuchen des Faktors der Wasserdampfdruck (rechter Tabellenteil) abzuziehen.

Anhang

Zur Geschichte der Chemie

LAVOISIER, ANTOINE L. (1743–1794)
Französischer Chemiker und wohlhabender Privatgelehrter, der als erster konsequent *quantitative Versuche* durchführte und so zur richtigen *Deutung der Verbrennungsvorgänge* (1777) gelangte. Auf ihn geht der Name des Sauerstoffs und der Begriff der *Oxidation* zurück. LAVOISIER erkannte auch das *Gesetz von der Erhaltung der Masse* (1785), schuf einen sinnvollen *Elementbegriff* und unterteilte die Stoffe in Elemente und Verbindungen.

DALTON, JOHN (1766–1844)
Englischer Schullehrer für Mathematik und Naturwissenschaften; verband die Elementvorstellung von LAVOISIER mit der Atomvorstellung und interpretierte mit seiner *Atomhypothese* Massenverhältnisse in chemischen Verbindungen. Er führte erstmals *Zeichen für die Atome* ein.

AVOGADRO, AMADEO (1776–1856)
Professor für mathematische Physik in Vercelli und Turin; er erkannte 1811 den Zusammenhang zwischen der Dichte und der molaren Masse der Gase *(Satz von Avogadro)*, die Bedeutung dieser Arbeiten wurde jedoch erst ein halbes Jahrhundert später verstanden und gewürdigt.

BERZELIUS, JÖNS J. (1779–1848)
Schwedischer Chemiker; er bestimmte 1818 erstmals genau zahlreiche *Atommassen* und ermöglichte so die präzise Aufstellung chemischer Formeln. Ferner führte er statt der umständlichen Dalton-Symbole die *heute gebräuchlichen Atomsymbole* ein. Auch die Begriffe *Organische Chemie* sowie *Isomerie* und *Katalyse* gehen auf ihn zurück.

FARADAY, MICHAEL (1791–1867)
FARADAY las als Buchbinderlehrling eifrig Bücher, die er einzubinden hatte, und wurde später Professor für Chemie in London. Er entdeckte 1824 das *Benzol* und formulierte 1834 die nach ihm benannten *Gesetze der Elektrolyse*. Bezeichnungen wie *Elektrolyse, Anode, Kathode, Elektrode, Anion, Kation* stammen von ihm.

WÖHLER, FRIEDRICH (1800–1882)
Professor für Chemie in Göttingen, Schüler von BERZELIUS und außer mit diesem auch mit LIEBIG eng befreundet. Er entdeckte 1827 das *Aluminium* und stellte das damals sehr kostbare Element rein dar. Seine wohl bekannteste Leistung war die *Synthese des Harnstoffs* (1828) aus den anorganischen Stoffen Cyansäure und Ammoniak und damit erstmals auch der Beweis, daß ein organischer Stoff auch außerhalb des Körpers von Lebewesen aufgebaut werden kann.

LIEBIG, JUSTUS VON (1803–1873)
Professor für Chemie in Gießen und München und Lehrer vieler Chemiker. Besonders bekannt sind die von ihm entwickelten *Verfahren zur Analyse organischer Verbindungen* sowie seine Arbeiten über Pflanzenernährung, die zur Formulierung des *Gesetzes vom Wachstumsminimum* und zur Einführung der *Mineraldüngung* führten.

KEKULÉ VON STRADONITZ, AUGUST (1829–1896)
Deutscher Chemiker, Schüler von LIEBIG. Er erkannte die *Vierwertigkeit des Kohlenstoffatoms* (1858) und bahnte durch Aufstellen einer *Strukturformel für das Benzolmolekül* (1865) den Weg zum Verständnis von dessen besonderen Bindungsverhältnissen.

MEYER, LOTHAR J. (1830–1895)
Professor für Chemie in Karlsruhe und Tübingen. Er stellte etwa gleichzeitig mit MENDELEJEW, aber unabhängig von diesem, eine *auf den Atommassen basierende Anordnung der Elemente* auf und schuf dadurch mit die Grundlagen unseres heutigen *Periodensystems*.

MENDELEJEW, DIMITRI I. (1834–1907)
Professor für Chemie in Petersburg. Seine herausragende Leistung ist die *Aufstellung des ersten Periodensystems der Elemente* (1869), mit dem er sogar die Existenz und Eigenschaften damals noch unbekannter Elemente (z. B. Gallium, Germanium) treffend vorhersagte.

HABER, FRITZ (1868–1934) und
BOSCH, CARL (1874–1940)
Sie entwickelten gemeinsam ein *großtechnisches Verfahren zur Synthese von Ammoniak* aus dem Stickstoff der Luft und Wasserstoff (aus Wasser). HABER, Professor für Chemie, erarbeitete 1904–1910 die physikalisch-chemischen Grundlagen der Ammoniaksynthese; die technische Umsetzung derselben wurde 1908–1913 maßgeblich von CARL BOSCH, Industriechemiker bei der BASF in Ludwigshafen, verwirklicht. Durch diese Leistung konnten erstmals *Stickstoffdünger* in großen Mengen aus billigen Rohstoffen hergestellt werden; dies war ein wichtiger Beitrag zur Ernährung der ständig wachsenden Weltbevölkerung.

RUTHERFORD, SIR ERNEST (1871–1937)
Professor für Physik in Montreal, Manchester und Cambridge. Erklärte 1903 die *Radioaktivität* durch Atomzerfall; gelangte 1911 durch Streuversuche zu einem *Modell vom Inneren der Atome*, mit (fast masseloser) Elektronenhülle und einem winzigen, positiv geladenen Atomkern, der fast die gesamte Masse beinhaltet. 1919 gelang ihm die erste *künstliche Atomkernumwandlung*. Beide Entdeckungen haben das Bild des Atoms als eines unteilbaren Grundbausteins der Materie zerstört.

Stichwortverzeichnis

A

Abbruchreaktion 238
Abdampfen 23
Abgaskatalysator 258
Abgasreinigung 258
Abgießen 22
Abrösten 172
Absetzenlassen 22
Abwasserreinigung 66
Acetaldehyd 274
Acetation 281
Aceton 275
Acetylen 246
Acetylide 247
Acrolein 296
Acylglycerine 294
Additionsreaktion **243**, 247
Adsorption 67
Adsorptionsmittel 221
Ätzkali 96
Ätznatron 94
Äquivalentteilchen 158
Aggregatzustand **12**, 32
Aktivierungsenergie 39, 73
Aktivkohle 67
Aktivkohlefilter 67
Akzeptor 201
Alaun 17
Alcotest 270
Aldehyde 274, 275
Aldehydgruppe 275
Aldehydnachweise 275
Aldehydzucker 276
Aldosen 276
Alkalimetalle 92, **97**
alkalische Lösung 50, **161**
Alkanale 274
Alkane **232**
– Eigenschaften 234, 235
– homologe Reihe 232
– Nomenklatur 233
– Reaktionen 236, 237
Alkanole 271
Alkanone 274
Alkansäuren 282
Alkene 242
Alkine 246, 247
Alkohol 268
Alkoholismus 270
Alkoholvergiftung 270
Alkoholwirkung 270
Alkylbenzolsulfonate 305
Alkylgruppe 233
Alkylrest 233
Aluminium 19
– Gewinnung 157
Aluminiumacetat 281
Aluminiumgewinnung 157
Aluminiumsilicat 224
Ameisensäure 282

Aminogruppe 286
Aminosäuren 286
– Bauprinzip 286
– essentielle 286
– Trennung und Nachweis 287
Aminosäuresequenz 289
Ammoniak
– Analyse 178
– Bedeutung 180
– Eigenschaften 182
– Formelermittlung 178, 179
– Oxidation 184
– Reaktionen 182, 183
– Synthese 180, 181
Ammoniaklösung 182
Ammoniakmolekül, Struktur 182
Ammoniakwasser 178, **182**
– Bildung als Säure-Base-Reaktion 201
Ammoniumchlorid 183
– Bildung durch Protolyse 201
– Scheinsublimation 183
– Thermolyse 183
Ammoniumhydrogencarbonat 215
Ammoniumion
– Bildung 182
– als Protonendonator 202
– Struktur 182
Ammoniumnitrat 187
Ammoniumsalze 183
amorph **222**, 245
amphotere Teilchen 203
Amylopektin 279
Amylose 279
Anhydrid 192
Anhydrit 176
Anion 133
anionische Tenside 305
Anode 132
Anodenhalbreaktion 156
Anthrazit 263
Anzahlverhältnis der Atome 80
Anzahl und Stoffmenge 87
Apatit 192
Argon 114
Aromaten 249
Asbest 226
Atom 78
– Masse 78, 79
– Zeichen 79
atomare Masseneinheit 79
Atomaufbau 122
Atombau und Periodensystem 128

Atombindung 141
– polare 144
Atomdurchmesser 130
Atomhülle 124
Atomhypothese von Dalton 78
Atommodell von Dalton 78
Atomrumpf 128
Atomverband 80
Atomzerfall 118
Aufheller, optische 305
Aufschlämmung 20
Ausgangsstoff 37
Auspressen 299
Ausschmelzen 26
Außenelektron 128
Autoabgase 258
Avogadro, A. 84, 313

B

Backpulver 215
Bananenbindung 240
Barium 99
Bariumnitrat 187
Bariumsulfat 177
Base 201
Bauxit 157
Becquerel, H. 118
Beilstein, F. 237
Beilsteinprobe 237
Benetzen 304
Benzine **234**, 257
Benzoesäure 285
Benzol 249
Benzolmolekül 249
Beobachtung 13
Bergkristall 220
Bergius, F. 265
Berzelius, J. J. 228, 313
Beton 225
Bienenwachs 293
Bild, latentes 110
Bildentwicklung 10
Bildungswärme 89
– molare 89
– einiger Oxide 90
Bindung
– in Molekülen 140, 141
– zwischen Ionen 134
– polare 144
Bindungsbestreben **47**, 103, 105
Bindungsenergie 140
– und Bindungslänge 150
– einiger Atombindungen 150, 238
Biogas 230
Biologischer Landbau 196
Bittersalz 177

Bitumen 257
Biuretreaktion 288
Blaugel 221
Blei 19
Bleibaum 156
Bleichmittel 305
Bleiglätte 155
Bleiglas 223
Blei(II)-oxid, Reduktion 62, 155
Bleisalzpapier 175
Bleisulfid 175
Bodenkörper 16
Bodenuntersuchung 198
Boraxprobe 272
Bosch, C. 180, 313
Brand, H. 210
Brandbekämpfung 53
Branntkalk 217
Branntwein 270
Brauneisenerz 58
Braunkohle 262
Brausepulver 216
Brennbarkeit 11
Brennerflamme 10
Brennspiritus 270
Brennstoffe 263
Brikett 262
Brillant 210
Brönsted, J. N. 201
– Base 201
– Säure 201
– Säure-Base-Begriff 201, 202
Brom 102
Bromhexane 237
Bromierung
– von Ethen 242
– von Hexan 237
Bromthymolblau 50
Bromtrifluormethan 239
Bromwasserstoff 105
Bromwasserstoffsäure 107
Bronze 61
Bronzezeit 61
Brown, R. 31
1,3-Butadien 243
Butan 232
Butanole 271
Butanon 275
Butansäure 282
Butene 242
Buttersäure 282

C

Cadmiumiodidgitter 138
Caesium 96, 97
Caesiumchloridgitter 137
Calcium 98

Calciumcarbonat 214
Calciumhydroxid 99
Calciumoxalat 285
Calciumsulfat 176
Calcit 214
Carbonate 214, 215
Carbonation 213
Carbonatnachweis 215
Carbonsäure 280, **282**
Carbonylgruppe 274
Carboxylgruppe 280
Cellulosefasern 279
Cellulosemolekül 279
chemische Reaktion 37
– Auslösen 39
– Energie 39
– umkehrbare 183
– ungehemmte 103
– unvollständige 183
– Zünden 39
chemische Zeichen 79
Chilesalpeter 187
Chlor 102
Chloralkane 239
Chlorethan 239
Chloride 103
Chloridnachweis 110
Chlorierung von Methan 236
Chlorknallgas 104
Chlorkohlenwasserstoffe 239
Chlormolekül, Bindung 144
Chloroform 239
Chlorwasserstoff 104
– Löslichkeit in Wasser 107
– Reaktion mit Wasser 107, **160**
– Synthese 105, 106
Chlorwasserstoffmolekül, Bindung 144
– als Protonendonator 200
Chromatograf 250
Chromatografie 26, **250**, 287
Chromatogramm 250
cis-trans-Isomerie 241
Citronensäure 285
Cracken 260
CURIE, M. u. P. 118
Cyclohexan 248
Cyclohexanring 248
Cyclohexen 249

D
DALTON, J. 78, 313
– Atomhypothese 78
– Atommodell 78
– chemische Zeichen 25
Dekantieren 22
Destillat 24
Destillation **24**, 26, 27
– fraktionierte 256
Destillationsanlage 25
– Entsalzung von Meerwasser 24, 25

Destillationsapparatur 24
Destillationsturm 27, 256, **257**
Destillierkolben 24
destilliertes Wasser 24
Detergentien 305
Detergentiengesetz 305
Deuterium 123
Deutung 13
Diacylglycerine 294
Diamant 206
Diamantgitter 206
Dicarbonsäuren 285
Dichlordifluormethan 239
Dichte 15
– eines Gases 86
– von Metallen 19
Dichtebestimmung 15
– von Gasen 86
Diene 243
Dieselöl 234, 256, **257**
Diethylether 273
Dimethylether 273
Diffusion 31
Dihydrogenphosphat 192
Dipeptid 288, 289
Dipolmolekül 144, 145
Disaccharid 278
Dispergieren 304
DÖBEREINER, J. W. 73
Dolomit 214
Donator 201
Doppelbindung 141, 240
– Struktur 143
Dreifachbindung 143, 246
Dreifelderwirtschaft 194
Düngersorten 195
Düngung 193–195
Dünnschichtchromatografie 287
Durchstrahlungsversuche 120
Dynamit 293

E
Edelgase 45, **114**
Edelmetalle 19
Eigenschaften 8, 9
– meßbare 14
– Veränderungen beim Erhitzen 11
Eigenschaftskombination und Stoffklasse 18, 19
Einheiten und Größen 310
Eisen 19
Eisen(II)-carbonat 214
Eisenerze 58
– Reduktion 59
Eisengewinnung **59**, 61
Eisenoxid 46
Eisenspat 214
Eisensulfid 37
Eisenzeit 61
Eisessig 281

Eiweiße 288
– biologische Bedeutung 288
– chemisches Verhalten 288
– Molekülbau 289
– Nachweis 288
elektrische Influenz 116
elektrische Ladung 116
elektrische Leitfähigkeit 117, **132**
– von Lösungen 132
– von Metallen 117
– von Schmelzen 133
„Elektrizitätsatome" 158
Elektrode 132
Elektrolyse 132
– als Redoxreaktion 156
Elektron 117
Elektronegativität 144, 145
Elektronenabspaltung und Ionisierung 124
Elektronenakzeptor als Oxidationsmittel 152
Elektronendonator als Reduktionsmittel 152
Elektronenhülle 121, **124**
Elektronenpaarbindung 140, **141**, 142, 143
Elektronenpaare 140
– bindende 141
– freie 141
– Molekülstruktur 142
Elektronenübergänge, Redoxreaktionen 152–155
Elektronenwolke 140
Elementargruppe 81
Elementarladung
– negative 117
– positive 118
Elementarteilchen 116, **118**
Elemente 38, **123**, 311
– Mischelemente 123
– Reinelemente 123
– System 114, 322
Elementgruppe 114
Emulgator 296, 297
Emulgieren 304
Emulsion **21**, 297
Emission 188
endotherm 39
Energieinhalt 39
Energiestufen- und Schalenmodell 126
Energieträger 262
Enthärtungsmittel 216
Entkalken 215, **282**
Entsalzen von Meerwasser 24, 25
Entschwefelung von Rauchgas 191, 263
Entschwefelungsanlage 191
Entwickeln 110
Enzyme 288
Enzymzusätze 305

Erdalkalimetalle 98, **99**
Erdgas 230, 232, **254**, 261
– Entstehung 254
– Förderung 266
– Lagerstätten 254
– Reserven 266
– Transport 255
– Vorräte 254
Erdöl 27, **254**, 256, 261, 262
– Entstehung 254
– Förderung **254**, 266
– Lagerstätten 254
– Reserven 266
– Transport 254, 255
– Vorräte 254
Erdölraffinerie 27, 255, **257**
Erstarren 12
Erstarrungstemperatur 14
Erweichungsbereich 222
Erze 38, **58**
essentielle Aminosäuren 286
essentielle Fettsäuren 297
Essig 280
Essigherstellung 280
Essigsäure 280
essigsaure Tonerde 281
Ester 292, **293**
Ethan 232
Ethanal 274, 275
Ethandiol 272
Ethandisäure 285
Ethanoat-Ion 281
Ethanol 268, 269
Ethanolmolekül 268
Ethansäure 280
Ethansäuremolekül 280
Ethansäurebutylester 293
Ethansäureethylester 292
Ethen 240, 242, **243**
Ethenmolekül 240
Ether 273
Ethin 246, 247
Ethinmolekül 246
Eutrophierung 197
exotherm 39
Extrahieren 26

F
Faltblattstruktur 289
FARADAY, M. 158, 313
Faradaysche Gesetze 158
Fehlingsche Probe 276
Fensterglas 223
Fettbedarf 297
Fettbildung 294
Fettbrände 297
Fette 294
fette Öle 295
Fettextraktion 299
Fettfleckprobe 297
Fettgewinnung 299
Fetthärtung 298
Fettnachweis 297
Fettsäureglycerinester 294

315

Fettsäuren 282
– essentielle 284, **297**
– gesättigte 284
– ungesättigte 284
Fettspaltung 296
Feuerlöscher 53, 215
Feuerstein 220
Feuerzeug 73
Filterpapier, Falttechnik 22
Filterpressen 27
Filtrat 22
Filtrieren **22,** 26, 27
Fixieren 110
FISCHER, F. 265
Fischer-Tropsch-Synthese 265
Flachglas 223
Flamme 52
Flammenfärbung 97, 99
Flammtemperatur 252
Flammtemperaturbereiche 256
Fleckenpaste 296
Fleckenwasser 296
Flüssiggas 234
Fluor 102
Fluorwasserstoff 105
Flußsäure 107
Formaldehyd 275
Formalin 275
Formiate 282
fotochemische Reaktion 110
Fotografie 110
Fraktionen 256, 257
fraktionierte Destillation 256
Frasch-Verfahren 210
freie Drehbarkeit 241
Frigen 239
Frostschutzmittel 272
Fructose 277
Fructosemoleküle, isomere 277
Fructosenachweis 277
Fruchttester 293
Fruchtzucker 277
Fuchsinschweflige Säure 275
funktionelle Gruppe 269

G

Gärung, alkoholische 270
Galmei 214
Gangart 58
Gasbrenner 10
Gaschromatograf 250
Gaschromatografie 250
Gaschromatogramm 250
Gaswägekugel 86
Gase, Eigenschaften 312
– Volumenumrechnung 312
GAY-LUSSAC, J. L. 83
– Volumen-Gesetz 83
gebrannter Kalk 217
gelöschter Kalk 217
Gefriertrocknen 28
Gegenstand 8

GEIGER, H. 121
Geiger-Müller-Zählrohr 119
Gemisch siehe Stoffgemisch
Geruchsprobe 9
Gesamthärte 217
Geschacksprobe 9
Gesetz von der Erhaltung der Masse 76
– von den konstanten Massenverhältnissen 77
– von den konstanten Volumenverhältnissen 83
Gichtgas 58
GILLESPIE, A. B. 142
Gips 176
Gipsabguß 176
Gipsbruch 177
Gipskristalle 176
Gitterenergie 135, 138
– und Hydratationsenergie 148, 149
Gittermodell 135
– Cadmiumiodid 138
– Caesiumchlorid 137
– Diamant 206
– Graphit 206
– Natriumchlorid 134
– Zinksulfid 138
Gitterstruktur und Ionenradien 138
Glas 222, 223
Glasfiber 223
Glasgewebe 223
Glaskeramik 224
Glassorten 223
Glasur 224
Glaswolle 223
Glaubersalz 177
Glimmerschiefer 220
Glimmspanprobe 44
Glockenböden 256
Glucose 276
Glucosemoleküle, isomere 276
Glucosenachweis 276
glühelektrischer Effekt 117
Glühen 39, 40
Glycerin 272
Glycin 286
Glykol 272
Gneis 220
Gold 19
Goldwaschen 28
Grad deutscher Härte 217
Granit 20, **220**
Graphit 206
Graphitgitter 206
Grenzflächenspannung 302
griechische Zahlwörter und Buchstaben 310
Größen und Einheiten 310
Grubengas 230
Grünspan 281
Grundstoffe 38
Grundwasser 67
Grundzustand 124

Gruppen im Periodensystem 114
Gußeisen 60

H

HABER, F. 180, 313
Haber-Bosch-Verfahren 180, 181
Hämatit 58
Hämoglobin 289
Härtegrade 217
Halbfertigprodukt 171
Halbstrukturformel 233
Halbwertszeit 118
Halogenalkane 239
Halogene 102
– Bindungsbestreben zu Wasserstoff 105
Halogenide 103
– Nachweis 110
Halogenmoleküle, Bindung 141
Halogenwasserstoffe 105
Halon 239
Halothan 239
Harnstoff-Synthese 228
hartes Wasser 216
Hauptgruppen 115
Heißwind 58
Heizöl 234, **257**
Helium 45, **114**
Helix 289
Herauslösen 28
heterogen 21
Hexadecansäure 283
Hexan, Bromierung 237
Hirschhornsalz 215
Hochofen 58, 59
Hochofenabstich 59
homogen 21
homologe Reihe 232
Hormone 288
Hüttenwerk 58
Hydratation 148
Hydratationsenergie und Gitterenergie 148, 149
Hydrathülle 148
Hydrate 149
Hydratwasser 149
Hydrieren 284, 298
Hydrogencarbonate 214, 215
Hydrogencarbonation 213
Hydrogenphosphat 192
Hydrogensulfate 175
Hydrogensulfation 174
Hydrogensulfidion 175
Hydrogensulfition 170
Hydrolyse **296,** 300
hydrophil 235
hydrophob 235
Hydroxidion 157, 161
– als Protonenakzeptor 202
Hydroxycarbonsäuren 285
Hydroxylgruppe 269
hygroskopisch 94

I

Immission 188
Indikator 50
Indikatorpapier 50
Industriediamant 210
Inkohlung 262
Insektizide 252
Insulin 289
Iod 102
Iod-Stärke-Reaktion 279
Iodtinktur 102
Iodwasserstoff 105
Iodwasserstoffsäure 107
Iodzahl 295
Ionen 102
Ionengitter 135
Ionenladung 136
Ionenradien 136, 137, 138
Ionenverbindungen 133
– Formeln 136
Ionenwanderung 133
Ionisierung 124
Ionisierungsenergie **124, 125,** 126
Isomerie 232
– bei Alkanolen 271
– cis-trans 241
– Konformation 241, 248
Isotope 122

J

Jenaer Glas 223

K

Kalilauge 96
Kalium 96
Kaliumhydrogenoxalat 285
Kaliumhydrogensulfat 177
Kaliumhydroxid 96
Kaliumnitrat 187
Kalk 214
– gebrannter 217
– gelöschter 217
Kalkkreislauf 216, 217
Kalkmilch 217
Kalkmörtel 217
Kalkseife 301, 304
Kalksinterterrassen 216, 217
Kalkspat 214
Kalkstein 214
– Nachweis 215
Kalkwasser 49, 99
Kalottenmodell 141
Kartoffelstärke 279
Katalysator **73,** 258
Katalysatorgift 173
Kathode 132
Kathodenstrahlen 120
Kathodenstrahlröhre 120
Kation 133
Kautschuk 243
Kaolin 224
Kavernen 109
KEKULÉ, A. 249, 313
keramische Werkstoffe 224

Kernladungszahl 122
Kern-Hülle-Modell 120, 121
Kerzenflamme 52
Ketone 274
Ketose 277
Ketozucker 277
Kesselstein 216
Kieselalgen 226
Kieselgel 221
Kieselgur 226
Kieselsäure 221
Kieselstein 220
Kläranlage 66
kleinste Teilchen 30
– und Aggregatzustand 32, 33
– Durchmesser 34
– Eigenbewegung 31
Klopfen 259
Klopffestigkeit 259
Knallgas 71
Knallgasprobe 71
Kochsalz 103, **108**
Königswasser 186
Kohle 262
– Entstehung 262
– Energieträger 262
– Heizwert 263
– Umweltbelastung 263
– Sorten 263
– Weltförderung 266
– Weltreserven 266
Kohlechemie 265
Kohlehydrierung 265
Kohlenhydrate 276
Kohlensäure 213
Kohlenstoffdioxid 45, 49, **212**
– Nachweis 49
Kohlenstoffdioxid-
   molekül 212
Kohlenstoffdioxidlöscher 53
Kohlenstoffdioxidschnee 212
Kohlenstoffmonooxid 49, 188, **212**
Kohlenstoffverbindungen
– anorganische 211
– organische 228
Kohlenwasserstoffe 229
Kohleveredlung 264, 265
Kohleverflüssigung 265
Kokereianlage 264
Koks 58, **264**
Kondensationstempe-
   ratur 14
   Kondensieren 12
Konformation 241
– Sesselform 248
– Wannenform 248
Konservierungsstoffe 285
Kontaktverfahren 172
Koordinationszahl 135
Korrosion 189
Kraftfahrzeugbenzin 258
Kristallform 8, 32
Kristallglas 223

Kristallisieren 31
Kristallsoda 215
Kristallzüchtung 17
Kryolith 157
Kühler 24
Kugelteilchenmodell 30
Kunststoff 244
Kupfer **19,** 36
Kupferacetat 281
Kupferacetylid 247
Kupferoxid 46
– Reduktion 56, 57
Kupfersulfat 176
Kupfersulfid 36, 37
– Verhältnisformel 80

L

Lackmus 50
Ladung
– negative 116
– positive 116
Ladungsschwerpunkt 144
Lauge 95
Laugengebäck 95
Laurinsäure 282
LAVOISIER, A. 76, 161, 313
– chemische Zeichen 79
Legierung 19
Lehm 224
Leichtmetalle 19
Leitfähigkeitstitration 168
LENARD, P. 120
– Durchstrahlungsver-
   such 120
LIEBIG, J. 193, 313
Limonit 58
Linolensäure 284
Linolsäure 284
Lithium 96
Lithiumhydroxid 96
Löschkalk 217
Löschmittel 215
Löslichkeit 16
– Temperaturabhängig-
   keit 17
Lösung **16,** 21
– alkalische 50, 51, 161
– gesättigte 16
– von Metalloxiden 51
– von Nichtmetalloxiden 51
– neutrale 50, 51
– saure 50, 51, 160
Lösungsmittel 16
Lötstein 183
Lötwasser 106
Loschmidtsche Anzahl 87
Luft **43,** 44
– Bestandteile 44
– flüssige 44
– Zusammensetzung 43
Luftfeuchtigkeit 12
Luftmörtel 225
Luftverbrennung 185
Luftverschmut-
   zung 188–191

M

Magneteisenerz 58
Magnetit 58
Magnesiastäbchen 100
Magnesium 19, **99**
Magnesiumoxid 99, 100
Magnesiumnitrid 178
Magnettrennung 26, 27
Makromolekül 244
Mangan(II)-carbonat 214
Manganspat 214
Margarineherstellung 299
Marienglas 176
Marmor 214
Masse von Gasteilchen 86
Massenanteil 168
Massenspektrum 79
Maßlösung 164, 165
Mayonnaise 297
MEGE-MOURIES, H. 298
mehrprotonige Säuren 203
MENDELEJEW, D. I. 114, 313
Metakieselsäure 221
Metalle 18
– Bindungsbestreben zu
   Sauerstoff 47
– edle 19
– Legierung 19
– Reaktion mit Sauer-
   stoff 46, 47
– Reduktionsvermögen 62
– unedle 19
– Verbrennung 42
Metallgewinnung 61
Metalloxide 46
– Oxidationsvermögen 62
Metallsulfide 36 37, 38
Methan 230
Methanal 275
Methanmolekül 231
Methanoate 282
Methanol 272
Methansäure 282
MEYER, L. 114, 313
Micelle 301, **303**
Mikrochips 226
Milch 297
Milchsäure 285
Mineraldünger 193
Mineraldüngung 196
Minimumgesetz von
   LIEBIG 195
Mischelemente 123
Mitscherlich-Probe 210
Modellvorstellung,
   Begriff 30
Modifikation 206
Mol 87
molare Bildungswärme 89, 90
molare Masse 88
molares Volumen 88
Moleküle 84
– räumlicher Bau 148
Molekülformel 85

Molekülgitter 146
– von Eis 147
– von Iod 146
Molekülstruktur 142
Molekularsieb 226
Monoacylglycerine 294
monokliner Schwefel 208
Monomere 244
Monosaccharide 278
Müllsortierung 27

N

Nachweisreaktionen
– Aldehyde 275
– Carbonate 215
– Eiweiß 288
– Fett 297
– Fructose 277
– Glucose 276
– Halogenidionen 110
– Kalkstein 215
– Kohlenstoff in organischen
   Verbindungen 228
– Kohlenstoffdioxid 49
– Nitrat 187
– organische Halogenverbin-
   dungen 237
– Phosphat 192
– Phosphor 210
– Sauerstoff 44
– Sauerstoff in organischen
   Verbindungen 228
– Stärke 279
– Stickstoff in organischen
   Verbindungen 228
– ungesättigte Kohlenwas-
   serstoffe 243
– Wasser 68, 149
– Wasserstoff 71
– Wasserstoff in organischen
   Verbindungen 228
Nährstoffanteil von Nah-
   rungsmitteln 306
Naphtha 261
Natrium 92
Natriumcarbonat 214
Natriumchlorid 103
Natriumchloridgitter 134, 135
Natriumchloridkristalle 135
Natriumchloridstruktur 135
Natriumdampflampe 100
Natriumethanolat 268
Natriumhydroxid 94, 95
Natriumnitrat 187
Natron 214
Natronkalkglas 222
Natronlauge 95
Natronsalpeter 187
Natronsee 214
Nebel 21
Nebengruppen 115, **129**
Nebengruppenele-
   mente 129
Negativbild 110, 111

Neon 114
Neutron 118
Neutralisation 162
Neutralisationsreaktion als Protolyse 202
Neutralisationsanlage 163
Neutralisationswärme 163
Nichtmetalle, Reaktion mit Sauerstoff 49
Nitrate 187
Nitratnachweis 187
Nitrite 187
Nitroglycerin 293
nitrose Gase 186
Nomenklaturregeln 233
Normalbenzin 259
Normalglas 222
NORMANN, W. 298
Normdruck 83
Normtemperatur 83
Normvolumen 83
Normzustand 83
Nukleonen 122

O

Oberflächenglanz 8
Oberflächenspannung 302
Oberflächenwasser **64**, 67
Octanzahl 259
Ölabscheider 74
Ölbohrinsel 254
Öle, fette 295
Ölgewinnung 299
Ölsäure 284
Ölpest 255
Oktett-Regel 141
Olefine 261
Oligopeptid 289
optische Aufheller 305
Ordnungszahl 115
OSTWALD, W. 184
Ostwald-Verfahren 184, 185
Oxalate 285
Oxalsäure 285
Oxidation 46
– langsame 48
– von Metallen 46
– von Nichtmetallen 49
– als Elektronenabgabe 152
Oxidationsmittel 152
Oxidationsvermögen 152, 153
Oxidationszahl 154
Oxide 46
Oxidion als Protonenakzeptor 203
Oxoniumion 160
Ozon 190

P

Palmitinsäure 282
Papierchromatografie 26, **287**
Paraffine 234, **235**

Patina 213
Peptide 289
Peptidgruppe 289
Perioden 115
Periodensystem 115, 322
– und Atombau 128
Perlkatalysator 260
Pflanzenfette 298
Pflanzenwachstum 193, 194, **195**
Phenolphthalein 50
Phosphate 192, 305
– Nachweis 192
Phosphor 207
– Nachweis 210
Phosphorhölzer 210
Phosphorit 192
Phosphor(V)-oxid 192
Phosphorsäure 192
pH-Wert 51
plastischer Schwefel 209
Platinkatalysator 73
polare Atombindung 144
Polonium 118
Polyethen 244
Polymere 244
Polymerisation 244
Polykieselsäure 221
Polypeptid 289
Polyphosphate 192
Polysaccharid 279
Porzellan 224
Positivbild 110, 111
Pottasche 215
Primärchemikalien 261
primäre Alkanole **271**, 274
Propan 234
Propanon 275
Propantriol 272
Propenal 296
Protein 289
Protolyse 201
Proton 118
Protonenabgabe, stufenweise 203
Protonenakzeptor 201
Protonendonator 201
Protonenübergang 200, 201
Pulverlöscher 53, 215
Pyrit 58

Q

Quarzgitter 220
Quarzglas 222
Quecksilber 19
Quecksilbersulfid 40

R

radikalische Substitution 238
radioakive Stoffe 118
radioaktive Strahlen 118
Radium 118
Raffinadezucker 278

Raffinerie 257
Rauch 21
Rauchgas 263
Rauchgasentschwefelung 191
Rauchgasentschwefelungsanlage 191
Rauhreif 12
Reaktion, chemische 37
– umkehrbare 38, 183
– ungehemmte 103
– unvollständig ablaufende 183
Reaktionsgleichung 82
Reaktionspfeil 37
Reaktionsprodukt 37
Reaktionsschema 37
Redoxgleichung 154
Redoxpaar
– Metall/Metallion 153
– Metall/Metalloxid 62
Redoxreaktion 56
– als Elektronenübergang 56
– mit Molekülen 155
Redoxreihe, Metallatome/Metallionen 153
Reduktion 56
– als Elektronenaufnahme 152
Reduktionsmittel 56
– als Elektrondonator 152
Reduktionsvermögen
– einiger Metalle 62
– von Metallatomen 153
Reformieren 259
Reinelemente 123
Reinstoffe 20, 21, 32
– Einteilung 38
Resublimation 12
Rieselsalz 305
ringförmige Kohlenwasserstoffmoleküle 248, 249
Röntgenkontrastmittel 177
Röstanlage 172
Roheisengewinnung 58, 59
Rohöl 256
– Destillation 256, 257
– Fraktionen 256, 257
Rohrzucker 278
Rost 48
Rostumwandlung 192
Rostschutz 48
Roteisenerz 58
Rubidium 96, 97
Rübenzucker 278
RUTHERFORD, E. 120, 121, 313
– Streuversuch 120

S

Saccharose 278
Saccharosemolekül 278
Säuerling 213

Säure
– beständige 174
– mehrprotonige 203
– unbeständige 170, 213
Säure-Base-Begriff nach BRÖNSTED 200, 201
Säure-Base-Reaktion als Protonenübergang 202, 203
Säure-Base-Paar 203
Säurerestion 161
Saline 109
Salmiak 183
Salmiakgeist 183
Salmiakpastillen 183
Salpeter 187
Salpetersäure 186
Salpetrige Säure 187
Salz 103
– saures 177
salzartige Stoffe 19
Salzbildner 103
Salzgärten 109
Salzhydrate 149
Salzlagerstätten 108, 109
Salzsäure 106
Salzsiederei 109
Sand 220
Sandstein 220
Satz von Avogadro 84
Sauerstoff 43, 44
– Eigenschaften 44
– Gewinnung 44
– Löslichkeit in Wasser 65
– Nachweis 44
Sauerstoffsäuren 170
Saugfiltration 22
saure Lösung 50, **160**
Saurer Regen 189
Schalenmodell 127
Schaumlöscher 53, 215
Schaumregulator 305
Scheidetrichter 26
Scheidewasser 186
Scheinsublimation 183
Schmelzen 12, 32
Schmelzflußelektrolyse 132, 133
Schmelztemperatur 14
Schmieden 60, 61
Schmutzablösung 304
Schneiden 246
Schutzgas 114
Schwarzpulver 187
Schwefel 18, 36, **208**
– Modifikationen 208, 209
Schwefelblüte 208
Schwefeldioxid 49, **170**
Schwefelsäure 171
– Eigenschaften 174
– Produktion 173
– Reaktionen 175
– technische Herstellung 172, 173
– Verwendung 171
Schwefelwasserstoff 175
Schwefeltrioxid 171

Schweflige Säure 170
– Salze 170
Schweißen 246
Schwermetallnitrate 187
Schwimmtrennung 26
Sedimentieren 22
Seife 300
Seifenanion 302, 303
Seifenherstellung 300
Seifenlauge 301
Seifensieden 300
Sicherheitshölzer 210
Silber 19
Silberacetylid 247
Silberbromid 110
Silberchlorid 110
Silberhalogenide 110
Silberiodid 110
Silbernitrat 187
Silberoxid 47
Silberspiegelprobe 275
Sieden 12, 32
Siedesalz 109
Siedetemperatur 14
Silicagel 221
Silicate 221
Silicium 220
Smog 189
Soda 214
Sodbrennen 215
Solarzellen 226
Solequellen 108
Sorbinsäure 285
Speiseessig 280
Spiegelglas 223
Spiritus 270
Spurenelemente 193
Stärke 279
Stärkemolekül 279
Stahl 59
Stahlbeton 225
Startreaktion 238
Stearin 282
Stearinsäure 282
Steingut 224
Steinkohle 262
Steinkohlenteer 264
Steinsalz 23
– Abbau 109
Steinzeug 224
Stellmittel 305
Stickstoff 44, 45
Stickstoffdioxid 186
Stickstoffkreislauf 194
Stickstoffmonooxid 186
Stickstoffoxide 186
– Luftverschmutzung 188
Stoffe 8
– Einteilung 38
Stoffeigenschaften 8, 9
– beim Erhitzen 11
– meßbare 14
Stoffklasse 18, 19
– flüchtige Stoffe 19
– Metalle 18, 19
– salzartige Stoffe **19**, 36, 37

Stoffgemische 20
– Arten 20, 21
– Trennung 22–27
Stoffmenge 87
– und Anzahl 87
Stoffmengenkonzentration 164
Stoffportion 8
STONEY, G. J. 158
Streuversuch, Rutherfordscher 120
Streusalz 108
Strontiumnitrat 187
Strukturformel 143
Stuckgips 176
Sublimation 12, 33
Substitutionsreaktion 238
Sulfate 175, **176, 177**
– Nachweis 177
Sulfation 174
Sulfidion 175
Sulfition 170
Summenformel 232
Sumpfgas 230
Superbenzin 259
Superphosphat 192
Suspension 21, 22
Synthesegas 265
System der Elemente 114, 322

T
Tartrate 285
Teilchen 30
– Aggregatzustand 32
– Eigenbewegung 31
– kleinste 30
Teilchendurchmesser 34
Teilchenmodell 29, 30
Teilladung 144
Tenside 302
– anionische 305
– kationische 305
Tetraeder 142
Tetraederwinkel 142
Titration 165
Thermitreaktion 57
Thorium 118
Töpferton 224
TOLMANN, R. C. 117
Ton 224
Tonwaren 224
Tonerde 157
Torf 262, 263
Trägergas 250
Traubenzucker 276
Trennsäule 250
Treibmittel für Teig 215
Trennverfahren 22–27
Triacylglycerine 294
Tricalciumphosphat 192
Trichlormethan 239
Trinkwassergewinnung 67
Trockenlöscher 215
Trockenmittel 149, 215

Trommersche Probe 275
Tropfsteinbildung 216, 217
TROPSCH, H. 265

U
Überdüngung 196
Umweltbelastung durch Nitrate und Phosphate 196, 197
ungesättigte Fettsäuren 284
Universalindikator 50, 51
Uran 118

V
Vakuum-Destillation 257
Van-der-Waals-Kräfte 146
– und Kettenlänge 234
Verbindung 38
Verbrennung 42
– und Flamme 52
Verbrennungsmotor 258
Verdampfen 12, 32
Verdrängungsreaktionen 153
Verdunsten 33
Verglühen 52
Verfilzung von Wolle 304
Verflüssigen 33
Verformbarkeit 8
Verklappen 163
Verkokung 264
Verseifung 300
Versuchsprotokoll 13
Viskosität 235
Volldünger 195
Volumenkonzentration 168
Vorlage 24
Vorsatz bei Vielfachen und Einheiten 310

W
Wachs 257, 293
Wachstumsminimum 195
Wärmeenergie 39, 89
Wärmekapazität 89
Waldsterben 190
Walzen 60
Warnsymbol 9
Waschmittel 305
Wasser
– Bildung aus den Elementen 72
– Gefährdung 65
– Gewinnung 67
– Haushalt 64
– hartes 216
– Kreislauf 64
– Nachweis 68
– quantitative Synthese 77, 84, 85
– Reinigung 66
– Verbrauch 64
– weiches 216
– Zerlegung 69

Wasserenthärtung 305
Wasserglas 221
Wasserhärte 216
Wassermörtel 225
Wassermolekül 145
Wasserstoff 70, 71
– Nachweis 71
– als Reduktionsmittel 74
– als Treibstoff 72
Wasserstoffbrücken 146, 147
Wasserstoffmolekül 140
Weinbrennen 27
Weinsäure 285
Weinstein 285
Weißmacher 305
Winderhitzer 58
Windformen 58
WÖHLER, F. 228, 313

X
Xanthoproteinreaktion 186, **288**
Xenon 114

Z
Zähflüssigkeit 235
Zement 225
Zentrifugieren 26
Zeolithe 226
Zerfall von Atomen 118
Zerteilungsgrad 42
Zink 19
Zinkspat 214
Zinksulfidgitter 138
Zinn 19
Zinnober 40
Zuckerrohr 278
Zuckerrübe 278
Zündtemperatur 53
Zuschlag 58
Zustandsformen 12
Zwitterion 286

Bildquellenverzeichnis

AKG, Berlin 210.3 / 219(2×) – AKI, Frankfurt/M 245.3 / 245.4 – Anthony, Starnberg 35(Eder) / 253(Schmied) – BASF, Ludwigshafen 169(1×) / 181.3 / 184.2 / 193.1 / 198.1(li.) / 252.3 – Baumann, Gomaringen 282.1 – Bavaria, Gauting 20.1 / 63(Wienke) / 74.2 (Otto) / 109.2(Kappelmeyer) / 223.3(Wienke) – Bayer, Leverkusen 7(1×) / 13.1 / 27.2 / 63(1×) / 169(1×) / 302.1 – Beratungsstelle für Stahlverwendung, Düsseldorf 60.3 / 60.4 – Bildarchiv für Medizin, München 289.2(re.) – Bildagentur Stuttgart 69.1 – Bols, Neuss 27.4 – BP, Hamburg 255.2 – Brugger, Stuttgart 66.1 – Cillichemie, Heilbronn 217.3 – Daimler-Benz, Stuttgart 72.3 – Degussa, Frankfurt/M 67.2 – dpa, Frankfurt/M 63(1×) / 70.1 / 198.2, 253(1×) – Deutsche Luftbild, Hamburg 255.3 – Deutsche Methrom, Filderstadt 159(1×) – Deutsches Kupferinstitut, Berlin 151(1×) – Deutsches Museum, München 73.2 / 75 / 84.2 / 114.3 / 119.3 / 120.2 / 121.3 / 180.2 / 180.3 / 193.2(li.) / 227(1×) / 291(1×) – DVA, Stuttgart 48.2 – Draegerwerk, Lübeck 45.2 – Drews, Hamburg 7(1×) – Dyckerhoff, Wiesbaden 225.1 – Eisenbeiss, München 8.3(u.re.) / 131 / 302.3 – Elektro-Thermit, Essen 57.1 – EVS, Stuttgart 191.2 – Ford, Köln 30.3 – Forschungsinstitut der Zementindustrie, Düsseldorf 225.2 – Frey, Tübingen 262.1 – Gerster, Zumikon 63(1×) – Gesamtverband Steinkohlenbergbau, Essen 264.1 – Grasser, Stuttgart 8.3(o.re.) – Grindler, Sindelfingen 8.2 / 219(1×) / 246.1 – Gesellschaft für technische Zusammenarbeit, Eschborn 25.2 – Gühring, Albstadt 7(1×) – GVS, Stuttgart 229(1×) – Haarmann & Reimer, Holzminden 291(2×) – Hahn, Bopfingen 11.3 – Hansmann, München 297.3 – Heinze, Stuttgart 101(1×) / 205(1×) – Henkel, Düsseldorf 304.1 / 304.3 – Hoechst, Frankfurt/M 244.1(re.) – Hoesch, Dortmund 58.2 / 59.2 – Hoa-qui, Paris 214.1 – Hopfer, Neusäß 20.2 – Huber, Garmisch 45.5 – IDS, Bonn 108.1 – Kage, Weißenstein 29(2×) / 279.2 / 297.1 – Kaiser, Alfdorf (102 Bilder) – Kali und Salz, Kassel 109.3 / 112.2 – Kemper, Sindelfingen 150.2 / 205(1×) / 282.2 – Knauf, Iphofen 177.3 – Kraftwerk Oberhasli, Innertkirchen 63(1×) – Krauter, Esslingen 189.3 – KWS, Einbeck 278.2 – Landesdenkmalamt, Stuttgart 189.2 – Lazi, Stuttgart 147.3 / 217.2 – Leitz, Wetzlar 210.2 – Lieber, Heidelberg 8.3(u.li.) / 220.1 / 226.3(li.) – Lieder, Ludwigsburg 285.3 – Linde, Höllriegelskreuth 45.4 – Lurgi, Frankfurt/M 27.5 / 173.2 – Mansell Collection, London 78.1 – Margarineinstitut, Hamburg 298.1 / 299.1 – Mauritius, Mittenwald 135.2 / 253 (Madersbacher) / Medenbach, Witten 40.1(li.) / 177.1 / 205(2×) / 211(1×) / 226.3(re.) – Melitta, Minden 28.4 – Menzel, Esslingen 73.1 / 99.1 – Messer, Griesheim 45.3 / 54.2 – Molto, Löhnberg 91(1×) – Müller, Stuttgart 28.2 – Pfeiffer, Wieden 217.1 – Pfletschinger, Ebersbach 12.2 / 74.1 – Porzellanfabrik Schönwald 224.2 – Quinzler, Sindelfingen 305.2 – Realfoto, Weil der Stadt 159(1×) – Revellio, Villingen 211(1×) – de Riese, Dietramszell 10.3 – roebild, Frankfurt/M 41(1×) – Sammer, Neunkirchen 224.1 – Schott, Mainz 219(1×) / 223.2 – Science Photo Library, London 194.2 – Shell, Hamburg 254.3 – Silvestris, Kastl 196.4 – Stone, London 91(1×) / 101(1×) – Südwestsalz, Bad Friedrichshall 108.2(u.) – Sulfur Institute, Washington 209.3 – Theophel, Wetzlar (13 Bilder) – Uni-Dia-Verlag, Großhesselohe 61.1 – Universitätsbibliothek, Tübingen 114.4 – USICA, Bad Godesberg 63(1×) – VAW, Bonn 157.3 – Wacker, München 7(1×) – Wagner, Oberboihingen 190.1 – Weisser, Bräunlingen 101(1×) – werkstatt fotografie, Stuttgart (Grimmel 154 Bilder, Neumann 6 Bilder) – Wolpert und Strehle, Stuttgart 226.2 – Zeiss, Oberkochen 29(1×) / 147.2 – ZEFA, Düsseldorf 28.3(Biedermann) / 53.3(Metticke) / 278.1 (Halin)

Umschlagfoto

Blasen des Elements Wasserstoff bei der Reaktion von Lithiumhydrid mit Wasser (mikroskopische Aufnahme in polarisiertem Licht). M. Kage, Weißenstein

Bildperiodensystem

Autor: P. Menzel, Esslingen; Fotos: B. Heinze, Stuttgart

1. Auflage   1 19 18 | 2004

Alle Drucke dieser Auflage können im Unterricht nebeneinander benutzt werden, sie sind untereinander unverändert. Die letzte Zahl bezeichnet das Jahr dieses Druckes.

© Ernst Klett Verlag GmbH, Stuttgart 1986.
Alle Rechte vorbehalten.
Internetadresse: http://www.klett-verlag.de

Redaktion: Dr. Thomas Bitter, Klaus Rehm

Zeichnungen und Umschlag: Conrad Höllerer, Stuttgart
Reproduktion: Gölz, Ludwigsburg
Satz: Lihs, Satz und Repro, Ludwigsburg
Druck: Appl, Wemding

ISBN 3-12-759400-3

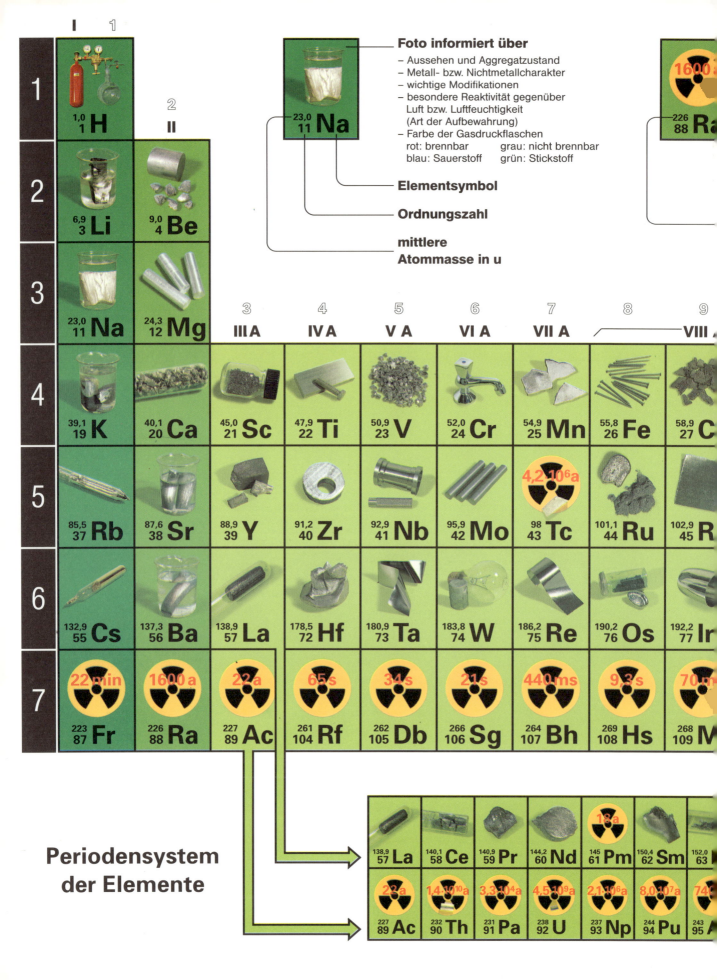

Beschwerden und Heilpflanzen von A bis Z

Beschwerden	Heilkräuter, die helfen (Auswahl)	Beschwerden	Heilkräuter, die helfen (Auswahl)
Anämie	Kirsche, Schwarze Johannisbeere	Harnwegsinfektion	Heidelbeere, Bärentraube, Preiselbeere
Angina	Holunder, Eibisch, Kamille, Salbei	Hautausschlag	Wegwarte, Birke, Brennnessel, Kamille, Klette
Appetitlosigkeit	Beifuß, Basilikum, Kümmel, Enzian, Zwiebel	Heiserkeit	Fenchel, Apfel, Pfefferminze, Stiefmütterchen
Arteriosklerose	Arnika, Knoblauch, Mistel, Weißdorn, Zinnkraut	Heuschnupfen	Heckenrose, Leinsamen, Augentrost, Linde
Asthma	Eibisch, Fenchel, Schöllkraut, Thymian	Hühneraugen	Knoblauch, Schöllkraut, Fette Henne, Zwiebel
Augenentzündung	Augentrost, Eibisch, Leinkraut, Spitzwegerich	Husten	Fenchel, Holunder, Thymian, Zwiebel
Blähungen	Dill, Kümmel, Pfefferminze, Wermut	Insektenstiche	Anis, Eibisch, Hauswurz, Zwiebel, Salbei,
Blasenbeschwerden	Weide, Bärentraube, Sellerie, Löwenzahn	Keuchhusten	Fenchel, Himbeere, Rettich, Spitzwegerich
Blutdruck, hoher	Knoblauch, Mistel, Berberitze	Kopfschmerzen	Johanniskraut, Baldrian, Lavendel, Rosmarin
Blutdruck, niedriger	Rosmarin, Mistel	Kreislaufstörungen	Hirtentäschel, Mistel, Rosmarin, Weißdorn
Brandwunden	Klette, Spitzwegerich, Eibisch, Apfel	Lippenherpes	Odermennig, Klette
Bronchitis	Fichte, Holunder, Sonnenhut, Thymian, Zwiebel	Magenbeschwerden	Pomeranze, Melisse, Hopfen, Majoran
Darmträgheit	Rote Johannisbeere, Tausendgüldenkraut	Menstruationsbeschwerden	Frauenmantel, Tausendgüldenkraut, Wermut
Durchblutungsstörungen	Ackerschachtelhalm, Rosmarin, Weißdorn	Migräne	Baldrian, Schwarze Johannisbeere, Lavendel
Durchfall	Brombeere, Eibisch, Süßholz, Leinsamen	Nagelbettentzündung	Kamille, Arnika, Zwiebel
Einschlafstörungen	Baldrian, Hopfen, Passionsblume, Melisse	Nervosität	Johanniskraut, Hopfen, Lavendel, Melisse
Ekzeme	Apfel, Birke, Kamille, Malve, Odermennig	Ohrenschmerzen	Veilchen, Ysop, Spitzwegerich, Hauswurz, Anis
Erkältung	Eukalyptus, Hagebutte, Sonnenhut, Zwiebel	Rheumatische Beschwerden	Beinwell, Apfel, Arnika, Raute, Salbei, Schafgarbe
Erschöpfung	Apfel, Johanniskraut, Holunder, Melisse	Schlafstörungen	Baldrian, Brombeere, Hopfen, Waldmeister, Dill
Fieber	Mädesüß, Weide, Stechpalme, Sauerdorn, Apfel	Schnupfen	Majoran, Schafgarbe, Pfefferminze, Holunder
Fingernägel, brüchige	Zinnkraut, Hirse, Zitrone	Schüttelfrost	Heublume
Frauenleiden	Eisenkraut, Frauenmantel, Hirtentäschel, Melisse	Schwitzen	Kamille, Salbei, Weide, Brennnessel, Eiche
Frühjahrsmüdigkeit	Sellerie, Holunder, Löwenzahn, Heidelbeere	Sodbrennen	Brennnessel, Sauerklee, Wermut, Wacholder
Gastritis	Königskerze, Kamille, Johanniskraut, Salbei	Sonnenbrand	Rosskastanie, Johanniskraut
Gerstenkorn	Leinsamen, Zinnkraut, Kamille	Übelkeit	Nelkenwurz, Artischocke, Pfefferminze
Gliederschmerzen	Odermennig, Majoran	Unruhe, nervöse	Kamille, Anis, Thymian
Grippaler Infekt	Eibisch, Holunder, Kamille, Sonnenhut, Thymian	Venenleiden	Ringelblume, Rosskastanie, Arnika
Haarschuppen	Brennnessel	Warzen	Schöllkraut, Hauswurz
Halsschmerzen	Salbei, Eichenrinde, Zwiebel	Zungenbelag	Wermut

Helga Föger

Die besten Praxistipps
für alle Lebensbereiche

LUDWIG

Inhalt

- 6 **Vorwort**
- 8 **Was wir vom Mond wissen**
- 10 **Der Mond als Himmelskörper und Erdtrabant**
- 10 Wie der Mond entstanden ist
- 10 Mondbahn und Mondphasen
- 14 **Der Mond in der Mythologie**
- 18 **Wie der Mond wirkt**
- 18 Vom Mythos zur Praxis
- 19 Die Kraft des Mondes
- 23 Wirkende Kraft oder Uhrzeiger?
- 24 **Im Rhythmus des Mondes**
- 26 **Der Einfluss der Mondphasen**
- 26 Der Neumond
- 27 Der zunehmende Mond
- 27 Der Vollmond
- 28 Der abnehmende Mond
- 29 **Der aufsteigende und absteigende Mond**
- 30 **Der Mond in den Tierkreiszeichen**
- 30 Die vier Trigonen
- 32 Tierkreiszeichen und Pflanzen
- 33 Tierkreiszeichen und Wetter
- 34 Tierkreiszeichen und Nahrung
- 36 Tierkreiszeichen und Körperregionen
- 37 Weitere Charakteristika der Tierkreiszeichen

- 40 **Mit dem Mond leben**
- 42 **Gesünder leben mit dem Mond**
- 42 Wie der Mond uns hilft, gesund zu bleiben
- 43 Die Bedeutung der Tierkreiszeichen
- 47 Achtung Risiko!
- 48 **Special: Heilkräuter**
- 50 **Schönheits- und Körperpflege mit dem Mond**
- 50 Was der Haut gut tut
- 52 Die wohltuende Kraft der Bäder
- 53 Haare – seidiger Glanz und perfekte Frisur
- 55 Hände, Füße, Nägel
- 56 **Der Mond als Hilfe im Haushalt**
- 56 Putzen und waschen
- 58 Richtiges Lüften
- 59 Konservieren und einlagern
- 60 Weitere Tätigkeiten in Haushalt und Wohnung
- 61 Zimmer- und Balkonpflanzen pflegen
- 62 **Bauen und heimwerken mit dem Mond**
- 62 Der Hausbau
- 64 Weitere Arbeiten am und im Haus
- 66 **Erfolgreich gärtnern mit dem Mond**
- 67 Mondregeln für den Garten
- 75 Von Experten erprobt – Spezialtipps für Ihren Garten